제2판

범죄, 그 심리를 말하다

오윤성 저

박영사

제2판 머리말

요즘 세상이 달라졌다고 한탄들을 한다.
확실히 달라졌다. 그런데 우리 모두의 잘못이다.

이웃과 더불어 사는 능력이 없는 아이들을 만들어 내는 브모들
손해 봐서는 안 되니, 손해되는 인간과 사귀지 말라며
평생 간섭의 끈을 쥐고 싶어 하는 부모들
그래서 자식의 덩치는 어른인데, 머릿속엔 아이가 있다.

부모 자격 없는 이들의 원치 않는 출산, 아이를 짐으로 여기며
학대하다 숨지면, 들킬 때까지 숨기며 살아간다.
폭력과 트라우마로 어린 시절을 보낸 많은 아이들
치유하지 않으면 분노와 증오로 가득 찬 다음 세대의 범죄 예비군이 된다.

뻔뻔해 진 사람들, 아이나 어른이나 부끄러움을 모른다.
남 의식하지 않고, 하고 싶은 대로 하고
거절당하는 걸 참질 못한다. 아니 참지 않고
욕망이 가리키는 대로 몸을 던질 뿐이다.

엽기적 범죄 보도에 무뎌져 가고
돈과 욕구의 지배 속에
배반과 막장 드라마가 현실로 나타나고 있다.
누구를 신뢰할 수 있을까?

범죄 행동의 순환적 과정인 심리적 동인(動因)을 찾아서...
범죄, 그 심리를 말한다.

초판 머리말

그들은 처음 보는 사람이나 주위의 가까운 사람을 범죄대상으로 선정하기도 한다. 분노, 유혹을 참지 못하여 다른 사람의 인생을 한순간에 망치고 치밀한 계획을 세우거나 현장조작과 증거인멸을 하면서 완전범죄를 꿈꾼다. 결정적 증거를 제시해도 빠져나갈 수 있을 때까지 버티면서 양형을 줄이기 위해 자신을 변명한다. 스스로 목숨을 끊으면서도 진실을 말하지 않을 때도 있다. 그리고 주위를 향해, 사회를 향해 분노하며 책임을 돌린다. 늘 남의 탓이다.

행동은 의식으로부터 비롯되며 의식은 재차 행동으로부터 영향을 받는 순환적 과정으로 범죄행동에서도 예외는 아니다.

왜 그런 행동을 했을까?

꼭 그렇게까지 해야만 했을까?

개인적인 이유일까? 환경적인 원인일까?

인간이란 존재는 백지상태(tabula rasa)였던 어린 시절 누군가에 의해 그려진 자신의 밑그림과 연결되어 있다. 그 과정에서 채워지지 않은 욕구는 인간의 의식과 행동결정에 지속적인 영향을 미친다. 놓쳐버린 타이밍(timing)의 후유증은 일생을 통해 계속될 수 있으며 어떤 상황에서 어떤 행동을 할 것인가와 깊은 연관성이 있다.

주위의 따뜻함과 스스로의 노력이 뒤따르지 않는 한, 오로지 인간은 충족되지 않은 욕구를 채우기 위해 갈망한다.

차 례

제1편 인간의 본성과 범죄

제1장 범죄행동과 심리 ········ 3

범죄는 왜 발생하나? ········ 3

1. 현대사회의 범죄양상 3
2. 범죄 이전의 개념 '일탈(逸脫)' 4
3. 범죄의 개념 5
4. 시대와 상황에 따른 범죄개념 6

심리학의 영역 ········ 7

1. 육체와 심리와의 관계 7
2. 인간의 심리적 영역 8
3. 심리학의 개념 10
4. 심리학의 목적 11
5. 심리학의 연구영역 13

범죄심리학 ········ 18

1. 범죄심리학의 개념 18
2. 범죄심리학의 목적 19
3. 범죄심리학의 활용분야 21

제2장 인간의 소질과 범죄원인 ········ 23

범죄발생에 대한 세 가지 관점 ········ 23

1. 생물학적 접근 24
2. 사회환경적 접근 28
3. 심리학적 접근 29

소질에 주목한 역동적 범죄관 30

1. 역동적 범죄관 32
2. 선조로부터 물려받은 '유전소질' 33
3. 임신 과정상에서의 '선천소질' 34
4. 생활과 경험의 결과 '획득소질' 35
5. 각 소질과 원인적 접근론과의 관계 36

획득소질과 주위환경 36

1. 부모와 가정환경 37
2. 학교 및 교육환경 40
3. 사회환경 41

범죄공식 42

1. 동일한 상황하에서의 범행 여부 43
2. 소질과 범죄공식 요소와의 관계 44
3. 범죄발생 메커니즘 46

범죄자의 내면세계 49

1. 범죄자와 일반인의 차이 47
2. 범죄성과 만족감 지속의 한계 49
3. 범죄성의 특징 49

제2편 범죄심리 관련 이론

제3장 개인적 측면의 범죄심리 이론 55

초기 행동주의와 범죄심리 55

1. 행동주의의 모델: 고전적 조건부 이론 55
2. 의식·행동·의식의 연결고리: 행동주의 56
3. 환경적 자극과 행동: 자발적 조건부이론 57

4. 행동주의 관점에서의 범죄행위 59

인지 발달적 관점과 범죄심리 ………… 60

1. 도덕적 사고의 기초: 피아제(Piaget)의 인지발달 이론 60
2. 도덕적 발달과 범죄성: 콜버그(Kolberg)의 인지발달이론 62

정신분석적 관점과 범죄심리 ………… 65

1. 프로이드의 기본가정과 이론적 기반 65
2. 프로이드 이론의 4가지 주요 개념 66
3. 프로이드의 인성발달 단계 69
4. 심리적 방어기제 72
5. 프로이드의 범죄행동 해석 79
6. 에릭슨의 정체성 위기 81

애착과 범죄심리 ………… 84

1. 애착이론 84
2. 모성박탈이론 88

제4장 환경적 측면의 범죄심리 이론 ………… 90

사회과정적 관점의 미시환경론 ………… 90

1. 사회적 학습이론(Social Learning Theory) 91
2. 차별적 접촉이론(Differential Association Theory) 94
3. 예상이론(Expectancy Theory) 95
4. 차별적 접촉강화이론(Differential Association-Reinforcement Theory) 96
5. 중화기술이론(Techniques of Neutralization Theory) 97
6. 사회통제이론(Social Control Theory) 98
7. 사회계량기이론(Sociometer Theory) 100

사회구조적 관점의 거시환경론 ………… 100

1. 긴장이론(Strain Theory) 101
2. 하위문화이론(Subculture Theory) 102

기타 관점 ………… 103

1. 상대적 박탈이론(Relative Deprivation Theory) 104
2. 좋지 못한 조건(Adverse Conditions)과 범죄 105
3. 사회권력적 측면의 실험(Stanford Prison Experiment) 106
4. 탈개인화 이론(Deindividuation Theory) 107

제3편 인간의 욕구와 이상심리

제5장 인간의 욕구와 공격성 111

매슬로우(Maslow)의 인간욕구 단계와 범죄성 111

1. 생리적 욕구(Physiological Needs) 112
2. 안전의 욕구(Safety Needs) 113
3. 애정과 집단에의 소속욕구(Needs of Belongingness & Love) 113
4. 존경의 욕구(Needs of Self Esteem) 114
5. 자기실현의 욕구(Needs of Self-Actualization) 116
6. 인간욕구 단계와 범죄 116

공격성의 본질 117

1. 인간과 공격성 117
2. 공격성과 인간행동의 이해 120
3. 굶주림·목마름과 공격성 121
4. 성적 욕구와 공격성 121

공격의 분류와 형태 124

1. 분노가 원인이 되는 공격과 물욕이 원인이 되는 공격 124
2. 공개적 공격과 은밀한 공격 125
3. 반작용적 공격과 선행학습에 영향을 받은 공격 126
4. 직접적 공격과 대체된 공격 127
5. 남성의 공격과 여성의 공격 128

인간 공격성에 대한 이론적 접근 ········· 128

1. 생리학적 시각 128
2. 정신역동적·정신분석적 시각 130
3. 행동학적 시각 131
4. 좌절-공격적 시각 132
5. 좌절상황에 대한 개인적 인식과 사회화된 범죄자 133
6. 자극 전환이론 136
7. 사회적 학습이론 137

공격에 영향을 미치는 외부적 요소 ········· 140

1. 공격적 상황 140
2. 인구밀도 및 개체수 141
3. 대중매체 142
4. 무기효과 143
5. 피해자학적 측면에서의 피해자 촉진 144
6. 권력 또는 명령에 따른 공격성 144
7. 알 코 올 145
8. 온도·대기오염·흡연 146
9. 책임감 분산과 범죄 147
10. 약한 상대 148

제6장 이상심리와 범죄 ········· 149

정상심리와 이상심리 ········· 149

1. 정상심리와 이상심리의 구분 149
2. 정상성과 이상성에 대한 기준 150
3. 범죄에서의 정상심리와 이상심리 152
4. DSM-Ⅳ의 다축적 진단체계 153

DSM-Ⅳ의 임상적 증후군에 의한 분류와 범죄 ········· 155

1. 유아기·아동기·청소년기 진단 장애 155
2. 정신분열증과 기타 정신증적 장애 157

3. 기분장애(Mood disorders) 159
4. 해리성 장애(Dissociative disorder) 160
5. 성 장애 및 성정체감 장애(Sexual and gender identity disorder) 161
6. 물질 관련 장애(Substance-related disorder) 161
7. 적응장애 162

성격장애와 범죄 162

1. 기질·성격·인격 162
2. 층이론에 의한 인격 구분 163
3. 성격장애의 구분과 범죄 행동 166

제7장 충동통제장애 180

충동의 개념과 원인 180

1. 충동의 개념 180
2. 충동의 원인 183

충동통제장애의 구분과 범죄행동 184

1. 간헐적 폭발성 장애(Intermittent Explosive Disorder) 185
2. 절도광(Kleptomania) 188
3. 방화광(Pyromania) 190
4. 도박광(Pathological Gambling) 193
5. 발모광(Trichotillomania) 195
6. 인터넷 중독(IA: Internet Addiction) 198
7. 쇼핑중독증 201

제4편 성범죄 심리

제8장 인간의 성적 이상행동 207

성욕과 성심리 207

1. 현대인의 성 207
2. 여성과 남성의 성 209
3. 성욕 통제와 성범죄 213

성의 이상과 성도착증 215

1. 성의 양적 이상과 질적 이상 215
2. 성도착증의 원인과 특징 219
3. 성도착증의 경과와 예후 222

성도착의 종류와 범죄행동 223

1. 때리고 맞기를 원하는 성도착 223
2. 은밀함과 익명성을 통한 성도착 233
3. 거부하지 않는 상대를 고르는 성도착 245
4. 특이한 것에 집착하는 성도착 254
5. 성도착은 모두 성범죄인가? 256

제9장 성 범 죄 258

성관련 범죄의 구분과 처벌의 법적 근거 258

1. 성 폭 력 259
2. 성 폭 행 259
3. 성적 일탈행위(성적 침해) 259
4. 성 추 행 259
5. 성 희 롱 260
6. 간 음 261
7. 성 범 죄 261
8. 강 간 262
9. 강제추행 264
10. 준강간, 준강제추행 266
11. 가족 면전에서의 강도강간 범죄 267
12. 성폭력범죄처벌의 법적 근거 268

강 간 ···················· 270

1. 강간발생 관련 이론 270
2. 강간범의 유형 분류와 특성 278
3. 강간에 대한 상반된 시각과 예방 대책 291

소아기호증과 아동성추행 ···················· 295

1. 소아기호증의 정의 296
2. 소아기호증 범죄자의 특성 298
3. 소아기호증 범죄자의 유형 분류 301
4. 가정 내에서의 아동 성학대 발견법 311
5. 성범죄자에 대한 형사정책적 대응 314

제5편 살인 심리

제10장 살 인 ···················· 319

살인의 정의 ···················· 319

살인의 분류 ···················· 321

1. 살인의 법적 분류 321
2. 살인 성격에 의한 분류 331
3. 살인 동기에 의한 분류 338
4. 살인과정에서의 유책성에 의한 분류 345
5. 실행주체 및 면식, 비면식관계에 의한 분류 349

가정과 살인 ···················· 351

1. 사전 계획 여부에 의한 가정 내 살인 352
2. 피해 대상별 살인 353
3. 개인적 좌절·심적 부담으로 인한 가족 살인 360

제11장 범죄 프로파일링과 연쇄살인 ········ 362

사이코 패스 ········ 362

1. 용어의 구분 362
2. 사이코패스의 전조 363
3. 사이코패스의 특징 365

연쇄살인의 이해 ········ 374

1. 용어의 기원과 정의 374
2. 연쇄살인범의 분류 375

연쇄살인범의 일반적 심리 ········ 384

1. 연쇄살인범의 어린 시절 384
2. 연쇄살인범의 일반적 특징 387

연쇄살인 단계와 행동별 심리 ········ 392

1. 연쇄살인 단계 392
2. 연쇄살인범의 단계별 심리 395

범죄 프로파일링(Criminal Profiling) ········ 397

1. 범죄 프로파일링의 성격과 적용범위 397
2. 범죄프로파일링의 목적 401
3. 관련 용어 403

범죄 프로파일링 산출 과정 ········ 407

1. 프로파일링 자료입력 단계 407
2. 결정과정 모형 단계 408
3. 평가단계 410
4. 범죄 프로파일링 411
5. 수사단계 412
6. 체포단계 412

연쇄살인 행동 평가 ········ 413

1. 연쇄살인범의 공간적 이동성 413

2. 피해자 선택(Victim Selection) 414
3. 피해자 포획 후 행동 417
4. 사건현장 이탈(Offender Departure Strategy) 419
5. 사체처리(Disposal Site Aspects) 419
6. 범행수법에 영향을 미치는 요소 423
7. 범행수법의 퇴화 426

참고문헌 ··· 427

찾아보기 ··· 441

제1편

인간의 본성과 범죄

제1장
범죄행동과 심리

제2장
인간의 소질과 범죄원인

범죄, 그 심리를 말하다 – 범죄심리 해부하기

Criminal Psychology

제 1 장 범죄행동과 심리

Criminal Psychology

범죄는 왜 발생하나?

1. 현대사회의 범죄양상

현대사회는 혼돈의 사회이다. 괜찮은 사람이라고 평가되던 남자 그리고 자식과 함께 생활하던 평범하게 보이는 아버지가 제어할 수 없는 성적 욕구와 살인 욕구가 일 때마다 유괴, 성폭행 후 사체를 파묻고 유유히 평상시의 생활토 돌아와 주위 사람들과 같이 생활한다.

정상적 가정환경에서 자란 것으로 여겨지던 아이 엄마가 돈 2천만 원에 8살배기 어린 소녀를 유괴하여 목을 졸라 숨지게 하고, 정상적 학교 교육을 받아왔던 명문대학 학생이 자기를 낳아준 부모를 도끼로 난자하고 이를 은폐하기 위하여 시체를 토막을 내서 내다 버린다.

이러한 사회현상이 단순히 주변 환경과 구조 탓일까? 인륜도덕을 땅에 떨어뜨리고 가치관을 전도시킨 '급격한 사회변동과 초고속 산업화 과정'이 이러한 사회병리현상을 양산하고 있는 것일까? 그렇다면 똑같은 환경 속에서 사는데 어떤 사람은 돈 때문에 사람을 죽이는데 다른 많은 사람들은 그렇게 하지 않는 상황을 어떻게 해석해야 할 것인가? 결론 내리기가 쉽지 않다.

분명한 것은 가면 갈수록 사람들이 자기억제력을 잃고, 자기 마음을 다스리지 못한다는 사실이다. 일가족을 도끼로 몰살시킨 고재봉 사건[1]에 경악하던 우리 사회가 이제는 연쇄살인이라는 단어에 조금씩 익숙해지고 있다.

현대사회에서 내뿜는 스트레스로 인하여 사람들의 마음이 날이 가면 갈수록 오염되어 가고 있다. 그러나 스트레스 없는 환경이란 가능하지 않다. 문제는 사람의 심성 밑바닥에 도사리고 있는 악마성의 자기통제에 있다.[2] 그러므로 극심한 스트레스 하에서 마음 밑바닥에서 악마적 발상이 치솟아 오를 때마다 이를 제어할 수 있는 인성을 스스로 가지는 것이 중요하다.

범죄피해를 당해보지 않은 사람들은 날마다 수많은 범죄 관련 보도를 접하면서도 범죄란 자신과는 거리가 먼 이야기로 생각하면서 하루하루를 보내고 있다. 그러나 범죄는 늘 우리 주위에 있다. 분명한 사실은 우리 모두가 범죄문제를 심각하게 인식하고 범죄자의 심리를 정확히 파악함으로써 형사정책적 차원에서의 대비책과 개인적 차원에서 자신의 가정과 자신을 스스로 지키겠다는 강한 의지를 가져야 한다는 것이다. 이것만이 범죄로부터 피해를 볼 확률을 감소시켜 줄 것이다.

2. 범죄 이전의 개념 '일탈(逸脫)'

범죄보다 포괄적 개념인 일탈(Deviance)은 부정, 사기, 속임수, 불공평, 범죄, 비열, 꾀병부리기, 부도덕, 부정직, 배반, 독직, 부패, 사악 및 죄(sin) 등을 의미한다. 사회학자인 데니츠(Dinitz), 데니스(Dynes)와 클라크(Clark) 등은 일탈이란 행동의 구체적 내용을 불문하고, 근본적 본질은 어떤 유형의 행동이 한 특정 시대에 한 특정 사회의 규범에서 벗어났는가에 있다고 정의한다. 또한 맛차(Matza)는 일탈을 표준 혹은 정도에서 벗어난 것을 의미한다고 설명한다. 따라서 일탈의 정의는 학자에 따라 다소 차이가 있으나 규범 혹은 규칙 위반, 특히 사회에서 부정적으로 평가되는 위반으로 정의할 수 있다.

일탈행위(Deviant Behavior)는 반드시 형식적 범죄에 한정되지 않으며 범죄행위뿐 아니라 범죄가 성립되지 않는 알코올 음용, 자살기도, 가출, 학교자퇴 등과 같은 비정상적인 행동 등을 포함하는 개념으로 이해하여야 한다.

---

1 1963년 10월 19일 강원도 인제에 주둔 중이던 육군 제301병기대대장 이득주(36) 중령 일가족 6명이 도끼에 찍혀 살해되었다. 범인 고재봉은 사건발생 24일 만인 11월 12일 하오 6시 20분 서울에서 체포되었다. 그는 범행동기를 62년 이 중령 집에 살던 박병희 중령집에 들어가 군화 등을 훔쳤다가 육군교도소에서 6개월 복역한 후 출소해 박 중령에게 원한을 품고 있다가 이 중령을 박 중령으로 오인해 살해했다고 진술했다. 그재봉은 군법회의에 회부되어 총살됐다.

2 범죄를 저지르는 것은 생물학적 혹은 사회학적 환경이 원인이건 간에 범죄자의 마음속에 감정이 매개체가 되어 육체를 움직임으로써 범죄를 저지르는 것이므로 범죄를 예방한다고 함은 인간의 마음속에서 고개를 드는 악마성을 어떻게 다스릴 것인가 하는 것이다.

형사정책에서는 범죄를 크게 두 가지로 구분한다. 특정한 개인에 의한 범죄를 총체적으로 파악하는 '개별현상으로서의 범죄(Crime)'와 일정한 시기에 일정한 사회 내에서 발생하는 자연스러운 현상인 범죄의 총체를 의미하는 '집단현상으로서의 범죄(Criminality)'로 구분할 수 있다.

형사정책적 의미의 범죄는 사회학적 일탈(逸脫)을 포함하는 넓은 개념이라고 보는 것이 타당하다. 소년범죄에서 흔히 쓰이는 비행이라는 용어도 유사한 개념이다. 한편 범죄개념에 사회학적 일탈이 포함되는 것은 형법이 아닌 다른 종류의 범죄통제가 가능하다는 의미를 내포하는 것이기도 하다(배종대, 1998: 104).

3. 범죄의 개념

범죄를 영문으로 표시하는 'crime'은 특정 법률을 위반함으로써 특정 처벌이 요구되는 라틴어의 'crimen'에서 유래한다. crime, criminal offense, offense 등의 단어는 범죄행동을 묘사하는 데 상호 중복되어 사용되고 있다. 범죄자를 일컫는 'criminal'과 'offender' 역시 유사한 의미로 사용되고 있다(Hazel B. Kepper, 1979: 59). 범죄(crime, das Verbrechen)란 포괄적으로 '반사회적 행위'(Anti-Social Behavior)를 가리키는 것으로 보기도 한다(신진규, 1988: 37).

범죄 개념을 한마디로 정의하기란 결코 용이하지 않다. 왜냐하면 범죄란 복합적 개념이며, 접근방법에 의해 다양한 해석이 가능하기 때문이다. 법률적 개념에서 접근한다면 범죄란 법을 위반하는 행동을 말한다. 그러한 의미에서 모든 범죄는 형사법상 제재가 예정되어 있는 규범 위반하는 것이다. 그러나 범죄는 상황과 상관없는 절대적 개념이 아니라 시대와 장소에 따라 양적, 질적으로 끊임없이 변화해 갈 수밖에 없는 상대적 개념이다. 살인, 폭행 그리고 강간과 같은 규범 위반은 법 위반임에도 불구하고, 규범위반이 곧 법위반을 의미하는 것은 아니다. 예컨대 1930년대 미국에서의 금주법(Alcohol Prohibition)은 사회 전체에서 술 마시는 것을 하나의 규범으로 인정하고 있었음에도 불구하고 주류매매는 불법으로 간주되었다(Allen E. Liska, 장상희 오 공역, 1990: 4-5).

형사정책학 또는 범죄와 청소년 비행 대상으로서 범죄개념은 형법학에 있어서의 범죄개념과는 동일하지 않다. 형사정책학적 측면에서는 범죄개념은 구체적 때와 장소에 의해 특정되며 현실사회를 떠나서는 존재할 수 없는 사회 현상으로서의 사실적 존재개념이다. 따라서 형법학에 있어서와 같이 형벌법규에 나타나고 있는 관념적 형상(形象)개념은 아니다. 그러나 현실적으로 범죄행위를 파악하기 위해서는 실정법규를 무시할 수가 없으므로 형사정책학의 대상으로서의 범죄도 실정법적으로 존재한다고 할 수 있다(지광준, 2003: 23).

그 범위에 있어서도 연구 대상을 형법적 의미의 범죄에만 국한할 것인가 아니면 현행법상 가벌화되지 않은 반사회적 행위인 실질적 의미에서의 범죄 일체를 범죄의 범주에 포함할 것인가에 대한 논란이 있다.[3]

즉, 범죄학에 있어서 기본적으로 이슈가 되는 것은 범죄 연구를 법적으로 정의된 것에 국한할 것인가(Legalism) 아니면, 법에 규정되어 있지 않더라도 반사회적 행위를 모두 포함할 것인가(Anti-Legalism)이다(Ronald Blackburn, 2003: 16).

범죄학자들은 범죄 개념을 크게 세 가지 관점에서 다루고 있다. '다수의견으로서의 시각'과 '갈등적 시각' 그리고 '상호작용적 시각'으로 구분하여 정의하고 있다. '다수의견으로서의 시각'은 범죄를 다수 시민의 도덕과 가치에 영향을 미치는 현존 형법에 의해 정의된 불법적 행위라고 정의한다. '갈등적 시각에서의 범죄'는 경제적으로 힘이 있는 개인들이 사회를 통제하기 위해 만든 것을 지칭한다. '상호작용적 시각에서의 범죄'는 비행행위에 대한 사회의 현존하는 인식에 영향을 미치는 상대적이고 끊임없이 변화하는 개념으로 정의하면서 범죄자는 사회가 비행자 또는 사회와 별개인 자로서 낙인찍힌 행동을 하는 자로 규정하고 있다.

범죄학자들에 의한 범죄 개념은 범죄분야에 대한 범죄학자의 사고와 태도를 결정짓기 때문에 매우 중요하다. 왜냐하면 범죄를 어떤 시각에서 조명하느냐에 따라 범죄통제를 위한 방법과 범죄원인을 설명하는 데 있어서 여러 가지 다양한 접근방식을 택할 수 있기 때문이다(Larry G. Siegel, 1992: 17-21).

4. 시대와 상황에 따른 범죄개념

인류사회의 발전에 따라 범죄 개념에 새롭게 추가되는 것도 있고, 이전까지 범죄로 간주되었으나 시대 흐름에 따라 범죄 범주에서 제외되는 경우도 있다. 여기에서 등장하는 것이 과범죄화, 신범죄화, 비범죄화 개념이다.

과범죄화란 가정이나 사회공동체 등에 의한 비공식적인 사회통제기능이 점점 약화되므로 지금까지 규율하였던 부분을 법이 담당하게 되는 경향을 말한다. 교통위반범죄와 경범죄 등이 이에 해당된다.

신범죄화는 이전까지는 범죄로 간주되지 않다가 일단 범죄로 낙인이 찍히게 되면, 그 행동은 범죄행동으로 간주되고 그러한 행동을 하는 사람을 범죄자라고 하게 된

---

3 형식적 의미의 범죄란 형벌법규에 의하여 형벌을 과하는 행위를 말하며, 실질적 의미의 범죄란 사회의 유해성 내지 법익을 침해하는 반사회적 행위를 의미한다.

다. 사회구조가 산업화되고 시민의식이나 윤리관의 변화에 따라 종래에는 범죄로서 규정하지 않았던 신종범죄가 등장하기도 한다(박상기 외, 1999: 6). 즉 산업화와 도시화 등 사회구조 변화에 따라 지금까지 예상하지 못했던 행위에 형법이 관여하고 적용되는 경향을 말한다. 환경범죄, 경제범죄, 사이버범죄, 문화·예술범죄 등이 있다(지광준, 2003: 24).

역으로 종래에 범죄로서 규정하였으나 더이상 형벌로서 다스릴 필요가 없게 된 것, 그리고 오랫동안 범죄로 낙인찍혀 왔던 행위가 어떠한 사회적 계기로 인하여 범죄 범주에서 해제되는 것, 즉 형법의 보충적 성격과 공식적 사회통제기능의 부담가중을 고려하여 일정한 범죄유형을 형벌 통제로부터 제외시키는 경향을 비범죄화라고 한다(Hugh D. Barlow, David Kauzlarich, 2002: 9). 대표적 범죄로 혼인빙자 간음, 간통죄 등을 들 수 있다(지광준, 2003: 24).

따라서 범죄 개념은 시대, 지역과 사회에 따른 다중잣대(Multiple Standarc)[4]에 의해 새롭게 평가되기도 하고, 범죄 분류를 용이하게 하기 위해, 또는 새로운 범죄 출현과 새로운 양상의 범죄가 발생할 때마다 필요와 성격에 따라 다양한 명칭으로 불리기도 한다.[5]

심리학의 영역

1. 육체와 심리와의 관계

몸과 마음은 하나다. 어느 하나가 없으면 나머지 하나도 생리적, 또는 심리적으로 존재할 수가 없다. 또한 어느 한 쪽이 다른 한 쪽을 더 많이 지배한다고 할 수 없다. 그만큼 서로가 서로에게 중요하다. 또한 생각과 마음이 행동을 지배하고 마음의 작용

4 이슬람 국가에서의 음주행위는 불법이다. 그리고 미국에서는 에이브라함 링컨에 의해 노예제도가 폐지되기 전까지는 합법적이었다. 한국에서의 간통죄 처벌 폐지논란이 여기에 해당된다. 법무부 장관 자문기구인 형사법개정 특별분과위원회가 성적(性的) 자기결정권과 사생활 침해 등으로 위헌 논란을 빚어온 형법상 간통죄 조항을 폐지키로 가닥을 잡았다. 간통죄는 2008년 헌법재판소에서 재판관 9명 가운데 4명이 합헌, 5명은 위헌 또는 헌법불합치 의견을 내면서 의헌결정 정족수(6명) 미달로 가까스로 합헌 결정이 나는 등 1990년 이후 4차례 위헌 심판대에 올랐지만 모두 합헌 결정이 났다. 그러나 여성단체와 일부 시민단체에서는 국가가 '국민의 이불 속'까지 들여다보는 것은 명백한 사생활 침해일 뿐더러 여성의 성적 결정권을 부인하는 것이라며 형법의 간통죄 폐지를 주장해왔다.
http://www.hankyung.com/news/app/newsview.php?aid=2010031856491

5 범죄라는 용어 앞에 범죄의 성격을 나타내는 어휘를 첨가하여 부르고 있는 것 중에는 강력범죄, 대인범죄, 대물범죄, 재산범죄, 피해자 없는 범죄, 민생침해범죄, 성범죄, 가정파괴범죄, 경제범죄, 마약범죄, 경범죄, 상습범죄, 조직범죄, 사이버범죄 등이 있다.

이 몸을 지배한다(이영돈, 2006: 72, 142).

육체와 마음은 따로 떨어져 있는 것처럼 보일지 모르나 동전의 양면과 같은 관계로 감정에 의해 연결되어 있다. 인간은 보통 육체적으로 힘이 들 때 짜증을 낸다. 그러나 기분 좋은 상황이 된다면 육체적으로 다소 힘든 일이 있더라도 힘들게 느끼지 않고 즐겁게 일을 하는 경우도 있다. 반대로 심적으로 힘들거나 짜증이 나면 육체적으로 느끼는 피로감은 훨씬 더하다. 기대하였던 일이 제대로 되지 않았거나 정신적 충격이나 모욕을 받을 때, 육체는 부정적 영향을 받게 된다.[6]

인간의 강렬한 감정적 경험은 감정의 세 가지 중요한 구성요소인 신체적 각성, 의식적 인식, 외적 표현이 잘 통합될 때 일어난다(이영돈, 2006: 30-31).[7]

육체적 손상으로 인하여 심적 타격을 받게 되는 경우도 있다. 육체의 기관장애로 인하여 병이 오는 경우다. 역으로 마음 상태가 불안정해서 병이 나는 경우도 있다. 몸이 아파 정신이 영향을 받는 경우가 있고, 정신이나 마음 상태가 원인이 되어 몸이 아픈 경우가 있다. 이렇듯 몸과 마음은 연결되어 있다.

정신은 감각적 데이터들을 서로 연관지을 수 있는 종합능력이 있다. 육체적 감각들은 정서상태(공포, 좌절, 만족, 분노)와 관련되어 있다(이반 워드, 이수련 역, 2002: 50).

인간 행동은 타고난 인간본성과 각자 겪는 독특한 경험과 환경이 함께 낳는 결과물이다. 두 가지 모두 우리의 생각과 감정, 행동에 중요한 영향을 미친다(앨런 S. 밀러, 가나자와 사토시, 박완신 역, 2009: 13).

2. 인간의 심리적 영역

인간은 매일 사람과의 사회생활을 통해서 생활하고 있다. 아침에 일어나 잠자리에 들 때까지 수많은 사람들과 인간관계를 맺으며 살고 있다.

사람의 행동과 마음은 어떠한 관계에 놓여 있으며 그러한 관계를 우리는 쉽게 알 수 없는 것일까? 만일 그러한 관계를 이미 간파하고 있다면 자기가 마음먹은 대로 사업이나 인간관계를 수월히 해나갈 수 있을 것이다. 만일 사업가가 사업 상대의 마음을 꿰뚫고 있다면 사업을 이끌어 나가는 데 놀라운 수완을 발휘하는 사업가로 명성을 드

6 대형 할인판매점에서 도둑누명을 쓰고 여러 사람들이 보는 앞에서 자신의 결백을 입증하기 의해 자신의 가방 안 소지품을 일일이 경보기에 통과시키는 수모를 당한 주부가 흥분을 이기지 못해 항의중 심근경색으로 사망하는 사건이 발생한 적이 있다. 결국 소송 끝에 회사 측이 피해자 측에 2,700만원을 배상하였다. 이렇듯 육체란 것도 따지고 보면 마음의 영향을 받게 되는 것이다.

7 신체적 각성이란 특정 외부 자극에 대한 뉴런 네트워크의 반응이 좋아서 또는 긴장해서 심장을 빨리 뛰게 한다든지 하는 반응이고, 의식적 인식이란 내가 기쁜지, 고통스러운지를 인식하는 것이다.

높일 수 있을 것이다.

사람 마음을 읽을 수 있다면, 증권시장에서 증권시장 향방을 간파하고 있으면서 투자를 하는 투자자의 위치가 될 수 있고, 연애 하는 사람이 상대 마음을 잘 읽을 수 있다면 의도하는 방향으로 두 사람 간 관계를 이끌고 나갈 수 있을 것이다. 직장상사가 부하 마음을 잘 파악하면서 지도한다면 능력 있는 리더가 될 것이고, 외교관이 상대국 대표의 마음을 읽을 수 있다면 의도하는 방향으로 자국 이익을 위해 효과를 거둘 수 있을 것이다. 이렇듯 여러 분야에서 상대의 마음을 읽는다는 명제는 동서고금을 막론하고 관심의 대상이 되어 왔다. 그런 이유로 여러 분야의 학문에 심리학이라는 학문이 응용되는 것은 아닐까?

결국 인간은 심리학을 통하여 인간이나 동물의 행동에 대한 정보를 활용함으로써 인간의 삶을 윤택하게 하려 한다. 시중에서는 남의 마음을 읽는 법, 위대한 리더가 되는 법, 사업을 잘 할 수 있는 경영기법 등과 관련된 각종 서적이 인기를 끌고 있다. 이렇듯 사람의 마음을 읽을 수 있다는 것은 인간관계를 원활히 해 나가면서 앞으로 다가올 여러 문제에 적절히 대처할 수 있는 능력을 가지게 됨을 의미한다.

사회적 발전과 경제적 성장에도 불구하고 현대사회를 살아가는 많은 사람들은 정서적 관계 상실과 자기 정체감 상실 그리고 미래에 대한 불안과 위기 속에서 하루하루를 보내고 있다. 이러한 현상들은 개인이 가지고 있는 각종 욕구와 본능이 제대로 충족되지 않으면서 사회적으로는 도시화 현상과 대가족 제도 붕괴 그리고 비인간화 때문에 발생하는 자연스러운 결과이다.

인간은 경쟁 사회에서 모두 다 만족스러운 결과를 이룰 수 없는 여건하에서 자기 정체감의 상실을 초래할 수 있다. 또한, 전쟁이나 테러, 교통사고, 가스폭발, 건물 붕괴 등 예상치 않은 사고나 살인, 강도, 이혼, 성폭력 피해, 실직 등 미래에 대한 불안과 위기에 시달리고 있다.

조 루후트(Luft, J.)와 할리 잉그람(Ingham, H.)은 자신들의 퍼스트 네임을 합친 조하리의 창(Johari window)이라는 도식을 이용하여 인간이 가질 수 있는 심리적 상태를 창문에 비교하여 설명하고 있다.

이 설명에 의하면 인간의 심리적 영역을 네 가지로 구분하고 있는데 자신과 타인의 시각에서 심리적 영역을 아는 영역과 모르는 영역으로 구분하였다. 자신과 타인이 서로 아는 공유부분을 열린 창(Open Area), 자신은 알고 있는데 타인은 모르는 영역을 숨긴 창(Hidden Area), 자신은 모르는데 타인은 알고 있는

영역을 눈먼 창(Blind Area), 자신도 모르고 타인도 모르는 영역을 어두운 창(Darkness Area)이라고 하였다〈그림 1〉.

그림 1 조하리의 창

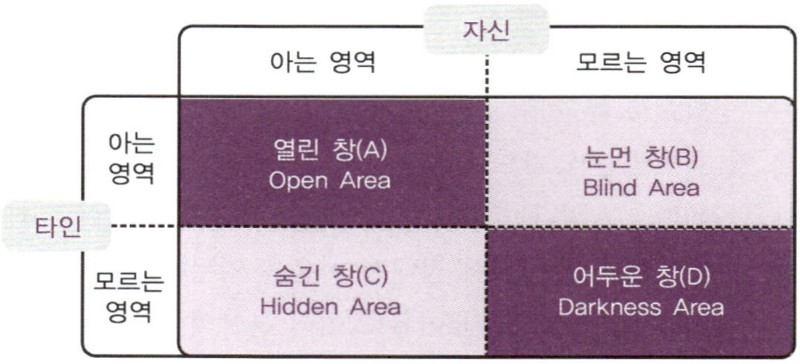

인간들은 사람들을 알거나 이해하려 할 때 그 사람의 행동에 대한 이유를 내·외적 원인에서 찾으려 한다. 그 원인들은 성격, 태도, 기분, 체력 등과 같은 내부의 것일 수도 있고, 외부적인 것일 수도 있다(박지영, 2003: 32).

3. 심리학의 개념

심리학이 여러 측면에서 적용되고 주목받는 이유는 인간 심리를 활용하여 여러 가지 분야에 이용할 수 있다는 점이다. 심리는 말 그대로 마음의 이치를 의미하는 용어로 인간 세계에서 심리는 매우 친근한 용어이다.

'심리학'이라는 말은 psyche와 logos라는 말에서 유래하였다. '사이키'라고 발음되는 psyche는 '생명의 숨결' 즉 '영혼 또는 정신'을 의미하는 그리스어 'Ψυχη'에서 왔으며 마음이라는 의미이다.[8]

'심리학'이란 용어는 1879년 빌헬름 분트(Wilhelm Wundt)가 인간 행동을 연구하기 위해 독일 라이프치히에 최초로 공인된 실험실을 열면서 공식적으로 탄생했다. 분트는 '실험심리학'이라는 말을 이때 처음으로 사용하였다(나이젤 C. 벤슨, 윤길순 역, 2003: 29).

심리학이란 마음의 이치를 연구하여 개체의 행동을 보고 예측하는 과학이며 인간의 행동과 정신과정을 연구하는 학문이다. 대부분의 심리학자들은 육체의 생물학적 과정을 포함하여 인간의 행동에서 관찰할 수 있고 측정할 수 있는 것에만 관심을 기울인다. 그러나 일부 행동주의자들의 극단적 견해에도 불구하고 '마음'을 심리학의 중심 주제로 여기고 있다. 일반적으로 인정하는 실용적인 정의에 따르면 심리학은 인간과 동물의 마음과 행동을 과학적으로 연구하는 학문이다(나이젤 C. 벤슨, 윤길순 역, 2003: 9).

8 그리스 문자 Ψ는 'psi'라고 쓰고 영어로 '사이'라고 발음하며 지금은 심리학의 국제적인 기호로 사용되고 있다.

심리학이란 마음의 과학이라고도 정의되고 때로는 행동의 과학이라고도 정의되는 하나의 연구분야이다. 움직이는 한 개체의 행동을 관찰함으로써 개체의 행동과 정신과정의 관계를 연구하면서 인간행동 수정, 변화에 관심을 두고 개인의 심리적 모습을 과학적으로 탐색하고 법칙과 이론을 형성하는 고유한 개념과 방법 체계를 갖춘 학문이다. 즉, 사람의 행동을 관찰하여 마음을 보는 과학이라고 요약할 수 있다(Henry Gleitman, 장현갑 외 역, 1999: 1).

자신과 타인 간 발생 될 수 있는 여러 문제에 대해 탐구 영역을 통하여 행동예측 등을 추구하는 학문인 심리학은 인간의 심리적인 모습을 과학적으로 탐색하고 법칙과 이론을 형성하는 고유한 개념과 방법체계를 갖춘 학문이다. 다시 말하자면 과학적인 자료수집 방법이나 체계를 통하여 어떤 행동을 이해하는 데 도움을 주며 왜 그렇게 행동하는가를 알아내기 위한 방법들이 동원됨으로써 인간이나 동물 행동에 대한 정보를 이용하여 삶을 윤택하게 하는 학문이다.

심리학에 대한 정의를 구체적으로 요약하면 아래와 같다.

첫째, 인간의 심리적 모습을 과학적으로 탐색하고 법칙과 이론을 형성하는 고유한 개념과 방법 체계를 갖춘 학문으로 과학적 자료수집 방법이며 학문, 지식체계이다.

둘째, 몸과 마음은 같이 연결되어 있다는 가정하에서 행동을 이해하는 데 도움을 주며 왜 그렇게 행동하는가를 알아내기 위한 방법들이다.

셋째, 인간의 행동을 수정, 변화시키고 개인의 심리적 모습을 과학적으로 탐색하며 법칙과 이론을 형성하는 고유한 개념과 방법 체계를 갖춘 학문으로 사람의 행동을 관찰하여 마음을 보는 과학이다.

심리학은 주로 행동을 유발케 한 환경에 주목하는 '실험심리학'과 행동의 주체가 되는 개인의 차이 그리고 퍼스낼리티(personality)나 사물의 견해에 대해 주목하면서 방법론상으로는 의학을 채택하고 있는 '정신분석학' 등으로 구분할 수 있다. 이런 의미에서 심리학은 행동과학의 중심적 역할을 하고 있는 학문이다.

4. 심리학의 목적

심리학은 인간 행동과 심리과정을 기술, 설명, 예측 및 통제하는 데 있다(신응섭 외, 2006: 8).

1) 행동의 묘사와 측정

인간 행동을 이해하고 설명하면서 예측하는 것은 심리학에서 매우 중요한 부분이다. 그러나 이러한 과정을 거치기 위해서는 이미 그 행동을 어느 정도 정확히 기술하고 측정할 수 있어야 한다.

심리학에서는 기술과 측정이라는 개념을 통해서 인간 심리를 설명하고 있다. 인간의 마음은 행동을 통해 발현되므로 인간 마음을 설명하기 위해서는 겉으로 나타나는 인간 행동을 정확히 기술하고 측정하는 것이 필요하다. 정확히 기술하고 측정한다 함은 이에 걸맞은 측정도구가 필요하며 여기에 필요한 요소는 신뢰도와 타당성이다.

2) 행동의 예측과 통제

인간의 행동이 어떤 방향으로 나아갈 것인가 하는 것은 심리학자들의 주된 관심분야로 심리학의 기본 전제이다. 이를 알기 위해서 여러 가지 신뢰도와 타당성이 있는 측정 도구를 채택하여 인간의 행동을 통해 심리를 파악하게 된다. 심리학에서는 인간 행동을 예측하는 데에서 그치지 않고 그 사람의 행동을 수정하고 통제하는 분야까지 확장하여 관여하게 된다.

사회병리 현상의 하나인 범죄 분야에 심리학을 적용하였을 때 범죄의 양적 측면에서, 어떤 지역에서 어느 정도 범죄가 발생하고 있는가에 대한 범죄통계 등을 기초로 질적 측면에서 범죄가 주로 발생하는 지역, 범죄피해 대상, 범죄 특징, 범죄수법, 모방범죄 등 다양한 조건을 통하여 범죄의 연속성을 예측할 수 있다. 만일 연쇄살인 범죄 등일 경우에는 범죄의 발생주기, 범죄 발생형태, 범죄피해자의 살해형태 등을 통하여 범죄의 연속성을 예측한다. 그리고 범인 행동을 사전에 파악하고 동종 범죄 발생을 억제함으로써 제2의 피해자가 나타나지 않도록 예방하거나, 범죄경력이 있는 전과자에 대한 연구를 통해 범죄예측과 통제라는 두 가지 목적을 달성코자 노력한다.[9]

3) 행동의 설명

인간 행동을 설명하기 위해서는 그 행동 이면에 있는 원인을 우선 찾아야 한다. 원인을 찾는다는 것은 인간의 심리와 상호작용의 현상연구를 통해 설명된다. 여러 사회문제에 대한 이해와 해결이라는 측면에서 보았을 때 어떤 현상 이면에 있는 원인의 탐색을 통하여 행동을 설명하고자 하는 것이 심리학의 중요한 목적 중의 하나이다.

옛 속담에 열길 물 속은 알아도 한 길 사람 속은 모른다는 말이 있다. 오랫동안 같이 생활하면서 어느 정도 알고 있다고 생각했던 사람이 전혀 예상치 못한 행동을 하였을 때, 믿는 사람으로부터 배반을 당하거나, 행동 이면에 있는 원인을 전혀 파악하지

---

9 '양들의 침묵'에서 FBI수사관으로 등장하는 조디 포스터는 살인마이면서도 범죄자의 심리를 정확하게 꿰뚫고 있는 렉터 박사와의 면담을 통해 연쇄살인범의 행동을 예측하고 통제하기 위한 노력을 한다.

못하는 경우이다.

인간의 어떤 행동을 놓고 왜 그런 행동을 했을까? 라는 것을 설명하는 것 역시 심리학의 목적이다. 예컨대 성폭행 후 살해된 여성의 사체를 훼손하는 행위의 심리는? 그러한 행동을 하게 된 심리적 배경[10]과 어떤 환경요소가 범인의 행동에 영향을 미치고 있는 것인가를 분석하여 설명하고자 하는 것이다.

5. 심리학의 연구영역

심리학은 복잡한 현대사회에서의 여러 현상과 더불어 여러 곳에서 활용되고 있다. 심리학만큼이나 매일 활용되고 있는 분야도 없을 것이다. 우리 주변의 여러 용어에 심리란 단어를 붙이게 되면 가장 쉽게 연결될 수 있는, 인간과 가장 밀접한 관련이 있는 학문이 심리학이다.

심리학은 생명과학, 행동과학 및 사회과학과 밀접한 관련이 있는 학문으로 다음과 같은 분야와 결합하여 실생활에 응용되고 있다.

1) 실험 및 생리심리학

생물학적 과정과 행동 간의 관계를 규명하려는 분야를 말한다. 감각자극에 대한 인간의 반응, 환경에 대한 그들의 지각, 학습과 기억, 정서적 반응, 생리적 욕구, 출세하기 위해 하는 행동 등을 과학적인 방법으로 접근하는 영역이다. 구체적으로 성호르몬이 행동에 어떤 영향을 주는가? 또는 마리화나와 LSD(Lysergic acid diethylamide)와 같은 약물은 신체통제와 기억에 무슨 영향을 주는가에 관심이 있다(김동기 외, 2000: 29).

2) 인지심리학

사람은 고도로 발달한 대뇌 작용으로 바깥 세상으로부터의 정보를 처리하고 복잡한 사회생활에 적응해 나가며, 오감을 통해서 정보를 입력한다. 인지심리학은 대상을 얼마나 잘 파악했는가를 연구하는 학문(大村政南, 2001: 20)으로 정보가 뇌에 입력됨에 따라 뇌가 이를 선택하고 비교하며, 기억의 주머니 속에 저장하고 이미 가지고 있던 다른 정보와 결합하고 전환시키는 등 인간이 정보를 처리하는 과정을 다루는 분야이다(김동기 외, 2000: 29). 인지심리학은 마음의 작용을 정보처리라는 관점에서 접근한 것이

---

10 범죄 심리학자들은 범인의 성장과정에서 여성에 대한 분노가 지나친 경우 즉, 어렸을 때 어머니로부터 거절을 당했거나 학대를 지속적으로 받아와 여성에 대한 증오감과 배반감을 느끼고 있을 때 여성을 하나의 인격으로 간주하지 않는 시각으로 발전할 수 있다고 주장한다. 그리하여 여성에 대한 정복욕, 여성을 정상적인 하나의 인간으로 대우하지 않는 심리 등이 형성된 것으로 추정한다.

며 컴퓨터 과학의 발전으로 탄생하였다. 즉 지각, 주의, 형태 재인(pattern recognition)[11] 학습, 기억, 산출 등 여러 가지 하위 인지과정들이 어떤 특성을 지니고 있으며, 서로 어떤 상호관계를 지니면서 인간의 마음을 구성하고 있는 지를 밝히고자 하는 학문으로 현재는 인공지능의 연구로까지 발달하였다(이정모 외, 2001: 15).

3) 발달심리학

발달심리학은 태아심리학에서 노인심리학까지 개체의 발달에 관한 분야이다. 임신 후 탄생에서부터 유아기와 청소년기를 거쳐 장년기, 노년기에 이르기까지 시간의 변화에 따라 그 개체의 심리 변화과정에 관한 분야이다.

여기에는 인간의 언어, 사고, 기억, 정서, 사회적 행동 및 신체적·심리적 능력의 발달연구, 예를 들면 인간의 노년기와 노화과정에 대한 연구 등을 들 수 있다.

넓은 의미에서는 동물실험에 의해 발전한 동물심리학에서 문화인류학까지의 범위를 포함한다.

4) 사회심리학

사회심리학은 사회적 장면에서의 인간 행동을 연구하는 학문이다(Henry Gleitman, 장현갑 외 역, 1999: 10).

인간은 사회적 동물로 기본적 사회에서부터 다양한 형태와 크기의 사회에 이르기까지 다른 사람들과의 관계 속에서 자신의 태도와 행동을 결정해 나간다는 가정하에 인간의 태도와 행동이 다른 사람과의 상호작용 속에서 어떻게 영향을 받는가 하는 문제를 중심으로 연구하는 학문이다.

사회적 행동을 결정짓는 요인들로서는 유전적 요인, 성격적 요인, 과거 경험, 현재의 사회장면 등 여러 가지가 있을 수 있다. 사회심리학은 사회자극이 개인에게 무엇으로 지각 또는 해석되었느냐를 더 중요시하고 있다(시부야 쇼조, 이규원 역, 1997: 83).

주로 다루는 주제에는 선전과 설득, 동조, 집단 간의 갈등과 같은 것이 있으며 때로는 태도조사 등을 통하여 개인의 편견과 공격행동을 규정하는 요인을 찾아내기도 한다. 사회심리학에서는 구체적으로 여론형성, 매스컴, 사회병리 현상을 연구하는 분야와 상대적으로 비교적 작은 주제를 다루는 인간관계, 편견, 상대에 대해 인지하는 것을 다루는 분야로 구분되기도 한다. 사회심리학은 대구 지하철 방화사건 등과 같은 큰 재해를 겪은 사람의 심리를 연구하는 재해심리학이나 기업 속의 조직이나 능력개발 등을

11 입력된 시각 정보를 장기 기억에 저장된 정보와 비교함으로써 그 형태를 인식하는 과정을 말한다.

연구하는 산업조직심리학, 재해조직심리학 나아가 범죄심리학, 정신분석 분야와도 밀접한 관계가 있다.

5) 성격심리학

성격심리학은 행동의 개인차를 측정하고 설명하려는 연구 분야이다. 성격이 상황에 따라 바뀌는 것인가 아니면 상황에 따라 바뀌지만 폭넓은 일관성을 유지하고 있는가라는 측면에서 개인의 성격에 주목하고 개인별 행동의 개인차를 측정하고 설명하려는 연구 분야다.

특정한 성격을 가진 사람을 다른 사람들과 비교함으로써 왜 다른 사람들보다 공격적인가, 더 권위적이거나, 외향적인가, 혹은 성격적 특질은 유전되는 것인가 하는 등의 성격의 개인차를 설명하고 있다(김동기 외, 2000: 31).

흔히 접하게 되는 성격이론과 분류법이 그 예가 되는데, 객관적 방법으로 분류하기 위한 심리검사의 제작, 실시, 해석이 중요한 부분을 차지한다(Henry Gleitman, 장현갑 외 역, 1999: 11).

성격심리학에서는 질문지법, 투영법, 작업검사법 등의 성격검사를 이용해서 성격의 본능을 측정한다(大村政南, 2001: 24).

6) 임상심리학(Clinical Psychology)

심리학 분야 중 가장 많은 사람들이 활약하는 분야로 일반사람들이 생각하는 심리학에 가장 근접한 분야이다(Henry Gleitman, 장현갑 외 역, 1999: 11).

임상심리학은 이상심리를 가지고 있는 사람을 치유하는 분야로 제2차 세계대전이 끝나고 많은 병사들이 일반인으로 돌아오면서 크게 발전하였다. 이 분야는 적응하지 못하는 사람을 치유하기 위한 심리학이다(大村政南, 2001: 25). 주 활동 무대는 정신질환을 앓고 있는 사람들, 환경 적응상 문제가 있는 사람들을 치료하기 위한 병원, 임상 진료소, 개인이 개업한 진료소 나아가 정신병원, 가정재판소, 소년원, 교도소 등에서는 심각한 정신질환자를 대상으로 활동한다.

7) 상담심리학(Counseling Psychology)

상담심리학은 임상심리학과 중복되는 부분이 많은 분야로 임상심리학과 비교하였을 시 임상심리학이 심각한 정신질환자를 중심으로 연구하고 있는 것에 비하여 사회적·정서적 적응에 덜 심각한 사람들 대상으로 학교, 공장, 회사, 군, 관청 등에서 활동하고 있다.

방법론상으로는 임상심리학자와 마찬가지로 면접, 관찰, 그리고 심리검사를 이용해서 진단하고, 심리치료의 여러 방법을 이용하여 문제를 해결하려 한다(Henry Gleitman, 장현갑 외 역, 1999: 12).

8) 학교 및 교육심리학(Educational Psychology)

학교심리학은 학교에서 학생을 상대로 개개 학생의 학습과 정서적 문제를 담당하는 분야이며 학습지도, 진로지도, 사회생활 적응 등의 문제를 다룬다(김동기 외, 2000: 33).

교육심리학은 학습과 교수법에 대한 전문분야로 교육적 측면에서 학생들을 대상으로 학교현장에서 학업능률을 진작시키기 위한 학습지도, 개인의 적성을 고려하여 향후 진로를 결정하기 위한 진학·진로지도, 또한 사회생활 적응 등의 문제를 다룬다(Henry Gleitman, 장현갑 외 역, 1999: 13).

9) 법정심리학(Forensic Psychology)

법정심리학은 재판심리학이라고도 하며 법률의 시행이나 법정에서의 문제들에 심리학적 원리를 적용한다(김동기 외, 2000: 35). 법정에서의 심리학만이 아니라, 수사나 현장검증의 심리학 등을 포함하기도 하여 범죄심리학의 영역과 중복되는 것으로 보는 견해도 있다(大村政南, 2001: 190).

이 분야에서 중요한 것은 진술의 신뢰성과 판결에 대한 연구이다. 텔레비전이나 신문에서 자주 보도되는 예로, 용의자가 눈물을 흘리면서 고개를 깊게 숙이고 반성하는 투의 말을, 그것도 더듬으면서 진술하면 재판관에게 영향을 주는 경우가 있다. 심리학자이자 동시에 판사, 검사, 변호사였던 우에마츠(植松正)는 그의 저서 '裁判心理學の諸相(재판심리학의 제상, 1947)'에서, 재판소에의 최종판결은 용의자의 성별, 용모, 사회적 지위 등에 따라서 미묘하게 달라진다는 사실을 적시하면서 같은 종류의 범죄에서 남성보다 여성의 형이 가벼운 것을 지적하고 있다. 그러므로 재판이란 재판관 개인의 주관적 요소에서 탈피하여 객관적 판결로 연결하기가 쉬운 일은 아니다. 이러한 현상은 비단 일부 국가에서만 보이는 양상이 아니라 전 세계에서 보이는 현상이며 현실이다.

10) 교정심리학(Correctional Psychology)

범죄자를 심리적 측면에서 갱생으로 인도하는 것이 교정심리학이다.

현재의 교정시설은 죄에 대한 대가를 치르는 곳이 아니라 교육의 장이다. 의학, 정신의학, 심리학, 교육학, 사회학 등의 지식을 총동원해서 수용자들을 분류하고 처우를 달리하고 있다. 교정심리학은 시설 밖에서의 보호관찰심리학도 포함한다. 보호관찰은 '사례연구'이다. 아동복지사나 보호관찰관에 의해 행해지고 재범의 방지와 범죄의 예방에 공헌한다. 범죄자의 처우, 출소 후의 보호와 지도 그리고 재범의 예측과도 관계가 있으므로 범죄심리학의 범주에 넣는 견해도 있다(大村政男, 2001: 193).

11) 진화심리학(Evolutionary Psychology)

인간의 행동은 타고난 인간본성과 각자 겪는 독특한 경험과 환경이 함께 낳는 결과물이다. 두 가지 모두 인간의 생각과 감정, 행동에 중요한 영향을 미친다(앨런 S.밀러, 가나자와 사토시, 박완식 역, 2008: 13).

프로이드(S. Freud)는 인간본성을 주로 강력한 성적 충동과 공격 충동으로 구성되어 있다고 주장한 반면, 제임스(W. James)는 인간본성이란 이외에도 수많은 본능(instinct)들로 구성되어 있다고 보았다. 진화심리학은 인간의 마음을 진화된 심리기제(evolved psychological mechanism)로 보고, 그 기제들을 활성화하는 맥락을 예측하여 활성화된 정보처리기제에 의해 산출되는 행동을 분석하고 연구한다. 인간의 마음이 진화된 심리기제들로 구성되어 있다는 것은 진화심리학에서 가장 중요한 부분이다(최재천 외, 2004: 10). 인간 본성과 심리를 진화 관점에서 즉, '진화적 적응 환경(Environment of Evolutionary Adaptedness, EEA)' 속에서 형성된 것으로 가정하고 분석하는 학문이 진화심리학이다.

진화를 일으키는 기제는 자연선택이며 이 개념을 좀 더 발전시키면 적응(adaption)이라는 개념을 생각할 수 있다. 적응은 어떤 생물체가 주변 환경 변화에 대처하기 위해 생애과정 동안 일으키는 일시적 변화를 의미하고, 세대 간 거듭된 선택의 결과로 생물체는 생존과 번식에 적합한 적응적 형질을 지니게 되는 것이다(최재천 외, 2004: 4).

진화심리학은 인간의 마음을 "우리 조상들이 오랜 수렵, 채집기 동안 끊임없이 직면했던 적응문제들을 해결하기 위해 자연선택과정을 통해 설계된 계산 기관들의 체계"로 보면서 일차적인 초점은 특정 행동을 일으키는 심리기제를 향해 있다(Pinker, 1997; Stereleny & Griffiths, 1999).

진화심리학자들에 의하면 인간은 오랜 진화의 역사를 거치는 동안 여러 유형의 적응 문제들(Adaptive Problems)에 직면해왔고, 그런 문제들을 해결하기 위해 설계된 마음을 가진 개체만이 진화적 성공을 거두었으리라는 것이다.(최재천 외, 2004: 7).

범죄와 관련된 심리와 연관하여 잠재적 가치가 높은 진화심리학의 이론으로 성선택론(Sexual Selection Theory)이 있는데 이 이론은 동성 간의 경쟁, 살인, 폭력, 위험감수행위, 짝 선택, 양성간의 갈등, 지위상승 욕구에서의 성차(Sex Difference), 그리고 죽음을 무릅쓰는 행위에서의 성차 등의 주요한 심리기제들을 발견하는 데 많은 도움을

주었다(최재천 외, 2004: 18-20).[12]

이외에도 우리가 알아보고자 하는 범죄심리학, 산업 및 공학 심리학, 환경심리학, 건강심리학, 청소년 심리학 등의 분야가 있다.

범죄심리학

1. 범죄심리학의 개념

일반적으로 사람들은 의사결정을 시도 할 경우에 3가지 측면을 검토한다. 대체안이 있느냐, 보상은 어떤 것이냐, 결과로 얻는 것이 무엇이냐 하는 점들이다. 그러나 범죄자들은 충동적이고 계산적이지 못해서 이익만을 크게 생각한다(홍성열, 2002: 271-288). 그렇기 때문에 이들은 손해를 가볍게 생각하고 범죄행동을 하는 것이다. 인간은 왜 범죄를 저지르며, 어떤 인간이 범죄를 저지르는가 하는 것을 심리학적 관점에서 범죄를 연구하는 것이 범죄심리학이다(大村政南, 2001: 186). 심리학의 하위 분야로서 범죄심리학은 1872년 독일의 에빙(Ebing)의 "Outline of Criminal Psychology"에서 처음 소개되었다.

범죄심리학은 광의의 범죄심리학과 협의의 범죄심리학으로 구분할 수 있다. 넓은 의미의 범죄심리학은 재판심리학, 교정심리학을 말하며 일부 학자들은 피해자학을 포함하기도 한다.

넓은 의미의 범죄심리학에서 재판심리학은 법정에서의 심리학만이 아니라 수사나 현장검증의 심리학 등을 포함한다. 교정심리학은 범죄자의 처우, 출소 후의 보호와 지도 그리고 재범의 예측과도 관계가 있다. 피해자학은 피해자가 왜 피해를 입는지에 주목하여 피해자 심리와 가해자 심리 간의 상호작용에 관심을 가지는 분야이다.

좁은 의미의 '범죄심리학'은 범죄자의 범행 전후의 심리, 범죄자의 성격 등에 관한 연구로서 일반적인 범죄심리학을 가리킨다(大村政南, 2001: 190). 좁은 의미의 범죄심리학이란 심리학을 범죄문제와 연관하여 활용하는 학문이다. 범죄사실을 밝히는 실체적 진

---

12 성선택론은 사회심리학적 작업에 매우 중요한 개념적 자원이 될 수 있는 진화이론 중 하나이다. 이 이론은 동성 경쟁자와의 경쟁을 통해 얻은 짝짓기(mating) 이득, 즉 같은 성에 속하는 다른 개체가 상대 성별의 개체들과 짝짓기하는 것을 막고, 자신만 짝짓기를 함으로써 결과적으로 자신의 자손을 더 많이 남기는 방법을 통해 선택되는 것과, 이성에 의해 짝으로 선택되어 생긴 짝짓기 이득, 즉 동성내의 경쟁은 미약하지만 상대 성의 개체에 대해 매력적으로 보여 짝짓기의 대상으로 선택되는 경우로 번식 경쟁(reproductive competition)에서 유리한 위치를 차지하게 되는 상황을 말하는데 이 두 가지 모두 이러한 이득을 통해 진화가 일어날 수 있다는 이론이다.

실발견의 측면과 범죄자의 성격판단, 행동예측, 범죄재발방지, 동일수법 전과자 대처를 위하여 활용하는 분야이다.

범죄심리학은 이상심리, 정상심리, 범행 시 범죄자의 심리를 중심으로 가해자와 피해자의 상호작용 중 심리적 역동성을 이해한다. 통상 범죄발생에 따른 범인 검거, 신문과정에서의 범죄자 취조, 범죄원인 이해 등을 통한 범죄발생 통제, 범죄발생 예측, 범죄행동 묘사, 가상범죄행동을 설명하기 위한 심리학의 한 분야로 범죄수사 실무에 사용하기 위한 행동과학과 응용심리학적 기법으로 설명할 수 있다.

범죄심리학과 유사한 분야로 '수사심리학'을 들 수 있는데 수사심리학이란 용어가 한국에 등장한 것은 최근의 일이다. 수사심리학은 범죄심리학과 그 관심방향이 다소 상이하다. 범죄심리학의 중심 과제는 개개의 범죄자나 일반인이 왜 범죄를 범하게 되는가를 중심으로 다루면서 범죄와 범인의 상호관계를 연구하는 것이다. 수사심리학은 좀 더 실무적이고 구체적으로 범인 신문과정에서 피의자의 유·무죄를 어떻게 분별해 내고 유죄의 피의자로부터 어떻게 진실을 털어놓게 심리적 가교를 놓아줄 것인가가 우선적 과제로서 이를 과학적이고 체계적으로 연구하는 데 중점을 두기 때문에 구별되어야 한다는 주장이다(김종률, 2002: 18).

그러나 'criminal interview and interrogation'을 수사심리학의 의미로 사용하고 있으므로 보다 범주를 명확히 하자면 수사심리학이라기보다는 피의자 신문기법이라는 한정된 분야로 볼 수 있다. 따라서 수사심리학은 범죄심리학의 범주 중 피의자 신문을 중심으로 한 기법에 범죄심리학의 일부 영역을 포함시킨 것에 한정된다고 그 범위를 정할 수 있을 것이다. 이처럼 범죄심리학의 영역은 사건의 심리학적 분석에서부터 범죄자의 교정과 사회복귀에 관련된 심리학에 이르기까지 광범위하다.

2. 범죄심리학의 목적

성 아우구스티누스(성 어거스틴)는 죄(sin)가 다섯 단계를 거쳐 발생한다고 하였다. 첫째, 마음이 어떤 행동을 생각해 낸다. 둘째, 마음은 그 행동을 감각과 관련지어 생각한다. 즉, 행동을 통해 쾌락을 얻을 수 있는가를 따진다. 셋째, 행동이 불러올 수 있는 결과를 고려한다. 넷째, 결과를 기꺼이 감수할 생각이 있을 때 그 생각을 실천에 옮긴다. 다섯째, 행동을 하고 나면 마음이 그러한 행동을 합리화한다(Roy Hazelwood & Stephen G. Michaud, 2002: 19).

범행 후 자기 행동을 정당화하는 심리를 살펴보면 범죄자라 해도, 단순한 절도부터 흉악한 살인사건까지 광범위하고 다양하다. 따라서 범행 후의 심리도 제각각이다.

우에마츠는 범죄자가 가질 수 있는 심리를 범행을 하고 난 이후 자신의 행위를 정당화한다는 정당화의 원칙[13]과 점차적으로 범행을 하면 할수록 범행은 반복되면서 실행은 쉬워지고 심적 갈등도 적어지며 대담해진다는 대담화의 원칙[14]을 주장하였다(大村政南, 2001: 198).

범죄심리학이 존재하는 것은 범죄행동을 중심으로 한 심리적 과정을 탐색하기 위해서이다. 따라서 범죄심리학의 존재 목적은 범죄행동을 묘사하거나 측정하고 범죄행위의 원인탐색을 통한 범죄행위 발생의 심리학적 측면에서 이를 설명하여 범죄발생을 예측하고 방지함으로써 범죄수사 등을 통한 실체적 진실발견 등 형사사법 활동에 기여하는 데 있다.

현행범을 현장에서 체포하는 경우에도 완벽한 범행재현이란 시간을 되돌릴 수 없으므로 불가능하다. 대부분의 범죄현장은 이미 범죄가 발생한 이후에 현장에 나오게 된다. 필연적으로 시간이 경과하고 난 이후 과거의 상황을 재현하여야 하므로 주로 당시의 범죄행동은 결국 범죄자의 심리이해를 통하여 이를 묘사하지 않으면 안 된다. 특히 범인이 체포된 이후가 아니라 범인을 검거하지 못한 상태에서 그러한 상황을 가정하여 사건의 흐름을 예측하는 것은 평소 범인이나 범죄에 대한 심리학적 연구나 자료의 축적 없이는 거의 불가능하다. 따라서 범죄행위 원인의 탐색을 통해 왜 이러한 범죄행위가 발생하는가를 심리학적 측면에서 접근하여 설명할 수 있어야 한다.

어떠한 행위에는 반드시 그 원인이 있다. 즉, 마음의 움직임과 행동은 결국 같은 맥락 속에서 이루어진다는 가정 아래 범죄를 일으키는 마음의 상태를 행동을 통하여 관찰하는 것이다. 범죄행동을 사전에 예측한다 함은 범죄 예방적 측면에 있어서 무엇보다 중요하다. 연쇄살인 사건 발생시 범죄심리를 잘 활용하면 그 범행수법이나 범행현장에서의 각종 유류물 등을 연관시켜보았을 때 다음 범죄발생을 예측할 수 있고 과거에 발생한 사건과의 연관성을 유추할 수 있다. 그렇게 함으로써 결국은 범죄 심리를

---

13 범행을 하고 난 이후에 자신의 행동을 반추해보며 그러한 행위에 대한 정당성을 주장하면서 내적인 공고함을 다지는 것이 정당화이다. 도스토예프스키의 〈죄와 벌〉에서 주인공 라스콜리니코프는 자신의 뛰어난 재주를 세상에 알리기 위해서는 탐욕스런 고리대금업자 노인을 살해해도 용서받을 수 있다고 스스로 정당화한다. 어느 고명한 학자는 사원에 소장된 국보급 고문서를 훔쳐냈다. 사원에서는 고문서를 매우 엉성하게 다루고 있기 때문에 자신이 소장하는 것이 사회에 공헌할 수 있는 길이라고 생각했던 것이다. 금괴 판매 사기 용의자가 정의의 사나이라고 자칭하는 두 사람에게 살해당한 것도 정당화 원칙으로 설명할 수 있다.

14 범행의 반복은 학습에 의해 적은 노력으로 더 큰 효과를 거둘 수 있게 점차 진보해 가며 범행이 반복될수록 더 이상 정당화의 원칙도 크게 필요로 하지 않는 단계이다. 범행을 성공하게 되면 다시 범죄를 하게 되고 보다 대담해져 간다. 이것이 대담화의 원칙이다. 범행의 실행을 제지하는 것으로는 여러 가지가 있는데 발각되었을 때의 형벌은 커다란 억제력이 될 수 있다. 금융기관에서 보이는 장기간에 걸친 거액의 횡령 등이 그러한 예이다. 2009년 각 지방자치단체에서 발생한 예산·복지담당 공무원들의 횡령사건 등에서 자치단체 공무원들의 복지예산 횡령에 이어 경기도 화성시에서 세무담당 공무원이 잘못 부과된 세금을 환급하는 것처럼 서류를 위조해 12억원을 빼돌린 사건이 있었다. 이들은 발생 초기에 약간의 횡령을 하다가 점차적으로 눈먼 돈이라는 의식과 자신의 범죄행각이 드러나지 않자 지속적으로 범행을 해 왔다.

표 1 범죄심리학의 연구주제

단계별 분류	범죄심리학 연구 주제	범죄심리학의 하위 및 연관분야
잠재적 범죄인	범죄자 관련 생물, 생리, 성격, 사회적 환경(사회제도), 개인발달, 인지구조와 과정, 가족·대인관계 · 범죄성향 평가 · 범죄예측	· 범죄심리이론 · 범죄심리연구방법론 · 범죄원인론 · 범죄수사심리이론 · 범죄심리측정/평가 · 범죄심리통계 · 범죄심리상담 및 치료 · 범죄예측 · 범죄예방론
범죄 직전의 상황	· pre-crime 상태의 심리특성연구 · 범행동기/범죄촉발의 심리사회적요인	
범죄자(용의자)	· 범행과정의 변화 · 범죄유형별 범죄자 심리 · 프로파일링 · 최면수사 · 거짓말탐지기 기법	
피고인	· 피고인 신문기법 · 정신감정 · 목격자 증언 · 형사책임능력(정신장애범죄인)	
수형자	· 분류평가 · 상담치료 · 교육 · 재활 · 가석방	
전과자	· 전과자 심리특성 연구 · 재범방지 · 재적응 연구	

출처 : 내용 재정리

응용한 범죄수사 등을 통하여 실체적 진실발견 등 형사사법 활동에 기여하게 되어 사회범죄 감소에 일조하게 된다.

3. 범죄심리학의 활용분야

범죄심리학의 영역은 사건의 심리학적 분석에서 시작해 범죄자의 교정과 사회복귀에 이르기까지 광범위하다(大村政南, 2001, 2004: 19).

범죄심리학의 활용분야는 범죄학 및 범죄수사 분야와 결합하여 학문적 발전과 실무적 응용을 통하여 범죄수사를 통한 실체적 진실발견을 도모하거나 유사범죄의 재발방지, 범죄예방 및 예측을 위한 청소년 상담, 교정기관 내의 수형자 상담, 기타 여러 분야에서 활용될 수 있다.

범죄를 저지르기 전의 잠재적 범죄인에 대해서는 범죄자와 관련된 생물, 생리, 성격, 사회적 환경(사회제도), 개인발달, 인지구조와 과정, 가족·대인관계, 범죄성향 평가,

범죄예측 등이 연구주제가 될 수 있다. 범죄 직전의 상황에 대해서는 pre－crime 상태의 심리특성연구, 범행동기·범죄촉발의 심리사회적 요인을 중심으로 범죄심리학이 활용될 수 있다. 그리고 용의자나 범인을 대상으로 수사를 하는 상황에서는 범행과정의 변화, 범죄유형별 범죄자 심리, 프로파일링, 최면수사, 거짓말탐지기 기법 등이 사용될 것이다.

용의자가 피고인의 신분이 되면 피고인 신문기법, 정신감정, 목격자 증언, 형사책임능력(정신장애범죄인) 등을 중심으로 범죄심리학이 활용될 수 있다. 수형자의 신분이 되면 교정심리학과 결합하여 분류평가, 상담치료, 교육, 재활, 가석방에 활용된다.

전과자에 대해서는 전과자 심리특성에 대한 연구를 통해서 재범방지나 재적응 연구가 이루어질 수 있다. 범죄심리학의 하위 및 연관분야로서는 범죄심리이론, 범죄심리연구방법론, 범죄원인론, 범죄수사심리이론, 범죄심리측정 및 평가, 범죄심리통계, 범죄심리상담 및 치료, 범죄예측, 범죄예방론 등을 들 수 있다〈표 1 참조〉.

제 2 장 인간의 소질과 범죄원인

Criminal Psychology

범죄발생에 대한 세 가지 관점

한국사회에서 발생하고 있는 범죄의 가장 두드러진 특징은 직접적으로 원한이 없는 피해자를 대상으로 범행하는 소위 무동기 범죄와 모방범죄[1]가 만연하고 있다는 점이다. 범죄는 생명이 없으나, 사회현상이나 시대에 따라 점차적으로 진화하고 있는 살아 움직이는 생물과 같다 예전에는 통상 자신과 원한이 있는 대상을 상대로 범행을 하

1 **# 사례 1.** '호스텔' 지난해 경기도 용인에서 10대 청소년이 평소 알고 지내던 여성을 성폭행해 목 졸라 살해한 뒤 시신을 훼손하는 끔찍한 사건이 발생했다. 당시 피의자인 심모(19) 군은 미리 준비한 문구용 커터칼과 공업용 칼로 시신을 훼손했으며 이후 자신의 집 장롱에 훼손한 시신을 보관한 충격적인 사건이 발생했다. 당시 체포된 피의자 심 군은 영화 '호스텔'을 언급하며 "(호스텔 같은 영화를) 보면서 살인을 해보고 싶다는 충동을 느꼈다"고 진술한 것으로 전해졌다. 영화 '호스텔'은 2005년에 개봉한 공포 영화로 호스텔에 머무는 여행객들을 잔인하게 고문해 살해하는 것을 즐기는 내용이다.

 # 사례 2. '친구' 지난 2001년 영화 '친구'가 800만 명이라는 흥행기록을 세우며 사람들 입에 오르내릴 때 한편에선 지나친 폭력 장면이 청소년들의 모방범죄를 유발할 수 있다는 우려가 제기됐다. 그리고 그 우려는 사실이 돼 그해 10월 부산의 한 고등학교에서 1학년 김 군은 친구들이 보는 가운데 친구를 흉기로 찔러 살해했다. 경찰 조사 결과 김 군은 범행을 준비하기 위해 영화 '친구'를 40여 차례 관람한 뒤 살해 결심을 굳힌 것으로 드러났다.

 # 사례 3. '그놈 목소리' 2007년 당시 8살이던 박모 군이 유괴범에게 납치돼 싸늘한 시신이 돼 부모 곁으로 돌아오는 인천 어린이 유괴 사건이 발생했다. 사건을 수사하던 경찰과 박 군의 아버지는 그해 개봉한 '그놈 목소리'와 범행 수법이 비슷해 '그 범인이 다시 나타난 것이 아니냐'는 의심까지 했다고 전한다. 이 영화는 1991년 발생한 이형호 군 유괴 살인 사건을 다룬 영화로 전국 관객 360만 명을 넘기며 흥행에도 성공을 거뒀다. 그러나 성공 이면에 전주에서도 이 영화를 보고 납치 자작극을 벌이는 등 모방범죄도 잇따랐다.

 # 사례 4. '살인의 추억' 2007년 화성에서 한 달 사이 부녀자 3명이 잇따라 실종되는 사건이 발생했다. 실종된 사람은 노래방 도우미 2명과 모기업 직원으로 이들은 전부 비봉IC 주변에서 행방이 묘연해졌다. 지역 주민들은 영화 '살인의 추억'의 악몽이 되살아난 것 아니겠냐며 두려움에 떨었으나 수사당국은 "연쇄살인 사건과 무관하다"고 일축했다. '살인의 추억'은 1991년 4월부터 발생한 연쇄살인 사건으로 화성시 동탄면의 한 야산에서 60대 여성이 숨진 채 발견된 이후 모두 10명이 잇따라 살해된 사건을 그린 영화로 현재까지 미세사건으로 남아있다. http://news.tf.co.kr/read/life/1400677.htm (2014. 8. 22)

였으나 현대사회가 복잡, 다양화됨에 따라 자신의 주관적 감정의 기복과 아무런 상관없는 타인을 범행 대상으로 선택하여 피해자의 입장에서는 전혀 예측할 수 없는 무동기 범죄가 자주 발생하고 있다.[2]

범행수법 역시 잔혹해져 사체를 토막내거나 손상시키는 범죄가 심심찮게 보도되고 있고 살해 후에 인간의 장기를 분리시키거나 이를 실험적으로 먹는 카니발리즘(Cannibalism)의 경향마저 보이고 있는 실정이다. 이러한 현상은 카피캣(Copycat)이라는 모방범죄의 측면에서 접근할 수도 있고 근원적인 면에서 본다면 매스컴이나 잔혹게임 등의 영향을 부정할 수 없다.

세상의 변화가 적응할 수 없을 정도로 빠르고 인간 심성이 제대로 자리를 잡지 못한 상태에서는 엽기 범죄에 대한 모방범죄까지 난무하면서 차후 더욱 엽기적 범죄가 이어질 가능성이 높다.

사회현상은 범죄에 영향을 미치고 범죄는 다시 사회현상에 영향을 준다. 사회의 순기능이 제대로 가동할 때는 범죄가 감소할 것이고 역할을 제대로 하지 못할 때는 필연적으로 범죄가 증가할 것이다. 돈이면 다 된다는 황금만능주의, 인터넷이나 여러 가지 대중매체를 통한 문란한 성문화 풍조, 한탕주의 등에 대한 우려는 이미 심각한 수준에 와 있다. 단순히 국가기관에만 의존하여 범죄예방을 기대하는 것으로는 불충분하다. 보다 근본적 원인에 대해 고민하고 범죄 발생의 메커니즘에 대한 이해가 절실한 시점이다.

인간은 태어나면서 가지는 개체 특유의 생물학적인 요소에다 성장하면서 접하게 되는 사회적 요소 및 개인적 요소가 상호작용하면서 심리적 기반을 형성하게 된다. 또한 이렇게 형성된 개인의 심리적 요소는 자신의 생물학적 측면과 자기를 둘러싸고 있는 사회환경적 측면에 다시 영향을 미침으로써 끊임없는 상호작용을 계속하게 된다.

범죄행위발생의 원인을 설명하는 이론은 크게 세 가지로 구분할 수 있다.

1. 생물학적 접근

전세계적으로 성범죄를 감소시키기 위한 방안으로 최근 성범죄자에 대한 화학적 거세 논란이 활발하다.[3] 이러한 시각은 범죄억제에 대한 생물학적 접근의 대표적인 예

2 자신과 직접 관계가 없는 사람들을 대상으로 범죄자 자신의 주관적 판단, 예컨대 유영철 사건에서, '정원이 딸린 집이니까 부자일 것이다' 또는 '여자가 밤에 늦게 다니니까 유흥업소에 일하는 헤픈 여자일 것이다'라는 등의 이유로 가진 자와 여자에 대한 분노를 불특정 다수를 상대로 범행을 하였다.

3 '거세'는 남성상을 보장하고 성욕에 가장 큰 영향을 미치는 남성호르몬을 결과적으로 제거하는 것이다. 여기에는 물리적 거세와 화학적 거세로 구분된다. 물리적 거세란 남성호르몬을 생성하는 고환을 제거함으로써 남성의 구

이다.

인간행동의 근원이 생물학적일 수 있다는 견해는 새로운 것이 아니다. 생물학적 특성을 통해 사람들의 범죄행동 가능성을 어느 정도 예측할 수 있다(Lawrence Tayor, 홍성열 · 임영식 역, 1991: 27).

범죄 원인으로 각 개체가 가지는 인격상의 특징인 비정상적인면(Abnormal Aspect)을 강조하는 학파를 범죄생물학파(School of Criminal Biology)라 하며, 이러한 개체의 특징을 강조하는 사람들을 개체주의자라고 한다. 개체를 둘러싼 환경상 제반특징을 강조하는 환경주의자와 구별되는 개념이다.

인격특징이란 각 개체가 가지는 인격상 특징인 정신, 심리, 생리상의 제반특징을 가리킨다. 이러한 인격특징상 제반특징 중 어떤 부분이 범죄성 또는 범죄행위와 특별한 상관관계를 가지며, 어떻게 범죄의 원인으로 작용하는가가 중요한 의미를 가진다(신진규, 1995: 116). 체사레 롬브로조(Cesare Lombroso), 엔리코 페리(Enrico Ferri), 라파엘 가로팔로(Raffaele Garofolo)는 생물학적이고 문화적인 진화론과 결정론에 크게 기여한 학자들이었다(William V. Pelfrey, 이경재 역, 1996: 20-25).[4]

인격상의 제반특징에 관한 분석은 다음 세 가지로 구분할 수 있다.

첫째, 선조로부터 물려받은 유전조건 중에서 어떤 경우가 범죄성의 발현과 깊은 상관관계를 갖는 것인가에 대한 유전과 범죄[5] 연구가 이에 해당한다(신진규, 1987: 116).

둘째, 현실적으로 개체가 가지고 있는 신체 생리상의 조건 중 범죄성과 깊은 상관관계를 가지는 요소에 대해 연구하는 것으로 통상 신체 생리조건과 범죄와의 상관관계[6]를 연구하는 분야이다(신진규, 1987: 134-150).

실을 하지 못하도록 하는 소위 '고자'로 만드는 것이다. 화학적 거세는 인위적으로 남성호르몬인 테스토스테론을 억제하는 제제나 여성호르몬인 에스트로겐을 주입하여, 남성의 성적기능을 저하 혹은 무력화시키는 것이며 외국에서는 이미 이러한 화학적 거세 방법을 사용하고 있다.

4 롬브로조에 따르면 범죄인은 현대인의 조상인 원시인의 유전자를 가진 격세유전자라고 명백히 결론을 내리고 있다. 즉 범죄자는 동물과 같은 생활양식을 영위하는 야만적인 본능을 가진 자라는 것이다. 그는 범죄자를 세 가지 유형으로 나누었는데, 생래적 범죄인(born criminals), 정신병적 범죄인(insane criminals), 기회적 범죄인(criminaloids)이 그것이다. 엔리코 페리는 롬브로조의 수제자로 정신병적 범죄인, 생래적 범죄인, 기회적 범죄인, 격정적 범죄인으로 구분하였다. 롬브로조와 마찬가지로 페리도 이러한 분류가 범죄행동의 원인은 아니고 단지 공격적이고 사악한 행위유형을 지칭한 것뿐이라고 설명하였다. 라파엘 가로팔로는 앞의 두 학자들의 이론에 부적절한 점들을 발견하고 신체적인 비정상성에 초점을 맞추기보다는 정신적인 비정상성에 관심을 가졌다. 그는 범죄인을 일반적으로 적절한 이타적 감정의 발달이 결여된 자라고 간주하였다.

5 범인성 유전소인(hereditary defect)에 관한 연구로는 Glueck 부부의 범죄자의 혈연연구, Riedl의 범죄에 있어서 유전소인의 출현율 비교연구, Goring의 교도소 수감기록보유자를 대상으로 한 부모와의 범죄 상관율 조사, Dagdale과 Estabrook의 Juke family에 대한 연구, Goddard의 Kallikaks family에 대한 연구 등을 참고할 것. S. and E. T. Glueck, Unraveling Juvenile Delinquency(1960), C Goring, The English Convict(1915), Richard Dagdale, The Jukes in 1915(1916). H. H. G ordad, The Kallikaks(1912).

6 신체생리조건과 범죄와의 상관성에 관한 연구는 Lombroso의 생래적 범죄인설 Gall의 골상학, Hooton의 인류학적 조사연구, Kretschmer의 체격형과 범죄와의 상관관계연구, 이외에도 염색체 이상, 혈액형별 범죄인분류 등에 관한 연구를 참고할 것. C. Lombroso, Crime, its cause and Remedies(1912), E. A. Hooton, Crime and the

셋째, 개체가 가지고 있는 정신심리상의 특징 중에서 범죄성과 깊은 상관관계를 갖는 것으로 이는 정신심리상태와 범죄와의 관계를 고찰하는 것이다.[7] 이 이론은 법을 준수하는 사람과 위반하는 사람을 구별하는 해부학적, 생리학적, 또는 유전학적 비정상성에 초점을 맞춘다(Ronald L. Akers, 민수홍 외, 2000: 55).

뇌(brain)는 인간의 생각을 지배하는 기관이다. 따라서 생물학적 측면에서 뇌와 관련된 연구는 중요한 의미를 가진다. 인간은 어떤 일을 할 때 습관적으로 자기의 내면을 성찰한다. "이쪽으로 갈까 아니면 저쪽으로 갈까?" 자신의 내면에 대하여 묻는 것이다. 질문하는 주체와 답변하는 주체는 누구일까? 제인스는 분리뇌(分離腦)라는 이론을 원용하였다. 이 이론은 1950년대 로저 스페리(Roger Sperry)가 제창한 뇌 의학의 획기적 발견으로 후에 그는 노벨상을 수상하였다. 그의 이론에 의하면 뇌는 두 개의 반구로 구분되며, 두 개의 반구는 뇌량(腦梁: Corpus callosum)이라는 신경을 잇는 연결다리로 이어져 있는데 뇌량을 제거하면 양쪽 뇌의 기능이 분리된다는 것을 발견하였다. 좌뇌는 통상 언어나 이성의 힘을 관장하며, 우뇌는 직감을 담당하여 형상이나 양상의 인식에 관련되어 있는 것으로 추정한다. 예컨대 좌뇌에 상처를 입은 환자의 경우 언어장애가 발생하나 그림이나 음악감상에는 지장이 없으며, 우뇌에 상처를 입은 환자는 명료하고 논리적인 연설을 할 수 있지만 간단한 모양조차 그릴 수 없다는 것이 이를 증명하고 있다. 각 뇌의 구체적 관장부분을 설명하자면 좌뇌는 신체의 오른쪽 부분을 관장하고 우뇌는 신체의 왼쪽 부분을 관장한다. 언어학적으로 여성은 남성에 비해 좌우 양쪽 뇌의 기능이 균형을 이루고 있는 데 반해 남성의 경우 우뇌 기능이 훨씬 지배적이다(나이젤 C. 벤슨, 윤길순 역, 2003: 121).

분리 뇌의 차원에서 범죄를 설명하자면 현실적 목적과 인식 범위만을 가진 좌뇌가 자기 성찰 없이 목적의 성취만을 지향하는 행위로 나아갈 때 범죄가 발현된다고 할 수 있다. 좌뇌는 오직 전진만이 관심거리이므로 쉽게 함정에 빠진다. 방향을 전환할 능력을 상실한 좌뇌의 선택은 자기 파괴이냐 아니면 점진적 멸망이냐의 두 갈림길에 서 있다.

범죄자의 뇌에는 범죄를 저지를 때의 극치감으로 알려진 기제가 존재한다고 알려져 있다. 즉 범죄행위가 특정 사람들에게는 범죄 친화성이 낮은 사람들에 비하여 상대적으로 생리적 각성을 가져다준다는 것이다. 이 가설에 따르면 범죄자 집단은 비범죄자 집단보다 각성수준이 매우 낮은 편이다. 1990년 남 캘리포니아 대학 연구팀은 10년에 걸쳐 101명의 영국 남학생들을 대상으로 종단연구를 실시한 결과 범죄와 관련된 학

Man(Harvard Univ. Press, 1939).

7 좁은 의미에서 범죄심리학적인 측면은 범죄생물학적 측면과 구분하여 설명하기도 하며 개체가 가지고 있는 정신심리상의 특징을 고려하여 넓은 의미에서 범죄생물학의 범주에 포함시키기도 한다.

제1편
제2편
제3편
제4편
제5편

생들이 그렇지 않은 학생들에 비해 각성 수준이 낮은 것으로 결론지었다. 그러나 환경적 요인 및 신체적 요인이 범죄행위와 관련되었을 가능성 역시 배제하지는 않았다(스티븐 후안, 배도희 역, 2006: 121-122).[8]

뇌의 특정 부위가 범죄와 관련 있다는 주장은 매우 설득력이 있다. 전두엽(Frontal Lobe)은 대체로 인간에게서만 발견될 수 있는 기능들, 예컨대 예지력과 판단, 지혜, 포부 등과 연관된 기능을 한다. 인간이 다른 동물들과 다른 점은 전두엽의 크기이며, 전략을 세우고, 어떻게 할 것인가를 결정하고, 미래의 계획을 세우는 것이 전두엽의 역할이다. 전두엽은 무엇이 옳고 그르고를 판단하여 본능적인 행등을 통제하는 것인데 청송교도소의 중범죄자들은 전두엽의 크기가 일반인보다 작다는 연구결과도 있다(이영돈, 2006: 41).

전두엽은 뇌 한 가운데에 있는 대상회(帶狀回)와 편도체라는, 감정과 결부되기 쉬운 부분을 억제한다. 전두엽은 이성적 행동을, 대상회(帶狀回)와 편도체는 감정적 행동을 불러오는 경향이 있기 때문에 이들은 항상 대립하고 있다. 따라서 전두엽은 감정적으로 행동하거나 격노한 나머지 돌이킬 수 없는 행동을 하지 않도록 통제하는 영역이기도 하다(요네야마 기미히로, 인트랜스 번역원 역, 2004: 164).

뇌에 중금속이 축적되면 범죄행위와 연관될 수 있다는 연구결과도 있다. 뇌와 특정물질과의 관계에 있어서 과도한 납과 카드뮴은 뇌를 과부하시켜 뇌 손상을 일으키고, 결국 범죄행위를 유발시킬 수 있다는 주장이다. 캐나다 몬타리오주 맥길 대학의 연구자들은 정신적 문제를 보인 범죄자 중 시설에 구금 중인 19세에서 48세 사이의 남자 49명을 대상으로 연구를 실시하였다. 연구결과 납과 카드뮴이 공격성과 관련 있으며, 한 개체의 뇌에서 납과 카드뮴 혈중 농도 둘 다 높다면 폭력 행동을 보일 가능성이 더 클 것이라고 결론지었다(스티븐 후안, 배도희 역, 2006: 124-125).

최근 흉악범에 대해 법적, 사회적 제재 외에 약물치료 같은 적극적 방법도 동원되어야 한다는 주장도 설득력을 얻고 있다. 이미 미국 볼티모어 소재 국립성범죄 연구소에선 소아 강간 등 성범죄자를 대상으로 남성호르몬인 테스토스테론[9]을 감소시키는 약물투여를 통한 인공 거세 작업이 진행되었다.

현대의학은 성염색체와 테스토스테론의 혈액 내 농도에도 초점을 맞추고 있다. 테

8 연구팀은 12세인 101명의 소년들을 대상으로 생리학적 측정을 한 후 10년이 경과한 1988년 영국의 범죄기록을 컴퓨터로 조회하였고, 그중 17명이 강도, 절도를 저지른 것을 확인하였다. 즉 뇌전도, 피부전도, 심장박동 등에서 나타난 생리적 측정치가 모두 유의미하게 낮았다.

9 아나볼릭 스테로이드인 '테스토스테론'은 고환에서 분비된다. 아나볼릭(anabolic)이란 증강시킨다는 의미이며, 아나볼릭 스테로이드는 근육을 발달시키고 지방을 분해한다. 이 호르몬은 비교적 지속적으로 분비되며, 공격적인 행동의 원인이 된다. 인간을 포함한 대부분의 동물 중 나이와 상관없이 수컷의 공격성을 볼 수 있다. 예외적인 것으로 임신한 암컷, 어미, 사마귀와 검정거미와 같은 것이 있다.

스토스테론의 인체 내 생리 기능은 목소리를 굵게 하고 털이 나게 하며 근육과 골격을 남자답게 발달시키는 성호르몬의 역할을 하며 고환 속의 정소에서 분비된다. 여성의 난소와 부신피질에서 소량 분비된다. 문제는 테스토스테론이 성욕은 물론 충동적이고 공격적 행동까지 담당하고 있다는 것으로 다리를 들고 방뇨하는 행동을 요하는 수캐에서 주로 볼 수 있는 현상이다. 존스 홉킨스병원의 흉악범 대상 약물 주사를 통한 인공거세법이 성범죄재발방지 효과가 있다는 연구결과도 주목받고 있다.

항(抗)우울제로 쓰이는 프로작과 같은 약물투여도 흉악범들의 공격적 충동을 억제하는 데 도움이 되며 이외에도 호르몬이 범죄행동에 미치는 영향에 대한 연구도 활발하다.[10]

생물학적 측면의 제 연구의 발전은 관상학(Physiognomy)과 골상학(Phrenology)적인 측면에서부터 범죄인류학(Criminal Anthropology), 육체적 열등성과 체격형 이론(Theory of Physiological Inferiority and Body Type), 유전이론(Genetic Theory), 생화학적 요소(Biochemical Factors)와 범죄성, 신경 생리적 요소(Neuro-Physiological Factors), 지능, 연령 등의 요소와 범죄성, 나아가서는 사회생물학적 범죄학(Sociological Criminology)적 입장과 생화학적 접근(Biochemical Approach), 신경생리학적 접근(Neurophysiolcgical Approach) 등 1980년대에 주목받기 시작한 신범죄생물학적 입장으로 발전되었다(김보환, 2004: 4-9). 신범죄생물학은 초기 범죄생물학과 달리 인간의 행동이란 유전에 의해 일률적으로 결정되는 것이 아니라 유전과 환경의 상호작용에 기인한다는 입장으로 선회, 발전되고 있다(지광준, 2006: 215).

2. 사회환경적 접근

인간의 사회적 환경 역시 범죄문제에 대한 주요한 해결책의 하나로서 주목 받고

10 세로토닌은 분노 감정을 억눌러 정서적 안정감을 가져오는 뇌신경 전달 물질로서 세로토닌과 범죄와의 관계에 대한 연구는 1980년대부터 시작되었다. 이 분야 연구의 선구자는 공동연구를 수행한 미국 국립 알코올 중독 연구소의 마르쿠 리노일라(Markku Linnoila) 박사와 핀란드 헬싱키대학교 중앙병원 정신과 의사인 마티 비르쿠넨(Matti Virkkunen)이다. 당시 전 세계에서 흉악범죄자들의 세로토닌 수치를 측정한 기관은 핀란드 헬싱키 법정신의학과와 스웨덴 칼로린스카 연구소의 '사회 및 법 정신의학과' 단 두 곳에 불과했다. 미국 법조계에서는 살인범들의 변호인이 세로토닌 수치가 일반인보다 낮다는 측정 결과를 제시해 감형을 받은 사례가 있다. 가장 대표적인 사례로 1990년대 말에 있었던 '디온 샌더스(Dion Sanders) 사건'이라고 할 수 있다. 조부모를 총으로 쏴서 살해한 혐의로 법정에선 샌더스의 변호인은 척수에 바늘을 꽂아 측정하는 HPLC 방식으로 샌더스의 세로토닌 수치를 측정한 결과 샌더스의 대뇌 속 세로토닌 활동량이 일반인에 비해 상당히 낮다는 결론을 도출해내고 이를 법정에 증거로 제출했다. 변호인의 주장은 "샌더스가 선천적으로 세로토닌 생성 기능에 문제를 타고 태어났고, 이로 인해 유전적으로 충동 조절을 제대로 못할 위험성이 큰 상태였기 때문에 자신의 충동적 범죄행위에 대해 법적 책임을 질 수 없다"는 것이었다. 검찰 측에서는 이러한 세로토닌 변론에 대해 아무런 반박을 하지 못했고, 배심원들은 샌더스의 행위에 대해 "계획적 살인" 혐의에 대해서는 무죄를 평결하고 대신 우발적 살인 혐의의 유죄를 인정하였다. 결국 세로토닌 활동량이 유일한 정상 참작 사유로 받아들여진 이 사건에서는 샌더스는 사형이 아닌 종신형이 선고되어 수감 상태에서 장기적인 치료 프로그램을 받았다.

있다. 환경이란 개체를 둘러싸고 있는 사회적, 문화적, 자연적 제반 상황여건을 말한다. 이러한 환경여건은 인간의 인격형성에 영향을 미침과 동시에 현실적인 행위의 실행여부에도 직·간접적으로 영향을 미친다. 환경상 제반여건 중 어떤 것이 범죄 및 범죄성과 밀접한 관계를 갖는가에 관한 분석이 중요한 의미를 가진다(신진규, 1995: 269). 한편으로 환경요인은 사람들의 심신활동에 직접 영향력을 행사하여 범죄행위 등 행위를 유발 또는 촉진시키는 역할을 하면서도 다른 한편으로는 성장기를 통해 인격의 형성에 영향을 미친다.[11]

범죄사회학적 측면에서 미국의 실용주의적 이론에 주도되어 세계 범죄학에 많은 영향을 미친 학파는 미국의 시카고 학파이다. 시카고 학파는 범죄현상을 생태학의 시점에서 분석하였는데 당시 미국의 도시화 현상이 크게 반영된 것이라 할 수 있다. 시카고 학파는 빈곤, 질병, 범죄의 빈발이 유전적인 요인에 의한 것이 아니라 사회해체의 결과라는 점을 밝혔다는 점에서 중요한 의의를 가진다. 당시 미국의 우생학적 사조가 우세해지는 경향에 대하여 범죄의 환경적인 요인의 중요성을 지적함으로써 우생학적인 사조에 대한 안티테제(Antithese)를 표방하였고, 범죄사회학의 기초를 쌓았다(이만종, 2002: 74-75). 범죄사회학적 측면과 관련하여 주목받는 대표적 이론으로 통제이론,[12] 긴장이론,[13] 문화적 비행이론,[14] 상징적 상호작용이론[15] 등을 들 수 있다(William V. Pelfrey, 이경재 역, 1996: 50-61).

3. 심리학적 접근

정신심리상태란 인간의 정신생활의 특징을 가리키는 것으로 인간의 정신 심리적 특징의 형성과정에 대한 학자들의 견해는 크게 3가지로 나누어진다. 첫째, 생물학파 또는 기관학파의 입장으로 개체가 가지고 있는 생리상의 특징과 연결 짓는 입장이다.

11 프랑스의 법의학자인 라까사뉴(Lacassagne)는 고물가, 실업 등의 시기에 범죄율이 증가하는 등의 사실을 지적하면서 사회환경은 범죄의 배양기이며 범죄자는 배양된 미생물에 해당한다는 주장을 하였다

12 통제이론은 비행행위가 한 개인의 사회적 유대가 약해지거나 깨졌을 때 발생한다고 가정한다. 통제이론에서는 왜 어떤 사람은 사회의 규범에서 이탈하고 다른 사람은 이탈하지 않는가에 초점을 맞추고 있다. 따라서 통제이론은 인간을 규율에 준수시키는 것에 관심을 갖는다.

13 긴장이론에서는 인간은 본성적으로 적응되기를 바라는 도덕적 동물이라는 가정을 하고 있다. 어떤 개인이 규범을 준수할 수 없는 경우 그 원인은 어떤 압력이나 긴장 때문이라는 것이다. 긴장이론에는 로버트 머튼의 아노미이론, 리차드 클로워드와 로이드 오린의 기회이론 등이 있다.

14 행위는 사회적으로 또는 개인적으로 결정된 기준에 합치하는 것으로 비춰진다. 사회적으로 용인되지 않는 기준으로 사회화되는 것에 초점을 맞춘다. 문제는 그러한 학습이나 사회화가 발생하는 상황이다.

15 사회적 조직은 행동하는 개체들이 자신의 행동을 내부적으로 발전시키는 구조 틀이다. 행동하는 개체들은 문화나 사회구조, 기타 등등을 위하여 행동하지는 않으며 상황을 위하여 행동한다. 대표적인 이론으로 에드윈 서더랜드의 차별적 접촉이론이 있다.

예컨대 정신병자일 경우 대상의 뇌신경계의 조직을 분석하거나 뇌손상이나 기질적 변화의 상태에 주목하는 측면이다. 둘째, 정신분석학파로 개체의 성장, 생활과정에서의 정신 상호간의 역학적 관계, 예컨대 어린 시절 가정생활 경험이나 학교생활, 직장, 지역사회에서의 인간관계에 역점을 두고 정신심리상의 특징을 해명하고자 하는 입장이다. 이들은 각 개체가 경험하는 모든 정신생활 사실은 모두 그 개체의 내면심리에 축적되고 상황에 따라 복합적으로 상호작용함으로써 인격특징이 형성된다고 본다. 셋째, 심리생물학파로 앞의 두 가지 측면을 절충하여 모두 고려한 혼합형이다(신진규, 1995: 205). 정신분석학적 이론은 개인의 내부에서 범죄의 원인을 찾으려 한다는 점에서 생물학적 이론과 공통점이 있다. 그러나 이 이론은 생물학적 과정이나 비정상성에서 원인을 찾기보다는 개인의 마음속 깊은 곳에서 찾으려 한다(Ronald L. Akers, 민수홍 외 역, 2000: 72).

앞에서 제시된 바와 같이 범죄 원인에 의거 설명 수준에 따라 범죄원인에 따른 이론을 구분하는 것은 쉬운 일이 아니다. 왜냐하면 생물학적·심리학적 조건을 같이 포함시켜 범죄나 일탈행위를 설명하려는 생리심리학적(Bio Psychological) 이론들도 많이 있으며, 사회학적, 심리학적 조건을 모두 고려하여 범죄행위를 설명하려는 사회심리학적(Social Psychological) 이론들도 존재하기 때문이다. 그러나 일반적으로 생물학적 이론은 유전자와 염색체 등 생물학적 수준에서 범죄행위를 설명하며, 심리학적 이론은 퍼스낼리티 유형과 같은 심리학적 요인으로써 범죄원인을 설명한다. 그리고 사회학적 이론은 사회구조와 사회적 과정을 통하여 규범위반과 사회적 규정이라는 두 입장에서 이를 설명하려는 입장이다(Allen E. Liska, 장상희 외 역, 1995: 19).

인간의 생물학적 요소와 사회학적 요소 역시 인간의 행동결정에 중요한 영향을 미치기는 하나 최종적으로 범죄행동을 포함한 인간행동의 방향을 결정하고 행동을 실천에 옮기는 데 있어서 심리가 핸들과 엔진 그리고 연료의 역할을 한다. 따라서, 범죄행동에 있어서 심리학적 접근은 매우 커다란 의미를 가진다.

소질에 주목한 역동적 범죄관

인간행동은 타고난 인간본성과 환경이 함께 낳은 산물이다. 유전자가 진공상태에서 발현되는 법은 거의 없다. 유전자의 발현, 즉 유전적 요인이 행동으로 변환되어 나타나는 것은 환경에 달려 있다. 그러므로 똑같은 유전자도 환경에 따라 다르게 발현될 수 있다. 이런 관점에서 유전자가 짜놓은 인간의 타고난 본성과 인간이 자라나는 환경은 행동 결정요소로서 동등하게 중요하다(앨런 S.밀러, 가나자와 사토시, 박완식 역, 2008: 36). 이러한 관점에서 보았을 때 인간의 본성은 완전한 백지상태(Tabula Rasa)는 아니다. 이러한 면을 고려하여 범죄원인을 규명하는 데 있어서도 다양한 접근 방향에 기초한 여러 측면의 이론들이 있다. 생물학적, 사회환경적, 심리학적 측면이 그것이다(신진규, 1995: 96).

우선, 범죄 원인이 범죄자의 유전적 요소를 포함한 생물학적 요소에서 비롯된다는 범죄생물학적 원인이 있다. 그리고 범죄자를 둘러싸고 있는 주위 환경적 요소가 개인이 저지르는 범죄의 원인에 결정적인 영향을 미친다는 가설에 기초한 범죄사회학적 원인도 있다. 또한 넓은 의미에서는 범죄생물학적 원인론에 포함되기도 하지만 범죄자의 심리상태가 범죄를 일으키는 역동적 요소가 너무 큰 의미로 작용하므로 따로 분리하여 설명하기도 하는 범죄심리학적 원인도 있다. 그러나 현대사회에서 발생하는 범죄형태나 양상 등은 역동성이 너무나 다양하고 광범위함으로써 범죄원인을 단순히 생물학적이나 사회 환경적, 심리학적 측면[16]만으로 설명하기에는 충분치 않으며[17] 범죄 원인을 설명하는 데 어떠한 이론을 사용한다 하더라도 완전하지는 않다. 또한, 당시의 시대적 배경과 국가나 지역적 특성에 따라 차이가 있을 수 있다.

범죄발생에 있어서 생물학적, 사회환경적, 심리학적 원인은 상호작용을 제외하고는 논의할 수 없을 정도로 상호간에 영향을 미치는 역동적인 요소이나 이러한 관계를 논리적으로 설명하고 있는 이론은 많지 않다.[18]

현대범죄학계에서 널리 인정받고 있는 범죄원인에 관한 이론인 역동적 범죄관(E. Mezger, Kriminologie, 1950: 226: 신진규, 1995: 117에서 재인용)은 인간의 소질에 주목하고 생물학적, 사회환경적, 심리학적 원인을 모두 고려하여 일반적 범죄원인을 종합적인 관점에서 설명하고 있다는 점에서 여러 관점에서의 역동적 요소를 고려한 이론이다.

범죄발생 원인을 보다 다양한 방향에서 접근하기 위하여 소질(Disposition)의 측면

16 범죄의 원인을 규명하는 데 있어서는 소질 또는 환경적 여러 원인 중 어느 한 가지에 역점을 드고 설명하는 입장을 단원주의(single-factor theory)라고 하며 다원주의(multiple-factor theory)란 그보다도 다수관련요인들의 복합체계로서 그 원인을 설명하고 그 요인들의 상호관련 관계를 분석해서 그 원인관계를 더 정밀히 해명하는 것을 중요시하는 입장을 가리킨다. 이외에도 다수요인들의 복합관계를 몇 가지 일반적 명제로 정리해서 모든 범죄에 공통된 설명이론을 전개하려는 입장인 일반이론주의(general theory)나 일반적 이론의 구성을 유보하고 각 범죄의 종류별로 특수이론으로 이를 설명하려는 입장인 유형주의가 있다.

17 근대 이후의 범죄학사에서 그 발전의 초기인 1920년대까지는 단원주의가 성행하였으나 그 후 차츰 다원주의가 지배적 경향을 띠게 되고, 1950년대부터는 일반이론주의가 크게 득세하였다.

18 Ferri는 범죄의 원인은 어느 한 가지로만 설명할 수 없고, 생래적인 개인적 원인과 사회환경적 원인 및 기후, 풍토 등 자연적 원인의 세 가지 또는 그중 하나 이상의 복합작용에 의하여 발생한다고 주장하였다. William V. Pelfrey, 이경재 역, 범죄학입문, p. 23 참고.

에서 범죄 원인에 주목한 메츠거(Edmund Mezger)의 역동적 범죄관은 생물학적, 사회환경적, 심리학적 측면의 분석을 시도한 이론이다. 범죄발생에 결정적 도화선의 역할을 하는 상황적 측면, 즉 범행 당시의 환경조건에 대한 설명을 보강하기 위하여 신진규의 범죄공식과 역동적 범죄관의 결합을 시도해 보자.

1. 역동적 범죄관

날이 갈수록 복잡 다양화되는 여러 종류의 범죄원인을 한 가지 관점에서 설명하는 것은 관계가 있다. 왜냐하면 인간은 어떤 의미에서 생물학적, 심리학적, 사회학적 요소들이 서로 상호작용을 하는 가운데 범죄행동을 저지르기 때문이다.

인간의 범죄행위를 생물학적 요소와 환경적 요소를 바탕으로 한 심리 변화에 주목하여 설명한 학자는 독일의 형사정책학자인 메츠거(Edmund Mezger)이다. 그는 소질과 환경과의 관계를 역동적으로 파악하고 이에 따라 범죄성의 원인관계를 인식하고자 하였다. 이러한 시각을 역동적 범죄관이라 한다.

소질(Disposition)이란 넓게는 개체의 인격특징 그 자체를 말한다. 좁게는 개체가 선조로부터 유전적으로 물려받은 인격특징을 가리킨다. 선조로부터 물려받은 DNA정보는 대표적 유전소질에 해당한다. 이러한 유전소질은 태아가 산모의 자궁에 착상되는 순간부터 출산 전후에 받는 환경과해(태아손위, 출산시의 손상 등)의 영향을 받고 태아를 출산했을 때의 소질, 즉 선천소질로 전환된다. 이 선천소질이 성장기의 환경과 결합하여 상호 복합작용을 하는 가운데 형성되는 것이 현실의 각 개체의 인격특징을 이루는 획득소질[19]이다. 획득소질이 행위 시 환경조건과 결합하여 상호복합작용을 하는 가운데 범죄행위를 저지를 수도 있고 저지르지 않을 수도 있다(신진규, 1995: 117)〈그림 2 참조〉.

획득소질은 선천적인 고유한 원시적 소질 이외에 그것과 전후하여 그 인격형성에 지배력을 주고 있는 환경의 지배를 받는다는 관점에서 후천적으로 발달된 소질이다(지광준, 2003: 178). 메츠거(Mezger)의 역동적 범죄관은 개체의 출생 전후로부터 성장기, 행위시에 이르기까지 환경이 소질과 계속적으로 역동적인 상호작용을 행함으로써 그 인격형성 및 행위형성에 영향을 미치는 면을 구체적으로 분석, 파악하려는 이론이다(신진규, 1995: 270).

---

19 선천소질과 유사한 개념으로 사용되는 것으로는 통상 개인의 생리학적 요인에 의해 결정되는 것을 기질(temperament)이라고 한다. 기질(temperament)이 개인의 생리학적 요인에 의해 결정되는 것이라면 성격(character)은 사회적 조건에 의해 결정되며 특징적 행동과 감추어진 행동을 결정하며 한 개인을 다른 개인으로부터 지속적으로 구별지어 주는 개인의 독특한 심리적 특징으로 내외적 통제감, 공격성, 욕구 및 활동성향을 그 내용으로 하며 독특성과 안정성을 가진다. 이와 관련하여 인격(personality)은 persona, 즉 가면이라는 단어로부터 유래하였는데 기질과 성격보다 상대적으로 외적으로 드러내 보일 수 있는 면이다.

그림 2 역동적 범죄관

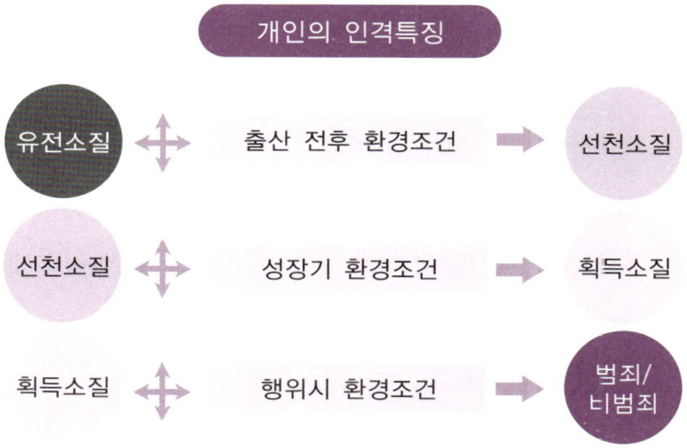

출처 : 내용 재정리

2. 선조로부터 물려받은 '유전소질'

Mezger는 인간이란 조상으로부터 물려받은 유전적 소질을 근본적으로 가지고 있다고 가정한다. 생물학적 접근에 있어서 현대의 생물학적 이론가들은 생래적 범죄자(Born Criminal)의 개념이나 골상학, 체격형에 의한 범죄인 분류, 생물학적 열등성에 기초한 초기의 생물학적 이론에 대해서는 대부분 부정하는 입장이다. 그러나 최근의 생물학적 범죄이론은 유전자, 뇌, 중추 및 자율신경계, 호르몬 균형, 신진대사 등 생화학에서 진보된 기술과 새로운 발견에 기초를 두면서 새로운 관심을 받게 되었다. 즉 유전자 정보를 포함한 다양한 정보가 생물학적인 측면에서의 후손에게 전수도었음이 과학적으로 증명되고 있다. 현대이론가들은 생물학적 측면의 탁상공론적 논쟁을 재연하려는 의도는 없지만 순응적이거나 일탈적 행동이 인간 유기체의 생물학적 구성요인과 물리적이고 사회적인 환경과의 상호작용의 결과로 발생한다는 새로운 입장을 제시하고 있다. 그러므로 특정한 범죄가 유전되거나 생물학적으로 예정되는 일은 없고 범죄행위를 유발하는 유일한 유전자도 없다고 본다. 다만 행위의 가능성과 감수성이 생물학적 요인에 의해 유발될 수 있다고 주장한다(Ronald. L. Akers, 민수홍 외 역, 2000: 63-64). 범죄에 대한 다양한 생물학적 이론 가운데 가장 잘 알려져 있고, 체계적으로 진술되어 있으며 경험적으로 검증되는 것은 메드닉(Mednick)의 유전적 범죄성향론이다. 메드닉의 이론에서는 부모로부터 자녀에게 특정 유전요소가 전해진다고 주장한다. 이 이론에 따르면 범죄 또는 비행행위가 직접 유전되는 것은 아니며 유전적 요인이 범죄행위의 직접적인 원인이 되는 것도 아니다. 유전되는 것은 범죄적 환경에 쉽게 굴복하거나 정상적인 환경에서도 일탈적 방식을 받아들이는 감수성이며 이러한 감수성을 가진 사람은 자극에 둔감하게 반응하는 자율신경체계(Automatic Nervous System: ANS)를 가지고 있다고 주장한다. 그들은 공격적이나 반사회적 행위를 통제하는 것을 더디게 배우거나 전혀 배우지 못하므로 그들은 법을 위반할 위험이 높다고 주장한다(Ronald. L. Akers, 민수홍 외 역, 2000: 67). 그러므로 인간은 태어날 때부터 정서적인 백지상태(Tabula Rasa)라는 주장은 설득력을 잃게 되었다.

유전적 소인으로 인한 범죄가 세인의 집중적인 관심의 대상이 된 것은 미국 시카고에서 8명의 간호사를 연쇄살인한 Richard Speck 사건이다. 당시 Speck은 자신이 선천적으로 XYY형 염색체를 타고 났으며 살인의 원인은 염색체이상이라는 주장을 하였다. 이와 관련하여 선천적으로 XYY형 염색체를 가지고 태어나는 남성에 대한 거세나 수술 같은 조치를 취해야 한다는 주장이 나왔으며 사회적으로도 이러한 성염색체를 가진 사람을 잠재적인 연쇄살인범이나 강간범으로 보는 분위기가 조성되었다. 그러나 정확한 과학적 증명 없는 주장에 대한 비판적 견해도 만만치 않았다(최영인 외, 2002: 64-65).

여기에서 설명하고 있는 유전소질의 개념은 메츠거(Edmund Mezger)가 언급하고 있는 유전소질이라기보다는 오히려 다음에 설명될 선천소질에 더 가깝다고 할 것이다. 이렇듯 엄격한 의미에서의 유전소질과 선천 소질은 구분되지 않고 혼용된 상태에서 사용되고 있다.

3. 임신 과정상에서의 '선천소질'

부모로부터 물려받은 생물학적 소질인 유전소질은 산모가 어떠한 출산 전후의 환경조건에 노출되어 있는가에 의해 영향을 받는다. 출산하기 이전, 임신 후 산모의 건강상태와 심리상태가 뱃속의 태아와 직접적 연관성을 가진다. 산모의 연령이나 정상적 가족관계의 구성여부, 배우자와의 정서적 관계, 경제적 관계, 산모의 성격 등 태아가 산모의 뱃속에 있을 당시 산모를 둘러싸고 있는 생물학적, 사회환경적, 심리적 요소가 태아에게 여러 가지 생물학적, 심리학적 영향을 미치게 된다.[20]

20 예부터 태교를 통해 아이를 가진 산모는 좋은 것을 보고, 듣고, 생각하면서 아이에게 좋은 영향을 미치기 위해 노력하였다. 임신중에 산모에게 주어지는 생물학적 문제, 즉 외부의 충격에 의해 낙태될 수 있으며 주위의 환경적 요소에 의한 심리적 변화, 즉 스트레스에 의해 유산되는 경우도 있다. 이러한 경우 산모의 생물학적, 환경적 요소 그리고 심리적 상태가 태아의 생물학적 측면에서 영향을 미친다고 할 수 있을 것이다.

산모의 자궁에 착상하여 태아로 있는 상태에서 산모의 흡연이라든지 음주, 약 복용 등으로 인한 생물학적 영향(기형 등)을 받을 수 있고, 출산 전후의 환경조건으로 인하여 산모의 상태에 따른 심리적 영향을 받을 수 있다. 산모가 겪는 출산 전후 과정을 거쳐 태어나는 아이는 모태에서 분리되는 순간 독자적 선천소질을 가지게 된다. 선천소질은 이미 부모로부터 물려받은 유전적 소질뿐 아니라 착상 후 태아가 산모의 뱃속에서 태어나는 기간 동안에 받는 환경적 조건이 개체의 소질에 영향을 미친다는 가정에 기초를 두고 있다. 생물학적 이론에서는 유전적 소인에 주목한 이론은 있으나 이를 유전소질과 선천소질로 구분하지는 않는다.

4. 생활과 경험의 결과 '획득소질'

산모의 몸에서 태어난 후 아이는 자라나면서 성장기의 환경조건을 통해 발달해 나간다. 자아인지와 자아인식은 자신의 내면적 특징에 대한 이해이며 발달과정을 거치게 된다. 생후 6개월 정도가 되면 주체로서의 자기를 인지하는 매우 초보적인 신체적 자아에 대한 인식을 시작으로 2세 정도가 되면 신체적 자아상이 형성된다. 4세가 될 즈음에는 내재적 자아인지가 발달하기 시작하여, 6~8세에는 개인내적 자아를 자신으로 이해하게 된다.

이렇게 형성된 자기인지를 바탕으로 자아평가를 하기 시작하며, 이를 토대로 청소년기를 거치면서 자아정체성과 자아존중감이 형성된다. 자아인지와 자아인식이 지나치게 타인과의 비교와 성공을 위한 경쟁에 영향을 받게 된다. 진정한 자기를 형성하는 개인내적 자아 또는 실제적 자아보다는 공적 자아 또는 이상적 자아로 인한 괴리와 혼동으로 인해 자아정체감을 상실할 수 있다(한재희, 2004: 24).

질병이나 기형 등 생물학적 요인이나 사회적 요인도 획득소질에 영향을 미칠 수 있다. 만일 외모가 지나치게 떨어지거나 언어습득능력이 현저히 저하된 경우에는 사회적 관계를 원만히 유지하기가 어려울 뿐만 아니라 결과적으로 심리적 영향을 초래하게 된다. 그러므로 인간은 태어나는 순간부터 생물학적 요소와 사회환경 요소가 결합한 결과 지속적 심리에 영향을 미치게 된다. 상대적으로 아동 성장기의 환경조건은 성인이 되고 난 이후의 기간의 환경조건에 비해 영향력이 절대적이다.

아이의 자아가 자라나는 과정에서 겪게 되는 환경조건은 아이에게 심리적인 영향을 미치게 되는데 부모의 경제상태, 부모의 불화여부, 부모와 형제와의 정서적 관계 등이 주된 영향요소이다. 이외에도 육체적 불구나 기형, 외모 등 이미 태어날 때부터 결정되어 있는 생물학적 요소가 개체를 둘러싸고 있는 사회적 환경과 결합하여 그 개인이 세상과 사회를 보는 시각이나 세계관에 많은 영향을 미칠 수 있다.

5. 각 소질과 원인적 접근론과의 관계

역동적 범죄관에서 언급한 유전소질은 범죄현상을 설명하는 데 있어서 생물학적 요인 바로 그 자체이다. 전적으로 생물학적 요인인 유전소질에 출산 전후 환경조건의 복합작용이 가미된 선천소질은 다소 환경적 요인이 있지만 생물학적 요인이 훨씬 강하다. 생물학적 요인이 훨씬 강한 선천소질은 개체가 성장하면서 성장기 환경조건인 가정과 가족, 또래집단, 학교, 지역사회, 종교 등 다양한 사회환경적 요인에 의한 복합 상호작용에 따라 심리적 요인이 많이 가미된 획득소질을 가지게 된다.

획득소질은 생물학적 요인이 훨씬 강한 선천소질을 기초로 성장기에 획득한 다양한 환경적 경험과 사고, 심리상태를 바탕으로 개체가 가질 수 있는 심리적 요인을 획득하고, 어느 정도 고정된다. 생물학적 요인과 사회환경적 요인은 심리적 요인과의 상호작용을 통해 간접적 역할을 하지만 마음의 작용을 통하여 범행을 할 것인가의 여부를 직접적으로 결정한 후 실제로 범행에 옮기는 결정적 방아쇠 역할은 심리적 요소인 획득소질의 몫이다.

획득소질과 주위환경

인간은 사회적 동물로 사회적 생활과 경험을 통하여 획득소질을 얻게 된다. 획득소질을 얻는 과정에서의 중요한 요소는 사회적 규범인데 사회적 규범이 느슨해지면 범죄가 발생할 수 있다. 무규범을 의미하는 '아노미(Anomie)'의 어원은 무법, 혹은 법의 무시이다. 아노미란 사회변동으로 사람들의 욕구를 통제하는 규범이 이완 또는 결여됨으로써 초조감이나 욕구불만으로 인해 스트레스가 쌓이는 상태를 말한다. 이와 같은 상태는 내성이 약한 사람들을 반사회적 방향으로 쉽게 뛰어들게 한다. 일탈자와 부적응자가 많으면 사회는 비뚤어지고 긴장감은 높아지게 된다. 사회적 긴장이 높아지면 범죄가 생길 가능성이 높아진다.

사회적 긴장은 아노미뿐만이 아니라 비교적 장기간 계속되고 있는 불경기, 정치적 부패, 정보의 바다 등에 의해서도 일어난다. 현대에는 사회적 긴장의 불씨가 산더미처럼 쌓여 있다. 이러한 사회의 최소단위는 가정이다(大村政南, 2001: 214).

그림 3 범죄행동에 대한 소질과 환경의 관계

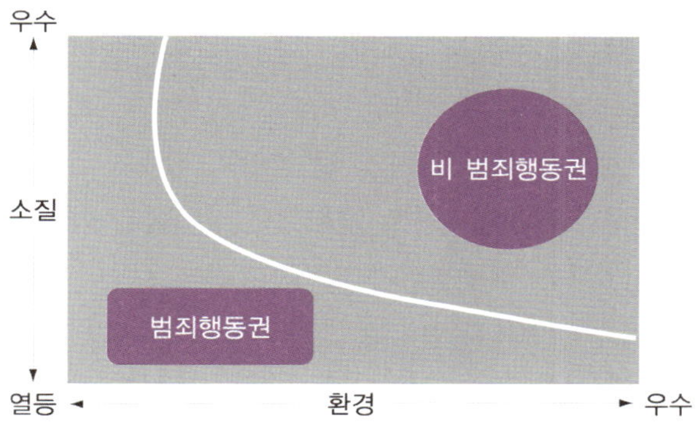

출처: 中村希明(1997), 犯罪の心理學, p. 19.

스트레스나 욕구불만, 반사회적 성향, 범죄란 가정에서 시작하여 학교환경 그리고 사회로 이어지는 과정에서 하나씩 누적되어 발생하는 것이다.

유아기 이후의 대인관계 가운데 발생하는 정서장애가 범죄의 원인이 될 수도 있다. 애정관계에서의 좌절감, 자기표현의 욕구나 자기만족감에 대한 불만, 유아기에 발생하는 좌절로 인한 이상욕구, 사춘기 특유의 불안정한 충동이나 욕구, 대인관계에서 발생하는 부적절한 감정이나 열등감, 내면적 갈등으로 인하여 스스로 불행하다고 느끼는 감정, 유아기의 죄의식으로부터 생기는 무의식적 자기처벌 의식 등 정서장애를 해소하기 위하여 행동으로 취한 결과가 범죄로 연결되는 것이다(中村希明, 2001: 188–189).

中村希明도 소질과 환경을 접목해 범죄행동권을 설명하고 있다. 여기서의 소질과 환경의 접목은 결과적으로 실시간대의 획득소질로 해석할 수 있다〈그림 3 참조〉.

1. 부모와 가정환경

가정이란 한 인간의 처음과 끝을 형성하는 가장 기본적인 단위로 생물학적으로 보면 생산의 장이요, 사회적으로 보면 사회의 한 세포를 구성한다(이만규, 1994: 5). 인간은 어린 시절 가정에서의 성장과정을 통하여 사회에 어떻게 적응해 나갈 것인가에 대한 기준을 정립하고, 인간과 인간과의 관계를 습득해 나간다. 아이들의 행동에 영향을 미치는 것 중에서 매우 중요한 요소는 가정의 건전한 기능이다. 자라면서 서로 아끼고 사랑하는 부부간의 역할과 관계를 제대로 경험해 보지 못한 아이들은 성장하여 결혼을 하더라도 배우자에 대한 친근한 분위기가 익숙하지 않을 것이며 어린 시절 경험했던

결정적 사건이 한 인간을 범죄자로 만들 가능성도 있다.[21]

아동의 경우 극심한 물리적, 정서적 외상에 직면했을 때 신체의 스트레스-민감도 시스템이 활성화되며, 코르티솔(Cortisol)이라는 스테로이드 호르몬을 분비시키는데, 높은 수준의 코르티솔은 뇌 세포를 죽이거나, 뇌의 특정영역에서의 세포 간 연결을 저하시킬 수 있다. 신체적·정서적 외상과 기억 및 발달의 장기적 손상간의 관련성을 보여주는 연구로 극심한 활성화를 장기적으로 경험했던 성인들은 학습과 기억과 관련된 뇌의 특정 영역이 수축되었다는 연구결과가 있다.

대신 아동과 부모 혹은 양육자와의 강한 애착은 이와 같은 스트레스 민감성 반응들을 빠르고 효과적으로 차단할 수 있다. 뇌 속에 코르티솔 수준이 지속적으로 낮게 나타남으로써 부정적 영향을 완화시킬 수 있다.

이러한 연구들은 긍정적이고 보호받은 아이들과 부정적이고, 방치된 경험을 가진 아이들이 어떤 모습으로 성장할 것인가를 미리 알려준다. 그러기 위해서는 태아기부터 좋은 보살핌을 받아야 하며, 부모를 비롯한 주위 사람으로부터 따뜻하고 정서적으로 안정된 애착관계의 형성이 필수적이다. 성장하면서 지속적으로 연령에 맞는 적절한 자극을 받는 것이 중요하다(스티븐 후안, 배도희 역, 2006: 18-19). 배우자를 폭행하는 아버지를 둔 가정에서 자란 남자아이들은 그러한 분위기를 싫어하면서도 상대를 제압하는 데 있어서 폭력의 놀랄 만한 효과성에 대하여 자신도 모르게 서서히 신뢰하게 됨으로써 결혼한 이후에 폭력으로 상대를 쉽게 제압하기 위한 정신적 기초를 어린 시절에 다지게 된다.[22] 어린이들은 부모들 간의 폭력을 보는 것만으로 심한 정서적 고통을 겪게 된다. 어린이들은 충격과 두려움, 그리고 자기가 그것을 말리지 못했다는 죄의식마저 갖게 되는 것이다(델 마틴, 정세용 역, 1992: 274).

건전한 기능이 제대로 자리 잡지 못하는 가정은 내면적으로 해체의 국면에 직면하게 된다. 가정이 해체된 후 경제적 여건 등을 이유로 시설에 자식들을 맡기고 가는 부모들이 많이 있다. 아이들이 부모와 떨어져 있는 동안에는 부모의 철학이나 정신적 교

---

21 연쇄살인범 온보현 사건의 경우 연쇄살인을 하게 된 동기는 아버지가 어머니 몰래 바람을 피우다가 이를 안 어머니가 비관하여 음독자살한 것이 근본적인 원인이 있다. 그는 자신의 아버지에 대해 복수하기 위하여 연쇄살인범을 둔 아버지라는 멍에를 씌우기 위해 남을 살해할 것을 결심했다고 진술하였다.
인천에서 2015년 발생한 16kg 11살 아이사건이 좋은 사례이다. 마트에서 과자를 훔치다가 주인에게 발견된 11살 여자아이, 늑골은 부러져 있었고 11살인데도 몸무게는 4살 아이 수준인 16kg에 불과해 충격을 줬다. 경찰 조사결과, 친아버지와 동거녀 등으로부터 2년 동안 폭행당하고, 제대로 먹지도 못한 것으로 드러났다. 특히 딸을 학대한 친아버지 역시 어릴 때 의붓아버지에게 학대당한 얘기를 한 적이 있다고 밝혀져 어린 시절 경험했던 학대의 기억이 또 다른 약자인 자식에 대한 학대로 연결되고 있는 것을 알 수 있다.

22 가정 내의 폭력이 청소년의 공격성향을 높인다는 사실은 많은 범죄학 관련 연구결과들에 의해 입증되었다. 특히 부모의 자식에 대한 육체적 학대와 구타는 반발심을 불러 일으켜 자신에게 힘이 생겼을 때 보복하고 싶은 심리를 불러 일으킨다.
www.susa.co.kr

육을 접할 수 없는 상황이 된다. 그러므로 몇 년 후 다시 자식들을 찾는다 하더라도 접촉유지가 없거나 극히 최소한도 내에서 이루어진 상태이므로 겉만 자식이지 속은 이미 자기 자식이 아닌 경우가 많다. 아예 부모가 아이들을 찾지 않는 경우, 부모로부터 버림받은 아이들의 가슴속에는 부모와 세상을 원망하고 자신의 처지를 비관하면서 자기보다 더 나은 환경에서 생활하는 자기 또래의 아이들이나 세상에 대한 분노 등 부정적 생각이 자리 잡을 가능성이 크다. 만일 적절한 치료 등이 이루어지지 않으면 이러한 상황에서의 획득소질은 범죄와 연결되거나 반사회적 경향으로 변질될 수 있는 가능성이 크다. 그러나 아이에 대한 관심을 효율적으로 유지하는 경우는 시설에서 생활한다고 하더라도 나쁜 영향을 덜 받거나 받지 않을 수 있다. 그러므로 시설에서 잘 프로그램화되어 있는 아이들에 대한 양육은 상대적으로 못한 상황하에서 부모와 같이 생활하는 것 보다 더 나을 수 있다.

또한, 선천소질이 상대적으로 양호한 아이들은 이러한 열악한 환경하에서 생활한다 하더라도 이를 잘 극복할 수도 있을 것이며 시설에 맡겨진 아이들이라 하더라도 시설에서 아이들을 관리하는 것이 일반 가정에 못지않은 관리를 하는 곳이라던, 규범이라든지 법을 존중하는 의식, 자신의 충동을 적절히 조절하는 훈련이 잘 되므로 별다른 문제없이 정상적인 사회인으로 성장할 수 있다.

갓프레드슨(Gottfredson)과 허쉬(Hirschi)는 통제의 한 유형인 자기통제에 근거한 자기통제이론을 제안하였다. 자기 통제력이 낮은 사람은 높은 사람에 비해 쉽게 주위 환경의 영향을 받음으로써 범죄를 저지를 수 있다는 것이다. 낮은 자기 통제력의 근원은 비효과적이고 불완전한 사회화, 특히 잘못된 자녀양육에 있다. 자녀에 대한 관심과 애착, 적절한 관리를 해 나가면서, 자녀의 통제력 부족을 인지하고, 비행에 대하여 조정할 수 있는 부모는 자녀를 자기 통제력을 지닌 어린이로 사회화시킨다(Ronalc. L. Akers, 민수홍 외 역, 2000: 115). 정상적 가정에서 부모로부터 어떠한 상황이 발생할 때마다 적절한 부모의 훈육이나 지도를 받고 자란 아이들은 상대적으로 좋은 획득소질을 갖게 될 가능성이 훨씬 커진다. 그러나 부모 밑에서 성장하는 경우라도 부모의 불화가 매우 심하다든지 가정 기능이 상대적으로 매우 열악한 경우에는 오히려 부모의 불화가 없는 시설에서의 보호가 상대적으로 좋은 획득소질을 가지는 데 있어서 더 도움이 될 수도 있을 것이다. 부모의 불화나 이혼, 자살 등은 아이들에게 가정의 기능에 대한 회의나 냉소, 상대의 성에 대한 경멸, 폭행에 대한 선호감 등 획득소질에 대한 부정적 영향을 미친다.[23]

23 이규태(2002)는 한국에서의 병리현상 중 전통적 사상의 실종을 가정과 연관시켜 한국사회가 아버지 없는 사회였다는 점에서 비롯된다고 주장하고 있다.

최근 부모들이 권위와 권위적, 형식과 형식적이라는 개념을 제대로 이해하지 못하고 주위 분위기와 영합해 지켜야 할 중심을 잃은 결과 가정의 역할이 흔들리고 있다.

2. 학교 및 교육환경

성장과정에서 환경적 요소로서의 정상적 학교 교육, 학교생활을 하는 과정, 또래집단과의 사회적 관계 등은 상호작용을 하면서 중요한 영향을 미친다. 그 과정에서 질병에 감염되거나 기형적 외모 등의 부정적 요소가 있을시 이를 잘 극복하지 못한다면 자신감을 위축시키거나 학업에 흥미를 잃게 하는 등 정상적 사회관계에 장애가 될 수도 있다. 학업성적으로 인한 개인적 성취도로 인한 후천적 영향을 받을 수 있고 교우관계를 통한 또래집단관계 형성 등의 요소도 있다. 대표적 요소로 학교폭력을 들 수 있는데 학교폭력은 패거리(집단)가 있어 중심인물에 의해 주도되는 경우가 많다. 가담학생들은 집단적으로 폭력행위를 함으로써 동참하는 경우가 많다. 이들 중에는 자기가 표적이 되어 당해 왔던 학생이 계속 당하지 않기 위해 중심인물에 붙거나 자신을 대신할 누군가를 찾아 그에게 덮어씌우는 경우도 있다(이선영, 1996: 120-122). 맞는 아이들이 때리는 아이들과 어울리면서 때리는 아이로 변화되는 경우가 있는데 중학교 때 맞고 지내던 아이가 고등학교에 들어가 선배들과 사귀게 되면서 예전에 자기를 때렸던 아이들에게 복수하는 경우도 있다(김인규, 1996: 103). 이러한 요소들은 학교생활을 통해 획득될 수 있는 소질이다.

일반적으로 한국의 학교교육은 주위 사람들과의 협조나 협력보다는 상대방을 이겨야만 살아남을 수 있다는 약육강식의 법칙이 은연중에 적용되어 왔다고 해도 과언이 아니다. 그나마 한국사회에서 전통적으로 남아있던 스승이나 교사에 대한 존경 분위기마저도 입시라는 대명제에 묻혀 이제는 선생은 있어도 스승은 없다는 비판에 직면하고 있다. 더욱이 교사 체벌문제라든지, 촌지문제 그리고 교사간의 이념적 갈등이 표면화

…(중략) 우리의 아버지들은 돈을 벌기 위해 중동이나 월남에 나가 있었으며 건설현장, 직장에서 일에 묻힌 채 자녀들을 돌보지 않았다. 아버지 없는 가정은 도덕전수기회의 상실을 초래해 그 결과 오늘날과 같은 병리현상을 경험하게 되었다. 요즘 많은 사람들이 가정 내 아버지의 역할을 강조하고 있고, 실제로 좋은 아버지가 되고 싶어 하는 사람들의 활동도 다양해졌다. 그런데 알고 보면 지금 젊은 아버지들이 하는 일은 주로 아이들과 함께 어울리는 친구가 되어 주는 것이다. 주말의 외식이나 물건 사주기, 생일 챙겨주기, 아이들과의 신체적 접촉 이른바 스킨십의 중요성은 모두가 너무 잘 알고 있다. 그래서인지 아버지를 어려워하는 아이들은 드물다. 그런 아이들이 편하게 드러누운 채 리모컨을 조작해 티비 채널을 마음대로 조작해 그 티비를 통해 사회병리현상과 마주하고 있다. 아이들의 뇌리에 무엇이 입력되는지 그들이 자라서 어떤 인간형이 될지를 생각하면서 오늘의 아버지들은 혼란과 낭패를 경험하고 있다. 아이들에게 언제 어떻게 엄해야 하며 어느 정도로 부드럽고 자상해야 하는가, 이런 것들의 표준은 없다. 전통가정의 아버지들에게는 사랑방이 따로 있었고 자녀들에게 전통도덕을 몸소 선보일 대상으로서의 부모가 있었지만 이제는 아버지들 스스로 권위와 위엄을 만들어 가야만 한다. 요즘 아버지들의 문제는 대책 없이 자녀들과 너무 가까운 것이라고 생각된다. 자녀들에게 관심을 갖되 어느 정도 거리를 두도록 하자, 모든 권위나 위엄은 일정한 공간적 거리가 있어야만 형성되는 것이다. 한국일보, 2002. 11. 3.

됨에 따라 교사는 단순히 지식의 전달자 역할 그 이상도 이하도 아닌 존재로 남게 되는 결과를 초래하였다. 여기에는 교육계에 만연한 여러 형태의 비리도 아이들에게는 앞으로 살아갈 세상에 대한 가치관의 혼란이나 냉소적인 자세가 고착화되는 등의 커다란 부정적 역할을 한다.

그럼에도 불구하고 여전히 학교의 역할은 가정의 기능과 함께 범죄를 감소시키기 위한 매우 소중한 과정이자 도구로서 인식되지 않으면 안 되며 그 속에서도 나름대로의 기능이 유지되어야 할 것이다.[24]

3. 사회환경

사회현상은 범죄에 영향을 미치고 범죄는 다시 사회현상에 영향을 준다. 사회의 순기능이 제대로 가동할 때는 범죄가 감소하고 제대로 역할을 하지 못할 때는 범죄가 증가한다. 일반 사회환경이란 사회 내의 많은 국민이 비슷하게 경험하는 일반적 사회 내 제반환경을 가리킨다. 여기에는 정치제도, 경제제도, 사회제도, 문화제도 등이 있다. 정치제도와 범죄성과의 관계에는 정치적 부패, 정치적 불안정 등이 있다. 또한, 경제제도와 범죄성과의 관계는 경제적 발전과 경기 변동 등 경제상태의 변동이 있을 수 있고, 경제적 빈곤[25]이라는 측면에서 접근할 수 있다. 사회제도란 사회구성원의 인적 조직상태 및 그들의 사고방식, 행동방식 그리고 생활관습 등의 제 특징을 포괄하는 말이다. 이와 관련하여 고려할 수 있는 것은 사회적 신분제와 개방화 경향, 도시화, 사회구성원의 일반적 가치관기준, 사회 내의 행위통제조직의 약화여부 등이다. 문화제도란 인간으로서의 고상한 생활방식, 생활능력을 더욱 밝고 아름다운 것으로 개발, 개선하기 위한 제반활동 내지는 제도를 가리키는 것으로 종교, 교육제도, 매스컴, 오락생활 등이 이에 포함된다(신진규, 1995: 301-342).

획득소질은 개체가 가지고 있는 생물학적 요인인 유전소질과 출산 전후 과정에서 산모의 심리적 상태, 경제능력 등의 영향요인으로 인한 선천소질이 바탕이 되고 가정, 학교, 사회 등 환경적 요소와의 상호작용을 통해 형성되게 된다. 획득소질은 이러한 과정을 겪게 되므로 유사한 유전소질과 선천소질을 가지고 태어난 쌍생아라고 할지라도 성장기 환경조건이 다를 때에는 획득소질이 달라질 수밖에 없다. 생물학적 소질을 바

24 연쇄살인범 유영철의 경우, 범인이 학창시절 학교선생님으로부터 동기화된 목표 지향적 행동을 하였다고 한다. 즉 칭찬을 받기 위하여 청소를 스스로 자청하였다고 주위에서 이야기하고 있는 것을 보면 그 시절 스승의 역할은 모든 것을 해결해 주지는 못할지라도 아이들에게 있어서 영향적인 존재로 작용하고 있음은 부인할 수 없는 사실이다.

25 절대적 경제적 빈곤보다도 상대적 박탈의 개념이 개인의 범죄성에 더 커다란 경향을 미치는 것으로 본다.

탕으로 환경적 조건을 겪고 형성된 획득소질이 발현될 때에 심리적 상태에 기초를 두고 행동으로 구현된다. 여기서 지금까지 품고 있던 한 가지 의문이 해소될 수 있다. 왜 동일한 환경조건에서 인간은 다른 반응을 보이는가? 그 이유는 개체가 가지고 있는 최종적 심리학적 상태인 획득소질이 다르기 때문이다.

범죄공식

범죄행위를 설명하는 데 있어서 에드먼드 메츠거(Edmund Mezger)의 역동적 범죄관은 아쉽게도 범죄행위가 발생하는 그 시점에서의 상황적 요소를 결여하고 있다. 이와는 대조적으로 범죄공식은 상황적 요소를 잘 보완해 주고 있다.

인간의 행위를 역학관계로 인식하는 사고방식은 일찍이 심리학상의 장의 이론(Field Theory)의 개척자 레빈(Lewin, Kurt)에 의하여 시도되었다. 행위는 개체의 인격조건(P)과 대상물 및 주변의 환경조건(E)의 두 가지와 함수관계에 있다는 것이다. 그는 개체가 어떤 대상에 끌리는 힘을 '+유의성', 거기서 벗어나고자 하는 힘을 '−유의성'이라고 하였다. 그리고 각 개체의 행위는 그 생활의 장에서 두 힘의 역학관계에 의해 좌우된다고 설명하였다. 다만, 이 경우 개체가 그 대상(욕구대상물)에 끌리는 정도는 대상의 조건(환경, E)에 의해서만 좌우되는 것이 아니고, 그 대상에 향하는 개체의 인격상의 조건(인격, P)에 의해서도 좌우된다고 보고 이를 다음과 같은 공식으로 표현하였다. B=f (P, E) 즉, 행위는 개체의 인격조건(P)과 대상물 및 주변의 환경조건(E)의 두 가지와 함수관계에 있다는 것이다. 그리고 개체의 인격조건과 환경조건의 전체상황을 S라고 표현하는 경우에 있어서 행위는 그 장의 상황과 함수관계에 있다고 보아 이를 B=f (S)라고 표현했다(장병림, 일반심리학, 1965). 이와 관련하여 정신치료학자인 데이비드 아브라함젠(David Abrahamsen)은 모든 사람이 범죄를 범하는 경향을 가지고 있다고 간주하면서 문제가 되는 것은 범죄적인 충동을 규정하는 것이라고 주장하였다.

신진규는 범죄공식을 통해 범죄행위가 발생하는 역학관계를 설명하고 있다. 범죄행위는 다른 많은 인간행위 및 자연현상과 마찬가지로 범죄행위를 적극적으로 유발하는 힘과 발생을 억제하는 힘의 역학관계에 따라서 발생할 수도, 안할 수도 있다는 사고방식에 기초를 두고 있다.

범죄공식은 C=T+S/R이다. 여기에서 C는 범죄(Crime)를 의미하고 T는 경향(Tendency)을 나타내며, R은 충동에 대한 저항(Resistance), S는 상황(Situation)을 의미한다. 이것은 과거 정신적 또는 심리적 비정상을 나타내었던 다원적 접근방법(the Multiplicity of Factors Approach)을 확대시킨 것이다(William V. Pelfrey, 이경재 역 1996: 49).

역동적 범죄관과 범죄공식을 접목시켜 범죄원인에 대한 접근을 시도해 보자. 메츠거(Mezger)가 주장한 획득소질은 범죄공식에서 범죄를 일으키는 유발요소인 내심의 욕구, 욕망의 상태인 D와 범죄억제요소 중 내심의 법도의식 M, 그리고 범죄유발요소 중 유혹사물의 가치크기인 T와 범죄억제요소 중 외부의 제어환경 S는 역동적 범죄관에서 주장하고 있는 행위시 환경조건에 해당하며 범죄의 주체와 상호작용을 하는 관계이다. 왜냐하면 범죄행위란 일반적으로 행위 그 자체만을 의미하는 것이 아니라 범죄자와 피해자 사이의 상호작용이기 때문이다(Martin S. Weinberg, 1987: 11).

범죄를 유발하는 범죄 유발력(+힘)은 각 개체가 내심적으로 느끼는 욕구, 욕망의 상태(Drive=D)와 그를 유혹하는 유혹사물의 가치크기(Temptation=T)의 복합(×)에 의해 결정된다. 따라서 범죄유혹감도의 크기를 결정하는 의미인 「D×T」라고 표시하였다. 그리고 범죄억제력은 내심의 법도의식(Moral Sentiment=M)과 외부의 제어환경(Sanctions=S)의 두 가지 요소의 합(+)에 의해 구성되고, 양자는 별개로 작용하는 것이므로 이를 「M+S」라고 표시할 때, 범죄행위(Crime=C)의 발생여부는 C=D×T/M+S라는 공식으로 정리된다.

이 공식에서 범죄행위가 발생하는 경우는, D×T>M+S의 관계가 성립될 때이며, 범죄행위가 발생하지 않는 경우는 D×T<M+S이거나 D×T=M+S의 관계가 성립될 때이다.[26] 그러나 사람들은 외부의 제어환경(S)의 여하에 관계없이 자기 내심의 법도의식(M)만으로도 범죄가 발생하는 유발력인 D×T를 능가함으로써 범죄행위를 하지 않는 경우가 있으므로 더욱 정확히 표현한다면 D×T<M+S이거나 D×T=M+S보다는 D×T<M~M+S이거나 D×T=M~M+S라고 표시하여야 할 것이다.

1. 동일한 상황하에서의 범행 여부

정신분석이론 비판을 토대로 아이젠크(Eysenck, H. J., 1964)는, 인격과 왓슨(Watson, J. B.)의 이론과 연관하여 범죄이론을 전개하였다. 이론의 핵심은 범죄자와 비범죄자의 차이점은 행동으로 결행되기 이전에 비범죄자의 마음속에 범행을 저지르지 않도록 방해하는 무엇인가가 마음속에 있기 때문일 것이라는 것이다. 마음속에 범죄를 제어하는 그 무엇은 경찰이나 법이라고 하는 추상적 공포심보다 훨씬 강력하게 우리의 행동을 통제

26 D×T=M+S의 관계하에서는 범죄행위를 할 것인가의 여부에 대하여 망설이고 있는 상태이므로 범죄가 발생하지 않은 것으로 본다.

하고 있다. 아이젠크는 이것을 양심이라고 하면서 양심은 범죄, 비행 등 사회적 금지행동을 저지르는 것에 대해 생기는 공포와 불안반응을 기초로 하고 있다고 하였다.[27]

이렇듯 인간이 동일한 상황 하에서도 각기 다른 반응을 보이는 이유는 각기 다른 획득소질을 가지고 있는 상태에서 행위시의 환경조건에 따라 범죄행위의 발생 여부가 결정되기 때문이다. 어떤 행위를 하기 이전에는 개체의 생물학적 상태 그리고 주위 환경적 상태에 따라 심리적 상태가 영향을 받고 형성된 심리적 상태인 획득소질이 결정적 역할을 하게 되는데 행위시 환경조건이라는 도화선에 의하여 행위가 발생하기도 하고 발생되지 않을 수도 있다. 획득소질은 생물학적 요소와 사회 환경적 요소에 의해 실시간대로 변화하는 살아있는 생물과 같은 개념이다.

2. 소질과 범죄공식 요소와의 관계

범죄공식에서 언급하는 각종 요소와의 관계는 일단 획득소질이 개체의 내면에 형성되고 난 이후부터 성립한다. 획득소질이 언제 형성되는가에 대한 정확한 시기측정에 대한 언급은 불가능하다. 다만 일정한 시간 이후에 인간은 실시간으로 획득소질이 내면에 구축된다고 가정할 뿐이다. 그러나 분명한 것은 일단 형성된 획득소질은 쉽게 변형되기 어렵다. 메츠거(Mezger)는 소질이라는 개념을 이용하여 범죄행위를 설명하고는 있으나 결정적으로 행위시의 환경조건에 대한 구체적 설명을 생략하고 있다.

고전주의 범죄학의 기본전제는 모든 개인이 자유의지의 합리적 행사를 통하여 결정하고 행동한다는 것이다. 일반적으로 인간은 범죄행위를 하는 데 있어서 체포될 가능성과 법적 처벌을 고려하며 행위로부터 얻게 되는 잠재적 쾌락과 고통을 합리적으로 계산하여 법을 준수할 것인가 어길 것인가를 결정한다. 개인적 욕구인 D는 범죄를 유발하는 힘으로 작용하고, 준법성을 의미하는 법도의식 M은 범죄를 억제하는 힘으로 작용하게 된다. 만일 M이 약하거나 없을 때에는 범죄를 억제하는 내부적 힘은 발휘할 수 없게 된다(Gottfredson and Hirschi, 1990: 89).[28]

---

27 양심의 형성은 어린 시절에 붙여진 조건에 의해서 이루어진다. 예컨대 어린아이가 잘못된 행동을 하였을 경우 부모로부터 벌을 받는다. 그러한 행위를 할 때마다 벌이 몇 회 반복되면, 어린아이는 그 행위를 하는 일에 대해 공포불안반응이 생기게 되어, 그런 형태의 반사회적 행위를 하지 않게 된다. 이러한 자극의 일반화는 부모가 행하고 있는 "명칭을 붙이는 일"의 과정에서 상당히 촉진된다. 즉 부모는 어린아이가 잘못된 행위를 하였을 경우에, 그 행위가 나쁘다든지 바람직하지 않다는 등의 말로서 이름을 붙인다. 이 명칭화를 통해서 어린아이에 대한 자극의 일반화가 이루어지고, 연합작용에 의해서 그들의 행위는 잠재적으로 조건이 붙여진 공프불안반응이 하나로 정리되면서 성장해 나가는데 아이젠크에 의하면 양심이란 이러한 어린 시절 겪었던 불안반응에 대한 조건반사라고 한다.

28 자기통제력이 낮은 사람은 범죄를 저지를 가능성이 높은 데 비해 자기통제력이 높은 사람은 평생을 살면서 범죄를 저지를 가능성이 낮다.

그림 4 역동적 범죄관 및 범죄공식의 새로운 접목

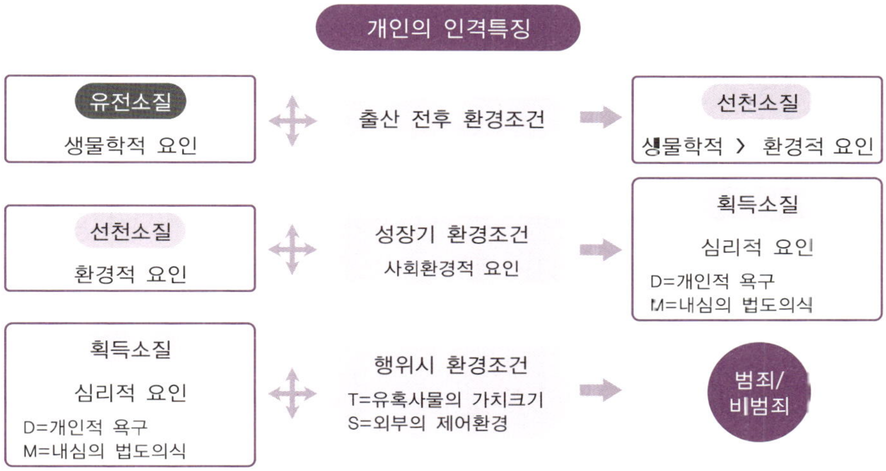

출처: 내용 재정리

이것은 낮은 통제력이 적당한 환경과 만날 때 범죄가 발생할 수 있음을 의미한다. 범죄를 할 것인지 여부를 결정짓는 행위시의 환경조건은 범죄공식에서 유혹사물 가치크기인 T와 외부 제어환경인 S로 나타낼 수 있다. 유혹사물의 가치크기 T는 범죄 실행 주체에 따라 상대적으로 주관적 성격을 가진다. 범죄를 유발하는 역할을 하게 되나 T가 유혹하는 가치크기가 매우 작아 유혹대상으로서의 역할을 하지 못하거나 아예 없는 경우에는 범죄가 발생되지 않는다. 외부의 억제환경 S는 범죄를 억제하는 역할을 하지만 없거나 약할 경우에는 범죄를 억제하기 어렵다〈그림 4 참조〉.

범죄 원인을 규명하기 위한 여러 접근 시도는 범죄학 영역을 광범위하게 확장시켰으며 다양한 논의의 장을 마련하였다. 그러나 어떤 범죄이론이라 할지라도 범죄 원인에 대한 충분하고도 만족스러운 설명을 하기에는 부족하다. 그런 차원에서 생물학적, 사회환경적, 심리학적 요인을 망라하여 비교적 종합적 관점에서 범죄원인을 설명하는 역동적 범죄관과, 범죄행위 당시의 역학적 관계를 설명하고 있는 범죄공식과의 결합을 시도하는 것이 설득력이 있다고 하겠다.

범죄는 여러 원인이 작용하여 발생하는 것이지만 결국 그 당시 상황에서 개체가 어떠한 심리적 상태에 놓여 있는가가 결정적인 역할을 한다. 그런 의미에서 본 논의는 범행 당시 유전소질에서 선천소질 그리고 획득소질로 이어지는 개체의 심리 상태가 범죄발생 당시의 여러 정황과 결합하여 개체를 움직이는 심리적 측면에 많이 치중하고 있음을 인정한다. 또한 이러한 통합모델이 가지고 있는 한계성은 범죄원인과 관련하여 여러 측면을 망라하여 설명하고는 있지만 모든 형태의 범죄현상을 설명할 수 없다는 데 있다. 그러나 생물학적으로 결정되어 있는 유전 소질에서 산모가 태아를 잉태한 그 순간부터 주위환경에 의해 태아의 선천소질이 결정된다는 점과 유아와 청소년기를 통해 인간은 가정과 학교, 사회라는 사회환경의 영향 속에서 범죄자 또는 비 범죄자로 키워져 획득소질을 가지게 된다는 사실은 자명하다. 결국 개체의 획득소질에 의해 범죄발생 당시 상황 하에서 각 사람마다 반응이 다르다는 것에 주목하면서, 개인 욕구와 내심의 법도의식으로 표현될 수 있는 획득소질이 범죄행위로 연결되는 것은 유혹대상의 가치 크기와 외부의 제어환경에 의해 강화되기도 하고, 약화되기도 한다는 것을 설명할 수 있다는 점에서 의의가 있다.

3. 범죄발생 메커니즘

생물학적 측면과 사회환경적 측면은 서로 영향을 미치며, 생물학적 요인과 사회환경적 요인은 개체의 심리상태에 영향을 미친다. 생물학적 특성과 환경 간의 상호작용이 존재한다는 주장에 대해서는 대부분 수긍하는 편이다. 실질적 쟁점은 상호작용의 본질과 생물학적 요인이나 환경에 의하여 영향을 받는 범죄유형이 무엇인가 하는 것이다(Ronald L. Akers, 민수홍 외 역, 2000: 72).

생물학적 요인과 사회환경적 요인에 의해 영향을 받은 개체의 심리적 요인은 어떠한 상황이 주어졌을 때 일정한 형태의 행위로 이어질 수도 있으며 설령 어떤 행위로 이어지지 않는다 하더라도 생물학적 요인에 영향을 미치고, 나아가서는 사회환경적 요인에 영향을 미칠 수 있다. 만일 행위로 이어지지 않는 경우에도 상호작용의 결과 개체가 가지고 있는 심리적 경험요소는 개인의 심리 기저에 축적되고 세상을 바라보는 자신만의 시각을 구축하게 하는 중요한 요인이 된다.

범죄란 개체가 어떠한 심리를 가지고 있든지 일단은 일정한 행위로 발현되어야만 성립하는 것이다. 잠재적 범죄자는 범죄 의도를 가지고 있어도 범죄행위로 연결되지 않는다면 그는 표면적으로는 온순하고 평범한 시민이다.

생물학적인 요인과 사회환경적 요인, 심리적 요인 등의 지속적 상호작용의 과정중에 어떠한 계기에 의하여 개체의 심리가 행위로 이어짐으로써 범죄가 발생하는 결과를 낳는다. 즉, 생물학적 요인이나 사회환경적 요인은 심리적 요인을 움직이는 원동력의 역할을 하기도 한다. 그러나 생각하고 결심하여 범행에 옮기는 역할은 심리적 요소가 담당하게 되므로 심리적 요소는 결정적으로 범죄를 발생시키는 방아쇠의 역할을 담당

그림 5 범죄발생의 메커니즘

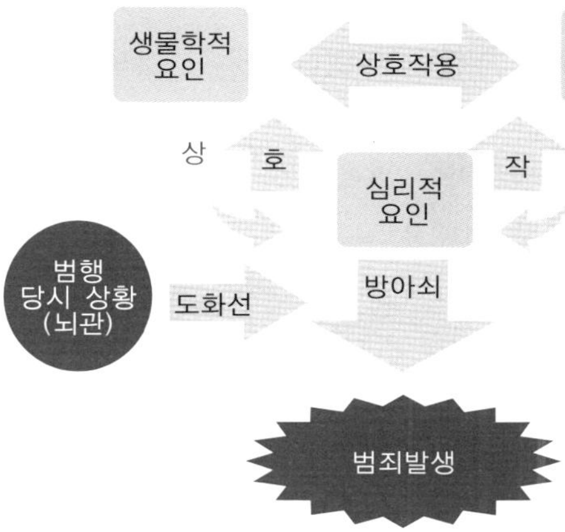

출처: 내용 재정리

하는 중요한 요소이다. 이때 범죄행위를 하는 방아쇠를 당기는 결심을 하는 데 뇌관의 역할을 하는 범행 당시의 상황이 중요한 역할을 하게 된다〈그림 5 참조〉.

범죄행위를 발생시키는 직접적 방아쇠가 되는 심리적 측면에서 접근하였을 때 일반적으로 범죄자는 자신의 기분이나 감정이 시키는 대로 행동하는 인간이라고 할 수 있다. 이러한 종류의 인간은 아주 작은 한 순간을 제외하고는 결코 행복하지 못하다. 대개는 충족되지 못한 기분으로 침울하게 시간을 보낸다. 남을 고려하지 않고 자신의 감정이 시키는 대로 행동하고 있는 인간은 자신만의 주관적 판단을 기준으로 즉각 행동으로 옮길 수 있는 정서를 보유하고 있다(Colin Wilson, 황종호 역, 2003: 14).

범죄자의 내면세계

1. 범죄자와 일반인의 차이

인류의 역사는 범죄의 역사이며 동시에 창조의 역사이기도 하다. 범죄는 세대가 교체될 때마다 새로워지는 경향을 띤다. 즉 범죄의 수법과 잔혹성은 진화한다. 소위 인간 중에서 어른다운 상태에 이르는 비율은 극소수이다. 일반적인 범죄발생에서 범죄자가 보여주는 것은 무자비성과 조급성이다. 조급성이란 정상적으로 가지 아니하고 급하게 남보다 노력하지 않고 지름길로 가려는 경향이다. 이러한 시각에서 보았을 때 범죄성을 반드시 선과 악으로 이분법하기보다는 오히려 범죄성이란 무엇을 얻기 위해서 지름길을 택하려는 인간의 유치한 경향을 반영하고 있는 것으로 보아야 한다. 절도범의 경우 가지고 싶은 것을 노동에 의해서 손에 넣는 것이 아니라 훔치는 것이다. 강간범의 경우 마음에 드는 여자를 설득하여 뜻에 따르게 하는 것이 아니라 자기가 원하는 시간과 장소에서 자기 방식대로 억지로 능욕하려고 한다는 것이다(Colin Wilson, 황종호 역, 2003: 13-15).

범죄자와 기타 인간을 구별하는 기준은 명확하다. 범죄자는 진정제가 투여된 쥐와 같이 스트레스에 대한 저항력을 기를 수가 없다. 범죄자는 긴장을 억제하는 법을 배우는 대신, 긴장을 습관적인 특정패턴으로 풀려고 한다. 범죄자의 특성을 가진 사람들에게는 범죄성이 가장 손쉬운 패턴이다. 폭력을 사용하는 범죄나 사용하지 않는 범죄 모두 이에 해당한다. 범죄란 본질적으로 자신이 주관적으로 판단하여 쉬운 수단을 찾고자 하는 시도라고 할 수 있다.

재능이 없는 아웃사이더의 주된 문제는 세상이 자기를 불공평하게 취급하고 있다고 생각하고 있다는 점이다. 특히 경제적 여건이 제대로 받쳐주지 못할 때 이러한 사회적, 경제적 불공평에 대한 인간의 통상적 반응은 자기연민[29] 혹은 자기애적 경향으로 나타난다. 이러한 자기연민과 불공평하다는 피해의식이 겹칠 때 범죄를 저지를 가능성이 높아진다. 그러므로 범죄발생에 있어서 최대의 적은 자기 자신이라고 할 수 있다. 자신에 대해 느끼는 감정이 증폭되면서 공격성향과 불쾌감 사이를 오락가락하는 경향을 나타낸다. 지하철역 노숙자가 가만히 서 있는 일반시민을 밀어뜨리고 싶어 하는 욕구는 바로 자기를 주장하고 싶은 인간의 욕망, 우월한 인간이고 싶은 인간의 소망의 발현인 것이다. 자기신념과 지배경향이 강한 인간이 일반인과 구분되는 범죄자의 특성이다.

인간은 스트레스를 창조성으로 전환하고 생산적인 만족감으로 변화시킬 수 있는 동물이다. 그러나 인간 중에서도 범죄자는 긴장을 억제하는 방법을 배우는 대신에, 긴장을 습관적인 특정 패턴, 즉 범죄성으로 해소한다. 범죄자에 있어서 범죄란 본질적으로 손쉬운 수단을 찾고자 하는 시도이다.

29 자기연민이란 자기애적 경향으로 볼 수 있다.

제1편
제2편
제3편
제4편
제5편

2. 범죄성과 만족감 지속의 한계

범죄성이란 선이 아닌 악으로만 달리기보다는 지름길을 택하려는 인간의 성향이다(Colin Wilson, 황종호 역, 2003: 13). 욕망이 마음먹은 대로 충족된다고 하더라도 과연 인간은 행복해 질 수 있을까? 자신의 기분이나 감정이 시키는 대로 행동할 수 있는 인간은 행복할 것 같이 보여도 자기를 만족시킬 수 있는 아주 작은 한 순간을 제외하고는 결코 행복하지 못할 것이다. 욕망에도 경제학에서 사용되는 수확체감의 법칙(Law of Diminishing Returns)[30]이 적용될 수 있다. 범죄학에서도 이를 만족감 지속의 한계라고 변형하여 적용할 수 있을 것이다. 세상사 중 즐겁고 좋은 시간은 짧고, 괴롭고 어려운 순간들이 더 길게 느껴지는 법이다.

주관적 욕망을 어느 정도 충족시키고 어려움을 극복했다고 느끼는 순간 다시 일상의 고통과 어려움 그리고 반복의 답답함 속으로 빠져 든다고 생각하는 것이다. 그러므로 범죄를 통하여 돈을 만든 범죄자들은 범행 후 불안감을 떨치기 위하여 술과 여자에 탐닉하게 되고 이후 훨씬 더한 허탈감에 몸을 떨며 또 다른 범죄를 계획하는 것이 일반적이다.

따라서 자신의 감정이 시키는 대로 행동하는 인간은 행동 후 그 순간의 행복이 오래가지 못한다. 남을 고려하지 않고 자신의 감정에 의해 행동한 인간은 범죄와 가까워지기 쉽다.

남을 전혀 고려하지 않고 자신의 감정이 시키는 대로 행동한 인간, 이것이 대표적인 범죄자의 모습이다. 인간이 참다운 행복감을 갖게 되는 것은 주관성보다는 객관성을 가지고 생활할 때인데, 객관적 삶에서 인간은 참다운 행복을 추구할 수 있는 가능성을 가진다.

3. 범죄성의 특징

범죄성은 일반인과 범죄자를 구별해 주는 주요한 시금석으로서의 의미를 가진다.

첫째, 아들러(Adler)는 이렇게 말했다. '범죄자는 다른 사람들을 신경쓰지 않는다.'(Brian Lnnes, 2003: 33). 범죄자들은 타인을 고려하고 배려하지 않는다는 점에서 어린아이와 유사하다. 아이는 완벽하게 주관적이므로 자기감정에 완전히 사로 잡혀 행동한다. 따라서 성인에 비해 남의 사고방식을 엿볼 수 있는 능력이 매우 부족하다. 그러나 성

---

30 일정한 농지에서 작업하는 노동자수가 증가할수록 1인당 수확량은 점차 적어진다는 경제법칙을 말한다.

장 과정에서 상대의 입장과 상황을 이해하는 방향으로 발전해 나간다. 그러므로 범죄자는 아이처럼 행동하는 어른 또는 아이의 수준에서 더 이상 발전하지 못하고 고착되고 머물러 있는 상태라고 할 수 있다.

둘째, 범죄자들은 눈앞의 이익과 쾌락에 집착하지만 멀리 바라보는 안목이 없다. 모든 인간은 두 개의 기능, 즉 현미경과 망원경의 기능을 가지고 있다. 인간은 한쪽 눈으로 현미경을, 다른 한쪽 눈으로는 망원경을 들여다본다. 현미경은 눈앞의 것을, 망원경은 멀리 장기적으로 바라보는 것을 말한다. 일반적으로 인간은 당장 눈앞의 것에 급급하는 경향이 강한데, 즉 현미경 기능이 발달해 있는 것이 일반적이다. 대신 망원경 기능은 상대적으로 덜 발달되어 있다. 아마도 범죄자의 망원경 기능은 상실되었을 가능성이 높다.

셋째, 범죄자들은 자기 합리화와 정당화의 귀재들이다.[31] 1961년 뉴욕의 성 엘리자베스 병원에서의 범죄자 심리연구를 통해 평소 범죄자들을 충분한 통찰과 이해로써 교정할 수 있다고 주장한 새뮤얼 요켈슨과 스탠턴 세임나우는 자신들의 견해를 수정하였다. 그 이유는 교정시설에서 출소된 후 즉각적으로 원래 상태로 돌아가는 그들의 범죄양상과 이 과정에서의 범죄자들의 놀랄 만한 자기 정당화를 관찰하면서 점차적으로 자신들의 시각에 회의를 느끼기 시작하였다. 그들은 이렇게 결론짓고 있다. 많은 범죄자들이 심리적인 '배제 메커니즘'을 갖추고 있다. 불리한 생각을 의식 밖으로 축출하는 능력으로 대화중에 입장이 곤란한 것은 잊은 척한다는 것이다. 즉 그들의 주된 성향은 나약함과 미숙함, 자기기만으로 요약할 수 있다.

넷째, 범죄자들은 과도하게 성과 관련된 망상에 집착하는 경향이 있다. 많은 수의 연구대상들이 거의 예외 없이 아주 어렸을 때부터 성적 체험을 쌓았거나 많은 성적 망상에 빠져 있다는 점을 들 수 있다. 문틈이나 열쇠구멍으로 주위 여성들이 옷을 갈아입거나 샤워를 하거나 화장실을 사용하는 모습을 엿보기를 즐겨하였다. 물론 거의 모든 아이들이 섹스에 호기심을 가지는 것은 자연스러운 일이다. 그러나 범죄자들은 이것을 망상으로 발전시키는 능력을 갖추고 있다. 그 결과 섹스는 폭력의 경향을 띠고, 범죄는 섹스를 추구한다. 부녀자 폭행에 있어서 피해자가 일체 저항을 포기하는 경우에도 상해를 가하는 일이 자주 있다. 이것은 범죄자의 마음속에서 "성이란 범죄의 한

31 아내의 전 남편을 무참히 죽이고 의붓딸을 성폭행한 뒤 살해한 안산 인질 살해 사건의 피의자 김상훈은 영장실질심사 날에 자신의 범행을 태연히 경찰과 아내 탓으로 돌리기도 했다. 이 날, 김상훈은 "아이 엄마의 음모에 저도 피해자입니다. 살려 달라는 아이들의 목소리조차도 애엄마는 무시했고, 제가 죽인 건 천 번 만 번 죽어도 할 말 없고 죄송합니다 여러분. 그런데 나도 애엄마의 희생양인 것 같습니다. 경찰도 오히려 나를 안정시킨 게 아니고 더 답답하게 만들었고, 더 흥분시켰고, 내 요구조건은 절대 들어주는 것 없이 오히려 장난당하는 기분이었고, 내가 아이들을 죽일 명목은 전혀 없었습니다."라고 말했다. 즉, 자신은 아이들을 죽일 이유가 없었는데 경찰과 아내 때문에 죽이게 된 것이기에 자신도 피해자라고 한 것이다.
http://m.news.naver.com/read.nhn?mode=LSD&mid=sec&sid1=102&oid=214&aid=0000458668, (2015. 1 .22.)

형태이며 동시에 범죄란 섹스의 한 형태"라는 생각이 전제되어 있기 때문이다. 그러므로 범죄성이란 에고이즘(Egoism)과 유아증과 섹스의 결합이라는 형태를 띠고 있다(Colin Wilson, 황종호 역, 2003: 71-73).

다섯째, 범죄자들은 어떤 면에서는 매우 정력적이다. 일반적으로 아이들은 쉽게 싫증을 내지만 범죄성을 가진 아이들은 이러한 경향이 더욱 심하다. 예컨대 날마다 학교에서 부여하는 숙제 등 새로운 과제에 대해 별로 흥미를 느끼지 못한다. 점점 나이가 들수록 이러한 사고방식은 평소 꿈꾸는 환상을 실현하기 위해 조직화되고 범죄수법의 진화와 더불어 범죄의 영역은 점차 확대된다. 범죄자는 눈앞의 순간 만족을 위해 노력하며 장기간 목적을 달성하기 위해 욕구를 지연하는 일은 하지 않는다. 범죄자의 활동성은 때로는 잘 드러나지 않는데 그 이유는 뭔가 지루함을 느끼는 상황에서 그렇게 보일 수도 있다. TV쇼를 볼 때에도 범죄자의 머릿속은 매우 빠르게 회전하지만 만일 프로그램이 지루하다고 느끼면 그 순간 주목하지 않는 경향이 있다. 자신이 원치 않는 것을 해야 하는 상황이 되면 쉽게 피로감을 느끼는 것이다(Colin Wilson, 황종호 역, 2003: 255-258).

여섯째, 범죄자 내면에 도사리고 있는 두려움은 밖으로 잘 드러나지는 않지만 광범위하며, 지속적이고 일생을 통해 강렬하다. 예컨대 어렸을 때 만일 어떤 행위를 한다면 지옥에 가게 될 것이라는 위협을 받은 경험이 있다면 이러한 정신적 외상 등이 역할을 하고 있을 가능성이 높다. 여기에는 육체적 체벌, 죽음의 공포 그리고 거절당할 가능성에 대한 공포 등 두 가지 형태로 구분된다. 외상이나 죽음의 공포는 범죄자의 정신생활에 있어서 매우 강렬하며 지속적이고 광범위하다. 죽음에 대한 공포는 비단 어린아이 시절만의 현상은 아니며 일생을 통해 지속된다. 범죄자는 자신에 대한 타인의 태도를 해석하는 데 있어서 매우 민감하다. 그 이유는 혹시 자신이 상대로부터 무시당하거나 거절당하지 않을까 하는 우려에서이다.

제2편

범죄심리 관련 이론

제3장
개인적 측면의 범죄심리 이론

제4장
환경적 측면의 범죄심리 이론

범죄, 그 심리를 말하다 – 범죄심리 해부하기

Criminal Psychology

제3장 개인적 측면의 범죄심리 이론

Criminal Psychology

초기 행동주의와 범죄심리

범죄 발생 원인을 규명하고자 하는 노력은 인간 심리를 중심으로 지속적으로 이루어져 왔으나 범죄심리라는 용어의 등장은 그렇게 오래된 일이 아니다. 따라서 범죄 발생 이론에 관한 연구, 특히 범죄심리 이론의 등장 역시 그 역사가 짧다. 다만 인간 심리연구 과정에서 자연스럽게 범죄를 저지르는 원인에 대해 관심을 가지고 인간 심리에 대한 이론을 접목한 결과 범죄심리 개념이 태동하였고 이에 대한 이론들이 출현하게 된 것이다. 따라서 범죄심리와 연관된 이론들은 심리 이론에서부터 비롯되었다.

비행행위의 결정적 요인으로서 사회적·문화적 과정을 중시하는 이론들이 가지고 있는 제한점은 왜 유사한 환경 하에 노출되어 있는 개인들이 모두 동일한 형태의 비행행위로 발전하지 않는가이다(Ronald Blackburn, 2003: 111).

1. 행동주의의 모델: 고전적 조건부 이론

1890년에 '실험의학연구소'를 설립하고 노벨상을 수상한 러시아 생리학자 이반 파블로프(Ivan Pavlov)는 개의 소화기능을 연구하던 중 우연한 기회에 고전적 조건부[1] 이론을 발견하고 1897년에 '소화샘 연구에 대한 강의'를 출판하였다(김동기 외, 2000: 110).

파블로프는 연구를 위해 격리된 공간 안에 개를 묶어 놓고 실험대상이 된 개는 소

1 고전적 조건형성은 심장박동, 발한, 근육 긴장 등의 반사작용을 수반하는 모든 학습과정을 설명한다.

리도 들을 수 없으며, 냄새도 맡을 수 없도록 환경을 조성한 후 음식을 줄 때만 종소리를 울림으로써 분비되는 침의 양을 측정하였다. 여러 차례 음식을 줄 때마다 종소리를 들려주고 난 후, 음식을 주지 않고 종소리만 나게 하였더니 개가 여전히 침을 흘린다는 사실을 확인할 수 있었다.[2] 파블로프의 이론은 범죄발생에 관여하는 심리와 직접적 관련성은 없으나 이러한 반사작용은 공포나 성행위와 유사한 흥분된 상태의 표현이므로 공포증이나 이상성욕 같은 바람직하지 못한 유별난 행동에 대한 설명 등, 행동요법의 토대가 되었다(나이젤 C. 벤슨, 윤길순 역, 2003: 65-66).

2. 의식·행동·의식의 연결고리: 행동주의

파블로프의 유명한 고전적 조건연구에 크게 영향을 받은 왓슨(John B. Watson)은 모든 행동을 특정한 환경 자극에 대한 학습 반응이라는 입장에서 접근하였으며 능력이나 기질의 선천적, 내재적 차이에 대해 인정하지 않고, 환경적 자극을 통제함으로써 유아의 성격도 원하는 대로 형성시킬 수 있다고 믿었다(김동기 외, 2000: 23).

왓슨은 심리학을 행동의 과학이라고 정의하였다.[3] 그는 과학적인 심리 해석을 위해서 심리학자들은 마음과 기타 관련된 모든 모호한 개념을 제거하지 않으면 안 된다고 주장하였다. 왜냐하면 이러한 것들은 관찰되거나 측정될 수 없기 때문이라는 것이다. 또한 심리학의 근본 목적은 인간행동을 이해하고 예측하며 통제하는 것으로 오직 엄격한 과학적 접근을 통해 이를 달성할 수 있다고 확신하였다. 그는 심리학이란 자극과 반응간의 상호역할에만 초점을 두어야 한다고 생각하고 특히 동물의 행동연구에 열중했다(나이젤 C. 벤슨, 윤길순 역, 2003: 76). 왓슨은 자극이란 행위를 도출하는 목적 혹은 사건이며 반응은 도출된 행위라는 데 주목하고 자신의 초기연구인 자극이 반응을 초래한다는 S－R이론(Stimulus-Response psychology: 자극-반응 심리학)을 주장했다. 그는 모든 행위란 — 동물이건 사람이건 간에 — 파블로프의 것과 유사한 방법과 외부적 환경에 의해 통제되는 것이라고 확신하였다. 따라서 왓슨은 고전적 조건부 이론을 행동을 이해하고 예측하며, 통제하는 핵심적 이론으로 삼았다.

---

2 개나 다른 동물들은 입에 음식이 들어오면 침을 흘린다. 침 흘리기는 학습하지 않은 또는 무조건 반사(unconditioned reflex)로서 음식이라는 무조건 자극(unconditioned stimulus)과 침 흘리기라는 무조건 반응(unconditioned response)간의 연결을 포함한다. 그러나 파블로프의 실험을 통해서 개는 조건반사(conditioned reflex)를 학습했으며, 거기서 조건자극(conditioned stimulus, 소리)은 무조건 자극과 연합되었으며, 조건반응(conditioned response)은 침 흘리기였다. 본 내용에 대한 추가적인 것은 Michael W. Eysench, 이영애 역, 간단한 심리학, 2판 참조.

3 왓슨에 의하면 심리학은 완전히 객관적 실험에 기초한 자연과학분야로서, 그 이론적 목표는 행동의 예측과 통제라고 주장하였다.

행동주의란 용어는 왓슨이 1913년 심리학지(Psychological Review)에 발표한 논문 '행동주의적 관점에서의 심리학'에 처음 등장하였다. 이 논문에서 왓슨은 행동주의란 심리의 순환적 고리에 의해 재발한다고 하였다. 심리의 순환적 고리란 의식 또는 마음이 어떤 행동이나 활동을 한 이후에 뒤이어 발생하고 이렇게 발생한 의식이나 심리적 변화는 다시 다음 행동에 영향을 미치게 된다는 것이다. 이러한 왓슨의 행동주의는 범죄행동의 심리학적 해석에 커다란 영향을 미치게 된다.

3. 환경적 자극과 행동: 자발적 조건부이론

20세기 미국에서 가장 영향력 있는 심리학자인 스키너(B. F. Skinner)는 오랫동안 행동주의를 대표하는 학자로 알려져 왔다. 에이커스(Akers)와 같은 범죄행위 이론가들은 스키너의 행동주의를 사회학적 관점으로 통합하기도 한다(Akers, 1985, 2000).

스키너는 왓슨과 마찬가지로 심리학의 기본적 목적은 행동의 예측과 통제라고 확신하였다. 그는 환경적 혹은 외형적 자극이 인간이건 동물이건 모든 행위를 결정하는 데 있어서 — 그것 자체만이 유일한 것은 아니라하더라도 — 기본이라고 하였다. 행동과학에서 변수는 측정될 수 있는 존재이다. 하나 혹은 그 이상의 독립변수인 환경적 자극의 통제하에 있는 반응 또는 행위는 종속변수가 된다. 즉 환경적 자극이 독립변수가 되고, 행동은 종속변수가 된다는 것이다.

스키너는 그러한 법칙을 밝히고 인간의 행동을 예측하며 통제하도록 하는 것이 행동주의적 심리학의 목적이며 정신 활동은 인간 행위를 관찰함으로써 설명될 수 있다고 하였다. 그는 원숭이나 쥐, 비둘기 같은 동물들에 관한 연구를 매우 가치 있는 것으로 평가하면서 만일 이러한 실험을 제대로 진행해 나간다면 모든 개체와 그들을 둘러싸고 있는 환경간의 법칙을 밝혀낼 수 있다고 주장하였다. 범죄행위를 설명하고 연구하는 데 있어서 적용되는 행동주의의 기본적 구조를 보다 더 잘 이해하기 위해서는 어떻게 행동주의가 인간의 본성을 인식하는가의 여부에 달려 있다 할 것이다.

스키너에 의하면 모든 행위는 환경에 의해 좌우된다. 개인은 실제로 자신을 결정할 수 없게 되어 독립적 사고와 자유의지는 허황된 것이라고 본다. 동물과 인간은 환경에 대해 로봇 같이 동일하게 행동하게 된다. 그러한 환경 자극과 반응의 영역은 너무나 복잡하고 무한하지만 차분하게 연구하면 이러한 복잡성은 통제가 가능하다는 것이다.

복잡한 인간행위는 더욱 간단한 행위로 나누어질 수 있고 그 결과 환원주의(Reductionism)의 개념이 등장한다. 다시 말해서 복잡한 행위는 가장 간단한 행위의 자극과 반응의 연계를 점검함으로써 가장 잘 이해할 수 있다는 것이다. 이러한 관점에서 자발적 조건부(Operant Conditioning)[4]라는 개념이 등장한다. 스키너는 고전적 조건주의를 수용하였지만 모든 형태의 행위를 좀 더 충분히 고려하기 위해 추가적 형태의 조건부를 필요하다고 주장하였다. 앞에서 언급한 파블로프의 고전적 조건부 실험에서 개들은 어떤 보상을 얻기 위해 그들의 환경에 자발적으로 반응한 것이 아니었다. 그저 음식이란 자극에 대해 반응하였을 뿐이다. 스키너는 이를 반응조건(Responding Conditioning)이라고 하였다. 그러나 스키너는 이와 대비하여 개체가 상황에 어떤 영향을 미치기 위해 강화나 보완을 예상하는 방법으로 조작적 행동을 한다는 자발적 조건부 이론(operant conditioning principle)을 주장하였다.

그는 행위와 결과간의 관련성을 설정하고 쥐나 비둘기를 훈련시켜 음식을 얻기 위해 지렛대를 누르거나 키를 부리로 쪼는 실험을 하였다. 지렛대를 누르거나 키를 부리로 쪼아대는 행위는 단순히 반응하는 것이 아니라 환경에 자발적으로 반응하는 것이다. 따라서 자발적 조건부란 결과를 도출하기 위해서 특별한 반응을 만들어 내거나 고수하는 것을 학습하는 것이다.[5]

그는 쥐의 경우 음식을 보상으로 줄 경우 지렛대를 누르는 방법을 빨리 배운다는 사실을 알아냈다. 파블로프가 종소리라는 선행자극에 반응하는 행동에 집중했다면 스키너는 음식이라는 결과에 반응하는 행동에 집중했다(Lauren Slater, 조중열 역, 2004: 25).

그러나 주의하여야 할 것은 자발적 조건부 역시 자기 결정을 함축하고 있다고 확대 해석을 해서는 안 된다. 이것은 단순히 어떠한 결과나 보상을 받기 위해 자극에 반응하는 것에 지나지 않는다. 이러한 차원에서 행위가 자동적이지 않다 하더라도 자발적 조건부로부터 발생되는 행위란 고전적 조건부로부터 발생하는 행위일 뿐이다.

스키너는 미래 반응의 가능성을 증가시키는 개념으로서 보상 강화라는 용어를 사용하였다. 반응 후 지체하지 않고 바로 강화를 부여하면 그 효과는 대단히 크다고 주장하였다. 그는 강화를 일차강화와 이차강화로 구분하였는데 일차강화(Primary Reinforcers)는 음식이나 물 수면보장 등 생존에 필요한 자극을 말하며 이차강화(Secondary Reinforcers)는 돈이나 칭찬 등 일차적 강화와 연합됨을 학습하였으므로 강화가 되는 자극이다(Michael W. Eysench, 이영애 외 역, 2004: 112). 또한 강화를 긍정적인 것과 부정적인 것으로 구분하였다. 어떤 행위의 결과로 자신이 바라는 것을 획득하는 것을 긍정적 강

4 당근과 채찍을 이용한 것이 대표적인 오페란트(operant) 조건부이다.

5 스키너 상자라고 명명된 조작적 조건형성 장치 안에 배고픈 쥐를 넣고 우연히 지렛대를 누르기 되는데 처음에는 판단기준, 통제조건을 마련하기 위해 음식을 방출하지 않다가 그 다음에 음식투여 장치를 작동하여 음식을 맛보게 한다. 그러다가 다음 단계에서는 음식투여 장치를 끊는데 그런데도 한동안 쥐가 계속 지렛대를 누르는 조작적 조건형성 현상을 보이게 된다.

화[6]라고 하였으며 행위의 결과로서 불유쾌한 사건이나 자극을 피하려는 것을 부정적 강화[7]라고 하였다. 따라서 긍정적 강화이건 부정적 강화이건 미래 행동과 선호도를 증가시킬 수 있게 되는 것이다. 그러나 부정적 강화와 처벌[8]은 행동의 증가와 감소 차원에서 개념적 차이가 있으므로 구분되어야 할 것이다.[9]

도구적 학습에서 반응 후에 혐오 또는 불쾌한 자극이 뒤따르는 것을 처벌훈련(Punishment Training)이라고 하는데 혐오 자극이 반응 후 발생하는 시간에 따라 효과가 다르다. 즉각적인 처벌은 매우 효과가 있으며 처벌의 지연은 효과를 감소시킨다(Michael W. Eysench, 이영애 외 역, 2004: 115). 자발적 조건부 이론과 공리주의는 유사한 개념이다. 19세기 초 제레미 벤덤(Jeremy Bentham)은 공리주의에서 인간의 행위는 처벌의 고통을 피하고 물질적, 심리적, 사회적 보상을 받으려는 경향이 있다고 주장하였는데, 개념상 유사하다.

4. 행동주의 관점에서의 범죄행위

스키너는 간헐적 보상의 환경하에서 쥐들이 결과와 무관하게 지렛대를 계속 누른다는 사실을 알아냈다. 또한 간헐적 보상이 일정한 간격으로 주어질 때와 일정하지 않은 간격으로 주어질 때가 어떻게 다른지 실험한 결과 보상이 비정기적으로 이루어질 때 행동 소멸이 가장 어렵다는 사실을 발견했다. 그러므로 보상이 지속적으로 이루어지지 않는데도 불구하고 인간이 저지르는 어리석은 행동을 계속하는 이유가 무엇인지를 설명하고 있다. 간헐적 강화가 가지고 있는 메커니즘과 우연성이 가진 강박성을 여실히 보여줌으로써 인간의 어리석음을 조명하고 있다(Lauren Slater, 조중열 역, 2004: 27-30).[10]

즉, 제퍼리(C. R. Jeffery, 1965)는 이러한 스키너의 자발적 조건부 이론에 입각하여 행동주의와 범죄행위를 접목시켜 범죄행동을 학습된 것이라고 주장하였다.

버거스(Burgess)와 에이커스(Akers)는 제퍼리의 주장에 동의하였고, 나아가 범죄행동은 자발적 조건부를 거쳐 획득되고 유지된다고 가정하였다. 나이젤(Nietzel)은 동물

---

6 긍정적 강화는 배고픈 쥐에게 먹이를 주는 것처럼 어떤 유쾌한 것을 받음으로써 행동이 증가하는 것을 말한다.

7 부정적 강화란 쥐가 약한 전기 충격을 피하기 위해 지렛대를 누르는 것처럼 어떤 불쾌한 것을 회피함으로써 행동이 증가하는 것을 말한다.

8 처벌은 어떤 불쾌한 것 때문에 행동이 감소하는 것을 말한다.

9 학교에 가고 싶지 않은 아이들의 배가 점점 아파온다든가 하는 것은 부정적 강화의 대표적인 예이다.

10 학점을 상향조정하고 열심히 하지 않는 사람에게 잘하고 있다고 계속 이야기하는 것이 효과가 있다는 통념적 지식도 이러한 배경하에서 탄생되었다. 즉 긍정적 강화의 힘을 강조하였다.

실험을 통해 이러한 주장의 직접적 증거를 발견할 수 있다고 하였다. 물론 동물을 이용한 실험이 인간에게 동일하게 발생한다는 증거는 불충분하며 대안적 해석이 가능하다는 논란이 분분하다. 따라서 제퍼리나 버거스, 에이커스는 스키너의 이론에만 의존하지는 않고 범죄행동을 설명하기 위해서, 자발적 조건부와 함께 사회학자인 서덜랜드의 사회적 학습논리를 결합했다. 자발적 조건부가 범죄행동의 기원이라는 가정과 함께 범죄행동은 학습되는 것이며 강화됨으로써 더 강해진다고 하였다.

스키너에 의하면 인간은 성선설도 성악설도 아닌 백지상태이다. 문화, 사회, 환경이 행동을 만들기 때문에, 행동이란 문화, 사회, 환경에 따라 여러 가지 낙인이 찍힌다. 어떤 사회나 문화 속에서 좋은 행동으로 평가받는 것이 다른 사회에서는 나쁜 행동으로 낙인찍힐 수도 있다.

상점 절도나 불법침입 절도 같은 재산범죄나 강도 같은 폭력범죄의 경우 물질적 보상을 위한 욕구에서 동기화되는 것으로 알려져 있지만 단순히 스릴을 즐기거나, 만족감, 자아 존중감, 또는 집단 같은 사회적, 심리학적 강화에 의해 촉진될 수도 있다. 그러므로 범죄행동은 긍정적이건 부정적이건 간에 강화 목적을 위해 취해진 것으로 간주된다. 이러한 시각에서 범죄행위를 해석한다면 범죄를 예방하는 것은 강화를 파악하고 강화의 가치를 최소화시키거나 강화 발생을 방지하는가에 달려 있다.

인지 발달적 관점과 범죄심리

1. 도덕적 사고의 기초: 피아제(Piaget)의 인지발달 이론

도덕적 사고란 내외적 압력에 대응한 결과 인식 구조의 변형으로 구성되는 지적 발달에 수반되는 것(Ronald Blackburn, 2003: 128)이다. 도덕적 발달이란 아동들이 수동적으로 사회적 요인을 내면화하기보다는 사회적 상호작용의 경험을 통하여 적극적으로 사회적 판단을 만들어간다는 인식적 성장을 나타내는 개념이다.

피아제(Piaget)는 아동들이 주변 환경에 어떻게 적응하는지에 관심을 가졌다. 그는 적응과정을 아동이 바깥 세계와의 끊임없는 상호작용을 한 결과로 간주하면서, 적응이란 조절과 동화라는 두 가지 주요과정에 의존한다고 주장하였다. 조절(Accommodation)이란 개인이 자신의 인지구조를 바꾸어나감으로써 바깥 세상에 적응하는 것을 말한다. 동화(Assimilation)란 조절과 같이 자신의 인지구조를 바꾸지 않고, 바깥 세상에 대한 해석을 자신이 가지고 있는 기존의 인지구조에 맞추어 해석하면서 적응하는 것을 말한다.[11] 아동이 기존의 도식으로 자신의 경험을 이해할 수 없을 때 불균형(Disequilibrium)이라는 불쾌한 상태를 경험하게 된다. 실제로 발생하는 것과 발생하기를 기대하는 것 간에 갈등이나 불균형 상태가 발생할 때, 아동은 평형상태를 되찾기 위하여 조절과 동화를 사용하게 된다(Michael W. Eysench, 이영애 외 역, 2004: 124-125).

아동들의 사고는 일련의 조작단계를 거치며, 아동의 도덕 추리 역시 일련의 단계를 거치게 된다. 아동의 도덕성 발달은 전도덕성 단계(Premoral Period: 0-5세), 도덕적 현실주의 또는 타율적 도덕성 단계(Stage of Moral Realism or Heter-Onomous Morality: 5-10세), 도덕적 상대성 또는 자동적 도덕성 단계(Stage of Moral Relativism or Autonomous Morality: 10세 이상) 등 3단계로 구분된다.

1) 전도덕성 단계(Premoral Period: 0~5세)

도덕성이 아직 형성되기 전 단계로 이 단계의 아동들은 규칙이나 도덕성에 대한 이해가 거의 불가능하다.

2) 도덕적 현실주의 또는 타율적 도덕성 단계
(Stage of Moral Realism or Heteronomous Morality: 5~10세)

아동들이 자신의 생각을 굳게 믿으며 상황이 어떻게 변하든 규칙을 반드시 지켜야 한다고 확신하는 도덕성이 현실화되는 단계이다. 부모 등 중요한 사람들에 의해 타율적 도덕성이 형성되는 시기이다. 그들에 의해 규칙들이 만들어진 것이라고 믿고, 행위자의 의도보다는 결과를 놓고 행동의 옳고 그름을 판단하려는 경향이 있다.

또한 정의에 대한 생각이 매우 강하므로 내재적 정의를 믿으며 잘못된 행동에 대해서는 어떤 방식이든 처벌받아야 한다고 생각하게 된다. 그들은 행동이 고약할수록 처벌이 더 심해야 한다는 속죄적 처벌을 믿는다.

3) 도덕적 상대성 또는 자동적 도덕성 단계
(Stage of Moral Relativism or Autonomous Morality: 10세 이상)

전 단계에 비해 아동들은 도덕문제에 더 융통성 있게 접근한다. 즉 정당한 목적을 위해 선의의 거짓말(White Lie)을 해도 무방하다고 생각한다. 그 이유는 행동의 잘못이

11 사람들이 모방을 할 때는 조절이 동화보다 지배적이며 다른 사람의 행동을 단순히 복사하는 데 그친다. 즉 자신의 지식은 복사하는 데 아무런 기여도 하지 않는다. 그러나 놀이에서는 동화가 조절보다 지배적이다. 막대를 총으로 사용하는 등 자신이 가진 기존의 인지구조에 바깥 세상에 대한 해석을 맞춘다.

행위의 결과보다는 그 의도에 있음을 인지할 수 있기 때문이다.

속죄적 처벌보다는 상호처벌을 믿는다. 그러므로 죄에 걸맞은 처벌이 합리적이라고 생각할 수 있는 능력을 가진다. 또한 잘못된 행동을 하는 사람들이 자주 처벌을 받지 않을 수 있음을 알게 되어 내재적 정의를 더 이상 믿지 않게 된다.

아동기의 사고는 다른 사람도 자신의 사고방식과 동일할 것이라고 생각하는 자기중심적 사고(Egocentric Thinking)를 통해 세상을 자기 위주로 보게 된다. 이 단계를 통해 다른 사람들의 상이한 시각과 입장을 인식하게 되고 그러한 사실을 통해 보다 성숙된 도덕성 추리의 발달이 가능하게 된다. 또한 어느 정도 성숙한 아동들은 도덕성에 대해 융통성을 가지고 해석하면서 자신이 가지고 있던 기존의 가치에 의문을 품게 된다(Michael, 이영애 역, 2002: 160-161).

2. 도덕적 발달과 범죄성: 콜버그(Kolberg)의 인지발달이론

콜버그(Kolberg)는 도덕적 추론을 도덕적 행위에 있어서 가장 중요한 단일 요소로 간주하였다. 일반적으로 사람들은 높은 도덕적 사고가 행동과 많은 연관성이 있을 것으로 생각하지만, 현실적으로는 도덕적 사고와 행동 간의 관계는 단순하지도 직접적이지도 않다(Blasi, 1980).

비행이란 단순히 비도덕적 행위만을 의미하는 것은 아니다. 그리고 비행행위와 도덕적 발달간의 관계 역시 간단하지 않다. 도덕적 단계와 범죄와의 관계 또는 도덕적 추론과 도덕적 사고가 약화될 때 발생하는 범죄와의 관계 역시 예상하기 어렵다. 명백한 것은 평균적으로 비행을 저지르는 사람들이 비행을 저지르지 않는 사람들보다 도덕적 성숙도가 낮은, 발달지연을 보인다는 점이다(Ronald Blackburn, 2003: 131).

콜버그(Kolberg)는 아동의 인지구조에서 피아제의 의견과 그 맥을 같이 하고 있긴 하지만 피아제가 아동을 중심으로 이론을 전개한 데 비해, 그는 도덕적 추리가 청년기 심지어는 성년 초기까지 발달한다고 주장하는 점에서 차이가 있다. 그는 자신의 이론을 전개하기 위해 도덕적 딜레마[12]라는 개념을 도입하였다.

콜버그의 도덕성 발달단계는 피아제가 주장하고 있는 도덕성 발달단계와 일치하지 않는다. 그는 전인습적 혹은 전도덕성 수준(Preconventional or Premoral Level), 인습적 도덕성 수준(Conventional Level), 후인습적 도덕성 수준(Postconventional or Pricipal

12 병에 걸린 부인의 약값을 대기 위해 노력하였던 남편이 약값을 댈 수 없자, 약을 훔치는 상황의 딜레마에서의 도덕원리로, 훔치는 행위는 나쁜 행위이긴 하나 아픈 부인을 살리기 위한 좋은 동기가 있었다고 보고, 이 행위에 대한 찬성과 반대를 두고 도덕적 딜레마라고 한다.

Level)의 3가지의 수준으로 구분하였다.

1) 전인습적 혹은 전도덕성 수준(Preconventional or Premoral Level)

전인습적 혹은 전도덕성 수준에서는 어떤 사안에 대한 옳고 그름에 관한 결정은 도덕적 사고보다는 행동 이후에 어떠한 강화와 처벌이 있는가에 의해 달라진다. 이 수준은 2개 단계로 이루어진다.

▪ 제1단계: 처벌과 복종지향 단계

아동은 처벌을 받지 않는 행위가 옳은 행위로 생각하고 규율에 복종하면 처벌을 받지 않을 것으로 생각하고 이에 따라 행동한다. 부모나 자신에게 강력한 권한을 발휘하는 대상으로부터 혼나지 않도록 자신의 행동을 조절해 나가려고 한다.

▪ 제2단계: 도구적 목적과 교환의 단계

옳은 행동은 타인의 즉각적 관심을 끌게 되며, 옳은 행동을 통해 적절한 물질적, 심리적 보상을 받는 것이라고 생각한다. 그러므로 주위 사람, 특히 부모의 관심을 끌 수 있는 방향으로 행동하며 착하고 옳은 행동을 통해 상대를 만족시키려고 노력한 뒤 이에 대한 적절한 보상을 받기를 원한다.

1~2단계에 속하는 7세 때는 거의 모든 도덕적 판단이 처벌을 피하는 것 혹은 보상을 받는 것과 연관되어 있다(Henry Gleitman, 장현갑 외 역, 1999: 275).

2) 인습적 도덕성 수준(Conventional Level)

타인으로부터 인정받는 행동을 지향하며, 타인으로부터 비난받지 않기 위해 어떠한 행동을 회피한다. 이 수준 역시 2개 단계로 이루어진다.

▪ 제3단계: 상호 일치와 통합 단계

3단계에서는 2단계에서의 단순한 관심과 보상의 차원에서 벗어나 행등을 하기 위한 고려 요소가 좀 더 정교해진다. 즉 타인이 기대하는 좋은 의도, 신뢰, 충성심, 타인에 관한 관심의 측면에서 옳은 행동을 하면서 살아가며 이러한 행동을 통하여 상호 일치와 통합의 감정을 느끼게 된다.

▪ 제4단계: 사회적 일치와 제도유지 단계

제4단계에서는 개인과 개인과의 관계에서 보다 발전하여 사회적, 제도적 차원의 고려를 하게 된다. 즉 옳은 행동이란 사회의 일원으로서 개인의 의무를 다하고 권위 집단, 사회 법규와 규칙에 복종하는 것이 중요하다고 생각하면서 이에 동조하기 위해 노력한다.

3~4단계에 속하는 10세 때는 판단의 절반가량이 사회적 인정 여부 혹은 엄격한 법률의 규약에 기초하고 있다(Henry Gleitman, 장현갑 외 역, 1999: 275).

3) 후인습적 혹은 행동규범 수준(Post-Conventional or Principle Level)

개인이 가지고 있는 기대와 규칙은 타인의 기대와 규칙과는 구별되는 것으로 특정한 사회제도의 규칙과 인습은 광범위하게 적용되는 도덕적 규율과 부분적 기준과는 구별되는 것이다.

■ 제5단계: 개인의 권리 및 사회 계약 단계

사회계약, 유용성, 개인적 권리를 포함하며 옳은 행동이란 집단과 연관된 가치와 규율을 고수하는 것으로 옳은 행동을 하는 이유는 그것이 사회적 계약이기 때문이다.

■ 제6단계: 보편적 윤리적 원칙 단계

일반적 윤리기준을 형성하며 자신에 맞는 양심원리를 개인적으로 발달시키는 단계이다(Michael, 이영애 역, 2002: 163-164). 13세부터는 보다 추상적인 규칙, 즉 일반적으로 의견이 일치된 사회계약이나 추상적인 윤리적 원리를 택하기 시작한다(Henry Gleitman, 장현갑 외 역, 1999: 275).

4) 도덕성 단계와 범죄

비행을 저지르는 사람들은 기껏해야 남들의 관심을 끌고 행동에 대한 보상을 기대하는 전인습적 도덕성에 머무르는 경향이 강하나 이러한 경향은 공식적으로 통계에 의한 것으로 자기 보고(Self Report) 비행자들과 도덕적 단계 사이에 명백한 상관관계는 없다(Jennings *et al*, 1983).

도덕적 발달과 범죄와의 연관성은 범죄에 따라 달라질 수 있다. 사이코 패스들은 대부분 전인습적 도덕 수준에 머물러 있는 것으로 보이며(Jurkovic and Prentice, 1977; Kegan, 1986) 이러한 것들은 전인습적 도덕수준 단계의 자기중심적, 쾌락적 사고 특징과 일치한다. 쓰로돈과 레이드(Thornton & Reid, 1982)는 계획적이고 신중한 범죄를 행할 때에는 처벌의 위험보다 얻을 수 있는 개인적 이득의 비교를 통한 전인습적 사고를 거쳐 자신의 범죄행위를 정당화한다고 하였다. 즉 범행계획을 실행하는 절도, 강도와 같은 범죄를 저지르는 상습범들은 물적 이익이 없는 폭행 등으로 체포되는 범죄자들보다는 전인습적 사고가 강하다. 반면에 신중하지 못한 범죄는 도덕적 단계와의 연관성이 상대적으로 덜하다고 보았다. 도덕적 발달과 비행 간에 연관성을 나타내는 많은 증거가 있으나 전인습적 추론은 어린 계층이나 보다 사이코 패스적인 경향을 띠는 비행자들에게 많이 적용한다고 본다. 그러나 도덕적 행위에 영향을 미치는 상황적 요소와 비도덕적 인성 간에 도덕적 사고가 어떠한 상호작용을 하는가는 아직도 명확하지 못하다 (Ronald Blackburn, 2003: 132).

정신분석적 관점과 범죄심리

1. 프로이드의 기본가정과 이론적 기반

정신분석은 인간의 정신에 관한 이론이며 정신적 고통을 치유하기 위한 치료법으로 대표적 정신분석학적 이론의 창시자는 지그문트 프로이드(Sigmund Freud)이다(大村政南, 2001: 236). 그는 환자들의 정신적 문제를 발견하고 치료하기 위한 자신의 이론과 기법을 설명하려고 정신분석(1896)이라는 용어를 사용(나이젤 C. 번슨, 윤길순 역, 2003: 52)하였고 일명 심층 심리학이라고 불렀다. 심층이란 정신이 여러 겹으로 이루어져 있다는 개념을 함축하고 있는데 깊은 층으로 내려갈수록 보다 원초적이고 위험한 요소가 포함되어 있다고 가정된다(이반 워드, 이수련 역, 2002: 13).

정신 역동적 관점은 심리역학이라고도 하는데 숨겨진 무의식 영역에서 정신적 투쟁이 벌어지며 프로이드의 정신분석이론과 개인적 취향에 따라 융, 아들러, 에릭슨, 클라인, 라캉과 같은 프로이드의 추종자나 반대자의 이론을 심리학에 적용하는 것을 흔히 심리역학적 시각이라고 한다.

정신분석학적 이론(Psychoanalytic Theory)은 개인의 내부에서 범죄 원인을 찾으려 한다는 점에서 생물학적 이론과 공통점이 있다. 그러나 이 이론은 생물학적 과정이나 비정상성에서 원인을 찾기보다는 개인의 마음속 깊은 곳에서 찾으려 한다. 프레드랜더(Friedlander, 1947)에 의하면, 고전적 프로이드 정신분석학에서의 범죄는 어린 시절 정서적 발달과정에서 나타난 장애와 비정상으로 설명된다(민수홍 외, 2000: 72).

정신분석학파는 개체의 성장, 생활과정에서의 정신 상호간의 역학관계를 주장하고 있으며 인간의 행동을 설명하는 데 있어서 특히 동기를 중요시하는 성격 이론이다.

성인시절의 행위에 끊임없이 영향을 미치는 과거 어린 시절의 경험이나 기억으로부터 결코 벗어날 수 없다는 입장이다(Ronald Blackburn, 2003: 111).

프로이드의 정신분석은 인간이해에 대한 기본적 입장을 토대로 정신적 결정론과 무의식적 동기를 강조하여 인간 행동과 심리치료에 대한 이론적 기반을 다음과 같이 정리하고 있다.

첫째, 정신분석이론은 심리적 결정론에 기초한다. 인간의 심리적 문제는 단순히 나타나는 것이 아니며 인간의 모든 행동에는 반드시 원인과 결과가 관련되어 있기 마련이다.

둘째, 어린 시절의 정서적 경험이 중요하다. 어린 시절의 경험은 인생전반에 영향요인으로 작용한다. 특히 유아시절의 가정생활경험(형제, 부모와의 정서적 관계)이나 성장 후의 직장, 학교, 지역사회에서의 인간관계에 중점을 두었다.

셋째, 의식적 요인보다 무의식적 요인에 영향을 미친다. 인간의 심리적 영역에 있어서 무의식이 행동과 정서, 생각을 통제하며 이를 결정한다. 프로이드는 무의식을 강조하면서 성적 및 공격적 충동들이 인간행동의 동기적 요인이 된다는 것을 강조하였다.

넷째, 무의식적 동기 중 성적 본능이 영향을 미친다. 인간의 행동은 자신이 의식하지 못하는 본능적 충동에 의해 지배된다. 성적 욕구는 개인의 행동에 지대한 영향을 미치며 사회의 도덕기준에 위배되므로 이를 억압하여 무의식 안에서 인간의 행동을 지배하게 된다. 특히 아동기의 성적 충동이 중요하다는 것을 주장하였다(김동기 외, 2000: 252-253).

2. 프로이드 이론의 4가지 주요 개념

프로이드(Freud)는 의식, 전의식, 무의식을 빙산에 비유하여 설명하였다. 의식은 깨어 있음을 의미하며 전의식은 의식과 무의식의 경계선상에 있으면서 여기에 나타나는 생각과 행동을 통해 무의식에 관한 실마리를 얻을 수 있다. 무의식이란 인간 삶의 비이성적 측면들을 바르게 설명해 줄 수 있도록 해주고 정상적 행동 속에 부조리를 볼 수 있도록 해 주는 하나의 방편이다(민수홍 외, 2000: 26). 무의식은 평소에 자각하지 못하고 내버려두고 방치되었던 의식영역으로 개인의 경험은 물론 타고난 성격이나 유전적인 것도 영향을 준다(이영돈, 2006: 170-171).

무의식은 비밀스러운 소망과 두려움, 과거의 정신적 외상에 대한 기억이 담겨 있다. 이 모든 생각은 완전히 숨겨져 있어 전혀 접근할 수 없다. 이는 생존을 위해 필요하다.

프로이드는 자신의 이론을 설명하는 개념을 크게 네 가지르 구분하고 있다(나이젤 C. 벤슨, 윤길순 역, 2003: 53). 리비도(libido)는 인간이 태어나면서부터 가지고 태어나는 생득적 에너지를 말한다. 원초자아(id)는 비합리적, 반사회적이고 본능적 충동의 무의식적 상태이며, 개체가 사회생활에 합리적으로 적응하면서 생존해 나가기 위해서는 어떤 형태로든 통제되거나 순응하도록 조정될 필요가 있다. 사회적 순응이나 적응을 위해서는 원초자아를 통제할 수 있는 의식적이고 합리적인 부분인 자아(ego)와 정신의 도덕적 영역이나 양심을 관장하는 초자아(super ego)의 존재가 필요하다.

1) 생명본능이 사용하는 끝없는 갈등의 에너지 '리비도'(libido)

리비도(libido)란 생명본능이 사용하는 갈등의 에너지이다. 프로이드는 인간에게는 추동하여 생존해 나갈 수 있게 하는 생득적 에너지가 있으며, 성적 행위는 그런 에너지의 발현으로 보고 있다. 인간이 가지고 태어나는 리비도의 수준이 인간 인격의 중심적인 측면이다. 인간이 그 에너지를 사용하는 방식도 인간의 인격(욕구와 욕망)과 행동(직업, 취미, 관심사)에 따라 달라진다(나이젤 C. 벤슨, 윤길순 역, 2003: 54).

2) 쾌락을 추구하는 원초자아(id)

정신에는 저마다 고유한 동기와 발달과정을 가진 세 부분이 있지만, 보통 이 세 부분은 우리가 생존해 나갈 수 있도록 결합한다. 이 중 가장 먼저 발달하는 것이 원초자아(id)로 타고나는 것이며 원초아라고 하기도 한다. 생후 2~3년 동안은 원초자아만 존재한다. id는 라틴어로 그것이라는 의미이며 프로이드는 id로 번역되는 독일어 'das es'를 사용하였다. 아기는 쾌락(먹는 것, 마시는 것, 따뜻함, 편안함)을 추구하고 불쾌한 것(배고픔, 축축함, 추위)은 피한다. 원초자아(id)는 이기적이며 전형적으로 즉각적인 만족을 원한다(나이젤 C. 벤슨, 윤길순 역, 2003: 55).

원초자아(id)는 비합리적, 반사회적, 본능적 충동으로 무의식적 상태이며 논리, 이성 지배에서 벗어나 있는 상태로서 흔히 인성이 형성되는 주춧돌이라고 불리기도 한다. 원초자아(id)는 충동적, 비합리적, 이기적 성격을 띠며 쾌락원리(Pleasure Principle)에 따른다. 원초자아(id)의 최초 형태는 반사(Reflex) 장치이며 재채기, 눈물, 방광에서 소변이 차게 되면 이뇨감을 느끼게 되는 등의 심리적 에너지의 1차원적인 원천, 본능이 자리잡고 있는 곳이기도 하다. 어린 아이들이 태어나서 본능에 의해 행동하는 것이 이러한 것을 말해 주고 있다. 예컨대 장난감을 가지고 싶어 하는 어린 아이가 장난감을 집어 들고 달아나는 행위 등은 비합리적이며 본능적인 행위로 볼 수 있다.

어린 아이들은 욕구에 응하거나 위급한 요구를 만족하는 것이 조금이라도 지연되면 좌절을 느끼게 된다. 하지만 자아가 발달하게 되면 작업을 배정시키고 흐름의 방향을 안정적이고 의미 있는 쪽으로 조정하게 된다(이반 워드, 이수련 역, 2002: 73).

아이들은 자라면서 이러한 충동적 행동은 곧 처벌을 일으키게 됨을 인식하게 되고 결과적으로 긴장을 배가시키는 결과를 초래하게 된다는 사실을 알게 된다. 따라서 아이들은 성공적 획득의 의미가 무엇인가에 대해 깨닫게 되면서 점차적으로 외부의 환경을 인식하고 이를 고려하거나 주위 환경에 순응 또는 지배를 받게 되는데 여기에서 자아(ego)의 필요성이 대두된다.

3) 현실을 추구하는 자아(ego)

자아(ego)는 2세부터 발달하기 시작하며 현실원칙에 따라 움직이는데 객관적 현실과 교류의 결과로 요약할 수 있다. 인간이 살아가기 위해서는 때로는 현실적이어야 하며 미래를 계획해야 한다. 원초자아(id)가 하는 대로 내버려 두게 된다면 자신의 존재가 위협받게 될 수밖에 없는 것이다. 따라서 자아(ego)는 원초자아(id)가 비합리적이거나 본능적 행동을 할 때마다 원초자아(id)와 투쟁을 해 가면서 자아(ego)의 영향에 복종시킴으로써 자신을 보호하게 된다.

본능적인 행동 또는 소망실현을 통해 반사회적 행위 등을 지속적으로 표출하다가는 자신의 생존이 위협받게 되어 결과적으로 종족보존의 목적을 달성하기가 불가능하게 된다는 것을 깨닫고 자아(ego)는 원초자아(id)와 외부세계 사이의 매개체 역할을 하게 된다. 이러한 역할의 과정은 우선 어떠한 상황을 지각하고 이를 기억한 이후에 다시 유사하거나 동일한 상황이 주어질 때에는 이전 기억에서 끄집어내어 생각하고 행동하게 된다. 이를 현실에 순응한다고 하여 현실원리(Reality Principle)라고 한다.

4) 이상을 추구하는 초자아(super ego)

초자아(super ego)는 부모의 영향을 받아 3세부터 발달하기 시작하여 아동기를 거쳐 사춘기 이후에 완전히 성숙된다.[13] 반사회적 악행을 하지 않도록 막는 도덕적 감시자이자 인성의 도덕적·비판적 측면이기도 하다. 초자아(super ego)는 원초자아(id)가 추구하는 쾌락성이나 자아(ego)가 추구하는 현실적인 것을 넘어 이상적이며 완전성을 추구하고 있다. 초자아(super ego)는 사회화의 산물이며 문화적 전통 전달의 매개체이다. 초자아(super ego)의 목적은 성과 외부세계에 대한 공격에의 충동을 억제하는 것이라고 요약할 수 있다.

---

13 '초'란 '위'를 뜻한다. 초자아는 '이드와 에고의 싸움'을 위에서 내려다보며 이를 감시한다.

이러한 메커니즘하에서 자아(ego)가 추구하는 자아이상(egc-ideal)을 부모의 도덕적 善이라고 한다. 부모가 도덕적으로 선이라고 평소에 강조하는 것을 아이들은 이상적으로 생각한다. 그러므로 평소 부모가 가정교육을 통해 아이들에게 강조하는 도덕적 선은 바로 아이들이 추구하는 이상적인 면으로 구체화할 수 있다는 것을 의미한다. 양심(Conscience)은 부모의 도덕적 惡이 또 다른 형태로 표출된 것이다. 따라서 부모가 평소에 도덕적으로 잘못된 것이라고 강조하는 행동을 아이들이 하게 되면 양심의 가책을 받게 되는 것이다. 이를 동일한 도덕의 표리라고 한다.

프로이드에 의하면 처벌과 보상은 인간의 내적 긴장을 감소 또는 증가시키는 것으로 처벌은 육체적 처벌과 심리적 처벌로 구분할 수 있다. 육체적 처벌은 아이를 때리거나 원하는 것을 주지 않음으로써 처벌을 받고 있다는 것을 느끼게 하는 것이다. 심리적 처벌에는 언어적 폭력, 위협, 나아가 무관심을 보임으로써 좌절감을 주거나 심리적 소외감을 유발시키는 것을 말한다. 이에 반해 보상 역시 육체적 보상과 심리적 보상으로 구분할 수 있다. 육체적 보상은 음식이나 장난감 등 바라는 것을 주는 것이다. 심리적 보상은 관심을 가지거나 격려, 칭찬을 함으로써 심리적 만족감을 느끼게 하는 것을 말한다. 이러한 보상과 처벌은 에고(ego)에게 가해지는 것으로 설명하고 있다.

프로이드는 동성의 부모에 대한 공포는 초자아 발달에 대단히 중요하다고 주장하였다. 따라서 공격적이고 처벌을 많이 하는 부모들의 자녀는 강한 초자아를 가질 수 있다고 생각할 수 있으나 사실은 그 반대이다. 자녀들을 때리거나 다른 형태의 처벌을 많이 하는 부모를 가진 자녀들은 나쁜 행동을 하면서도 죄책감이나 수치심을 거의 경험하지 않는다(Michael W. Eysench, 이영애 외 역, 2004: 159).

3. 프로이드의 인성발달 단계

프로이드(Freud)는 성감대를 인성발달에 매우 중요한 요소로 인식한다. 특히 인간에게 있어서 중요한 성감대를 3개로 구분하고 이를 중심으로 인간의 심리적 형성발달 과정을 설명하고 있다. 프로이드가 중요하다고 간주하는 성감대는 입, 항문, 성기이다. 프로이드는 인간의 생을 3개 단계, 즉 전생식기(Pre-Genital Phase), 잠복기(Latency Phase), 생식기(Genital Phase) 등으로 구분하였다. 전생식기(Pre-Genital Phase)는 생후 5세까지이며 이를 다시 구순기(Oral Phase), 3세까지의 항문기(Anal Phase), 5세까지의 성기기(Phallic Phase) 등 3개의 과정으로 나누고 있다. 이후 5세에서부터 12세까지를 잠복기(Latency Phase), 마지막 발달단계는 어른으로서 성숙하는 13세 이후인 생식기(Genital Phase)로 구분하였다.

1) 엄마의 젖과 온기가 필요한 '구순기'

구순기(Oral Phase)는 전생식기(0-5세)의 1단계(0-1세)로서 촉각적 자극에 주로 의존하게 되는데 젖을 빠는 행위를 통하여 만족감을 느끼게 된다. 그러므로 입이 생존을 위한 쾌락의 주요 원천이 된다. 아기는 구강만족을 통해 신뢰와 낙관적 성격을 쌓아가며 따라서 본능적으로 빨게 되는 것이다(나이젤 C. 벤슨, 윤길순 역, 2003: 57).

쾌락을 주는 대상으로 입의 기능은 촉각적 자극의 차원에서 중요한 의미를 가진다. 이때 쾌락을 주는 외부대행자는 자연적으로 어머니가 되며 어머니의 젖을 빠는 것은 배를 불리는 행위일 뿐 아니라 어머니의 체온과 촉감을 통하여 안정감과 만족감을 추구하게 된다. 만일 이 연령대의 유아가 어머니의 젖을 제대로 빨지 곳하게 되는 상황이 된다면 불만족이 서서히 쌓이게 될 것 임을 쉽게 짐작할 수 있다. 그러므로 젖을 너무 빨리 떼는 등 구강자극이 부족하면, 비관적이고 불안하며 냉소적이고 공격적 성격을 가지게 된다. 구강충동은 다양한 방식으로 표현되는데 빨기, 깨물기, 먹어 치우기, 침 뱉기, 단식 등이 대표적인 것이다.

아이들에게 젖을 떼고 난 이후 실리콘 젖꼭지 등을 빨게 하는 것은 구순기에서의 만족감을 지속시키기 위한 하나의 방편으로 이해할 수 있다.

2) 배변훈련의 과정 '항문기'

전생식기(0-5세)의 2단계(2-3세)인 항문기(Anal Phase)는 이전까지 무의식적 배설반사에 의해 대소변을 가리지 못하다가 서서히 대소변 가리기라는 의식적 행위로 통제되는 과정이다. 쾌락의 초점이 입에서 항문으로 이동하여 아이는 자신이 배설한다는 것을 깨닫게 되며, 제때에 화장실을 가는 배변훈련을 통해 배설 조절법을 배우게 된다. 즉 무의식적 배설반사의 단계에서, 대소변 가리기라는 의식적 행위를 통해 통제라는 개념을 의식하게 된다. 어린이에게는 규율, 외부의 권위를 깨닫게 하는 최초의 경험이다. 이때 부모, 특히 어머니의 태도가 매우 중요하다. 부모는 아이에게 서서히 대소변을 가리도록 유도하게 되며 만일 대소변을 잘 가리게 된다면 칭찬하고, 잘 가리지 못한다면 질책하거나 벌을 세우는 등의 과정을 통하여 어린이에게 규율이라든지, 외부의 권위를 깨닫게 하는 최초의 경험을 부여하는 단계이다. 그러나 어린이어 대해 지나치게 엄격한 어머니의 대처는 또 다른 문제점을 낳게 된다.

3) 동성(同性) 부모에 대한 경쟁심 '성기기'

전생식기(0-5세)의 3단계(3-5세)인 성기기(Phallic Phase)에서 아이는 자신이 가지고 있는 생식기와 이성과의 성적 차이를 깨닫게 된다.

성기기가 시작되면서, 어린아이는 반대의 성을 가진 부모를 소유하고자 하는 의식이 강해지며, 같은 성의 부모를 다른 성의 부모의 애정을 얻기 위한 경쟁자로 인식한다. 남자아이의 경우 남근기를 가지며 무의식적으로 일련의 하위 단계를 거친다. 우선 어머니에 대한 강한 욕망이 발전하는 단계, 함께 자는 부모 사이의 밀접한 유대를 깨닫는 관계, 아버지를 질투하고 미워하는 단계인 오이디푸스 증후군(Oedipus Complex: 어머니에 대한 무의식적 사랑과 아버지에 대한 미움이나 두려움)[14]이다.

프로이드는 오이디푸스 콤플렉스를 인간 발달의 한 부분으로 보았다. 그것은 오랜 유년기의 의존 상태와 근친상간의 금지에 따른 필연적 결과이다(이반 워드, 이수련 역, 2002: 54).

이러한 과정에서 남자아이의 경우 자신의 속마음, 즉 아버지에 대한 자신의 욕망과 질투, 미움을 들킬까봐 아버지를 두려워하는, 아버지와 경쟁하다가 실패하였을 경우 아버지가 자신의 성기를 제거할 수도 있다는 불안감을 느끼게 되는데 이를 거세불안(Castration Anxiety)[15]이라고 한다. 그러나 통상 남자아이가 자신을 아버지와 동일시하고 아버지의 가치관, 목표, 습관 등 모두 함께 받아들여 초자아가 더욱 발달했을 때 오이디푸스 콤플렉스는 자연스럽게 해결된다. 아버지처럼 된다는 것은 아버지가 자신을 좋아하게 될 것이고 따라서 벌주지 않을 것이며 어머니도 자신을 좋아할 것임을 의미하기 때문이다(나이젤 C. 벤슨, 윤길순 역, 2003: 66).

반면 여자아이들은 오이디푸스 콤플렉스(Oedipus Complex)의 개념과 유사한 느낌을 가지는 엘렉트라 콤플렉스(Electra Complex: 아버지에 대한 무의식적 사랑과 어머니에 대한 미움이나 두려움)으로 발전된다. 이는 남자아이가 아버지에 대해 느끼는 질투심에 대한 상대적 개념으로 여자아이가 어머니에 대해 느끼는 질투심을 말한다. 남자아이들이 가지고 있는 남성 성기를 자신이 가지고 있지 못함으로써 무의식적으로 이를 부러워하는

---

14 오이디푸스 콤플렉스는 그리스 신화에 등장하는 전설에서 기인한다. 테베의 왕자 오이디푸스가 태어날 때 아버지를 살해하고 어머니와 결혼할 운명이라는 예언에 따라 태어나자마자 살해당할 처지에 놓인다. 사로 태어난 왕자를 살해하라는 지시를 받은 신하는 차마 왕자를 살해하지 못하고 양치기에게 맡긴 후 양의 내장을 들고 와서 살해하였다고 보고한다. 그 후 오이디푸스는 청년으로 자라 길을 가다가 우연히 마주친 자신의 아버지를 살해한 후 스핑크스의 수수께끼를 풀고 왕이 되면서 아버지의 부인인 어머니와 결혼하게 된다. 그러나 그 이후 자신에 관한 비밀을 알게 된 오이디푸스는 자신의 눈을 스스로 찔러 밝은 세상을 보지 못하게 한 후 자신이 낳은 두 딸이자 동생과 함께 평생 방랑을 하면서 저주스러운 자신의 일생을 마쳤다.

15 쉬라이버(Schreiber, 1984)는 10대 아들과 함께 수많은 강도 범죄를 저지르고 3명을 살인한 칼링거(Kallinger)라는 구두수선공을 면접 조사하였다. 쉬라이버는 칼링거가 어렸을 때 그의 양부모가 저지른 심한 정신적, 신체적 학대로부터 정신질환이 생겨나고 그의 범죄가 여기에 기인한다는 결론에 도달하였다. 쉬라이버는 칼링거가 네 살 때 받은 탈장수술을 그의 성기로부터 악령을 제거하기 위한 것이었다고 한 부모의 말에 특별히 초점을 맞춘다. 쉬라이버에 의하면 어려서 들은 성기에 대한 이러한 유형의 말 등은 심리적 "거세공포(psychological castration)"를 야기한다. 이것이 훗날 칼링거가 성인이 되어서 "사람을 죽이게 하는" 정신질환의 근본적 원인이다.

심리를 남근선망(Penis Envy)이라고 한다.[16] 이것은 여성이 가질 수 있는 거세 콤플렉스로 이러한 시기를 음핵기라고 한다.

남근선망과 거세 콤플렉스는 정체성의 정립을 도모하는 과정으로 이는 아이가 한쪽 성을 택해 소년이나 소녀라는 심리적 정체성을 가지게 될 때 중요한 계기가 된다(이반 워드, 이수련 역, 2002: 62).

4) 어른으로 가는 길 '잠복기'

잠복기(Latency Phase)는 전생식기와 생식기의 중간 단계로 일반적으로 5~12세까지를 말하며 통상 5세경 오이디푸스 콤플렉스(Oedipus Complex)를 극복하게 된다. 일반적으로 아이들은 성장하면서 같은 성의 부모가 경쟁자가 아니라는 사실을 깨닫고 다른 성의 부모를 소유하려는 욕구를 포기하게 된다. 12세경에는 남녀 모두 생식기관에 생리적 변화가 일어나게 되며 소위 사춘기가 시작되면서 성본능의 에너지가 증가하게 된다. 결과적으로 생식이라는 생물학적 목표를 지향하게 된다.

5) 자율과 책임 '생식기'

생식기(Genital Phase)는 프로이드가 주장하고 있는 단계 중 최종단계로 통상 12세 후반에서 노년기까지를 모두 포함한다. 생식기에서는 지속적으로 성생활을 영위하면서 개체의 사회화가 조성되는 시기라고 할 수 있다. 일반적으로 집단활동을 통해 인간관계를 형성하고 나아가 결혼을 통하여 가정을 꾸리며 책임감을 가지고 배우자와 자녀 등 가족에 대한 부양을 하게 된다. 나아가서 사회생활 중 직장에서의 승진이나 책임감을 가지고 한 인간으로서의 삶을 영위하게 되는 시기이다.

4. 심리적 방어기제

정신분석학에서 거론되는 심리적 방어기제(Defense Mechanism)란 무의식적으로 현실을 왜곡함으로써 불안을 감소시키고 자아를 보호하려는 것이다. 그러므로 받아들이기 힘든 본능적 충동을 의식하지 않도록 도와주며, 충동을 간접적으로 만족토록 해주는 것이다(박지영, 2003: 177-178). 원초자아(id)와 초자아(super ego) 사이에 여러 갈등이 발생될 때 자아(ego)가 심리적으로 자신을 방어하기 위해 발생하는 것을 말한다. 해상에서 원유수송선과 예인선이 충돌하여 원유가 바다로 흘러나올 때 어장을 보호하기 위

16 프로이드에 따르면 소녀는 자신이 그것을 가지고 있지 않으며, 나중에도 가질 수 없을 것이란 사실을 깨닫게 되면서부터 페니스를 선망하기 시작한다.

그림 6 방어기제

출처: 내용 재정리

해 오일펜스를 치는 것과 유사한 개념이다〈그림 6 참조〉.

심리적 방어기제는 개인의 적응상태에서나 부적응상태에서의 갈등해결방식으로 알려지고 있다. 정신 병리의 기저에 있는 고통스러운 정서나 사고를 방어해줌으로써 증상 형성이라는 결과를 초래할 수도 있지만 한편으로는 잠재적인 치유와 적응과정을 유도하기도 한다고 알려져 있다. 이러한 점으로 볼 때 개인의 주요 심리적 방어기제의 평가는 정신 상태나 임상적 진단과정에서 뿐만 아니라 개인의 잠재적 적응능력을 평가하는 과정에서도 필수적 요소로 인식되고 있다(Vailant, 1992).

심리적 방어기제의 종류는 프로이드(Freud, 1926)가 언급한 이래 안나 프로이드(Anna Freud, 1936)가 자아와 증상형성의 관계를 밝히면서 퇴행, 억압, 반동형성, 고립, 부인, 투사, 내사, 역전 및 승화 등의 방어기제를 주장하였다. 그 이후 자아의 자동화된 기능에 초점을 두거나(Hartman, 1939) 전치, 반동형성 등과 같이 정동, 죄책감과 관련된 방어기제(Fenichel, 1945)가 포함되었다(양소현, 2000: 123).

1) 억 압

프로이드에게 있어 가장 주요한 메커니즘은 억압이다. 억압이란 첫 번째 방어 메커니즘이면서 무의식적 자아를 구성하고 유지하는 과정이다. 용납할 수 없는 사고들을 무의식으로 밀어내는 것을 설명할 때 억압이라는 용어를 사용한다(이반 워드, 이수련 역, 2002: 69). 즉 억압이란 망각의 한 형태이다(박지영, 2003: 178).

프로이드의 정신분석에서 다루는 가장 중요한 방어기제인 억압은 본인이 현실을 의식하기에, 처한 현실이 너무 고통스럽거나 충격적인 경우 이를 무의식속으로 가두어

버리고 눌러버리는 것을 말한다. 억압은 기타 방어기제나 신경증적 증상의 기초가 된다. 억압은 끔찍한 기억이나 두려운 것 또는 원하지만 죄책감이 드는 것 예컨대 근친상간 같은 생각이 떠오르지 않도록 막아준다. 그러나 이를 지나치게 억압하게 되면 지쳐버릴 수도 있으며, 무의식의 생각을 숨기는 데는 에너지(리비도)가 필요하다(나이젤 C. 벤슨, 윤길순 역, 2003: 61).

억압과 억제의 차이를 살펴보면 억압이 의식과 무의식의 경계에서 무의식적으로 생각과 느낌을 눌러버리는 것이라면 억제는 의식적으로 생각과 느낌을 눌러버리는 것을 의미한다.

보기 싫은 사람과 만나기로 한 약속이 지나서야 생각나는 경우라든가, 어릴 때 나쁜 기억이 있는 사람의 경우 어른이 되어서도 의식적으로 기억이 나지 않는다면 억압이라는 방어기제를 사용하고 있다고 본다(박지영, 2003: 178).

2) 부 인

부인이란 자신에게 너무나 고통스러운 상황이 닥쳤을 때 그럴 리 없다는 태도를 견지하면서 고통스러운 현실을 인정하지 않음으로써 자신을 보호하려는 시도이다. 예컨대 사랑하는 사람이 죽었다거나 자신을 배신하였을 때 느끼는 고통으로부터 자신을 보호하기 위해 이러한 현실을 애써 인정하지 않으려는 시도이다. 일반적으로 시간이 점차적으로 경과함에 따라 현실을 인정하게 되나 현실을 지속적으로 인정하지 않게 되면 여러 문제에 봉착하게 된다.

아들이 강도짓을 하다가 체포되었다는 연락을 받고 절대 아니라고 하면서 실신하는 부모의 경우가 이에 해당한다(박지영, 2003: 178-179).

3) 투 사

투사는 프로이드보다는 프로이드의 제자인 융(Jung)이 분석심리학에서 가장 중요한 방어기제로 주장한 것이다. 투사란 자신에게 내재되어 있는 심리적 속성이 타인에게도 있을 것이라는 전제하에서 행동하는 것이다. 스스로 수용할 수 없는 욕망, 생각이나 느낌을 자기가 아닌 다른 사람으로 옮겨 설정해 놓은 방어기제로 자기의 죄책감으로부터 방어하기 위한 개념이다. 욕구와 의존 그리고 공포와 좌절, 나쁜 경험들을 투사할 수 있다. 예컨대 혼이 난 아이는 이 경험을 기초로 자신이 통제하는 위치에 서게 되면 통제의 대상인 인형을 상대로 똑같은 잔소리를 해댈 수 있다. 그리고 부정행위 등으로 배우자에게 불성실한 사람이 자신의 배우자도 불성실할 것이라는 가정하에 배우자를 비난하는 형태이다. 주로 바람을 많이 피우는 남성이 배우자의 일거수일투족에 더욱 관심을 가지고 통제하려는 형태가 대표적이다.

4) 고 착

인간이 태어나 성장 과정에서 다음 단계로 발전해 가는 것에 대해 불안감을 느끼고 현 단계에서 머물러 버리는 것을 고착이라고 한다.

항문기 고착의 사례로 아이들에게 강제로 변을 보게 하면 무엇이든 양보하지 않으려는 고집이 생길 수 있으며 결과적으로 무엇이든 쌓아 두는 구두쇠가 될 수 있다. 너무 규칙적으로 변을 보게 하면 강박적으로 시간을 지키거나 아니면 반대로 항상 늦는 사람이 될 수 있다. 또한 청결을 지나치게 강조하면, 항상 청결과 단정함에 신경을 쓰는 강박적 성격이 되거나 반발심에서 항상 지저분한 사람이 될 수 있다(나이젤 C. 벤슨, 윤길순 역, 2003: 58).

고착의 경우 결혼 이후에도 자신이 감당할 수 없다고 여기는 어떤 상황이 발생하면 부모, 특히 어머니에게 의존하는 남성, 소위 마마보이나, 모든 일을 친정에 의존하는 여성들이 이에 해당되는데 어른이 되기를 거부하는 피터팬 신드롬(Peter pan Syndrome)[17]과도 관련이 깊다(선안남, 2014: 72-90)

5) 퇴 행

퇴행이란 자신을 보호하기 위하여 비교적 단순한 초기 발달단계로 거꾸로 후퇴하는 것이다. 스트레스를 받으면 편안한 상황을 찾기 마련이다. 예컨대 동생을 본 아이는 지금까지 부모로부터 받아왔던 사랑과 관심이 자연적으로 새로 생긴 동생에게 옮겨갈 것으로 생각하고 부모의 사랑을 다시 찾아오기 위해 또는 관심을 끌기 위해 지금까지 잘 가리던 대소변을 가리지 못하는 행동을 할 수도 있다. 오히려 발달의 반대방향으로 가는 현상이다. 손가락이나 연필, 사탕을 빨고 담배를 피우고 술을 마시는 것도 일종의 구강기로의 퇴행이라고 할 수 있다(나이젤 C. 벤슨, 윤길순 역, 2003: 62).

17 어른의 세계에 진입하지 못하는 피터팬들은 다른 사람들에게 크게 의존한다. 그러면서 다른 사람이 자신에게 무언가를 기대하거나 의존하는 상황을 견디지 못하고, 자신의 행동에 스스로 책임을 지고 잘못을 수용하거나 시정하려고 하지 않는다. 또 자신이 책임을 지고 기대에 부응해야 하는 상황에서는 다른 사람을 탓하거나 책임을 회피하는 모습도 보인다. 또 다른 특징은 호언장담이다. 할 수 없는 것조차 할 수 있다며 큰소리를 치는 것이다. 이들의 계획은 현실보다 이상에 바탕을 두고 있기에 언제나 야심차지만 실제로 이루어지는 일은 거의 없다. 그런데도 이들은 이룰 수 없거나 이루기 힘든 과제조차 할 수 있다고 약속하며 다른 사람의 기대 수준을 높인다. 실행이 불가능한 말뿐이라도 타인의 관심과 인정을 받고 싶기 때문이다. 또한 결단력 부족으로 결정을 미룬다. 어른아이들은 자신의 삶을 스스로 선택하기보다는 누군가가 설정한 방식을 따라 선택한다. 자신의 선택을 책임질 수 있는 힘이 부족하기 때문이다. 그러면서도 이들은 끊임없이 자신의 상황에 대해 불평한다.

6) 합리화

합리화란 잘못된 견해나 행동 등에 대해 그럴듯한 이유를 대어 정당화시키는 것을 말한다. 그러한 행동의 근본적 원인은 현실에 더 이상의 실망을 느끼지 않으려고 나름대로의 구실을 만드는 것이다. 개인이 처한 상황과 자신의 능력을 비교해 보고 더 이상 정상적으로 나아가는 것이 불가능하다고 생각하였을 때 비합리적이거나 자신의 행위를 정당화시키기 위한 이유를 대는 행위이다. 이솝우화에 나오는 여우와 신포도에 관한 우화가 합리화의 대표적인 예이다.

페스팅거(Leon Festinger)는 양립 불가능한 생각들이 심리적 대립을 일으킬 때, 적절한 조건하에서 자신의 믿음에 맞추어 행동을 바꾸기보다는 행동에 따라 믿음을 조정하는 동인을 형성한다고 주장하였다. 인간 정신의 합리화 메커니즘 실험을 통해 페스팅거(Leon Festinger)는 인간이 평생 자신의 믿음과 일치되는 정보에만 관심을 기울이고, 주변에 자신의 믿음을 지지하는 사람들과 어울리며 이미 자신이 저질러 놓은 것을 의심케 하는 모순된 정보는 무시한다고 했다(Lauren Slater, 조중열 역, 2004: 148-162).

7) 승 화

승화란 충동과 갈등이 발산되었을 때 이러한 감정을 그대로 표출하게 된다면 여러 문제를 야기할 가능성이 큰 경우 이를 사회적으로 인정되는 형태와 방법을 통해 발산하는 것을 말한다. 만일 공격적 충동을 타인에게 불법적으로 표출하게 된다면 폭력행위나 살인 등 법을 어기는 결과를 초래하게 된다. 그러나 이를 한 단계 더 높은 차원으로 격상시켜 사회화하면 다른 방법으로도 얼마든지 합법적으로 발산시킬 수 있다는 사실을 인식하고 이를 실행하는 것이다. 일상적인 생활에서의 승화의 예는 운동이나 정원 가꾸기로 스트레스나 분노를 없애는 것이다. 승화의 대표적인 예는 폭력으로 교정시설에 수용중인 자가 자신의 폭력 충동과 갈등이 발생하는 것을 권투 선수로 출전해 우승하는 것이다. 미국의 유명한 복서 중에는 할렘가에서 폭력을 행사하다가 권투로 진출해 성공한 사람들이 이에 해당한다.[18]

---

18 타이슨은 뉴욕 최악의 할렘가에서 어린 시절을 보내며 문제아로 성장했다. 소매치기, 강도, 블법 총기 소지 등 혐의로 10대 초반에만 3년 동안 무려 50번이 넘게 체포되고 결국 소년원에 수감된다. 그의 복싱 인생은 이 소년원 생활에서 시작된다. 모범수로 출소한 타이슨을 스튜어트는 정식 권투선수로 만들기 위해 한 트레이너에게 데려간다. 그가 바로 프로이드 패터슨, 호세 토레스 등 세계 챔피언을 두 명이나 만들어낸 커스 다마토다. 다마토는 자신의 열정을 다해 타이슨에게 복싱을 가르쳐 주고, 글을 읽지 못하는 타이슨에게 가정교사를 붙여 글을 지도한다. 그리고 타이슨이 16살 되던 해 아예 그를 자신의 양자로 입양하기에 이른다 .타이슨은 스승이자 양아버지인 다마토의 한없는 사랑에 맘을 열고 복싱에 매진하며 새 삶을 개척하기 시작한다. 그러기를 5년, 지독한 훈련 끝에 19살 나이에 타이슨은 복싱 3개 단체(WBA, WBC, IBF)의 최연소 챔피언으로 탄생한다. 이때까지의 전적은 54전 50승 4패였다. 그러나 타이슨이 챔피언 자리에 오른 그해 다마토는 세상을 떠난다.

8) 치 환

치환이란 에너지(리비도)를 다른 방향으로 돌리는 것이다. 원래의 불안대상에서 그것보다 위협이 적은 다른 대상으로 충동표현의 방향을 바꾸는 것이다. 자신의 감정에 충실하여 그러한 감정을 야기시킨 원인과 전혀 관련 없는 다른 대상에게 자신의 감정을 발산함으로써 자신의 감정을 해소하는 것이다. 좌절하거나, 어떤 사람에게 화가 났을 때 그것을 다른 사람에게 분풀이하는 것이다. 이러한 방어기제를 통하여 쌓인 분노와 감정의 찌꺼기를 말끔히 청소하게 되는데 옛 속담에 종로에서 뺨 맞은 사람 한강에서 눈을 흘긴다느니, 시어머니에게 혼난 며느리 부뚜막의 강아지에게 발길질한다는 말이 이를 잘 설명하고 있다.[19] 이러한 치환의 감정 역시 중요한 방어기제로서 잘 해소하면 좋은 효과를 거둘 수 있다.

9) 반동형성

반동형성이란 가지고 있는 무의식적 소망이나 좋아하거나 싫어하는 방향과 반대되는 쪽으로 행동하는 방어기제이다. 받아들여질 수 없는 충동이나 생각, 감정을 그것과 반대가 되는 측면을 강조하거나 과장함으로써 원래 생각을 숨기고 불안을 억누르는 것이다(박지영, 2003: 180).

반동형성을 통해서 자신의 감정을 남에게 드러내지 않음으로써 자신을 보호하게 된다. 우리 속담에 미운 놈 떡 하나 더 준다는 말이 있다. 초등학교 시절 자기가 좋아하는 여자아이에 대해 고무줄을 끊는 행동 등이 대표적이다. 괴롭힘으로써 자신의 관심이나 사랑을 표시하는 행동, 조직 내 인간관계 과정에서 자신이 싫어하는 대상에게 일부러 호의를 베푸는 등의 행동이 대표적인 것이다. 강한 부정은 긍정이라는 것이다.

10) 내 사

내사란 자신의 주관적 면이 결여된 채 주위에서 접하는 타인의 신념과 기준을 무비판적으로 수용하는 것으로 무조건 일단 받아들이고 보자는 식의 태도를 말한다. 어릴 때 부모나 선생님 등 주위의 권위적 인물이 평소 보이는 태도나 가치, 부여된 의무 등이 행동 반응에 많은 영향을 미친다. 자신의 속내를 드러내 놓고 주관적인 면을 주장하게 되면 의견이나 신념이 다른 주위 사람들로부터 공격을 받을 수 있으므로 자신

---

http://stoo.asiae.co.kr/news/naver_view.htm?idxno=2015100617015052377 (2015. 10. 6.)

19 최근 다른 사람에게 일정시간 동안 맞아주고 돈을 받는 신종직업이 출현하였는데 이러한 심리를 잘 이용한 것이라 할 수 있다.

의 내면을 드러내지 않고 그대로 긍정하거나 받아들이는 것이 훨씬 더 안전하다는 판단에서 나오는 행동이다.

11) 반 전

반전이란 타인에게 행하고 싶은 행동을 오히려 자신에게 돌려서 행하는 행동이다. 만일 타인에게 그러한 행동을 하게 된다면 나중에 감당하기가 어렵거나 심리적으로 매우 고통을 받게 될 수도 있다고 생각하여 분노와 공격충동을 그 대상에게 직접 하는 것이 두려워 이러한 행동의 대상으로 자신을 선정하게 된다. 예컨대 부부싸움을 하면서 부인에게 폭력을 행사하고 싶지만 폭행 이후에 감당이 쉽지 않은 상황이라고 판단되면 부인에게 폭력을 행사하는 대신 남편 스스로 자신의 머리를 벽에 박는 등의 행동을 하게 되는 것이다.

12) 융 합

융합이란 심리적 공생관계를 의미한다. 자신과 타인과의 경계나 상황을 명확히 인식하지 못하고 타인과 심리적 상태의 차이점이 없다고 생각하는 접촉경계의 혼란현상을 말한다. 일반적으로 주위에 있는 타인과 자신은 심리적 공생관계로 형성되었다고 생각하면서 일체감을 느끼며 행동한다. 그러다가 이 과정에서 만일 조금이라도 불일치된다고 느끼면 불안이나 분노의 감정을 가지게 된다.

13) 자의식

자의식이란 자기에 대해 스스로 깨닫는 것으로 자기 자신을 지나치게 관찰하고 의식하는 방어기제이다. 자의식이 강한 사람은 다른 사람에 비해서 자신의 행동에 대한 타인의 반응을 지나치게 의식한다. 보통사람들이 느끼는 범위를 벗어난 지나친 자의식은 평범하고도 자연스러운 활동을 오히려 위축시키고 타인과의 정상적 교류를 방해함으로써 오히려 자신을 자기 내부에 가두는 결과를 초래하게 된다.

14) 편 향

편향은 한쪽으로 지나치게 치우치는 것으로 순간적으로 자신을 보호하는 테크닉이다. 어떤 환경과의 경험과 접촉 시 주관적으로 자기 자신이 감당하기 어려운 상황이 닥쳤을 때, 일시적으로 너무 힘든 심리적 결과를 피하고 순간적으로 자신을 보호하기 위하여 자신의 감각을 둔화시키거나 순간적으로 접촉을 피하는 일종의 적응기제이다. 예컨대 너무나 슬픈 상황이 닥쳤을 때 웃음을 짓는다든지, 상대와 결혼을 해야 하는 진지한 상황에서 농담을 한다든가, 남으로부터 모욕을 당하여 화가 머리끝까지 치미는 황당한 분노의 상황에 처했을 때 피식 웃는 등의 상황이 이를 잘 설명해 주고 있다. 이러한 방어기제는 일시적으로 자신을 보호하는 역할을 하게 된다.

15) 보 상

보상은 프로이드의 심리학에서보다는 아들러의 개인심리학에서 언급되고 있는 중요한 방어기제이다. 보상이란 개인이 가지고 있는 정신적, 신체적, 환경적 열등감[20]을 해결하기 위해 남보다 못한 내가 더 열심히 사는 방법으로서 오히려 약점을 보완하고 더욱 열심히 함으로써 이를 대체하게 된다. 자존심, 명성이나 신체적 측면의 방어를 위해서 사용하는 문제해결 방안인데 심한 신체적 약점을 가진 사람이 훌륭한 기술이나 능력으로 발전되는 경우가 있다. 헬렌 켈러 여사 등 많은 사람들이 이에 해당된다.[21] 그러나 이러한 보상의 시도가 실패하였을 시 병적 열등감에 빠질 위험성이 있다.

16) 주지화

주지화(Intellectualization)는 불안을 일으키는 상황을 감정보다는 사고(思考)로써 처리하려는 것이다. 이 경우에는 감정을 차단한다. 주사기를 꽂아 피를 뽑는 간호사는 검진하는 일을 하므로 냉정하게 일을 할 수 있으며, 의사는 수술부위만 남기고 환자를 천으로 가리고 수술하는 경우 등이다(박지영, 2003: 179).

5. 프로이드의 범죄행동 해석

프로이드는 인간을 비합리적 존재로 보면서 기본적으로 생물학적 충동과 본능만

---

20 융은 콤플렉스를 역동적·심리적 기능 중 개인의식 속에 존재하는 감정, 사고, 지각, 기억의 내용이 집합하여 하나의 집단을 형성한 심리적 에너지의 집합이라고 하였다. 콤플렉스는 개인의 뛰어난 업적을 이루기 위한 영감과 충동의 원천이 될 수 있다. 하지만 대부분 콤플렉스는 개인 안에서 사고의 흐름을 방해하고 어떤 특정한 심리적 상황에서 비정상적인 정서적 반응을 분출시킨다. 융은 환자의 신경증적 상태가 대부분 콤플렉스와 밀접한 연관이 있음을 인식하였다.

21 헬런 켈러는 1880년 미국 앨라배마에서 태어났다. 장애를 갖고 태어나지는 않았지만 생후 19개월에 뇌척수막염을 심하게 앓아 시각과 청각을 잃게 되고 누군가의 도움 없이는 아무것도 할 수 없는 어린 시절을 보냈다. 헬렌 켈러의 부모님은 퍼킨스 학교에 가정교사를 한 사람을 보내달라고 부탁했고 이후 헬렌 켈러와 앤 설리번의 첫 만남이 시작된다. 당시 앤 설리번은 퍼킨의 맹인학교에서 교육을 받고 첫 직장으로 헬렌 켈러의 가정교사가 된 것이었으며, 설리번 역시 수차례 결막염을 앓아 시력이 좋지 않은 상태였다. 헬렌 켈러는 설리번의 노력 끝에 장애를 극복하고 맹농아자 최초로 뉴욕 래드클리프 대학에 입학해 우등생으로 졸업한다. 그는 자신이 장애를 극복한 것에 그치지 않고 많은 장애인들을 위한 복지와 사회사업 개선을 위한 사회운동에 참여하였으며, 평화운동, 아동 인권운동 등을 펼쳤다. 시선뉴스 (2016.4.23.) “장애를 극복하고 세상을 알아가게 된 ‘헬렌 켈러’”
http://www.sisunnews.co.kr/news/articleView.html?idxno=35687 (2016. 4. 23.)
http://www.hankyung.com/news/app/newsview.php?aid=2014062785431 (2014. 6. 28.)

족, 욕망에 의한 동기화에 주목하였다. 그는 인간을 과거의 무의식적 경험에 의해 행동과 선택을 결정하는 존재라고 하면서 원초아의 에너지가 선천적 욕구인 무의식적 본능으로부터 일어난다고 주장하였다.

범죄에 대한 정신분석학적 시각은 비행이나 범죄 그 자체에 초점을 맞추는 것이 아니라 프로이드가 주장하고 있는 개념인 원초자아, 자아, 초자아간 심리적 갈등의 증후로 해석하고 있는 점이다. 아이들이 겪는 내적 갈등의 원인으로서 비정상적 성장이나 본능의 통제, 부모에 대한 초기의 잘못된 관계, 정서적 발달단계에서의 고착, 억압된 성과 죄의식을 들고 있다. 이 중 오이디푸스, 일렉트라 콤플렉스을 가장 대표적인 것으로 보고 있다. 그러나 막상 청소년들은 이러한 갈등을 의식하지 못한다. 그 이유는 이러한 갈등을 파악하기 위해서는 자신의 어린 시절로 되돌아가야 하나, "유아기의 기억상실(Infantile Amnesia)"에 의해 기억을 하지 못하기 때문이다. 그러므로 범죄나 비행이 발생하는 원인으로서 기타 표면적인 요인들이 작용되는 것으로 보이나, 실은 억압된 죄의식이나 갈등이 비행이나 범죄의 주요 원인이 된다는 것이다. 따라서 유아기에 형성되는 자아의식이 매우 중요한 의미를 가진다는 것을 알 수 있다.

원초아를 삶의 본능과 범죄 혹은 공격성과 연관이 있는 죽음의 본능 차원에서 살펴보면, 죽음의 본능이 자기 자신에게 향해 있을 때는 주로 자기 파괴나 자살로, 그리고 다른 사람에게 향해 있을 때는 공격성으로 나타난다고 가정하였다. 본능에는 그 근원, 목적, 대상 및 강도의 네 가지 측면이 있다. 본능의 근원은 긴장감을 주는 신체적 욕구나 흥분이며, 본능의 목적은 욕구를 충족시켜 긴장을 감소시키기 위함이다. 본능의 대상은 욕구를 충족시켜 줄 수 있는 대상, 즉 욕구 충족의 도구를 말한다. 본능의 강도는 욕구 충족을 위한 압력의 강도, 즉 욕구 충족에 사용된 에너지의 강도이다(김동기 외, 2000: 255).

통상 인간의 심리적 문제는 출생 후 5세 사이의 경험이 무의식에 잠재되어 있는 심리적 사건에 의해 결정되는 것으로 본다. 프로이드는 모든 본능, 특히 성적 본능과 공격적 본능의 역할을 강조하였다. 원자아(id)와 초자아(super ego)와의 끊임없는 갈등의 연속에서 불안과 죄책감이 인간의 기본적 정서로 자리 잡게 되며 도덕성의 성장은 아이가 부모와 맺는 관계에 달려 있다고 하였다. 프로이드의 이론에 의하면 초자아가 발전하지 못하거나 지체되는 경우를 범죄의 원인으로 꼽고 있다. 이러한 원인으로서는 부모가 없거나, 있다 하더라도 없는 것과 마찬가지인 상태, 즉 부모의 역할을 제대로 하지 못하는 경우, 예컨대 교정시설에 있거나 아이들을 학대하는 경우, 그리고 부모가 자식에 대해 애정을 제대로 표시하지 못하거나 냉담한 부모 밑에서 성장한 아이들이 이에 해당된다. 이러한 환경에서 자란 아이들은 해결되지 못한 죄의식을 표출하기 위하여 범죄를 저지를 뿐 아니라, 억압된 죄의식으로부터 벗어나기 위하여 검거되고 처벌되기를 무의식적으로 원한다는 것이다.

정신분석학적 이론에서 범죄행위란 정신적 질환, 정서적 무질서, 신체적 장애의 표출이나 증후 등 범죄의 본질적 원인으로 비합리적이고 무의식적인 동기를 강조한다. 비단 범죄행위에 국한된 것이 아니라 여러 유형의 일탈행위, 내재해 있는 억압된 죄의식, 좌절, 무력감, 억제된 공격성, 해결되지 않는 무의식과 정서적 고통에서 그 원인을 찾고 있다. 그러므로 어린 시절에 발생한 여러 과정들이 결과적으로 범죄나 비행에 결정원인으로 작용하고 있다는 것이다.

따라서 범죄자들을 단순히 그들이 저지른 범죄의 행위자로 보고 이를 해결하기 위하여 겉으로 드러난 행위로만 접근하는 것은 나무만 보고 숲을 보지 못하는 매우 단순한 접근방법이다. 오히려 이러한 접근방법은 문제를 해결하기보다는 초점을 더욱 흐리게 해 문제를 악화시킬 가능성이 크다. 그렇기 때문에 그들이 어떠한 정서적 문제점을 가지고 있는지에 대한 깊은 성찰이 필요하다. 이러한 사실을 인식한다면 범죄가 발생하고 난 이후의 문제에 대한 해결방법보다는 범죄를 미연에 방지하기 위하여 어린 시절 아이들에 대한 관리가 중요한데, 이러한 문제는 근본적으로 가정에서 부모에 의해 관리되어야 한다는 측면에서 여러 가지 한계점을 가진다. 범죄행위와 연관시켜서 생각해 보면 범죄자들은 초자아가 완전히 발달하지 않았다고 볼 수 있는데 일부 범죄자들 중, 죄를 짓고도 죄책감이나 양심의 가책을 느끼지 않는 경우를 말한다.

프로이드는 각 단계별로 고착이 되면 고착되는 수준에 따라 성격이 결정되게 된다고 주장하였다. 성장 과정에서 비정상적인 유아기나 유년기의 고착(Fixation)은 무의식적 죄의식에 대한 개인적·심리적 갈등과 지체된 병리학적 현상으로서 청소년시기의 반사회적 행동을 초래하게 된다. 구강기 고착에서 비롯된 구강 수용적 성격은 타인을 의심없이 믿고 의존적인 성격을 가지게 되며, 구강 공격적 성격은 공격적이고 지배적 성격을 띤다. 항문기 고착에서 항문 수용적 성격은 매우 관대하고 베풀기 좋아하는 성격이 되기 쉽고, 항문 보존적 성격은 비열하고 완고하며 결벽증을 가진 성격이 되기 쉽다. 또한 성기기 고착에서 성기 수용적 성격은 허영심과 자신감에 차 있고, 충동적 성격이기 쉬우며 성기기 고착에서의 성기 공격적 성격은 적응적이고 성숙하며 사랑을 주고받을 수 있는 성격이 될 수 있다고 주장하였다(Michael W. Eysench, 이영애 역, 2002: 307).

6. 에릭슨의 정체성 위기

20세기를 통틀어 범죄인성의 근본원인을 탐구하려는 노력이 지속되어 왔으나 폭력적·성적 일탈인성 발달의 심리학적 설명에는 프로이드 이론에 그 뿌리를 두고 있다. 프로이드 이론의 주 내용은 앞에서 살펴보았듯이 가족 사이의 관계가 기초가 되어 다른 사람들을 만날 때 어떻게 영향을 미치는가에 관심을 두고 강조하고 있다. 그러나 프로이드의 이론은 현대 심리학자들이 강조하고 있는 어떠한 요소가 범인성으로 유도하는가라는 측면에서 여러 가지 요소를 결여하고 있다. 예컨대 어린아이 시절의 갈등이 10대가 되어 부모에 대해 반항적 모습으로 다시 나타나는 시기 등이다. 이 반항을 초기에 적절히 제어하지 못하면 범죄행위로 연결될 수 있다. 이와 관련하여 독일의 심리학자인 에릭 에릭슨(Erik Erikson)은 프로이드 이론에 근거를 두고 성장의 각 단계 마다 자신의 정체성을 점차 강하게 인식하면서 발생하는 갈등인 정체성의 위기라는 개념을 제시하였다(Lnnes. Brian, 2003: 199-200).[22]

그는 프로이드의 인성발달 단계와 유사한 개념으로 인간의 생을 8단계로 구분하여 설명하고 있다. 이 단계마다 개인과 개인 사이에서 발생하는 위기가 있고 이 위기를 적절히 해소하지 못하면 문제가 발생한다고 보았다(Lnnes. Brian, 2003: 200-201).

1) 구순기(생후 12~18개월) : 불신

아기에게 음식을 주는 행위를 통해 아기와 음식 제공자간 사랑과 신뢰가 형성된다. 그러나 그 신뢰가 깨어질 때 불신이 발생한다. 세상에 던져진 인간이 어디까지 세상을 믿어도 될 것인가, 어디까지 자신의 몸을 사려야 할 것인가를 배우는 시기이며 신뢰와 불신이라는 두 가지 개념이 형성된다.

2) 근육·항문기(18개월~3세) : 수치감

아이의 에너지는 걷거나 배변활동 등을 통한 물리적 기술을 습득하는 데 집중된다. 만일 적절히 조절되지 못하면 수치심과 의심이 발달할 수도 있다. 이 단계는 자신의 몸을 스스로 통제하는 법, 즉 자율성을 습득하는 단계로, 특히 배변을 제대로 가리지 못할 경우 질책을 받을 수 있으며 그렇게 되면 수치심을 강하게 느끼게 된다.

3) 운동기(3~6세) : 죄책감

이 단계는 자신의 몸을 어느 정도 스스로 움직여 행동을 할 수 있는 단계로 아이는 이 단계에 들어오게 되면 독립적이고 독단적으로 변하게 된다. 스스로 자신을 주도할 수 있으나 지나치게 움직이게 되면 통제를 받게 된다. 따라서 타인에 대한 공격성

---

22 그의 이론이 제시한 가장 중요한 개념은 정체성(identity)이다. 그의 원래 이름은 에릭 홈버거(Erik Homburger)였으나 미국 시민권을 신청하면서 스스로 자신의 성을 만들어 Erikson, 즉 Erik의 아들 Erik이라는 정체성을 찾았다.

이 적절히 통제되지 못하면 죄의식이 발생할 수 있고 스스로 자신을 주도하지 못하고 자신의 행동에 대해 죄책감을 느낄 수 있는 단계이다.

4) 잠재기(6~12세) : 열등감

아이는 취학 아동으로서 학교생활을 하게 되는데 학교에서 여러 가지 새로운 것들을 습득하고 남들보다 열심히 활동하여 성과를 이루어야 한다. 그러나 만일 학교에서의 생활에 적절히 적응하지 못하면 패배감, 열등감 등을 느낄 수 있다.

5) 청소년기(12~18세) : 혼란

청소년들은 급격히 변화하는 자신의 육체, 자신에 대한 사회적 대우 등을 겪으면서 성적 역할, 학습, 정치, 종교에 대한 정체성 감각을 습득해야 한다. 하지만 혼란의 시기로 이 시기를 원활히 보내는 것은 쉽지 않다.

6) 성년기 초기(19~40세) : 고립감

친밀감과 고립감의 차원에서 타인과의 절친한 관계를 맺어 나가는 시기로 만일 그렇지 못하면 고립감을 느낄 수 있다. 다른 사람들과의 관계를 잘 맺어 주위 사람들과 잘 어울릴 것인가 아니면 왕따를 당해 고립된 상태에서 사회생활을 영위할 것인가가 결정된다.

프로이드는 타인과의 관계 속에서 정체감이라는 개념에 주목하지 않았다. 그러나 에릭슨은 자신의 정체감이 자리 잡지 못한 상태에서 이루어지는 타인과의 밀접한 관계는 쉽게 붕괴될 수 있는 사상누각과 같은 존재라고 보았다. 어릴 때 친구를 오랜 시간이 경과한 이후에 만났지만 그 당시에는 서로 정체감이 형성되지 않은 상태에서의 관계이므로 이를 지속시켜 나가기가 쉽지 않다는 것이 대표적인 예이다.

7) 중장년기(40~65세) : 침체

인간은 삶의 의미를 사회에서 추구하며 사회 속에서 자신의 존재 의미를 찾는다. 이 시기에는 창조성이 둔화하며 침체의 위협에 놓여 있다. 어른들은 차세대와 연결하기 위한 방법을 찾아야 한다. 사회에 기여하는 것은 무엇이며 다음 세대나 자손에게 신경을 많이 쓰기 시작한다. 창조성과 침체가 공존하는 시기이다.

8) 노년기(65세~사망) : 절망감

자신의 생을 관조하고 절망감과의 싸움, 그리고 만족감을 발전시키는 단계로 자아를 통합시키고 절망감을 떨쳐야 하는 시기이다. 지금까지 살아 왔던 것이 그런대로 괜찮은 삶이었다는 사실 그리고 자신의 삶이 바로 자기라는 사실을 인식한다. 그러나 이 세상이 허무하며 아무런 의미를 부여하지 못할 때 절망감에서 벗어나기 어렵다.

위기의 단계별로 부정적 요소와 긍정적 요소가 대립되는 형태를 띠고 있는데 불신, 수치심, 죄책감, 열등감, 혼란, 고립감, 침체, 절망감 등이다.[23] 이 각 시기별로 개인은 자기의 정체성을 의식하며 반사회적 행동이나 소외에 빠져 들 수 있다. 특히 3단계에서 5단계에서 정체성의 위기를 적절히 제어하지 못할 때 범죄적 인성이 가장 쉽게 나타날 수 있다고 주장하였다(Lnnes. Brian, 2003: 201).

애착과 범죄심리

1. 애착이론

정서발달의 핵심이 되는 요소는 애착(attachment)이다. 애착(attachment)은 근접성을 유지하려는 욕구 내지 친밀감과 상호간의 애정으로 특징지을 수 있는 두 사람 사이의 강한 정서적 관계이다(Schaffer, 1993). 일반적으로 유아의 주요 애착 대상은 어머니이다. 그러나 비단 어머니뿐 아니라 그 대상이 누구든 간에 초기에 지속적으로 접촉하는 어떤 사람이나 대상에게도 강한 애착이 형성될 수 있다.[24] 애착이론(Sroufe and Fleeson, 1986; Ainsworth and Bowlby, 1991)은 정신분석학적 개념에 기초를 둔 절충적 접근이다.[25] 이 이론의 초점은 생후 1년 이내 유아와 그를 돌보는 사람(어머니, 보모 등)과의 애착의 질에 두고 있으며 이것은 차후 인지적·사회적 발달에 결정적인 영향을 미치게 된다. 애착 추구는 긍정적인 측면을 갖는다. 아기는 어머니와 함께 있기를 바라며 어머니와 상

23 경찰청 통계에 따르면 살인 등 강력범죄를 저질러 범죄자로 전락한 노인은 2010년 1,159명에서 지난해 1,869명(잠정 통계)으로 5년 사이 710명 증가했다. 2010~2014년 5년 동안 모두 7,300여 명이 강력범죄에 연루돼 처벌받았다. 폭력범죄로 처벌받은 노인들도 한해 2만여 명이 넘고 있다. 지능범죄와 절도범죄 등도 매년 증가하고 있다. … 이어 "무엇보다 자존감이 중요한데 대부분의 노인들이 가족·사회로부터 고립되다보니 경제적인 어려움 등으로 (자존감을)상실하게 된다"며 "그런 상실들이 노인들로 하여금 극단적인 선택을 하게 간드는 것이 아닌가 라는 판단이 든다"고 덧붙였다. 범죄 사각지대 노인② 누가 그들을 범죄자로 만드나, news1, (2015.10.27.)

24 정글북에서는 정글에 버려진 소년을 동물들이 키웠다고 하며, 로마를 건국한 로무르스도 늑더의 젖에 의해 길러졌다는 전설이 있다.

25 프로이드는 유아가 어머니의 존재를 지각하고 싶어하는 이유는 어머니가 안락함뿐 아니라 음식의 원천으로서 자신의 욕구를 지체 없이 채워준다는 대상임을 인식하고 있기 때문에 최초로 어머니에 대하여 애착을 느끼게 된다고 하였다. 유아는 구순기의 단계를 통하여 어머니의 존재를 분명히 인식하게 되는데 만일 이때 어머니가 없다면 그 대상을 다른 곳에서 찾게 된다.

호작용하는 것을 즐긴다(Henry Gleitman, 장현갑 외 역, 1999: 257).

초기 애착은 두 개의 개체(유아와 보호자)간의 관계를 통하여 유아의 차후 행동에 영향을 미치게 된다. 예컨대 초기 애착 가운데 유아가 애착대상을 신뢰하지 못하고 자신에게 도움을 주지 않는다는 사실을 느끼고 분노하거나 저항하는 데에서 불완전한 애착관계를 볼 수 있다. 그러한 아동들은 자신들이 이전에 경험하였던 관계의 측면을 재구성함으로써 혼란된 상호작용을 형성하고 선택하는 경향이 농후하다. 더욱 인지적으로 유도되는 이론들은 개성혼란(Carson, 1979), 아동학대(Egeland, Jacobvitz and Sroufe, 1988), 그리고 성범죄(Marshall, 1989)에서 찾아 볼 수 있다.

유아들은 자신들이 살고 있는 세계에 적응하기 위해 학습을 시작하게 된다. 이 중 중요한 부분을 차지하는 것은 정서적 발달에서의 애착(Attachment)인데 이와 대비되는 개념으로는 분리(Separation)가 있다. 분리는 애착이 방해를 받거나 애초에 애착을 형성할 수 없는 조건 또는 사건들 예컨대 이혼이라든지 부모의 사망 등이 발생했을 때 생기게 된다.

프로이드는 유아의 애착발달에 있어서 유아에 있어서 주요 애착대상은 어머니이며 첫 번째 단계인 구강기를 통하여 어머니의 젖을 빠는 행위로 자기만족을 얻을 수 있다고 설명하였다. 프로이드는 유아에게 있어서 어머니의 존재란 첫사랑이며 가장 강한 사랑의 대상, 차후 경험하는 모든 연인관계의 원형으로 전 생애에 걸쳐 불변하는, 절대 우위의 유일무이한 존재로 설명하고 있다(Freud, 1934: 188).

그러나 애착행동은 앞에서 프로이드가 설명한 바와 같이 유아가 어머니의 젖을 먹는 행위, 즉 음식공급에만 의존하는 것은 아니다. 미국의 심리학자 할로우와 수오미(Harlow & Suomi)가 원숭이를 대상으로 한 실험에서 실험 팀은 갓 태어난 어린 원숭이를 어미와 격리시켜 우유로 키웠다. 그리고 새끼 원숭이를 모조 어미 원숭이가 있는 우리에 넣었다. 모조 원숭이 중 하나는 철사로 만들었으며 다른 하나는 보드라운 우단 헝겊으로 만들었다. 새끼 원숭이는 배가 고픈 상태였음에도 우유병이 꽂혀 있는 철사 모조 어미에게 안기지 않고 우단 모조 어미에게 안겼으며 대부분의 시간들을 우유 제공과 상관없는 천으로 만든 대리모에 매달려 보냈다. 이러한 결과를 보면 유아에 있어서 어미의 사랑이나 포근함이란 자신의 생명에 절대적으로 필요한 어미의 젖 이상의 의미를 지니는 것이다.

이러한 연구 결과는 근접성이나 스킨십과 관련된 실험으로 커다란 의미를 가진다. 즉 인간은 단순한 허기 이상의 것을 원하며, 어떠한 희생을 치르더라도 다른 사람들과 연결되고자 한다는 것, 그리고 상투적 아름다움보다는 우리가 맨 처음 본 얼굴을 가장 사랑스러운 얼굴로 여긴다는 사실을 발견하였다(Lauren Slater, 조중열 역, 2004: 120-130).[26] 그는 스킨십이 주는 편안함이 사랑의 본질적 요소로 파악하긴 하였으나 움직임, 표정 역시 매우 중요한 영향 요소임을 나중에 인정하였다. 그 이유는 천으로 만든 어미 아래에서 성장한 원숭이들이 점차적으로 매우 폭력적이고 반사회적인 성향을 띰에 따라 스킨십이나 얼굴만이 아닌 움직임이 중요하다는 가설을 설정하였다. 이후 움직이는 가짜 어미를 다시 만들어 실험한 결과 이러한 과정을 겪은 새끼 원숭이는 정상적이었다는 결과를 얻었다. 그러나 인간은 원숭이보다 더 영리한 동물이기 때문에 자신의 수준에 맞는 적절한 반응을 보여주지 않으며 원숭이에게서 볼 수 있는 정상적 결과가 나오지 않을 수 있을 것이다. 그러므로 영장류에게 필요한 것은 비단 스킨십, 움직임뿐 아니라 놀이와 적절한 반응이 무엇보다 중요하다고 결론내릴 수 있다.

에인즈워스와 벨(Ainsworth & Bell, 1979)은 애착유형을 만들기 위해 유아들에게 낯선 상황을 인위적으로 만들었다. 우선 약 12개월 정도의 유아에게 여덟 개의 짧은 상황들을 부여하고 이에 대한 반응을 관찰하였다.[27] 이러한 반응을 기초로 하여 유아의 애착유형을 세 가지로 분류하고 있다. 이러한 유형들은 유아가 어떻게 어머니에 대해 반응하는가와 중요한 의미를 가진다.

1) 안정애착(Secure Attachment)

안정애착은 실험대상의 약 70% 정도가 이 유형에 해당되며, 어머니에 대해 유아가 강하고 만족스러운 애착을 보이는 유형으로, 최초 어머니와 격리될 때에는 이 상황에 대하여 슬픔을 나타내나, 어머니를 다시 만나게 되면 쉽게 만족하는 반응을 보이며 어머니와의 접촉을 재시도하는 유형이다. 이 유형에서는 어머니에 대한 반응과 낯선 사람에 대한 반응에 있어서 분명한 차이점을 보인다. 이 유형에 해당되는 아동은 어머니와의 정상적 정서적 교류나 실시간적 도움으로 인하여 큰 문제없이 성장할 수 있는 기반을 가지고 있는 셈이다. 안정애착을 형성하고 있는 어머니들은 유아들의 욕구에 대단히 민감하여 즉시 반응하고, 감정표현이 매우 풍부하다(김수정, 2006: 175-187).[28]

---

26 신이 이 세상을 다 돌아보지 못하기 때문에 어머니를 만들었다는 주장은 하로의 실험에서 입증되듯 아기에게는 이 세상에서 제일 처음 접하는 어머니에 대한 애착이 매우 중요하다는 의미를 지닌다.

27 어머니와 같이 있는 상황, 어머니와 낯선 사람과 같이 있는 상황, 낯선 사람과 단 둘이 있는 상황, 아무도 없이 혼자 남겨지는 상황 등에서 유아는 어떠한 반응을 보이는지, 특히 어머니와 헤어졌다가 다시 만났을 때 어떠한 반응을 보이는지에 대하여 모두 기록하였다.

28 이론적 탐구 결과를 기초로 안정애착을 촉진하는 이상적인 환경 모델에 대해 제시하면 다음과 같다. 첫째, 주 양육자인 어머니는 아동기 안정적 양육태도를 경험하였거나 전문적인 부모훈련과정을 통해 체험적으로 알고 있

2) 저항애착(Resistant Attachment)

실험대상의 약 10%가 이 유형에 해당되었다. 어머니와 함께 있을 때에도 불안 반응을 보이며 어머니와 격리하였을 때 매우 슬퍼하지만 어머니가 돌아온 후에드 어머니와 접촉하는 것에 대해 저항한다. 앞의 안정애착과는 달리 어머니와 다시 대면하였을 때에도 어머니와의 만남에 대하여 저항하는 일종의 불안정한 모습을 보인다. 낯선 사람 역시 경계하는 반응을 보인다. 이 유형의 유아들은 자신에 대하여 부정적 이미지를 가지고 있으며 주위의 관심을 끌기 위해 오히려 과도한 행위를 하기 쉽다.

저항애착 유아들의 어머니는 유아들에게 관심을 가지고는 있으나 유아들의 요구하는 바를 정확히 알지 못하여 그들의 행동을 잘못 이해하는 경우가 많다. 그러므로 자신의 잘못 이해된 반응을 교정하고자 유아들을 대하는 방식에 많은 변화가 있기 때문에, 즉 일관성을 유지하지 못함으로써 유아들이 어머니로부터 정서적 도움을 받을 수 없다는 것이다.

3) 회피애착(Avoidance Attachment)

실험대상의 약 20%가 회피애착을 나타내었다. 이들의 반응은 어머니와 접촉하려하지 않고 어머니와의 분리에 약간의 슬픔을 나타내나 어머니가 다시 돌아와도 접촉하는 것을 회피한다. 어머니와 낯선 사람 모두에게 무시하거나 회피하는 반응을 보인다. 이 유형에 해당하는 유아들은 자신에 대하여 자아존중감(Self-Esteem)이 결여된 형태로 발전할 수 있으며 자신을 가치 없는 존재로 인식할 가능성이 크다.

회피애착 유아들의 어머니는 대부분의 경우 자신의 유아에게 관심이 별로 없기 때문에 이로 인한 거부행위, 자기중심적 행위, 엄격성 등을 나타내기도 하고 어떤 어머니는 이와 정반대의 행동을 나타낸다. 유아가 어머니와 상호작용을 원하지 않는 경우에도 강압적인 방법으로 유아를 대함으로써 이와 같은 결과가 발생한다. 유아에게 있어서 매우 중요한 의미를 가지는 애착이 인위적인 작용 또는 여러 사회적 요인으로 인하여 강제적으로 만족할 수 없는 상태인 분리가 발생하였을 때 커다란 문제가 발생할 수 있다.

안스워스(Ainsworth)는 초기의 애착행동이 차후 사회성 발달과 정서발달에 매우 중

으며 자신의 영아기 자녀와 따뜻하고 지속적이며 일관적인 접촉경험을 나눌 수 있어야 한다. 둘째, 가정에서는 경제적 어려움이나 질병 등 인간이 경험하는 다양한 스트레스 요인을 제거해야 하고 주 양육자인 어머니가 양육을 지속할 수 없을 때 도울 수 있는 대리 양육자 및 조력자가 있어야 한다. 셋째, 지역사회 및 국가적으로는 접근 용이성과 이용자의 편리성을 고려한 제반 자녀양육 및 가정을 지원하는 요건 및 복지 서비스를 구비하여 가정 내 양육부담을 줄여 줄 수 있어야 한다.

요한 영향을 미치며 예측을 가능케 해주므로 매우 중요하다고 하였다. 그는 이와 같이 유아들의 반응이 각각 다르게 나타난 이유를 "어머니나 유아를 돌보는 사람이 유아의 욕구에 대한 민감성과 풍부한 감정표현 능력"때문이라고 지적하면서 보살핌 가설(Caregiving Hypothesis)을 제안하였다.

2. 모성박탈이론

정신과 의사이자 정신분석가인 보울비(Bowlby)는 유아 또는 어린 아동은 어머니나 어머니와 유사한 이미지를 가진 인물을 통해 상호 만족과 즐거움을 주는 따뜻하면서, 내면적으로는 깊고, 지속적 관계를 경험하여야 한다고 주장하였다. 그는 분리가 아동에 미치는 효과를 관찰했다. 분리 불안의 효과들로서는 부모에게 매달리는 것, 끊임없는 걱정, 공황과 발작, 분노, 우울감과 좌절감 등이 있다. 분리불안 효과는 유년기의 중요한 시기에 일어나는 상실과 실제 외상적인 분리에 대한 반응들로서 그는 모성박탈가설(Maternal Deprivation Hypothesis)을 제안하였는데 그의 이론은 1950년대의 하로(Harlow)의 실험으로부터 연유한 본능개념에 바탕을 두고 있다(이반 워드, 이수련 역, 2002: 105). 이 가설의 핵심은 생애 초기 단계에 있어서 아동과 어머니 사이에 발생할 수 있는 유대감의 단절이 아동의 지적, 사회적, 정서 발달에 치명적 영향을 미칠 수 있다는 점이다. 이러한 치명적 영향은 한 번 입게 되면 회복이 매우 어렵다고 하였다.

그는 또 단일굴성 가설(Monotropy Hypothesis)을 주장하였다. 그의 주장에 의하면 1세에서 3세 사이에 유아는 대부분 어머니에 대한 단 하나의 강력한 애착을 형성하게 되는 선천적 경향을 가지게 된다고 하였다. 또한, 이 기간중 어머니 또는 보호자에 대한 유아의 애착이 발생하는 민감기(Critical Period)가 존재하며, 이렇게 강력한 애착을 유아가 형성하여야 만족스러운 발달이 가능하나, 만일 그러한 조건을 충족시키지 못하면 이 이후로는 비록 어머니라 할지라도 이와 같은 강력한 애착이 존재하기가 불가능하다고 주장하였다. 이러한 애착은 분리의 발생원인이 무엇이든 어머니로부터의 분리는 아동에게 치명적 정서적 손상을 초래하게 된다.

그는 아동기에 일정 기간 어머니와 분리되었던 적이 있는 9세와 12세 사이의 소년들을 대상으로 한 연구 결과 다음과 같은 결론에 도달하였다. 실험집단 중에서 적응에 문제가 있는 집단과 문제가 없는 집단 간의 차이는 분리의 원인에 기인한다는 것이다. 즉 적응에 문제가 없는 집단의 소년들은 분리원인이 주로 주택문제나 신체적 질병과 같은 요인에 기인하는 반면, 적응에 문제가 있는 집단의 소년들은 분리원인이 주로 가족 내의 사회적 관계에서 발생되는 문제들이었던 것이다. 따라서 아동의 부적응 원인은 분리 그 자체가 아니라 가족 구성원 내에서 발생하는 문제, 즉 불화 등이 커다란 원인이 되는 것이다.

또한 루터(Rutter, 1981)는 박탈과 결핍의 개념을 비교함으로써 아동들의 애착과 범죄행위를 설명하고 있다. 박탈(Deprivation)은 아동이 강력한 애착을 형성하였음에도 강제적으로 애착대상으로부터 분리된 것을 의미하며, 결핍(Privation)은 아동이 누구와도 강력한 애착을 형성하지 못한 것을 의미한다. 이 두 가지 개념 중에 박탈보다는 결핍의 효과가 더 심각하며 후유증이 오래갈 수 있다. 결핍이 초기단계에서는 타인에게 의존적 행동을 보이면서 관심을 끌려고 하기도 하고, 분별없는 친절을 보이기도한다. 그러나 궁극적으로는 규범을 지키지 못하거나 범죄를 저지르고 난 이후에도 죄책감을 느끼지 못하는 성격을 형성하게 된다고 하였다(Michael W. Eysenck, 이영애 외 역, 2002: 192-201).

인위적으로 아동의 애착을 방해하는 원인들은 여러 가지가 있을 수 있으나 주요 원인으로 지적될 수 있는 가장 대표적 사건은 부모의 이혼이다. 이혼은 일회적 사건이 아니라 상당한 적응을 요구하는 일련의 복잡한 변화들이다(Dworetzky, 1996: 381). 이혼 이전에 이미 아동을 힘들게 하는 부부의 갈등과정이 선행되며, 이혼의 결과 실제 분리가 발생된다. 이혼 후 부모와 아동은 다양한 적응 문제, 이사, 경제적 어려움, 부모의 재혼 내지는 이성 친구의 등장으로 발생하는 문제들을 겪게 된다. 일단 부모가 이혼한 아동 중 절반 이상이 아이의 양육을 책임지지 않는 한 쪽 부모와의 관계가 2년 이내에 분리될 가능성이 높다. 이혼이 죽음으로 인하여 한 쪽 부모를 잃는 경우보다 일반적으로 더 심각하다. 부모가 이혼한 아동들은 자신이 이혼을 반대하였으나 부모가 이혼을 선택하였으므로 이에 대한 분노가 많으며 자신 때문에 이혼이라는 결과가 초래되었다는 인식에 이혼의 일부는 자신의 책임이라는 죄책감을 자주 느낀다. 이혼 후유증은 오히려 남성보다 여성들이 더 심각하며, 많은 여성들이 남성의 거부와 배반에 대한 두려움을 가지고 있는 것으로 나타났다(Michael W. Eysench, 이영애 외 역, 2004: 204-205).

제 4 장 환경적 측면의 범죄심리 이론

Criminal Psychology

사회과정적 관점의 미시환경론

초기 학습 이론가들은 자신들의 이론을 증명하기 위하여 주로 동물을 이용한 연구를 시도하였다. 파블로프나 왓슨, 스키너 등의 이론은 동물을 이용하여 조심스럽게 관찰하고 실험하는 과정에 기초를 두고 있다. 일반적으로 고전적 그리고 자발적 조건부 이론들은 개체가 자극을 인식하는 시간과 반응하는 시간 사이에 발생하는 현상을 무시하였으며 나아가 개체를 둘러싼 환경에 의해 범죄가 발생할 수 있다는 가능성에는 크게 주목하지 않았다. 그러나 개체에 대하여 자극을 주는 환경이 범죄를 유발한다는 주장이 꾸준히 공감을 얻어온 결과 환경이 범죄를 유발한다는 가정이 힘을 얻게 되었다.

환경이 개체의 심리를 자극하여 범죄를 유발한다는 시각에는 크게 두 가지로 구분할 수 있다. 사회과정적 관점에 주목하는 미시환경론(Theories on Micro Living Environment)과 사회구조적 관점에 주목하는 거시환경론(Theories on Macro Social Environment)이 그것이다.

미시환경론(Theories on Micro Living Environment)은 좁은 의미의 개인을 둘러싸고 있는 환경 과정에서 이루어지는 것들을 범죄유발의 주요한 원인으로 간주하고 있다. 그러나 거시환경론(Theories on Macro Social Environment)은 미시환경론과는 달리 사회적 상태, 경제구조, 문화 등과 같이 많은 사람들이 영향을 받는 광범위한 사회환경 구조에 대해 주목하는 점이 차이가 있다(박상기 외, 1999: 141).

사회과정적 관점은 범죄를 유발하거나 조장할 수 있는 요인이 모든 사회계층에 분포되어 있으므로 모든 하류계층의 청소년이 문화적, 규범적 관점에서 동일한 집단이 아니라는 사실에 주목한다. 그러므로 사회과정적 관점은 하류계층에 초점을 둔 사회구조적 이론은 한계가 존재한다는 것을 강조하면서 동일한 사회구조하에 있는 모든 사람들이 범죄자와 비범죄자로 구분되는 것에 의문을 품고 이론을 전개했다. 즉 개인 상호간에 이루어지는 대면접촉과정, 가정, 친구, 소속 집단의 특성 등 개인에게 가까이 있는 환경에 따라 변수가 있다는 것이다.

외부적 환경요소뿐 아니라 내면적 요소 역시 인간의 행동에 있어서 의미심장한 역할을 할 수 있으므로 범죄행동을 이해하기 위해서는 가치와 반응성, 전망, 사고 인식들을 점검해 보아야 한다는 것이다. 각 개인은 그러한 독자적 입장에 따라 세상과 삶에 대한 자신만의 주관을 가지고 있는 것이다.

1. 사회적 학습이론(Social Learning Theory)

사회적 학습 이론을 주장하는 학자들은 인간행동을 설명하기 위하여 통상 사고와 기억으로 일반적으로 일컬어지는 내면적 과정인 인식적 변수를 가장 중요시한다. 따라서 범죄행위 역시 사회적 환경과의 관계와 관찰을 통하여 습득되며 기본적으로 자발적 조건부 강화에 의존하는 것으로 보고 있다.

예컨대 소년이 평소에 역할모형으로 생각하고 있는 사람이 지역 스포츠 용품점에서 성공적으로 절도를 하는 것을 보게 된다면 그 소년은 스스로 다른 물건을 훔칠 수도 있는 것이며 그러한 행위의 지속성과 상관없이 그 소년이 중요하다고 생각하는 가치나 개인적 강화에 의존하게 될 것이라는 것이다. 만일 아무런 강화가 없게 된다면, 그러한 행위는 아마도 서서히 소멸하게 될 것이다. 그러나 그러한 행위로 인해 혐오하는 처벌을 받게 된다면 유사한 행위에 대해 스스로 억압하거나 금지하는 효과를 가지고 오게 될 것이다.

개인은 특정 도덕발달 단계를 거치며 이러한 단계가 도덕적 쟁점에 대한 사고를 결정하게 된다. 그 결과 상이한 상황에서도 어떤 사람은 도덕적 결정에 대해 높은 일관성을 유지할 수 있다. 또한 어느 상황하에서건 개인의 행동은 유사한 상황에서 자신이 받은 강화와 처벌에 의해 영향을 받는다(Michael W. Eysenck, 이영애 외, 2002: 168). 개인들은 직접적 강화 없이도 다른 사람이 그런 행동을 하는 것을 관찰하는 단순한 행동만으로도 무언가를 습득할 수 있다.

일단 사람이 새로 습득한 행동을 하기로 결심하면 그러한 행동을 계속할 것인지의 여부는 그러한 행동의 결과 얻어지는 잠재적 이익의 예상과 환경에 의존하게 될 것이다. 이러한 잠재적 이익은 외부(타인의 칭찬, 경제적 이득) 혹은 내부(잘 된 것으로 인식하는 개인적 직업에 대한 자기 강화)로부터 비롯될 수 있다.

사회적 학습은 어느 정도 스키너의 관점을 수용하고 있는데, 그 이유는 인간의 내면에서 무언가 일어나고 있다는 점을 보여주고 있기 때문이다. 그러나 스키너 이론을 추종하는 학자들은 외부 환경에 대한 상대적 자극에 국한시키고 있는 반면 사회적 학습이론 학자들은 공격적 행동이 강화와 공격적 모델 모방을 통하여 학습된다고 주장하였다(Bandura, 1973). 사회과정이론은 세 가지로 구분될 수 있으나[1] 여기에서는 범죄적 동료와의 친근한 접촉을 통하여 범죄의 기술을 학습한다는 측면[2]을 중심으로 접근해 보기로 한다(박상기 외, 1999: 140).

사회적 학습이론에서는 개체의 사회적 학습과 공격이라는 상관성에 주목한다. 공격행동은 원래 생래적인 것이 아니며 사람들은 살아가는 과정에서 어떻게 공격적 행동을 학습 하는지, 어떤 조건이 공격성을 생성, 유지시키는지의 측면에서 공격성을 설명하고 있다. 다시 말해서 사회적 학습행동을 통하여 인간의 공격행동이 점차적으로 강화되고 보상된다고 본다. 아동들은 모방 과정을 통하여 학습하게 되며 이는 모델로 되어 있는 타인의 행동에 대한 관찰을 통해 공격적 모델과 같이 행동함으로써 보상과 강화를 기대하게 된다.[3]

반두라(Bandura, 1973)는 이러한 개념을 사회적 학습에 대응하는 개념으로 관찰적 학습 혹은 모델링이라고 소개하였다. 반두라는 행동을 유도하는 데 있어서 반드시 직접적 강화가 필요한 것은 아니며, 다른 사람들을 관찰하고 그들의 행동 결과를 보기만 하여도 배울 수 있다고 하였다. 이러한 중요한 간접학습을 대리학습 또는 관찰학습이라 부른다. 그는 이를 증명하기 위하여 두 집단의 아이들을 대상으로 보보인형 실험이라는 간단한 실험을 하였다. 구체적 실험방법으로 실험집단에 대해 어른이 장난감 방에서 공기를 넣어 부풀린 보보 인형에게 난폭하게 구는 것을 보여준 후 아이들을 한 명씩 장난감 방에 남겨두고 이를 카메라로 관찰하였다. 이에 반해 대조집단은 어른이 폭력을 쓰지 않고 노는 것을 보여 주었다. 그 결과 직접적 자극이 없었음에도 실험집단은 대조집단에 비해 상당히 공격적 행동을 보였으며 뚜렷한 강화 없이도 자발적으로 모델링을 하고 있었다. 특히 아동의 경우, 이미 사고방식이나 행동이 어느 정도 고정되

1 사회과정이론은 크게 사람들이 어떻게 범행하는지를 학습한다는 학습이론과 사회의 범죄예방요소가 일부 사람들을 통제하는 데 실패함으로써 범죄가 발생한다는 통제이론, 부정적으로 낙인을 찍음으로써 직업적 범죄자가 양산된다는 낙인이론 등으로 구분한다.

2 학습학파의 기본적인 견해는 다른 행위와 마찬가지로 범죄행위도 결국은 학습된다는 것이다.

3 이와 관련하여 반두라 등은 보보 인형 실험이나 필름을 통한 모방실험에서도 일관성 있는 결과를 얻게 되었고 중요한 사회적 문제와 결부시킬 수 있었다.

어 있는 성인에 비해 모방행동을 통해 학습할 수 있는 가능성이 훨씬 높다. 그들은 자신들이 선호하거나 우상화하고 있는 대상 또는 이미 그 사회에서 하나의 모델로 되어 있는 타인의 행동을 관찰함으로써 공격이라는 수단을 자연스럽게 습득하기도 한다. 반두라에 의하면 마음속으로 존경하는 모델일수록 자신들의 행동에 더 많은 영향을 미칠 수 있다고 하였다. 이에 해당하는 모델들은 연예인 등 상징적 모델, 부모와 교사, 형제 그리고 또래 친구들이 포함된다.

연구는 폭력적 비디오나 폭력적 매스미디어 노출까지 확장되었다(Docge & Petit, 2003). 폭력 비디오를 시청한 취학 전 아동은 그렇지 않은 집단에 비해 폭력적 행동을 모방할 가능성이 매우 큰 것으로 나타났다(Bandura & Huston, 1961; Bandura, Ross, & Ross, 1963). 앞의 연구에서의 결과와 유사한 많은 연구는 공격성을 관찰하는 것이 아동이나 성인 모두 공격적이게 된다는 가설을 지지해 주고 있다(G. C Walters & Grusec, 1977).

제일 좋은 장난감을 차지하려고 밀치는 행동이나 앞장 서는 행동에서 성공한 경험이 있는 아동들의 경우, 이러한 학습에 더욱 고무, 강화되어 직접적 보상의 심리적 작용으로 타인이나 주위사람들에게 공격적으로 행동하려고 한다. 붐비는 전철에서 남들을 밀치고 먼저 뛰어 들어가 자리를 차지한 경험이 있는 사람은 학습효과에 의해 지속적으로 그러한 행동을 하는 것과 유사한 개념이다. 이러한 모방과정은 아동으로 하여금 자연스럽게 모델로 되어 있는 대상의 행동 관찰을 통하여 공격적 행동의 성향을 띠게 한다.

아동의 초기 도덕성 발달 단계는 부모에게 크게 의존한다. 호프만(Hoffman, 1970)은 부모들이 자녀들의 도덕성 발달에 사용하는 세 가지 스타일을 제시했다. 첫째, 유도(Induction)는 그 행동이 나쁜 이유를 그리고 타인에게 미치는 효과를 강조하면서 설명하는 것이다. 둘째, 폭력사용(Power Assertion)은 자녀를 통제하기 위해 물리적, 언어적 폭력사용 또는 특권을 해제하는 것이다. 셋째, 사랑 거둬들이기(Love Withdrawal)는 자녀가 바람직하지 않은 행동을 할 때 주의를 주거나 보여주던 관심이나 사랑을 더 이상 주지 않는 것이다. 브로디와 샤퍼(Broody & Shaffer, 1982)는 위에서 제시된 부모 양육의 세 가지 스타일이 아동의 도덕성 발달에 미치는 영향에 관한 연구들을 살펴본 결과 유도는 대상 연구의 96%에서, 폭력사용은 18%에서, 사랑 거둬들이기는 42%에서 도덕성 발달을 향상시켰다. 즉 폭력사용은 82%에서 도덕성 발달에 부정적 영향을 초래하였으므로 가장 비효율적인 양육방법이라 할 수 있겠다(Michael W. Eysenck, 이영애 외, 2002: 170–171).

2. 차별적 접촉이론(Differential Association Theory)

인간 사회에는 범죄와 같은 위법 행동을 단호히 거부하는 사람들, 그런 행동을 용인하는 사람들, 그리고 범죄 주체가 되어 활동하는 사람들 등 여러 집단이 존재한다. 즉 사회는 균질 된 조직이 아니라 분화되어 있는 조직이다. 소년들이 이 분화되어 있는 집단에 접촉해서 비행이나 범죄를 학습해 가는 현상을 보면 범죄행동의 토대는 유전이 아니라 접촉에 의한 학습이라는 것을 의미하고 있다(大村政南, 2001: 218).

학습이론 중 가장 대표적인 것은 서덜랜드의 차별적 접촉이론(Differential Association Theory)이다. 서덜랜드의 차별접촉이론은 두 가지 기본적인 특징을 가지고 있는데 하나는 학습되는 것의 내용을 구체적으로 적시했다는 것이며, 두 번째 특징은 학습이 일어나는 과정을 구체화하였다는 것이다. 서덜랜드(Sutherland)는 범죄 원인에 관하여 두 가지로 나누어 설명하고 있다. 범죄 원인을 범죄발생의 순간에 작용한 과정, 즉 기제적 또는 상황적 또는 역동적 측면으로 보는 시각, 또 하나는 범죄자의 과거사에서 작용한 과정들, 즉 역사적, 발생적 측면으로 설명하면서 분화적 접촉이론은 후자의 설명방법에 해당한다고 하였다(신진규, 1987: 278). 그는 단순히 하류계층이기 때문에 범죄를 저지를 가능성이 크다고 보지는 않았으며(Edwin Sutherland, 1940: 2-10) 오히려 범인성의 상황이 주어졌을 때 그것을 범죄의 기회로 받아들이느냐, 아니냐를 결정하는 과정에 주목하면서 범죄적 인격형성의 과정을 해명하고자 자신의 이론을 전개하였다. 그는 개인의 범죄성을 개인의 차별적 접촉(Differential Association)에서 그 원인을 찾고 있다.[4] 이를 설명하기 위하여 차별적 접촉이론은 아홉 가지의 명제로 구성되어 있다 (Larry J. Siegel, 1992: 226).

① 범죄행위는 다른 사람들과의 교제 접촉과정을 통해 학습된다. 범죄행위 자체는 유전되지 않으며 학습의 과정을 통해 배워서 행한다.

② 범죄행위는 의사소통과정에 있는 다른 사람과의 상호작용에서 학습된다.

③ 범죄행위의 학습은 가족, 친구, 동료와 같은 친밀한 개인적 집단과의 접촉이

4 또래 여중생을 집단 성폭행한 혐의로 실형을 선고받은 10대 중학생 10명이 교도소에서 성인 재소자들과 같은 방에 수용됐던 사실이 밝혀졌다. 천안교도소 측은 최근 대전지방법원 천안지원 제1형사부가 징역 2년 6월에서 6년까지 실형을 선고한 충남 천안 · 아산지역 10대 미결수 10명이 1심 판결을 받기 전인 지난해 11월부터 약 2개월 동안 천안교도소에서 성인 수용자들과 함께 생활했다고 16일 밝혔다. 하지만 현행법상 수형자와 미결 수용자, 19세 이상의 수형자와 19세 미만의 수형자를 같은 교정시설에 수용할 경우 서로 분리 수용하게 돼 있어 논란이 일고 있다. 천안교도소 측은 범죄를 저지른 공범이 다수인 점과 법적 판결이 나지 않은 미결 수용자는 분리 수용해야 한다는 '공범 분리 원칙'을 우선 적용했다고 설명했다. 교도소 측의 해명에도 불구하고 일부 전문가들은 10대 폭력범들이 성인 재소자들과 함께 지냈다는 사실 자체에 심각한 우려를 드러냈다.
http://www.edaily.co.kr/news/NewsRead.edy?SCD=JG31&newsid=01948326612551504&DCD=A00703&OutLnkChk=Y (2016. 2. 17.)

가장 커다란 영향을 미친다.

④ 범죄행위의 학습은 범죄 수행 방법은 물론, 범행동기, 욕구, 합리화, 태도의 특수한 방향에 의해서 학습된다.

⑤ 앞의 명제 중 가장 중요한 부분인 동기와 욕구의 특수한 방향은 법구범을 긍정적으로 또는 부정적으로 규정 내지는 인식하는 관념들로부터 학습하게 된다.

⑥ 한 개인이 범죄자와 비범죄자의 갈림길에 있는 것은 법의 위반을 긍정적으로 보는 시각과의 접촉이, 법의 위반을 부정적으로 보는 시각과의 접촉을 능가할 때 이루어진다는 것인데 이는 차별적 접촉이론의 가장 핵심을 이루는 부분이다.

⑦ 차별적 접촉은 빈도, 기간, 우선순위, 강도라는 네 가지 측면에서 고찰되어야 한다. 그러므로 자주 접촉할수록, 기간이 길수록, 어릴 때 시작될수록, 접촉대상의 권위와 설득력의 강약에 따라 그로부터 영향받는 정도가 달라진다.

⑧ 범죄적, 비 범죄적 행동양식과의 교제, 접촉을 통하여 범죄행위를 학습하는 과정에 있어서의 기제는 다른 행위들의 학습과정에서 보이는 것과 동일하다. 즉 모방의 과정뿐 아니라 유도 등의 과정도 포함된다.

⑨ 범죄행위는 일반적 욕구와 가치의 표현이나 비 범죄적 행위도 똑같은 욕구와 가치의 표현이므로 그러한 일반적 욕구와 가치로는 설명되지 않는다. 즉 지위나 돈, 명예에 대한 욕구는 범죄행위의 원인이기도 하나 다른 비 범죄행위의 원인도 되므로 그것을 가지고 범죄행위와 비 범죄행위를 구분하기에는 무리가 있다(신진규, 1987: 278–280).

3. 예상이론(Expectancy Theory)

줄리안 로터(Julian Rotter)는 강화를 포함하여 행위 결과에 대한 인식과 예상의 중요성을 주장한 학자 중의 한 사람이다. 그의 주요 관점은 어떤 상황 이전에 그 사람에게 어떤 선행 사건이 일어났으며 그가 얻은 것은 무엇인가 하는 것이다.

로터는 인간이 특별한 행태의 행동발생을 예상할 수 있는지, 그러한 결과에 대해 얼마나 가치를 두고 있는가에 주목하였다. 어떤 사람이 어떤 방식으로 행동할 것인가를 예측하기 위해서는 그 사람의 예상과 그러한 행위에 의해 획득되는 보상에 대해 얼마나 중요하게 여기는가를 측정해야 하는 것이다. 유사한 상황 하에서는 일반적으로 안정되고 지속적인 예상이 가능하다.

이러한 예상을 하는 데 있어서 중요한 것은 통제의 중심이 어디에 있는가 하는 것이다. 사람은 어떻게 양육되었는가에 따라 기본적으로 두 가지 유형으로 나누어지는데,

통제의 중심이 내부에 있는 사람과 통제의 중심이 외부에 있는 사람으로 나누어진다. 통제의 중심이 내부에 있는 사람은 강화가 개인의 노력에 달려 있다고 믿으며, 따라서 자신의 삶은 자신이 책임져야 한다고 생각하고 행동한다. 그들은 육체적으로나 정신적으로 훨씬 건강하고 사회적으로 보다 성숙되어 있는 부류이다. 그들의 부모는 격려와 칭찬에 인색하지 않으며, 규율에서도 일관성이 있고 권위적이지 않다. 반면에 통제의 중심이 외부에 있는 사람은 강화가 외적 조건에 달려 있다고 믿으며 따라서 자신의 삶을 향상시키려는 노력을 잘 하지 않는다(나이젤 C. 벤슨, 2003: 92).

범죄행위에 로터의 이론을 접목해 보면, 인간이 법을 위반할 때 위법행위를 함으로써 생활수준이나 물질적 상품, 애정, 자신의 안전, 권력, 위치 등 여러 가지 측면에서의 이익을 기대하게 된다. 예컨대 폭력적 인간들은 뭔가를 얻을 수 있다는 믿음을 가지고 행동을 하게 되는데, 연쇄살인범은 신이 자신을 가치 없는 여자들을 제거하기 위해 보냈다는 믿음을 가질 수 있으며, 자신을 학대하는 남편을 독살하게 된 아내는 남편을 살해함으로써 자신의 상황이 좀 더 나아질 수 있을 것이라고 기대하는 것이다. 비록 자기통제와 도덕적 면에서 커다란 문제가 없다하더라도 사람들은 일반적으로 자신들이 생각하기에 주어진 여건하에서 어떠한 행위가 가장 효과적 행위인가를 고려하여 위법한 행동을 하게 된다. 상황의 해석과 인식을 하거나 통상 인간이 폭력을 행사할 때 그들은 과거에 그러한 접근 방법이 때로는 성공적으로 이루어져 왔기 때문에 그러한 행동을 하게 된다.

4. 차별적 접촉강화이론 (Differential Association-Reinforcement Theory)

차별적 접촉이론에서 서덜랜드는 범죄행위나 비행은 학습을 통하여 이루어진다고 믿었다. 어떤 사람과 관계를 맺는지, 기간, 빈도, 개인적 의미, 맺는 시기의 조발성 등이 결정적인 요소이다. 또한 법을 지키는 행위보다 법을 어기는 행위를 더 선호하기 때문에 인간이 범죄나 비행을 저지른다는 것이 차별적 접촉강화이론의 핵심이다(Sutherland & Cressey, 1974).

서덜랜드는 범죄조직과 접촉을 하지 않아도 범죄행위를 저지를 수 있는데, 불법을 저지르는 부모와의 접촉으로도 충분히 범죄행위를 저지를 수 있다고 보았다. 그러나 결정적 문제는 과연 어떻게 사람들의 접촉을 측정할 수 있는가 하는 것이다. 버거스와 에이커스(Burgess & Akers, 1966)는 차별적 접촉이론에서 나타난 몇 가지 문제점을 해소하고자 차별적 접촉이론을 보다 구체화시켰다. 그들은 스키너의 행동주의와 반두라의 사회적 학습이론, 서덜랜드의 차별적 접촉이론 중 핵심적 내용을 통합하여 비행의 사회적 학습이론을 제시하고 자신의 이론을 차별적 접촉-강화 이론이라고 명명하였다. 이 이론에 의하면 인간들은 자신들을 둘러싸고 있는 사회적 환경과 함께 대인적 상호작용을 통하여 비행을 저지르는 것을 학습한다는 것이다.

에이커스(1985)는 사회학습이론의 원리와 스키너의 이론을 재구성함으로써 차별적 접촉이론과 관련된 문제(사람들과의 접촉을 어떻게 측정할 수 있는가 하는 구체적 방법의 곤란성)들을 교정하기 위하여 노력하였다. 에이커스에 의하면 비행행위를 촉진하는 역할을 하는 두 가지 종류의 차별적 자극이 있다고 하였다. 첫째, 긍정적 차별자극은 하위집단속에서 주로 사용되는 어떤 행위와 쉽게 교감할 수 있는 언어적 내지는 비언어적 신호이다. 이러한 긍정적 차별자극에 의해 각 개인들은 집단으로부터 사회적 보상을 얻기 위해 비행행위에 가담하게 된다. 가장 극단적 형태는 비행소년들에 의한 윤간행위를 들 수 있다.

비행행위 촉진의 두 번째 형태는 차별적 자극을 중화하거나 정당화하는 것으로 어떤 행위가 부적절하거나 불법이라는 사회로부터의 경고를 중화하는 것이다. 자신의 행위를 긍정적으로 생각하거나 최소한도로 정당화하게 되면 될수록, 범죄행위에 빠지게 될 가능성이 농후해진다. 만일 비행행위가 사회에 의해 불법으로 규정되는 것보다 중화나 정당화가 더욱 강화된다면, 그러한 행위가 정당화되고 비행행위는 지속되는 것이다.

5. 중화기술이론(Techniques of Neutralization Theory)

중화기술이론의 핵심은 물타기와 합리화이다. 맛차(Matza)는 1964년에 발표한 「비행과 표류」라는 저서에서 비행소년은 일반소년들과 근본적인 차이가 있으며 그 차이로 인해 비행에 빠져들 수밖에 없다는 점을 기본적 접근방법으로 하고 있다(D. Matza, 1964). 사이크스(Greham M. Sykes)와 맛차(David Matza)는 대부분의 범죄자들이 자신들의 가치를 중화(합리화 · 정당화)시키는 기술을 배워 비합법적 행위와 관습적 행위 사이를 왕복하는 표류의 개념을 제시하였다. 표류란 사회통제가 약화되었을 때 소년들이 합법적인 규범이나 가치에 전념하지 못하고, 그렇다고 위법적 행위양식에도 몰입하지 않는 합법과 위법의 중간단계에 있는 상태이다. 소년들이 표류상태에 빠져드는 과정에서 중화의 기술이 사용되는데, 보통 합리화라고 하는 것으로 타인들로부터의 비난을 의식적으로 중화시킴으로써 그 비난의 화살을 빗나가게 하고, 그 완화감에서 범죄와 비행행위를 하게 되는 것을 말한다. 이렇게 함으로써 법의 위반을 용인하고 양심의 가책이나 억제력을 느끼지 않게 되므로 범죄행위에 빠지게 되는 것이다(G. M. Sykes & D. Matza,

1957: 664-670).

범죄행위를 하는 청소년들은 표류과정에서 일탈적 방향으로 옮기고 자신들의 행동이 사회적으로 수용되는 규범을 위반한 때에 그들의 행위에 대한 정당성을 부여한다. 일시적으로 도덕적 제재로부터 자신들의 행위를 중화시키는 기술을 습득하게 된다. 중화기술에는 책임의 부정, 가해의 부정, 피해자의 부정, 비난자에 대한 비난, 충성심이 있다. 책임의 부정은 비행에 대해 사실상 책임이 없다고 합리화시키는 기술[5]이다. 가해의 부정은 행위로 손상을 입거나 재산상 피해를 본 사람이 없다고 함으로써 비행을 합리화하는 기술이다. 피해자의 부정은 행위로 인하여 피해를 본 사람이 있을지도 모른다는 것을 인정하면서도 그런 사람은 피해를 입어 마땅하다고 생각함으로써 행위를 합리화하는 기술이다. 비난자에 대한 비난은 비난하는 사람들 즉, 경찰이나 기성세대, 선생님 등의 위법적인 예를 들면서, 그런 위법적 사람들이 비행을 저지른 청소년의 잘못을 비난하는 것은 모순이라고 주장한다. 충성심이란 친구나 자신이 중요시하는 집단에 대한 충성심으로 말미암아 자신의 행위가 옳지 않다는 가책을 느끼지만 어쩔 수 없었다는 주장이다. 이렇게 결속력 등으로 인하여 비록 '나는 누구도 해치지 않았으며 그런 뜻이 아니었다, 그 피해자들이 나에게 다가왔기 때문에 피해를 입었을 뿐이다, 그러한 행동은 나를 위해서 한 행동은 아니었다'는 등의 중화기술을 사용하게 된다는 것이다.

6. 사회통제이론(Social Control Theory)

사회통제이론은 인습적 질서에의 동조라는 측면에서 범죄를 설명하고 있다. 통제(Control)란 가족이나 학교, 이웃 등과 같은 사회적 제도의 권위와 영향을 기초로 내면적으로 형성된 규범 내에서 개인을 제지하는 요소를 일컫는 용어이다. 이 이론에서 가장 중요시하고 있는 개념은 왜 어떤 사람은 범죄자가 되지 않는가라는 의문에 대답하기 위해 제시된 사회적 유대(Social Bond)라는 개념이다. 가장 영향력 있는 사회통제이론을 제시하였던 허쉬(Travis Hirschi)는 사회와 개인 간의 결속에 의존하는 통합을 제시하면서 비행은 이러한 개인과 사회의 결속이 붕괴될 때 발생한다고 하였다.

그는 다음과 같은 네 가지 개념을 주장하였다.

5 "어차피 걔도 크면 남자랑 성관계 하게 될텐데 내가 미리 알려주려고 그랬죠. 일종의 성교육을 시킨 거예요." 중학교 3학년 의붓딸을 성폭행해 임신까지 하게 만든 A(45)씨는 징역 6년형을 선고 받고 교도소에서 복역 중이었다. 그는 재혼한 아내의 딸이 어렸을 때부터 옆에 앉혀놓고 같이 음란물을 보고 몸의 여기저기를 만지다 결국 수차례 성폭행했다. 그가 저지른 몹쓸 짓에 비하면 6년 옥살이는 가당찮게 적다는 말이 나올 법한데도 그는 성범죄 재소자를 상대로 한 가해자 교정 · 치료 프로그램에서 당당하게 자기변명을 했다.
http://news.naver.com/main/read.nhn?mode=LSD&mid=sec&sid1=102&oid=038&aid=0002297489 (2012. 9. 7.)

첫째, 애착은 애정을 토대로 한 인간관계이다. 특히 가정에서의 애정 결속의 상실은 심각한 문제를 초래한다.

둘째, 일단 범죄를 저지르고 난 이후에 감당할 수 없는 상황을 손익계산 가정한다는 것이다. 즉, 죽이도록 미운 사람이라도 일단 상대를 살해하고 나면 처벌을 면하기 어렵기 때문 범죄행동은 결국 이익이 되지 않는다는 생각을 하게 되는데 범죄행위로 인하여 손익의 균형이 깨어질것임을 고려한다.

셋째, 선한 행위에 관여하는 기회빈도 수의 증가이다. 즉 선한 행위를 많이 하면 할수록 악에 물들 일이 없다는 것이다. 예컨대 사회봉사의 기회가 많으면 아무래도 범죄와의 접촉이 줄어들 수 있다.

넷째, 신념이다. 사회구성원으로 살아가면서 사회적 규범에 따르는 일이 정상이라는 믿음을 가지고 생활하는 것이 범죄와 멀어질 수 있다는 것이다(大村政南, 2001: 218).

인간은 통상 명예와 직장의 상실, 가족과 친구의 상실 등 보상의 손실(제도적 통제)과 벌금이나 구금 등 처벌의 경험(법률적 통제)으로 인해 잃을지도 모르는 공적 신분(Public Identity)을 유지하기 위해 자신의 일탈적 동기를 통제하는 것이다. 가정도 없거나 이웃과 학교로부터 문제아로 낙인찍혀 비난받아 온 사람은 설사 범행을 하더라도 명예와 직업 등 잃어버릴 것이 적어서, 비록 사회적 유대에 동조한다고 해도 보상받을 것이 없기 때문에 일탈하기 쉽다는 것이다(이윤호, 1999: 232).

렉크레스(Reckless, 1961)는 외적 억제와 사회와의 통합을 선호하는 자기인식, 목표추구, 좌절에 대한 인내, 규범에 대한 약속 등 내적 억제의 관점에서 통제를 해석하고 있다(Ronald Blackburn, 2003: 91). 렉크레스는 일탈행동에 대한 등기를 부여하는 요인을 크게 외적 사회학적 요인과 내적 심리학적 요인으로 구분하였다. 사람들로 하여금 일탈적 행동을 유도하는 강력한 외적 사회학적 요인에는 가난, 비행하위문화, 퇴폐환경, 갈등, 차별적 기회구조 등이 있고, 내적 심리학적 요인에는 좌절, 욕구, 분노, 열등감 등 일탈적 동기가 있다고 하였다(Larry J. Siegel, 1992: 232). 그는 일탈행동의 발생에 대해 긍정적, 부정적 영향을 미치는 요소로서 압력, 유인, 강요, 그리고 내외적 견제의 개념을 이론화하면서 비행, 일탈, 범죄 발생에 긍정적 요인으로 작용하는 것은 외적 압력, 외적 유인, 내적 강요가 있고, 부정적 요인으로 작용하는 것은 내적 견제, 외적 견제를 주장하였다.

외적 압력은 빈곤, 실업, 소수집단신분 그리고 차별 등 다양한 생활조건이다. 외적 유인은 나쁜 친구, 일탈적 특권인물, 청소년 비행집단, 대중매체의 유혹 등으로 구성된다. 내적 강요는 긴장과 좌절, 공격성, 즉각적 만족감의 욕구, 격정성, 뇌손상 그리고 심리적 손상 등이다. 비행행위에 대한 외적 견제는 가족과 지역사회 등의 핵집단, 사회에서의 기대감, 역할구조 및 집단이나 사회에 대한 상대적 소속감과 수용감을 말한다. 그리고 비행행위에 대한 내적 견제는 좋은 자아관념, 목표지향성, 현실적 목적, 좌절감의 인내, 합법성에 대한 일체감을 의미한다.

7. 사회계량기이론(Sociometer Theory)

자아개념의 중요한 부분은 자아 존중감(Self-Esteem)이다. 자아 존중감은 자아개념에 대한 스스로의 평가로 개인이 자신에 대하여 어떤 인식을 가지고 있는가를 의미한다. 레리(Leary)와 다운스(Downs)는 사회계량기이론을 통하여 자아 존중감은 우리가 다른 사람들에게 인정받고 사랑받는 정도에 대한 일종의 내부적 측정이라고 주장하였다. 즉 타인에 의해 긍정적으로 평가받는 사람들은 자아 존중감이 증가하였던 반면에 부정적으로 평가받았던 사람들은 상대적으로 자아 존중감이 낮아졌음을 발견하였다.

번스타인(Bernstein, 1979) 등은 당연히 높은 자아 존중감을 가진 사람들이 그렇지 않는 사람에 비해 생활하는 데 있어서 여러 가지 긍정적인 면이 많은 것이라고 주장하였다. 우수한 성적을 받은 학생들은 자신의 성적이 높은 이유를 자신의 지능이나 노력 때문이라고 생각하는 경향이 있는 반면, 성적이 낮은 학생들은 그러한 결과가 운이 좋지 않았다든지, 선생의 교수방법 등이 적절치 않았다는 이유를 들고 있음을 발견하였다.

성공에 대한 공적은 자신에게 돌리고 실패에 대한 비난은 남에게 돌리고 싶어 하는 경향을 자기 편익 편파(Self-Serving Bias)[6]라고 한다(정성훈, 2011: 322-324).

일반적으로 범죄자들은 비범죄자보다 자아 존중감이 떨어지는 것으로 보고되고 있다.

사회구조적 관점의 거시환경론

거시환경론(Theories on Macro Social Environment)은 사회적 구조 상황 자체가 범죄를 유발시킨다는 견해이다. 범죄를 유발하는 상황적 요인으로는 도시의 지역적 특성 외에도 사회적 조건, 사회구조, 문화 등 다양한 요인이 있음을 지적하였다(박상기 외,

6 남의 일은 쉬워 보이고 정작 자신의 일은 힘들게 느껴지는 것, 남의 것은 더 좋아 보이고 자신의 것은 나빠 보이는 것. 이런 마음의 현상을 심리학에서는 '자기중심적 편파(Egocentric bias)'라고 부른다. 사람들은 모든 일을 자신의 관점에서 본다. 내가 어떤 일을 할 때는 결과를 얻을 때까지 얼마나 힘들었는지 잘 안다. 그러나 다른 사람의 일에 대해선 결과만 보고 비교적 손쉽게 얻어졌으리라 간주한다.

1999: 122).

사회구조적 관점에서의 범죄이론은 사회 계층화가 부와 권력, 특권 등의 불평등한 분배에 의하여 생성되며, 특정 사회계층은 가치관, 태도 그리고 규범 등을 공유하는 사람들로 구성되므로 계층 간 갈등이 발생할 수밖에 없다는 데에서 비롯된다. 다라서 사회경제적 하류계층은 현대사회에서 요구하는 여러 성공을 향한 수단이나 기회가 상대적으로 제한되어 있으므로 이에 대한 불만이나 박탈감 등이 원인이 되어 범죄자가 될 수 있는 가능성이 높다고 보는 시각이다(이윤호, 1999: 177).

1. 긴장이론(Strain Theory)

긴장이론은 비행이나 범죄 원인을, 합법적인 사회적 성공 쟁취가 어려운 계층이 목표를 이루지 못할 때 발생하는 좌절감의 결과로 간주한다. 즉 사람들이 범죄를 저지르는 까닭은 사회적으로 생성된 압력이나 영향에 의해 범죄로 이끌리기 때문에 발생한다는 것이다(박상기 외, 1999: 128). 인간의 목표는 어느 계층을 막론하고 유사한 것으로 나타나 있으나 그 목표에 도달하는 데에는 계층에 따라 많은 차이가 있다. 긴장이론의 핵심은 모든 사람이 최소한 중류층이 가지는 목표를 지향하고 있지만, 제대로 도달하지 못할 때 생기는 절망과 좌절감이 범죄의 원인으로 작용하고 있다는 것이다.

긴장이론의 대표적인 것은 아노미이론이다(이윤호, 2002: 222). 아노미이론은 합법적 경제활동이라는 과정에서 계층 차이로 인하여 상대적으로 불리하거나 불가능한 위치에 있다고 여기는 사람이 비합법적이 되거나 범죄에 쉽게 빠질 수 있고 범죄 동기부여가 용이하다고 보는 이론이다. 그렇다고 이러한 상황에 처한 대부분 사람들이 범죄를 저지르는 것은 아니다. 사회적 목표나, 성취수단, 이에 따른 개인의 선택이 한 사람을 범죄자와 비 범죄자로 구분하는 중요한 갈림길이 된다. 목표와 수단의 괴리가 아노미 상태를 초래하고 그것이 비행의 구조적 원인이라는 점에서 아노미이론을 일탈의 수단-목표이론(Means-end Theory of Deviance)이라고 부르기도 한다(Robert K. Merton, 1957: 140). 머튼(Merton)은 문화적 목표와 제도화된 수단에 사람들이 어떻게 반응하는가에 따라 적응형태를 다섯 가지로 구분하였다(신진규, 1987: 291-292).

동조형은 현실의 성공목표에 대하여 용인의 태도를 취하면서 제도적 수단도 용인하여 정상생활을 유지하는 사람들이다. 개신형은 현실의 성공목표를 용인하여 적극적으로 추구하나 반드시 제도적 수단에만 의존하는 것을 배척하고 비합법적인 수단도 용인하는 사람들로 범죄행위는 주로 이들에 의해 범해진다. 예범형은 현실의 높은 성공목표를 외면하면서 제도적 규범수단에 충실하여 순종적 생활을 해 나가는 사람들로 범죄나 비행행위에 가담하지 않는다. 퇴행형은 현실의 성공목표에 대해서 포기의 태도를 취하지만 제도적 규범생활에 복종하여 순종적 생활을 하지도 않는 퇴행적 생활을 즐기는 사람들로 알코올, 마약 중독자 등이 이에 속한다. 끝으로 반역형은 현실의 성공목표들의 어떤 부분들은 인용하나 다른 부분을 배척하고 또 현재의 제도적 규범과 수단과 방법에 대해서도 일부는 인정하나 다른 부분은 배척하므로 결국 현행제도의 개혁을 주장하고 나서는 형태로 데모와 혁명모의에 가담하는 형이다. 이 중 범죄와 가장 관련이 있는 유형은 현실의 성공목표를 적극 추구하면서도 현실이 처한 여건이나 처지를 고려하여 비합법적 수단에 의존하려는 개신형이다.

머튼의 논의를 한국사회에 적용시킨다면 출세나 입신양명은 우리나라에서 강조되는 문화적 목표라고 할 수 있으며 이를 위해 면학, 근면, 성실 등은 사회적으로 규정된 제도화된 수단이라고 할 수 있을 것이다(박상기 외, 1999: 129). 동 이론의 독창성은 비록 기회구조가 차단되었다 하더라도 각자가 내면화된 문화적 목표와 제도화된 수단에 따라 개인의 적응방식이 다를 수 있다는 점을 지적한 것이다.

2. 하위문화이론(Subculture Theory)

하위문화[7]이론은 아노미이론을 기본 틀로 하고 있다. 하위문화이론은 하류계층의 청소년이 교육, 가족지원 그리고 영향력 있는 인간관계 등 사회적 성공을 위한 승인된 수단으로부터 소외되기 쉽고, 이것을 상쇄하기 위하여 그들이 성공적이고 중요하다고 느끼는 자신들만의 하위문화를 개발하게 된다고 보고 있다.

코헨은 비행하위문화(A. K. Cohen, 1955) 이론을 통해 중류계층의 척도와 신분좌절을 설명하고 있다. 코헨은 하류계층의 비행이 실제로 중류계층의 가치와 규범에 대한 저항이라고 보았다. 이들을 둘러싸고 있는 여러 가지 여건이 중류사회가 지향하는 가치에 도달할 수 없다는 좌절감과 자괴감으로 인하여 성공목표를 합법적으로 성취하지 못하게 되고 이로 인한 신분좌절(Status Frustration)이 발생하게 되며, 이러한 신분좌절을 경험한 많은 수의 하위계층 청소년들은 쉽게 범죄나 비행과 친숙해진다는 것이다.

코헨(Cohen)의 이론은 네 가지 가정으로 요약된다. 첫째, 적지 않은 하류계층 청소년들이 학교생활에 제대로 적응하지 못한다. 둘째, 저조한 학업성취는 비행이나 범죄와 연관을 가지고 있다. 셋째, 저조한 학업성취는 하류계층의 청소년이 가지는 가치와 중류계층의 청소년이 가지고 있는 가치와의 갈등에서 비롯된다. 넷째, 대부분의 하류

7 하위문화란 각 사회에 있어 그 사회의 일반적인 문화체계와는 구별되는 문화 안의 문화를 가리키는 용어이다. 이러한 하위문화 중에서 비행성이나 범죄를 그 내용으로 하는 경우를 일컬어 비행적 하위문화라고 한다.

계층 청소년들이 저지르고 있는 비행이나 범죄는 자기를 합리화시키기 의한 하나의 방편으로 집단비행의 형태로 발전한다. 하류계층 청소년들은 우선적으로 가정적 취약점을 가지고 시작한다. 하류계층 가정에서는 중류계층의 문화 속으로 자신들을 진입시킬 정도의 추진력이나 잠재력 없이 부모들이 가지고 있는 상대적 취약점이 연장되어 사회적으로 성공할 수 있는 여러 가지 여건들을 제공해 주지 못하고 있다. 즉 중류계층의 잣대(Middle-Class Measuring Rod)라는 기준에 의해 평가되는 한 그들이 중류계층으로 진입하기란 하늘의 별 따기라는 의미이다. 코헨의 연구에 의하면 하층계급의 소년 중 일부는 악조건을 극복하여 안정된 생활을 지향하는 노력을 통해 이 영역에서 벗어나기도 한다. 안정된 가두소년(Stable Coner-Boy)이나 중간계층의 높은 생활방식을 지향하여 중간계층의 규율, 가치관을 흡수하고자 노력하는 학생소년(College-Boy)으로 전환되는 측면도 있다. 그러나 일부는 중간계층의 모든 가치 기준을 배척, 거부하면서 공격적, 반항적 행동을 취하는 비행적 반응의 소년들이 비행적 하위문화를 구성하는 주역이 된다는 것이다. 이들은 비행적 행동에 대한 자제심을 전혀 느끼지 않으며 오히려 정당시하면서 행동하게 된다. 이들의 비행적 하위문화의 특징은 비공리성, 악의성, 부정성, 단기적 쾌락주의 등이다.[8]

기타 관점

빈곤을 상대적 불평등의 관점에서 보면 과거에 생각하던 만큼의 절대적 개념은 아니며 부유한 자와의 상호관계 속에서 생겨나는 상대적 개념이다. 상대적 불평등의 개념 중 절대적으로 중요한 것은 경제적 불평등이다. 빈곤이 범죄의 결정적 원인은 아니라 하더라도 범죄발생을 촉진하는 작용을 하고 있다는 점은 부정할 수 없을 것이다. 빈곤 그 자체가 범죄의 근본 원인이라기보다 빈곤함으로써 발생할 수 있는 부가적 상황들이 계기가 되어 범죄를 유발하는 경우가 많다고 보여진다.[9] 호주의 범죄학자 불레이스 웨이트는 불평등, 범죄 및 공공정책, 소득의 불평등과 범죄의 상관관계를 조사한 결과, 범죄와 경제적 불평등 사이에 일정한 상관관계가 나타난다고 하였다(이만종, 2002:

8 비공리성이란 어떤 범죄나 비행행위 그 자체보다는 범죄나 비행조직에 같이 속해 있는 자기 동료들로부터 왕따를 당하지 않고, 나아가서는 영광과 지위, 공범의식을 느끼기 위해 행하는 것이다. 악의성이란 다른 사람이 고통당하는 모습에서 쾌감을 느끼는 심리를 가리킨다. 부정성이란 중간계층의 가치를 거부하는 것으로 자기들 나름대로의 정당화와 합리화를 시키는 것이다. 단기적 쾌락주의는 장기적인 계획과 목표하에서 사는 것이 아닌, 즉 학업이나 직업에 대한 노력을 게을리 한 채, 당장의 쾌감을 느끼기에 급급한 심리를 가리킨다.

9 빈곤에 수반되는 것으로서는 개인적으로 느낄 수 있는 열등감, 좌절감, 분노, 소외감, 무규범 상태, 가정의 정상적 기능곤란, 거주지역의 환경, 학업곤란에 따른 교육적 서비스의 부재 등이 이에 속한다.

254-255).

1. 상대적 박탈이론(Relative Deprivation Theory)

상대적 박탈이론이란 상대적 박탈감의 개념을 도입하여 범죄과정을 설명하려는 이론이다. 상대적 박탈의 출발점은 어떤 가정에서 자라고 성장하는가이다. 여기서 언급하는 박탈이란 개념은 복지의존도, 가난한 집안경제, 어려운 집안상황과 같은 가정적 불이익을 통해 박탈된 가정적 배경으로부터 비행이 발생한다는 가정 하에서 출발하고 있다(Ronald, 2003: 169). 경제적 불평등으로 인한 불평등의식, 차별의식이 범죄와의 관련에 있어서 중요하다는 상대적 결핍론[10]은 스토퍼(S. A. Stoffer) 등에 의해 사용되었으나 이를 처음 체계적으로 논한 사람은 런시만(W. G. Runciman)이다. 상대적 결핍이 존재하는 경우 선망이나 불공평한 느낌의 감정이 고조된다. 토비는 멀텀과 스토퍼의 상대적 박탈개념을 범죄발생과정의 설명에 도입하였다(지광준, 2003: 273). 상대적 빈곤이란 준거집단에 대하여 상대적으로 경제적 수준이 낮은 상태를 말한다. 상대적 빈곤상태 하에서 타인과의 접촉에서 타인을 선망하는 상대적 박탈감을 느끼게 된다. 이는 절대 빈곤사회에서보다는 경제적으로 발전된 사회에서 많이 발견된다. 경제적으로 발전되면 발전의 이면에는 항상 소외 계층인 하층계층이 생성되기 마련이고 이러한 현상은 사회적 하층계층이 경제적으로 풍요한 계층에 대한 좌절감, 분노 등을 느낄 수 있다. 즉 절대적 경제수준보다는 상대적인 박탈감이 범죄발생에 중요한 원인을 제공하게 되어 불만을 갖게 되고 범죄율이 증가하게 된다(윤덕중, 1991: 148).

급진적 범죄학자들이 주장에 의하면 상대적 결핍상태에 있는 자는 일반적으로 이러한 불공평을 바로잡기 위해 정치투쟁 등의 합법적 방법을 사용하여 자신의 요구를 관철시키려고 한다. 그러나 상대적 결핍상태에 있는 자가 이와 같은 정치적 수단으로 달성할 수 없다고 생각할 때 부적절하다고 간주한 경우에는 범죄를 포함한 기타의 방법으로 달성하려고 시도한다. 또한 자신보다 열악하거나 비슷한 처지에 있는 사람들을 희생양으로 삼아 자신의 지위 개선을 시도하는 이기적 행동을 취한다(이만종, 2002: 254-255).

한국사회에서의 도시 빈곤층은 1997년 외환위기 이전까지 빈곤층 비중이 10% 미만에 머물렀으나 그 이후 소득 양극화가 심해서 1999년에는 12.8%로 늘었다. 이후 2000년 10.5%까지 떨어졌다가 2003년부터 12.3%로 다시 급증하였다. 상대적으로 빈

10 이들은 단지 상대적 결핍론을 범죄원인을 설명하기 위해 적용한 것이 아니라 정치적 논의의 일환으로 사용하였다.

곤층이 증가하면서 중산층은 감소하였으며 이러한 한국의 빈곤율은 다른 선진국과 비교할 때 높은 수준이다. 증가 속도 역시 OECD(경제협력개발기구)가 2009년 각국의 빈곤층 인구비중을 기준으로 분석한 결과, 30개 회원국 중 한국이 14.6%로 6번째로 높은 수준에 해당된다. 이러한 결과는 한국이 OECD 회원국 중 아일랜드와 함께 빈곤율 증가속도가 가장 빠른 국가임을 보여준다. 범죄 원인을 설명하는 이론 중 경제적 불평등이나 차별에 의한 범죄발생 설명은 절대적 빈곤하에서 생활하던 3, 40년 이전의 한국에서의 범죄발생에 비해 양과 질에 있어서 더욱 심각성을 띠고 있는 오늘날 한국에서 발생하고 있는 많은 범죄를 설명하는 데 설득력을 얻고 있다. 최근에는 부유한 위치에 있는 자에 의한 범죄도 가끔씩 발생하고 있다.[11]

2. 좋지 못한 조건(Adverse Conditions)과 범죄

좋지 못한 조건(Adverse Conditions)이란 개인이 처해 있는 환경이 다른 사람에 비해서 좋은 조건이 아님을 의미하며, 앞에서 설명한 상대적 박탈이론과 그 맥을 같이 하고 있다. 예를 들면, 사회경제적 지위가 낮은 경우, 빈곤, 실직, 불평 같은 조건 등이 범죄행동의 원인으로 지적된다(홍성열, 2000: 202).

불공평성(Inequity)의 지각이 범죄 원인이라는 주장은 많은 연구들에서 찾아 볼 수 있다. 지존파가 그랜저를 몰았던 사장과 외제차를 소유했던 여성을 범행대상으로 정한 것은 이들이 부유층이라는 점과 자신들이 공정한 대우를 받지 못했다고 생각했기 때문이다(매일신문, 2008. 9. 19).[12] 죄를 지은 사람이 부끄러워하기보다는 오히려 분노로 가득 찼다는 것은 자신들의 좋지 못한 조건에 대한 불만이 그 원인이 될 수 있다. 좋지 못한 조건을 주요한 범죄 원인으로 간주하는 비판 범죄학에서 퀴니(Quinney, 1966)는 불공정이 범죄의 근원이라고 생각했으며, 마우머(Maume, 1989) 역시 불공정은 범죄행동에 간접적으로 영향을 줄 수 있다고 주장한다. 이러한 주장은 여러 학자들(Braithwaite, 1979;

11 상대적 빈곤감이 극에 달한 사례로 명문 사립대를 나와 외국계 기업에서 근무하고 강남의 중대형 아파트까지 가진 전형적인 엘리트 중산층이던 A모씨는 동료집단 이탈이라는 상대적 박탈감을 견디지 못해 극단적인 범행을 저지른 사건을 들 수 있다. 다 같이 못 살 때보단 자기보다 나은 사람이나 집단과의 비교 속에서 갖는 상대적 좌절감이 개인의 탈이성적 범죄를 유도하기가 더 쉽기 때문에 상대적 빈곤이 야기하는 결과가 절대적 빈곤보다 오히려 더 파괴적이다.
http://news.heraldcorp.com/view.php?ud=20150114000234&md=20150114135236_BL (2015. 1. 14.)

12 범죄 집단 지존파는 1994년 4월부터 9월까지 엽기적 연쇄 살인사건을 저질렀다. 빈부격차에 대한 사회현실에 불만을 품은 범인 6명이 부유층에 대한 증오를 범행동기로 삼았다. 범행 전 전남 영광군 불갑면 금계리 지하실 아지트에 창살 감옥과 시체소각 시설까지 갖추었다. 1993년 7월 충남 논산에서 최미자를 성폭행한 후 살해한 것을 시작으로, 이듬해 9월 15일까지 4차례에 걸쳐 사람을 납치, 살해, 토막내어 살해하는 등 엽기적인 연쇄살인 행각을 벌였다. 이 사건은 9월 16일 범인들이 모두 체포됨으로써 일단락되었다. 일당 6명 전원이 대법원 최종판결에서 사형이 확정되어 11월 2일 교수형을 받은 사건이다.

Loftin & Hill, 1974; Messner, 1980)의 연구에서 찾아볼 수 있다(홍성열, 2000: 203-204).

3. 사회권력적 측면의 실험(Stanford Prison Experiment)

프란츠(Franzoi, 1996: 258)는 사회권력(Social Power)을 태도와 행동변화를 유발하기 위해 영향력 있는 사람이 가용할 수 있는 힘이라고 주장하였다.

필립 짐바르도(Philip Zimbardo)는 다른 사람에게 상과 벌을 줄 수 있는 사회권력을 가진 상황에서 인간들이 어떤 반응을 보이는가에 대한 실험을 하였다. 그는 교도관이 가혹하게 죄수를 대하는 것이 과연 개인의 성격에 기인한 것인지 아니면 교도소에서 교도관에게 주어지는 권력의 영향이 더 큰 것인지를 밝혀내고, 교도소에서 발생하는 죄수와 교도관과의 관계를 파악하기 위해 실험을 하였다. 그는 많은 학생 중에서 반사회적 경력이 없고 정신적으로도 성숙한 21명을 선발해서 하루 15달러를 주고 죄수, 간수 두 개의 집단으로 나누고 무작위로 10명에게 죄수 역할, 11명에게 간수 역할을 맡겼다.

죄수와 간수 모두 극히 정상적 사람들이었음에도 불구하고 간수 역할을 맡은 사람들은 날로 가학성을 드러내고 죄수 역할을 맡은 사람들의 절반은 억울, 분노, 불안 등의 병적 징후를 보이기 시작했다. 실험은 2주간을 예정하고 있었지만 결국 6일 만에 종결할 수밖에 없었다. 이 모의교도소 실험으로 무엇을 알게 되었을까? 간수들은 점점 권위적이고 권력적이 되었고 죄수 역을 맡은 사람들에 대해서 냉혹해졌다. 죄수들은 이것은 모의실험이라는 사실을 잘 알면서도 간수 역할의 사람들에게 잘 보이려고 행동하거나 신경증이 되기도 했다. 즉 사람은 상황에 따라 쉽게 변모해 버린다는 사실을 발견한 것이다.

이러한 실험을 통하여 조직의 권력구조 등의 상황요인이 인간 행동에 커다란 영향을 미칠 수 있다는 사실, 정서적으로 안정된 사람이라 할지라도 주어진 권한을 남용할 수 있으며, 사회권력을 가진 자들은 점점 가혹해지고 권력의 사용을 즐기면서 권력을 확정했다. 상대적으로 권력을 가지지 못한 편에서는 시간이 경과하면서 순종적이 되어갈 수 있음을 발견하였다(Michael W. Eysench, 이영애 역, 2002: 263).

또한 1961년 미국 예일대 심리학과 스탠리 밀그램 교수(Stanley Milgram)가 '권위적인 불법적 지시'에 다수가 항거하지 못한다는 사실을 증명하기 위해 시행한 실험도 있다. 밀그램은 '징벌에 의한 학습효과를 측정하는 실험'이라고 포장해 실험에 참여할 사람들을 모집하고 피실험자들을 교사와 학생으로 나누었다. 그리고 학생 역할을 담당하는 피실험자에게 가짜 전기 충격장치를 달게 하고, 교사에겐 가짜란 걸 모르게 하고 학생이 문제를 틀릴 때마다 전기 충격을 가하게 했다. 여기서 실험에 참여한 사람들은 15볼트에서 450볼트까지 전압을 올릴 수 있도록 허용됐다.

밀그램은 실험 전에는 단 0.1%만이 450볼트까지 전압을 올릴 것이라 예상했으나, 실제 실험결과는 무려 65%의 참가자들이 450볼트까지 전압을 올렸다. 이들은 상대가 죽을 수 있다는 걸 알고 있었고, 가짜이긴 하나 진짜 비명소리도 들었으나 모든 책임은 연구원이 지겠다는 말에 복종했다(스탠리 밀그램, 정태연 역, 2009: 27-30).

4. 탈개인화 이론(Deindividuation Theory)

사람들은 혼자 있거나 친구끼리 소집단으로 있을 때보다 군중 속에 있을 때 다르게 행동하는 경우가 자주 있다. 르봉(LeBon, 1895)은 군중행동에 대한 최초의 이론을 제안하였던 프랑스의 저널리스트였다. 군중행동과 폭도행동과 관련된 이론이 탈개인화 이론(Deindividuation Theory)이다. 탈개인화란 큰 집단이나 군중에서 발생하는 개인 정체성이 상실되는 현상을 말한다. 자기 행동에 대한 감시와 충동적 행동에 대한 구속력, 자기 행동의 사회적 승인에 대한 관심 그리고 이성적으로 사고하는 능력 등을 일시 해제한다.

탈개인화 이론을 지지하는 만, 뉴톤, 인스(Mann, Newton & Innes, 1982)의 연구에 따르면 정체성이 드러나는 것보다 익명으로 자신을 나타내지 않는 사람들이 더욱 공격적이라는 것으로 나타났다. 포스머와 스피어(Postmes & Spears)의 연구에 의하면 집단의 구성원들이 탈개인화되면 지금까지 지켜져 왔던 사회의 일반적 기준이나 규칙을 따르기보다는 소속해 있는 작은 집단의 분위기와 기준을 추종하는 경향이 심하다. 따라서 집단 구성원들을 반사회적 행동으로 유도하기도 하고, 또는 다른 방향으로 유도할 수도 있다(Michael W. Eysench, 이영애 역, 2002: 266-267). 혼자서는 용기가 없어 할 수 없는 범죄행위를 다중의 위력을 빌어 폭력을 행사하고 그 뒤로 숨는 인간의 심리를 설명해 주고 있다.

익명성과 탈개인화가 결합을 하면 공격적 성향을 나타내는 것으로 알려져 있다. 예컨데 집단에 소속되어 있었을 때의 기억이 과거로 회귀하게 되어 평소에 얌전한 사람도 예비군복만 입으면 여성들을 보고 희롱하거나 공격적이 되는 경우가 대표적인 사례이다.

또한, 학력 위조 문제로 논란이 되었던 타블로의 경우 이미 학력 위조가 사실 아님이 밝혀졌음에도 불구하고, 또다시 공격을 준비하는 소위 편집증 증세의 네티즌 같은 경우도 군중 뒤에 숨어 탈개인화 증상을 보이고 있는 좋은 사례로 볼 수 있다.

제3편

인간의 욕구와 이상심리

제5장
인간의 욕구와 공격성

제6장
이상심리와 범죄

제7장
충동통제장애

범죄, 그 심리를 말하다 – 범죄심리 해부하기

Criminal Psychology

제 5 장 인간의 욕구와 공격성

Criminal Psychology

매슬로우(Maslow)의 인간욕구 단계와 범죄성

1986년 여름 남동부 프랑스 프로방스 언덕에 위치하고 있는 퐁부레고아 동굴 내부 석기시대 거주지를 발굴하던 국제 과학자들은 놀라운 광경을 목격하였다. 발굴에 참여했던 인류학자들은 6,000여 년 전 동굴 거주자들이 사용하던 얕은 쓰레기 구덩이에서 인간에 의해 잡아먹힌 것으로 보이는 것이 거의 틀림없는 세 명의 성인, 두 명의 아이 그리고 연령 추정이 어려운 인골 등 여섯 구의 인골을 발견하였다. 전자현미경으로 관찰한 결과 먹히기 전에 불에 의해 요리된 흔적이 나타났다(Peter Haining, 2005: 7-8). 이러한 발견을 통해 이미 예전부터 인간에 의한 공격성이 동물이 아닌 인간을 대상으로 이루어지고 있다는 것을 알 수 있다.

다윈은 자연 선택을 단 10개의 단어로 집약하여 표현하였다. "번식시키고, 변화시키고, 가장 강한 자는 살아남게 하고 가장 약한 자는 죽게 한다(Mult ply, vary, let the strongest live and weakest die)." 여기에서 '가장 강한 자'란 단지 억센 자를 의미하는 것이 아니라 환경에 가장 잘 적응한 자를 의미한다. 즉 적자(Fittest)가 '가장 강한 자'라는 말 대신에 사용된다. 이때 유기체의 적합성(Fitness) 여부는 주어진 환경에서 자신의 유전자를 다음 세대에 얼마나 잘 전달하는지에 따라 결정된다(로버트 라이트, 박영준 역, 2003: 46). 모든 자연의 피조물과 마찬가지로 만물의 영장인 인간 역시 생존본능은 살아남아 자신의 유전자를 다음 세대에 전달하는 것이다.

이러한 과정에서 인간은 각종 환경의 변화에 순응하여야 하며 자연스레 스트레스를 받는다. 스트레스를 받으면 어딘가 스트레스를 풀 대상을 찾아야 한다. 그러므로 스트레스를 적절하게 풀 수 없는 사람들이 범죄와 연관될 가능성이 많다. 자신을 둘러싸고 있는 주위 여건에 대하여 긍정적으로 스트레스를 해소하고 있는 것을 들자면 천주교에서 주관하는 「내 탓이오」 운동이 있다. 이 운동은 모든 일의 원인을 남에게 찾지 말고 자신에게서 원인을 찾자는 의미이다.

이와는 반대로 통상 범죄자의 심리는 "탓해야 할 대상"을 찾는다. 예컨대 고춧가루에 사람에게 유해한 색소를 타서 판매하다 체포된 사람들이나 강도, 살인을 한 사람에게 범행동기를 물으면 "먹고 살려고 그랬다."는 변명을 하는 것을 흔히 볼 수 있다. 자신의 행위로 인하여 타인이 피해를 볼 수 있다는 사실을 외면하고 먹고 살기 위해 그렇게 밖에 할 수 없었다는 논리로서 나의 탓이 아니라 사회구조가 잘못되어 있다며 자신을 합리화하는 것이다. 때로는 자신의 개인적 불운에 대해 다른 사람에게 책임을 전가하는 사고방식을 나타내기도 한다.

에이브러햄 매슬로우(Abraham Maslow)는 인본주의 심리학의 정신적 아버지로서 처음에는 열렬한 행동주의자였으나 점차 행동주의 접근 방법의 한계에 큰 불만을 가지게 되었다. 인간은 누구나 자신의 재능과 능력을 이용하고 개발하여 잠재력을 발휘하려는 내적 동기를 가지고 있으며 이를 통해 성취감을 느끼는 것을 고양체험이라고 부른다(나이젤 C. 벤슨, 2003: 113). 그는 자기실현에 도달하기 위해서는 우선 하위 단계의 욕구들을 충족시켜야 한다는 전제 아래 인간 욕구를 5단계로 구분하여 설명하고 있다. 이를 범죄와 연관하여 살펴보면 다음과 같이 해석할 수 있다.

1. 생리적 욕구(Physiological Needs)

생리적 욕구는 기본적 생존 욕구로서 인간이 먹고 마시는 것을 말한다. 먹고 마시는 등의 기본적인 것이 충족되지 않으면 다음 단계로 넘어 갈 수 없다. 인류는 불과 200년 전까지만 해도 범죄발생의 대부분은 먹을 것, 마실 것에 관련된 것이었다. 예컨대 영국 에든버러의 시체 도둑인 버크와 헤어는 희생자의 목을 조르고 시체 1구당 7파운드를 받고 의료기관에 팔아 넘겼다(Colin Wilson, 황종호 역, 2003: 23). 기근이 극심하였던 임진왜란 당시 백성들이 자신의 가족의 살을 먹었다는 기록이나 '사흘 굶어 남의 담 넘지 않는 사람이 없다'는 옛 우리의 속담은 이러한 기본적인 생리적 욕구를 설명하고 있다.

2. 안전의 욕구(Safety Needs)

안전의 욕구란 외부로부터 가해지는 여러 위협으로부터 자신의 몸을 보호하고자 하는 욕구를 말한다. 19세기 중엽 산업혁명은 인류의 전반적 생활환경 변화를 가져왔는데 닥터 발머, 닥터 프리처드, 콘스탄스 켄트, 플로런스 브라보 등이 스스로의 안전을 위해 범죄를 저질렀다. 자신의 안전을 위해 범죄를 저지르는 대표적 예로서 가정폭력에 장기간 노출된 피해자를 상습적으로 가해자가 폭행하자 이에 위협을 느낀 나머지 자식과 함께 남편을 살해한 사례가 있고 아버지가 어머니를 지속적으로 폭행하는 것을 목격한 아들이 술에 취해 자고 있던 아버지를 동생들과 함께 살해한 예 등이 이에 속한다. 후자의 경우 자신의 안전이 아니라 어머니의 안전을 보호하는 것이 자신의 안전과 직결된다고 느끼고 범행을 하는 경우이다.[1]

3. 애정과 집단에의 소속욕구(Needs of Belongingness & Love)

키에르케고르는 '군중 속의 고독'이라는 용어를 사용하였다. 사회가 복잡하고 다양해짐에 따라 인간들은 점차로 주위 사람들과 친밀한 인간관계를 유지하고자 하는 욕구가 강해지고 있다는 의미를 하고 있다. 인간의 친밀감을 위한 인간관계 유지 욕구는 사랑, 그리고 이성간의 성관계 등으로 발전하기도 하고 제대로 충족되지 않을 때 사람은 스트레스를 받게 된다.

인간의 범죄성에 도사리고 있는 중요한 본능적 요소는 이방인 배척이다. 아드레이는 자신의 저서인 「사회계약론」에서 모든 동물은 소그룹 내지 종족끼리 어울리며 서로에게 집착하는 경향이 있는데 이러한 이방인 배척은 모든 동물의 근원적 본능이라고 주장하였다(Colin Wilson, 황종호 역, 2003: 39). 일반적으로 학교에서 발생하는 왕따 현상도 일종의 이러한 욕구를 차단함으로써 사람을 고립시키려는 하나의 시도이다.

소속과 애정의 욕구에서 반드시 짚고 넘어가야 할 영역은 성범죄이다. 19세기 중반 이후 급격한 성범죄의 증가도 이러한 맥락에서 해석될 수 있다. 1888년 영국 런던에서 발생한 잭 더 리퍼 연쇄살인 사건 등이 초기 형태의 예이다. 성범죄는 동기에 따

1 A군(11)은 1월 7일 오후 10시 47분쯤 김포시 한 아파트 자신의 집에서 평소 어머니를 때리는 아버지(55)의 배 부위를 흉기로 1차례 찔러 숨지게 한 혐의를 받고 있다. A군의 아버지는 신고를 받고 출동한 119 구급대에 의해 병원으로 옮겨졌으나 3시간 만에 숨졌다. 의료진은 내부 출혈에 의한 쇼크사로 추정했다. 당시 A군의 아버지는 술에 취한 상태는 아니었던 것으로 확인됐다. JTBC 뉴스는 A군의 아버지가 평소 가정폭력을 일삼았고 이웃 주민들도 모두가 알고 있을 정도로 상황은 심각했다고 전했다. 이 매체 보도에 따르면 심지어 이웃의 한 주민은 A군이 "우리 엄마 나 아니었으면 죽었어요."라고 말하는 것을 들은 적이 있다고 설명하기도 했다. 평소 가정폭력이 이어지면 집안 물건이 부서지고 매를 맞아야지 끝났다는 게 이웃 주민들의 설명이다.
http://news.heraldcorp.com/view.php?ud=20160111000139 (2016. 1. 11.)

라 여러 가지로 분류할 수 있으나 소속과 애정의 결핍에 노출된 인간의 또 다른 형태의 반응이기도 하다.

애정욕구, 집단에의 소속욕구를 불특정 동기의 연쇄살인 사건에 비유하는 학자도 있다. 이규태(2002)는 연쇄살인의 원인을 애정과 집단에의 소속욕구의 결핍으로 설명하고 있다. 그는 한국에서 점차적으로 증가하고 있는 연쇄살인 사건에 대해 원한을 살 일이 있는 특정대상도 아니요, 돈 욕심이나 치정 같은 동기가 뚜렷한 것도 아닌 불특정 무동기의 범죄라는 공통성을 가지고 있다고 주장하였다.[2] 콜린 윌슨은 살인의 철학에서 매슬로우의 인간욕구 발전단계에 부합하여 살인범죄도 발전한다고 하였다.

지존파 일당이나 온보현 사건에 있어서 공통적 여건은 파탄 가정이나 결손 가정으로 인해 귀속욕구를 충족하지 못한 것, 직업이 안정되지 못한 것, 결혼해서 안식처를 찾는 배필안정이 되어 있지 않은 3단계 욕구들의 결격에 해당한다. 바로 불특정 무동기 범죄가 배양되는 것이 3단계에서의 범죄라는 것이다. 지존파 일당이 성폭행을 하고 나서 잘 사는 계층에 대한 반감이라고 자처한 것을 3단계 욕구불만에서 유발된 반동의 필연으로 파악한다. 최근 페이스 북, 또는 트위터, 인스타그램, SNS 등을 이용하여 다른 사람들과의 교류에 참여하지 않으면 뒤떨어진다는 느낌을 가지는 사람들이 점차 늘어나고 있는 것도 이와 무관하지 않다.[3]

4. 존경의 욕구(Needs of Self Esteem)

모든 인간은 정도의 차이가 있다 하더라도 남 못지않은 인간이 되고 싶어 하고 인정받기를 바란다. 남이 자신을 알아주기를 원하는 본능은 동서고금을 막론하고 일반화된 욕구이다. 타인으로부터 존중을 받는 평가를 받고 싶어 하는 인간의 욕구는 타인들이 자신의 존재감을 인정해 주기를 바라고 남으로부터 존경 받고 싶어 하는 욕구이다. 돈을 많이 쓰는 사람 곁에 사람들이 많이 들끓는 현상도 결국은 남으로부터 존경

2 불특정 무동기 살인의 예로서 앙드레 지드의 소설인 '교황청의 지하도'에서 주인공이 열차 안에서 전혀 알지도 못하는 승객 한 사람을 아무런 이유나 동기 없이 떠밀어 살해한 것을 들고 있다.

3 2016. 5. 10 오후 4시 29분. 수백 명이 한 프랑스 소녀의 트위터 개인 생중계 서비스 페리스코프를 보고 있는 와중에 19살 소녀는 고속 전철(RER)이 달려오는 철로로 몸을 던졌다. 그녀의 자살은 생중계 됐다. 그녀는 죽기 전 페리스코프를 통해 자신이 강간을 당했다며 가해 남성의 이름을 언급했다. 파리 북부 40㎞가량 떨어진 에손주의 에브리에서 벌어진 일이다.
USA 투데이는 "기술의 발전으로 자살까지 생중계 하는 시대가 됐다"고 지적했다. 지난달엔 프랑스 보르도 지역에서 2명의 10대 여성이 술에 취한 20대 남성을 공격하는 영상이 생중계 됐고, 미국 오하이오에서는 18살 여성이 같은 학교의 17살 소녀가 납치 당해 강간 당하는 장면을 실시간으로 생중계 했다. 중국에서도 웨이보(微博) 등 소셜네트워크서비스(SNS)를 통해 자살을 생중계 하는 사건이 빈번하게 발생하고 있다.
한국에서도 SNS를 통해 자살을 공모하는 경우가 늘고 있다. 과거 게시판 등을 통해 이뤄지던 자살이 필터링이 약한 SNS나 채팅앱으로 옮겨간 것이다. 개인방송을 하며 '좋아요'를 받기 위해 100만개의 좋아요를 받으면 자살을 생중계 한다는 공약까지 나오는 실정이다. 중앙일보, 2016.05.12.

과 관심을 구하고자 하는 욕구 등으로 요약할 수 있다.

이러한 행위의 이면에는 다른 사람들에게 알려지고 싶다는 자기과시 본능이 도사리고 있다. 이러한 충동을 가감 없이 노골적으로 표현하는 부류가 아이들인데 아이들은 철저히 자기중심적이다. 하지만 점차 성장하면서 서서히 현실을 인식하게 되고 궁극적으로 자기는 많은 사람 중 하나의 인간에 불과하다는 사실을 깨닫는다.

이 단계에서 발생하는 콤플렉스가 범죄자들의 심리에 영향을 미치게 되는데 언젠가는 자신이 뭔가를 보여줄 수 있을 것이라는 생각을 품게 된다.

존경의 의미는 이를 해석하는 사람에 따라 차이가 있을 수 있다. 특히 범죄자들에게는 왜곡된 개념으로 사용될 수 있다. 사안의 내용에 구애되지 않고 단지 뭔가 알려지기 위해 행위를 하는 데 초점을 맞춘다면, 열심히 공부하거나 사회적 봉사를 통해 사회에 알려지기보다는 엽기적 범죄를 저질러 세상을 떠들썩하게 만드는 것이 오히려 더 쉽다는 생각이다.

유명해지기 위해 살인을 택했던 로버트 스미스, 인간성 자체가 모멸의 대상이라는 살인의 논리를 전개하면서 살인의 정당성을 주장했던 유명한 살인마 이안 블레이디 등이 대표적이다. 또한 로마교황에 대한 암살기도, 레이건 미국 대통령 등 유명정치인에 대한 암살자,[4] 비틀즈 등 유명 팝송가수나 연예인 등에 대한 살해를 기도함으로써 유명하지 못한 자기와 유명한 상대 사이의 불균형을 시정하고자 시도하며 자신의 존재감을 드러내기 위한 수단으로 범죄를 하는 경우도 이에 속한다.[5]

이 단계에서는 자기애라는 감정이 없으면 범죄는 발생할 수 없다. 따라서 범죄의 성공은 범인에게 성취감을 부여하는 것이다. 남에게 알려지고 싶어 하는 범죄자는 "사회는 나의 존엄성과 독자성을 인정하지 않고, 정당하게 평가하지도 않는다. 따라서 그

---

4 레이건 대통령을 저격한 힝클리는 자신이 좋아하는 조디 포스터라는 여배우로부터 주목받기 위해 암살을 시도하였다고 진술하였다.

5 마크 데이비드 채프먼(Chapman)은 1980년 12월 9일 뉴욕의 다코타 아파트에서 5발의 총을 쏴 레논(Lennon)을 죽였다. 살인을 저지른 뒤 도망치지 않고 사건 현장에서 붙잡힌 그는 종신형을 선고받았다. 이 테이프는 91~92년 녹음된 것으로 채프먼은 "성공한 사람이 있는가 하면 나처럼 아무 것도 아닌 사람도 있다. 내 속의 뭔가가 부서져버렸다"고 고백했다. 비틀즈의 앨범 '서전 페퍼스 론리 하트'를 듣던 도중 갑자기 증오가 자신을 집어삼켰다고 설명했다. 이어 "어린 시절의 영웅이었던 레논을 죽인다면 나의 정체성을 발견할 수 있으리라 생각했다"고 말했다. 텍사스에서 태어나 일본인 관광 가이드와 결혼했던 채프먼은 자살충동에 시달리던, 존 레논의 열성적인 팬이었다. 아이들과 베트남 보트 피플을 돌보는 일을 했고 병원에서 정비공으로도 일했다. 살인 당일 채프먼은 녹음 스튜디오로 떠나던 레논에게 사인을 받았으며 집으로 돌아오는 레논의 등 뒤에서 총격을 가했다. 2008년 8월 초 열린 채프먼의 가석방심의위원회 기록을 통해 범행 28년 만에 처음으로 자신의 일에 대해 사과했다. "유명해지기 위해 존 레논을 살해했다. 그에게 미안하게 생각한다.", "내가 한 일에 대해 부끄럽게 생각한다"며 "25살이던 그때는 내가 죽이는 것이 인간의 생명이라는 것을 인식하지 못했다" 고 말했다. 그는 "이제 53살이 되니 인간의 생명에 대해 깊은 이해를 하게 됐다. 나는 많이 변했다"고 덧붙였다. 그는 살해 이유에 대하여 "당시 나는 실패한 내 인생에 화가 나있었다"며 그를 죽일 때 '악평(notoriety)'이더라도 유명해 질 수 있다고 생각했으며 나는 존 레논이 화려한 건물에서 살며 사랑의 말 따위나 지껄이는 '사기꾼(phony)'이라고 오판했다고 말했다. 그러나 그의 가석방 요구는 받아들여지지 않았다. 조선일보, 2008. 8. 21/서울신문, 2005. 11. 17.

책임은 사회 쪽에 있다"고 생각하여 자신의 범죄를 정당한 행동으로 생각한다. 2008년 2월에 서울에서 발생한 숭례문 화재사건에서 보여준 범인의 반응이 대표적인 예이다.[6] 또한, 아베 신조 전 일본 총리에게 총격을 가한 야마가미 데쓰야도 자신의 가정이 파탄나게 된 책임을 사회에 돌린 결과 범행대상을 선정하였다고 했다.

5. 자기실현의 욕구(Needs of Self-Actualization)

매슬로우가 주장하는 인간의 마지막 욕구는 창조적 활동 또는 예술적 재능의 발전에 대한 욕구를 의미하는 자기실현의 욕구이다. 이 욕구는 앞에서 설명한 네 가지 욕구와는 다른 차원에서 남에게 배려를 하거나 조건 없는 사랑을 베푸는 행위, 그리고 남이 알아주는 것에 커다란 영향을 받지 않으면서 자신이 옳다고 생각하는 분야의 발전을 위해 한 평생을 바치는 학문적, 예술적 활동 등이 여기에 속한다. 따라서 이러한 욕구와 범죄와의 직접적인 관련성은 없다.

6. 인간욕구 단계와 범죄

매슬로우의 인간욕구 발전단계에 연관하여 범죄는 어떻게 전개될 것인가? 못 먹고 못 입고 사는 어려운 상황하에서 형성되는 생리적 욕구단계에서는 주로 살기 위한 생계형 범죄를 저지른다. 편의점 등에서 음식이나 물건을 훔치는 등 생리적 욕구가 충족되면 자신의 안전을 위협하는 상대 공격에 대항해 폭력을 사용하거나 살해하기도 한다.

---

6 2008년 2월 10일 오후 8시 40분쯤, 채종기가 시너를 부은 다음 라이터로 불을 붙여서 일어난 불이 흰 연기와 함께 숭례문 2층에서 발생하여 소방 당국은 신고를 받고 소방차 32대, 소방관 128명을 현장에 출동시켜 불씨를 제거하고자 건물 일부를 잘라내고 물과 소화 약제를 뿌리며 화재 진압에 총력을 기울였으나 2월 11일, 오전 0시 25분경, 2층 누각 전체가 불에 휩싸이고 화재 4시간 만에 오전 0시 58분경 지붕 뒷면이 붕괴하기 시작했고 곧 2층이 붕괴하였다. 이어 바로 1층에 불이 붙어 새벽 1시 55분경에는 누각을 받치는 석축만을 남긴 채 모두 붕괴하여 발화 5시간 만에 결국 전소되었다. 합동수사본부는 동년 2월 11일 인천 강화군 하점면에서 69세의 방화 용의자 채종기를 붙잡아 수사에 들어갔다. 그는 목격자들의 증언과 비슷한 인상착의(옷, 가방 등)를 하고 있었으며 그의 자택에서 진술과 동일한 종류의 사다리, 의류, 시너 1병을 발견하고 유력 용으자로 지목, 구류 및 추궁에 들어갔다. 그는 2006년 4월에도 창경궁 문정전에 방화하여 400만원 상당의 피해를 입히고 집행유예를 선고받은 것으로 드러났다. 그리고 2월 12일, 채종기는 범행을 시인했다. 자신이 소유하고 있던 토지 보상 문제에 불만을 품어 범행을 자행했으며 2006년 창경궁 방화 때와 같은 동기로 밝혀졌다. 경찰은 용의자의 범행자백을 토대로 증거확인 작업에 나섰다. 그리고 채종기가 지난 2006년에 작성한 '오죽하면 이런 짓을 했겠는가'라는 제목의 편지에는 본인이 창경궁에 놀러 갔으며 그 곳에서 우연히 불이 났는데 가까이 있었다는 이유로 방화범으로 몰렸고, 방화범으로 몰리면 어쩔 수 없으니, 거짓 자백을 하라는 변호사의 말에 따라 거짓 자백을 하였고, 또 공탁금을 500만원을 걸었는데 국가에서는 오히려 1,500만원의 돈을 내놓으라고 했다며 내 자식이라도 내가 범인이 아니라고 믿어줬으면 한다는 말로 끝을 맺었다. 이런 억울한 누명을 써서 숭례문에 불을 질렀다고 그는 진술했다.
http://enc.daum.net/dic100/contents.do?query1=10XX169270

2단계의 욕구가 어느 정도 충족되면 안정된 직장과 단란한 가정에서 남들에게 필요로 하는 인간으로 살고 싶어지는 귀속과 사랑의 욕구단계에 이른다. 기본욕구가 충족되면 남처럼 살고 싶어 하는 모방욕구단계로 접어든다. 남들처럼 여름휴가를 가고, 치장과 유흥을 하는 남들에게 빠지지 않으려 하는 데서 범죄가 발생한다. 그러나 파탄 가정이나 결격 가정으로 인한 귀속욕구의 미충족, 직업의 미안정, 배필 미안정 등으로 인하여 3단계 욕구들이 채워지지 않는 것이다. 불특정 무동기 범죄가 배양되는 단계다.

나아가 남에게 알려지고 싶어 하는 존경의 욕구가 더 엽기적이고 센세이셔널한 범죄를 충동질한다. 최근 열차 안에서 전혀 알지 못하는 사람들을 살해한 방화사건이나 지하철에서 열차를 기다리는 사람을 밀어뜨려 살해한 노숙자의 살인행위를 어떻게 해석하여야 할 것인가? 전혀 살인의 의미를 찾아보기 힘든 무동기 살인의 발생을 어떻게 이해할 것인가? 그것은 남에게 알려지고 싶다는 자기과시의 본능으로 접근할 수 있다. 개인은 집단의 한 구성원으로서 눈에 띄기를 바란다. 그러나 범죄자는 눈에 띄기가 어렵다.[7]

어네스트 베커는 인간은 우주 안에서 제일 가치의 대상으로 자기를 필사적으로 정당화해야 한다고 하였다. 자신의 성취능력을 일반적이고 사회적인 통념에서 제시할 수 없는 사람은 어떤 것을 통해서라도 무엇이든 할 수 있다는 것을 보여주려고 한다.

공격성의 본질

1. 인간과 공격성

공격성이란 물리적, 사회적 어떤 형태이건 목표 파괴를 위해 고의적으로 타인에게 해를 입히기 위해 공격하는 것 또는 폭력범죄를 구성하는 기본적 요소이다. 타인을 해치거나 혹은 물건을 파괴할 의도가 있는 행동 또는 의도적으로 생물체에게 상처나

7 1960년, 독일의 뉘른베르크 근처의 헤르스브루흐의 투헤르가르텐가에 사는 조용하고 착실한 신학성인 클라우스 고스만은 정오를 울리는 교회 종소리에 맞추어 권총으로 전혀 상관없는 이웃들을 살해하였다. 그리고 이러한 자신의 행위를 일기에 기록하였다. 교회 종소리에 맞추어 권총을 사용한 이유는 교회 종소리에 의해 완벽하게 권총소음을 은폐하기 위함이었다. 이러한 범행수법을 이용하여 7년 동안 5명을 살해하였다. 고스만은 자신을 의지 박약하고 우유부단한 인간이라고 간주하고 있었으므로 그의 범죄는 자신의 존재가치를 확인하기 위한 계획적 시도였다.
1952년 발생한 허버트 미스 사건에서 범인은 노팅엄의 한 영화관에서 48세의 주부에게 접근해 다음 날 만나기로 한 다음 산책하자고 꼬드겨 나무 밑에서 목을 졸라 살해하였다. 그가 살인을 한 이유는 오직 완전범죄를 과시하고 싶은 충동 때문이었다.

손상을 줄 목적으로 어떤 형태의 행동을 취하는 것으로 정의할 수 있다(Michael W. Eysench, 이영애 외 역, 2004: 89).

공격은 타인에게 신체적, 심리적으로 상해를 주려는 의도적 행동이며 타인을 때리는 것뿐 아니라 심리적으로 괴롭히는 것도 포함한다(Jeffrey H. Goldstein, 홍성열, 임영식 역, 1995: 6). 따라서 고의성없이 결과적으로 상처나 손상을 준 행위를 공격이라고 정의하지 않는다. 인간은 오랜 세월을 살아오면서 경험을 통해 자신의 재산을 보호하고 힘과 권력을 획득하기 위하여 공격적 행동을 습득하여 왔다. 그렇다면 자신과 가족과 토지를 침입자로부터 보호하기 위해 선천적으로 공격성을 보유하고 있는 것인가 아니면 자신이 속한 사회로부터 보유하는 타인의 행동을 접하고 이를 모델링함으로써 후천적으로 공격성을 습득하고 폭력적이 되는 것인가에 있어서 공격성이 생물학적, 사회학적 요소인가 혹은 이러한 요소가 통합된 것인가에 대한 의문은 끊임없이 제시되어 왔다.

이와 같이 인간은 공격의 본능을 원초적으로 가지고 있다고 주장하는 시각이 공격의 본능설이다. 인간은 본능적으로 투쟁의 욕구가 있다고 한다. 프로이드, 로랜츠, 맥도걸 등의 학자는 배고픔, 목마름, 성적 욕구의 동기와 마찬가지로 인간은 본능적으로 공격적 행동을 하려는 생득적 욕구를 가지고 있다고 주장한다.

반면 공격성은 심리학적, 유전적 측면에 그 근간을 두고 있으나 과거 진화의 과정을 거치면서 습득한 것이라는 시각이 있다. 공격성은 그 기원을 동물의 세계에서 찾아볼 수 있다. 그러나 동물이 유전적으로 공격적 행동을 하도록 프로그래밍화되어 있는 반면, 인간은 어느 정도 사회적 환경으로부터 공격성을 습득한다는 것이 차이점이다. 즉 인간의 공격성은 자신을 둘러싸고 있는 상황적, 사회적, 환경적 변수의 범주에 의해 영향을 받는다.

만일 인간의 공격성이 선천적이 아니라 전적으로 후천적인 것에서 기인한다고 가정한다면 인간의 공격행동은 단순히 환경적 요소를 변화시킴으로써 바꿀 수 있다고 생각할 수 있다. 그러나 현실적으로 인간의 공격행동에 대한 해석은 그렇게 단순한 것은 아니다. 매우 복잡한 두뇌구조를 가지고 있는 인간은 행동을 하는 데 있어서 행동의 기본적 결정요소가 되는 인간관계나 신념 그리고 학습에 많이 의존한다(Curt R. Bartol, Anne M. Bartol, 2005: 237-238).

지나친 혼잡이나 스트레스는 개체에 대하여 어떤 영향을 미칠까? 혼잡과 스트레스에 대한 영향을 설명해 주는 체사피크만에 서식하던 사슴의 행태에 대한 연구가 있다. 연구결과 평소 일정한 지역에서 살아오다가 점차 개체수가 불어나 좁게 생활해 온 사슴 300마리 중 220마리가 죽었다. 죽은 사슴을 대상으로 검시한 결과 아드레날린이라는 신경호르몬을 혈액에 분비하는 기관인 부신이 비대해졌다는 사실은 혼잡으로 인해 스트레스를 많이 얻었음을 말해준다. 유럽지역의 생쥐 종류는 지나친 혼잡이나 스트레스로 인하여 집단자살을 하기도 한다(Colin Wilson, 황종호 역, 2003: 42).[8] 야생동물은 집단적인 폭력행위는 거의 없다. 다만 포획할 먹이가 부족하다든가 공간의 협소 등 부자연스러운 상황 발생 시 돌연변이가 발생하여 서로 죽이기 시작한다.

인간의 경우 지배적 소수는 지배력의 통상적 배출구를 빼앗기면 무차별 공격이라는 방법을 강구하기도 한다. 역사적으로 왕권에 도전하는 자들에 대한 처벌은 가혹했다. 사람은 스트레스와 혼잡이 겹쳐지면 폭력을 행사하거나 적어도 상대에 대한 적대적 태도를 견지하게 되고 공격성을 표출한다. 긴장과 억제라는 작용, 반작용의 메커니즘에 의해서 자신의 행동 방책을 결정하는 것이다. 그러나 이러한 일반적 사실도 각 개인에 따라 다를 수 있다. 왜 동일한 스트레스를 받는데도 어떤 사람은 공격적이고, 어떤 사람은 인내심을 가지고 잘 견뎌낼까? 인간의 경우 주위환경에 대한 긴장 정도를 결정하는 것은 어디까지 자신의 마음가짐 혹은 태도에 달려 있기 때문이다(Colin Wilson, 황종호 역, 2003: 41-46).

북경에서 서남쪽 약 50㎞ 떨어진 주구점(周口店)이라는 마을에서 인류의 조상이라는 북경원인의 두개골이 발견되었을 때 당시 머리가 뚫린 두개골이 다량 발견되었다. 북경원인이 사람의 고기를 먹는 식인종이라는 가능성을 배제하기 어려운 대목이다. 발견된 40개의 두개골은 모두 머리 윗부분이 파손되어 있었다. 이러한 현상에 대하여 발굴에 참여하였던 학자 중 독일의 인류학자인 프란츠 바이덴라이히(Franz Weidenreich)는 북경원인들이 다른 집단을 살해해 동굴로 끌고 와서 불에 그슬려 먹었을 것이라고 추정하고 있다. 이렇듯 인간은 상대에 대한 공격성으로 지금까지 인류의 역사를 꾸려 왔다(Colin Wilson, 황종호 역, 2003: 33-34).

인간의 공격성이란 진화의 원동력이라고 할 수 있다. 인류의 역사는 수많은 살상을 가져오는 전쟁에서부터 상대를 해하는 각종 폭력행위와 범죄를 구성하는 피의 역사이다. 그러나 인간은 평온한 상태를 유지하기 위하여 공격성을 건전하고 안전한 방향으로 전환시켜 나가는 방법을 배워 써먹기도 하였다. 그리고 상대를 공격하면 자신의 안전도 담보할 수 없다는 진리를 깨닫게 된다. 그리하여 정치적으로는 불가침, 각종 조약이나 약속을 통하여 평화를 일시적으로 유지할 수 있었다. 공격성을 해소하는데 상대적으로 위험의 정도가 낮은 대상, 즉 스포츠나 탐험 등으로 유도하는 등의 기교를

8 레밍스라는 컴퓨터 게임은 쥐의 집단성을 주제로 만들어진 게임이다. 그러나 일각에서는 오랫동안 자살을 한다고 알려졌던 레밍(lemming)이라는 설치류는 먹이가 부족한 상황에서 몇몇 숭고한 레밍들이 다른 동료들을 위해 자진해서 죽음을 택한다고 생각했으나 눈이 미쳐 녹지 않은 미끄러운 초원에서 맨 앞의 레밍이 낭떠러지를 발견하곤 급정거를 하려 해도 영문도 모른 채 뒤에서 달려오는 동료들에게 떠밀려 모두 함께 강물로 빠지는 '신도림역 신드롬'으로 보는 시각도 있다.

부리기도 하였다.

그러나 인간의 범죄성에는 본능적 요소가 잔재해 있다. 먼저 이방인 배척이라는 현상은 소위 텃세라는 것이 같은 종족 간에도 존재한다. 모든 동물은 소그룹 혹은 동족끼리 어울리며 서로에게 집착하는 경향이 있다. 그러나 인간은 상대를 보고 자신에게 유리한 존재 여부를 판단하고 이 판단에 따라 상대에 대한 대우나 자신의 태도를 결정하기도 한다.

인간은 진화과정에서 스트레스를 창조성으로 전환하는 능력을 통해 인류 역사를 지탱해 온 원천으로 활용하였다. 그러나 스트레스 상황하에서 욕구와 공격성을 통제하고 인내하는 자제력이란 쓸모없는 것이라고 확신하고 자제심을 방기하기도 한다. 적어도 상황이 그러한데 도대체 자기가 높은 수준의 자제심을 유지하는 데 시간을 낭비할 이유를 찾지 못한다.

스트레스 상황에 놓여 있는 쥐에게 진정제를 투약하면 약제가 투여되지 않은 쥐보다 둔한 반응을 보인다. 진정제를 투여하지 않은 쥐는 건강, 스트레스에 대한 면역성이 생기는 것을 관찰할 수 있다. 이러한 실험결과를 보았을때 인간은 일의 괴로움을 흡수하여 압박감에 대한 인내력을 스스로 기르는 기술을 배워야 한다(Colin Wilson, 황종호 역, 2003: 45). 그러나 불행히도 최근 약물로 스트레스를 해소하는 풍조가 만연하고 있다.[9]

이를 제어하는 대뇌의 기관은 전두엽이다. 만물의 영장으로서의 인간은 본능적 공격 충동을 대뇌의 지성에서 억제하는데 생물학적인 요인뿐 아니라 심리적·사회적 요인도 크다(中村希明, 1997: 7).

2. 공격성과 인간행동의 이해

공격성이 일어나기 위해서는 공격적 행동을 일어나게 하는 힘이 반드시 있어야 한다. 그리고 공격성 억제 요인들을 자유롭게 제거할 수 있어야 하고, 공격성을 일으킬 능력, 그리고 공격성을 나타낼 기회상황, 그리고 공격 대상 존재 등 요인들이 적절하여야 한다(Colin Wilson, 황종호 역, 2003: 43).

동기(Motive)란 행동을 일으키는 원인이다. 예컨대 어떤 사람이 어떤 행동을 하였을 때 그 사람이 그러한 행동을 하는 이유에 대해 의문을 품게 된다(김동기 외, 2000: 72).

---

9 호조무사 A씨는 결혼 과정에서의 스트레스 등으로 약물 중독, 우울증 등을 앓다 급성약물중독으로 숨졌다. A씨는 결혼 과정에서의 스트레스, 결혼 이후 시댁 및 남편과의 갈등 등으로 인해 불면증, 우울증 등 정신질환을 앓고 있었고 이 같은 증상을 해소하기 위해 신경안정제 등 경구용 약물을 스스로 투약하는 등 약물에 강하게 의존했다. A씨는 지난 2010년 12월 병원에서 야간 근무를 하던 중 신생아실에서 숨진 상태로 발견되었고, 부검결과 A씨의 사인은 '엔플루란(전신 마취제)에 의한 급성약물중독'인 것으로 밝혀졌다.
http://www.newsis.com/ar_detail/view.html?ar_id=NISX20151031_0010385059&cID=10201&pID=10200(2015. 11. 1.)

변사체가 발견되면 왜 그러한 결과가 발생 되었는가에 대한 원인에 대해 궁금해한다. 누가 그 사람을 죽였는가?(타살) 아니면 자기가 스스로 목숨을 끊었는가?(자살) 아니면 자연사한 것인가? 만일 자연사하거나 스스로 목숨을 끊었다는 것이 확실하다면 그 사건은 종결된다. 그러나 만일 누구에 의해 살해당했다고 의심이 간다면 누가 살해했을까? 왜 살해하였는가? 라는 의문이 나오게 되며 살해한 사람을 체포한 이후에는 그 사람을 죽이게 된 것은 의도적이었는가, 과실이었는가? 어떤 상황하에서 그런 결과가 나타났는가? 혹시 과실이라고 진술하였다면 과실을 가장한 의도는 없는가? 의도적이라면 어떤 것이 원인이 되어 살해하였는가?라는 의문이 지속적으로 나타나게 된다. 금전, 원한, 성적 등의 범행동기에 대하여 알고 싶어 한다. 이 과정에서 인간행동의 이해는 대단히 중요한 것이다.

3. 굶주림·목마름과 공격성

유기체의 生存에 필수적인 주요 동기에는 굶주림과 목마름이 있다(김동기 외, 2000: 73). 유기체는 생물학적으로 음식과 물의 공급이라는 동기 시스템을 필요로 한다. 행동주의를 강조한 심리학자 왓슨(Watson)은 객관적으로 관찰가능한 자극과 반응의 관계성에 대한 법칙의 발견을 주장하였다.

실험용 미로를 만들어 놓고, 실험용 쥐가 먹이를 먹을 때 지렛대를 누르게 하는 행동을 반복케 한 결과 쥐는 먹이를 먹기 위해 지렛대를 누르는 행동(목표 지향적 행동)을 하고 있음을 발견하였다.

본능적 행동 혹은 반사적 행동은 태어나면서부터 이미 가지고 나오는 어떤 고정된 형태의 행동들로서 임의성이 없다(김동기 외, 2000: 74). 쥐가 음식을 원하고 있을 때 이러한 상태의 쥐를 동기화된 상태에 있다고 할 수 있다. 이러한 임의성이야말로 목표 지향적 행동과 본능적 행동 혹은 반사적 행동 등을 구분해 주는 기준이 된다.

4. 성적 욕구와 공격성

동식물을 포함 유기체의 종족 보존 본능에 필수적인 공격성과 생식(Reproduction)의 본능은 서로 밀접하게 관련되어 있다. 성은 암과 수로 나누어 생식을 하며 종족을 보존한다. 성에는 일반적으로 대상이 존재한다. 대상이 없는 성은 의미가 없다. 심리학자 칼훈이 메릴랜드주의 국립 정신치료연구소에서의 쥐 실험을 통해 결과를 보면 지배적인 소수는 그 지배력의 통상적 성적 배출구를 빼앗기면 무차별 공격의 형태를 보인

다는 가설을 증명해 주고 있다.[10]

내적요인으로서 성행동을 설명하기 위해 쥐를 대상으로 한 실험이 있다. 쥐의 구애행동을 보면 암쥐에 대한 숫쥐의 교미행동의 최초반응은 숫쥐가 암쥐의 생식기 부분에 대한 탐색을 함으로써 시작된다. 이때 숫쥐의 행동에 암쥐가 반응을 보이면 바로 교미로 들어가지만, 숫쥐가 암쥐에게 별로 반응을 보이지 않을 때에는 오히려 암쥐가 숫쥐에게 접근하여 다시 탐색하게 된다. 이때 숫쥐가 관심을 보일 때 암쥐의 엉덩이가 올라가고 꼬리가 한쪽으로 치우치면서 생식기가 노출되는 현상을 암쥐의 로도시스 반사(Lordosis Reflex)라고 한다(김동기 외, 2000: 83).

학습과 문화적 요인은 사람에게 있어서는 절대적이다. 그러나 하위동물로 내려갈수록 성에 있어서의 문화적 요인과 학습의 영향력은 크게 줄어든다. 남성은 여성의 속옷을 보고 성적 환상을 가질 수 있고[11] 여성도 속옷을 통해 자신의 성적인 매력을 상대에게 어필하려는 시도를 할 수 있다. 그것은 속옷이라는 매체가 주는 의미를 성적 행동에 연관시켜 사고하는 문화적 요인과 학습의 영향력에 의한 것이다.

남성 호르몬의 일종인 테스토스테론(Testosterone)은 성의 동기화상태를 유발할 수 있다. 하등동물에 비해 고등동물일수록 상대적으로 호르몬은 중요성이 떨어지게 되고 오히려 경험, 외적 자극요인이 더 중요한 원인으로 작용하게 된다. 호르몬의 분비가 저하되거나 정지된 경우라 하더라도 성적 경험이 있는 상태에서 외적 자극요인이 있다면 성의 동기화가 이루어 질 수 있다.[12] 남성의 경우 나이가 들어도 젊은 날의 성적 환상을 떠올려 여성을 찾거나 시각적, 촉각적 외부 자극이 있다면 쉽게 성적으로 동기화될 수 있다. 성적 경험이 없는 사춘기 이전에 거세된다면 성적 관심에 대한 발달이 정지된다는 주장도 있다. 그러나 성경험이 있는 성인의 경우는 설사 남성 호르몬을 생산하

---

10 들쥐 100여 마리를 4개의 우리에 풀어놓자 쾌적하고 보호가 쉬운 양끝 쪽의 우리는 암컷 그룹을 독차지한 2마리의 수컷 쥐가 차지했다. 나머지 2개의 우리에서 권력다툼에서 패한 전체 수컷이 살게 되었다. 수컷 그룹 중에서도 다시 지배적인 수컷이 갱단을 조직, 강간, 남색 행위를 벌였고 암컷의 주거지에 침입해 암컷을 능욕하고 새끼를 잡아먹었다.

11 충동조절 장애 치료를 받고 있던 30대 남성이 이웃집 여성의 속옷을 훔치거나 성폭행을 하려다 경찰에 붙잡혔다. 장 씨는 2014년 8월 2일 오전 4시께 성북구 석관동의 다세대주택 반지하 집에 들어가 잠을 자고 있던 A씨(여 · 33) 앞에서 바지와 속옷을 벗고 성폭행을 하려 했고 7월 새벽 시간대에 자신이 사는 아파트 1층 주민 B씨(여 · 42)의 집 베란다를 통해 들어가 다섯 차례 팬티를 훔쳤는데 장 씨는 경찰 조사에서 "지난해 8월부터 충동조절 장애 치료를 받고 있고 술만 마시면 충동을 억제할 수 없다"고 진술하였다.
http://ilyo.co.kr/?ac=article_view&entry_id=111800#close_kova (2015. 2. 2.)

12 미국에서는 주에 따라 상습적 성범죄자에 대하여 화학적 거세를 함으로써 생물학적으로 성욕의 제거를 시도하고 있다. 또한 프랑스에서도 재범의 우려가 있는 성범죄자에게 호르몬 요법에 따른 「거세」조치나 격리 시설에의 수용을 실시하는 등 형기를 끝낸 후에도 사회복귀를 허락해서는 안 된다는 법안이 통과되었다. 이 법안은 미성년자 폭행 등의 죄로 18년간 수감된 남성이 형무소 출소 직후인 프랑스 북부 르베에서 5세의 사내아이를 유괴, 폭행한 혐의로 체포되는 사건이 발생했던 사건을 계기로 소아 성범죄 상습범 등에 대해, 형기 단축을 인정하지 않겠으며 형기 종료 후 의사가 진찰해, 재범의 위험이 인정되는 경우에는 격리 시설에 가두거나 본인이 동의하였을 시 「호르몬 요법에 따른 화학적 거세」를 실시하겠다는 것이 골자이다.
http://hdhome.tistory.com/92

지 못하는 상황이 오더라도 성적 동기가 몇 년간 지속될 수 있다.

그러므로 남성호르몬은 성적 동기를 충동하는 데 반드시 필요한 것은 아니나 성적 동기를 촉진시키는 역할을 할 수는 있다. 사슴은 엔드로겐(Androgens)이라는 호르몬을 가지고 있는데 수컷의 경우 암컷과 교미할 시기가 되면 성행동과 공격적 항동이 동시 유발하게 된다. 이러한 상황에서 엔드로겐이 내적 요인이 되는 것이다. 사슴은 사춘기 이전에는 공격적 행동이 거의 나타나지 않으며 사춘기 이후 공격 행동을 보이는 경우에서도 암컷보다는 수컷인 경우가 훨씬 많음을 알 수 있다. 남성의 공격성은 호르몬과의 상관관계를 가지고 있다. 따라서 수컷을 거세하면 성행동의 쇠퇴라는 결과를 초래한다.

일반적으로 여성에 비해서 남성이 더 많은 범죄를 저지르는 경향이 있지만 여성범죄에 있어서 남성화이론(Masculinity Theory)의 근거로 호르몬의 영향을 들기도 한다. 그러므로 범죄를 감소시키기 위한 약물치료를 통한 테스토스테론의 감소는 궁극적으로 공격적 행동을 감소시킬 수 있다는 주장도 제기된다. 따라서 최근 성범죄를 예방하기 위하여 처벌을 단지 사법적 차원에서만 할 것이 아니라 생물학적 차원에서 거세를 하자는 주장이 설득력을 얻고 있다. 비인간적이긴 하지만, 인간이기를 포기한 사람에게 인간의 대우가 필요한가? 라는 주장과 아니면 그들의 인권을 고려하여야 한다는 주장이 팽팽히 맞서고 있다. 그러나 점차적으로 심각성을 더해가는 성범죄의 폐해를 고려해 보았을 때 각국에서 사용하고 있는 화학적 거세와 물리적 방법에 대해서도 진지하게 생각해 보아야 할 때이다.

외적 요인 중 성행동 혹은 공격행동과의 관계에 있어서 인간의 성행동은 외적 요인에 의해 자극받는다. 외적 자극에 의한 성적 충동의 대표적인 것은 시각적 효과를 노린 포르노류가 있다.

인간에게 있어서 성적 매력은 문화에 따라 많은 차이가 존재한다. 예컨대 남태평양 폴리네시아지방에서 성적 매력이 있는 여성으로 간주되는 유형은 일반적으로 풍만한 여성이다. 그러나 다른 문화권에서는 날씬한 여성이 선호되기도 한다. 이는 모든 문화권에 해당되는 것이 아니라 어떤 특정 문화 내에서 성장하면서 획득하게 된 하나의 학습 현상으로 문화적 환경에 따른 취향의 차이로 볼 수 있다. 성행동의 이해를 위한 외적 요인의 좋은 예는 이성을 유인하는 향수 광고이다. 이성을 유인하는 향수를 만드는 주원료는 페로몬(Pheromones)이다. 냄새를 통해 성행동을 유발케 하는 방법이 사용되는 것이다.[13]

성행동에서, 다양성을 추구하는 측면을 일컫는 것으로 성적 활동의 대상이 고정되

---

13 자고 있던 나폴레옹의 코에 약간 상한 치즈를 대었더니 '오, 나의 조세핀'이라는 말을 했다는데 이는 인간이 냄새를 통해 성과 연관된 상상을 할 수 있음을 이야기하고 있다.

어 있는 것보다 여러 대상을 접하게 될 때 성적 활동 수준이 높아지는 현상을 쿨리지 효과(Coolidge Effect)라고 한다. 이러한 현상을 통해 인류 역사에서 왜 불륜이 끊이지 않는가에 대한 하나의 해답이 될 수 있을지도 모른다.

공격의 분류와 형태

1. 분노가 원인이 되는 공격과 물욕이 원인이 되는 공격

공격의 종류에는 여러 가지가 있으나 페스바하(Feshbach, 1964)는 범죄와 연관하여 공격을 분노원인 공격(Hostile Aggression)과 물욕원인 공격(Instrumental Aggression)으로 구분하여 설명한다. 이 두 가지 종류의 공격성은 공격의 목적이 어디에 있으며 이로 인한 보상이 어떤 것인가에 따라 구분된다.

분노원인 공격(Hostile Aggression)이란 실제로 인식할 수 있는 모욕을 당하거나 신체적 공격을 당할 때와 같이 분노를 동반하는 여건이 형성되면 이에 반응하면서 발생된다. 분노원인 공격의 목적은 피해자를 고통에 빠뜨리는 것으로 대부분의 살인, 강간, 기타 직접적으로 상대에게 피해를 입히는 폭력범죄들이 이에 해당된다. 이러한 공격의 원인은 촉발된 공격 또는 좌절과 같은 자극이 공격자에게 주어질 때 발생되며 분노로 인한 감정 조절에 실패함으로써 고의적 의도를 가지고 이루어지는 것이다.

물욕원인 공격(Instrumental Aggression)이란 다른 사람이 소유하고 있는 귀금속, 금전, 토지 등의 특정한 물품을 소유하고자 하는 욕구나 경쟁 심리에 의해 발생하는 것이다. 강도나 절도 다양한 화이트칼라 범죄에서의 주된 공격 형태이다.

강도 범죄를 저지르는 궁극적 목적은 물건을 빼앗아 자신의 이익을 취하기 위함이다. 따라서 피해자에게 신체적 위해를 가하는 것이 목적이라기보다 물건을 자기 소유로 하는 것이다. 강도 범죄 실행 과정 중 사람을 살해할 수는 있으나 궁극적으로 강도의 목적은 사람을 살해하는 것이 아니다. 돈을 받고 사람을 살해하는 청부살인의 경우에도 사람을 살해하는 것이 궁극적 목적이라기보다는 결국 추구하는 것은 금전적 보상이다. 그러나 이러한 구분은 공격의 목적을 구분하기 위한 것에 불과할 뿐 법적으로 이러한 구분을 하는 것은 아니다.

따라서 모든 폭력적 범죄 행동이 공격적 행동이 될 수 있으나 모든 공격적 행동이 폭력적 범죄 행동의 범주에 속하는 것은 아니다(Curt R. Bartol, Anne M. Bartol,

2005: 239-241).

2. 공개적 공격과 은밀한 공격

롤프 로버와 마그다 수타우트함머 로버(Rolf Loeber & Magda Stouthamer Loeber, 1998)는 공격성과 폭력에 대해 연구하는 연구자들이 유념하여야 할 공격행동에 대한 2가지 유형을 제시하였다. 그들이 제시한 유형 중 하나는 공개적 공격이며 또 하나는 은밀한 공격이다. 로버 등에 의하여 2가지로 구분된 행동은 다음과 같은 4가지 측면에서 상이하다.

1) 행동형태

행동적 측면에서의 공개적 공격은 피해자에 대해 직접적 대결과 육체적 해를 입히거나 입히겠다고 위협하는 형태를 취한다. 반면에 은밀한 공격은 직접적 대결을 포함하지는 않으나 뒤에서 비열한 행동을 은밀하게 하는 형태이다. 공개적 공격은 연령이 증가함에 따라 감소하는 반면 은밀한 공격은 연령에 비례하여 증가한다(Loeber, Labey, & Thomas, 1991; Stranger, Achenbach, & Verhulst, 1997).

어릴 때는 공개적으로 공격하는 경향이 강하나 나이가 들어감에 따라 직접적이고 공개적인 공격은 자신에게도 즉각적인 해를 초래할 수 있음을 깨닫고 상대가 이를 인식하지 못하도록 은밀하게 공격하는 성향을 띤다. 공개적 공격의 심각한 양태를 보이는 아이들은 점차 나이가 들면서 폭력성이 증가하며 어른이 되면서 폭력범죄나 재산범죄를 자주 범하는 경향이 있다.

2) 정 서

정서적 측면에서 보았을 때, 분노란 공개적 공격에 있어서 중요한 요소이다. 반면, 분노를 겉으로 표현하지 않는 내면적 정서는 은밀한 공격의 특성이다. 폭력행동은 분노에 의해 시작되는 것으로 통상 단계가 진행됨에 따라 더 높은 강도의 격정적 분노를 수반한다. 반면에 은밀한 공격을 하는 사람들은 사기, 절도, 횡령, 강도, 기타 화이트칼라 또는 재산범죄와 같은 범죄를 저지르는 경향이 강하다.

3) 인 식

문제 해결해 나가는 데 있어서 공개적 공격자들은 폭력을 선호하는 쪽으로 인식하는 경향이 강하다. 그러나 은밀한 공격자들은 인간관계를 해결해 가거나 상황을 처리

해 나갈 때 폭력을 선호하지 않는 특성을 가진다. 대신에 대부분의 은밀한 공격자들은 자신의 범행을 드러내지 않기 위해 거짓말을 하거나 재산범죄를 저지르기 전에 사전에 치밀한 계획을 세우는 등 이 방면에 있어서 특별한 능력이 있다고 가정할 수 있다. 예컨대 회사재산을 훔친다든지, 정보의 무단사용, 소프트웨어 불법복제 사용행위 등의 사이버 범죄 같은 직업과 관련이 있는 범죄 등이 사전에 범행을 계획하는 대표적 범죄 유형이다.

4) 발달적 측면

공개적 공격행위는 일생을 통해 범죄행위를 지속하는 범죄자들에게서 자주 볼 수 있는 형태이다. 일반적으로, 특히 남자아이들의 경우 일찍 시작한다. 그러나 롤프 로버와 마그다 수타우트함머 로버(Rolf Lober & Magda Stouthamer Lober, 1998)는 반드시 공개적 공격행위의 발달과 함께 은밀한 공격행동의 발달이 병행하여 이루어지지는 않는다고 주장한다. 은밀한 공격 현상은 타인의 재산을 존중하는데 있어서 불명확하거나 약한 도덕적 태도를 견지하고 있는 부모들이라든지 아예 관심이 없는 부모들의 아동에서 일반적이다. 일부 아동들은 부모가 정직성이나 타인의 재산을 존중하는 모범을 보여주어도 결코 사회화되지 않는다. 일부 은밀한 공격 행동을 하는 아동들은 어른으로부터 처벌을 당하거나 적발될 기회를 최소화하기 위해 거짓말이나 남을 속이는 학습된 전략을 사용할 수 있다.

어린 시절, 폭력 경험이 거의 없던 사람들이 성인이 된 이후 폭력적으로 되는 현상에 대해 주목할 필요가 있다. 성인이 된 이후 폭력행위를 하는 형태는 성인 폭력범 중 소수이긴 하지만 이러한 현상을 고려하였을 때 일찍 폭력에 노출된 모든 사람들이 반드시 공개적 폭력성향을 가지는 것은 아님을 알 수 있다(Curt R. Bartol, Anne M. Bartol, 2005: 254-256).

3. 반작용적 공격과 선행학습에 영향을 받은 공격

케네스 닷쥐와 그의 동료들(Dodge, Lochman, Harnish, Bates, & Pettit, 1997)은 어린 시절의 공격성을 분류하는 방법의 일환으로 반작용적 공격과 선행학습에 영향을 받은 공격 등 두 가지를 제시하였다.

반작용적 공격(Reactive Aggression)이란 공격자 본인 스스로가 위협 또는 도발이라고 인식하는 것에 대해 반응하는 적대적 행위를 말한다. 분노 표출, 공격행위, 보복적 적대감, 강도 높은 공격행동을 포함하는 것으로 좌절에 대한 반작용이 발생된 이후 더 높은 단계의 분노로 진행됨에 따라 통제가 불가능하다.

선행학습에 영향을 받은 공격(Proactive Aggression)은 타인에 대해 못살게 굴기, 지배, 놀리기, 이름 부르기, 억압적 행위 등을 말하며 냉혈적 공격행동을 하는 것을 말한다. 선행학습에 영향을 받은 공격행위의 이론적 근거로, 공격행위를 강화에 의해 통제되고 유지되는 습득된 행위라고 주장하는 사회적 학습이론에서 그 근거를 찾을 수 있다.

즉각 반응을 일으키는 공격적 아동은 선행학습에 영향을 받은 공격성향이 있는 아동에 비해 사회적, 심리적 적응에 문제가 많으며 수면장애, 우울증, 성격장애 등이 수반되는 분노 발생 시 심리적 조절에 실패하게 된다. 정서적 통제를 결여하여 평균적으로 약 4~5세 사이에 발현된다.

반작용적 공격은 모호한 도발적 상황에서 또래 집단에게 과도한 적대적 고의성을 나타낸다. 다시 말해서 반작용적 공격 성향을 가진 아동은 또래 집단의 행위를 상대적으로 고의적 적대행위 내지 공격행위로 과도하게 해석하는 경향이 강하다(Curt R. Bartol, Anne M. Bartol, 2005: 256-257).

4. 직접적 공격과 대체된 공격

좌절로 인한 감정적 분노는 공격적 태도와 행동을 야기한다. 좌절-공격 이론에 의하면 좌절시킨 당사자에게 공격행동을 하는 것을 직접적인 공격(Direct Aggression)이라고 하는데 상황에 따라 대체된 공격(Displaced Aggression)형태로 좌절시킨 사람이 아닌 다른 사람에 대해 나타날 수 있다고 하였다(김동기 외, 2000: 440). 달라드(Dallard, 1939)에 의하면 좌절은 공격 형태로 표출되는 불쾌한 각성상태를 불러일으키며 좌절의 원천에 대하여 직접적으로 공격성과 적대감을 표출하기 불가능한 경우가 종종 있는데 그 이유는 대상이 불분명하거나 너무 강력하기 때문이라고 하였다. 이때 공격성은 좌절의 원천이 아닌 대체 목표 내지는 속죄양으로 방향을 틀게 된다. 이를 프로이드는 전위(Displacement)라고 불렀다(Michael W. Eysench, 이영애 역, 2002: 216). 즉 내면에 심한 공격 형태를 형성하나 내성적으로 분노감을 표현하기 곤란한 여건하에서 폭언이나 상해, 동물 학대와 같은 반사회적 행위를 할 수도 있으며 이러한 공격 메커니즘 욕구불만으로 인해 살인까지 할 수 있다.

5. 남성의 공격과 여성의 공격

소년들이 성장함에 따라 소녀들에 비해 더욱 직접적이고 공개적인 공격행위를 한다고는 하지만 일반적으로 소년들이 소녀들보다 더욱 공격적인가에 대해서는 명확하지 않다. 캠벨(Campbell, 1993)은 남녀 구분 없이 동일하게 공격적 잠재성을 가지고 태어났으나 소년들이 자신들을 보호하기 위하여 더욱 공격적으로 되는 분위기로 성장한 반면, 소녀들은 공격적이어서는 안 된다고 강조하는 분위기하에서 사회화되어 왔다고 주장하였다. 한 연구에 따르면 남녀 구분 없이 어렸을 때에는 동일하게 공격적이었으나 초등학교 입학 이후 점차적으로 성장함에 따라 이러한 형태의 변화가 있음이 발견되었다(Xie, Farmer & Cairns, 2003). 예컨대 소년들은 자라면서 강해져야 한다, 결코 울면 안 된다, 육체적으로 자신을 보호하여야 한다, 거칠어야 한다는 교육을 받으면서 성장하게 된다. 이에 비해 여성은 상대적으로 직접적이거나 육체적 공격을 하지 않는 반면 뒤에서 상대를 비방하거나 나쁜 소문의 전파, 친구관계의 고의적 단절, 왕따를 시키는 등의 언어를 사용한 공격, 즉 간접적이고 선행학습에 영향을 받는 공격성향이 강한 편이다. 이러한 면을 감안하였을 때 공격성에 있어서 성적 차이는 생물학적 측면보다는 공격의 방향을 지향하는 상이한 문화적 사회화 과정에 기인한다고 볼 수 있다(Curt R. Bartol, Anne M. Bartol, 2005: 257-258).

인간 공격성에 대한 이론적 접근

1. 생리학적 시각

인간의 공격성을 생리학적 시각에서 해석해보면 인간의 몸은 특정 개체의 뇌 속 정보 속에서만 행동하도록 프로그래밍화되어 있다는 것이다.

뇌는 뉴런(Neuron)이라는 신경세포와 시냅스(Synapse)로 구성되어 있으며 마음은 뉴런과 시냅스 작용의 결과이다. 외부에서의 자극은 전기신호로 전환되며 이 전기신호는 수상돌기와 세포체를 거쳐 축색돌기에 전달된다. 전달된 전기신호는 시냅스를 자극하여 신경전달물질을 분비시킴으로써 전기신호는 화학신호로 전환되는 과정을 거쳐 신경세포 네트워크가 형성된다. 그러므로 인간의 생각과 사고는 뇌의 뉴런과 시냅스가 네트워크를 형성하면서 반응한 결과의 산물이다. 따라서 공격성 역시 인간의 기본적이고 보편적인 여섯 가지 감정의 하나이다.[14]

인간의 뇌에는 동물과 비슷하기는 하나 동물이 가지지 못한 특별한 것을 가지고

14 두려움, 분노, 기쁨, 고통, 혐오, 놀라움 등으로 구성되어 있다.

있다. 일반적으로 동물들이 할 수 없는 계획, 동감, 남을 속이는 행위, 복잡한 도구의 발명과 사용, 언어의 사용 등이 그것이다. 이러한 작용들은 주로 인간의 뇌에 있는 피질에서 비롯되는데 피질은 인간의 이성적 생각을 생산할 수 있다는 특징이 있다. 뇌는 아래에서 위로 발달한다. 먹고, 숨쉬고, 소화하고, 배설하는 기능들은 가장 낮은 부분인 뇌간에 위치하면서 가장 먼저 발달한다. 변연계에 위치한 충동, 본능, 원시적 감정과 소뇌에 위치한 자발적 움직임이 다음 순서이다. 아이들이 일반적으로 충동적이고 감정적으로 보이는 이유도 여기에 있다.

기본적 인간 욕구와 본능 통제에는 뇌의 상단 부분, 정면 피질의 발달 여부와 관련이 있다. 대뇌의 구조 중에서도 특히 공격성의 통제나 범죄와 연관이 있는 부분은 전두엽이다. 전두엽은 예지력과 판단, 지혜, 포부 등을 담당하며, 이것이 인간과 동물을 구분하는 커다란 잣대가 된다. 특히 인간과 동물의 차이점은 전두엽의 크기에서 알 수 있다. 비교적 인간과 가까운 고등 동물, 즉 개나 원숭이도 인간에 비하면 상대적으로 매우 작은 전두엽을 가지고 있다. 전두엽은 무엇이 옳고 그른지를 판단하고 본능적인 행동을 통제할지의 여부를 결정한다.

통상 분노, 적대감,[15] 공격성이 혼합되어 사용되는 경향이 있으나 공격성이란 자신이 원하는 대로 되지 않을 때 주로 성격이 급한 사람들에게 나타나는 행동양식인 분노의 결과, 분노 감정이 언어나 행동으로 실려 현실화되는 것이다. 분노가 공격성으로 전환되기 위해서는 뇌의 명령이 필요하다. 이러한 뇌의 공격 명령을 통제하는 것이 전두엽의 역할이다.

예일대학 교수였던 호세 델가도 박사는 1950년대 인간의 뇌를 가지고 직접 실험할 수 없는 상황에서 동물의 뇌에 칩을 넣어 전기자극을 가하는 실험을 하였다. 그는 뇌의 두개골 안에 전극을 이식했고 외부에서 전선을 통해 뇌의 선택된 부위에 충격 전파를 가했다. 이러한 실험을 통해 그는 난폭한 원숭이를 뇌의 전극자극을 통하여 얌전하게 만들었으며 유명한 황소 뇌 전극실험을 통하여 날뛰는 황소를 통제하기도 하였다(이영돈, 2006: 35-46).

인간의 뇌는 자신을 위험으로부터 보호하기 위해 공격이나 도피의 반응을 만들어냈다. 마음이 몸을 지배한다는 것은 몸이 뇌의 명령에 따라 움직인다는 것을 의미한다. 앞에서 언급한 전두엽이 공격성을 통제하긴 하나 전두엽이 작동하기 위해서는 관련 신경전달물질이 필요하다. 분노, 공격성과 관계있는 두뇌의 신경전달물질은 세로토닌(Serotonin)이다.

15 적대감과 분노를 구분하려면 적대감은 분노가 깔리긴 하지만 분노가 일어나기 전의 안 좋은 상태로 볼 수 있다.

미국 국립보건원 에밀 코카로(Emil Coccaro) 교수는 공격성에 대한 신경화학 반응이란 주제로 뇌의 화학물질인 세로토닌과 충동적 폭력과의 연관성을 연구하였다. 그에 따르면 신경화학적 측면에서 볼 때 세로토닌이란 물질은 뇌의 화학반응 억제제로서 뇌에 세로토닌 물질이 풍부하면 제어기능이 원활하고 그렇지 않으면 제어하기 어렵다는 것이다.

그러므로 세로토닌이 적으면 분노, 공격성이 증대된다. 주위 자극에 의해 화가 나는 상황이 되면 폭주기관차처럼 복잡하게 얽힌 전기신호들이 돌진해 신경전달 물질에 의해 통제되는 신경망으로 이동하게 된다. 도파민 같은 신경전달물질은 뇌세포 사이사이에서 신경을 자극해 행동을 촉진한다. 그러나 세로토닌은 신경 안정제 역할을 하며 신경전달속도를 감소시켜 주는 역할을 한다. 따라서 세로토닌은 뇌의 사고 중추인 전두엽이 생각할 기회를 마련해 주는 중요한 호르몬이다.

2. 정신역동적·정신분석적 시각

정신분석학적 시각에서, 인간은 선천적으로 공격적 본능을 보유하고 있다. 이러한 공격 본능에 의한 행동을 적절히 억제하지 못하면 공격적이 된다. 인간의 공격성이란 용기 속에 들어 있는 압력과 매우 유사한 개념이다. 용기 속에 과도한 압력이 축적되면 폭발이 일어나듯 인간 내면에 과도한 공격적 에너지가 포화상태에 있는 상태에서 이를 적절히 해소시켜 주지 않으면 폭발이 일어날 수 있다. 프로이드(Sigmund Freud)는 인간을 태어날 때부터 공격 에너지를 가지고 태어나는 선천적 존재로 보았다. 그러므로 공격성을 제어하기 위해서는 인간 공격성이 위험수준에 도달하기 이전에 이를 적절히 해소시켜야 한다고 주장하였다.

프로이드는 모든 형태의 폭력에서 이러한 공격 에너지의 폭발이 발현된다고 간주한다. 따라서 정신분석적 치료에서 가장 중요한 개념으로 알려져 있는 억압된 정서의 배출이 적절하게 이루어지는 카타르시스(Catharsis) 과정이 없으면 내부에 축적된 공격 에너지가 위험수위까지 도달한 후 폭발하게 된다고 주장하였다.

카타르시스 과정은 눈으로 보거나 실제 행동을 통해서도 해소될 수 있다. 예컨대 스포츠를 관람하거나 스포츠 활동에 참가하는 아이들이 그렇지 않은 아이들에 비해 덜 공격적이다. 이러한 시각에서 본다면 적대적 공격행위가 대부분을 차지하는 폭력범죄자들은 자신들의 내부에 잠재해 있는 공격 에너지를 적절한 수준으로 유지하고 이를 해소할 수 있는 충분한 기회를 가지지 못한 것으로 설명할 수 있다(Curt R. Bartol, Anne M. Bartol, 2005: 241-242).

3. 행동학적 시각

행동학이란 동물의 자연적 습관과 관련된 동물 행동연구를 통해 동물의 행동과 인간의 행동을 비교하는 학문이다. 콘라드 로렌쯔(Konrad Lorentz, 1966)는 '공격이란 행동학적 측면에서 인간이나 동물 모두에게 적용되는 전수 본능(Inherited Instinct)'[16]이라고 하였다. 인간이나 동물 모두에게 있어서 공격의 주목적은 충분한 먹이와 물, 생식이 가능한 영역을 확보하기 위한 것이다. 로렌쯔는 만일 이러한 기본적 영역이 외부로부터 침범받게 되면 본능 혹은 유전적으로 프로그래밍화되어 있는 반응 또는 공격성이 증가되어 침입자에 의한 영역의 침입을 자동적으로 막게 된다고 하였다. 영역이 침범을 당하는 데 대한 공격성향을 영역 확보권(Territoriality)이라 하는데 이러한 개념은 오래되고 복잡한 진화 기간이나 과정을 거쳐 발전한다고 보았다.

또한 같은 종류의 동물은 선천적 공격성을 통하여 동종 내에서 지나치게 개체수가 증가하는 것을 방지하게 된다. 아래 세대로 내려가면서 자연스럽게 약한 개체는 도태되고 힘이 강한 개체에게 최상의 권력과 권위를 물려주는 기회가 자연스럽게 이루어진 이후 때로는 공격적 상황이 발생 시 실제로 싸우기보다 이빨 드러내기, 털 세우기, 몸크기 부풀리기, 피부 변색하기를 통하여 우월성을 나타낸다. 이렇듯 힘을 과시하는 행위를 통해 질서를 잡아나가게 된다. 이러한 공격 현상을 의식화된 공격(Ritualized Aggression)이라고 한다.[17]

그러나 로렌쯔(Lorentz)는 인간은 동물과 달리 공격적 억제의 진화과정에서 차이가 존재하고 있음을 강조하고 있다. 인간은 종족보존을 위해 의식화된 공격을 개발하는 대신 상대적으로 인간만이 가질 수 있는 우세한 학습능력을 통해 상대를 괴멸시키는 잠재력을 개발해 왔다. 즉 동물의 의식화된 공격에 의한 종족보존 기능과 자연적 무기의 개발 대신 인간은 기술적 무기류를 개발해 나간다(Curt R. Bartol, Anne M. Bartol, 2005: 242-244).

4. 좌절-공격적 시각

좌절은 감정적 분노를 의미한다(이상현, 1994: 129-130). 인간에게 있어서 좌절은 공격충동을 일으키고, 이 충동은 공격행위를 유발하게 된다. 분노의 주요 원천은 욕구좌

16 전수본능이란 그 세대에서 끝나지 않고 대를 이어서 후세에 전해지는 본능을 말한다.

17 실제로 싸우지 않고 서열만 강조하는 공격의 형태로 싸움에 패배한 침팬지가 승리자의 털을 골라주는 유화적 제스처를 통해 복종의사를 표현함으로써 더 이상 싸우지 않겠다는 의사표시를 하기도 한다.

절이다. 욕구좌절은 어떤 목표를 향한 행동이 방해되거나 못하게 되었을 때를 말한다.

1939년 예일대학 소속 심리학자들은 '공격이란 좌절의 직접적 결과'라고 주장하였다(Dollard, Doob, Miller, Mowrer, Sears: 1939). 존 덜라드 등은 인간이란 존재는 좌절, 방해, 위협 그리고 성가심을 당할 때 공격적으로 변하게 되는데 이렇게 되는 이유는 공격이란 좌절적 환경에 대해 자연스럽게 나타나는 자동적 반응이기 때문이라고 하였다. 실험결과에 따르면 인간이란 유사한 정도의 좌절과 분노에 대해서 개인에 따라 상이하게 반응하는 것으로 나타났다. 그러나 좌절의 개념이 정확히 어떤 것인지, 좌절을 과연 어떻게 측정하여야 하는가가 쉽지 않은 문제이다. 그럼에도 불구하고 레오나르도 베코비츠(Leonard Berkowitz, 1962, 1969, 1973)는 좌절로 인하여 화가 났을 때 바로 공격적이 될 수 있을 가능성이 증가함은 분명하다고 주장하였다.

공격행동은 언어적, 신체적으로 과격하게 나타날 수 있다. 그러나 공격행위가 앞에서 설명하고 있는 단순한 분노나 잠재적인 공격 감정에 의해서만 나타나는 것은 아니다. 성적 욕구 등을 즉각적으로 해소하지 못하게 되면 고통스러운 상태나, 불편한 상황이 계속되어도 공격 행동이 발현될 수 있다. 인간에게 있어서 좌절로 인한 감정적 분노는 공격 행동을 야기하는 경향이 있다. 고통스러운 대우, 보상의 지연, 개인적 모욕, 방해 등의 감정적 분노는 공격적 행위를 일으키기 쉬운 조건이다(이상현, 2000: 130).

욕구좌절의 영향은 일상생활에서 폭넓게 찾아볼 수 있다. 아동을 대상으로 한 실험연구(Lewin 등, 1941)에서도 흥미를 끄는 결과가 나왔다. 장난감을 가지고 노는 것을 저지당한 아동과 그렇지 않은 아동이 공격 행동에서 차이가 있다는 것이 밝혀졌다. 공격적 행동의 발생에는 항상 욕구좌절의 존재를 전제하고 반대로 욕구좌절의 존재는 항상 어떤 형태의 공격을 일으킨다고 주장하는 이론이 욕구좌절－공격 가설이다(김동기 외, 2000: 394). 일반적으로 공격충동은 어떤 목표에 도달하려는 노력이 막히거나 또는 심리적, 생리적으로 불만족한 균형상태가 지속되면 유발된다(김동기 외, 2000: 446).

이전에 받은 보상이 기대한 것에 미치지 않는 등 욕구가 좌절된다면 그들의 행동은 더욱 격렬해지고 난폭해진다. 동물들이 물고, 이빨을 드러내고 으르렁대는 등의 행태를 보인다든지, 인간들이 싸우거나 신경이 날카로워져서 화를 내거나 싸우는 등의 행위 등이 그 예이다. 추구하고자 하는 방향으로 행동을 할 수 없을 때에 분노가 일어나게 된다. 인간은 극단적 좌절하에서 좌절의 의지를 감소시키기 위해 폭력을 선택하게 되고 평상시보다 더 광폭하게 되며 심지어는 살인도 하게 된다.

아동들의 좌절에는 가정 해체에 따른 부모－자녀 관계의 단절이 커다란 영향을 미친다. 부모－자녀 관계는 모든 인간관계 중에서 가장 기본적이고 보편적·영구적 관계이며 개인의 인격 형성과 사회화의 기본적 교육의 장(場)인 가정환경 중에서도 인적인 환경으로서 그 중요성이 강조되고 있다.

부부간의 갈등으로 인한 이혼은 자녀에게 심각한 영향을 미치고 더욱이 아버지의 잘못(외도)으로 인한 어머니의 자살 등은 자식에게 잊을 수 없는 마음의 상처를 남기는 동시에 가장 지배적이고 분명한 성격을 띠고 있는 부자 관계(김양희, 1993 210-211)를 가장과 후계자의 성격에서 원수적 관계로 변화시킬 수 있었을 것이다. 또한 이 과정에서 발생될 수 있는 청년기의 불안장애는 예기치 않았던 실패를 경험한다든지 부모와의 갈등, 성문제에 관한 죄의식과 같은 내면적 갈등이 원인이 될 수도 있다(김양희, 1993: 314).

5. 좌절상황에 대한 개인적 인식과 사회화된 범죄자

1) 개인적 인식

단순히 좌절-공격적 시각으로는 동일한 좌절상황에 대하여 왜 개인이 보이는 반응에 있어서 차이가 있는가를 설명하기란 쉽지 않다. 좌절상황이라도 개인적으로 어떻게 인식하는가에 따라 공격 방향과 강도가 달라질 수 있다. 좌절상황에 대한 개인적 인식은 매우 중요한 개념이다. 공격적으로 행동할 때는 보통 좌절상황을 포함한다. 달라드, 돕, 킬러, 모우어와 시어즈(Dollard, Doob, Killer, Mower & Sears, 1939)는 좌절-공격성 가설(Frustration-Aggression Hypothesis)을 통해 좌절과 공격성간 밀접한 연결성을 주장하였다.

분노가 공격의 표현으로 이해되고 있으나 양자를 구체적으로 보았을 때 차이가 있다. 분노를 내적으로 좌절된 감정의 구체적 느낌이라면 공격은 분노의 외형적 표현이며 동시에 투쟁욕구와 직결된 감정이라 할 수 있다. 즉, 공격은 분노가 행동으로 표현된 것이다. 좌절 공격은 예상된 목표달성의 좌절이라는 1단계, 좌절의 결과 분노가 발생하는 2단계, 그리고 결과적으로 공격적 행동으로 이어지는 3단계 등으로 이루어진다. 이 과정에서 개인의 내면적·심리적 상태에 따라 공격행동에 차이가 발생하게 된다. 공격적 행동 실행여부에 영향을 미칠 수 있는 중요 요소는 개인의 학습경험이나 그 사건에 대한 개인적 해석 그리고 좌절에 대하여 반응하는 개인적 차원의 대처 방법이다(Curt R. Bartol, Anne M. Bartol, 2005: 244-246).

인식의 개념은 개인별로 상이한 주관적 요소이다. 베코비츠(Berkowitz, 1989)는 개인이 처한 상황에 대하여 어떻게 인식하는가의 여부, 즉 인식적 요소의 중요성을 강조하면서 인식-신 결합 모형(Cognitive-New Association Model)을 제시하였다. 혐오적이거나 불쾌한 사건은 부정적 감정이나 정서(불안, 분노)를 일으킨다. 부정적 감정은 공격성을 활성화시키게 되는데 사람들이 나타내는 반응은 상황에 대한 해석에 따르게 된다. 걷다가 다른 사람과 부딪히게 되면 일반적으로 불쾌한 감정을 느끼게 될 것이나 만일 이 사람이 눈 먼 사람이라면 불쾌한 감정보다는 미안한 감정을 느끼게 될 것이라는 것이 좋은 예이다. 이 모형은 3단계로 구성된다.

초기단계에서는 육체적 고통, 언어적 모욕 등 혐오적 사건이 발생함에 따라 부정적 상황이 발생하게 된다. 모욕, 우울, 슬픔 등의 감정은 부정적 효과를 낳게 되며 불편한 감정이나 부정적 감정 등은 공포와 분노, 상대방과의 시비 등과 관련된 감정이나 생각을 가지게 한다. 혐오적 상황의 초기단계에서는 인식적 과정이 거의 영향을 미치지 못한다. 그러므로 이러한 상황에 잘 견디지 못하는 사람들이 상대적으로 쉽게 공격적 행동으로 실행하게 되는 것이다.

중간단계는 상황에 대한 인식이 행동을 평가하고 중재하는 단계이다. 이 단계에서는 상황에 대해 점차적으로 인식하게 되고 최초 반응 이후에 발생될 정서적 작용과 경험 등에 대한 인식이 실질적 영향을 미치게 된다.

최종단계는 화가 난 사람이 불쾌한 경험이나 자신이 느끼는 감정의 본질에 대해 생각하게 하고 자신의 감정과 행위를 통제하기 위해 노력하는 단계이다(Curt R. Bartol, Anne M. Bartol, 2005: 246).

좌절－공격 가설 성립에 있어 추가적으로 중요한 몇 가지 요소가 있다. 우선, 자신이 처한 좌절상황이 고의적으로 발생된 것인가 아니면 우발적으로 발생된 것인가를 공격자가 인식하는 것이다. 즉 '자신이 처한 좌절상황을 도저히 피할 수 없는 불가항력적 상황이었는가' 아니면 '누군가가 고의적으로 이러한 상황으로 자신을 몰아넣었는가'를 인식하는 것이다. 만일 좌절상황이 피할 수 없었던 불가항력적 상황으로 인식한다면 덜 분노하게 되지만 누군가의 고의에 의해 좌절되었다는 것을 인식하게 된다면 더욱 분노한다는 것이다.

그리고 좌절상황의 심각도가 어느 정도이냐에 따라 좌우된다. 좌절상황의 심각도가 심하면 심할수록 더욱 분노하게 되며 좌절상황의 정도가 심하지 않으면 않을수록 덜 분노하게 된다. 그러므로 누가 자신을 골탕 먹이기 위해 좌절상황을 인위적으로 만들어 놓은 상태에서 그 피해가 심각하다고 느끼면 좌절과 분노가 커지게 된다.

또한, 좌절－욕구 가설에 있어서 매우 중요한 요소는 개체가 예상하고 있는 목표 또는 기대의 개념이다. 어떤 목표를 지향하는 행동이 방해받게 되거나 좌절되었을 때에도 분노가 발생된다. 그러므로 만일 목표에 대한 기대가 낮아진다면 자연적으로 좌절이나 분노도 일어나지 않아 공격성이 일어나지 않는다. 예컨대 좋은 집과 차를 바라지 않는 사람들은 이를 획득하지 못한다 하여도 좌절하지 않는데 그 이유는 애당초 그러한 목표를 바라거나 기대하는 마음이 없었기 때문에 좌절하지도 않는다는 것이다(Berkowitz, 1969). 베코비츠는 학습의 중요성을 강조하였을 뿐 아니라 좌절환경에 대한 반응에 있어서도 개인적인 차이점이 존재한다고 강조하였다.

도브와 시어즈(Doob & Sears)는 좌절-공격성 가설을 지지하는 실험에서 참여자들에게 16개의 좌절상황 중 버스를 기다리는데 자신들을 태우지 않고 그냥 지나가 버린 상황을 부여하였더니 참여자들 대부분이 이러한 상황에서 화를 내고 있음을 발견하였다. 그러나 좌절이 항상 분노나 공격성으로 바뀌는 것은 아니다. 파스토어(Pastore, 1952)는 앞에서의 도브와 시어즈가 제시한 상황을 약간 다르게 바꾸어 실험하였다. 버스가 참여자들을 기다리지 않고 가버린 것이 아니라 시간이 경과하였기 때문에 버스를 타지못한 상황을 부여한 것이다. 이를 정당화된 좌절이라고 하는데 정당화된 좌절은 정당화되지 못한 좌절(참여자들을 보면서 버스가 지나가 버린 상황)보다도 훨씬 분노나 좌절의 수준이 낮다는 것이다. 좌절도 구분이 필요하다.

또한 지향 목표가 합법적 주체에 의해 좌절되었는가 아니면 비합법적 주체에 의해 방해받았는가의 여부에 따라 분노에 대한 자기 억제의 발동여부가 결정된다. 그리고 좌절을 어느 정도 예상했었는가 아니면 전혀 예상치 못했는가의 여부도 자기억제의 중요한 결정요소가 되는데, 예상치 않았던 방해에 대해 더욱 분노하게 되므로 예상했던 방해보다도 더 공격적이 되어 부정적 영향을 미친다.

이를 종합하여 보면 방해받을 것을 전혀 예상하지 않은 상태에서 비합법적 주체에 의해 고의적 좌절상황이 만들어져서 좌절상황의 심각도가 매우 높다고 인식하였을 때 분노가 크게 발생하게 될 것이다. 그러나 방해를 이미 예상한 상태에서 합법적 주체에 의하여 불가항력적 좌절상황이 되었으나 그 피해의 심각도가 낮다고 인식하였을 때 상대적으로 분노가 적게 발생할 것이라고 평가할 수 있다(Curt R. Bartol, Anne M. Bartol, 2005: 246).

2) 사회화된 범죄자와 개인적 범죄자

대부분의 법 위반자들은 좌절에 특히 많이 노출되어 있을 가능성이 크다. 베코비츠(Leonard Berkowitz)는 범죄성과 관련된 좌절에 대한 여러 가지 연구를 수행하였다. 그는 범죄성을 중심으로 개인적 범죄자와 사회화된 범죄자로 분류하였다. 개인적 범죄자는 채워지지 않는 욕구의 결과로 발생된 좌절의 장기적이고 강력한 산물로 범죄를 저지른다. 반면 사회화된 범죄자는 사회적 환경과의 상호작용의 결과로서 학습하거나 얻어질 이익을 예상함으로써 범죄를 저지르는 것이다.

매슬로우가 '범죄나 비행은 착취, 정의롭지 못함, 불공평등에 대하여 정당한 반감'

이라고 언급한 것도 좌절의 영향력에 대하여 기술한 것이다. 좌절로 유도된 범죄성의 경우 미국에서 로드니 킹 사건을 기화로 발생한 L.A 폭동이 좋은 예이다. 이러한 사례는 미국사회에서 사법제도를 비롯하여 광범위하게 발견되는 경제적, 사회적, 정치적 불공평으로 인한 좌절 때문에 발생된 것으로 설명할 수 있다.

6. 자극 전환이론

자극 전환이론은 일명 화풀이 이론이라고 표현할 수 있다. 질만(Zillmann, 1988)은 심리적 분노가 일단 발생하고 난 이후에는 시간이 경과함에 따라 점차적으로 소멸되어 간다는 가정에 동의하고 있다. 그러나 한 장소에서 전혀 관련 없는 다른 장소로 전환되면서 심리적 분노가 어떻게 일반화되는지를 설명하고 있다. 예컨대 직장에서 스트레스를 받은 직장인이 퇴근 이후 가족들에게 화풀이 하는 경우를 들 수 있다. 직장에서 여러 가지 이유(업무적 부담, 상사와의 불화, 동료와의 다툼, 실적 부진 등)로 화가 난 상태에서 귀가하였을 때, 가정에서의 사소한 일에도 기존 분노상태를 기초로 공격성이 발생할 수 있다는 것이다.

전혀 다른 장소에서 다른 상황에 기초하여 발생했던 분노가 그 상황과 별다른 관련성이 없는 다른 상황으로 전이하는 것은 화가 난 당사자가 왜 그렇게 화가 나는지를 정확히 인식하지 못하였을 때 더 크게 전이될 가능성이 있다. 따라서 화가 나고 있는 이유에 대한 정확한 인식이 이루어질 때 다른 장소와 다른 상황으로 분노가 전환되는 것을 방지하거나 감소시킬 수 있다.

화풀이 이론과 연관되는 것으로서 분노상태에서의 운전을 예로 들 수 있다. 분노한 상태에서 운전하게 되면 쉽게 다른 상황에서도 분노를 폭발시킬 수 있다. 순간적으로 인내심이 결여되면 운전자간의 말다툼, 분노에 반응하여 고의적으로 다른 운전자나 보행자를 상해하거나 살해하려는 욕구를 발생시킬 수 있다. 화가 나서 차를 몰고 건물로 돌진하거나 기타 구조물에 대해 공격해 들어가는 경우도 이에 해당된다.[18] 미국에서는 도로에서의 분노(Road Rage)[19]라고 불리는 분노상황에서 운전을 하는 사람들의

---

18 2006. 5. 20일 오전 4시 30분 부산 수영구 광안동 식당가 골목길에서 이모(45) 씨가 술을 팔지 않는다며 자신의 갤로퍼 차량으로 모 음식점으로 돌진했다. 이 사고로 음식점 전면 대형 유리창과 출입문 등이 크게 파손됐으며 다행히 식당에 손님이 없어 인명피해는 없었다. 경찰조사 결과 이씨는 만취 상태에서 이 음식점에 들어가 술을 주문했으나 종업원이 "많이 취했으니 그만 마시라"며 거절하고 귀가를 권유하자 식당을 나간 뒤 홧김에 자신의 차량으로 식당을 들이받은 것으로 드러났다. 조선일보, 2006. 5. 20.

19 도로 위에서 다른 차량을 보고 깜박이를 마구 켜대거나 경적을 울리는 행동이 과한 것을 운전 중의 짜증이나 분노를 일컫는 "로드 레이지(Road Rage)"라고 한다. 이러한 현상은 "간헐성 폭발장애일 가능성이 높다. 로드 레이지와 같은 분노표출은 주로 화를 억누르지 못해 물건을 던지거나 깨부수고 심지어 배우자를 학대하는 등의 행위로 대표되며 종종 정신장애로 간주되기도 한다. 중요한 것은 그들이 자신의 행위 혹은 장애의 심각성에 대

대부분은 범죄나 폭행경력, 마약, 알코올 문제를 가지고 있는 젊은 남성들이다(Mizell, 1995). 운전중 격분하여 사용하는 가장 일반적인 무기로는 총기류가 37%, 차량 자체를 무기로 사용한 경우가 35%, 기타 쇠몽둥이, 야구방망이, 스프레이, 주먹, 발 등이었다.

운전중 폭력은 이에 그치지 않고 차내에 동승하고 있던 배우자나 파트너가 감정을 표출하기도 한다. 운전중 가정구성원에 대한 가정폭력이 가장 일반적 형태이다. 운전중 분노의 대부분은 이미 운전 이전에 발생했던 사건이 주요한 원인으로 작용하고 있다. 배우자 또는 애인과의 말다툼, 직업문제, 재정문제, 기타 여러 가지 문제들이 분노의 원인이 될 수 있다(Curt R. Bartol, Anne M. Bartol, 2005: 247).

7. 사회적 학습이론

좌절상황이 닥쳤을 때 어떤 사람은 공격적이 되는 반면, 어떤 사람은 공격적이지 않고 이 상황을 잘 넘긴다. 이러한 상황을 설명하기 위한 또 다른 요소는 과거, 특히 초기 유아기 때부터 습득하였던 학습경험이다.

공격성은 경험에 의해 많은 영향을 받는다. 쿠오(Kuo, 1937)는 고양이와 쥐를 이용한 동물연구를 시도하였는데 고양이가 쥐와 함께 어릴 때부터 성장하게 되면 쥐를 공격하지 않는다는 사실을 발견하였다. 일반적으로 고양이가 쥐를 공격대상으로 삼는 행위도 어릴 때부터 같이 생활하도록 하는 학습 문화가 공격성을 둔화시키고 있다고 주장하고 있다. 그러나 일반적으로 고양이가 고립된 상태에서 성장하면 쥐를 보는 순간 공격한다. 그리고 사료를 먹고 자란 고양이의 경우 사냥을 하더라도 쥐를 먹지 않는다는 것이 일반적 현상이다.

문화와 인간의 공격성을 연관시켜 볼 때 인간의 공격성을 결정해 주는 가장 강력한 요인은 문화라고도 볼 수 있다. 즉 문화가 그 사회에 속한 구성원들의 공격성과 과격성의 정도를 결정해 준다. 인간에게 있어서 공격성의 정도는 사회적, 문화적 요인에 의해 많은 영향을 받는다는 것은 명백하다. 인간에 있어서 공격성을 일으키는 장기적 요인 중 가장 중요한 것은 어린 시절의 사회화(Socializa-tion)이다. 이러한 장기적 규범은 부모, 동료 그리고 선생님들의 선택적 강화와 이들이 보여주는 본보기에 의해서 획득된다. 개인이 획득한 장기적 규범은 비교적 지속적이며 개인에게 일생동안 변하지

해 인식하지 못한다는 것이다. 간헐성 폭발 장애는 종종 상대에 대한 위협이나 공격적인 행위, 재산피해 등을 나타내며 보통 사춘기 때 처음 그 증상이 나타나는데 초기 시도 연령은 평균 14세이다. 미국 전역 인구 샘플조사 형식으로 진행된 이번 연구는 9천 282명의 성인을 대상으로 2001년부터 2003년까지 국가정신건강연구기관의 지원 아래 실시됐다. 그 결과 약 5~7%가 이러한 장애를 겪고 있는 것으로 나타났으며 이는 미국인 1천 600만 명에 달하는 수치이다. http://blog.daum.net/onsori/9491741

않고 남아 있는 경향이 있다. 폭력의 전수 현상 등이 대표적이다.

사회적 학습이론에 따르면 공격 행동의 원리는 공격 모델에 대한 관찰을 통해 습득되거나 직접 경험의 기초하에서 이루어지며 공격성은 강화를 통해 점차적으로 증가된다.

학습이론에 있어서 학습의 최초단계에서는 관찰이 중요하나 최종단계에서는 강화가 필수적이다. 학습 주체인 아동이 자신의 관찰 대상이 만일 공격 행동 이후 즉각적으로 처벌받는 것을 관찰하게 된다면 이를 따라 하지 않을 것이다. 그러나 공격적 행동을 한 이후에도 처벌받지 않거나 그러한 행동을 계속하게 되면 이를 관찰하는 아동에게는 주기적 강화요소가 된다(Curt R. Bartol, Anne M. Bartol, 2005: 248-251).

반두라(Bandura, 1983)는 관찰학습에 있어서 중요한 요소는 관찰의 빈도에 의해 동기화될 수 있다고 주장한다. 그는 아동들에게 의미를 제시할 수 있는 모델과 관련하여 3가지 주요한 모형을 제시하였다. 첫째, 가족 구성원, 둘째, 하위문화의 구성원 그리고 셋째, 대중매체 속의 상징적 모델이다. 특히 부모는 초기 청소년기까지 가장 강력한 모델이 될 수 있으며 청소년기에는 하위문화의 구성원인 또래 집단이 가장 강력한 영향력을 미친다. 영화나 TV, 잡지, 신문, 서적 같은 대중매체는 아동들에 있어서 여러 상징적 모형을 제공하게 된다. 또한, 인터넷과 컴퓨터 게임 역시 많은 상징적 의미를 지닌다. 아이들은 모델링 혹은 관찰적 학습 과정, 즉 부모나 기타 영향력을 미치는 사람들을 단순히 관찰하는 것만으로도 자신들의 많은 행동들을 발전시킨다. 어린이들은 다른 사람의 행동에 영향을 미치기 위하여 공격성을 사용할 수 있다는 것을 학습한다. 따라서 공격적 부모 밑에 공격적 아동이 있다.

휴즈먼(Huesmann, 1988)의 연구에 의하면 어린 아이들은 일반적으로 공격성을 관찰할 수 있는 기회를 가지게 되며 스스로 공격성을 강화하거나, 스스로 공격의 대상이 되기도 한다. 어른들이 아이들 앞에서 욕을 많이 하거나 음담패설을 하게 되면 아이들이 욕을 따라서 하거나 음담패설을 하기도 한다. 아동들의 모방 행동은 자신에게 어떤 의미를 가진 모델로부터 칭찬과 격려에 의해 강화되거나 보상받을 때 장차 유사한 행동을 할 가능성이 커지게 된다.

시어즈, 맥코비, 레빈(Sears, Maccoby & Levin, 1957) 등은 유치원에 다니는 아동을 가진 400명의 여성들을 대상으로 학습효과를 검증하였다. 그 결과 훈육기술, 아동들의 공격성에 대한 태도, 아동들의 친구나 형제, 부모를 향한 공격성 표현에 관한 인터뷰 결과, 부모에 의한 육체적 체벌이 아동들의 공격성과 연관되어 있음을 발견하였다. 즉 부모의 양육방법과 아동의 공격행동 간의 관계를 검증한 결과 부모가 아동에게 가한 신체적 처벌과 아동의 공격성간에는 정적인 상관관계가 있다고 주장하였다.

또한 와로우(Yarrow, 1968)는 처벌 특히, 신체적 처벌과 아동의 공격성에 대한 연구에서 처벌은 또 다른 공격성을 초래한다는 것을 보여주었다.

학습된 공격에 있어서 인식모형은 처리과정상에 있어서 관찰학습이 중요하며 개인이 인식할 수 있는 잠재력과 인식된 정보를 처리할 수 있는 전략 역시 중요하다고 가정한다. 이와 관련된 2개의 중요한 인식모형을 살펴보면 우선 로웰 휴즈만(Rowell Huesmann, 1977)과 그의 동료들이 제시한 인식적 행동방책 모형(Cognitive Scripts Model)과 케네스 닷쥐(Kenneth Dodge, 1986; Dodge & Coie, 1987)와 그의 동료들이 주장한 적대적인 특성모형(Hostile Attribution Model)을 들 수 있다.

로웰 휴즈만(Rowell Huesmann, 1977)의 인식적 행동방책 모형(Cognitive Scripts Model)에 의하면 일반적인 사회 행동 그리고 특정한 공격행동은 일상적 경험을 통해 학습되고 기억된 인식적 행동방책에 의해 크게 통제된다. 각 개인이 가지고 있는 각본을 통해 환경 내에서 발생하고 있는 사건에 대하여 사람들이 어떻게 반응해야만 하고 그러한 행동의 결과로 어떤 일이 발생할 수 있는가를 제시하는 것이 인식적 행동방책이다. 각 개인이 가지고 있는 인식적 행동방책은 기억 속에 유지되고 입력될 뿐 아니라 각 개인이 어떤 문제나 상황에 봉착할 때마다 바로 정정되면서 사용된다.

케네스 닷쥐 등(Kenneth Dodge, 1986; Dodge & Coie, 1987)은 적대적 특성모형(Hostile Attribution Model)을 통해 공격성이 강한 아동들이 적대적 성향을 가지고 있다고 주장하였다. 폭력적인 아동들은 공격성이 낮은 아동보다 상대적으로 적대적이고 위협적 경향이 강하거나 심지어는 2배 이상 높으며 가족 간 학대에 조기에 노출된 아이들 역시 또래 아이들에 대해 적대적 행동을 발전시켜 나간다고 하였다(Dodge, 2001).

세린과 프레스톤(Serin & Preston, 2001)은 공격성이 강한 청소년 범죄자는 공격을 강화하는 방향으로 사고를 쉽게 수용하며 폭력적으로 문제를 해결하려는 경향이 많다고 주장하였다. 사회적 환경과 개인 특성요소를 포함하는 상호작용이 어린 시절의 적대적 성향을 잘 설명해 주고 있다.

블랙번(Robert Blackburn, 1998)은 범죄성향이 높으면 높을수록 대인관계에서 적대감이 강화되고 있다고 하였다. 범죄행위가 빈번하면 사회환경 내에서 타인을 통제하고 지배하려는 시도를 하게 된다는 것이다. 공격은 장기적으로 가장 효과적 방법은 아니나, 즉각적으로 갈등을 해소할 수 있는 직접적이고도 간단한 방법이다. 자신의 생각대로 문제가 잘 해결되지 않을 때, 적대적 방법을 사용하는 것이 단기적으로는 상대에 대해 고통을 주는 방법으로, 가장 직접적이고 효과적인 방법이다. 거기에 비해 사회 지향적 해결 내지 비폭력적 대안적 시나리오는 공격적 해결책브다는 덜 직접적이며 더 복잡한 방법이다. 비폭력적 방법은 시간도 많이 소요되며 효과적인 사회적 기술이 요구된다. 반면에 직접적 방법인 공격을 사용하게 되면 상대의 분노를 사게 되고 상대방 역시 공격을 하게 되어 갈등적 상황으로 전개되기 쉽다(Curt R. Bartol, Anne M. Bartol, 2005: 241-254).

대량살인자 같은 경우 이전에 발생했던 대량살인으로부터 아이디어를 얻기도 한다. 일반인들은 과거에 발생했던 대량살인이나 연속살인 사건에 대해 시간이 경과하면 잊어버리지만, 범죄성향이 있는 사람들은 과거 발생했던 사건에 대해 특별한 관심을 가지고 지속적으로 생각하면서 앞으로 행할 살인에 대한 각본을 쓰거나 이전에 발생하였던 사건을 기초로 마음속에 리허설을 하기도 한다.[20]

공격에 영향을 미치는 외부적 요소

다양한 환경적 상황에 처했을 때 인간이 선택할 수 있는 인지적 행동방책과 공격적 전략에 있어서 환경의 역할은 매우 중요하다. 공격성을 일으키는 상황 요인들에는 문화적으로 어떤 종류의 무기 사용이 어느 정도 용이한가, 개인적으로 알코올과 약물의 사용 여부, 정서적 각성의 차이에 따라 상이하다. 그리고 환경적으로 공격행위와 범죄행위를 북돋우고 고무시키는 물리적, 자연적 환경에의 접근 여부, 공격행위와 범죄행위를 억제시키는 환경 하에 있는가 등이 주요한 요소이다(Jeffrey H. Goldstein, 홍성열 외 역, 1995: 95).

1. 공격적 상황

어떤 사람의 발생 행동에 대하여 왜 그러한 행동을 하였는가라는 동기에 대한 의문이 제기되곤 한다. 행동 동기에 대한 접근은 행동 원인을 밝히는 데 있어서 매우 중요한 통로가 될 수 있다. 공격 행동은 외적 자극에 의해 유발될 수 있다. 케네시 모이어(Kenneth Moyer, 1976)는 공격 행동을 유발시키는 수많은 자극을 파악하여 그 자극에 따라 공격 행동을 유형별로 구분한 적이 있다. 예를 들면 육식동물에게서 흔히 볼 수 있는 공격 행동의 하나가 사냥감을 보았을 때 나타나는 공격 행동(Predatory Aggression)이다. 이러한 공격 행동은 배가 고프지 않은 상태에서도 나타날 수 있다. 또

20 버지니아 텍에서 발생한 조승희 사건의 경우, 이전에 미국에서 발생하였던 학교에서의 대량살인에 대한 모델링을 통하여 자신의 행동방향을 구체적으로 결정하고 있었다.

다른 형태의 공격 행동은 유기체가 어떤 혐오 자극을 받게 될 때 나타나는 공격 행동(Irritable Aggression)이다(김동기 외, 2000: 85-86).[21] 또 하나의 공격 행동은 도성적 공격 행동(Maternal Aggression)인데 일반적으로 남성이 여성보다는 공격성의 정도가 높다는 사실을 감안할 때 이 모성적 공격행동은 특이한 현상이다.

2. 인구밀도 및 개체수

행동학적 관점에서 보았을 때 개인 간의 공간이 제대로 확보되지 않고 인구밀도가 높으면 높을수록 공격성이 발현될 수 있다. 인구 집중률이 높은 지역어서의 개인적 공간은 끊임없이 방해받게 된다. 도시지역의 경우 인구가 넘치는 전이지역과 아파트 지역은 개인에서의 공간과 영역은 많이 침범당하게 된다. 이와 관련된 실험으로 콜혼(John B. Calhoun, 1961, 1962)의 실험을 들 수 있다.

콜혼은 쥐를 이용하여 인간과 쥐 사이에 어떠한 유사성이 있는지를 알아보기 위한 실험을 하였다. 우선 적정한 양의 먹이와 물을 준비한 제한된 공간 내에서 자유롭게 쥐의 개체수를 증가시켰다. 쥐의 개체수가 증가함에 따라 쥐들이 서로 물어뜯는 등의 이상행동을 하는 것이 관찰되었다. 쥐의 개체수가 정상인 경우 통상적으로 숫쥐는 하나 이상의 암쥐를 찾아 둥지를 틀고, 생식활동을 계속하였으며 비록 자유롭게 돌아다니긴 하여도 다른 둥지에 대해 별다른 관심을 보이지 않았다. 그러나 과도하게 개체수가 증가하자 이전까지 정상적으로 둥지를 틀어 생활하던 숫쥐는 더 이상 둥지를 짓지 않고 심지어는 약탈하는 숫쥐로부터 둥지를 방어하지 않았으며 오히려 다른 쥐들의 둥지에 침입하여 암쥐를 물어뜯는 등의 공격 행동을 보였다. 암쥐 역시 다른 숫쥐들의 침입 강도가 증가하자 더 이상 새끼들을 돌보지 않는 행동을 나타내었고, 생활공간이 더욱 줄어들자 모든 쥐들이 둥지를 틀거나 새끼를 돌보는 대신 다른 쥐들을 공격하고 숫쥐들은 암쥐들을 성적으로 범하는 행동을 나타내었다. 새끼 쥐 역시 둥지가 없는 상태에서 스스로 방어하기에 너무 약하였으나 집단으로 어울려 다니면서 싸우거나 다른 쥐들을 괴롭히는 것이 목격되었다. 결과적으로 전체 개체밀도가 증가함에 따라 빠르게 쥐의 사회가 붕괴되면서 궁극적으로는 쥐의 개체수가 감소하였다.

이외에도 다른 동물을 사용하여 이와 유사한 환경을 설정하고 실험을 한 결과 일반적으로 콜혼의 연구에서 나타난 것과 유사한 결과가 도출되었다. 물론 이러한 실험의 결과는 신중하게 적용되거나 해석되어야 하나, 개체수의 과도한 증가와 공격성간

21 예컨대, 한 쌍의 쥐에게 고통스러운 전기자극을 주게 되면 서로 공격적 행동을 보이는데 인간에게도 이와 유사한 공격적 행동이 나타난다고 한다.

일종의 연관성이 존재하고 있음을 가정할 수 있다(Curt R. Bartol, Anne M. Bartol, 2005: 258-259).

프리드먼(Freedman)의 개체수의 증가에 대한 성별 차이의 연구에서 조밀한 동성 간 남성 집단은 조밀하지 않은 동성 간의 남성 집단보다 더욱 공격적이고 적대적이었다. 여성도 동성 간 조밀집단 내에서는 유사한 결과를 보이고 있다. 그러나 특이하게도 남녀 혼성집단에서 이러한 성 차이는 발견되지 않았다. 남성은 조밀하게 동성들이 존재하는 집단 내에서 불편해 하거나 동성인 남성에 대해 적대적인 반면 여성에 대해서는 우호적인 것으로 나타났다. 인간의 상황은 동물에 비해서 보다 복잡하기 때문에 인구 밀도연구는 인간에 있어서 높은 인구밀도와 공격성간의 관계를 명확하게 밝혀준다고 단언하기는 어렵다(Curt R. Bartol, Anne M. Bartol, 2005: 259).

3. 대중매체

일반적으로 TV의 폭력성에 대한 많은 연구를 보면, 아동과 성인 구분없이 TV에 노출되는 빈도나 모방형태에 있어서 심각한 영향[22]을 미치는 것으로 나타났다. TV에 자주 노출된 아동들은 또래 집단과의 대인관계에 어려움을 겪고 있는 것으로 나타났다(Eron & Huesmann, 1984).

반두라(Bandura)는 이와 관련하여 유치원 아동을 3개 집단으로 구분하고 성인들이 커다란 샌드백 모양의 보보인형에 대해 언어적, 육체적 공격을 하는 모습과 이에 대한 처벌과 보상이 상이하게 구성된 영상물 3개를 각각 보여주었다. 첫 번째 집단에 대해서는 어른들이 공격적인 행동을 한 이후 사탕과 음료를 주는 등 보상받는 모습을 보여주었고, 두 번째 집단에게는 그러한 행동을 한 이후 벌로서 볼기를 맞고 언어적으로 혼나는 모습을 보여주었으며 세 번째 집단에 대해서는 공격적 행동 이후에 보상도 처벌도 없이 종료되는 상황을 관찰하게 하였다. 이 영상물을 관람하게 한 후 10분간 놀이방에서 보보인형을 포함한 여러 가지 장난감을 가지고 놀게 한 결과 공격적 행동 이후에 보상받은 광경을 관찰하였던 첫 번째 집단이 나머지 2개 집단에 비해 더욱 폭력적으로 행동하는 것을 발견하였으며 남자아이들이 여자아이들보다 더욱 폭력적인 것으로 나타났다.

22 국내 범죄영화를 모방해 5만 원권 위조지폐 150장을 만들어 가출 생활비로 사용한 간 큰 고교생 3명이 경찰에 붙잡혔다. 서울 재래시장과 의정부지역 편의점을 돌며 5만 원권 위조지폐 45장을 사용한 혐의로 A(18)군 등 3명을 붙잡았다. 경찰에 따르면 의정부 소재 고교의 친구 사이인 이들은 가출 후 머물던 서울 소재 모텔에 고성능 컬러복합기를 구비 후 5만 원권 지폐를 스캔, 양면을 복사하는 방법으로 위조지폐를 제작·사용한 혐의를 받고 있다. 경찰은 이들이 영화 '기술자들'에 나오는 통화 위조 장면을 기억해 범행을 계획했다고 밝혔다. http://www.hankookilbo.com/v/38aaf120981540b39eb0ed860b090b81 (2015. 8. 17.)

바론(Baron, 1977)은 대중매체에서의 폭력장면 시청 경험이 실생활에서의 폭력에 커다란 영향을 주고 있다고 주장하였다. 그리고 뉴스매체 등에서의 활동을 복사하거나 등장인물을 모델링하는 경향을 접촉감염 효과(Contagion Effect) 또는 모방범죄 효과(Copy Cat Effect)라고 명명하였다. 대중매체에 등장하는 어떤 대상을 괜찮은 사람으로 평가하게 되면 그 사람의 행위를 따라하는 것이다. 빈틈없고 정교한 은행 강도의 사례를 드라마에서 보여주면, 은행 강도의 행동을 모방하고 싶어 하는 것과 같다. 이러한 예들은 1977년부터 미국을 중심으로 시작된 학교 내에서의 총기사건에서 찾아 볼 수 있다. 학교 내에서의 총기사건 발생 이전, 정교하게 범행을 계획하고 실행하는 과정에 대해 보도하면 이러한 행위에 대한 결과는 생각하지 않고 과정을 준비하는 모습에 대해 긍정적 평가를 내리게 되면서 행위를 모방할 수 있을 가능성이 커지게 되는 것이다(Curt R. Bartol, Anne M. Bartol, 2005: 263).

4. 무기효과

문화적으로 무기 사용이 어느 정도 용이한가라는 상황 요인은 매우 중요한 요소이다. 그 이유는 분노가 발생하는 현장에 공격성을 유도하는 자극적 요소의 존재 여부에 따라 개인의 공격성이 더욱 증가될 수 있기 때문이다. 베코비츠와 르 파즈(Berkowitz & Le Page)는 공격 행동이 단순히 좌절 때문만이 아니라 좌절하고 분노하는 현장에 칼이나 총기류 등이 존재한다면 더욱 위험하다고 주장하였다.

베코비츠 등은 남성을 2개 집단으로 구분한 뒤 분노하고 좌절할 수 있는 여건을 마련해 놓고 각각의 집단에 대해 배드민턴 라켓과 총기류를 보여주었더니 총기를 보여준 집단이 배트민턴 라켓을 보여준 집단보다 더욱 공격 행동에 많이 가담하였다고 보고하고 있다(Berkowitz & Le Page, 1967). 이러한 현상을 무기효과(Weapon Effect)라고 한다.

베코비츠는 "총은 폭력을 허용할 뿐 아니라 폭력을 자극하기도 한다. 손가락이 방아쇠를 당기지만, 방아쇠 역시 손가락을 자극 한다"고 하였다. 엔더슨 등(Anderson & Deuser, 1996)은 참여자들에게 총과 기타 여러 무기 그림들을 제시하였더니 공격성과 관련된 사고 발생에 영향을 미쳤다고 보고하였다(Michael W. Eysench, 이영애 외 역, 2004: 97). 부부싸움의 결과로 발생하는 우발 살인에서 무기효과가 미치는 영향이 이에 속한다(Curt R. Bartol, Anne M. Bartol, 2005: 245).

5. 피해자학적 측면에서의 피해자 촉진

공격성을 불러오는 중요한 이유 중 하나로 피해자에 의한 촉진을 들 수 있다. 궁극적으로 피해자의 언쟁이 가끔씩 가해자의 공격 행위를 촉발시키는 원인이 되는 경우이다. 바론(Baron, 1977)은 대다수 사람들이 피해자 도발이나 촉진에 의해 공격적으로 반응한다고 지적한다. 특히 상호작용적 반응은 촉진의 강도에 정비례한다. 인간은 사회환경에 영향을 미치게 되며 사회환경 역시 인간에게 영향을 미친다는 사회적 학습이론과도 일치하는 감정 상승적 상호작용은 대인관계에서도 그대로 적용되는데 가정폭력이 가장 대표적인 예이다. 구성원 상호 간 상승하는 분노는 심각한 육체적 피해를 야기하거나 심지어는 죽음이라는 결과를 초래할 수도 있다. 폭력은 분노에 대해, 때로는 다른 사람에 의해 촉진됨으로써 발생할 수 있는 학습반응이다(Curt R. Bartol, Anne M. Bartol, 2005: 266- 267).

6. 권력 또는 명령에 따른 공격성

사회권력(Social Power)이란 태도와 행동변화를 유발하기 위하여 영향력 있는 사람이 가용할 수 있는 힘이다. 짐바도(Zimbardo)는 조직의 권력구조 등 상황요인이 사람들의 행동에 커다란 영향을 미칠 수 있다는 것을 보여주었다. 스탠포드(Standford) 교도소 실험[23]에 의해 안정된 사람들도 자신의 사회권력을 상상할 수 없었던 방식으로 남용할 수 있다는 것을 보여주었다. 공격 행동은 공격을 명령받은 상황에서도 이루어 질 수 있다. 전쟁시 군인의 공격 행위는 단순히 상관으로부터 공격하라고 명령을 받았기 때문이다(Michael W. Eysench, 이영애 외 역, 2004: 96-97).

이와 유사한 실험으로 1961년 예일대학의 스탠리 밀그램(Stanley Milgram)의 권위에 대한 복종과 관련된 연구가 있다. 그는 2차 대전시 나치의 대량 학살에 대한 메커니즘을 대상으로 어떻게 1,200만 명에 달하는 사람들을 상급자의 명령 하나로 총살, 가스형, 교수형 등 다양한 방법으로 죽게 만들었는지를 밝히고자 하였다.

그는 사람들이 파괴적 복종에 굴복하는 이유가, 성격보다도 상황에 있다고 믿었는데, 대단히 설득력 있는 상황이 발생하게 되면 아무리 이성적인 사람이라도 평소 자신이 가지고 있는 도덕적 규칙을 도외시한 채 명령에 따라 잔혹 행위를 저지를 수 있다

23 교도소에서 죄수를 다루는 과정에서 잔인하게 다루는 교도관의 행위를 연구하기 위해 정서적으로 안정된 학생들이 모의교도소에서 교도관과 죄수의 역할로 구분되어 실시한 실험으로 교도관의 역할을 한 학생들은 시간이 경과함에 따라 타인을 통제하는 권력을 즐기고, 이를 남용하는 것으로 나타났으며 죄수들의 스동적 태도 역시 이러한 행동에 영향을 미치고 있음을 발견하였다.

는 사실을 설명하기 위해 전기충격 실험을 하였다.

진짜처럼 보이긴 하지만 실제 작동을 하지 않는 전기충격기를 놓고 처벌이 학습에 미치는 효과에 관한 실험을 한다고 이야기 한 후 지원자에게 전기충격을 가하라고 명령하였고 고문을 받는 당사자는 실제로 고통을 당하는 것처럼 비명을 지르는 등 연기하였다. 그 결과 명령을 받은 사람들은 상대가 까무러치는 비명 연기를 보여줘 주어진 명령에 충실히 따르는 경향을 보였다. 즉 신뢰할 만한 권위와의 대면을 통해 62~65%의 사람들이 다른 사람에게 치명적 해를 입힐 정도로 명령에 복종하였다. 여기서 중요한 사항은 사람들이 공격을 받지 않았는데도 상대에 대해 공격적이 될 수 있다는 것이며 분노와 살인이 무관할 수 있는 가능성이 있다는 것을 효과적으로 증명하였다(Lauren Slater, 조중열 역, 2004: 50-69).

이와 같은 결과로 보았을 때 인간의 도덕적·비도덕적 행동이 고정된 성격적 특성이라기보다는 그가 언제, 어디서, 누구와 함께 있는가, 즉 인간의 행동이 내면화된 고정적 기호나 믿음 이외에도 외적 영향력에 적지 않게 좌우된다는 점이다. 그러므로 영향력을 가진 사람으로부터의 직접적 명령은 공격성을 발현시킬 수 있는 중요한 인자로 작용하는데 조폭조직에서 보스의 명령에 따른 공격성 발현 등이 대표적인 것이다.

7. 알 코 올

폭력성과 알코올의 상관관계는 오래전부터 연구되어 왔는데 울프강(Wolfgang)은 588건의 살인사건 중 최소한 64%가 알코올과 관련이 있음을 주장하였다. 슈페(Shupe, 1954)는 폭행 또는 불법무기소지로 체포된 사람들 중 91%가 술을 마셨다는 것을 보고하였다. 알코올과 기타 약물들을 공격 원인으로 간주하기보다는 공격에 대한 구실로 보는 견해도 있다. 알코올을 마셨기 때문에 공격하는 것이 아니라 알코올을 마시고 공격할 정당성을 찾는 것이다. 배우자를 학대하기 위해 자신의 행동을 알코올 탓으로 돌리기 위해, 자신의 행동에 대한 책임회피용으로 술을 마실 수도 있다는 것이다(Jeffrey H. Goldstein, 홍성열 외 역, 1995: 116-118).

범죄학적 측면에서 술이 촉매가 되어 범죄나 사고가 발생되는 경우가 많다는 것은 주지의 사실이다. 알코올 섭취가 감정을 탈억제(Disinhibition)시킨다는 시각은 오래전부터 많은 사람들에 의하여 인정되어 왔다. 이 시각은 술을 지나치게 마시게 되면 알코올 작용으로 이때 뇌의 중앙이나 지적 능력에 대해 영향을 주며 난폭하고 범죄적 행동을 유발한다고 본다. 탈억제라는 개념은 명백한 과학적 근거와 일상적 경험과 일치하고 있어 크게 인정을 받고 있다.[24] 알코올의 과음에 의한 일시적인 정신장애의 경우 이를 주취 또는 명정상태라고 한다. 이러한 상태에서는 뇌의 중추신경계가 마비되는 등의 장애로 인하여 사고 판단력이 흐려지고 도의 등 고등 감정이 후퇴하며, 합리적 사고능력에 의한 억제력이 결여될 수 있다. 욕구, 욕망이 전면으로 등장하여 나타나 충동적, 폭발적으로 행동하거나 아무렇게나 행동하여 음부 노출, 방가, 도발, 나아가서는 절도, 주거침입 혹은 성적 행동 등 범죄와 비행을 쉽게 자행하게 되는 것이다(오윤성, 1995: 10-13).

8. 온도 · 대기오염 · 흡연

공격성과 주변 환경간의 상관관계에 있어서 온도, 소음, 대기오염, 심지어는 성적 자극환경 등도 새로운 연구 분야로 대두되고 있다.

온도의 상승과 폭력발생의 상관관계에 대한 연구는 1960년대 후반에서 1970년대 초반까지 미국에서 발생한 폭동과 질서파괴현상을 부분적으로 설명하기 위해 제시되었다(Baron, 1977). 로버트 바론(Robert Baron)은 너무 높거나 낮은 온도는 오히려 인간의 공격성을 감소시킨다고 하였다. 지나치게 온도가 높거나 낮으면 인간의 관심은 차가운 음료수를 찾거나 따뜻한 옷을 구하는 것에만 관심을 나타나게 된다. 단, 온도가 어느 정도 상승하는 것은 공격성과 관련이 있다는 부정적 감정모형을 제시하였다. 모형의 핵심내용은 불쾌한 자극이 증가할수록 공격적 행동이 증가하게 되나 이러한 자극이 지나치게 되면 오히려 공격 행동이 감소하게 된다는 것이다.

소음이나 온도지수의 증가 등 불쾌한 자극이 어느 정도 증가하면 공격 행동이 증가하게 되지만 지나치게 소음이 커지거나 온도지수가 올라가면 사람들은 이를 공증하려고 하거나 피곤하므로 공격성은 떨어지게 된다. 바론과 벨(Baron & Bell, 1976)의 실험에 의하면 열기가 공격성에 주는 효과에 의해 실험 참여자들이 다른 사람에게 전기충격을 가하는 실험을 시도하였다. 실험 결과 통상 섭씨 33도에서 35도 사이에서는 참여자들의 공격성이 증가하였으나 극단적 온도상승은 오히려 공격성 수준을 감소시키고 있는 것을 관찰할 수 있었다(Curt R. Bartol, Anne M. Bartol, 2005: 259-262).

엔더슨(Anderson, 1989)은 온도가 모욕, 강간, 살인과 같은 공격 행동에 주는 효과를 비교하였다. 미국의 전반적 폭력현상에 대한 연구를 통해 상대적으로 더운 여름날에, 서늘한 기후의 도시보다 상대적으로 더운 도시에서 폭력범죄 발생률이 더 높게 나타났다

24 뇌세포 속에는 칼륨이 많이 들어 있다. 이에 반해 세포의 외측이나 외핵에는 나트륨이 많다. 그리고 세포막을 통하여 나트륨과 칼륨이 드나들며 전류를 일으키고, 그것이 수용체의 신호를 받아들이는 데 도움이 되고 있다. 그런데 알코올을 많이 섭취하게 되면 세포 속에 꽉 차 있어야 하는 칼륨 대신 나트륨이 증가하므로 전류가 흐르지 않게 됨으로써 세포가 수용체의 신호를 받아들일 수 없게 되는 것이다.

고 하였다. 이러한 결과를 통해 적절한 온도의 상승은 공격성 증가에 영향을 주고 있는 것과 관련이 있는 것으로 나타났다(Michael W. Eysench, 이영애 외 역, 2004: 98-99).

로튼과 프레이(Rotten & Frey, 1985)는 높은 온도와 대기오염이 가정폭력에 미치는 연관성을 주장하였다. 켄릭과 맥파랜드(Kenrick & McFarland, 1986)는 주변온도가 상승함에 따라 경적을 울리는 현상에 대하여 연구한 결과 강한 상관관계가 있다고 하였다. 즉 온도와 습도가 증가하여 불쾌지수가 높아짐에 따라 도로에서 운전자가 운전 중 경적을 울리는 것과 연관이 있다는 것이다. 한편 범죄피해 측면에서 날씨가 더우면 일상적 활동의 영향에 의해 재산범죄가 증가한다는 주장이 있는데 사람들이 더위를 피해 바캉스를 가게 되는 상황이 되면 침입절도가 극성을 부리는 현상과도 연관이 깊다(Curt R. Bartol, Anne M. Bartol, 2005: 259-262).

질만(Zillman)은 흡연을 혐오하는 사람에게 있어서 단순히 주위에 흡연자가 있다는 이유만으로 공격적이 되는 경향이 있다고 하였다. 특히 흡연이 인체에 해롭다는 인식이 높은 경우, 즉 타인에 의해 자신의 건강이 위협받고 있다는 인식이 강하면 더욱 공격적이 될 수 있다. 또한 예상치 못한 소음에 노출되는 사람 역시 순간적으로 공격적이 될 수 있다.

9. 책임감 분산과 범죄

책임감 분산의 개념은 사건을 목격한 사람이 많을수록 개인이 느끼는 책임감은 적어진다는 의미이다. 뉴욕시 퀸즈 지역에서 1964년 3월 13일 새벽 3시 15분에서 50분까지 약 35분 동안 발생한 살인사건이 발단이 되었다. 인근 술집에서 야간 당번으로 일하다 귀가하던 캐서린 제노비스라는 여성이 윈스턴 모즐리라는 범인에 의해 살해당하는 과정에서 피해자는 비명을 지르며 주위사람들에게 도움을 청했으나 비명을 들은 많은 목격자들이 이를 수수방관하여 결국 피해자가 성폭행당하고 사망한 사건이다.

피해자가 칼에 찔리고 능욕당한 뒤 살해당하는 과정을 옆에서 지켜보면서 별다른 조치를 취하지 않은 사람은 무려 38명에 달하였다(Lauren Slater, 조중열 역, 2004: 97-99). 칼 메닝거는 대중의 무관심 자체가 공격성의 표현이라고 하였다.

달리(J. M. Darley)와 라타네(B. Latane)는 이를 개인적 요인보다는 상황적 요인이 원조행동을 억제하였다고 보았다. 목격자 수가 많으면 많을수록 원조 강도가 약해지며, 시간도 지연된다는 가설을 세우고 이를 증명하기 위해 실험을 한 결과 사람들이 비상사태를 보고도 남을 돕지 않는 것은 사람들이 비인간화되고 냉담하며 무심해졌기 때문이라기보다는 목격자가 많을수록 개인의 책임이 분산되어 원조행동을 억제한다는 사실

을 증명하였다(시부야 쇼조, 이규원 역, 1997:24-25).[25]

이러한 사건들은 최근 나라를 가리지 않고 종종 벌어지는 일이기도 하다. 중국에서도 이와 유사한 사례가 발생한 바 있고, 한국에서 이와 비슷한 일이 벌어지기도 하여 사회적 개탄을 산 적이 있다. 이러한 방관자 효과는 공개적으로 발생하는 사건에 휘말리고 싶지 않은 개인적 사고와 판단에 의해 발생되는 것이므로 오히려 여러 사람이 있는 상황보다는 소수의 사람이 있는 상황에서 더욱 적극적인 도움을 받을 수도 있다. 즉 어떤 사람에게 도움을 청할 때는 불특정 다수에 대해 도움을 청하기보다는 한 사람을 지목하여 상대의 책임감을 자극한 뒤 도움을 청하는 것이 더욱 효과적일 것이다.

10. 약한 상대

인간은 약한 상대에게 더욱 공격적이 된다. 상대가 자신보다 강하다고 생각되면 상대에 대한 공격을 재고한다. 일반적으로 범죄자들은 피해자를 선택하는 데 있어서 남성보다는 여성, 어른보다는 노인이나 아이들을 피해대상으로 삼는 경우가 많다.

터너(G. W. Turner)는 차를 운전하고 있을 때 다른 운전자의 태도에 대해 느끼는 불쾌감이나 공격행동을 조사하는 실험을 하였다. 크라이슬러 신차와 낡은 소형트럭을 준비하고 실험자가 운전사가 되어 빨간 신호에서 자동차를 정지시키고 신호가 녹색으로 바뀌어도 12초간 출발하지 않는 상황을 인위적으로 조성하였다. 이때 뒤에 있던 차가 경적을 울려 재촉할 때까지 소요되는 시간을 조사하였다. 실험결과 정지하고 있는 차가 크라이슬러일 경우 평균 8.5초, 소형 고물 트럭일 때는 6.8초였다. 또한 경적을 두 번 울린 운전자는 크라이슬러가 앞에 있었을 때 7명이었는데 소형 고물 트럭인 경우 18명으로 세배 가량 많았다. 경적 울리기를 공격행동이라고 가정 하였을 때 경적 울리기를 주저하는 행동은 공격을 억제하는 것으로 간주된다(시부야 쇼조, 이규원 역, 1997: 51-52).

25 대학생활에서 부딪히는 개인적 문제를 상담한다는 명목으로 뉴욕의 대학생을 대상으로 익명성을 핑계로 독방에 한 사람씩 들어가게 하고 인터폰을 사용해서 대화를 하게 한다. 대화도중 한 학생이 간질 발작을 일으켜 도움을 청하는 상황을 조성한 후 학생들이 비상사태를 보고하는 데 소요되는 시간을 가지고 이를 측정하였다. 실험은 2인조, 3인조, 6인조로 나누어 실시한 결과 발작이 종료시까지 실험자에게 보고한 학생은 2인조에서 85%, 3인조에서 62%, 6인조에서 31%였으며 반응시간 역시 규모가 작은 그룹일수록 빨랐다는 결과를 도출하였다.

제 6 장 이상심리와 범죄

Criminal Psychology

정상심리와 이상심리

이상행동이란 행동주의 심리학 영역에서 만들어진 용어로 이상심리는 비정상적인 심리현상을 지칭하는 것이다. 객관적으로 관찰가능하며 측정 가능한 구체적인 심리 현상인 행동을 심리학의 연구대상으로 삼아야 한다는 주장 아래에서 심리학자들이 가장 광범위하게 사용하는 용어이다. 외형적인 비정상 행동뿐 아니라 내면적으로 진행되는 비정상적·심리적 과정을 포함한다.

이상심리학은 임상심리학의 하위 영역이다. 임상심리학(Clinical Psychology)이란 이상행동(정신장애)의 평가 및 진단, 치료, 연구를 수행하는 학문이며 이상심리학(Abnormal Psychology)은 이상심리에 의한 정신장애와 이상행동을 과학적으로 연구하는 학문이다.

이상심리학의 연구주제에는 인간이 나타내는 다양한 이상행동의 탐구, 기술, 체계적인 분류, 이상행동의 역학적 연구를 통한 이상행동의 빈도와 분포파악, 이상행동의 원인과 발생기제 규명 및 이상행동의 치료방법에 대한 연구 그리고 이상행동 및 정신장애의 예방 등이 있다(원호택 외, 2000: 22-36).

1. 정상심리와 이상심리의 구분

인간의 심리상태가 정상인지, 이상인지 여부를 구분하기 위해서는 우선 정상심리와 이상리를 판단하는 근거와 기준이 있어야 한다. 정상심리와 이상심리를 판단하는 근거와 기준에는 몇 가지 심리적 특성이 있다. 정상 심리를 가지고 있다고 말하려면 우선 당사자가 자신이 처해 있는 현실을 바르게 인식하고 파악하고 있는가의 여부가 중요하다. 그리고 자신의 능력과 심리적 상태 역시 바르게 자각하거나 인식하고 있어야 한다. 또한 자신의 행동을 스스로 조절하고 통제할 수 있어야 하며 자기 자신을 과장하거나 과소평가하지 않고 있는 그대로의 자기 자신을 수용하고 존중하여야 한다. 그렇게 함으로써 자신을 둘러싸고 있는 주변 사람들과 원만하고 평온한 인간관계를 유지하면서 궁극적으로 자신이 가지고 있는 능력을 생산적이고 효율적으로 발휘할 수 있어야 하는 것이다. 이와 같은 심리적 특성을 통해 정상심리와 이상심리를 구분할 수 있다.

2. 정상성과 이상성에 대한 기준

정상심리와 이상심리를 구분하는 이러한 근거와 기준은 수치상으로 명확히 제시되는 것이 아니다. 따라서 과연 어디까지를 정상과 이상으로 정의할 것인지를 결정하는 기준은 모호하다. 정상성과 이상성에 대한 기준은 일반적으로 다음과 같은 몇 가지 기준에 따라 이루어진다. 일반적으로 심리학에서 정상성과 이상성을 구분을 짓는 기준에는 보편적으로 통계적 기준, 문화적(사회적 규범) 기준, 주관적 고통(불편감)의 기준, 부적응성의 기준 등으로 구분한다(원호택 외, 2000: 22-36).

1) 통계적 기준

통계적 기준이란 대상이 되는 사람의 행동을 일반인의 평균적 행동과 비교하여 통계적으로 일탈되어 있는 경우를 기준으로 정상과 이상을 구분하는 것이다. 통상 통계적 평균으로부터 2배의 표준편차를 벗어나는 것을 이상행동이라고 규정한다. 그러나 통계적 기준이 수치적으로 측정된다는 점에서 심리를 과연 수치적으로 측정할 수 있는가라는 한계점을 가지고 있다. 또한 측정이 가능하다 하더라도 어느 선을 기준으로 정상과 이상의 구분으로 결정할 것인가 하는 것 역시 여전히 문제점으로 남는다.

2) 문화적(사회적 규범) 기준

한 인간이 속해 있는 사회에서 그 사회가 요구하는 규범에 어긋나는 행동을 함으로써 제대로 적응하지 못하는 경우 이러한 행동을 문화·사회적 기준에서 이상행동으로 규정할 수 있다.

그러나 사회적 규범의 기준의 문제점은 각 문화가 가지고 있는 문화적 상대성을 어떻게 적용하여 정상과 이상을 구분할 수 있는가 하는 점이다. 예컨대 이슬람 문화와 기독교 문화가 각기 가지고 있는 상대적 기준은 분명히 존재한다. 그러므로 동일한 사람의 행동을 두고도 한 문화권에서는 정상으로 간주하지만 또 다른 이질적 문화권에서의 그러한 행동은 이상행동으로 나타날 수 있을 것이다. 또한 동일한 문화권이라 하더라도 시간의 상대성에 따라 동일한 행동이 어떤 시기에는 이상행동으로 간주되다가 시간이 경과한 후에는 정상행동 내지는 창조적, 선구적 행동으로 평가될 수 있을 것이다. 갈릴레이 갈릴레오가 주장했던 지동설과 관련된 그의 행동은 당시에는 이상성으로 비춰졌으나 시간이 경과한 이후에 그러한 주장이 정상적인 것으로 간주된 것이 대표적인 예이다.

3) 주관적 고통(불편감)의 기준

주관적 고통(불편감)의 기준 측면에서 한 인간이 가지고 있는 주관적 관점에서의 고통이나 불편감을 동일한 조건에서 타인은 그러한 고통이나 불편감을 느끼지 않을 수 있다. 그러나 고통과 불편감을 느끼고 있는 당사자는 다른 사람이 느끼는 것과는 상관없이 엄연히 고통을 느끼고 있을 수 있다. 심리적 장애를 겪고 있는 사람들이 불안감, 우울증, 심리적 압박감을 느끼고 있으나 그러한 고통을 모든 사람이 느끼고 있는 것은 아니다. 그렇지만 여기에도 문제점은 존재한다. 즉 개인이 처하는 상황에 따라 주관적인 심리적 고통을 느끼는 사실을 모두 이상행동으로 간주할 수 없다. 예컨대 가족의 죽음이나 불행이 발생하였을 때 당사자가 정신적 고통을 느끼거나 심리적 스트레스에서 고통스러워하는 것은 지극히 정상적인 것이다.

앞에서 열거된 몇 가지 기준으로 인간 행동을 정상과 이상으로 구분하는 것은 결코 쉬운 일이 아니다. 이상행동은 개인의 행동이 자신과 사회에 해로운 결과를 가져오고 따라서 사회적, 학업적, 직업적 생활의 부적응이 초래될 때 이를 이상행동으로 정의할 수 있다. 이상행동의 기준은 때로는 본인의 주관적 관점에서의 고통이나 불편감과 상관없이 타인의 고통이나 피해를 초래하는 경우에도 이를 이상행동으로 간주할 수 있다. 그러나 앞에서 살펴본 바와 같이 정상과 이상을 구분하는 설명기준으로 한 가지 측면에서의 단일요소에 의하여 이를 설명하기란 매우 어렵다.

즉 정상과 비정상의 차이란 정확히 그 수치를 제시하기는 쉽지 않으며 일반적으로 그 정도가 얼마나 극심한가, 또한 그러한 정도가 얼마나 오래 계속되는가하는 지속성의 차이와 그러한 현상이 인간의 삶에 얼마나 많은 영향을 주는가 하는 것이 중요한 개념이다. 인간이 살아가는 과정상 심리적 좌절과 분노가 항상 존재할 수 있다. 그 과정에서 흥분과 긴장을 통해 불쾌하고 공격적 감정을 느끼기도 하고 적절히 분노를 삭이지 못하면 울화병이 되기도 한다. 또한 분노를 과격하게 발산하면 충동적 행동으로 연결되어 심각한 결과를 초래한 후 후회하는 등 복잡한 상황에 처할 수도 있는 것이다 (원호택 외, 2000: 22-36).

3. 범죄에서의 정상심리와 이상심리

범죄행동과 관련하여 정상과 이상을 구분하는 기준은 이상심리학어서의 정상심리와 이상심리를 구분하는 것과는 차이가 있다. 우선 정상인이라면 범죄행위를 하는 데 있어서 범행동기·결의·범행 시·범행 후의 심리과정상 아래와 같은 징표를 수반한다.

인간 의지의 소산인 범행에서는 범행을 결의하게 된 사회적 조건, 즉 환경으로 인한 자극으로서의 동기를 반드시 수반하게 된다. 따라서 수사기관은 수사를 전개함에 있어 살인, 방화 등에 있어서 범행 유형 · 피해자의 신원·사회환경 등의 자료를 수집하여 원한·치정·미신·이욕 등의 범행동기를 추리하여 그러한 동기를 가질 만한 개연성이 있는 자를 대상으로 수사하게 된다. 범행 결의에 있어서는 정신병자, 이상성격자, 확신범, 우발범 등을 제외한 나머지 정상인이라면 반드시 불안·초조·주위 사람들과 상의·흉기 등의 준비·현장 사전 답사·알리바이 조작을 위한 준비 등 심리적 갈등이 나타나는 것이다.

범행 수법은 이미 숙지하고 있거나 숙달된 기술을 활용하는 등 일반적으로 목적달성에 필요하고 쉬운 방법을 선호하며 이러한 법칙에 의거 범행의 유형, 범행의 목적, 동기, 범행의 계획성과 우발성, 범행시의 사용물건, 입수방법, 수법 등의 추리 파악이 가능하다.

범행 이후의 심리는 통상 흥분과 긴장의 해소로 일시 안도감을 가질 수 있다. 그러나 곧 범행 이후 후회와 체포에 대한 공포감으로 인하여 악몽을 꾸거나 잠꼬대, 범행에 대한 자책감을 완화하기 위한 일환으로 피해자의 사체에 절을 하거나 친지 등 가까운 사람에게 범행을 고백하기도 한다. 이외에도 자살, 도주, 증거인멸, 변명을 준비하거나 자신의 행동을 합리화하기도 한다.

일반적으로 수사관들은 이러한 정상인의 심리를 기초로 범인의 범행을 추정할 수 있다(김충남, 1999: 66-67). 그러나 이상심리 상태의 비정상인들에 의한 범죄는 범행과정상 앞에서 제시한 일반적 심리에서 벗어나거나 범행과정에서의 합리적 일관성을 결여하게 되므로 정상인과는 달리 수사를 하는 데 적지 않은 어려움이 있다.

4. DSM-Ⅳ의 다축적 진단체계

현재 통용되고 있는 정신장애 진단체계는 정신의학 분야에서 뿐 아니라 이상심리학을 비롯하여 인간의 이상행동에 관심을 둔 모든 분야에서 받아들여지고 있다. 진단체계에는 2가지로 분류하는데 세계보건기구(World Health Organization)에서 공인하는 국제질병분류체계에 포함된 정신장애 진단분류방식(International Classification of Disease-10th ed.: CD-10, 1992)이며 또 하나는 미국 정신의학회에서 독자적으로 개발해서 사용 중인 정신장애 진단 및 통계편람(DSM-IV: Diagnostic and Statistical Manual of Mental Disorder-4th, 1994)이 사용되고 있다. 이 중 정신장애의 분류를 위해 가장 일반적으로 사용되고 있는 대표적인 도구는 정신장애 진단 및 통계편람(DSM-IV: Diagnostic and Statistical Manual of Mental Disorder-4th, 1994)이다.

DSM(Diagnostic and Statistical Manual Disorder-4th edition: DSM-IV, 1994)은 심리장애를 개념화하는 데 있어서 특정한 이론에 치우치지 않고 증상과 증후군 위주로 장애의 특성을 기술적인 측면에서 정의하고 있다. 이는 세계적으로 가장 보편적인 정신장애분류체계로 이상행동의 형태나 증상군으로 장애를 표현하는 기술적 개념이다. DSM-Ⅳ는 장애의 원인을 알려주거나 장애를 실체로 보는 설명적인 개념이 아니라 이상행동의 형태나 증상군으로 장애를 표현하는 기술적 개념으로서 각각의 정신장애, 예컨대 불안장애나 정신분열증을 진단하기 위해 특정한 기준을 제시하고 있다.

우선 다축적 진단체계(Multiaxial Diagnostic System)라 명명되는 다섯 개의 진단 축을 중심으로 정신장애를 설명하고 있으며 정신장애가 의심되면 이와 관련된 다섯 가지 측면의 정보를 수집하여 진단하게 된다. 다섯 개의 진단 축은 임상적 증후군에 관한 정보, 성격장애를 진단하는 정보, 일반적·의학적 상태에 관한 정보, 심리사회적 및 환경적 문제에 관한 정보, 현재의 적응적 기능수준의 평가 등으로 구성된다(원호택 외, 2000: 81-84).

1) 임상적 증후군에 관한 정보(축 Ⅰ)

개인이 현재 나타내고 있는 임상적 증상의 내용에 근거한 임상적 증후군에 관한 정보로 구성된다. 진단차원으로 불안장애, 기분장애, 섭식장애, 수면장애, 신체형장애, 해리 장애, 정신분열증 및 기타 정신병이 있다. 이러한 진단범주는 하위범주로 세분화되어 있으므로 임상적 증상의 발현에 따라 구체적 진단이 가능하다.

2) 성격장애를 진단하는 축(축 Ⅱ)

성격장애란 개인에게 오랫동안 지속되어 온 성격적 특성으로 인하여 적응상의 어려움을 나타내는 경우를 말한다. 이러한 관점에서 성격장애는 어떤 계기로 발생하여 일정기간 지속되는 임상적 증후군과는 구별되어야 하며, 따라서 이와는 다른 정보를 제공하고 있다고 보아야 할 것이다. 성격장애는 연극성 성격장애, 자기애성 성격장애, 반사회성 성격장애, 강박성 성격장애, 의존성 성격장애, 회피성 성격장애 등으로 구분된다.

3) 일반적·의학적 상태에 관한 것(축 Ⅲ)

개인이 가지고 있는 신체적 장애나 신체증상의 진단에 관련된 의학적 상태를 나타낸다. 정신과 육체는 서로 밀접하게 연관되어 있으므로 신체적 장애와 정신적 장애 역시 서로 영향을 미치게 된다. 신체적 장애 결과로 정신적 장애가 발생할 수도 있으며 정신적 장애 결과로 신체적 장애가 발생할 수도 있다. 따라서 정신장애를 충분히 이해하기 위해서 신체적 장애에 대한 정보가 필수적이다.

4) 심리사회적 및 환경적 문제에 관한 정보(축 Ⅳ)

정신장애를 이해하기 위해서는 정신장애의 발생에 기여했다고 생각되는 심리사회적 스트레스요인에 대한 평가와 서술이 필수적이다. 환자의 심리사회적, 환경적 측면의 가족문제, 직업문제, 교육문제, 경제적 문제, 주택문제 등으로 구분하여 기술하도록 되어 있다.

5) 현재의 적응적 기능수준의 평가(축 Ⅴ)

축 Ⅴ는 현재 환자가 사회적, 직업적 그 밖의 삶의 영역에서 어느 정도 적응상태를 나타내고 있는지를 0~100점으로 평가하는 것이다. 현재의 적응수준만을 평가하는 것뿐만 아니라 정신장애를 나타내기 이전의 적응수준을 평가함으로써 상대적으로 환자의 정신장애로 인한 상대적 적응수준의 저하상태까지를 파악하여야 한다.

DSM-Ⅳ의 임상적 증후군에 의한 분류와 범죄

DSM－Ⅳ는 정신장애를 17개의 주요한 범주[1]로 나누고 그 하위 범주로 200개 이상의 장애를 기술하고 있다. 이 중 축 Ⅰ은 임상적 증후군에 의한 정보로 구성되며 개인이 현재 나타내고 있는 임상적 증상의 내용에 근거한 진단차원이다. 이 중 범죄와 연관된 부분을 중심으로 살펴보되 충동통제장애는 장을 달리하여 살펴보기로 한다.

1. 유아기·아동기·청소년기 진단 장애

1) 주의력결핍 및 과잉행동장애(Attention-Deficit/Hyperactivity Disorders)

주의력결핍 및 과잉행동장애는 주위 또래(peer)와 어울리는 초등학교 기간에 처음으로 발견된다. ADHD는 주의집중이 어려워 매우 산만하고 부주의한 행동을 나타내며 자신의 행동을 적절히 통제하지 못하고 충동적인 과잉행동을 보이는 현상이다. 자리에 앉아있지 못하며, 말을 많이 하거나, 남 괴롭히기, 안절부절 못하는 등의 과도한 행위를 수반하는데 자극적이고 주의집중이 어려운 장애이다(Ronald Blackburn, 2003: 75).

ADHD 장애 아동은 정상의 아동에 비해 지나치게 활동적이며 안절부절 못하고 충동적으로 행동을 하는 경향이 있다. 따라서 가정이나 학교생활적응에 지장을 받는다. 남자아이가 여자아이보다 4~10배 많다. 일반적으로 나이가 들면서 감소하긴 하나, 주의집중의 어려움이나 학습 및 정서적 문제는 사춘기까지 계속되는 경향이 있다. 주의력결핍 및 과잉행동장애는 아동 청소년기에 나타나는 심리적 장애로 성인기에 나타나는 심리적 장애와 구분하기 위한 목적으로 소아·청소년 정신장애의 하위범주에 속한다. 심리적으로 발달·성장 과정에서 발현된다는 점에서 발달적 관점에 유의해야 할 분야로 소아·청소년들이 나타나는 주의집중력의 문제, 과잉행동의 문제, 파괴적이고 공격적인 비행 문제 등이 포함되어 있다.

또한 이 장애는 일부 사이코패시의 특성과 일치하는 부분이 있다. 즉 부주의, 충동성, 활동성의 부적절한 발달이 그것이다(로버트 D. 헤어, 조은경 외, 2005: 251).[2]

---

1 17개의 주요한 범주로서 (1) 유아기, 아동기 청소년기에 흔히 처음으로 진단되는 장애, (2) 정신분열증과 기타 정신증적 장애, (3) 기분장애, (4) 불안장애, (5) 신체형 장애, (6) 해리성 장애, (7) 성장애 및 성정체감 장애, (8) 섭식장애, (9) 수면장애, (10) 물질관련 장애, (11) 충동조절 장애, (12) 성격장애, (13) 적응장애, (14) 섬망, 치매, 기억상실 장애 및 기타 인지장애, (15) 허위성 장애, (16) 미분류된 일반적 의학적 상태로 인한 정신장애, (17) 임상적 관점의 초점이 될 수 있는 기타 장애로 구분된다.

2 2016년 경기도 안산 실용 음악학원 방화살인사건은 ADHD진단을 받은 경험이 있는 16세 소년에 의해 발생되었

2) 품행장애(Conduct Disorder)

품행장애는 주로 사춘기 이전에 형성되는데 다른 사람들의 권한을 침해하는 반사회적 행위를 지속하는 것을 말한다(Ronald Blackburn, 2003: 75). 난폭한 행동이나 방화, 도둑질, 거짓말, 가출 등 타인의 권리를 침해하거나 타인에게 불안감을 조성함으로써 사회적으로 용납될 수 없는 행위를 습관적으로 범하는 경우가 많다. 청소년들이 나타내는 비행행동이 여기에 해당되며 범죄와의 연관성이 매우 높다.

품행장애는 5~6세부터 발생할 수 있으나 통상적으로 소아 후기 또는 청소년 초기에 흔히 나타나는 장애이다. 증상은 다른 사람의 권리를 침해하거나 해당 연령에 적합한 사회적 규범이나 규칙을 준수하지 못하고 위반하는 행동을 지속적이고 반복적으로 행하는 것이다. 품행장애와 관련된 행동은 타인이나 동물에게 신체적 위해나 위협을 가하는 공격 행동, 직접적이지는 않으나 재산상의 손실이나 손상을 가하는 비공격적 행동, 사기나 절도, 심각한 규칙위반 행위 등 4가지로 분류할 수 있다.

품행장애 역시 타인의 기본권은 물론 또래 집단의 사회적 기준이나 규칙을 지속적으로 위반하는 점에서 사이코패시의 특성과 일치하는 면을 가지고 있다. 그러나 어린 사이코 패스를 정확하게 설명하지는 못하며 정서적, 지적, 대인 관계적 특성을 포착하지 못한다. 성인 사이코패스는 대부분 유년 시절에 품행장애 진단을 받지만 품행장애를 가졌다고 해서 모두 사이코패스로 성장하지 않는다. 그러나 품행장애 중 사회적 관계에 서투르고 불안감을 보이지 않으며 고도의 공격성을 보이는 등의 일부 항목은 성인의 사이코 패시 평가표(PCL-R)에 정의되고 진단되는 정신장애와 사실상 동일하다(로버트 D. 헤어, 조은경 외, 2005: 251-252).

3) 반항성 장애(Oppositional Defiant Disorder)

반항성 장애에 해당되는 청소년들은 거부적, 적대적이며 도전적 행동을 지나치게 많이 표출한다. 이들은 통상 화를 잘 내고, 어른의 요구나 규칙을 무시하거나 어른에게 논쟁을 통해 도전하며 고의적으로 타인의 기분을 상하게 하는 등의 행동을 하는 경향이 있다. 이러한 행동이 지나쳐 학교나 가정에서 많은 문제를 나타날 때 반항성 장애

다. A군은 4월 1일 오후 7시 25분쯤 상록구 한 음악학원 드럼 방음부스 안에서 라이터로 벽면에 불을 붙여 기타 강사 이모(43)씨 등 2명을 숨지게 하였다. 이 불로 학원에 있던 다른 수강생 등 6명도 연기를 마셔 치료를 받았고 4,000여 만원(소방서 추산)의 재산피해가 났다. A군은 2014년 "주의력 저하로 충동반응 억제의 어려움이 있다"는 ADHD 진단을 받고 약물치료를 해왔으며, 해당 학원은 스트레스 해소 등을 위해 2개월 전부터 다닌 것으로 조사됐다. A군은 경찰에서 "바닥에 떨어져 있는 라이터를 보고 그냥 불을 내고 싶었다"고 진술했다. 숨진 기타 강사 이씨와 드럼 수강생 김모(26)씨 등 2명은 연주 소리와 부스에 설치된 방음재 때문에 밖의 상황을 빨리 알아채지 못하고 뒤늦게 탈출을 시도하다가 연기에 질식해 변을 당했다.
http://www.hankookilbo.com/v/62a2bebab0a5416eb0fb0a980ac46e30 (2016. 4. 3.)

로 진단된다.

반항성 장애는 통상 품행장애보다 발달적으로 먼저 일어나는 장애로 보통 8세 이전에 발생될 가능성이 높다. 반항성 성격장애의 증상은 권위에 대하여 반복적으로 거부하거나 도전적이며 상대에 대한 불복종, 적대적 행동이 적어도 6개월 이상 지속되는 현상을 말한다. 나이가 들어감에 따라 증가하는 경향이 있으며 사춘기 이전에는 여성보다 남성에게 더 많이 발병되나, 사춘기 이후에는 발병률이 거의 같아진다.

반항성 장애 역시 품행장애와는 달리 타인의 기본권을 심각하게 침해하지 않으면서 행하는 부정적·적대적·반항적 행동을 한다는 면에서 사이코패시의 특성과 일부 중첩되는 부분이 있다(로버트 D. 헤어, 조은경 외, 2005: 252).

2. 정신분열증[3]과 기타 정신증적 장애

1) 신경증과 정신증의 구별

신경증은 흔히 노이로제라는 독일식 용어로 불리기도 하고 영어로 뉴로시스(Neurosis)라고 명명된다. 현실 판단력에는 별 문제가 없지만 생활적응에 여러 주관적 불편함을 느끼는 심리적 장애이다. 신경증의 경우 신경의 연결이 미세하게나마 문제가 있는 것으로 뇌는 환경을 통해 적응해 나가는데, 뇌의 감정을 지배하는 변연계라는 부분이 형성되는 시기(1세부터 3세)에 스트레스를 많이 받았다거나 어머니의 양육이 제대로 이루어지지 않아 힘들게 보내게 되면 그 조직이 약해진다. 약해진 조직은 성숙해 가면서 보상을 해나가야 하는데 보상을 못한 상태로 변연계가 유지되는 경우에 신경증이 잘 유발된다(이영돈, 2006: 29).

이 경우 자신에게 문제가 있다고 스스로 판단하고 치료기관을 찾는 경우가 많고, 사회적응에 다소 어려움이 있으나 직업이나 학업을 지속하는 데에는 별다른 문제가 없다.

정신증(Psychosis)은 부적응의 정도가 매우 심각한 심리적 장애이다. 환각이나, 망상 같은 현실 왜곡적 증상이 심하며 자신 스스로가 자신을 비정상이라고 생각하는 자각증세가 없어 주위 사람들에 의해 강제로 치료기관의 진단을 받게 된다. 정신증의 가장 대표적인 것으로는 정신분열증을 들 수 있다(원호만 외, 2000: 78-79).

3 정신분열증은 조현병으로 명칭이 변경되어 사용 중이다. 조현병은 거문고의 현이 제대로 조율되지 않았다는 의미로 사용된다.

2) 정신분열증의 증상

정신분열증(Schizophrenia)은 정신장애 중 가장 심각한 장애이다. 주된 증상은 망상, 환상, 혼란된 언어, 혼란되고 경직된 행동, 무감동, 무 의욕, 사고빈곤 등이다.[4] 망상은 현실과 다른 잘못된 강한 믿음으로 피해망상과 과대망상, 색정망상, 관계망상으로 구분될 수 있다.

환각은 실제와 달리 헛것을 지각하는 경우를 말하며 잘못된 것을 듣는 환청과 잘못된 것을 보는 환시, 잘못된 촉각을 느끼는 환촉으로 구분된다.

정신분열증환자는 논리성이 없는 말을 혼란스럽게 횡설수설하며 매우 기이한 행동을 나타내거나 밀랍처럼 딱딱하게 몸이 굳은 자세로 장시간 움직이지 않는 경직된 행동을 나타내기도 한다. 그러나 이와 같은 증상을 모두 나타내는 것은 아니며 이러한 증상 중 몇 가지가 1개월 이상 현저하게 나타나고 종합적으로 평가하여 이러한 증상이 6개월 이상 계속 진행될 시 정신분열증으로 본다.[5]

정신분열증 통상 '미친 사람'이라고 불리는 사람들의 경우는 뇌의 신경전달물질 중 도파민(Dopamine)이 과잉 분비되어 나타난다. 실제로 이들의 뇌 사진을 찍어보면 뇌 구조에는 이상이 없으나 신경전달조직을 현미경으로 관찰하고 생화학적으로 분석해 보면 도파민 물질이 증가되어 있다. 그러므로 정신분열증은 과잉 분비된 도파민을 감소시키는 약물치료를 한다(이영돈, 2006: 28-29).

3) 정신분열증의 형태

정신분열증은 크게 망상과 환청이 주된 증상인 망상형, 혼란된 언어나 행동과 부적절한 감정이 주된 증상인 혼란형, 경직된 행동과 자세, 과도한 행동이 주된 증상인 긴장형으로 구분된다. 이외에도 정신분열증과 유사하나 지속기간, 증상내용에서 차이가 있는 유사장애인 정신분열형 장애가 있다.

정신분열형 장애는 정신분열증과 기본적인 것은 비슷하나, 증상 지속기간이 1~6

4 통상 존속살해의 44.6%가 정신분열증 환자에 의해 발생된다.

5 서울 서초구 강남역 인근 한 노래방 건물 화장실에서 평소 여성에 대한 피해망상을 가지고 있던 30대 남성이 생면부지의 여성을 칼로 찔러 사망하게 한 '묻지마 범죄'가 발생했다. 경찰이 용의자 김모씨(34)의 어머니를 불러 김씨가 2008년부터 최근까지 정신분열증으로 치료를 받았다는 진단서와 진료기록을 확인했다. 용의자 김씨는 "사회생활에서 여성에게 무시당해 범행을 저질렀다"며 범행동기를 밝혀 사회적 공분을 사고 있다. 조현병(정신분열증)을 앓고 있던 김씨는 최근 약 복용을 중지해 증세가 악화해 범행을 저지른 것으로 추정 된다고 밝혔다. http://news.mt.co.kr/mtview.php?no=2016052019538221147 (2016. 5. 20.)
현실적으로 조현병에 의한 범죄발생은 일반인들보다 오히려 적다는 연구도 있으나 발생이 되면 오히려 치명적일 수도 있다는 연구결과도 있다. 그러나 일반적인 조현병 환자를 잠재적 범죄자로 간주하는 것은 매우 위험한 발상이다.

개월 이내라는 점이다. 단기정신증 장애는 지속기간이 1개월 이내로 단기간 정신증적 증상이 나타났다 회복되는 경우이다.

망상장애는 망상만 주된 증상으로 다른 정신분열증적 증상은 나타나지 않는다. 기괴하고 혼란된 행동을 나타내지는 않으며 사회적 적응에도 큰 문제가 없는 경우인데 특정한 내용의 망상과 관련된 영역에서의 갈등을 겪는다.[6] 주로 의처증, 의부증 환자들은 정신분열로 인정받기란 거의 불가능하지만 적어도 배우자의 부정과 관련해서는 다양한 망상에 시달리며 정상적 생활을 하기가 매우 어렵다. 이러한 장애를 가지고 있는 사람들은 가정폭력이나 배우자 추적, 배우자 살인 등의 범죄행위와 연관될 수 있는 가능성이 매우 높다. 또한 정신분열로 인정받기가 불가능하므로 범죄발생시 범죄행위에 대한 법적 책임을 면하기 어렵다.

이 밖에도 공유정신증 장애가 있는데 이 증상은 여러 사람이 망상을 공유하는 것으로 이미 망상을 지니고 있는 친한 사람과의 관계를 통해 유사한 내용의 망상을 발전시키게 된다(원호택 외, 2000: 97-100).

3. 기분장애(Mood disorders)

기분장애는 우울한 기분 또는 매우 고양된 기분이 주된 증상으로 크게 우울장애와 양극성 장애로 구분된다. 우울장애는 우울하고 슬픈 기분이 지속되는 현상으로 통상 생활에 대한 의욕을 상실하고 이에 수반하여 체중이 감소하거나 불면증, 활력감소, 죄책감이나 자신에 대한 자아 존중감 저하, 주의집중력, 판단력 저하로 인하여 죽음이나 자살에 대한 위험이 높다. 이러한 증상이 2주 이상 현저하게 나타나는 경우에는 주요 우울장애로 진단된다.

양극성 장애는 우울증상과 조증증상이 주기적으로 교차하면서 반복되는 장애로 일명 조울증이라는 용어로 많이 알려져 있다. 조증증상이 발현될 때에는 과대망상적 자존감의 팽창과 더불어 사고의 비약, 말이 많아지는 현상, 활동량의 증대와 과도한 쾌락 추구적 경향이 1주일 이상 나타난다. 양극성 장애 역시 죽음이나 자살과 연관성이 있다(원호택 외, 2000: 100-101).

6 군에서 진급에 누락된 충격으로 인하여 평소에는 정상적 생활을 하다가도 매년 진급신고일에 진급식에 가려고 정복을 입고 준비한 사례도 있다.

4. 해리성 장애(Dissociative disorder)

해리성 장애는 의식, 기억, 자기 정체감, 환경지각 등이 평소와 달리 급격하게 변화하는 장애로 세 가지 하위 유형을 가진다(원호택 외, 2000: 107-108).

1) 해리성 기억상실증

자기의 과거를 모두 잊어버리거나 특정 기간 기억을 망각하는 것으로 충격적인 스트레스를 받는 사건과 관련된 중요한 정보를 선택적으로 기억하지 못하는 경우로 일상적인 건망증과는 구별된다.

2) 해리성 둔주

기억상실과 더불어 갑자기 집을 떠나 다른 곳으로 이동하여 생활하는 행동으로 나타난다. 전혀 낯선 곳을 배회하거나 새로운 곳에서 전혀 다른 사람으로 행세하면서 살아가는 경우도 있다.

3) 해리성 정체감 장애

해리성 정체감 장애는 한 사람의 내부에 두 사람 이상의 독립된 정체감과 성격을 지니고 있는 경우이다. 전혀 다른 성격의 존재가 서로 번갈아 나타나면서 전혀 다른 행동을 한다. 성격 차이뿐 아니라 습관, 걸음걸이, 말하기, 쓰기 등의 상이한 방식으로 행동한다. 이를 다중 인격 또는 다중 성격 장애라고도 한다.[7]

해리성정체감장애는 성인 남성보다 성인 여성에서 3~9배까지 더 빈번하게 진단된다. 인격의 수 역시 남성은 평균 여덟 개의 정체감을 소유하는 반면 여성은 평균 열다섯 가지 이상을 소유하기도 한다.

분신의 수는 평균 13~15명 정도이며, 중앙값은 8~10명이지만, 실제로 6명 이하의 분신이 나타나는 것으로 추산되고 있다. 실제 평균이 높은 것은 과거 환자 중 많은 인격을 소유한 환자가 있었기 때문이다. 심할 경우 26명까지 분신이 있었던 경우도 있었는데, 세 명의 인격이 나타나는 경우가 가장 흔한 것으로 알려졌다. 흔히 사람들이 오해하는 것 중 하나가 실제로 한 사람 안에 여러 개의 인격이 있는 것이라고 생각하는데, 정확히 말하자면 한 사람의 내부에서 오랫동안 형성된 정신 상태의 일부분들이 일시적으로 그 사람의 전체를 조종하는 것이라고 보는 것이 더 정확하다

7 한국에서는 드물게 보고되고 있는데 춘천에서 1명의 해리성 정체감 장애 환자가 발견되었다고 보고된 바 있다. 상대적으로 일본이나 미국 등에서는 더 많이 보고되고 있다.

(http://star.mbn.co.kr/view.php?no=71511&year=2015 2016.05.08. 검색).

5. 성 장애 및 성정체감 장애(Sexual and gender identity disorder)

성 장애 및 성정체감 장애는 성과 관련된 이상행동을 말한다. 이 장애는 크게 성기능 장애, 성도착증, 성정체감 장애로 나누어진다. 이 중 범죄와 가장 연관이 있는 장애는 성도착증이다. 성도착증(Paraphilia)은 성행위의 대상이나 방식에서 비정상성을 나타내는 장애로 변태성욕증이라고도 한다(원호택 외, 2000: 108-111). 성도착증의 종류에는 노출증, 관음증, 물품음란증, 마찰 도착증, 소아기호증, 성적 가학증, 성적 피학증 등이 포함되어 있는데 성도착증에 대해서는 장을 달리하여 설명하기로 한다.

6. 물질 관련 장애(Substance-related disorder)

물질 관련 장애는 술, 담배, 마약 등과 같은 물질이나 약물을 복용하여 생기는 다양한 심리적 문제로 물질사용 장애와 물질유도 장애로 구분된다.

물질사용 장애는 특정 물질의 반복사용으로 인하여 그 물질에 종속되어 생겨나는 다양한 문제를 말한다.

물질사용 장애는 다시 물질의존과 물질남용으로 구분된다. 물질의존은 특정한 물질을 반복적으로 사용하게 되면 점점 복용양을 증가하여야만 종전과 같은 효과를 거둘 수 있는데 물질을 끊게 되면 내성으로 인하여 매우 고통스러운 상태인 금단현상이 나타나는 경우를 말한다. 점차적으로 늘어나는 복용량과 물질의 구입을 위한 경제적, 시간적 투자로 정상적 생활이 곤란하게 된다. 물질남용은 물질의 과도한 섭취로 학업, 직업, 가정, 사회생활에서의 자신의 역할을 제대로 수행하지 못하고 폭력적 행동, 법에 저촉되는 행위를 반복함으로써 문제가 되는 경우이다.

물질유도 장애란 과도하고 지속적인 물질복용으로 인하여 파생된 부적응 행동변화이 나타나는 것이다. 여기에는 물질중독, 물질금단, 기타 정신장애 등이 있다. 물질중독은 물질복용으로 인해 일시적으로 나타나는 부적응적 증상군을 말한다. 물질금단은 물질복용을 중단함으로써 나타나는 증상군을 의미한다. 그리고 물질복용으로 인하여 야기되는 여러 종류 등이 있다. 물질유도 장애 관련 물질토서는 알코올, 엠페타민, 카페인, 코카인, 환각제, 흡입제, 니코틴, 아편 등이 있다(원호택 외, 2000: 114-116).

7. 적응장애

분명하게 확인될 수 있는 심리사회적 스트레스 사건에 대한 반응으로 나타나는 정서적 또는 행동적 증상이다. 적응장애를 유발하는 스트레스 사건의 예로는 실연, 사업위기, 곤란, 가족갈등, 새로운 학교로의 진학, 전학, 결혼, 직장에서의 좌절, 은퇴 등과 같이 생활 속에서 경험하게 되는 삶의 주된 변화 등이다. 3개월 이내에 증상이 나타나고 사건의 강도에 비해 과도한 심리적 고통과 부적응적 증상을 나타내는 경우가 많다. 우울한 기분, 불안, 행동문제 등을 나타낼 수 있다.

성격장애와 범죄

1. 기질 · 성격 · 인격

기질(Temperament)이란 선천적으로 타고난 개인의 생리학적 기제에 의한 특성이다. 성격보다도 상대적으로 더 본질적이고 기본적 특성이며 개인의 체질이나 생리적 시스템과 밀접하게 관계되어 있는 인간 특징이다. 기질은 환경적 자극에 대한 개인의 반응양식을 결정하고 성격과 인격을 형성하는 기반이 된다. 개인의 생리학적 요인에 의해 결정되는 행동의 개인차는 기질의 범위에 속하고 사회적 조건에 의해 결정되는 특징적 행동은 성격의 범위에 속한다.

인격과 성격이라는 용어는 엄격히 구분되지 않고 자주 혼동하여 사용되는 경향이 있다. 퍼스낼리티(Personality)나 캐릭터(Chatacter)를 인격 또는 성격이라는 의미로 혼용하여 사용하고 있다. 때때로 personality를 인격 또는 성격으로 통합해서 사용하므로 성격장애와 인격장애라는 용어가 혼용되어 사용된다. 그러나 엄밀히 구분하자면 성격과 인격은 다소 차이가 있다.

성격(Character)은 카라쿠테루(Kharakter), 즉 조각 혹은 새겨진 것이라는 것을 뜻하는 그리스어에서 유래되었다. 선천적으로 타고난, 보다 고정된 특징을 지칭한다. 성격이란 일관성 있게 나타나는 개인의 독특한 심리적 특성이다(김동기 외, 2000: 249). 성격은 인격보다 사회, 문화적 조건의 영향을 덜 받는 것이다. 인격을 다른 개인에게 지각된 특성이라고 규정한다면 성격은 한 개인이 타고난 인격 그 자체를 지칭한다(김동기 외, 2000: 251).

성격은 기질이라는 토대 위에 구축된 건축물이다. 이른바 기질이 나이·환경·교육 등의 영향을 받아서 바뀐 것이 성격이라는 의견도 있다. 즉 특징적 행동과 감추어진 행동을 결정하며 한 개인을 다른 개인으로부터 지속적으로 구별하는 개인의 독특한 심리적 특징, 또한 내외적 통제감, 공격성, 욕구 및 활동성향 등과 같은 심리적 특성을 말한다.

일관성 있는 개인의 심리적 특성에 독특성과 안정성이라는 요소가 포함되어야 한다. 독특성이란 사고와 감정, 행동패턴의 개인차를 주장하면서 개인의 고유한 성질을 강조하는 것이다. 안정성이란 상황에 관계없이 같은 방식으로 행동해야 할 것을 의미한다. 성격에는 사회의 영향을 받아 구성된 사회적 성격과 개인에게 주어진 역할에 따라서 형성된 성격인 역할 성격으로 구분하기도 한다(大村政南, 2001: 133).[8]

인격(Personality)을 의미하는 persona는 가면을 의미하는 라틴어에서 유래되었다. 그러므로 어원에 비추어 보았을 때, 인격이란 개인이 가지고 있는 참된 자질이라기보다는 배우가 가면을 쓰고 연출하듯 관중의 눈에 비친 특성을 지칭한다. 따라서 인격은 사회, 문화적 조건의 영향을 가장 많이 받음으로써 다른 사람들에게 보이는 면이 강하다. 즉 인격은 한 인간으로서의 본연의 자세, 개인이 가지는 다양한 개성의 특징을 통합한 인간상이다. 이런 측면에서 성격(Character)이나 기질(Temperament)과 구분될 수 있다.

2. 층이론에 의한 인격 구분

층이론의 요지는 다음과 같다. 인격이란 몇 개의 층으로 구성되어 있는데 이 중 본능적 욕구층을 감싸고 있는 층이 붕괴되었을 때 성격이상으로 나타난다는 주장이다. 오오무라 마사오(大村政南)는 로탓카의 층이론을 바탕으로 인격의 층이론을 설명하고 있다〈그림 7 참조〉.

8 시대에 따라 사회도 바뀐다. 그 사회적 영향을 정면에서 받고 구성되는 것이 사회적 성격이다. 식민지 시대의 젊은이, 6. 25전쟁 당시의 젊은이, 그리고 현대의 젊은이는 각각 독특한 사회적 성격을 가지고 있다. 사회적 성격은 일반 성격검사로 파악할 수 없다. 역할성격이란 개인에게 주어진 역할에 따라 형성된 성격이다. 카운슬러, 간호사 등의 역할에 따라 각자 변하고, 그 역할에서 해방되면 역할성격은 점차로 약해진다.

그림 7 오오무라 마사오(大村政南)의 층이론에 의한 인격 구분

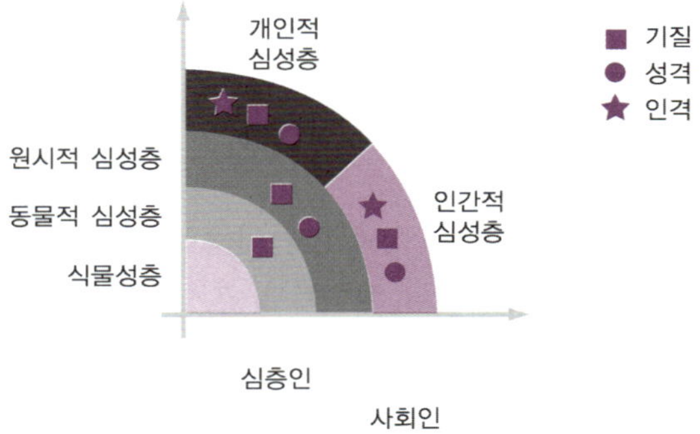

출처: 내용 재정리

그의 설명에 의하면 인격의 중심에 생명 메커니즘을 가지고 있는 생명층이 있고 그 생명층을 자율신경계의 층이 보호하고 있다. 그 바깥층에는 사람의 활동을 유지하는 음식물과 수분의 섭취와 배설, 성과 생식에 관련된 동물적 욕구의 층인 동물적 심성층이 자리 잡고 있다. 그리고 그 바깥층에 화석 인류(猿人, 原人, 舊人, 新人)들로부터 전해진 원시적 심성층이 있다. 이 심성은 인간적이긴 하지만 아직 충분히 성숙한 것은 아니다. 즉 원시적 심성층은 동물적 심성층과 인간적 심성층의 중간지대이다. 여기까지가 심층인의 마음의 세계이다. 그 바깥층에 자연을 사랑하는 인간적 심성층이 있다. 오오무라 마사오(大村政南)는 인격장애를 외벽인 인간적 심성층이 무너져 원시적 심성층 혹은 동물적 심성층이 드러나게 된 것을 성격장애라고 간주한다.

그렇다면 무엇이 인간적 심성층과 그 외층인 개인적 심성층을 부수고 사회인을 붕괴시키는 것일까? 인간적 심성층이 붕괴하는 요인에 대해서는 여러 설이 있는데 그 외층인요인에 따른다는 것이 심인론, 신체층인요인(신경계와 내분비계)에 따른다는 것이 기질론이다. 정신분열병에 대해서 미국 학계에서는 심인론층적 진단이 강하고 유럽학계에서는 기질론층적 진단이 강하다. 개인적 심성층은 다른 사람과 구별되는 개성의 층이다(大村政南, 2001: 203-204).

미국의 심리학자인 데이비드 와이너와 정신과의사 길버트 헤프터는 이성적 뇌와 원시적 뇌의 갈등에 따라 나타나는 비합리적 행동의 실체를 파헤쳤다. 여기서 이성적 뇌는 오오무라가 주장한 개인적 심성층과 인간적 심성층을 포함하는 사회인의 범주에 해당한다고 볼 수 있을 것이다. 이들은 미국 하버드대학의 언어심리학자 스티븐 핑커가 제안한 '진화적 본성'을 따르고 있다. 즉, 진화의 최종 산물인 이성적 뇌가 포유동물에서 진화한 원시적 뇌의 지배를 받을 때 이상행동이 드러난다고 보는 견해이다. 뇌의

변연계가 상벌 체계를 주관하면서 멀쩡한 사람들의 마음 속에서 광기라는 비합리성을 유발하기 때문이라고 생각한다. 상벌 체계에 결함이 있어서 어리석은 행동마저 보상을 해주려고 한다. 분노의 파생물인 증오가 강한 쾌감을 주는 공격적 행동을 하고, 수치심을 느끼면서도 가학적 즐거움을 느끼는 이유가 여기에 있다. 이것은 오오무라가 주장하는 원시적 심성층과 동물적 심성층에 속하는 심층인이 개인적 심성층과 인간적 심성층을 포함하는 사회인을 통제하는 단계에 이르게 되어 여러 가지 범죄적 행위를 하게 된다는 것으로 해석된다. 이를 신경과학적 관점에서 뇌의 원시 신경계와 고등신경계 사이의 갈등으로 이해할 수 있다.

오오무라 마사오(大村政南)가 주장하는 층이론에서 인격은 개인적 심성층과 인간적 심성층을 포함하는 사회인의 범주에 해당된다. 성격은 원시적 심성층까지를 말하며 기질은 동물적 심성층과 맥을 같이 한다고 볼 수 있다〈표 2 참조〉.

표 2 층 개념과 인격, 성격, 기질과의 관계

<table>
<tr><th rowspan="2">구분</th><th rowspan="2">층개념</th><th colspan="6">인격, 성격, 기질</th></tr>
<tr><th>구분</th><th>특성</th><th>구분</th><th>특성</th><th>구분</th><th>특성</th></tr>
<tr><td rowspan="2">사회인</td><td>개인적 심성층
(다른 사람과 구별되는 개성의 층)</td><td rowspan="2">인격</td><td rowspan="2">1. 관중의 눈에 비친 특성
2. 사회문화적 조건의 영향
3. 다른 사람들에게 지각된 특성</td><td rowspan="3">성격</td><td rowspan="3">1. 선천적으로 타고난 것보다 고정된 특징
2. 인격보다 사회, 문화적 조건의 영향을 덜 받지만 사회적 조건에 의해 결정되는 특징적 행동
3. 특징적 행동과 감추어진 행동을 결정
4. 한 개인을 다른 개인으로부터 지속적으로 구별되는 개인의 독특한 심리적 특징
5. 내외적 통제감, 공격성, 욕구 및 활동성향 등과 같은 심리적 특성
6. 일관성 있게 나타나는 개인의 독특한 심리적 특성
7. 독특성과 안정성</td><td rowspan="4">기질</td><td rowspan="4">1. 체질처럼 개인의 성리학적 기제에 의해 결정되는 선천적으로 타고난 특성
2. 성격보다도 상대적으로 더 본질적이고 기본적 특성
3. 환경적 자극에 의한 개인의 반응양식을 결정하고 성격과 인격형성의 기반
4. 개인의 생리학적 요인에 의해 결정되는 행동의 개인차</td></tr>
<tr><td>인간적 심성층</td></tr>
<tr><td rowspan="2">심층인</td><td colspan="3">원시적 심성층
(화석 인류들로부터 전해진 심성):
동물적 심성층과 인간적 심성층의 중단지대</td></tr>
<tr><td colspan="5">동물적 심성층
(생활체): 사람의 활동을 유지하는 음식물과 수분의 섭취와 배출, 성과 생식에 관련</td></tr>
<tr><td colspan="8">식물성층(자율신경계)</td></tr>
<tr><td colspan="8">생명층(생명의 메커니즘)</td></tr>
</table>

출처 : 내용 재정리

3. 성격장애의 구분과 범죄 행동

성격장애(Personality Disorder)란 성격 자체가 병의 수준에 다다른 상태이다(장근영, 2004: 15).[9] 성격장애는 다른 사람들에게 해가 되는 개인적 특성이나 행동세트로 구성되어 있는 것이 그 특징이다. 그 결과 한 사람을 경직되게 부적응적으로 만들어 심각한 기능장애나 주관적 고통을 겪게 하는 인간의 모든 특징을 말한다. 오래 지속되는 행동경향이나 특질의 미숙함 그리고 융통성 부족이 사회생활이나 직업활동에서 능력을 발휘하지 못하게 하는 것이다. 개인의 고유한 성격특질이 그가 속한 사회문화적 기대로부터 심하게 일탈하거나 반복적으로 나타나 사회적, 직업적으로 심각한 기능장애를 야기하고 주관적 고통을 유발하는 경우를 말한다. 그들은 너무 공격적이거나 의존적이어서 다른 사람과의 관계를 원만히 유지할 수 없으며 거리낌 없이 기괴한 행동을 하는 특성을 가지고 있다(김동기 외, 2000: 508).

성격적으로 특이성하여 사회적 기대와 괴리된 행동을 지속적으로 나타내는 부적응적 행동양상을 보이며 다른 정신장애와 달리 특정한 계기로 인해 증상이 나타나기보다는 어린 시절부터 점진적으로 특이한 성격이 형성되며 이러한 성격특성이 굳어지게 되는 성인기(보통 18세 이후)에 진단된다.

DSM－Ⅳ에서는 성격장애를 축 Ⅱ에 포함시키고 있다. 임상적 증후군이 어떤 계기로 발생하여 일정기간 지속되는 데 반해, 성격장애는 개인에게 오랫동안 지속되어 온 성격적 특성으로 인하여 적응상의 어려움을 나타낸다는 점에서 구별된다.

성격장애는 3개군으로 나누어지며 각 군은 다시 10개의 하위 성격장애로 구분된다. A군은 편집성 성격장애, 분열성 성격장애, 분열형 성격장애로 나눈다. B군은 반사회성 성격장애, 연극성 성격장애, 경계선 성격장애, 자기애성 성격장애로 구분한다. 그리고 C군은 회피성 성격장애, 의존성 성격장애, 강박성 성격장애로 나누어진다(원호택

---

9 성격장애의 진단기준(DSM－Ⅳ)

1. 한 개인이 속한 문화에서 일반적으로 기대되는 것에서 현저히 벗어나는 내적 경험 또는 행동상의 지속적 패턴. 이러한 패턴이 다음에 제시되는 영역들 중 두 가지 이상에서 나타날 경우.
   (1) 인지: 자기와 타인 또는 생활에서 경험하는 사건들을 지각하고 해석하는 방식에 문제가 있는 경우.
   (2) 정서: 정서적 반응의 범위, 강도, 안정성 및 적절성 등에서 문제가 있는 경우.
   (3) 인간관계: 인간관계에서 지속적인 문제를 경험하는 경우.
   (4) 충동통제: 내적인 충동을 통제하지 못하고 그대로 표출해버리는 경우.
2. 이러한 패턴이 융통성이 없이 여러 상황들에 걸쳐서 광범위하게 지속될 경우.
3. 이러한 패턴이 사회적, 직업적, 또는 다른 중요한 삶의 영역에서 임상적으로 심각한 고통이나 손상을 초래하는 경우.
4. 이러한 패턴이 청소년기 후기나 성인기 초기에 발현된 이래로 오랜 시간 동안 만성적으로 지속되는 경우.
5. 이러한 패턴이 다른 정신적 장애의 결과로 나타나는 것이 아닌 경우.
6. 이러한 패턴이 약물복용 또는 약물남용의 생리적인 결과나 일반적인 의학적 상태의 결과와 직접적인 관련이 없는 경우.

외, 2000: 116-121).

1) A군 성격장애

기이하고 괴상한 행동 특성을 나타내는 성격장애로 편집성 성격장애, 분열성 성격장애, 분열형 성격장애로 구분된다.

▪ 편집성 성격장애(Paranoid Personality Disorder)

편집성 성격장애는 타인의 행동을 시기, 착취, 불신의 시각에서 접근하여 자신에게 해를 끼치는 것으로 해석하는 것이다(Ronald Blackburn, 2003: 77).

지나치게 의심하고 남의 말을 믿지 않는 인간의 습벽을 설명하기 위해 에릭슨은 인간 발달단계를 이용하여 편집성 성격장애를 설명하고 있다. 에릭슨은 인간이 태어난 후 타인과의 관계를 맺어나가는 발달단계를 거치면서 남을 의심하는 습성이 형성된다고 하였다. 그는 인간의 단계를 8단계[10]로 구분하여 설명하고 있는데 특히 1단계인 신뢰에 대한 인식단계에서 좌절하게 되었을 때 상대를 의심하는 습성의 형성과의 관련성을 강조하고 있다.

편집성 성격장애는 외형적으로는 비추어지기에는 단순히 고집이 매우 심한 것으로 나타날 수 있다. 그러나 실은 남을 심하게 의심하는 증상으로, 일단 본인이 그렇다

---

10 1단계: **신뢰에 대한 인식단계** 아이가 태어난 후 처음 겪게 되는 경험은 먹는 것과 배설하는 행위이다. 아이는 우는 행위를 통하여 먹기를 원하고 배설한 이후의 불쾌감을 가까운 사람에게 알리려고 한다. 만일 자신의 우는 행위를 통하여 원하는 목적을 달성하게 되면 자신을 둘러싸고 있는 환경에 대한 신뢰를 주게 되지만 울어도 자신이 원하는 것을 획득하지 못한다면 이러한 것에 대한 불신을 가지게 된다는 것이다. 이를 통해 아이는 상대에 대한 신뢰와 불신을 구분하고 인식하게 된다.
2단계: **자율성과 수치심단계** 아이가 자신을 스스로 통제하는 방법은 배변훈련을 통해서 이루어지게 된다. 만일 스스로 배변을 가까운 사람(어머니, 유모) 등에게 알리고 칭찬을 받게 되면 문제가 없지만 배변훈련에 실패할 때에는 수치감을 느끼게 된다.
3단계: **주도성과 죄책감 단계** 어느 정도 자율성이 달성되면 자신이 통제할 수 있는 몸을 움직여 주위에 영향을 미치려 노력하게 된다. 이러한 과정을 통해 주도성을 느끼게 되지만 만일 자신의 영역 밖에 영향을 미치려하다가 제지를 당하게 되면 죄책감을 느끼게 된다. 그러므로 자기가 자신의 몸을 가지고 영향을 미칠 수 있는 영역과 한계가 어디인가에 대한 관심을 가지게 된다.
4단계: **근면성과 열등감 단계** 조금 더 자라면 자신과 비슷한 또래의 아이들과 생활하는 과정에서 주위의 아이들과 비교하는 법을 터득하게 되는데 이때 상대적으로 주위 아이들보다 못하게 되면 열등감을 느끼기도 하며 이러한 열등감을 바탕으로 더욱 노력하는 근면성도 보이게 된다.
5단계: **정체감 확립과 역할 혼미 단계** 육체적으로 발달하게 되는 자신의 몸에 대한 관심이 높고, 자기가 누구인지에 대하여 의문을 품게 되는 단계로 이에 대한 반작용으로 자신의 정체감을 확립하려는 단계이다.
6단계: **친밀감과 고립감 단계** 점차적으로 인간관계를 확대해 나가면서 주위사람들과 좋은 인간관계를 맺을 것인가 아니면 주위 사람들로부터 따돌림을 당하거나 소외당할 것인가에 대한 분기점에 놓이는 단계이다.
7단계: **생산감과 침체감** 인간은 자신이 어떠한 일에 기여하고 있다는 것을 인식하고, 스스로에 가치와 의미를 부여하는 것이 생산감을 느낄 때이다. 그러나 상대적으로 자신의 존재가치가 미미하거나 가치나 의미를 느끼지 못할 때가 침체감을 느낄 때이다.
8단계: **자아통합과 절망감** 인간의 마지막 단계에 서서 자신이 그동안 살아왔던 삶을 되돌아봄으로써 자신의 지금까지 이루었던 것을 결산하는 시기에 만일 스스로의 삶이 나름대로 의미가 있었고 가치가 있는 것이라고 판단하게 되면 자기와 자신의 삶이 통합될 수 있을 것이다. 그러나 삶에 별다른 의미를 부여하지 못하거나 허무한 것이었다고 판단하면 절망감에 빠지게 된다.

고 믿고 난 이후에는 다른 사람들이 무슨 말을 해도 받아들이지 않는다. 일단 본인이 믿고 확신하면 누가 무슨 말을 해도 수용하지 않는 잘못된 믿음의 경향이 강하다. 한쪽으로 치우친 생각을 고수하므로 타인의 조언 등을 듣지 않거나 타인에 대한 의심이 지나치며 이로 말미암아 정상적 생활이 곤란하다. 타인의 의도를 적대적인 것으로 해석하는 불신과 의심을 주된 특징으로 한다. 친구 혹은 동료의 성실함과 신뢰를 부당하게 의심하고 그것에 매몰된다. 악의 없는 말속에 자신을 비방하거나 위협하는 의미가 숨겨져 있다고 생각하며 모욕당했던 일, 상처받았던 일을 용서하지 않는다.

편집증 성격장애자 중에는 지능이 높거나 사회 적응이 빠른 경우도 많다. 이런 사람일수록 특히 타인에게 자신의 약점을 잘 노출시키는 것을 극도로 꺼려하며 완벽성을 추구하는 경향이 강하다. 자신의 약점은 숨기며 상대의 약점을 찾아내기 위해 전력투구한다. 특히 이성관계에 있어서 배우자나 상대에 대한 일거수일투족을 알기를 원하는 경우가 많아 위치추적이나 불법 도청, 개인 사진 엿보기 등을 통해 상대의 정신과 육체 모두를 소유해야 한다고 확신한다.

다른 사람이 자신을 부당하게 이용하고 피해를 주고 있다는 왜곡된 사고를 통해 친구의 우정이나 배우자의 정숙성을 자주 의심하는 경향이 있다. 의처증, 의부증 등이 대표적인 편집성 성격장애 예에 해당된다. 이 장애를 가진 사람들은 늘 배우자나 연인이 불륜을 저지르고 있다고 의심한다. 의처증, 의부증 등의 증상은 직접적으로 범죄와 연관되어 있지는 않으나 이러한 증상 등이 원인이 되어 범죄와 연결될 수 있는 가능성은 농후하다.[11] 이와 같은 나쁜 추측과 심한 잡념은 상해나 살인으로 이어지는 경우가 있다(大村政男, 2001: 211-213). 의처증이 심하면 가정폭력으로 이어지는 경우가 많고 심하면 아내 살인으로 결말이 날 수도 있다. 의부증이 심한 여성의 경우 치밀한 계획을 세워 남편의 뒤를 캐거나 일거수일투족을 감시하는 데 인생의 모든 것을 거는 경우도 있으며 남편에 대한 소유욕이 강한 부인이 자고 있는 남편을 살해한 사례도 있다.

또한 일상적 대화 속의 농담을 그대로 수용하지 못하고 어떤 의미가 농담 속에 내포되어 있는지 혹은 자신에 대한 악의의 우회적 표현이 아닌가라는 등의 의심을 하기도 한다. 자신에 대한 비난이나 모욕을 잊지 않고 가슴에 담아두고 상대방에게 보복하는 경향이 있다.

남을 속여 본 경험이 있는 사람이 남을 의심하는 정도가 더 심하다. 그 이유는 상대의 마음을 읽을 때 자기를 기준으로 하기 때문에 나타나는 현상인데 이러한 과정을

---

11 포항에서 2014년 9월 27일 오전 10시 30분에 부인이 남편을 살해했다. 그 이유는 아내 박모씨가 포항시 남구 소재 자신의 집에서 60세 남편 윤씨가 새벽에 화장실에 다녀온 것을 보고 다른 여자를 만나고 온 것으로 오인, 말다툼 끝에 흉기로 살해했다.
http://www.ksmnews.co.kr/default/index_view_page.php?part_idx=289&idx=88387 (2014. 9. 29.)

자기 참고적 조망수용(Self- Reference Perspective Taking)이라고 한다(장근영, 2004: 19).[12] 이들은 주위의 이유 있는 책망이나 비판을 받아들이기를 거부할 뿐만 아니라 그 비판에 대해 방어하고 논쟁하길 좋아한다. 자신에 대해 스스로 합리적이고 객관적이라고 평가한다(김동기 외, 2000: 509).

가학적 변태 성욕자들은 대부분 편집증적 공포에 시달리는 경향이 있다. 억지로 어떤 상황에 엮인 것으로 생각하면서, 다른 사람들을 잘 믿지 않는다. 경계심이 지나치게 많고, 배신을 당할까봐 끊임없이 경계한다. 또한 주위 사람에 대해 이유 없이 의심을 키우고 무구한 발언이나 사건에 숨겨진 의미를 가져다 붙이는 경향이 있다(RoyHazelwood & Stephen G. Michaud, 2002: 104).

▪ 분열성 성격장애(Schizoid Personality Disorder)

분열성 성격장애는 사회적 관계형성에 무관심하고, 정서적 경험과 표현에 있어서 제한이 있는 증상이다(Ronald Blackburn, 2003: 77). 분열성 성격장애는 지속적으로 사회적 관계를 형성할 능력이 없거나 그럴 마음이 없으며 타인에 대해 따뜻함이나 부드러움이 결여되어 있는 것이 특징이다(김동기 외, 2000: 508).

분열성 성격장애를 가지고 있는 사람들은 무슨 일이 있어도 냉정하고 조용하다. 내숭을 떨면서 속마음을 드러내지 않는 것이 아니라 무감각하다. 그래서 남들에게 무던하다는 느낌을 준다. 감정표현이 없고 대인관계를 기피하여 고립된 생활을 하는 경우가 많다. 사람과 인간관계를 맺거나 사귀려는 욕구가 없으며 생활 속에서 거의 즐거움을 느끼지 못하므로 가족 혹은 친구와 친밀한 관계를 갖고 싶다는 생각도 하지 않고 즐기지도 못한다. 따라서 타인의 칭찬이나 비난에 무관심하고 주로 혼자 하는 활동에 종사하는 경우가 많다. 정서적으로 차갑고 쌀쌀하다. 이와 같은 자폐적 경향은 유아 유괴나 유아 살해에서 보여진다(大村政南, 2001: 211-213).

이 유형의 사람들 중 사람에게 성욕을 느끼지 못하고 인형이나 영화 속의 주인공 또는 만화 캐릭터에게 성욕을 느끼는 경우도 있다(장근영, 2004: 48-49). 분열성 성격장애와 정신분열증은 분명히 다르다. 분열성 성격장애자는 사고 연합의 장애를 나타내지 않으며 정신분열증 환자와 같이 극심한 환각과 망상도 보이지 않는다(김동기 외, 2000: 508).

---

12 상대방의 행동을 예측하기 위해 자신이 저 사람의 입장이 되어 어떻게 행동할 것인가에 대한 질문을 스스로 던지는 것이다. 본인이 바람을 피우고 싶은 욕구가 있거나 경험이 있는 사람일수록 상대를 자신의 시각으로 재단하는 경우가 그러한 예이다.

▪ 분열형 성격장애(Schizotypal Personality Disorder)

분열형 성격장애는 사회적 불안, 가까운 친구의 부재, 마술적 사고, 기괴한 언행이나 인식 등의 행위와 사고를 함으로써 개인적으로 인간관계를 다른 사람과 잘 맺지 못하는 것이다(Ronald Blackburn, 2003: 77). 친밀한 인간관계를 불편해 하고 인지적 또는 지각적 왜곡이 나타나며 기괴한 행동[13]을 나타내는 경우로 심한 사회적 불안을 느끼며 마술적 사고나 기이한 신념에 집착한다(원호택 외, 2000: 118). 말이 상당히 비논리적, 비현실적이며 기괴한 외모나 행동을 나타내는 경향이 있다.

기이한 공상과 마술적 사고를 믿거나 평범하지 않은 자각 체험을 한다. 특이한 복장을 하고 지나치게 사회 불만을 토로한다. 자신의 이익과 쾌락을 위해서 사람을 속인다. 화를 잘 내고 공격성이 강하다. 분별없는 성급함, 양심의 가책 결여가 두드러진다. 이와 같은 특성은 모두 범죄와 연결될 수 있는 부분이다(大村政南, 2001: 211).

주변사람들이 나를 지켜보며 관심을 가져준다고 느끼며 다른 사람과 매우 다르다는 생각이 지나치게 되면서 남들과는 다른 방식으로 다른 존재들과 연결되어 있다고 느끼는 믿음이 너무 강한 경우이다(장근영, 2004: 67).

2) B군 성격장애

극적이고 감정적이며 변화가 많은 행동을 주된 특징으로 하며 반사회적 성격장애, 연극성 성격장애, 경계선 성격장애, 자기애성 성격장애 등으로 구분한다. 이 군에 속하는 성격장애는 3개 집단군 중 범죄와의 연관성이 가장 높은 편이다.

▪ 반사회적 성격장애(Antisocial Personality Disorder)

반사회적 성격장애란 행동, 태도, 사고방식 등이 보통사람과 다르며 주로 자기 주위 사람들을 괴롭히는 증상으로 범죄와 밀접한 관련성이 있는 장애이다(신희천 외, 2006: 33).[14] 통상 15세 이전에 불법적 행동, 싸움, 돈 갚지 않기, 충동성, 죄책감의 상실 등의

---

13 2014년 강남에 살던 40대 여약사가 7년 동안 죽은 남편 신씨의 시신과 자녀 세 명, 시누이(숨진 신씨의 누나)와 함께 살아온 사건이 발생했다. 경찰의 조사과정에서 아내 조씨는 "남편이 살아 있다고 믿는다.", "남편이 죽었다는 사실을 알지 못했다. 밥을 안 먹어서 이상했지만, 아파서 누워 있다고 생각했다."라고 진술했다. 또, "기도를 열심히 하면 남편의 병이 나을 것으로 믿었다."라고도 말했다. 아내 조씨는 약국을 운영하는 약사로, 가족의 생사를 구분하기 어려울 만큼 지적 수준이 낮지도 않았지만, 조씨와 가족들은 죽은 신씨의 옷을 갈아입혀 주고 등교하거나 외출할 때마다 인사하는 등 시신을 실제 살아 있는 사람처럼 대한 것으로 확인됐다. 이는 사랑하는 사람을 잃은 충격과 '분열형 성격장애'가 연관성을 가지는 것으로 큰 정신적 충격으로 잘못된 생각에 집착하게 되고, 비현실적인 '마법 같은 사고'를 집요하게 추구하고 결국, 왜곡된 현상을 '사실'이라고 믿게 되는 현상이 발생한 것이다.
http://news.sbs.co.kr/news/endPage.do?news_id=N1002236828&plink=OLDURL, (2014. 2. 13.)

14 반사회성 성격장애의 진단기준(DSM-Ⅳ)
1. 현재의 연령이 18세 이상일 것.
2. 15세 이전에 품행장애의 증거가 있을 것.

무책임하고 반사회적 행동이 특징을 이룬다(Ronald Blackburn, 2003: 77). 이러한 특징들이 만일 소아기나 청소년기까지 나아지지 않고 계속된다면 반사회성 장애로 이어질 수 있다. 감정의 미성숙과 책임감과 판단의 결여를 보이며 사회규율을 어기고 경험을 통해 배우지 못하고, 타인의 권익을 침해하는 반사회적 행동이 만성적으로 반복되는 이상성격을 말한다. 반사회적 인격장애(Antisocial Personality Disorder: APD)는 사회 관습에 역행하여 지나치게 공격적 행태를 보이고 자기를 위해 남을 착취하는 '행동 이상' 질환이다.

성장기에 주로 형성되며 정신분석학적 측면에서 본다면 양심을 지키고 남을 배려하는 '슈퍼에고(Super-Ego)'에 이상이 있는 것으로 해석된다. '양심'과의 연결 배선이 끊어진 상태로 남에게 피해를 주는 등의 반사회적 행동을 하고도 죄책감이 없다. 그들이 인생을 살아가는 방법은 사회적 규범이나 타인의 권리를 무시하는 행동양상 즉, 거짓말하기, 무책임한 행동, 폭력 행동, 범법행위를 보이고도 이러한 행동에 대하여 후회, 죄책감을 느끼지 않는 경향이 있다.[15]

▪ 연극성 성격장애(Histrionic Personality Disorder)

연극성 성격장애란 자신이 매우 지적인 사람인 것처럼 행동하며 항상 자신에 대해 주의를 기울이는 것이 특징이다(김동기 외, 2000: 510). 과도하고 극적인 감정표현을 하고 지나치게 타인의 관심과 주의를 끄는 행동이 주된 특징이다. 항상 사람들 사이에서 주목받는 위치에 서고자 노력하고 외모에 신경을 많이 쓰며 자기 자신을 과장된 언어로 나타내는 경향이 강하다. 자기를 과시하고 요구를 관철시키기 위해 거짓말과 위장에

---

3. 다른 사람들의 권리를 무시하고 침해하는 양상을 15세 이후에 전반적으로 나타내며 다음 중 최소한 세 가지 이상의 증상을 보일 것.
   (1) 체포 여부를 불문하고 구금의 이유가 되는 반사회성 행동을 반복해서 보이는 등 사회적 규범을 지키지 못함.
   (2) 자기 개인의 이익이나 쾌락을 위하여 반복해서 거짓말을 하며 가명을 사용하거나 남을 속임.
   (3) 미리 계획을 세우지 못하고 충동적임.
   (4) 성미가 급하고 공격적이어서 반복해서 싸움을 하거나 남을 협박한다.
   (5) 자신이나 다른 사람의 안전을 고려하지 않고 무시한다.
   (6) 지속적으로 직장을 갖지 못하거나 재정적 책임을 중히 여기지 않는 등 지속적인 책임감이 없다.
   (7) 다른 사람들을 해치거나 학대하거나 다른 사람의 물건을 도둑질하고도 냉담하며 잘못을 합리화하는 등 뉘우침이 없다.
4. 정신분열증이나 조증기에만 나타난 반사회성 행동의 경우는 해당되지 않음.

15 강호순 사건이 발생하고 난 이후 이를 지켜본 이들은 이렇게 토로하고 있다. "그들에게는 정말 특별한 건강법이 있는 것일까? 있을 것이다. 평균의 사람은 이해할 수 없는 특별한 건강법이 있음에 틀림없다. 그렇지 않고서는 견디지 못할 것이다. (중략) 귀신은 없을지도 몰라. 있다면 살인범이 지금까지 씩씩하게 하루하루를 살아갈 수 있을까? 원혼에 시달려 피골이 상접해야 되는데… 살인이라는 극단의 선택을 하는 이들에게는 뭔가가 있다. 귀신 정도는 쉽게 퇴치할 수 있는 정신적인 힘-보통 사람에게는 병이겠지만, 도로어서 도둑고양이 한 마리를 치어도 마음이 떨려 악몽에 시달리는 보통 사람은 도저히 다다를 수 없는 정신적 건강법이 살인범에게는 있다. 그들에게는 건강법이겠지만 사회로 보자면 엄청난 질병이다."
http://blog.yonhapnews.co.kr/geenang/post/115049/

능하며 때론 자살하겠다는 위협으로 상대를 괴롭히기도 한다. 의존성과 피암시성이 지나치게 강해 유명인사를 맹종하거나 유행에 민감한 행동을 보이기도 한다(김동기 외, 2000: 510). 끊임없이 관심을 받으려 하며 관심을 끌기 위해 극적 행동을 하는데, 감정 표현은 깊이가 얕고 쉽게 변한다. 상황에 어울리지 않게 성적으로 도발하거나 유혹을 할 때가 많고 신기한 자극과 흥분을 갈망하며 작은 일에 지나치게 반응하고 심한 분노 발작을 일으킨다. 이러한 장애를 겪는 사람은 겉보기에 따뜻하고 매력적으로 보일 수 있지만 관심을 끌기 위한 또는 더 나은 보살핌을 요구하기 위한 겁주기식 자살 시늉과 자살 위협이 빈번하다(Roy Hazelwood & Stephen G. Michaud, 2002: 205-206).

그들은 늘 주목의 대상이 되어야 만족한다. 성적 유혹, 신체적 외견으로 타인의 관심을 끈다. 과장된 표현이나 지나치게 인상적이지만 내용이 없는 말을 잘한다. 여러 장소에서 연기를 하듯 행동한다. 이것과 관련되기 쉬운 범죄형태는 사기이다(大村政南, 2001: 212).

▪ 경계선 성격장애(Borderline Personality Disorder)[16]

불확실한 사회를 살아가는 현대인에게서는 모든 불확실한 것에 대한 두려움이 존재한다. 경계선 성격장애란 겉으로 보기에는 멀쩡하나 현실에 무관심하며 매우 차갑게 비춰지지만 내적으로는 감정적 열정이 폭풍처럼 휘몰아치고 있다. 문제는 이런 상반된 감정의 소용돌이가 대부분 자해, 고문, 살인 등 파괴와 공격적 행동으로 나타난다는 것이다. 대인관계, 자기상(Self-Image), 감정 등이 매우 불안정하며 남들로부터 버림받지 않으려는 처절한 노력을 하는 등 대인관계가 강렬하지만 불안정한 양상을 띤다.

경계선 성격장애의 특징으로 충동적 행동, 되풀이 되는 자해행동, 만성적 공허감, 불규칙적이고 예측 불가능한 행동, 역설적 인간관계, 변덕스러운 사고 패턴, 불확실한

16 경계선 성격장애의 진단기준(DSM-IV)
인간관계, 자기상 및 정서의 불안정성과 현저한 충동성의 지속적 패턴이 초기 성인기부터 발현되고, 다음에 제시되는 것들 중 다섯 가지 이상이 다양한 맥락에서 나타나는 경우.
1. 실제 혹은 상상적인 방기를 피하려는 극도의 노력.(주의: 기준 5에 포함되는 자살 혹은 자해행동은 포함하지 않음.)
2. 이상화와 평가절하의 양극단 사이를 오가는 것으로 특정 지어지는 불안정하고 격렬한 인간관계 패턴.
3. 정체성 장애: 자기상 혹은 자기에 대한 감각이 현저하고 지속적으로 불안정한 경우.
4. 잠재적으로 자기 손상적 성질을 지니는 최소한 두 가지 영역에서의 충동성(예: 소비, 성, 약물남용, 부주의한 운전, 폭식) (주의: 기준 5에 포함되는 자살 혹은 자해행동은 포함하지 않음)
5. 되풀이되는 자살행동이나 제스처 혹은 위협, 또는 자해행동.
6. 기분의 현저한 반응성으로 기인하는 정서적 불안정성(예: 며칠마다 간헐적으로 나타나 몇 시간 동안 지속되는 강한 기분저조나 초조 혹은 불안 에피소드)
7. 만성적인 공허감.
8. 부적절하고 강렬한 분노 혹은 분노통제의 어려움(예: 빈번한 분노폭발, 지속적 분노 상태, 되풀이되는 신체적 충돌)
9. 스트레스와 관련된 일시적인 편집증적 사고 혹은 심각한 해리 증상.

자기상, 불안정한 정서 상태 등을 들 수 있다(조성호, 2000: 41-42). 자신이 어떤 사람인지에 대한 분명한 개념이 없으며 만성적으로 공허감과 분노감을 경험하고 매우 충동적인 행동을 나타내며 자살이나 자해적 행동을 하는 경우가 많다. 불안정한 대인관계와 낭비, 음란, 과식, 만취, 약물남용, 폭주 운전 외에도 자해와 분노의 제어 곤란 등 일부 특성은 범죄와 관련될 가능성도 존재한다. 경계선이라는 용어에서 이 장애 등이 얼마나 규정하기 어려운지를 이해할 수 있을 것이다(大村政南, 2001: 212).

경계선 성격장애라는 용어는 적대감이나 의심을 가질 때는 거의 편집성 분열증 환자처럼 행동하고, 또 어떤 상황에서는 분열성 성격 장애 환자처럼 목석같아지기도 하는 등 성격장애의 경계선 위에서 변덕을 반복 하기 때문에 경계선 성격장애(Borderline Personality Disorder)라고 부르는 것이다(장근영, 2004: 99).

경계선 성격장애는 아동기에 발생한 여러 가지 사건으로 인한 외상의 경험에 기인한다. 즉 어머니 등 자신에게 소중한 존재를 상실한 경험이 있거나, 신체적, 성적 학대를 받은 경험, 부모의 훈육방식이 부정적이고 일관성이 없는 상태에서 자란 아이들이 가질 수 있는 경험 등이 중요한 원인이 될 수 있다. 이러한 원인으로 인하여 어머니나 중요한 어떤 존재로부터 멀어지는 것을 두려워하는 분리불안(Separaticn Anxiety)증세를 느끼기도 한다.[17] 이들은 변덕을 부리는 과정에서 타인의 책임감과 관대함을 이용하려는 수단을 이용하거나, 타인과의 애착을 강화하는 복종적 자기 헌신행동을 보이기도 한다. 만일 그러한 행동을 하였으나 별반 효과가 나타나지 않을 때에는 행동 상대를 비난하는 등의 정반대의 행동을 보이기도 한다.

내적 심리상태가 긴장, 우울, 통제력 상실로 이어지는 악순환의 고리 속에서 자기를 격하시키거나 비난하는 등의 반응을 보인다. 사고와 행동의 폭이 일반 사람에 비해 상당히 크므로 변덕을 부리는 횟수와 강도가 많거나 심하다. 이러한 행동의 가장 근본적 이유는 남에게 버림을 받지 않을까라는 불안이 자리잡고 있기 때문이다. 결국 경계선 성격장애에서 보이는 변덕과 심술은 상대에게 차이느니 차라리 내가 먼저 차겠다는 심리의 결과다. 여성이 상대적으로 남성보다 더 많으며 이성관계에서는 자기가 좋아하는 사람이 자기를 좋아하지 않을까, 버릴까 두려워하여 먼저 버리고 난 이후에 결과에 대하여 내심으로는 심하게 걱정하는 등의 증상을 보인다(장근영, 2004 101).

이러한 변덕의 폭은 일반인에 비해 상당히 크고 빈도가 잦다. 자신감에 들떠 생활하는 모습을 보이기도 하나 내심으로는 두려움 속에 살아가기 때문에 자연적으로 타인

17 찰리 브라운이라는 미국의 만화에서 항상 담요를 들고 다니는 캐릭터.

과의 인간관계가 불안한 경향을 띤다. 정체성 측면에 있어서 정상인에 비해서 자신감이 지나치게 높아졌다가 갑자기 또 지나치게 낮아지는 등 자신이 과연 누구인가에 대한 정체성이 상대적으로 불안정하다. 그리고 불안한 인간관계와 불안정한 정체성의 결과 충동적 행동을 하여 주위 사람들을 놀라게 하거나 주위 관심을 끌기 위한 자살 시도 등 자해 행동을 되풀이하기도 한다. 이러한 행위는 정서적인 불안정성을 유도하며 무엇을 하더라도 만성적으로 공허감을 느끼기 때문에 자신의 분노를 노출시키거나 공격적 행동도 불사하며 일시적 정신증적 현상을 보이는 경우도 있다.

경계선 성격에 해당되는 개인은 심리적 억압에 대한 분출구를 찾지 못한 채 끝없는 좌절감과 이에서 비롯되는 불특정 다수에 대한 증오감에 휩싸여 있다. 뚜렷한 이유도 없이 누군가를 가해함으로써 돌파구를 찾고자 하는 심리를 가지고 있다. 경계선 인격장애의 경우도 간헐적으로 반사회적 행동을 하지만 반사회적 인격장애와 비교하였을 때 상대적으로 사회규범을 크게 해치지 않으며 죄의식이 있고, 외로움을 많이 느낀다는 점 그리고 좌절과 권태에 대한 인내심이 없으며 불안과 죄의식으로 인하여 고통을 받는다는 점에서 차이가 있다.

대표적인 경계선 성격장애자로 미국에서 사제폭탄이 담긴 우편물을 주로 대학 등에 있는 과학기술자 등에게 보내 26명의 사상자를 냈기 때문에 University Bomber, 즉 「유너버머(Unabomber)」로 명명된 카진스키가 있다.[18] 카진스키는 미국 명문 하버드대 수학과를 졸업하고 버클리대 종신 교수 재직권(tenure)을 획득한 최고의 인텔리로서 현대산업사회가 낳은 반이성적(反理性的)이고 반지성적(反知性的) 지식인의 전형이다. 카진스키의 폭력성은 경계선 성격 때문인 것으로 나타났다. 그의 행위는 인간성이 파괴되는 현실 속에서 끊임없이 자학하다 자신을 좌절케 한 원흉으로 사회를 지목, 이를 향해 공격성을 폭발한 것으로 범인의 내성적인 성격과 기타 불행한 개인사에서 비롯된 자신의 좌절을 사회변혁이라는 사명감으로 포장했다고 판단된다.

▪ 자기애성 성격장애(Narcissistic Personality Disorder)

자기애성 성격장애는 자기를 비판하는 사람들에 대한 분노, 성공에 대한 과신, 자신이 존경을 받아야만 하는 중요한 사람이라고 느끼는 등 자신에 대해 과도하게 높은 평가를 하거나 감정이입의 결여, 행동이나 사고에 있어서의 과장이 심한 장애이다(Ronald Blackburn, 2003: 77). 자기 자신에 대한 과대망상이 주축을 이루고 있는 것으로

18 유너버머 사건 관련 일지

최근에 임상적 흥미가 증가되고 있는 장애이다(김동기 외, 2000: 510; 권석만 외, 학지사, 2007: 42).[19]

자신이 대단히 중요한 사람이라는 웅대한 자기상을 지니고 있어 다른 사람으로부터 찬탄을 받고자 하는 욕구가 강한 반면, 자신을 위해 타인을 이용하며 타인의 감정을 이해하는 공감 능력이 결여되어있다. 자신은 특별한 존재이고 독특하고 어떤 특수

78. 5. 26	노스웨스턴대	경찰관 1명 경상
79. 5. 9	〃	대학원생 1명 경상
11. 15	시카고 항공화물보관소	12명 연기에 질식
80. 6. 10	시카고 교외 항공사 임원의 자택	1명 경상
81. 10. 8	유타대 강의동 복도	폭발물처리반 수거
82. 5. 5	반데르빌트대 컴퓨터공학과 사무실	여직원 1명 부상
7. 2	캘리포니아대 버클리분교 교수휴게실	컴퓨터공학과 교수 1명 부상
85. 5. 15	캘리포니아대 버클리분교 컴퓨터실	대학원생 1명 실명 손가락 절단
6. 13	워싱턴 보잉 항공사	폭발 피해 무
11. 15	미시간대 앤아버 캠퍼스	조교 1명 부상
12. 11	새크라멘토 컴퓨터 가게	1명 사망
87. 2. 20	솔트레이크시 컴퓨터 가게	1명 부상
93. 6. 22	캘리포니아주 유전공학자 집	1명 중상
6. 24	예일대 컴퓨터공학과교수	1명 중상
94. 12. 10	뉴욕 인근 뉴저지 광고회사 임원 집	1명 사망
95. 4. 24	새크라멘토 캘리포니아 임업협회장 집	1명 사망
6. 28	샌프란시스코 크로니클 신문사에 로스앤젤레스 공항폭파 협박편지	사건 일어나지 않음
6. 29	뉴욕타임스와 워싱턴포스트지에 3개월 내 성명서 게재하면 우편 폭탄 범죄 중지한다는 연락 옴	
9. 19	두 신문 범인이 요구한 (선언문) 8쪽 별지형식 게재	
96. 4. 3	FBI, 몬태나주에 은신중인 전직 대학교수 테오도르 카진스키를 용의자로 체포했다고 발표	용의자, 다음 날 법정에 나타남으로써 일반에 최초로 공개됨. 사제 폭발물 제조 혐의로 구속

19 자기애성 성격장애의 진단기준(DSM-Ⅳ)
공상이나 행동에서의 과장성, 칭찬에 대한 욕구, 감정이입의 결여 등의 광범위한 양상이 성인기 초기에 시작되어 다양한 상황에서 나타나며 다음 중 다섯 개 또는 그 이상의 항목을 충족시킨다.
1. 자신의 중요성에 대한 과장된 지각을 갖고 있다(예: 자신의 성취나 재능을 과장함, 뒷받침할 만한 성취도 없으면서 최고로 인정받기를 기대함).
2. 끝이 없는 성공에 대한 공상과 권력, 탁월함, 아름다움, 또는 이상적인 사랑에 대한 공상에 자주 사로잡힌다.
3. 자신이 특별하다고 믿고, 특별한 사람이나 상류층의 사람들만이 자신을 이해할 수 있고, 또한 그런 사람들(혹은 기관)하고만 어울려야 한다고 믿는다.
4. 과도한 찬사를 요구한다.
5. 특권의식을 가진다. 예를 들면, 특별대우를 받을 만한 이유가 없는데도 특별대우나 복종을 바라는 불합리한 기대감을 가진다.
6. 대인관계가 착취적이다. 예를 들면, 자기 자신의 목적을 달성하기 위해 타인들을 이용한다.
7. 감정이입 능력이 결여되어 있다. 타인들의 감정이나 요구를 인정하거나 확인하려 하지 않는다.
8. 자주 타인들을 질투하거나 타인들이 자신에 대해 질투하고 있다고 믿는다.
9. 거만하고 방자한 행동이나 태도를 보인다.

한 사람에게만 이해된다고 믿는다. 아름다움, 재기(재주 있어 보이는 기질), 권력, 성공 등에 깊이 빠져 있다. 공감성이 결여되고 타인을 내려다보는 엘리트적 태도가 특징이다(大村政南, 2001: 212).

자기애성 성격장애에는 크게 세 가지 특징으로 구분될 수 있다. 자신은 노벨상을 받을 만큼 대단하고 뛰어난 존재로 세상에서 특별한 인정을 받을 것이라는 믿음 속에 빠져 있는 노벨상 콤플렉스, 자신의 목표를 달성하기 위해 주변사람들을 이용하고 자기 의도대로 움직이는 조작과 착취의 성향이다. 그리고 실제로 잘난 것이라기보다는 잘났다고 인정받기를 원하고 주변사람들이 자기에게 의존하고 자기를 믿고 따르기를 원하는 갈망이다(장근영, 2004: 117–121).[20]

미국의 파크 디츠 박사는 성범죄자들에게 가장 흔하게 나타나는 성격장애로서는 자기애성 인격장애, 즉 나르시시즘이며 심지어는 반사회적 성격장애보다 더 흔한 것 같다고 주장하였다(Roy Hazelwood & Stephen G. Michaud, 2002: 63).

가학적 변태성욕자들은 거의 모두 이상성격자(Psychopath)인데 자기중심성과 타인에 대한 공감 부족을 나타내는 일명 나르시시스트라고 불리는 자기애성 인격장애를 가지고 있는 경우도 있다. 나르시시스트가 좋아하는 주제는 바로 자기 자신이며 자신과 다른 사람들에게 깊은 인상을 주고 싶어 자기 업적을 자주 과장하는 경향이 있으며 수많은 가학적 변태성욕자들이 자기가 한 일을 강박적으로 자랑스럽게 떠벌리는 경향이 있다(Roy Hazelwood & Stephen G. Michaud, 2002: 29). 나르시시스트는 끊임없이 찬양받기를 원한다. 자신의 목적을 달성하기 위해 다른 사람을 주저없이 이용하며 다른 사람의 감정이나 욕구에 무관심하다. 본질적으로 나르시시스트는 이 세상에서 자신의 만족만이 가장 중요하다고 믿는다. 다른 사람들은 모두 자기 뒤의 풍경에 있는 소품일 뿐이다(Roy Hazelwood & Stephen G. Michaud, 2002: 63).

이러한 범죄자의 나르시시즘은 범죄를 일으키고 난 이후에 가장 뚜렷하게 드러나는 경우가 많다. 나르시시스트 범죄자가 자기 중심적 성향을 드러내는 가장 전형적인 방법은 언론에 구애하는 것이다.[21] 잘못하면 목숨이 위태로울지도 모르는 상황에서도 굳이 카메라 앞에서 자신을 과시하려는 고집은 나르시시스트적 충동이 얼마나 강력한

---

20 남성에게 나타나는 왕자병이 일부 자기애성 성격장애에 해당된다. 책임감이 없으며 규칙도 때에 따라 무시한다. 물론 능력이 따른다면 이런 성격의 소유자는 실제로 중요한 일도 한다. 예컨대 나폴레옹, 알렉산더, 히틀러 등 전쟁과 격변을 일으킨 인물들이 주로 이에 해당되는데 이들은 기본적으로 기존의 질서와 틀을 무시한 데서 시작하였다.

21 유영철은 자기 아내를 죽이고 싶었으나 자신의 아들이 엄마 없는 아이가 되길 원하지 않았으므로 살해하지 못했다하였고, 자신이 체포된 이후에 아들에게 이러한 사실이 알려질까 두려워하였다. 정성현은 자신이 체포된 이후에 피해자인 아이들도 불쌍하지만 자신이 죽게 되면 혼자 있게 될 자신의 어머니를 어떻게 하느냐고 걱정을 하였다. 또 유영철은 체포된 이후에 언론 인터뷰를 통해 여자들은 몸가짐을 잘하라는 등의 뻔뻔함을 보였다. 이러한 행동들은 자기애적 인격장애의 대표적인 예이다.

지 보여주는 척도이기도 하다(Roy Hazelwood & Stephen G. Michaud, 2002: 63-64). 범행을 저지르고도 언론을 통해 자신의 존재감을 실감하면서 사람들을 우롱했던 테드 번디가 그 좋은 예이다.

나르시시스트 범죄자는 일기나 글, 일지 등을 쓰곤 한다. 달력은 계획을 세우고 날짜를 기억하는 데 도움을 준다. 지도를 그리거나 사진을 찍거나 오디오 테이프와 비디오 테이프로 기록을 남긴다. 상황을 자신의 의도대로 과장하거나 축소하고, 투영, 부정, 합리화하며 거짓말을 반복한다(Roy Hazelwood & Stephen G. Michaud, 2002: 67). 이들이 기록을 하는 이유 중의 하나는 그러한 기억을 오랫동안 되살리고 싶어 하는 것이다. 순간 자신이 가졌던 소중한 기억을 즉각적으로 불러내어 올 수 있다(Roy Hazelwood & Stephen G. Michaud, 2002: 69).

그들은 점차 범행을 저지르면서 경찰이 결코 자신을 체포할 수 없을 것이라는 확신을 가지고 이러한 이유로 자신의 범행을 기록에 남기는 작업을 주저하지 않는다. 그들은 수사관들보다 우월하며 결코 그들에게 잡히지 않을 것이라는 자기 확신 같은 것을 가지고 있는 경우가 많다. 이러한 특징을 방탄조끼 증후군(Bulletproof Syndrome)이라 한다. 체포된다 하더라도 환상을 실현하는 데 너무 몰두하고 있으므로 이러한 사실을 잘 인식하지 못할 수도 있다. 이러한 자기애성 인격장애는 연쇄 성범죄자의 아킬레스건이다. 한두 번 성공하게 되면 계속 성공할 수 있을 것이라는 자기 암시가 작용하기 쉽다. 이들은 자신의 범죄를 은폐하기 위하여 노력하지만 너무 장기간 수사기관이 자신의 범행에 대해 전혀 감을 잡지 못하거나 범죄행각이 지나치게 드러나지 않으면 지루해 하고 재미없어 한다. 그래서 수사기관을 깔보거나 자신의 우월감을 극대화하면서 자신 스스로 경찰에 편지를 보내는 경우도 있다. 그것은 자신의 능력을 과장되게 평가하는 자기애적 장애 때문으로 볼 수 있다.[22] 의식적 범죄자들은 이러한 과정에서 큰 위험을 감수하게 되고 이러한 위험은 오히려 더 자극적이 될 수도 있다. 이처럼 터무니없는 행동을 잡히고 싶다는 욕망과 혼동해서는 안 된다. 이것은 잡히고 싶다는 욕망 때문이 아니라 나르시스적인 자아(ego) 때문에 자신이 하는 행동의 위험성을 정확히 파악하지 못한 결과라고 해석해야 하는 것이 옳을 것이다. 꼬리가 길면 잡힌다. 어쨌건 수사기관의 입장에서는 고마운 일이며 신은 인간에게 무한정으로 어떤 능력 그것도 나쁜 능력을 지속적으로 허용하지 않는다는 평범한 사실일 뿐이다(Roy Hazelwood & Stephen G. Michaud, 2002: 71-72). 이러한 행동이 지속되면 범행수법의 퇴화라는 결과를

22 알버트 피시(Albert Fish)는 피해자의 유가족에게 편지를 발송하였다. 이러한 행동들은 자신이 경찰에 잡힐 리가 없거나 무슨 짓을 하여도 절대 체포되지 않을 것이라는 절대적 자기 확신에서 비롯된다. 온보현 사건 때에도 자신이 납치 살해한 사람의 수와 경찰에서 알고 있는 피해자의 수가 일치하지 않은 부분에 대하여 매우 민감해 하였다. 스스로 경찰에 자수를 하고 경찰이 알고 있는 피해자의 수가 틀렸음을 통보하였다.

낳게 된다.

3) C군 성격장애

C군 성격장애는 회피성 성격장애, 의존성 성격장애, 강박성 성격장애 등으로 구성된다.

▪ 회피성 성격장애(Avoidant Personality Disorder)

회피성 성격장애는 사회적으로 소극적이며 위험에 대해 지나치게 부담을 느끼는 형이다. 어떤 일에 관여하는 것을 피하고 타인의 비판에 대해 쉽게 상처를 입는 소심하고 부정적 평가에 대해 사회적으로 불편을 느끼거나 공포를 느낀다(Ronald Blackburn, 2003: 77). 즉 타인으로부터 부정적 평가를 받는 것에 대해 과도하게 예민하며 사회적 상황에서 지나치게 감정을 억제하고 부적절감을 많이 느끼게 되어 대인관계를 회피하는 성격특징이다.

단지 부인, 거절에 대한 불안 때문에 대인접촉을 꺼린다. 물론 새로운 대인관계도 꺼리며 늘 소극적이다. 과민한 강박을 동반한 전형적 자기 불확실자(자신에 대해 확신이 없는 사람)라 할 수 있다. 내면에 틀어박히고 그곳에서 성적 망상을 펼친다. 그것이 가상으로 끝나지 않으면 위험하다. 최근 사회문제로 대두되고 있는 은둔형 외톨이 등, 무언의 스토커 등이 이와 같은 형의 사람에 속할 수 있다(大村政南, 2001: 212).

▪ 의존성 성격장애(Dependent Personality Disorder)

의존성 성격장애는 일상에서의 주도권이 결여되거나 비판, 거절에 대한 공포, 어떤 사항을 결정할 때 타인이 결정하도록 하는 등 지극히 종속적이고 의존적인 성격장애이다(Ronald Blackburn, 2003: 77). 타인으로부터 보살핌을 받고자 하는 과도한 욕구를 지니고 있어서 이를 위해 타인에게 지나치게 순종적이고 굴종적 행동을 통해 의존하는 성격특징이다.

항상 도움을 받고 보호받으며 지원을 받아야만 하는 사람이다. 자신의 생각으로 계획을 세우는 일이 어렵고 혼자가 되면 더 큰 불안을 느낀다. 동기, 혹은 기력이 결여되어 있다기보다는 자신의 능력에 대한 자신감이 없다. 동기나 기력도 상당히 저하되어 있다. 이렇게 기가 약한 사람은 주도적으로 범죄를 주도하기보다는 범죄에 쉽게 가담하여 공범의 역할을 맡기도 한다(大村政南, 2001: 212–213).

▪ 강박성 성격장애(Obsessive Compulsive Personality Disorder)

강박성 성격장애는 완벽주의와 전혀 융통성이 없는 성격을 말한다(Ronald Blackburn, 2003: 77). 질서정연함, 완벽함, 자기통제, 절약에 과도하게 집착하며 지나치게 꼼꼼하고 완고하며 사소한 것에 집착하는 성격특징이다. 섬머펠트와 후타, 스윈슨(Summerfeldt, Huta & Swinson, 1998) 등은 강박성 성격장애자들은 위험을 과장되게 인식하고 그 과장된 위험을 피하기 위해 과장된 노력을 하며 지나친 책임감 보유, 100%의 확실성, 인간으로서 도달할 수 없는 완벽한 경지를 추구한다고 하였다(장근영, 2004: 149-151).

이들이 추구하는 것은 완벽주의이며 따라서 강박성 성격장애는 집념이 강한 장애이다. 정확하게 정해진 행동 시스템, 지나치게 융통성이 없는 고지식과 완고함, 마음먹으면 목숨까지 거는 강한 집념에는 공포를 느낄 정도다. 이런 사람은 주어진 상황을 제멋대로 생각하고 마음에 드는 상대의 뒤를 쫓아 여벌의 열쇠를 장만하여 주택에 침입하는 주거 침입을 하기도 한다(大村政男, 2001: 211-213).

제 7 장 충동통제장애

Criminal Psychology

충동의 개념과 원인

1. 충동의 개념

충동성은 사고나 행동이 단순하고 감정적이며 어디에 속박되거나 제약을 받기 싫어하는 인성특질이다. 따라서 자제력이 약하며 기분 나는 대로, 하고 싶은 대로 행동하게 된다.[1] 충동성의 특징으로는 단순성, 사태의 감정적 처리, 즉흥성, 폭발성 등을 들 수 있다. 판단이나 행동이 기분에 좌우되고, 침착성과 자제력이 결여되는 경향을 뜻한다. 감각추구성향이 높은 사람은 외향적이고 충동적이며 처벌에 둔감하고 보상에 민감한 생리적 기제를 가지고 있다. 또한, 이들은 새로운 변화를 원하며 새로운 활동과 경험의 추구에 따르는 위험을 과소평가하며 위험하고 모험적인 일에 쉽게 도전하게 된다(이인혜, 1991: 127). 충동적 행동은 대개 깊이 생각하지 않은 채 즉각적으로 행동하는 것으로서 판단력에 결함이 있는 것으로 해석할 수 있다(이인혜, 1991: 126). 또한, 성적 혹은 금전적 유혹이 있을 때 외형적으로 공격 행동을 하거나 과잉행동을 하며[2] 순간적인 감

1 40대 남성이 "웃는 사람을 보면 죽이고 싶었다"면서 길가는 행인을 자신의 승용차로 치어 살해하거나 부상을 입히는 '묻지마 범행'을 저지르다 검거돼 구속 기소됐다.
한씨는 이러한 수법으로 2013년 5월 말부터 두 달여 동안 평택시 일대에서 7차례에 걸쳐 1명을 숨지게 하고 11명에게 중상해를 입힌 것으로 드러났다. 한씨는 검찰조사에서 "건강하고 활기찬 사람들이 웃으면서 무리지어 가는 것을 보면 차로 치어 죽이고 싶은 충동을 느꼈다"면서 "차를 멈추지 않고 달릴 수 있는 데까지 달려 밀어붙였다"고 진술했다.
http://news.khan.co.kr/kh_news/khan_art_view.html?artid=201308022156455&code=940202, (2013. 8. 2.)

2 대학생 10명 중 4명은 성범죄가 "내재된 충동을 자제하지 못하거나, 피해자가 신고하지 못할 거라고 생각하기

정의 지배에 따라 예기치 않은 행동을 폭발적으로 일으키기도 한다. 이는 기질적인 소인, 감정의 조절이 잘 안 되는 상태, 자신과 주변 환경과의 관계를 그릇 판단하는 경우, 정신분열증에서 망상이나 환각의 지배를 받는 경우 등 다양한 이유에서 생겨난다.

충동적인 사람은 반항적이고 화를 잘 내며, 타인에 대한 우호성과 책임성이 적고, 자기 통제력이 부족하다. 아동기의 충동성은 청소년기 또는 성인기의 부적응 혹은 비행과 관련이 있는 것으로 보고되고 있다. 충동통제장애(Impulse control disorders)는 자아실현의 지연과 쾌락원칙의 추구, 자기조절의 불완전 등으로 약물, 전자게임 등과 같은 특정행동 집착이나 내적 공격충동의 즉각적 행동 등으로 비행문제로 표출될 수 있다.[3]

1816년 매티(Matthey)는 자신에게 필요하지도 않은 쓸모없는 물건에 대한 절도 충동을 억제하지 못하는 현상을 클렙토마니아(Kleptomania: 절도광)[4]라고 호칭하였다. 1820년 메켈(Meckel)은 충동적으로 불을 지르는 행동을 충동적 방화(Incendiarism)라고 불렀다. 또한 에스퀘롤(Esquirol)은 억제할 수 없는 충동에 의해서 궁극적으로는 실행하게 되지만 내심으로는 자신이 하고 싶지 않은 행동을 하는 상태를 편집광(Monomania)이라고 명명하면서 방화, 알코올 중독, 충동적 자살, 절도광까지 이 범주에 포함시켰다. 그는 충동적 행동이란 자신의 양심이 허락하지 않지만 의지력으로 통제할 수 없는 비자발적 행동이므로 자신의 행동이 잘못된 것임을 잘 알고 있으나 내부 충동에 휘둘려 행동하게 된다고 주장하였다.

20세기에 들어 크레펠린(Kraepelin)과 블로일러(Bleuler)는 충동통제장애의 범주에

때문에 발생한다"고 생각하는 것으로 나타났다. 대학생 대상 인터넷신문 미디어캠퍼스는 지난 3월 8일부터 20일까지 사이트를 방문한 대학생을 대상으로 '성범죄가 일어나는 까닭은 무엇일까요?'라는 주제의 설문조사를 실시했다. 그 결과 전체 응답자 337명(남자 166/여자 171) 중 75명(22%)이 "내재된 충동을 자제하지 못해서"라고 답했으며 73명(22%)은 "성희롱을 당해도 피해자가 신고하지 못할 것으로 성각하기 때문"이라고 답했다. 또 '남성 위주의 문화'와 '성교육의 부재'라고 대답한 대학생이 각각 55명(16%)이었다. 그 밖에 "정신적으로 문제가 있는 사람이 범죄를 저지른다"라는 대답이 30명(9%), "음란물의 유통이 가치관을 흔들고 있다"라고 밝힌 대학생이 26명(8%)이었다. "술이 '웬수', 과도한 음주로 인한 절제력 상실"이라는 답이 그 다음 23명(7%)을 차지했다. 국민일보. 2006. 3. 22.

3 충동성이 강한 사람들이 평상시 보이는 행동적 특징을 열 가지 정도로 나누어 설명할 수 있다. 첫째, 깊이 생각하지 않고 일을 시작한다. 둘째, 어떤 일이든지 쉽게 몰두한다. 셋째, 한군데 오래 앉아 있기가 힘들다. 넷째, 깊이 생각하지 않고 말을 한다. 다섯째, 한 가지 일이 채 끝나기 전에 다른 일에 착수한다. 여섯째, 이리저리 자주 옮겨 다니며 사는 것이 좋다. 일곱째, 계획 없이 기분대로 물건을 산다. 여덟째, 수입보다 지출이 더 많다. 아홉째, 깊이 생각하던 일도 다른 생각이 떠오르면 그것 때문에 크게 방해를 받는다. 열 번째, 강의를 듣거나 대화를 할 때 안절부절 못한다.

4 귀금속 도난 사건에 연루돼 재판에 넘겨진 '대도(大盜)' 조세형(78) 씨가 출소 11개월 만에 또다시 철창신세를 지게 됐다. 서울서부지법 형사6단독 김희진 판사는 주택에 침입해 귀금속을 훔친 혐의(상습야간주거침입절도)로 조씨에게 징역 3년을 선고했다고 30일 밝혔다. 1970~80년대 대도로 불린 조씨는 부유층과 유력인사의 집을 터는 등 대담한 절도행각을 벌였다. 그는 훔친 금품을 가난한 사람들에게 나눠주면서 '대도', '홍길동' 등으로 불리기도 했다. 1982년 구속돼 15년 수감생활을 하다 출소한 후 종교인으로 변신했으나, 2013년 서초구 빌라에서 귀금속을 훔쳐 징역 3년을 복역 후 지난해 4월 출소했다.
http://www.hg-times.com/news/articleView.html?idxno=113782 (2016. 3. 30.)

방화광 이외에도 수집광, 선물광(모든 사람에게 선물주기), 편지광(모르는 사람에게 편지쓰기) 등을 충동통제 장애에 포함시켰다.

이외에도 프로쉬(Frosch)와 워티스(Wortis)는 억제할 수 없는 충동과 충동성간의 관계 연구를 통해 충동성이 특정한 증상인가 아니면 광범위한 성격적 특질인가에 따라 우선 2개로 구분하였다. 첫째, 하나 또는 여러 행동 그리고 반복적이며 다소 구별되는 행동과 연관된 충동장애와 둘째, 어떤 한 종류의 충동과 특별히 연관되지 않은 채 성격 전반에 퍼져 있는 충동 장애로 구분하였다.

첫 번째 집단의 하위집단으로 충동적 신경증, 남용 또는 충동적 성도착, 반복되지 않는 폭력행동 등 세 가지로 다시 구분하였고, 두 번째 집단의 하위집단으로는 기질성 증후, 정신병질적 성격, 신경증적 성격장애로 다시 구분하였다(도상금 외, 2000: 15-20).

충동성과 관련하여 임상적 차원에서 최초로 충동이라는 용어를 사용한 학자는 허트(Ehrlheim Hirt)이다. 1902년 그는 정신질환자 중 화를 잘 내는 기질과 명랑한 기질이 합쳐졌을 때 폭발적이 되고 도덕관념이 떨어지거나 충동적이고 남의 입장을 배려할 줄 모르는 성격이 되기 쉽다고 하였다. 독일의 정신의학자인 칸(Kahn)은 충동적인 사람의 특징을 흥분성, 신속함, 폭발성이라고 하였고, 트래머(Tramer)는 충동적 유형의 특징을 기분과 긴장감이 빨리 바뀌거나 전환되는 것으로 보았다.

인지 행동적·사회 학습적 접근에서 1950년대 들어 미셸(Michael)은 대개의 경우 만족을 지연하지 못하는 사람을 충동적이라고 정의하였다. 충동통제장애의 가장 두드러진 특징은 어떤 행동이 자기 또는 다른 사람에게 피해를 줄 것이라는 사실을 인식하면서도 행동에 대한 충동이나 유혹을 스스로 견디지 못하고 행동을 하게 되는 현상이다. 충동통제장애를 가지고 있는 사람들은 일단 충동이 발생되면 흥분되며 이러한 흥분이 고조됨에 따라 긴장하다가 일단 행동으로 옮기고 난 이후에는 즐거운 기분이 들거나 만족감, 또는 안도하게 되는 자아 동조적(Ego-Syntonic) 행동을 하게 된다(도상금 외, 2000: 15).

강박장애에서 강박적 충동은 그 사람이 불편하게 느끼는 충동이나 충동장애는 충동 해소 후 긴장이나 불안 해소, 때로는 기쁨을 느끼기도 하는 자아동조적 경향을 띤다는 측면에서 충동은 강박과 구별된다.

미국 신경정신과 협회에서 만든 정신장애의 진단 및 통계편람(American Psychiatric Association, 1994)에서는 충동성을 가장 중요한 진단기준에 포함시키고 있으며 이 진단기준에 해당하는 사람들의 경우 충동성이 높고 이를 통제할 수 있는 능력이 부족한 것으로 기술되어 있다. 따라서 충동성이 높은 사람들은 자극을 추구하는 경향이 많고 즉각적이고 무분별한 행동을 하려는 경향이 많다. 그러므로 부적응적 자아방어를 사용할 가능성이 크며 결국 그러한 행동이 사회적인 관습이나 법률에 저촉되는 행동으로 이어지는 것으로 볼 수 있다(양소현, 2000: 121).

2. 충동의 원인

1) 신경학적 요인

충동적 행동은 머리 손상이나 다른 중추신경계의 기능 이상과 같은 단일한 생물학적 원인에 의해 발생할 수 있다. 레작(Lezak)에 의하면 두뇌 수행기능에 손상을 입을 경우 독립적이고 의식적 행동을 다스리는 기능이 손상될 수 있으며 이는 충동통제에 악영향을 미치게 된다. 뇌에 부분적 손상을 입었을 경우 안절부절 못하는 증상과 흥분 등 충동통제장애가 발생한다고 보인다(도상금, 2000: 53).

2) 특질과 기질

버스와 플로민의 주장에 의하면 사람들은 활동성, 정서성, 사회성, 충동성을 포함하는 일정한 기질 세트를 가지고 태어난다고 한다. 이러한 기질은 연속선상에서 구성된다고 보고 개인은 어떤 기질이 높고 낮음에 따라 연속선상의 한 점에 위치하며 충동성은 충동성의 끝 부분과 신중성의 끝 부분의 개인적 차이로 인하여 유전적 기질과 밀접한 관련이 있다고 본다(도상금, 2000: 55).

아이젠크는 특성이론에서의 성격특성을 외향성(Extraversion), 신경증(Neuroticism), 정신증(Psychoticism)으로 분류하였다. 외향성에서 높은 점수를 받은 사람들은 점수가 낮은 사람들보다 더 충동적이며 사교적이고, 신경증에서 높은 점수를 받은 사람들은 낮은 점수를 받은 사람들보다 더 불안하고 우울하다고 하였다. 그리고 정신증에서 높은 점수를 받은 사람들은 공격적이고 냉담하며 부주의하다는 주장을 하였다(Michael W. Eysenck, 이영애 외, 2002: 319).

3) 발달적 관점

다루나와 반스는 발달론적 모델을 통해 엄마와 아이 간 애착이 안정될수록 인지적으로 비충동적이며 만족지연능력이 더 높다고 보고하고 있다. 이들 연구에 의하면 부모와의 상호작용이, 이후 아이가 보이는 인지적 비충동성과 지연만족 능력을 예언하는데 매우 중요하다는 것이다. 이러한 연구결과는 유아의 충동성 결정에 있어서 여러 선행 사건들이 유아 발달에 영향을 미치고 있음을 의미한다(도상금, 2000: 56).

4) 정신역동적 측면

프로이트는 고전적 정신역동이론에서 충동적 행동이란 초자아의 발달이 부족한 것을 의미한다고 보았다. 아동과 청소년이 보이는 극단적 충동성은 초자아의 억제력이 약화된 것을 나타낸다. 그러나 현대의 정신역동이론에서는 추동(drive)[5]의 역할보다는 중요한 타인, 특히 어머니와의 초기 경험의 역할을 더 강조한다(도상금, 2000: 58-59). 이러한 견해는 앞에서 제시한 발달적 관점에서의 엄마와 아이의 애착과도 일치하는 점이다.

5) 태내물질남용

산모가 임신기간 동안 특정 물질을 복용하거나 남용하게 되는 경우 아이들의 충동성에 영향을 미칠 수 있다. 임신 중 코카인, 담배, 아편, 알코올, 마리화나 등을 복용하면 태어날 아동들의 행동, 특히 충동성에도 영향을 미칠 가능성을 배제할 수 없다.

6) 사회적 요소

충동은 사회적 요소와도 밀접한 관계가 있다. 무계획적 범죄와 같은 충동적인 행동의 가능성이다. 가난, 인종차별, 사회경제적 차별, 열악한 환경, 사회적 신분상승의 어려움과 좌절, 그리고 이로 인한 스트레스와 약물남용 등의 환경하에서 태어나서 자란 사람들은 그렇지 않은 사람들에 비해 무계획적 범죄를 하는 등 충동적 행동을 할 가능성이 높다고 본다(도상금 외, 2000: 60-61).

충동통제장애(Impulse Control Disorder)의 구분과 범죄행동

충동통제장애(Impulse control disorder)란 여러 종류의 충동이 조절되지 않은 채 부적응 행동양상으로 나타나는 것을 말한다. 정신장애 진단 및 통계편람 제4판(Diagnostic and Statistical Manual of Mental Disorder: DSM-IV)에서는 충동통제장애를 몇 가지로 구분하고 있다.

---

5 인간의 행동은 내적 욕구, 즉 추동(drive)에 의해 동기화된다.

공격적 충동이 조절되지 않아 심각한 파괴행동으로 이어지는 간헐적 폭발장애(Intermittent Explosive Disorder), 훔치고 싶은 충동을 참지 못해 반복적으로 도둑질을 하게 되는 도벽증(Kleptomania), 불을 지르고 싶은 충동을 조절하지 못해 반복적으로 방화를 하게 되는 방화증(Pyromania), 노름이나 도박을 하고 싶은 충동을 억제하지 못해 반복적 도박행위를 하게 되는 병적 도박증(Pathological Gambling), 자신의 머리털을 반복적으로 뽑게 되는 발모증(Trichotilomania) 등으로 구분하고 있다(원호택 외, 2000: 116). 이외에도 추가될 수 있는 장애로 강박적 쇼핑, 강박적 성적 행동, 심각한 손톱 물어뜯기, 자해행동, 폭식 등을 들 수 있다.[6]

1. 간헐적 폭발성 장애(Intermittent Explosive Disorder)

간헐적 폭발성 장애(IED)는 충동통제장애(Impulse Control Disorder)에 속한다. 주위의 도발, 자극(Provocation)을 받으면 던지기, 깨뜨리기, 타인에게 신체적 해를 가하기 등의 행동을 폭발적으로 분출하는 것이다. 간헐적 폭발성 장애는 다른 인격장애 혹은 기관장애, 정신병, 약물중독과 전혀 관계가 없다고 할 수는 없으나 일반적으로 스트레스 발생시 물건을 파괴하거나 심각한 공격 행동을 유발하는 공격 충동을 통제하지 못하는 증상을 말한다(Ronald Blackburn, 2003: 73).[7] 공격 충동의 조절실패로 인해 심각한 파괴 행동으로 연결되며 발병 시기는 대개 청소년 후기인 10대 후반에서 30대 정도까지로 본다.[8] 사람에 대한 폭력뿐 아니라 재산을 파괴하기도 한다. 이들은 스트레스를 받았을 때 분노를 억제하지 못하고 폭발시키는 경향이 높다. 일반적으로 어떤 정신장애가 일어나기 전에 그 장애의 조짐이 나타나는 시기를 전구기라고 하는데, 간헐적 폭

6 남성에게 흔한 것은 간헐적 폭발 장애, 병적 도박, 방화광, 강박적 성행동, 변태 성욕 등이며 발모광이나 폭식은 여성에게 더욱 일반적인 증상이다.

7 간헐적 폭발성 장애로 인한 사례로서 2008년 11월 8일 광주의 한 아파트에서 두 살배기 여자아이가 떨어져 숨진 사건이 있다. 범인은 정신장애를 앓고 있는 초등학생으로 8일 오후 2시 45분께 광주 북구의 한 아파트 화단에서 이 아파트 3층에 사는 A(2)양이 떨어져 있는 것을 부모가 발견, 병원으로 옮겨졌으나 숨졌다. 아파트에 설치된 CC(폐쇄회로)TV를 분석해 A양과 같은 아파트 6층에 살고 있는 B(11 • 초등 4년)군을 범인으로 지목하였는데 그 이유는 CCTV에 당시 엘리베이터에 혼자 타고 있던 A양이 6층으로 올라가자 B군이 엘리베이터에 동승하는 장면, B군이 A양을 강제로 끌고 내리는 장면, A양이 아파트에서 떨어진지 얼마 되지 않아 B군이 다른 엘리베이터를 타고 내려가는 장면 등이 포착돼 있다. 경찰은 아파트 복도 난간(117㎝)이 두 살배기 여자아이(신장 86㎝ 가량)가 스스로 뛰어내리기에 너무 높은 점 등을 토대로 B군이 A양을 아파트 13층 복도에서 밖으로 집어 던진 것으로 보고 있다. 그런데 B군은 평소에 자신의 충동을 억제하지 못하고 그대로 행동에 옮기는 '충동적 행동장애'로 병원 치료를 받았으며 평소에도 물건을 닥치는 대로 집어 던지는 습성이 있었다고 하며 학교나 집에서 가스통을 비롯해 위험한 물건을 자주 집어던져 문제를 일으킨 일이 있었다고 한다.

8 간헐적 폭발성 장애(intermittent explosive disorder)에 시달리는 미국인들이 생각보다 많다 최고 1천 600만명에 달한다는 연구결과가 나왔다. 미국 시카고대학 의과대학의 정신과장 에밀 코카로 박사 연구팀은 9천 200여 명의 미국인을 면접 조사해 이런 결과를 얻었다고 밝혔다. 그는 이번 연구결과 미국인 중 5~7%가 이 정신질환에 시달리고 있는 것으로 분석됐으며 이는 미국에서 최고 1천 600만명이 이 질환을 갖고 있음을 의미한다고 밝혔다. 이는 잘 알려진 정신질환인 정신분열증이나 조울증보다 높은 수치이다(http://www.chosunibo.net).

발성 장애의 경우 이와 같은 전구기 없이 나타나는 경우가 많다(도상금, 2000: 67-68).

행동폭발 전에는 긴장감이나 각성상태가 먼저 나타나고 자율신경계의 흥분증상이 나타나는 경우가 많다. 행동 이후에는 바로 안도감을 느낀다. 발작적 공격 행동 이전 긴장이 증가되고 공격 행동을 하면 안 된다는 사실을 충분히 알고 있으면서도 강렬한 충동에 의해 어쩔 수 없이 행동에 옮기게 된다. 이후 공격 행동을 한 사실에 동요되거나 후회하기도 한다. 자기애성, 강박성, 편집성 또는 정신분열성 성격특성을 가진 사람들이 스트레스라는 변수에 접했을 때 이러한 폭발적 분노를 발현하는 경우가 많다. 이로 인하여 실직, 정학, 이혼 등, 대인관계에서의 어려움으로 인하여 정상적 생활을 하기 어려운 상태가 되며 공격행동의 결과 다치거나 투옥 될 수도 있고 하며 심지어는 목숨을 잃을 수도 있다(도상금 외, 2000: 66).[9] 그러나 폭발적 공격을 제외하면 평소에는 특별한 충동적, 공격적 행동이 없는 것이 보통이다.

환경적 요인이나 심리사회적 요인의 측면에서 살펴보면 어렸을 때 가족 분위기가 폭력적일 경우, 타인으로부터의 학대, 무시 등이 원인이 될 수 있다는 것이다. 그러나 최근에는 이러한 요인뿐 아니라 유전적 기질이나 생물학적 요인에 의한 간헐적 폭발성 장애가 주목을 받고 있다.[10] 이 장애를 가진 가족에 대해 공격적 행동 발생 빈도가 높

---

9 DSM-Ⅳ에서의 간헐적 폭발성 장애의 판단기준은

1. 심각한 공격적 행위 또는 재산이나 기물을 파괴하는 공격적 충동을 통제하지 못하는 사건이 일정하지는 않으나 계속해서 발생한다.
2. 이러한 사건 동안 발생하는 공격성의 강도와 사건을 일으킨 계기가 되는 심리사회적 압박감에 비례하지 않는다. 공격적 행동은 대개 그 이전에 심리적인 긴장감이나 압박감이 먼저 나타나게 된다. 이와 같은 긴장감이나 압박감의 수준이 낮으면 공격적인 행동의 수준이 덜하고 긴장감이나 압박감의 수준이 높으면 공격적인 행동을 더 하게 되는 것은 아니라는 의미이다.
3. 이와 같은 공격적 행동을 하는 사건이 다른 정신장애(반사회성 성격장애, 경계선 성격장애, 정신병적 장애, 조증, 품행장애, 주의력결핍 및 과잉행동 장애)로 인한 것이 아니며 약물복용 또는 일반적 의학적 상태(머리의 외상, 알츠하이머성 치매)의 직접적인 생리적 효과로 인해 나타나는 것이 아니다.

10 사례 1(이○○, 41세): 수도요금 오천 원을 내라며 찾아온 집주인을 칼로 찔러 3년의 감옥살이 중 종종 문제를 일으켜 8번의 징벌을 받았다. 그 후론 또다시 사고를 내지 않기 위해서 쪽방에 갇혀, '폭발'이 일어날 때는 자신의 몸에 상처를 냈다. 검사결과 그의 전두엽은 망가진 상태, 즉 충동을 조절할 수 없는 '간헐적 폭발장애'였다.
사례 2(이○○, 30세): 1년 전, 뺑소니를 당하고 8개월간의 병원 살이 동안 여러 번의 수술을 통해 구사일생으로 목숨을 구했다. 하지만 사고 후, 자상하고 온순한 성격의 그는 사소한 일에도 의자나 시계를 집어던져 깨부수기가 일쑤였고, 예측이 불가능한 자신의 모습에 두려워하고 있었다. 검사결과 그는 교통사고로 인해 전두엽이 심하게 손상되어 있었다. 그 역시 '간헐적 폭발장애'였다. 출처: 2008. 10. 18 SBS '그것이 알고 싶다' 688회 '앞쪽 뇌의 비밀', '전두엽'과 '간헐적 폭발장애' 참조
평소 조용하고 온순한 성격의 사람이 운전대만 잡으면 난폭해지거나 이유 없이 불같이 화를 내는 경우를 종종 볼 수 있다. 이런 분노조절장애 또는 간헐적 폭발장애(IED)가 고양이에게서 발견되는 기생충이 사람으로 옮겨와 뇌의 화학반응을 교란시켜서 나타난다는 연구 결과가 나왔다. 미국 시카고대 의대 신경과학과 에밀 코카루 교수팀은 고양이에게서 기생하는 '톡소플라스마 곤디'라는 기생충이 사람에게 옮겨져 뇌의 화학반응을 교란시켜 분노조절장애 등 감정에 영향을 미친다는 사실을 밝혀냈다. 이번 연구 성과는 신경과학 분야 국제학술지 '임상정신의학 저널' 23일자에 실렸다. 톡소플라스마 곤디는 포유류, 조류, 파충류, 어류 등에서 광범위하게 발견되는 인수 공통 기생충으로 사람은 고양이의 침을 통해 감염되는 경우가 많다. 전 세계 인구의 3명 중 1명꼴인 33%가 이 기생충에 감염돼 있으며 우리나라에서도 혈청검사 결과 일반 국민의 8%가량이 양성반응을 보인 것으로 보고된 바 있다. 연구팀은 정신장애를 겪고 있지 않는 358명의 톡소플라스마 보균자를 대상으로 혈청검사와 심리검사를 실시했다. 그 결과 평소 분노조절에 어려움을 겪는 사람은 그렇지 않은 사람보다 톡소플라스마 수가 2배 이상 많았으며 뇌를 비롯한 중추신경계에 집중돼 있는 것을 확인됐다.

은 것으로 알려져 있어 유전적 취약성을 가지고 태어난 경우에도 간헐적 폭발장애의 원인이 될 수 있다. 또한 기분장애나 성격장애와 관련성을 부인하기 어렵다.

측두엽 간질 내지는 좌반구 내에 세포부족 및 이상 증상과의 연관성, 뇌기능 장애, 특히 충동을 담당하는 변연계의 이상이 주요 원인으로 알려지고 있다. 출산시의 뇌손상, 유아기 경련, 두부외상이나 뇌염을 앓은 경우 발생 빈도가 높고 검사 상 과잉행동이나 경도의 신경학적 이상, 비특이적 뇌파 이상이 동반되는 경우에 간헐적 폭발장애가 많다는 뇌기능 장애 가설이 설득력을 얻고 있다.

기타 뇌의 세로토닌 감소, 알코올 등의 독성 물질이 유발인자로 작용하는 경우도 있다.

간헐적 폭발성 장애는 상황에 비해 지나친 분노를 폭발시키는 증상으로 위협이나 물건을 던지고 부수는 등의 공격 행동, 재물 파괴 등으로 나타난다. 운전을 하면서 앞의 차를 바짝 뒤쫓으며 클랙슨을 울려대는 행위 등도 이 범주에 속한다고 할 수 있다.[11] 범죄자의 '간헐적 폭발장애' 가능성에 대해 심신장애 여부를 심리하지 않았다는 이유로 정신감정의 필요성이 제시된 판례도 있다(대법원 2006. 10. 13. 선고 2006도5360 판결).[12]

---

http://www.seoul.co.kr/news/newsView.php?id=20160325010010 (2016. 3. 24.)

11 간헐적 폭발장애와 관련된 영화로는 〈폴링다운: Falling Down〉이 있다. 주인공 마이클 더글러스는 콜라 값 때문에 주인에게서 야구 방망이를 빼앗아 드는 등 간헐적 폭발장애를 가지고 있다. 그는 인터넷을 통해 우연히 IED에 대한 기사를 접한 이후 정신과를 찾은 결과 IED 환자라는 진단을 받고 치료를 시작했으나 여전히 그는 자신의 감정을 조절하는 데 어려움을 겪는다는 스토리이다.

12 …(중략)… 감정 결과 피고인은 정신분열증이나 양극성 정동장애를 가졌다고 단정할 수는 없으나, 사회적 의무를 무시하고 타인에게 충동적 폭력을 행사하는 것을 특징으로 하는 비사회적 인격 장애를 가진 것으로 판명되었다. 피고인은 위 감정기간 동안에도 쉽게 분노하고 짜증을 내며 다른 병실의 수감자를 구타하거나 위협하는 태도를 지속적으로 보였다. 그 후 피고인은 항소심에 이르러 자신이 정신병으로 인한 심신장애 상태에서 이 사건의 각 범행을 저질렀다고 주장하였다. 항소심은 피고인에 대하여 다시 정신감정을 하지 아니하고 재판을 진행하여 피고인에게 유죄판결을 선고하였고(대전고법 2006. 7. 21. 선고 2006노183 판결) 이에 피고인이 상고하였다. 대법원은 객관적 정신감정기관을 통하여 피고인에 대한 자세한 정신감정을 다시 실시하여 피고인이 이 사건 각 범행 당시에 사물을 변별하거나 의사를 결정할 능력이 미약하였는지의 여부를 판단하지 않고 피고인에게 유죄를 선고한 항소심판결에는 심리미진 내지 법리오해의 위법이 있다는 이유로 항소심판결을 다기하고 사건을 대전고등법원으로 환송하였는바 판결요지는 다음과 같다.

[1] 자신의 충동을 억제하지 못하여 범죄를 저지르게 되는 현상은 정상인에게서도 얼마든지 찾아볼 수 있는 일로서, 특단의 사정이 없는 한 위와 같은 성격적 결함을 가진 사람에 대하여 자신의 충동을 억제하고 법을 준수하도록 요구하는 것이 기대할 수 없는 행위를 요구하는 것이라고는 할 수 없으므로, 원칙적으로 충동통제장애와 같은 성격적 결함은 형의 감면사유인 심신장애에 해당하지 아니한다고 봄이 상당하지만, 충동통제장애와 같은 성격적 결함이라 할지라도 그것이 매우 심각하여 원래의 의미의 정신병을 가진 사람과 동등하다고 평가할 수 있는 경우에는 그로 인한 범행은 심신장애로 인한 범행으로 보아야 한다.

[2] 피고인의 병력, 가족관계, 성장환경, 그동안의 전력, 피고인의 범죄횟수 및 그 시간적 간격, 각 범행 전후의 정황, 피고인에 대한 정신감정 결과 등에 비추어 피고인의 각 범행이 매우 심각한 충동통제장애와 같은 성격적 결함으로 인하여 심신장애 상태에서 순간적으로 저지른 것일 가능성이 있는데도, 원심판결이 객관적 정신감정기관을 통하여 자세한 정신감정을 다시 실시하는 등의 방법으로 심신장애 여부를 심리하지 아니한 것은 위법하다.

2. 절도광(Kleptomania)

절도광을 뜻하는 Kleptomania는 '도둑'이라는 그리스어의 kleptes와 영어의 '열광'을 의미하는 mania가 합성된 것이다. 절도기벽(竊盜嗜癖), 절도충동 혹은 병적 도벽이라고도 한다. DSM－Ⅳ에 의하면 품행장애의 일부로 포함되거나 강박충동장애(Obsessive Compulsive Disorder)로 분류되는 일종의 충동조절 실패현상이다. 극복하기 어려운 반복적 절도충동을 일컬으며 금전적 이득을 취하기 위해 물건을 훔치는 행위와는 구분된다.

이러한 증상은 분노, 복수심, 행동장애 혹은 반사회적 인격장애가 원인이 된 행동이 아니다. 단지 도벽 행위 이전에 긴장이 조성되고, 도벽을 실행하게 되면 안정을 찾는다. 개인에게 별로 필요성이 없거나 이득이 되지 않는 물건을 훔치고 싶은 욕구 제어에 지속적으로 실패하는 현상을 말한다(Ronald Blackburn, 2003: 73).

절도광의 병리적 메커니즘은 다섯 단계를 거친다. 1단계로 충동적 행위표현에 대한 방해, 2단계로 심리적 불안감의 급격한 증가, 3단계로 불안을 해소할 방안으로써 절도행위, 4단계로 절도충동을 행동으로 실행한 후 긴장감의 급격한 이완과 편안한 일상의 마음가짐으로의 복귀, 절도를 하는 스릴감과 흥분, 긴장 이완 등을 통해 절정경험을 느끼며 남자들 중에는 토정(吐精)을 하는 경우도 있다. 5단계에서는 절도행위에 대한 죄의식이나 체포될 수도 있다는 불안감 등으로 심적 고통, 후회 등의 단계를 거치는 것이 일반적이다. 절도행위는 적발되었을 경우에 법적, 가족구성원간의 관계, 직업적, 개인적 측면에서 많은 문제를 야기할 수 있다(도상금 외, 2000: 74).[13]

절도 대상은 돈 등의 재화를 포함하여 본인에게 필요하지도 않거나 금전적 가치가 전혀 없는 물건[14]일 가능성이 크며 보관하다가 버리기도 한다. 물건을 훔치는 행위 그

---

13 DSM-IV에 제시되어 있는 병적 도벽(Kleptomania)의 진단기준
1. 개인적으로 쓸모가 없거나 금전적인 가치가 없는 물건인데도 훔치고 싶은 충동을 억제하지 못하고 물건을 훔치는 상태가 반복된다.
2. 훔치는 행동으로 옮기기 전에는 생리적, 심리적 긴장이 고조된다.
3. 물건을 훔치고 나서 기쁨이나 만족감, 안도감 같은 것을 느낀다.
4. 분노나 복수심을 나타내기 위해 물건을 훔치는 것이 아니며 망상이나 환청에 의한 것도 아니다.
5. 물건을 훔치는 행동이 품행장애나 조증, 반사회적 인격장애에 의해 잘 설명되지 않으며 따라서 이로 인해 물건을 훔친다고 보기 어렵다.

14 정신적인 문제로 상습적으로 물건을 훔쳐 감옥행을 일삼던 30대 여성에게 법원이 사회에서 정신치료를 받는 게 재발 방지에 도움이 되겠다며 검찰의 구형량보다 훨씬 적은 형을 선고했다. 전주지법 형사4단독 박상국 판사는 29일 대형 할인매장에서 물건을 훔친 혐의(절도)로 구속 기소된 박모(34.여) 씨에 대해 징역 3월을 선고했다. 재판부는 "또다시 범죄를 저지를 우려가 있으나 이런 상습적인 절도 행각이 피고인의 정신적인 문제에서 비롯된 것으로 보이고 수감 중에 전문치료를 받는 것이 현실적으로 어려우므로 밖에서 치료를 받는 게 재발 방지의 한 방법이라고 생각된다"며 선처 이유를 밝혔다. 야간주거침입절도죄로 징역 8월을 선고받아 지난 5월 출소한 박씨는 출소한 지 5개월 만인 지난 10월 12일 전주시 완산구 한 대형할인매장에서 칫솔과 양말 등 시가 5만여 원 상당을 훔친 혐의로 구속 기소됐으며 검찰은 징역 1년 6월을 구형했다. 연합뉴스. 2007. 11. 19.

자체가 즐거움이므로 훔친 물건을 남에게 넘기거나 몰래 매장에 반환하기도 하지만 훔칠 때의 긴박감과 성공했을 때의 만족감,[15] 훔친 물건을 넘겼을 때의 속죄감 때문에 그만 둘 수 없고 충동을 제어하기 어려운 것이다(大村政南, 2001: 223). 절도광들에게는 훔치는 물건 자체가 중요한 것이 아니라 훔치는 행위가 중요하다. 청소년 시기부터 시작하여 대개 만성화하는 경향을 보인다.

병적 도벽의 원인으로 뇌질환이나 정신 지체를 드는 경우도 있지만 주로 심리적 원인의 비중이 크다. 심리적으로 공격성과 성욕 또는 부모, 특히 어머니로부터의 사랑을 제대로 받지 못하고 관심 받지 못한 데 대한 반동 혹은 관심을 끌려는 행위의 지속으로 인한 고착이 원인이 된다. 아동기의 어머니와의 초기 경험과 관련이 있다. 아동기에 받지 못한 애정욕구를 비합법적 수단으로 회복하려고 하는 시도 또는 애정과 쾌락에 대한 대체를 위해 병적 도박이 발생한다.

일부에서는 어렸을 때 성적 욕구의 억압 결과, 자신의 성적 욕구를 분출하는 대체 수단으로서 물건을 훔치는 행동을 보인다고 분석한다. 이외에도 성적 흥분의 대치적 행동, 처벌 유도 의식, 자신에 대한 자존심 회복 등을 들 수 있다. 또한 자기애적 성향에서의 자존감을 충족하려는 시도로 보기도 하며, 어렸을 때 사랑하는 사람을 빼앗아 간 사람에 대한 복수의 의미로 물건을 훔치는 행동을 나타낸다고 보기도 한다.

윌리엄 스테켈(William Stekel)은 세 명의 남자 절도광에 대한 정신분석을 시도하였다. 세 명 모두 높은 성적 에너지를 운동에너지, 즉 훔치는 행동으로 표출하고자 한다고 하였다. 페니켈(Fenichel)은 절도광의 내면에 있는 무의식적 생각을 '그것을 나에게 주지 않는다면 내가 그것을 뺏고야 말겠다.'라고 표현했다(도상금 외, 2000: 82).

병적 도벽은 충동적이므로 계획적 범죄가 될 가능성은 낮으나 스스로 자신의 행위를 통제하기가 불가능하기 때문에 비교적 오랜 기간 계속되며 그로 인해 누범자가 될 가능성이 높다.

이와 유사하게 보이는 현상 중 여성의 경우, 특히 월경기간에 병적 도벽 행위가 일어나기 쉽다.[16] 그러나 생리기간중 시도하는 절도행위를 절도광의 범주에 포함시키

15 슈퍼나 문방구에서 절도를 한 사례 "내게 그렇게 절실하게 필요한 물건도 아니었다. 너무도 간절하게 갖고 싶어서 슬쩍한 것도 아니었다. 그저 있으면 좋은 정도, 없어도 뭐 그다지 아쉬울 게 없는 것들. 그런데도 들키지 않고 물건을 가지고 가게 밖으로 나온다는 것이 두려움과 공포가 더해지는 복합적인 감정상태가 되어 무척이나 흥미진진한 일이 되었고 일종의 성취감 같은 것도 느꼈다."

16 월경전 증후군(PMS)은 가임기 여성의 80%가 겪게 되는 현상이다. 월경에 수반되는 후유증을 겪게 되는 여성은 일정기간 동안 월경통 등의 신체적 변화와 예민한 신경상태, 긴장, 불안, 초조, 불면증 등 심리적 불안을 경험한다. 이때 일상생활에 지장을 줄 정도로 심한 경우를 일반적으로 월경전 증후군(PMS)이라 하는데 약 20%의 여성이 이에 해당한다. 이 중 일부 여성들은 통상 월경 시작 4~10일 전부터 절도행위를 하기 시작하여 월경이 시작되면서 이러한 욕구가 종료되거나 길게는 월경기간 내내 지속되는 경우도 있다. 프로스타글란딘 과잉분비와 함께 엔돌핀 불균형, 세로토닌 부족, 면역반응의 이상 등이 원인인 것으로 추측되고 있으나 아직까지 정확한 원인은 알려져 있지 않다.

는지에 대한 견해가 다르다. 일부 국가에서는 PMS(Pre-Menstruation Syndrome)를 심신장애로 간주하고 동 행위에 대하여 무죄를 선고하는 국가도 있다.

3. 방화광(Pyromania)

일반 방화범의 범행이유는 다양하다.[17] 방화광(Pyromania)은 일반적 방화범과는 다르다. 충동 심리를 기반으로 아무 데나 함부로 불을 지르는 버릇이 있는 미친 사람[18] 혹은 방화 충동을 억제하지 못해 방화를 반복적으로 행하는 자로 방화의 동기를 쉽게 찾아보기 어렵다(도상금 외, 2000: 85).[19] 범죄의 은폐, 분노, 이익이 동기가 되어 방화를 하는 것이 아닌 단지 불을 지르고 싶은 호기심, 욕구로 인하여 긴장이 고조되고 불을 지르면 안정감을 느끼는 자발적인 방화행위를 말한다(Ronald Blackburn, 2003: 73).

방화광은 검거되었을 시 불을 지른 동기를 스스로 밝히게 되면 범죄사실을 인정하는 결과가 되기 때문에 방화 동기를 부인하거나, 구체적으로 밝히지 않는다. 그러므로 방화 동기를 인정하지 않는 방화범의 경우 방화광이 될 수도 있다는 점에서 방화광의 개념이 다소 모호할 수 있다. 방화광들은 불을 지르고 나서 불이 타오르는 광경을 구경하는 과정에서 기쁨과 만족감을 느낀다.[20] 방화광은 방화 동기나 원인에 있어서 불을 지르는 행위와 불이 난 후 주위 사람들의 우왕좌왕하는 모습과 활활 타오르는 건물

---

17 방화를 저지르는 인간의 심리적 행동에 따라서 범죄의 은폐, 원한 및 보복을 목적으로 한 계획적 방화, 현실불만, 가정불화, 호기심 충족 등의 우발적 방화, 방화광(pyromaniac), 정신장애 등 습관적 방화로 구분되며 방화 목적에 따라서 다른 사람의 재물을 손상시킬 목적을 가지고 있는 손괴방화, 과거에 일어났던 어떤 불쾌한 것에 대한 복수목적인 보복방화, 스릴을 즐기거나, 인정을 받거나, 주의끌기 목적인 흥분방화, 침입, 절도, 살인범죄 등을 은닉하기 위한 범죄은닉 방화, 보험이나, 업무상 금전적인 이득을 얻기 위한 이익방화, 감정적 또는 심리적 문제로 고통받는 사람에 의한 정신이상에 의한 방화, 다양한 범죄의 동기에 의한 혼합형 방화 등으로 구분한다.

18 http://krdic.naver.com/detail.nhn?kind=korean&docid=15909500 네이버 국어사전.

19 방화광에 대한 DSM-Ⅳ의 진단기준

1. 미리 사전에 계획을 세우고 목적성이 있는 방화를 한 번 이상 실행한다.
2. 방화 이전에 긴장을 하거나 흥분한다.
3. 불과 관련되는 상황이나 불 그 자체에 대해서 매혹을 느끼거나 흥미를 느끼고 호기심과 함께 이끌린다. 예를 들면 불을 지르는 도구나 불을 질렀을 때의 상태, 또는 불을 지르고 난 뒤의 결과에 대해 많은 관심을 보인다.
4. 방화를 하거나 또는 남이 불을 지르는 것을 보면서 쾌감, 만족감 또는 안도감을 느낀다.
5. 다음과 같은 경우에는 방화광이라고 하지 않는데, 경제적인 이익을 위해서 사회정치적인 이념을 구현하기 위해서, 범죄현장을 은폐하기 위해서, 분노나 복수심을 표현하기 위해서, 생활환경을 개선하기 위해서, 망상, 환각에 대한 반응으로, 치매, 정신지체, 알코올 중독이나 마약중독으로 인한 판단장애 등이다.
6. 품행장애, 조증, 반사회성 성격장애로 인해 불을 지르는 것이 아니다.

20 2014년 10월 서울 강남구 대모산에서 발생한 방화 사건의 범인은 조울증을 앓고 있는 50대 주부였다. 그녀는 10월 30일부터 지난 11월 9일 사이 6차례에 걸쳐 대모산 30여 곳에 불을 내 임야 400평과 나무 250여 그루를 훼손한 혐의(방화)로 검거됐다. 가정불화 등에 시달리며 10년 전부터 조울증을 앓고 있는 정씨는 경찰 조사에서 "불꽃을 보면 기분이 짜릿해졌다"고 진술한 것으로 전해졌다. 정씨는 송진으로 인해 불이 잘 붙는 소나무를 골라 전단지와 신문지를 나무 틈에 꽂고 일회용 라이터로 방화했다고 경찰은 전했다. 국민일보 2014. 11. 17.

등의 시각적 결과를 통해 심리적, 성적 안정감을 얻는 것이 일반적이다.[21] 그러한 행위를 통해 방화 전까지 고조되었던 긴장이 풀리는 것을 경험하기도 하며 사정(射精)을 하기도 한다. 대부분 남자들에 의해 저질러지나 동성연애자인 경우 여자들도 성적 만족을 위해 방화하는 경우가 있다.

방화광과 관련 있는 자들의 특징으로는 대부분 건전한 사회 교제가 결여된 고립주의자들일 가능성이 크다. 방화시 자신감을 가지기 위해 술을 마시는 경우가 있으나 그들을 모두 알코올 중독자 혹은 주정뱅이로 볼 수는 없다.[22]

섹스 충족 욕구가 강하게 일어날 때는 술을 마시지 않고도 방화한다. 방화를 하는 방법으로는 휘발유 등 방화 촉진제를 사용하는 경우도 있으나 방화충동을 느낄 때에는 반드시 이러한 방법만을 사용하는 것이 아니라 라이터, 성냥 등을 이용하여 근처 신문지 등 발화도구를 사용하는 등 일정치 않다. 수회에 걸쳐 방화할 때는 방법, 발화 장소, 시간이 대체로 유사하다. 방화 장소로서는 시골에서는 주로 빈 창고, 빈 건물 등에 방화하고 주거용 건물에 대해서는 현관이나 뒷마당을 방화 장소로 사용하며 도시에서는 아파트나 연립주택의 현관 입구, 정원, 1층 난간, 지하 계단에 방화한다(소방학교, 1997: 10). 최근에는 불이 잘 번질 수 있는 갈대밭 등을 선택하기도 한다.

충동통제장애 중 절도광이 사전에 아무런 계획 없이 물건을 훔치는 데 반해, 방화광은 사전에 충분한 준비를 하고 나서 불을 지른다. 방화광은 자신의 행위로 인하여 발생하는 다른 사람의 부상이나 사망, 또는 경제적 손실에 대해서 무관심하다. 오히려 불을 지르고 기물을 파손하는 것에서 만족감을 느낀다. 따라서 다른 충동통제장애에 비해 방화광이 일으키는 피해는 결과적으로 더 심각하다고 볼 수 있다.[23]

더글라스(Douglas) 등(1992)은 흥미를 위해 방화를 하는 사람들에 대한 하위 유형을

---

21 강원도 출신의 A씨는 신학대학을 졸업한 목사로 A씨는 자신의 중고차를 타고 하루에도 서너 차례 미친 듯이 불을 질렀다. 수도권에서 개척교회를 짓고 선교활동을 하던 그는 순박하지만 갈 주변이 없는 탓에 교인을 모으지 못했다. 불을 지르기 전까지 교인이라고는 그의 식구를 빼고 딱 한 명이었다. 하나님의 응답이 올 때까지 겪는 시련의 시기로 여겼지만, 시간이 가도 신도는 늘어날 기미가 보이지 않았다. 그러면서 은연중에 정체 모를 적개심이 그의 마음을 꼬드기기 시작했다. 어느 날 골목을 걷다가 쓰레기더미에 눈길이 덤쳤다. 그는 미리 준비하기라도 한 것처럼 자연스러운 동작으로 라이터를 꺼내 불을 붙였다. 타오르는 불길을 보며 쌓이고 쌓인 스트레스가 활활 타는 듯 묘한 해방감을 맛보았다고 한다. 이렇게 시작한 '불장난'은 자동차로, 다른 교회로, 주인이 없는 주택으로 타깃을 옮기면서 이어졌다.

22 한국의 방화범에게서 발견되는 공통점 중 하나는 방화 전에 술을 마신다는 사실이다. 이는 분열적 장애자의 특징이기도 한데, 이들은 술의 힘을 빌리지 않으면 범죄를 저지르지 못한다. 그렇다고 만취할 때까지 마시지도 않는다. 불을 지를 정도의 정신은 남겨둔다.

23 남들이 보기에는 일도 열심히 하고 밝고 명랑한 성격이었던 자동차 정비사 조모씨는 5년간 사귄 애인의 부모가 그를 못마땅하게 생각해 결혼이 불가능해지자 화풀이할 대상을 찾다가 새벽 2시에 서울 용산구 서계동 한 건물 마당에 쌓아놓은 제품에 첫 번째로 불을 질렀다. 그는 체포된 이후 "불을 지르자 애인 부모 때문에 쌓인 스트레스가 해소되는 것을 느꼈다"고 밝혔다. 이후 낮에는 성실한 정비공이었던 그는 밤만 되면 동네에 불을 놓았다. 총 방화건수는 50여 건으로 체포될 때까지 계속되었다.

구분하였는데 전율을 얻으려는 사람,[24] 주의를 얻으려는 사람, 인정을 얻으려는 사람[25] 그리고 마지막으로, 성적 차원에서 방화하는 유형 등이다.

방화광의 원인에는 여러 가지가 있다. 생물학적 원인에서 보면 뇌의 기능적 결함과 뇌의 신경전달 물질 중 일부가 일반인에 비해서 낮다는 주장으로 뇌의 생화학적 분비가 반복적 방화행동과 연관이 있다고 보는 시각이다. 성적 측면에서는 사랑을 거부당한 상실감을 채우기 위해 방화하는 경우이다. 프로이드는 불이 가지고 있는 따뜻함의 느낌을 성적 흥분과 연관을 시켰다. 또한, 불꽃의 이글거리는 모양과 움직임을 남성의 성기와 연결시켰다.

페니켈도 불의 가학적이고 파괴적인 상징성을 강조한다. 방화광에 대한 사례연구에서 성적 욕구를 항상 인식하고 있으나 성적 욕구가 제대로 충족되지 않는 사람들은 자신의 성적 본능과 현실 간에 충돌이 일어나는 것을 막을 수 있는 해결책을 찾기 위해 방화한다고 주장하였다. 또는 부모의 성관계 장면이나 부모가 부정을 저지르는 모습을 목격한 충격, 어릴 때의 근친상간 경험에 대한 반응으로 이러한 행동을 할 수 있다.

어떤 의미에서 다른 사람들의 관심을 끌기 위한 소망을 나타내는 것이기도 하다. 또한 권력 추구적 차원에서는 힘이나 권력을 추구하고자 하는 심리 혹은 어렸을 때 겪었던 열등감에 대한 보상심리 역시 거론된다. 그러나 무엇보다도 부모와의 관계, 특히 어머니와의 관계가 원만하지 못하여 불만이 내재되어 있는 경우가 많으며 이외에도 욕

---

24 "예배당에서 혼자서 눈을 감고 조용한 맛을 즐기고 있는데, 갑자기 저편 아래에서 재재하는 소리가 납디다. 그래서 눈을 번쩍 뜨니까 화광이 충천하였는데, 내다보니까 언덕 아래 어떤 집이 불이 붙으며 사람들이 왔다갔다 야단이었습니다. 이렇게 말하면 어떨지 모르지만, 그다지 멀지 않은 곳에서 불 붙는 것을 바라보는 맛도 괜찮은 것이었습니다. 일어나는 불길이며 퍼져 나가는 연기, 불씨의 날아나는 양, 그 가운데 거뭇거뭇 보이는 기둥, 집의 송장, 재재거리는 사람의 무리, 이런 것은 어떻게 생각하면 과연 시도 되고 음악도 될 것이었습니다. 옛날에 '네로'가 로마의 불 붙는 것을 바라보면서, 자기는 비파를 뜯고 노래를 하였다는 것도 음악가의 견지로 보면 그다지 나무랄 것이 아니었습니다. 나도 그때에 그 불을 보고 차차 흥이 났습니다. '네로를 본받아서 나도 즉흥으로 한 곡조 두드려 볼까.' 어렴풋이 이런 생각을 하며 나는 그 불을 정신없이 바라보고 있었습니다." (전략) 참지를 못하여, 그 집 앞에 가려 있는 볏짚에다가 불을 놓았습니다. (중략) 이때에 저의 머리에 타오르는 생각은 통쾌하다는 생각과 (후략) 이후 수차례의 방화: (전략) 지향 없이 옮기면서 돌아다니다가 저는 어떤 곳에서 커다란 볏짚 낟가리를 발견하였습니다. 이때의 저의 심리를 어떻게 형용하였으면 좋을지 저는 모르겠습니다. 저는 무서운 적을 만난 것 같이 긴장되고 흥분되었습니다. (중략) 그 낟가리에 달려가서 불을 그어서 놓았습니다. (중략) 거북하고 답답하게 되는 때는 저는 뜻 없이 거리를 나갑니다. 그리고 그러한 날은 한 가지의 방화사건이 생겨나며 (후략)…. 김동인, 광염소타나 중에서

25 아르테미스 신전은 당시 최고 부자였던 리디아 왕 크로이소스(Kroisos, B.C 560~B.C 546) 때 세우기 시작하였다. 높이 20미터 정도의 훌륭한 이오니아풍의 백색 대리석 기둥을 127개나 사용한 이 신전은 완성되기까지 120년이 걸렸다고 한다. 고대 그리스의 역사가 헤로도토스가 에페수스를 방문하여 이 신전을 돌아보고는, 기자(Giza)에 있는 피라미드에도 떨어지지 않는 걸작으로 묘사하면서 찬탄을 아끼지 않았다. 그러나 헤로도토스가 에페수스를 방문한 지 1세기 정도 지난 뒤 그 훌륭하고 아름다운 신전은 어리석은 한 인간에 의해 잿더미가 되어 버렸다. B.C 356. 10월 "어차피 나쁜 일을 하려면 후세에까지 알려질 수 있는 악행을 저질러야 한다"고 생각한 헤로스트라투스라는 인간이 신전을 계획적으로 불태워 버린 것이다. 당시의 관계자들도 그 범행동기를 절대 비밀에 붙였다. 누군가 얘기를 듣고 비슷한 범죄를 꾀할까봐. 즉 모방범죄를 우려했던 것이다. 그래서 유명해지고 싶어 나쁜 일을 저지르는 범죄자를 '헤로스트라투스답다'고 하게 되었다고 한다. 알란 클리네, 세릴리아 클리네, 원미선 역, 2008: 204. 참조.

구불만이 있을 때 이를 간접적으로 회복하고자 하는 욕구의 미성숙한 표현으로도 볼 수 있다. 겔러(Geller)는 방화행동을 대인관계가 미숙한 자가 다른 사람과 의사소통을 하고자 하는 일종의 시도라고 보았다. 따라서 불을 저지르는 형위는 다른 사람들의 관심을 촉구하는 또 다른 의사표현으로도 해석한다.[26]

4. 도박광(Pathological Gambling)

도박은 인류의 역사와 함께 발전해 왔다. 희랍신화에 나오는 신들인 제우스, 하데스 그리고 포세이돈은 주사위를 던져 우주를 천국, 지옥, 바다로 나누었다고 한다. 아메리카 대륙의 원시벽화에는 도박을 하는 사람들의 모습이 묘사되어 있고, 고대 바빌로니아에서는 도박에 관한 기록이 발견되고 있다. 도박에 쓰이는 주사위는 고대 인도에서 발생된 것이며 BC 3000년 이집트에서는 이미 현재의 주사위와 같은 모양의 상아 주사위가 있었고 이것이 그리스, 로마, 지중해 연안지방으로 전래되었다. 또한, 중국에서는 위기(圍碁), 즉 바둑은 요(堯)·순(舜) 이래로 일종의 도박의 성격으로도 발전해 왔으며 화투, 마작, 골패 등도 있다.

유명인들이나 역사와 관련된 발명품[27] 중에도 도박광과 관계가 있다.[28]

도박광은 법적, 사회적 문제가 계속 발생함에도 불구하고 모든 것을 희생해서라도 도박을 하고 싶은 욕구를 억제하지 못한다. 시간이 경과함에 따라 판돈을 점차적으로 키우는 등 모든 사고가 도박에 사로잡혀 있는 경우이다(Ronald Blackburn, 2003: 73).

인간에게 있어서 오락적 성격의 도박이 그들에게는 치명적 영향을 미치는데 부적응적 도박행동은 도박광의 핵심적 특징이다(도상금 외, 2000: 102-103).[29]

---

26 현주건조물 등에의 방화죄: 사형, 무기 또는 3년 이상의 징역(형법 제164조)/공용건조물 등에의 방화죄: 무기 또는 3년 이상의 징역(형법 제165조)/일반건조물 등에의 방화죄: 2년 이상의 유기징역(형법 제166조)/산림방화죄: 타인소유의 산림방화죄 7년 이상 유기징역(산림법 제119조)

27 샌드위치는 18세기 '샌드위치'가(家)의 4대 백작인 존 몬터규(John Montagu, 4th Earl of Sandwich)로부터 유래되었다. 그는 잠도 자지 않고 도박에 열중을 하여서 하루 24시간 동안 도박을 했다. 그는 도박 때문에 밥 먹을 시간을 할애하기가 아까워 당시 귀족들에게는 생소한 방식인 빵 사이에 얇게 썬 햄과 야채를 먹는 빵에 끼워 가져오게 했는데, 이때부터 이런 형태의 음식을 '샌드위치'라고 부르게 되었다고 한다. 존 몬터규 백작 역시 도박광의 소질이 있었던 것으로 추정된다.

28 샌드위치를 개발했던 샌드위치가의 4대 백작인 존 몬터규 백작이 좋은 예이다. 오스트리아의 유명한 음악가 모차르트는 1791년 12월 5일 겨우 35세의 젊은 나이로 요절하기 전까지 타고난 도박광으로 자기의 운을 트럼프나 당구로 시험해 보곤 했다. 그러나 자신의 음악만큼 도박에 소질이 있는 것은 아니어서 말년에는 남들로부터 돈을 꾸는 편지를 쓰면서 소일하는 곤궁한 생활을 계속하였다(http://k.daum.net/qna/view.html). 러시아의 유명한 작가 도스토예프스키도 도박광으로도 유명하다. 그는 룰렛광으로 자신의 행위에 대하여 늘 참회를 하곤 하였으나 이를 결국 지키지 못했다. 심지어 그의 소설 중 도박자라는 소설이 쓰인 과정은 도박을 위해 원고료를 가불한 후 이를 갚기 위해 속기사를 고용하여 완성한 작품이라고 한다.

29 도박광에 대한 DSM-VI의 진단기준은 아래 사항 중 다섯 개 이상 항목에 해당되는 도박행동이 비적응적 성격을 띠고 지속적이고 반복적으로 일어나는 것을 말한다.

에드몬드 버글러(Edmund Bergler)는 도박꾼에 대한 분석에서 노름이나 도박을 하고 싶은 충동으로 인해 반복적 도박을 하게 되는 행동으로 몇 가지 특징을 제시하고 있다.

그들은 전형적으로 자주 모험을 거는 경향이 있다. 자신은 돈을 잃지 않을 것이라는 낙관적 시각을 가진다. 따라서 돈을 따고 있는 동안 그만 둘 시기를 제대로 맞추지 못하고 돈을 계속 딴 후 한꺼번에 돈을 거는 행동을 한다. 이는 실패할 가능성이 크지만 도박 중 즐거움과 스릴감을 가장 크게 느끼는 순간이다(도상금 외, 2000: 101). 이외에도 도박중독자는 일반적으로 스트레스에 대한 참을성이 적고, 단기적 만족을 추구하는 경향이 강하다. 통상 돈을 잃고 난 이후 후회하거나 우울증을 보이지만 그렇다고 단호하게 이를 끊는 것이 아니라 잃고 난 돈에 대한 집착이 강하여 쉽게 도박을 끊지 못한다. 그리고 무엇보다도 자신의 도박행위에 대하여 한번만 하고 그만 두겠다는 등의 변명과 문제 회피를 통하여 자신을 합리화한다.

도박광은 여자보다 남자들이 훨씬 많으며 청소년기나 초기 성인기에 시작되어 전형적으로 만성적 양상을 나타낸다. 도박광의 경우 부모의 양육방식이 부적절하거나 일관적이지 못하며, 일찍이 도박과 접할 수 있는 기회가 많고 물질이나 금전에 가치를 두나 저축, 예산, 미래에 대한 경제적 계획을 그다지 중요시 하지 않는 가족 분위기 등이 선행요소가 될 수 있다. 따라서 주변의 직계 친척에서 도박광이 있으면 그 사람도 도박광이 될 수 있는 확률이 높다. 이는 알코올 중독과 유사하게 도박광에서의 유전적 요인의 존재 가능성을 시사하는 것이다. 전형적으로 남자는 초기 청소년기에, 여자는 인생의 후기에 시작될 수 있다. 이러한 양상은 대개 오랜 시간을 두고 만성적으로 발전한다.

원인으로서 정신분석 이론에서는 도박을 공격적 성적 에너지의 방출 욕구를 무의식적으로 대치하는 것이라고 보았다. 오이디푸스 콤플렉스로 인한 죄책감으로 처벌을 스스로 원하기 때문에 도박을 하게 된다. 도박을 통해 마음의 갈등을 지속적으로 발생시키려고 한다는 것이다. 따라서 어린 시절 가질 수 있는 전지전능함과 우울에 대한

1. 도박에 집착한다. 과거에 있었던 도박경험을 자주 생각하며 다음 번 돈을 걸었을 때 승산을 예상하거나 계획하며 도박을 통해 돈 벌 수 있는 방법에 집착한다.
2. 돈의 액수가 증가함에 따라 흥분감이 커진다. 그러므로 흥분감을 고조시키기 위해 돈의 액수를 늘리면서 도박하려는 경향이 강하다.
3. 스스로 도박행동의 조절, 감소, 중지 노력이 수포로 돌아간다.
4. 도박행동의 감소 내지는 중단을 시도할 때 불안감을 느끼거나 신경이 날카로워진다.
5. 무기력, 죄책감, 불안감, 우울증 등 정신적 문제에 직면했을 때 또는 불쾌한 감정이 들었을 때 여기에서 벗어나기 위한 하나의 수단으로 도박을 택한다.
6. 도박으로 돈을 잃고 난 후 이를 만회하기 위해 다시 도박판을 찾는다.
7. 자신의 도박탐닉 상태에 대하여 주위 사람들에게 거짓말을 한다.
8. 도박자금의 조달을 위해 지폐위조, 사기, 절도, 공금횡령과 같은 불법행위를 자행한다.
9. 도박이 원인이 되어 대인관계가 위협을 받거나 직업상, 교육상의 기회, 출세 기회를 상실하게 된다.
10. 도박으로 인한 절망적 경제상태에서 벗어나기 위해 타인으로부터 돈을 빌린다.

방어심리, 반복적 자위 충동에 대한 아동기 욕구 등이 도박광과 관련이 있다.

행동주의 관점에 있어서는 도박 원인으로 강화개념을 사용한다. 강화란 행동의 학습에 있어서 동기를 부여하는 개념이다. 도박의 경우 도박과정에서 강한 흥분 자극이 도박행동에 있어서 강한 정적 강화물이 될 수 있다. 도박광들은 돈을 잃는 것과 상관없이 계속 도박을 한다. 돈을 잃는 것은 부적 강화물, 즉 도박을 하지 않도록 강화하는 것인데도 불구하고 도박을 계속하는 것에 대한 설명은 정적이건 부적이건 강화가 불규칙적으로 이루어지는 간헐적 강화가 되기 때문에 행동이 더욱 유지된다는 설명이 설득력이 있다. 즉 행동에 있어서 불규칙적인 보상으로 인한 행동의 유지인 것이다.

또한, 강화물의 제공에 있어서 강화속도가 느린 것보다는 빠른 것의 형태에서 병리적 도박의 가능성이 더 높다. 일주일이 경과하여야 지급이 되는 복권보다는 즉석에서 결과를 알 수 있는 종류의 도박이 더욱 중독성이 강하다고 할 수 있다. 그리고 어렸을 때부터 도박과 관련된 분위기 속에서 성장한 아이들은 주위 사람들의 도박행위와 쉽게 접하게 되며 이러한 것은 모델링효과를 통한 학습과 연관될 수 있다. 또한 비현실적 낙관주의를 원인으로 들기도 한다. 지속적으로 실패하면서도 언젠가는 성공할 수 있을 것이라는 개인이 현실을 제대로 직시하지 못하고 왜곡된 현실 속에 빠지는 것이다. 이는 정신분석적 입장에서의 전지전능함과 유사하다고 할 수 있다.

도박광들은 내성이나 금단증상과 같은 여러 임상적 특징들을 보인다. 우선 병적 도박과 우울증과의 상관관계 측면에서 보면 도박광이 우울증의 또 다른 형태라는 시각도 있다. 충동통제장애의 입장에서 접근하면 도박광은 결과적으로 자신의 도박충동을 통제하지 못한 결과이다. 일반인들 역시 도박을 하긴 하나 도박광과 같은 현상은 보이지 않는다. 그러므로 도박광을 강박증 충동장애와 맥을 같이 하는 것으로 본다. 실제로 도박광들 중에는 강박장애의 비율이 높다고 보고되고 있다(도상금 외, 2000: 112-120). 단지 도박 그 행위만으로 범죄가 될 수 있지만 이외에도 도박으로 인한 추가적이고 파생적인 범죄가 발생하기도 한다.[30]

5. 발모광(Trichotillomania)

강박적으로 머리털을 뽑아내는 행동 또는 스스로 자신의 모발을 뽑으려는 억제할

30 실제 지난해 인터넷 도박으로 수억원을 날린 신모(26) 씨는 돈을 마련하기 위해 가족을 살해한 뒤 보험금을 타내기로 마음 먹었다. 타 지역에서 직장생활을 하고 있는 여동생을 찾아가 독극물을 먹여 살해했으며 이에 앞서 아버지도 같은 방법으로 살해했다. 신 씨는 여동생의 명의로 가입된 보험금 1억원을 신청했지만 수탁자가 달라, 결국 보험금을 손에 쥐지 못했다. 이러한 혐의로 기소된 신 씨에게 검찰은 사형을 구형했지만 청주지법 제천지원은 그에게 무기징역을 명했다.
http://www.cctoday.co.kr/?mod=news&act=articleView&idxno=961478 (2016. 3. 7.)

수 없는 충동을 설명하기 위해 1889년 프랑스 피부과 의사인 할로포(Hallopeau)는 발모광(Trichotillomania)이란 용어를 처음 사용하였는데 Hair Pulling이라고도 한다. 발모광은 지속되는 스트레스 등으로 인해 머리카락, 눈썹 등이 없어져 맨살이 드러날 때까지 습관적·지속적으로 자신의 머리카락이나 몸에 난 털을 반복적으로 뽑는 상당히 드문 현상이다. 머리카락을 뽑는 행동에서 즐거움을 느낀다든지, 머리카락을 뽑고 나면 긴장감이 해소되는 기분을 느낀다(Ronald Blackburn, 2003: 73).

대개의 경우 머리카락을 뽑는 행동 자체를 부인하면서 이로 인해 생기는 탈모부위를 가발 등으로 은폐하려는 경향을 보인다. 성인 중에서는 여성이 남성에 비해 9배 정도 많다. 남성은 다리 털, 수염 등을 뽑는 경우도 있다. 그러나 소아의 경우에는 여자아이와 남자아이의 발모광 환자 수의 비율이 거의 동일한 것으로 볼 때, 남성이 여성에 비해 치료에 적극적이지 않기 때문에 드러나지 않는 것일 수도 있다. 주로 머리카락이 없는 부분은 자주 쓰는 손의 반대쪽 머리에 생기는 경향이 있다. 즉 왼손잡이는 주로 오른쪽에, 오른손잡이는 주로 왼쪽 부위의 털을 뽑는 것으로 보고되고 있다.

머리를 뽑고 난 이후에는 뽑은 적이 없으며 왜 빠졌는지 그 이유를 모르겠다고 자신의 행동을 부정하기도 한다. 머리카락이 아닌 눈썹, 속눈썹, 음모를 뽑는 발모광도 있다. 이러한 증상이 나타나는 시기는 대개 20세 이전이며 특히 5~8세 사이, 13세 정도의 나이에서 머리카락을 뽑기 시작한다(도상금 외, 2000: 132).[31] 발모광이 흔히 보이는 행동은 머리카락, 눈썹, 속눈썹을 뽑아 모근을 검사하거나 머리카락을 비틀어 뽑거나, 머리카락을 이 사이에 넣고 당기거나 먹는 행동들이다. 뽑힌 모발을 빨거나 먹는 것을 칭하는 일명 모식증(Trichophagy)은 모발을 먹는 행위로 인하여 위장 속에서 위모구를 일으켜 복부 통증, 구토, 변비 등을 일으키거나 최악의 경우 죽음에 이를 수도 있다.[32]

상실된 탈모 부위는 원형을 이루거나 선상으로 나타나기도 한다. 때로는 모발을 뽑는 대신 비벼서 모발을 부수기도 한다. 잠들기 전에 또는 TV 시청시 무의식적으로 두발이나 모발을 뽑는다. 모발을 뽑는 행위, 비벼 꼬는 행위, 입으로 물거나 손톱을 뜯

---

31 DSM-IV에서 진단하는 발모광의 기준으로
1. 머리카락을 반복해서 뽑으므로 대머리가 되는 것이 눈에 띌 정도로 관찰된다.
2. 머리카락을 뽑는 행동을 하기 직전에 긴장이 증가되며 머리카락을 뽑지 않으려고 할 때는 긴장감이 높아진다.
3. 머리카락을 뽑는 행동을 할 때마다 쾌락, 만족감, 해방감을 느낀다.
4. 머리카락을 뽑는 행동이 다른 정신장애에 의한 것이 아니어야 하며 피부과 질환과 같은 일반적 의학 상태로 인한 것이 아니어야 한다.
5. 이러한 행동으로 인해 사회적, 직업적 기타 중요한 기능 영역에서 임상적으로 심각한 고통이나 장애를 초래한다.

32 인도 뭄바이의 11세 소녀가 복통으로 병원에 입원했고, 그녀가 외과수술을 받는 도중 의사들은 30cm 길이의 머리카락 뭉치를 발견해 제거했다. 이 소녀는 평소 머리카락을 자주 뽑아 먹었는데, 이것들이 배 속에서 모여 무려 10파운드(4.5kg)에 달하는 머리카락 뭉치를 만들 지경에 이르렀던 것. 의사들은 소녀가 정신질환인 발모광(trichotillomania)일 가능성이 높은 것으로 진단했다.
http://abcnews.go.com/Health/PainManagement/story?id=6332680&page=1

는 것과 병행하기도 한다. 최근 성인에게서 주로 나타나던 발모광이 초등학생 등 소아에서까지 나타나고 있는데 아동의 경우 학업 성적이나 학교에서의 경쟁의식이 스트레스로 작용하는 것으로 추정된다.[33] 우리나라에서는 중·고등학교를 다니는 여학생들 중 입시나 공부 스트레스가 과다한 경우에 자신의 모발을 뜯는 경우가 많은데 이는 학업과 관련된 스트레스와의 상관성을 의심해 볼 수 있는 부분이다. 다른 사람들은 발모광 현상을 잘 관찰하기 어렵지만 환자와 같이 일상적 생활을 하는 가족들은 이러한 현상을 비교적 잘 관찰할 수 있다.

발모광의 원인으로서는 심리적 측면에서 여러 가지를 들 수 있다. 스트레스와 연관된 여러 복합적인 환경 또는 원만하지 않은 모자관계, 홀로 남겨지는 것을 두려워하는 심리, 그리고 중요한 대상을 잃어버린 결과 이에 대한 상실 등이 심리학적 요인으로 작용한다. 강박적 행동 또는 피학증(Masochism)의 결과 혹은 긴장해소나 자위행위의 대치 등으로 보는 견해도 있다. 대부분 어렸을 때 상당히 정서적 결핍 경험을 했으며 이로 인해 애정과 신체접촉에 대한 강한 욕구를 가지고 있어 머리카락을 뽑는 것과 같은 미 발달적이고 왜곡된 방식으로 애정에 대한 욕구를 만족시킨다고 설명하고 있다. 주로 어렸을 때 정서적으로 상당히 스트레스를 받았거나 환자의 엄마는 충분한 사랑을 베푸는 쪽보다는 거부적이고 가학적이어서 비난에 익숙한 것으로 나타나고 있다. 아버지의 경우 약하고 무능한 것으로 인식된다. 즉 정서적 결핍경험으로 인한 애정과 신체접촉에 대한 강한 욕구로 인해 애정에 대한 욕구를 만족시키기 위한 하나의 방편으로서 이 방법을 택한다는 것이다. 따라서 심리학적 측면에서는 구강기, 항문기 또는 남근기 중 어느 시기에 고착되었거나 퇴행된 결과로 보기도 한다.

또한 자기에 대한 증오심, 자기를 없애고자 하는 마음, 또는 사랑하는 대상을 상실한 것을 대체하고자 하는 행동 등을 상징하는 것으로 여긴다. 발모광이 심할수록 우울도 심한 경우가 많으며 불안과 관련해서 머리카락을 뽑는 양상이 다르다는 보고도 있다. 그러므로 특히 정신·정서적인 문제, 부모-자녀간의 관계에 문제가 있는 아동들에게 이런 증상이 생길 수 있다.

강박증 원인을 심리적 요인 이외에도 최근 분자영상학 발달로 뇌 신경학적 변화를 확인할 수 있게 되면서 생물학적 측면에서 뇌의 기능적 이상, 특히 신경계통 호르몬인 '세로토닌 시스템의 이상'이 강박증의 주요한 발병 원인으로 보고되고 있다(한국일보,

33 경희의료원 소아정신과 반건호 교수가 2002년부터 3년간 소아 발모광 환자 6명을 심층 분석한 결과, 모두 낮은 자존감과 부정적 자아상을 가지고 있는 것으로 나타났다. 증상이 시작되던 시기나 그 이전에 학업이나 대인관계 등과 관련된 스트레스도 있었던 것으로 나타났다. 그리고 과거의 병력과 임상심리검사상에서 충동성보다는 불안감이 시사되는 것으로 나타났다. 반건호 교수는 "비록 사례의 수가 적지만 위와 같은 결과로 미루어 볼 때 낮은 자존감과 부정적 자아상을 가지고 있는 공통점이 발모광의 유발요인으로 볼 수 있을 것"이라고 말했다. http://www.khmc.or.kr/busok/sense/sence21_20.htm

2016. 01. 18). 대뇌의 세로토닌(Serotonin)[34] 장애 등 생물학적 원인 등을 들 수 있다. 최근의 한 생물학적 연구는 신경세포와 뇌 사이에서 화학물질을 전달해주는 시스템과 관련하여 일련의 혼란이 일어나 발모증을 일으킨다는 의견을 제시하였다. 여기에 여러 복합적 요소(유전적인 부분, 축적된 스트레스, 환경)들이 작용하여 발모증의 원인이 된다는 것이다.[35]

6. 인터넷 중독(IA: Internet Addiction)

현대사회에서의 생활과정에서 여러 종류의 고달픔과 어려움을 극복하기 위해서는 술이나 담배, 약물 등이 사용되기도 한다. 그러나 인터넷[36]의 발달로 새로운 매개체를 통해 가상공간속에서 나름대로의 안정을 추구하는 것이 일반화되어 있다. 특히 우리나라는 전 세계적으로 인터넷 강국이라는 명성을 얻고 있다. 그러나 그 이면에는 인터넷 혹은 게임과 관련된 중독현상 역시 세계적이다. 2007년 한국정보문화진흥원에서 월 1회 이상 인터넷을 이용한 만 9세 이상~39세 이하 전국 남·여 2,000명을 대상으로 실시한 인터넷 중독 실태조사에서 진단 결과별로 고위험사용자의 인터넷 이용시간이 평일 평균 3.4시간, 주말/휴일 평균 4.9시간으로 잠재적 위험사용자군(각각 2.0시간, 2.6시간), 일반사용자군(각각 1.9시간, 2.2시간)보다 하루 평균 인터넷 이용시간이 긴 것으로 조사되었다(김병구 외, 2007: 31).

한국에서의 인터넷 초기 단계에서는 전화 사용요금이 600만원을 넘는 등의 부작용과 이에 따른 청소년의 가출, 자살 등의 사례 등도 보도[37]된 바 있다. 마케팅 조사전

---

34 세로토닌은 뇌 속에서 수용체와 결합해 불안감을 조절하는 대표적인 신경 호르몬 중 하나로, 세로토닌 분비량이 적거나 붙어있어야 하는 수용체에서 빨리 소실되면 '세로토닌 수용체 밀도'가 낮아지므로 강박장애가 나타날 수 있다.

35 http://www.nmha.org/go/information/get-info/trichotillomania

36 전 세계 인터넷 사용자 수가 2015년 말 기준으로 약 32억 명에 달했다고 23일 발표한 조사 보고서에서 밝혀졌다. 한편, 인터넷에 접속할 수 없는 사람의 수도 나왔는데, 약 41억 명인 것으로 나타났다. 세계 액세스 상황에 대한 연례 조사 보고서 State of Connectivity에 따르면 2015년에는 2억 명의 새로운 사람이 인터넷을 사용할 수 있게 되었고, 좀 더 저렴해진 이용 요금과 세계적인 소득 증가가 그 배경에 있다고 한다. http://postmumble.tistory.com/56 (2016. 2. 23.)

37 2008년 7월 한국교육개발원의 인터넷 중독현황에 따르면 전체 국민의 9.2%가 전문가의 도움이 필요하거나 중독의 위험을 가진 인터넷 중독자라는 조사 결과가 나왔다. 특히 청소년 인터넷 중독 비율은 14%에 달해 정보화 역기능 예방 교육의 필요성이 제기되고 있다. 전체 인터넷 이용자의 1.7%는 고위험 사용자, 7.5%는 잠재적 위험 사용자로 총 9.2%가 인터넷 중독자로 나타났다. 청소년의 경우 고위험 사용자는 2.1%, 잠재적 위험 사용자는 11.9%로 총 14%를 보여 성인들보다 훨씬 높았다. 초등학생 고위험 사용자는 1.2%로 전체 평균보다 낮았지만 중학생은 2.5%, 고등학생은 2.9%로 전체 평균보다 크게 높았다. 잠재적 위험 사용자군도 초등학생 11%, 중학생 12%, 고등학생 11.9%로 성인들보다 훨씬 높게 나타났다. 연령대로 보면 20~24세는 고위험 사용자가 0.9%로 가장 낮았고 잠재적 위험자는 10%로 나타났다. 25~29세 인터넷 이용자의 고위험·잠재적위험자는 각각 2%와 5.5%, 30~34세는 4.3%, 3.1%, 35~39세는 1.2%, 3.1%로 각각 나타났다. 교육과학기술부, 2008년 국정감사 자료 "인터넷 중독 현황"

문기업인 AC닐슨에서 '2006~2007 미디어 인덱스' 조사 결과, 한국이 가정 내 PC 보유율과 인터넷 사용률에서 세계 1위를 차지했다고 밝혔다. 한국인은 80%가 일주일에 1회 이상 인터넷에 접속하고 있으며 컴퓨터 보유율은 88%로 나타났다.[38]

인터넷을 통하여 심리적 위안을 얻는 의존증인 인터넷 중독장애(Internet Addiction Disorder: IAD)는 장애 진단에는 포함되지 않지만 인터넷 증후군(Internet Syndrome), 웨바홀리즘(Webaholism), PC중독 등으로 불리기도 한다. 인터넷 중독 장애(IAD)라는 용어는 1996년 정신과 의사인 이반 골드버그(Ivan K. Goldberg)가 처음으로 사용하였으며 이후 인터넷 중독은 인터넷 중독 자가진단을 고안[39]하는 데 공헌이 큰 미국 피츠버그대학의 킴벌리 영(Kimberly S. Young) 박사 등에 의해 체계화되었다.

인터넷의 특징으로는 비디오나 TV와 달리 인터넷과 컴퓨터를 이용하여 적극적·능동적 상호작용을 할 수 있다는 점에서 더욱 그 해악이 심각할 수 있다. 특히 이러한 활동이 지속적일 때에는 대인관계의 기피로 인한 사회적 고립발생현상, 폭력, 성적 행동 유발가능성의 잔존, 그리고 상습 또는 중독 등이 문제점으로 지적되고 있다.[40] 그러므로 인터넷 중독은 유희성, 익명성, 친밀성, 강박성, 다중 인격체험이라는 특성을 가진다.

인터넷 중독은 주로 청소년들에게 많이 발생하나 성인들에게도 광범위하게 퍼져 있다. 구체적으로 인터넷을 이용한 게임·채팅·음란물·인터넷 도박·정보검색·인터넷 쇼핑 중독들이 이에 해당된다. 인터넷 중독 여부를 알아보기 위한 주요 증상에는 첫째, 인터넷 접속을 하지 않으면 불안한 심리, 둘째, 일단 접속을 시작하면 시간 조절을 하

---

38 미 오리건건강과학대의 제럴드 블록 박사는 미국 정신과 학회지 2008년 3월호 칼럼에서 "인터넷 중독은 정신장애 진단매뉴얼(DSM-V)에 포함돼야 한다"며 한국 청소년보호위원회의 지난해 심포지엄 자료 등을 인용해 한국의 사례를 소개했다. 블록 박사는 "한국의 인터넷 카페에서 심폐 관련 사망사고가 10건 일어나고 1건의 게임 관련 살인사건이 발생한 뒤 한국 사회는 인터넷 중독을 가장 심각한 공중 보건 이슈로 여기게 됐다"며 "한국에는 1,043명의 전문 카운슬러가 있고 190개의 병원과 치료센터가 학교와 연결돼 있다"고 소개했다. 그는 또 "한국 정부 자료에 따르면 6~19세 청소년 중 약 21만 명이 (인터넷 때문에) 고통받고 있어 치료가 필요하다"며 "그 중 80%는 심리학적 약물 투여가, 20~40%는 입원과 치료가 필요할 수도 있다"고 밝혔다. 블록 박사는 또 "한국 고교생들은 1주일에 평균 23시간 동안 게임을 하고, (현재 인터넷 중독자 이외에) 120만 명 가량이 추가로 중독에 빠질 위험이 있다고 한다"고 소개했다. 동아일보. 2008. 3. 24.

39 동일한 12개월 기간 동안에 다음의 항목 중 적어도 3가지 이상을 만족시키는 비 순응적인 행동유형을 보여 임상적으로 유의미한 장애나 고통을 유발하는 경우 인터넷 중독을 의심할 수 있다.
1) 항상 인터넷에 대해 생각한다.
2) 처음 생각했던 것보다 더 많은 시간을 접속해야 한다.
3) 인터넷을 사용하지 않기 위해 계속 노력하지만 실패한다.
4) 인터넷을 사용하지 않으면 불안하거나 우울하다.
5) 인터넷 사용 시간을 늘려야 만족스럽거나 계획을 추진할 수 있다.
6) 중요한 인간관계나 직업, 교육, 경력상의 기회가 위협받는다.
7) 인터넷에 빠져 있다는 것을 숨긴 적이 있다.
8) 문제로부터 도피하기 위해 인터넷을 사용한 적이 있다.

40 한국에서는 이러한 인터넷 또는 게임 중독증환자가 가족을 포함한 주위사람들과의 접촉을 일체 회피하고 수개월 또는 수년 이상 혼자서 고립되어 생활하는 것을 은둔형 외톨이라는 용어로 표현하고 있다.

지 못하는 경향, 셋째, 인터넷 사용이 나쁜 영향을 미친다는 사실을 인식하면서도 이를 끊지 못하는 현상, 넷째, 이러한 행동에 대한 염려 등으로 인하여 정상적 생활에 현저한 영향을 미치게 되어 정신적, 신체적으로 문제가 발생하는 현상이다. 인터넷 사용으로 인한 내성은 인터넷 사용 시간을 연장함으로써 업무의 효율성을 하락시키며 금단 증상을 일으키기도 한다. 구체적 증상으로는 정신적 금단과 신체적 금단현상을 포함하는데 강박감, 무의식적 파괴행동, 손가락 움직임이 제대로 기능하지 않는 것 등이 그것이다.

인터넷 중독의 유형으로는 인터넷 자체의 중독, 각종 정보와의 접촉, 채팅에 몰두하거나 마우스 클릭 등을 통해 무엇이든 손에 넣을 수 있다는 환상 등이 있다. 게임중독으로는 네트워크 게임중독, 스타크래프트 중독, 인터넷 포르노 중독 등이 있다. 만일 장기적으로 인터넷 사용을 중지하거나 사용을 억지로 금지했을 때는 불안, 초조감, 강박감 등이 나타날 수 있다.

인터넷 중독의 심리적 특성은 충동성, 사회성 결여, 낮은 자아존중감, 우울감 등으로 구분할 수 있다. 충동성이 강하면 인터넷에 대한 욕구를 조절하기 어렵게 되므로 인터넷 사용시간이 자연히 길어지게 된다. 사회성이 결여된 사람들은 사회로부터의 고립 또는 도피경향을 보인다. 이러한 수단으로 인터넷을 선택했다면 중독될 수 있는 가능성은 매우 커진다. 가상세계가 주는 익명성 또한 타인과 직접적인 접촉 없이도 가상의 사회생활이 가능하다는 결론에 이른다. 현실에서 자아존중감이 낮은 사람들에게 사이버 공간이란 자아존중감을 고양시킬 수 있는 매우 유혹적인 공간이다. 특히 타인에게 인정받지 못한 경험이 많은 사람들은 사이버 공간을 최대한 활용하여 자신만의 세계를 구축할 수 있는 장점을 만끽할 수 있다. Young과 Rogers(1997)는 인터넷을 사용한 온라인 조사를 통하여 259명의 중독증상을 보이는 사람들은 중등도의 우울을 보이고 있음을 밝혔다. 또한 Young(1999)은 그의 책 'Caught in the net'에서 인터넷 중독자의 54%가 우울증 경력을 가지고 있음을 보고했다. Gunn(1998) 역시 인터넷 중독을 보이는 사람들의 우울성향을 조사한 결과 우울함과 내향적 성격을 지닌 사람이 인터넷 중독을 보일 확률이 더 높다는 결과를 보고했다(김병구 외 2007: 9-10).

인터넷 중독과는 유사한 중독증상인 오락중독증 역시 커다란 사회문제로 대두되고 있다. 컴퓨터 오락 역시 인터넷을 통해 이루어질 수 있으므로 반드시 구분하여야 하는가에 대한 의문은 있다. 그러나 컴퓨터 오락이라는 분야가 최근 들어 워낙 광범위하고 이로 인한 폐해가 심각하므로 이에 대한 언급은 불가피하다.

오락이 청소년에게 미치는 심리적 폐해는 심각하다. 오락은 비디오나 TV와는 달리 쌍방향적이므로 실시간으로 상호작용이 가능하다. 따라서 오락중독이 되면 주위 사람들과의 정상적 관계를 기피하게 되어 사회적으로 고립되기 쉽다. 이러한 경향이 지속적이고 반복적으로 될 때에는 정상적 사회생활이 불가능하게 되며 궁극적으로는 폐인이 될 수 있는 가능성이 높다. 의학적 측면에서의 부작용으로 혈류의 정상적 순환을 방해하여 급사하는 사례 역시 발견되고 있다.

범죄와 관련하여 문제가 될 수 있는 것은 오락게임에서 등장하는 폭력성과 선정성이다. 폭력 장면을 접하게 되면 어리면 어릴수록 현실과 가상세계를 구분하지 못하게 된다.[41] 폭력적 방식으로 문제를 해결하는 것을 정상적 방식으로 인식하게 된다면 어떤 상황에 대처하는 데 있어서 폭력을 사용할 수 있다.[42]

컴퓨터 오락은 상습성이 있으므로 학생의 경우 학업과 정상적 학교생활에 지장을 초래하기 쉽다.[43] 오락에 탐닉하는 이유로서는 일단 한번 빠지면 다른 것을 쉽게 잊어버릴 수 있다는 점과 다른 사람이 알아주지 않는 상황에서도 오락은 스위치를 켜면 자신을 상대해 준다는 쌍방향적 반응이 스스로를 주위로부터 고립시키고 탐닉하게끔 하는 주요 요인이 된다.

7. 쇼핑중독증

쇼핑중독증이란 '필요하지 않은 상품을 마구 구입하고 자기가 구입한 상품이 뭔지 제대로 기억도 못하면서 쇼핑이 불가능해지면 심리적·육체적 부작용이 일어나는 상태'

---

41 사람을 죽이고 싶어 했던 중학생이 자신의 동생을 대상으로 실제 살해한 사건이 모 지방도시에서 발생하였다. 그는 자신의 아이디를 좀비라고 정하고 사람을 죽이는 데 필요한 도끼 등을 준비하여 닭 뼈 등을 가지고 뼈를 부수는 연습을 하였으며 사건 당일 자신의 부모들이 모두 외출한 틈을 타서 자신의 동생을 살해하였으며 이어 다른 성인까지도 살해하려 하였으나 뜻을 이루지 못하였다.

42 지난 23일 일본 이바라키(茨木)현 쓰치우라(土浦)시 전철역 구내 등에서 무차별 살상극을 벌인 범인이 평소 전자 게임에 몰두, 게임 감각으로 범행을 저지른 것으로 드러나 충격을 주고 있다. 25일 일본 언론들에 따르면 행인을 대상으로 무차별 칼부림을 벌여 1명을 숨지게 하고 7명에 중경상을 입힌 가나가와 마사히로(金川眞大 24) 용의자가 최근 몰두해 온 게임내용과 이번 범행수법이 비슷한 것으로 경찰조사에서 밝혀졌다. 이 용의자는 체포 당시 메고 있던 배낭 속에 휴대용 게임 소프트를 지니고 있었는데, 이 소프트는 최근 발매된 지 얼마 안 된 것으로 주인공이 손에 흉기를 휘두르며 마주치는 행인들을 잇달아 쓰러뜨리는 내용이 범행과 흡사하다는 것이다. 고교 졸업 후 아르바이트 이외에 일정한 직업 없이 집안에 틀어박혀 게임에 열중해 온 그는 집 근처 게임센터에서 게임을 하는 모습이 자주 목격됐으며 주요 게임 메이커가 주최하는 대회에도 참가한 적이 있을 정도로 '게임광'인 것으로 알려졌다. 경찰은 며칠 전에도 1명을 살해, 수배중 또다시 살상극을 벌인 이 용의자가 "누구라도 좋다. 사람을 죽이고 싶었다"고 진술한 점 등으로 미뤄 평소 몰두해 온 게임과 범행과의 상관관계가 있을 것으로 보고 범행동기를 집중 조사하고 있다. 2주 전 흉기를 구입하는 등 사전에 치밀하게 범행을 계획한 이 용의자는 범행 후 역 근처 경찰 지구대로 가 자수하였으며 체포되기 전 "빨리 나 잡아보라"며 경찰수사를 비웃는 전화를 경찰에 거는 등 상식을 뛰어넘는 엽기적인 모습을 보였다. 연합뉴스. 2008. 3. 23.

43 인터넷 정보검색, 블로그 구경, 뉴스, 쇼핑 등으로 초등학교 5학년 이후 하루 최소 3시간에서 최대 12시간 정도 약 10여 년 이상 인터넷을 한 인터넷 중독 피해현상을 소개하면 첫째, 오랜 시간 동안 컴퓨터 앞에서 고정된 자세로 앉아 있었기 때문에 거북목 증후군이 있다. 둘째, 성적 저하 및 집중력 저하, 셋째 인터넷 용어로 귀차니즘이라고 불리는 무기력증, 넷째, 우울증 및 불안감 다섯째, 인내심 저하 및 신경질적인 반응, 여섯째, 컴퓨터를 하기 위해 다른 친구들과 어울리지 못하는 점 등을 들었다.

를 말한다. 물건을 습관적으로 사면서 쾌감을 느끼는 사람인 쇼핑중독자를 일컫는 쇼퍼홀릭(Shopaholic)[44] 또는 의학용어로는 오니오마니아(Oniomania) 혹은 독감 바이러스에 비유해 '어플루엔자'(Affluenza)[45]라고 사용되기도 한다. 홈쇼핑과 온라인으로 '사자' 주문을 내지 않으면 허전해서 견딜 수가 없는데 슬프거나 외롭고, 화가 날 때도 서슴없이 쇼핑을 하고 감정의 장벽을 넘나들며 물건을 사들이는데 그 도가 갈수록 높아지는 게 보통이다. 역사적으로 쇼핑으로 유명한 여성은 프랑스 왕비 마리 앙투아네트, 링컨 대통령 부인인 매리 토드 링컨, 케네디 대통령의 부인 오나시스, 필리핀의 마르코스 대통령 부인 이멜다 등을 들 수 있다.[46]

충동구매는 제시된 정보나 자극 등에 의해 구매자가 물건의 경제성 혹은 효용성에 대한 별다른 생각 없이 일시적으로 반응하는 구매행동이며 이와 유사한 개념으로 강박구매(Compulsive Buying)가 있는데 강박구매는 부정적인 사건발생이나 순간적인 기분에 따라 만성적, 반복적인 구매를 의미한다.

1998년 영국 옥스포드 경영 대학원의 설문조사 결과에 따르면 쇼핑중독증은 통상 인구의 2%로 이들 중 90%가 여성으로 구성되어 있다. 쇼핑중독증의 약 40%는 섹스에 거의 혹은 아예 관심이 없으며 대신 쇼핑으로 자신의 관심을 대치하는 경향이 있다. 이러한 수치는 보통 사람 중 14%가 섹스에 관심이 없다고 대답한 것보다 상대적으로 훨씬 높은 수치이다. 또한 섹스에 관심이 없는 부류 이외에도 성 상대자와의 성관계에 불만이 많은 사람들이 쇼핑중독증세가 있는 것으로 나타났다. 정상적 소비자의 20%에 비해 약 2배 높은 40%가 성관계에 있어서 불만이 있다고 답변하였다.

반면 쇼핑에서 큰 즐거움을 얻는다는 쇼핑중독자는 약 84%에 달하는 것으로 나타났다(도상금 외, 2000: 174-175). 주로 중산층이 이에 해당되며 대표적 예로서는 아이가

---

44 쇼핑중독증 환자 중에는 백화점 개장 시각에 맞춰 입구에 두 줄로 도열해 허리를 90도로 꺾는 백화점 직원들의 인사를 받아야 직성이 풀리는 사람, 쇼핑한 물건이 방 하나 가득 차 있는 사람, TV 홈쇼핑 방송을 보느라 밤샘하는 사람, 한 달 신용카드 결제대금이 수백만원이 넘는 사람도 있다.

45 '풍요로운'을 뜻하는 '어플루언트(affluent)'와 유행성 독감을 뜻하는 '인플루엔자(influenza)'의 합성어로 이 용어의 어원은 1997년 미국 TV방송을 통해 다큐멘터리로 방송된 이후 환경과학자 웬과 듀크대 명예교수 메일러 등이 2001년 펴낸 '어플루엔자'라는 같은 책의 제목에서 유래했다.

46 프랑스 혁명시 단두대의 이슬로 사라졌던 비운의 왕비 마리 앙투아네트는 타국으로 시집을 가게 되면서 심적인 외로움을 쇼핑으로 해결한 대표적인 사례이다. 링컨 대통령의 부인인 매리 토드 링컨은 남편의 대통령 재임시절 의상구입과 백악관 장식물을 사기 위하여 수십 번이나 뉴욕을 왔다 갔다 하였으며 실제로 구입한 의상들이나 물건을 거의 사용하지 않았다고 한다. 무계획적으로 물건을 구입하였고, 치열한 남북전쟁이 한창일 때 군인들의 담요가 부족한 상황에서도 2천 달러어치의 숄을 구입하고 84켤레의 장갑을 구입하였으며 심지어는 링컨이 암살당한 후에도 이러한 행위는 계속되었다고 한다. 케네디 대통령의 부인이었던 재키도 자신의 수입의 2/3 이상을 의상 구입비로 지출하였다고 하며 16개월 만에 50,000달러를 사용한 적이 있는 등 어처구니없는 쇼핑을 즐겼던 것으로 전해진다. 필리핀의 퍼스트 레이디였던 이멜다의 경우 마르코스가 하야한 다음 필리핀 정부에서 발표한 것을 보면, 그녀의 옷장에는 밍크코트 15벌, 65개의 파라솔, 508벌의 파티용 가운, 71벌의 선글라스, 1,060켤레의 신발과 더불어 전혀 사용되지 않았던 구찌 핸드백, 향수, 옷 등이 수없이 많이 발견되었다. http://www.hosu.pe.kr/

없기 때문에 충동구매에 의한 백화점 순례나 물건을 구매함으로써 이에 대한 보상을 추구하는 가정에서 많이 발생할 수 있다.[47]

쇼핑중독이 남성보다 여성에게 많이 나타나는 이유는 쇼핑이라는 과정에 여성이 더 많이 개입할 수 있는 소지나 기회가 크기 때문이다. 여성이 자기 이름으로 된 예금 계좌를 가질 수 있게 된 것은 그렇게 오래전이 아니다. 돈을 벌어들이는 것은 남성이나, 통상 가정을 관리하는 것은 여성의 몫이다. 남편의 간섭을 받지 않고 독립적으로 행할 수 있는 여성의 영역은 쇼핑이다. 의식적이건 무의식적이건 쇼핑이란 과정을 통하여 자신이 살아있고 필요 있는 존재라고 인식할 수 있게 된다. 일반적으로 남성은 쇼핑을 즐기지 않는다. 오히려 여성을 따라온 남성은 이 과정을 지루해 하는 경향이 있다. 대신 여성은 자신의 무력함에 대한 분노를 표출할 출구로서 쇼핑은 좋은 기회의 장(場)이 될 수 있다. 이러한 것이 지나치다보면 자신도 모르게 쇼핑중독에 빠질 수 있다.

또한 최근에는 TV 홈쇼핑 때문에 소비자가 매장까지 가지 않아도 안방에 앉아 전화기만 들면 물건을 구입할 수 있는 세상이 되었다.[48] 거기에다 홈쇼핑에서는 시간을 정해놓고 이번이 마지막 기회라고 소비자를 유혹한다. 평소에 생각하고 있는 물건을 발견하면 심장 박동이 빨라지고 극도의 흥분 상태가 시작되면서 결국 물건을 구매하고 만다. 그러나 막상 쇼핑백을 들고 집으로 오거나 홈쇼핑에서 배달된 박스를 개봉하자마자 자신이 한 행동에 대해 후회와 죄책감을 느끼나 또다시 그런 기회가 오면 다시 흥분하게 되는 것이다.[49]

그러나 최근에는 쇼핑중독에 있어서의 성별 차이가 있다는 주장에 대해 반대 의견도 제시된다. 물론 여성의 비율이 월등히 많지만 의외로 남성 환자들도 적지 않다는 것이다. 쇼핑의 경향을 보면 여성들은 주로 액세서리나 옷, 화장품, 귀금속 등 작은 물건을 구입하는 데 비해 남성들은 오디오, 비디오 등 큰 물건을 선호하는 경향이 있다.

47 쇼핑중독 충동의 9가지 유형
첫째, 자신감 고양형: 쇼핑으로 자신감과 자존심을 유지하고 고양시킨다.
둘째, 현실 도피형: 쇼핑을 통해 현실에서의 나를 잊고, 하고 싶지 않은 일, 만나고 싶지 않은 사람을 회피한다.
셋째, 적대감 발산형: 마구잡이 쇼핑은 누군가를 화나게 할 수 있다는 사실을 인식한다.
넷째, 애정 결핍형: 누가 나를 사랑하지 않는다거나 그들이 나를 떠날지도 모른다는 불안감을 느낄 때 쇼핑한다.
다섯째, 정서 보충형: 외로움으로 인한 공허감, 상실감, 따분함, 불안감 경험시 쇼핑한다.
여섯째, 박탈감 보상형: 금연, 다이어트 등 고생경험과 미래 상실의 감정에 대한 보상으로 쇼핑한다.
일곱째, 즉각적 만족형: 불경기, 구조조정 등으로 자신의 위치가 흔들릴 때 쇼핑으로 위안을 삼는다.
여덟째, 우울감 제거형: 항상 가라앉아 있는 상태에서 벗어날 필요가 있다는 것을 느낄 때 쇼핑을 한다.
아홉째, 자제력 상실형: 알코올이나 약물 중독처럼 전형적인 중독증세의 쇼핑을 한다.

48 TV 홈쇼핑의 특성은 비대면 거래, 정보의 의존성, 신용거래를 들 수 있다. 즉 상품 실물 확인이 곤란하므로 허위 과장 광고가 가능하다는 것이며 표시광고, 효과, 음향, 현란한 화면, 사은품, 경품 등을 내세운 쇼호스트, 그리고 결재의 편리성 등이 이러한 충동성을 더욱 부추기기도 한다.

49 심지어 남편의 신용카드를 훔치거나 친구에게 돈을 빌려 물건을 사기도 한다. 집에는 한 번도 입지 않은 옷이나 신발, 모자 등이 그대로 보관돼 있는 경우가 많다. 특별히 구입할 것도 없는데 '오늘은 뭘 사나'하고 고민하는 것도 특징 중 하나이다.

또 반드시 경제적으로 풍요한 계층에만 한정된 것도 아니다. 상류층은 고급 백화점을 공략하고 소득이 낮은 계층은 재래시장 등 싼 곳을 찾아다니는 차이가 있다고 한다. 최근 SNS를 통해 중고 물품을 사고파는 거래가 활성화되고 있다. 영국에서는 '정신질환 진단·통계 편람' 신판에 쇼핑중독을 정신병의 일종으로 등재할 것이라고 한다. 이에 따라 영국에서는 조만간 쇼핑중독 치료시 의료보험 혜택을 받을 수 있게 될 것으로 보인다. 최근 한국에는 모바일의 편리성으로 인해 SNS를 통한 중고물품 거래가 활성화되고 있다.[50]

쇼핑중독을 부추기는 요소로는 무엇보다도 신용카드의 무절제한 사용이 큰 역할을 한다. 화장품, 옷, 가방 등을 사느라 카드로 결제한 돈을 월급으로 메우고 다시 신용카드로 결제하는 생활을 매달 반복하는 것이다. 또한, 가격적인 이점, 다양한 사은품 혜택, 편리한 주문 방법 등으로 소비자들의 구매에 편리함과 혜택을 주는 등 다양한 판매방식이 개발되었다. 다수의 소비자를 대상으로 쇼호스트들의 적극적인 판매행위와 과도한 사은품 및 경품의 제공으로 소비자의 구매욕구를 자극하는 홈쇼핑, 인터넷의 편리성을 이용한 온라인(인터넷) 쇼핑 등이 있다. 또한, 빠르게 변하는 유행에 맞춰 싼 가격에 빨리 사 입고 빨리 버리는 패션행태인 패스트 패션(Fast Fashion) 등도 일조를 하고 있다.

쇼핑중독 환자들은 대부분 정서적 문제점을 안고 있는데 이들은 정서적 외로움과 무료함, 만성적 공허함 등을 가지고 있어 채워지지 않는 심리적 좌절감을 피하기 위한 일종의 현실 도피적 행동으로 쇼핑중독을 선택하는 것으로 보인다. 주로 경제적으로 계획성 없는 생활을 어릴 때부터 지속한 사람이나 자신의 책임 없이 주위의 과보호 하에서 성장한 사람, 또는 경제적 궁핍, 부모의 지나친 절제로 심리적 상처를 받은 사람들 중에서 쇼핑중독환자들이 많다. 최근에는 인터넷상으로 이러한 현상을 희화화한 지름신의 부적이 떠돌고 있을 정도이다.

---

50 한국에서는 당근중독이라는 용어가 사용되고 있다.

제4편

성범죄 심리

제8장
인간의 성적 이상행동

제9장
성범죄

범죄, 그 심리를 말하다 – 범죄심리 해부하기

Criminal Psychology

제 8 장 인간의 성적 이상행동

Criminal Psychology

성욕과 성심리

1. 현대인의 성

분리 혹은 '나누다'를 의미하는 'Secare'에서 그 어원을 찾아 볼 수 있는 섹스(Sex)는 근본적으로 상대의 존재가 있어야 하는 의미를 가지고 있다. 인간이 태어난 후 자기 외의 존재를 인식하지 못하는 상황 속에서 행하는 성 활동의 가장 기본적 형태는 자위행위이다. 그러다가 점차적으로 성장함에 따라 자신과 타인을 구분하게 되고 상대를 배려하게 되면서 성의 상대에 대한 인식을 하게 된다. 그렇지만 내면적 성숙이 제대로 이루어지지 못한 인간은 성의 상대를 만나게 되었을 때 상대를 하나의 주체적 존재로 인식하기보다는 자기의 일부로서 대하기 쉽다. 즉 상대를 자위행의를 위한 대상 혹은 자신의 욕구를 해결하기 위한 종속되는 도구로 간주하고 비인격적으로 대할 가능성이 높다. 인간은 성적 상대와의 복잡한 정서적 교류를 통하지 않고드 단순한 자위 등을 통하여 성적 쾌감을 영위할 수는 있다. 그러나 다른 이와의 정서적 관계가 이루어지지 않고 행하는 행위 그 자체는 결과적으로 주위 대상으로부터 거부된 초라하고 고독한 존재로서의 행위이다. 그러므로 정서적 만족을 얻기 어렵다.

인간은 성의 목표를 생식과 쾌락이라는 두 가지 목표에 두고 생활해 왔으나 현대에 이르러서는 성의 목표인 생식과 쾌락의 기능 중 쾌락에 더 많은 비중을 두고 사고하며 행동한다. 일반적으로 매스미디어가 발달된 정보사회에 있어서 사춘기에서 20대

후반에 이르기까지 각종 성 정보(영화, 소설, 연극, 사진 등의 성적 표현)에 접하면서 현실적 제약에서 해방된 환상적인 상상이 가능한데 이때 비현실적 환상에 사로잡히는 경우가 많다.

개인에 따라 성에 관한 취향은 각기 상이하므로 성과 관련된 인간의 취향을 추측하는 것은 매우 어렵다. 히틀러는 동성애, 소아기호증 환자였다고도 하며, 셰익스피어, 레오나르도 다빈치 같은 인물들도 비정상적 성적 욕구와 관련된 것으로 알려져 있다.

현대사회는 지금까지의 남녀 구분이 모호해지는 경향이 있고, 이혼 등의 물리적 가정해체가 늘어나고 있다. 또한 남녀가 같이 생활한다 하더라도 정신적 교류가 상대적으로 부족한 가정이 늘어나고 있으며 전통적 의미의 가정이 붕괴되는 현상이 나타나고 있다. 동성연애자가 아니면서도 페디큐어(Pedicure)나 제모(Waxing), 성형수술을 받으며 패션 감각이 뛰어난 의복을 구입하고, 오데꼴롱(Eau de Cologne) 향수와 바디워시(Body Wash), 스킨케어(Skin Care)를 사용하는 남성과 자동차 경주, 역도, 복싱 등의 격렬한 스포츠를 즐기는 여성을 일컫는 메트로섹슈얼(Metrosexual) 현상은 유니섹슈얼이 좀 더 발전된 개념이다.

경제적으로, 성적으로 점차 독립성을 띠어가면서 연하의 남성 데이트 상대인 보이토이(Boy Toy)[1]를 찾는 여성을 일컫는 쿠커족[2]의 경우도 점차 늘고 있다. 또한 중장년 남성들이 트로피 아내[3]를 찾는 일은 오래전의 일이며 호색노인(Dirty Old Man)[4]이라는 말도 보편적으로 통용되는 진부한 표현이다(마크 펜 · 키니 젤리슨, 안진환 · 왕수민 역, 2007: 38–39, 347–348).

이러한 현상의 이면에는 현대문화의 특징, 즉 의존에의 공포, 내적 공허감, 억제할 수 없는 공포, 충분히 수유(授乳)되지 않아 야기되는 욕구불만 등이 있다. 현대인이 가지고 있는 자기애적 요소는 가수, 탤런트, 스포츠 영웅과 자신을 동일시하면서 매스미디어와 적절히 결합하고 있다. 이러한 현상은 현실도피라고도 볼 수 있다. 평소 선망의 대상인 유명 인기 연예인 등이 사망할 때 추종하던 팬들이 덩달아 자살하는 현상은 자기의 상실과 동일시한 결과로 설명할 수 있다. 자신의 나르시시즘을 만족시키지 못할 때에는 자기애적 인격장애, 반사회적 인격장애, 혼합형의 인격장애 등으로 발전할 수도 있다.

성욕은 스포츠, 예술, 종교, 학문 등으로 자제하거나 억제할 수 있다. 성욕은 낙서,

---

1 주로 나이든 사람과 관계를 갖는 성적 매력을 지닌 미소년을 일컫는 속어

2 쿠커족은 원래 캐나다의 브리티시 컬럼비아주 벤쿠버에서 사용하던 표현으로, 술집에서 밤을 즐기다가 마지막에 남은 사람을 자신의 집으로 데려가는 나이 많은 여성들을 비하하는 표현이다.

3 성공한 남자들 중에서 자신보다 상대적으로 젊고 아름다운 여성을 부인으로 삼는 것을 말한다.

4 말 그대로 호색적인 면에 관심이 많은 나이든 남성을 일컫는 의미로 사용된다.

춘화, 포르노 영화, 자위 등 다른 것으로 대체할 수 있는 것으로 인간은 성욕이 발동될 때에도 이를 적절히 통제할 수 있는 것이다. 청소년들에게 나타나는 성욕의 조절은 자신과 주위 사람들의 도움으로 이를 적절히 조절할 수 있다.

최근 맞벌이 부부의 증가로 인한 ISD(Inhibited Sexual Desire, 성적 관심 결여증) 현상에서 나아가 독신주의자가 증가하고 있다. 젊은 나이에도 섹스에 대한 관심이 없는 사람도 있고 섹스에 대한 관심이 오히려 젊은 층보다 더 많은 나이든 사람들도 있다. 청년이지만 건강상 중년인 사람과, 건강나이가 20대인 중장년층이 함께 존재하는 세상이 되었다. 20~30대 남성들의 성적관심결여와 성불구현상도 있으며 노인에 의한 성범죄가 최근 사회문제 되고 있다. 최근 발생하는 성범죄 피해와 피해양상은 7세 여아부터 80세 노파에 이르기까지 연령을 가리지 않고 다양한 연령을 대상으로 발생하고 있는데 이러한 현상은 예전에는 보기 드문 현상들이었다.[5]

2. 여성과 남성의 성

성욕에 관한 한 인간과 동물의 가장 커다란 차이점이 있다. 동물은 발정기에만 성적 욕구를 느끼는 전적으로 본능적인 데 반해 인간의 성적 욕구는 항상(恒常)적 개념이다. 인간은 언제나 마음만 먹으면 성행위를 할 수 있는 동물이다. 이러한 특징은 위험한 상황에서도 종족을 보존하기 위한 진화의 결과이다. 그러나 인간은 이러한 생식적 측면만 고려하여 성행위를 하는 것은 아니다. 인간의 성행동은 본능뿐 아니라 갈망과 사랑, 친밀함 그리고 무조건적 용납과 자기 포기 등의 덕목을 포괄하고 있다.

1) 여 성

고대 그리스 신화에 의하면 인간은 반은 남성, 반은 여성이었다고 한다. 그러나 자만심에 찬 인간이 신을 배반하자 격노한 제우스신이 인간을 반으로 분리하여 온 세상에 흩어 놓았다. 나누어진 양쪽의 절반들은 서로 짝을 찾아 헤매게 되었고 남녀는 노래, 시 등을 통해서 계속 사랑 타령하도록 되어 있다는 것이다.

일반적으로 여성은 성에 대한 관심이 상대적으로 남성보다 덜한 편이다. 성적 이외에도 정서적 측면에서 매우 민감하다. 여성은 남성에 비해 성적으로 덜 충동적이다.

5 고령화 사회로 접어들면서 여성 노인들이 성범죄에 무방비로 노출되고 있다. 경찰청에 따르면 2009년부터 2013년까지 5년간 노인을 강간하거나 강제 추행하는 등 노인 대상의 성범죄 발생률이 76% 늘어났다. 성폭행이 살인 등 흉악 범죄로 이어지는 사례도 빈발하고 있다. 2013년 6월, 경남 고성군의 한 주택 거실에서 잠든 집주인 78세 할머니를 세들어 살던 65세 남성이 성폭행하려다 반항하자 흉기로 가슴 등을 찔러 숨지게 한 혐의로 구속기소되었다. 2013년 경찰청 자료.

그러나 남성은 정서적 측면보다 여성의 외모나 행동, 복장 등 외형적 모습을 보고 성적 충동을 느끼는 편이다.

인간들, 특히 여성들은 성의 즐거움뒤에 도사리고 있는 위험에 노출되어 왔고 성행위의 결과 질병의 만연과 불량한 위생 상태로 인해 성교는 매우 위험한 것으로 간주되었다. 비위생적 성행위를 통한 매독, 종양, 피부병, 구강의 악취, 요도와 질 감염의 만연으로 성교는 쾌락추구라는 측면 이외에도 고통과 위험이라는 양면성을 가지고 있었다. 성교는 남성들의 일방적 욕구를 충족하기 위한 강압적 행위였다. 여성들이 임신의 위험에서 해방되어 성을 즐기게 된 것은 피임기구의 발달 이후의 일이다.

여성은 남성과 인간관계를 지속하는 데 있어서 굳이 육체관계를 통하지 않고 남성보다 상대적으로 정신적 교류를 이어나가는 것이 용이하다. 친근감을 표시하는 등 플라토닉식의 순수한 교제, 우정의 선에서 인간관계를 유지하는 것이 남성들보다는 가능하다. 성적 접촉이 없어도 남성과 인간관계 유지를 잘 할 수 있다. 즉 특정한 경우를 제외하고는 남성과 만나는 것은 반드시 남자를 유혹하고 성적 접촉을 하기 위한 것은 아니다.

2) 남 성

남성과 여성 간에는 성에 대한 견해차가 있다. 따라서 남녀 상호간 성에 관한 오해가 발생할 수 있다. 한 남자가 한 여자를 그저 친구로 대하는 것이 쉽지 않은 이유가 여기에 있다. 여성의 단순한 친절에 남성은 자신을 성적으로 좋아한다고 생각하기 쉽고 궁극적으로 성적 접촉을 시도하려는 것이 일반적이다. 그 이유는 남성들은 일반적으로 정서적 필요와 성적 필요를 혼동하는 경향이 있기 때문이다.

소년들은 자라면서 성에 관한 환상을 가지게 된다. 성적 환상을 가지는 목적은 첫째, 성적 환상이 성적 흥분을 자아내고 강화, 성행동의 쾌감을 증대시킬 수 있다. 둘째, 진짜 누릴 수 없는 섹스(혹은 특정인)의 대용품 구실을 한다. 셋째, 후일에 있을 성경험의 연습과 성적 탐구욕의 안전한 탈출구를 제공하는 효과가 있다.

지속적 성적 환상의 결과 어린시기에 형성된 내면적 성적 기호는 특별한 계기가 있지 않은 한 교정하기가 어렵다. 성년이 되는 과정에서 소년들은 동성인 아버지와 자신의 성 문제 등에 대해 이야기를 나누는 것이 필요하다. 그러나 현실적으로 또래 친구들과 성 문제에 대해 의견을 나누는 것이 일반적이다. 이 과정에서 성적 환상은 왜곡될 수 있다. 청소년들은 성적 상상을 하는 과정에서 성 상대에 대한 상상의 나래를 펴는데 연상의 여인, 친척, 가족도 성적 탐구의 대상이 될 수 있다. 성숙되면서 성욕은 차츰 특정한 대상으로 귀착(자신에게 어울리는 동년배)되는 경향을 띠게 되며 가족을 향한 성적 감정을 금지하는 것(Taboo)을 터득하게 된다. 그러나 이러한 것들이 적절히 제어되지 않으면 근친상간이 발생하기도 한다.

소년들의 마음속에 존재하는 가상의 여성들이 실제인물이 아니라는 것은 아이들에게 별 문제가 되지 않는다. 오히려 현실에서 만나는 여성들이 가상의 여성보다 훨씬 못한 여자들일 때 점차적으로 중독 증세를 보이기도 한다. 때로는 이러한 과정이 계속되면 진짜 사람이 주는 위로와 친밀함을 필요로 할 때 갈망하기도 하는데 이 과정에서 왜곡된 성 개념에서 탈피하는 것은 매우 어려운 일이 되고 만다.

공상이 건전하지 않은 이유는 몇 가지로 구분된다.

첫째, 현실을 피해 공상의 세계로 도피하는 것은 진짜 상대방과 자신이 누려야 할 온전한 경험이 주는 친숙감을 방해한다.

둘째, 중독성이 있다. 익숙해지면 질수록 더 많은 양, 더 많은 자극이 있어야 쾌락을 느끼게 된다.

셋째, 종종 공상 속에 꿈꿔왔던 행동이 현실적 행동으로 전환될 수 있다. 이때 범죄와의 연관성이 높아진다. 평소에 가지고 있던 남성의 공상(환상)이 구체적으로 범죄를 저지르게 될 수도 있다.

남자의 성이 복잡한 이유는 남성의 성과 자존심은 뗄 수 없는 관계이기 때문이다. 남자들은 자라면서 허세를 부리는 방법을 배운다.[6] 일부는 남자다움을 과시하기 위하여 성을 사용하며 때로는 자신이 당당한 남자라는 것을 입증하는 과정에서 엄청난 압박감을 안고 생활하기도 한다. 성 능력은 남자다움의 대명사로 일부 남성은 성교 횟수를 통해 중독적 욕구를 채우기도 한다. 결혼생활에 성적 불만족을 느끼는 남성들 가운데 남성다움을 입증하고 상대적 우월감을 느끼기 위한 하나의 방편으로 혼외정사(간통, 불륜)를 시도하기도 한다. 상대를 바꾸는 행위를 통해 성행위는 대단한 쾌감을 제공하므로 도피의 수단으로 쉽사리 전용될 수 있고 긴장과 스트레스에서 해방되는 수단으로 사용하기도 한다.

성적으로 반응이 없던 남성이 새 파트너를 만나게 될 때 반응이 되살아나는 현상을 쿨리지 효과(Coolidge Effect)라고 한다.[7] 실제 수컷 동물들이 자주 상대한 암컷보다

---

6 인공위성에 탑승하기 위한 우주인들은 인공위성에서 소변을 보기 위해 소변주머니를 사전에 준비하는데 자신의 크기를 써서 제출하도록 요구받는다. 늘 결과는 자신의 성기 크기를 과장되게 적어내므로 무중력 상태에서 소변이 새어나가 허공에 둥둥 떠다니는 사태가 자주 발생하였다고 한다. 이러한 사례는 늘 남성은 자신을 평소보다 더 허풍스럽게 나타내려는 심리가 있다는 것을 의미하는 것이다.

7 쿨리지 효과(Coolidge Effect)는 미국 30대 대통령 캘린 쿨리지가 아내와 농장을 방문하였을 때 농장의 주인으로부터 농장의 수탉이 하루에 열 두 번이나 교미를 한다는 말을 들은 영부인이 자신의 남편인 대통령에게 그 말을 전해달라고 하였다. 잠시 후 이 말을 전해들은 대통령은 농부에게 수탉이 대번 같은 암탉과 교미를 하느냐고 묻자 농장주인은 매번 다른 암탉과 교미를 한다고 대답하였다. 이 말을 들은 대통령은 그 말을 자신의 아내에게 전해 달라고 주문하였다는 이야기에서 유래한다.

도 새로운 암컷을 만났을 때 성적으로 빨리 반응하는 현상은 생쥐나 젖소, 물소, 고양이 등에서 증명된다. 사회생물학자들은 수컷들이 성적으로 습관화되기 때문에 새로운 파트너를 구하는 반면, 암컷들은 습관화경향이 상대적으로 덜하다고 하였다(박지영, 2003: 133).

성적욕구를 가진 남자에게서 삶이란 동물적 본성과 도덕성과의 끊임없는 투쟁의 연속일 수 있다. 겉으로 보기에 주변의 평범한 사람들임에도 불구하고 남성들의 내면에는 잠재적 성적 일탈의 가능성이 존재한다. 남성은 여성에 비해 생리상 성욕의 발생제어 장치가 미비하므로 스스로 의지로 자신의 성적 행위를 견제하여야 한다. 남성은 남성호르몬이 분비되는 순간부터 자신에 대한 통제를 위한 싸움을 시작하게 되며 만일 이를 포기하게 된다면 쉽게 성범죄자가 될 가능성이 높아진다. 강간범 중 상당수는 이 싸움을 포기한 사람들이다. 가학성 음란성 환자들, 성 도착적 연쇄살인범 등도 모두 이 범주에 속한다. 이러한 현실을 이해하고 범죄로 행동화되지 않기 위해서 아동기에서 사춘기로 성년기로 발전해나가는 성장 과정에서 자신을 스스로 통제할 수 있는 방법을 습득하여야 한다. 여기에 실패하였을 경우 성범죄와 연결될 수 있는 가능성은 높아진다.

남성의 성 문제는 단지 충분한 성적 만족이 없다는 데서 기인하는 것이 아니다. 성적 욕구를 충족하고 싶어 하는 그 방법 자체에 문제도 있다. 성은 대단히 은밀한 일이고 복잡 미묘하므로 왜곡되고 신경증적인 방향으로 흘러가는 경향이 있다. 은폐적 분위기에서 성적 중독증이나, 근심, 우울증, 충동 공포증 등 고립현상들이 발생할 수 있다. 남자에게 있어서 삶이란 동물적 본성과 도덕성간의 끊임없는 투쟁과정이다. 남성의 왜곡된 성적 사악함으로 인해 아동과 여성, 다른 남성을 상대로 범죄를 저질러 온 사례는 무수히 많다. 희생자들을 납치, 강간, 토막 살인한 것은 단 하나 자신의 성욕을 그런 방법을 통해 채우려고 했기 때문이었다. 현실에 적응하지 못하는 많은 남성들이 성범죄의 유혹에서 벗어나지 못하고 있다.

연쇄살인범, 강간범, 아동 추행범 이외에도 최근 몰래카메라, 미투와 연관된 사회적 현상을 바라보더라도 가해의 위치에 서있는 주체의 대부분이 남성들이다. 남자의 성욕이 정상궤도를 벗어났을 때 그 결과의 위험성이 어느 정도인가를 알 수 있다. 세련되고 겉으로는 정상적으로 비추어졌던 남성이 순식간에 성범죄자로 대중 앞에 실체를 드러낸다.

인터넷이나 대중매체 등에서의 자극적인 매체의 범람은 시각 자극의 의존도를 심화시켰다. 도색물을 관람하기 위해서 극장까지 가지 않아도 언제든지 음란물을 손에 넣을 수 있다. 자극적 매체의 범람으로 남성들의 시각자극 의존도가 심화되면 될수록 여성을 성의 도구로 간주하는 경향이 있다. 또한 모든 형태의 매체에서 생생하게 묘사되는 성폭력에 대해 점점 더 관대해 지는 사회적 분위기로 인해 일탈적 성행의에 대해 읽고 보고 듣는 과정에서 성범죄의 모방이 확대되고 있다(Roy Hazelwood & Stephen G. Michaud, 2002: 6).

이러한 경향으로 인해 이전에는 매춘을 하는 일부 사람들에 의해 이루어졌던 성적 행위가 더 많은 사람들을 상대로 보통 사람들에게까지 일반화되는 경향으로 발전하였다. 그리고 이를 현실화 구체화하고자 하는 욕구가 성범죄 증가를 부추기고 있다.[8]

3. 성욕 통제와 성범죄

성징의 발달과 성욕은 유전인자와 밀접한 관련이 있다. 체력과 수명이 가족력의 영향을 받듯 성욕의 강도도 집안에 따라 차이가 존재하고 있다. 성본능은 두뇌의 최고 등기관으로서 모든 학습을 주관하는 뇌피질(Cortex)에 의해 조절되는데 인간의 성적 표현은 아주 제한된 의미에서만 본능적이다.

하등동물들의 경우는 본능에 의해 성욕이 프로그램화되어 있다고 할 수 있으나 인간의 본능은 정서, 감각, 의지, 생각과 상상 등에 연결되어 있으며 아무 때나 성행위를 할 수 있는 동물은 사람뿐이다. 인간에게 있어서 성기능 집행의 주체는 뇌이다. 생식기관은 다만 수행하는 도구일 뿐이다. 성기는 일종의 하수인일 뿐이다. 사람에게 성욕을 일으키고, 이 과정에서 어떤 성적 만족을 가져오는가 하는 변수들은 학습에 의해 뇌에 전달된다. 그러므로 성욕에 대한 통제는 인간 스스로 하여야 한다.

과거보다 성범죄가 더 많이 발생하는 여러 이유가 있겠지만 성적 에너지 통제기간과도 연관이 있다. 200년 전에만 해도 사춘기 연령은 17세 정도였다. 독일의 경우 1795년 소녀의 초경 연령이 16.6세였으나 1920년에는 14.5세로 낮아졌다. 미국의 경우 1930년대 13.3세이던 소녀의 초경이 1960년대 중반에는 13세 이하로 떨어졌다. 건

8 부산 금정경찰서는 16일 혼자 원룸에 거주하는 여성들을 위협해 성폭행하고 금품을 훔쳐 달아난 혐의(성폭력범죄의처벌등에관한특례법위반 등)로 대학생 김 모(18) 군을 구속했다. 경찰에 따르면 김 군은 지난 2009년 1월 12일 오전 1시께 금정구 장전동의 출입문이 잠겨 있지 않은 한 원룸에 들어가 A(22 · 여) 씨를 흉기로 위협해 성폭행하고 현금 25만원과 미화 55만원을 빼앗는 등 지난 2008년 12월 21일부터 지난해 12월 30일까지 2년여 동안 12회에 걸쳐 상습적으로 성폭행과 절도를 일삼은 혐의를 받고 있다. 경찰 조사 결과 당시 고등학생이었던 김 군은 음란물 동영상을 보고 범행을 따라했던 것으로 밝혀졌다. 금정구 원룸촌 일대 지리를 잘 알고 있던 김 군은 혼자 사는 여성의 집을 사전에 파악하고 범행 시 장갑과 모자, 마스크를 착용하는 치밀함을 보이기도 했다. 김 군은 사람들이 평소 신발장 주변이나 우편함에 열쇠를 보관한다는 사실을 알고 그 열쇠를 이용해 침입했고 일부 피해자들은 이사 온 지 얼마 되지 않아 출입문 잠그는 방법에 익숙하지 않았고 문이 열려 있다는 사실조차 몰랐던 것으로 조사됐다. 김 군은 범행 장소를 물색하기 위해 부산대 인근 원룸 촌을 두리번거리던 중 이를 수상하게 여긴 경찰에 붙잡혀 DNA 검사를 통해 범행사실이 들통 났다. 경찰 관계자는 '평소 외모 열등감에 시달리던 김 군은 음란물 동영상을 보면서 고등학교 1학년 때부터 3년 동안 모방범죄를 저질렀고 부모는 이 같은 사실을 까마득하게 몰랐다"며 "혼자 사는 여성들은 출입문을 철저히 잠그고 신발장이나 우편함에 열쇠를 두는 행동은 삼가야 한다"고 말했다. 부산일보, 2011. 3. 16.

강과 영양상태의 개선, 의료 및 건강 관리술의 향상 그리고 잡지, 텔레비전, 영화 등 대중매체를 통한 성적 자극의 조기 접촉을 그 원인으로 들 수 있다.

과거에는 사춘기가 늦게 오는 반면 조혼 습성이 있어 성행위를 위한 육체적 성숙의 완료와 결혼을 통한 성경험 허용시기 사이의 시간적 간극이나 성적 에너지를 묶어두어야 하는 기간이 매우 짧았다. 이후 사춘기는 빨리 오는 반면 대학교육, 취업, 경제적 독립 등 가정을 꾸리는 시기는 더 늦어졌다. 즉 정상적 성적 접촉을 위해 기다려야 하는 대기기간이 예전에 비해 많이 길어졌으며 사춘기 연령의 저하현상은 지속되고 음란물의 범람 등으로 인해 성에 대한 왜곡이 발생했다. 따라서 성 관련 문제가 점점 발생할 수밖에 없는 상황이 도래했으며 과거에 비해 성적 유혹의 기회가 크게 증가하여 성적 문제의 발생이나 성범죄가 증가하고 있다.

현대 사회에서 많은 외설물을 접하기 쉽게 용이해진 점도 남성의 공상과 환상을 보다 부추기고 있다. 청소년들은 성적 호기심 충족 수단으로 외설물을 접하기 쉽다. 인간은 따뜻한 사랑의 감정을 가지고 있다는 사실을 인식하지 못하고 정신적 성숙을 하지 못한 채 육체적으로 발달된 소년들은 성행위를 통해서 상대방을 지배한다는 환상을 하기 쉽다. 그러한 환상을 하는 남성의 경우 순간적 유혹이나 자제력을 잃게 되면 성범죄를 저지를 수 있다.

잘못된 프로그래밍은 성 반응을 왜곡하고 잘못된 대상을 향해 반응하도록 자극하며 성적 부작용을 일으킬 수 있다. 대표적인 예가 어린아이들에게 성욕을 느끼는 소아기호증 환자들이다. 사춘기 이전 단계에서 사춘기의 성적 발달과 프로그래밍을 최대한 건전히 확보해야 되는 중요성이 바로 여기에 있다.

음란물이 주는 부정적 이유는 여러 가지가 있다. 강간, 폭력이나 비정상적 성행위를 보는 청소년들은 실제 상황에서 성적 상대방이 섹스에 응하지 않을 경우 폭력을 취하게 된다. 그 이유는 여성을 그저 성적 대상으로만 바라보면서 여자들은 손쉬운 존재, 유혹의 말을 던지고 적당한 자극만 주면 반응이 오는 존재로 잘못 인식하고 있기 때문이다. 성을 지배와 권력의 관계로 인식하고 있는 사람은 성범죄자가 될 확률이 높다. 여성을 지배하는 것으로 인식하고 여성을 힘으로 밀어붙여 성관계를 가지는 것은 남자에게 아드레날린의 분비를 촉진시켜 부정적 인식을 자극적으로 느끼게 하기도 한다.

인간은 좋든 나쁘든 경험을 통해 무언가를 배운다. 음란물 시청을 통한 부정적 인식의 발생을 세 가지로 구분할 수 있다. 첫째, 여자와 아동을 대상화하는데 여자와 아동에게서 인간성을 제거함으로써 성적 만족만을 위해 타인을 이용하려는 자세를 견지한다. 둘째, 성행위가 단순한 육체적 행위이며 그 외에는 별다른 중요성이 없다고 가르친다. 성적 접촉에 있어서 상대의 육체적, 감정적 요구는 더 이상 중요하지 않게 된다.

셋째, 성행위란 사랑이나 약속 따위와는 연관이 없는 본능적인 욕구의 표현일 뿐이라는 강력한 메시지를 담고 있다(Roy Hazelwood & Stephen G. Michaud, 2002: 12).

음란물에 노출된 예비 범죄자들은 그들의 행동이 우리 사회에서 드문 행동이 아니며 어떤 집단 내에서는 수용되기도 한다고 인식한다. 상상하고 있는 행위를 정당화하면서 그러한 아이디어를 지속적으로 제공하는 역할을 함과 동시에 폭력적 성적 환상을 강화한다. 일반적으로 음란물에 나오는 내용을 탐구하고 마음에 드는 사진, 영상 등을 감상하면서 시간을 보내며 자신의 환상을 점차적으로 강화하게 된다(Roy Hazelwood & Stephen G. Michaud, 2002: 12). 즉 잘못된 음란물은 청소년의 마음을 불건전한 방식으로 프로그래밍할 수 있는 위험성을 항상 내포하고 있는 것이다.

음란물과 밀접한 관련이 있는 대중매체의 성폭력장면을 자주 시청한 남성의 경우는 피해자에 대한 동정심이 낮으며, 강간에 대한 통념, 여성을 대상으로 한 폭력에 대해 보다 용납하는 태도를 보인다. 특히 청소년기에 음란물과의 접촉횟수가 빈번할 때 청소년의 성적 관심사와 성에 대한 태도를 형성하는 데 영향을 주며, 변태적 성행동을 유발할 가능성이 크다. 최근 우리나라의 경우 음란물에 대한 노출이 1990년대부터 인터넷의 발달로 인해 무차별적으로 이루어져 왔으며 보편화되어 있다는 것이 문제다.

성의 이상과 성도착증

1. 성의 양적 이상과 질적 이상

성의 이상은 양적인 측면과 질적인 측면으로 구분하여 설명할 수 있다. 성의 질적 이상(Qualitative Sex Abnormal)은 변태성욕 또는 성도착이라고도 한다. 다른 동물에서는 볼 수 없는 인간에게만 있는 성행동의 이상적 측면이다. 과거에는 주로 정신의학적 측면에서 성의 질적 이상을 다루어 왔으나 최근에는 심리학적, 사회학적 측면에서 많은 연구가 이어져 왔다. 성의 질적 이상에는 목표이상성 성도착과 대상 이상성 성도착으로 구분할 수 있다.

성행위의 목표를 직접적 성행위를 통한 만족이라고 한다면, 직접적 성행위에는 별다른 관심이 없고 성행위 이외의 간접적 행위를 통하여 성욕을 채우려는 시도가 지나친 경우를 목표 이상성 성도착이라고 한다. 또한 성행위 대상 선택에 있어서 자기 연령에 적합한 이성을 통하여 성적 만족을 얻는 것이 아닌 비정상적인 면이 나타났을 때

이를 대상 이상성 성도착이라고 한다. 이외에도 성행위 과정에서의 방법적 측면에서의 이상적 측면이 있을 때 이를 방법 이상성 성도착이라고 한다.

1) 성의 양적 이상

성의 양적 이상(Quantitative Sex Abnormal)은 성욕의 이상항진, 성욕의 이상감퇴로 구분된다. 즉 성욕이 과도하게 나타나거나, 성욕이 비정상적으로 저하되는 경우를 말한다. 사실 성욕의 양적 이상항진이 있다고 처벌할 수는 없는 것이나 과도한 성적인 욕구는 성적 불균형 이전에 성범죄와 관련될 개연성이 크다. 특히 여성과 남성과의 성적 불균형은 문제의 원인이 되기도 한다. 성욕 이상항진으로 하루에도 수회의 성교를 가지는 경우 피로감으로 인하여 일상적 업무에 지장을 주거나 상대가 견디지 못할 수도 있다. 성욕의 이상감퇴로 인하여 정상적인 부부생활이 곤란하여 이혼을 하게 되는 경우가 이에 해당된다.

성욕 이상항진의 경우 매일 성행위를 3번씩 10년 이상 상대에게 요구하는 등의 과도한 성행위로 인하여 결혼 생활을 지속할 수 없는 상태가 되기도 한다. 성의 이상감퇴의 경우 젊은 부부인데도 불구하고 1년에 수회 또는 단 한 번의 성교도 하지 않는 경우도 있다.

생물학적으로 성욕 항진 상태를 넘어 성에 대한 관심과 행동이 병적이라 할 정도로 지나친 현상으로 일명 색정증(色情症)이라고 불리는 음란증(Hypersexuality)이 있다. 성에 대한 관심이나 행동이 병적으로 여겨질 정도로 지나친 것을 말한다. 음란증은 남성과 여성으로 나누어볼 수 있다. 남성음란증은 성에 대한 생각이 지속되고 성적 만족을 얻기 위해 생활과정에서 자제력을 잃은 상태로 나타난다. 생물학적 측면의 성욕 항진보다는 강박적 또는 기벽적으로 성적 대상을 구하려고 노력하는 과정에서의 성욕의 양적 이상으로 호색적 행동을 하는 경우를 말한다.

여성음란증은 상대방 남성에 대해 만족하지 못하기 때문에 병적으로 충동적 성행동을 하거나 성교 도중 오르가즘을 느끼지 못하면 쉽게 성 상대를 자주 교체하는 경우를 말한다. 이 상태가 되면 성욕을 억제하지 못하고 성행동을 강박적으로 하게 된다. 성적 만족 추구보다는 개인적인 성적 아이덴티티를 포함한 문제를 해결하려고 하기 때문에 기본적 성행위에는 만족하지 못한다. 따라서 성적 굶주림으로 인하여 상대를 지속적으로 교체하는 행위를 반복하게 된다(문국진, 1996: 53-55).

음란증과 같은 개념으로 사용되는 용어 중에는 색광(Satyriasis, Nymphomania)이 있다(윤가현, 1997: 210). 이는 과다한 성적 욕망을 스스로 통제할 수 없는 사람을 말한다. 색광증이 있는 남성을 새이더라이어시스(Satyriasis)라고도 하며 여성의 경우는 님포마니아(Nymphomania)라고 부른다. 이러한 용어들의 기원은 그리스 신화 중 술과 여자를 좋아하면서 성 방탕에 몰두했던 반은 사람이며 반은 염소인 숲의 신 새이더(Satyr)와 숲의 요정 님프(Nymph)에서 유래되었다.

섹스중독증이라는 용어는 1983년 미국의 정신과 의사 패트릭 캐른스가 '어둠 밖으로'란 책에서 선보인 용어로 '성욕 과잉증', '성적 강박증' 등 다양한 용어로 불린다. 코넬대의 수전 나단 교수는 과도한 성행위를 하고 난 이후 죄의식을 느끼면서 나빠진 기분을 다시 섹스로 푸는 '섹스중독증의 악순환'에 빠진다고 설명하고 있다. 섹스중독자는 섹스파트너를 찾아다니거나 자위, 포르노, 윤락, 음란전화, 변태행위 등에 몰입한다. 정신병의 진단통계 매뉴얼(DSM)에는 병으로 분류되어 있지 않지만 열등감이나 정서불안, 우울증 등을 풀기 위해 섹스에 빠지며 조울증이나 경조증환자는 기분이 좋을 때인 '조'상태에서 섹스에 몰입한다고 한다.[9]

미국 대통령 클린턴이 죄의식을 느끼면서도 10년 이상 혼외 성행위를 한 것을 명백한 섹스중독증과 연관이 있다고 보는 견해도 있다. 즉 클린턴이 르윈스키에게 그만 만나자고 설득하면서도 갈수록 노골적인 행위를 한 것과 10년 이상 여성을 바꿔가며 바람을 피운 것이 섹스중독증의 대표적 증세라는 주장도 있다.[10]

음란증은 성에 대한 충동적 욕구가 열등감에 대한 보상행위로 나타나는 일종의 강박신경증이다. 때로는 정신장애에 의해 음란증의 증상을 보이는 경우도 있다. 남성음란증의 경우 염색체 이상과 같은 선천적 원인으로 성욕이 항진되기도 하고 뇌기능 장애가 원인인 경우도 있다. 특히 뇌의 측두엽에 어떠한 장애가 있는 경우 충동적 성행동을 취하기도 한다. 또한 뇌의 전두엽에 장애가 있는 경우 정상적 성 억제력의 감퇴로 인하여 충동적이고 과도한 성행동을 하기도 한다.

남자색정광의 동기는 무의식적 근친상간의 욕망, 아동기에 겪었던 색정의 기억(어렸을 때 어머니나 다른 성인 여성들로부터 받았던 잠재적 성적 유혹을 찾으려고 노력함), 고질적 여성증오(여성에 대한 성적인 정복) 등을 들 수 있다.

---

9 섹스중독증에 중독된 사람들의 대표적인 행동들
첫째, 해외출장이 잦은 회사원, 출장 때마다 호텔에서 '유료포르노 케이블 TV'를 보지 않기로 맹세하나 결국 보게 된다.
둘째, 연애소설을 읽으며 성적 환상을 느끼는 주부. 소설의 정사장면을 실제 행동으로 옮겨 바람을 피운다. 언제라도 마음만 먹으면 남자관계를 끊고 가정으로 되돌아올 수 있다고 생각하나 생각으로만 그친다.
셋째, 불법 비디오방에서 포르노를 보는 전문직업인. 들키면 망신이라고 생각해 늘 '이번이 마지막'이라고 자신에게 다짐하나 결코 마지막은 오지 않는다.
넷째, 부인에게 변태행위를 요구하다 퇴짜를 맞은 회사 중역, 윤락녀와 변태행위를 하고 다시는 그러지 않겠다고 맹세하나 맹세만 한다.
다섯째, 얌전한 여대생. 파트너를 바꾸어 가며 유부남과 성관계를 가진다. '사랑은 이런 것이 아니다' 하고 깨닫지만 행동을 바꾸지는 못한다.

10 아이와 가족을 보호하기 위한 국민연맹 발표자료, 동아일보. 1998. 9. 26.

이외에도 생리학적 관점에서 대뇌의 편도와 해마부분의 제거, 중격 부위에 직접 가해지는 전기 자극이 과다한 성행동과 관계가 있다. 생화학적으로는 도파민 기능이 쾌락이나 성적 흥분에 정비례한다는 가설도 제시되고 있어 성범죄와 연관될 가능성을 시사하고 있다.

2) 성의 질적 이상

성의 질적 이상(Qualitative Sex Abnormal)은 일명 변태성욕, 성도착이라고도 하며 성 대상이상, 성 목표이상 등을 일컫는다. 이는 다른 동물에서는 볼 수 없는 인간에게만 있는 성행동의 이상이라고 할 수 있다. 심리학과 정신의학 측면에서 비정상적 방식으로 성적 충동을 느끼고 욕구를 해소하는 행동을 성도착증 또는 변태라고 한다. 변태란 무언가 정상적 행동에서 벗어나는 기이한 짓을 하는 사람을 가리키나 공식적으로 변태는 공식적 용어는 아니다. 그 이유는 거기에 해당되는 사람을 비난하는 의미와 편견이 있기 때문이다. 도착이라는 의미는 타인에게 해가 될 수 있는가의 여부를 기준으로 제한시키고 그 외의 경우에서는 편차라는 용어를 적용시키는 것이 타당하다.

미국정신의학회의 정신질환의 진단통계편람(DSM, Diagnostic & Statistical Manual, Mental Disorder)에서는 성의 질적이상을 패러필리어로 규정하고 있다(윤가현, 1997: 185). "패러필리어(Paraphilia)"는 흔히 성적인 편차(Deviation) 또는 도착(Perversion)의 뜻으로 사용되고 있다.

패러필리어(Paraphilia)란 사랑의 관계를 벗어난, 즉 개인의 성적 관심이나 대상의 본질이 이상(Abnormal)한 경우를 말하며, 편차(Deviation)란 통계학적인 의미에서나 문화적인 의미에서 기준을 벗어난 성적인 행위를 일컫는다. 그러나 이상적인 전성(Abnormal Sexuality)을 소유한다고 해서 무조건 도착은 아니다. 도착(Perversion)은 타인에게 해가 될 수 있는 성질을 가지고 있는 측면에서 이와 구별되며 '도착증'이라는 용어가 최초로 의학적으로 표현된 것은 1842년 <옥스포드 영어사전>을 통해서이다. 그러나 엽기적 사건의 발생과 관련하여 프랑스 정신의학자 클로드 프랑수아 미세아에 의해 널리 알려지게 되었다.[11]

1952년 발간된 DSM-Ⅰ에서 성도착증을 사회병질적 성격장애(Sociopathic Personality

11 1849년 프랑스 정신의학자 뤼제르 뤼니에가 여성들의 시체를 능욕한 뒤 훼손하여 기소된 프랑수와 베르트랑 하사관의 사례에 대해 발표한 것이 결정적 계기가 되었다. 당시 프랑스의 젊은 군인이었던 프랑수와 베르트랑은 1840년대 말 시체를 능욕하고 싶은 충동에 사로잡혀 파리 묘지에서 묻힌 지 얼마 되지 않는 여성들의 사체를 파내어 시간, 시체 절단 등을 시도하였다. 뤼니에는 이러한 행위를 한 베르트랑이 단지 묘지 불법 훼손죄로만 처벌을 받았다는 판결에 항거하는 글을 발표하였다. 법관들이 그 행위의 성적인 측면을 제대로 고려하지 않았다고 비난한 뤼니에의 글에 대하여 프랑스 정신의학자 클로드 프랑수아 미세아가 비평을 쓰는 과정에서 도착증이라는 용어를 사용하게 되었다.

Disturbance)에 포함시켰다. 1968년 DSM-Ⅱ에서는 성격장애의 한 유형으로 구분하면서 여기에 소아기호증(Pedophilia), 물품음란증(Fetishism)과 같은 하위 유형들이 소개되었다. 1980년 DSM-Ⅲ에 와서 성적 변태(Sexual Deviation)는 성도착증(Paraphilias)으로 개명되고 심리성적 장애(Psychosexual Disorder)라는 별개의 유목으로 분류되었다. 성도착증(Paraphilia)이라는 용어는 과거의 명칭들에 비해 편견이 배제된 것으로 1987년 DSM-Ⅲ-R에서 성도착증이 성적인 만족을 얻기 위한 가장 선호되는 혹은 유일한 수단이라는 기준을 배제함으로써 가장 많은 변화가 있었다(신희천 외, 2000: 25-26).

레드리히와 프리드만은 성도착증으로 진단하기 위하여 정상적 성행위에서 만족될 수 없는 성적 욕구를 만족시키려는 대체적 성격으로 습관적인 행동양식으로 정의하였다. 심리학과 정신의학에서는 성도착증을 "비정상적 대상, 행위 및 상황과 관련된 반복적이고 강한 성적 충동, 성적 환상 및 성적 행동이 사회적, 직업적 또는 기타 중요한 기능 영역에서 심각한 고통이나 장애를 일으키는 경우"로 정의하고 있다. 정의를 명확히 하기 위하여 DSM-Ⅳ에서는 성도착증의 진단 기준을 보다 구체적으로 명시하고 있다(신희천 외, 2000: 24).[12]

2. 성도착증의 원인과 특징

프로이드는 건강한 사람이라 해도 누구나 정상적인 성적 성향에 도착이라고 부를 만한 어떤 것을 첨가하게 마련이라고 하였다(스튜어트 후드, 정혜영 역, 2005: 39).

성도착증의 원인이 정확히 무엇인가에 대하여 의견이 분분하다. 생물학적 측면의 원인이 제시되기는 하였으나 성행위가 내포하고 있는 심리적 측면을 간과하였으므로 이를 결정적 원인으로 수용하기란 쉽지 않다. 성도착의 원인과 관련한 전통적인 측면의 접근으로는 정신분석에서의 추동이론을 들 수 있다.

정신분석이론에서는 성적 편차를 정상적 성행위로부터의 위협이나 불안에 대한 방어기제로 억압되지 못한 아동기 때의 전성이 성인기에 나타난 산물로 간주한다. 그래서 도착상태의 경우 죄의식이나 유아적 충동성을 수반하게 되는데 예컨대 공공장소

12 DSM-Ⅳ의 규정에 의하면 성도착증이라는 진단을 내리기 위해서는 반드시 다음 중 두 가지 경우에 해당되어야 한다.
1. 인간이 아닌 대상, 개인 자신이나 상대방의 고통이나 굴욕감, 소아나 동의하지 아니한 사람들을 포함하는 반복적이고 강렬한 성적 환상, 성충동 및 성행동이 적어도 6개월 이상 지속되는 경우
2. 일부 개인에 있어서 성도착적 환상이나 자극이 성적흥분을 일으키는 데 반드시 필요하며 성항위를 할 때 항상 동반된다. 다른 경우 예컨대 스트레스를 받는 기간 중 성도착증이 간헐적으로만 나타나며 성도착적 공상이나 자극 없이도 성적으로 기능할 수 있다.
3. 이런 성적 행동이나 성충동, 환상이 임상적으로 심각한 고통이나 사회적 직업적 또는 기타 중요한 영역에서 장애를 일으키는 경우라야 한다.

에서 성기를 노출시키는 남성의 행위가 유일한 성적 만족의 수단이 되는 경우를 신경증으로 분류할 수 있다.

프로이드는 성도착을 유아적 형태의 성으로 고착되거나 퇴행된 것이 성인기까지 지속된 것으로 설명한다. 즉 유아기 경험의 잔재들이 의식 안에 보존되며 전치의 과정을 통과하여 나타나는 것이 성도착 행위라는 것이다. 성도착적 행위는 고착되고 의식화되는 과정을 거치며, 이러한 행위를 통해서만 성적 절정감을 추구할 수 있는 유일한 방법이 된다고 하였다. 그는 또한 성도착을 여러 층으로 구성된 복합체로 보았는데 모든 능동적 도착증에는 항상 수동적 측면이 있다고 하였다.[13]

프로이드는 인간성욕은 전치가 가능하며, 이것이 성충동과 관련하여 발생하는 것을 '도착'이라고 하였다. 성적 활동은 성적의 영역이 아닌 활동으로 흘러들어갈 수도 있고, 공격성이나 공포 등의 감정들과도 결합할 수 있다. 모든 사회에서 생물학적인 '교미기'의 규준이 상실된 것을 대신하는, 성욕에 대한 상징적인 규준들이 존재한다(이반 워드, 이수련 역, 2002: 46–47).[14]

스톨러는 성도착의 핵심은 소아기 외상을 성인기의 승리로 전환시키는 것이라고 보았다. 고통을 받은 자가 후에 다시 고통을 주는 일종의 현상을 이와 같은 맥락에서 이해하여야 할 것이다.[15]

또한 대상관계로부터의 도피라는 측면에서 원인을 찾을 수 있다. 성도착증 환자들은 자신들이 어머니의 정신적 영향으로부터 완전히 분리되기 어려운 상황에 처해 있거나 지속적으로 자신의 주체성이 위협받고 있다고 느낀다. 그러므로 성적 표현을 통해 자신이 독립적이라는 것을 표현하고 싶어 한다. 즉 성도착을 상대에 대한 복수나 모욕주기보다는 자신의 내부에 존재하는 모성상의 지배나 영향에서 벗어나고자 하는 욕구로 보는 것이다. 그러므로 성도착 행위를 통해 성적 욕구를 충족시키는 과정을 자신의 내부에 존재하는 어머니로부터의 탈출로 보고 있다.

맥도걸은 모든 유아는 부모의 무의식적 성애적 욕망과 갈등에서 생겨난 무의식적 심리적 드라마에 소속되어 있는 것으로 간주한다. 따라서 일탈된 성행동은 부모에 의해 사전에 미리 짜여진 무의식적 드라마의 행동화를 통해 환자 자신의 공격성으로부터 내재화된 대상들을 보호하는 역할을 담당한다고 본다. 즉 내재화된 대상의 보호를 위

13 노출증과 관음증, 가학증과 피학증 등이 대표적인 것이다.

14 가장 중요한 규준은 '근친상간의 금지'이다. 그것은 세대 간의 경계를 지켜 주며, 친족 체계와 사회조직의 기원에서 본질적인 것이다.

15 소아기 때 부모로부터 모욕을 당하거나 외상을 입고 난 이후 또는 주위사람들에 의한 성적 피해를 입거나 수치감을 느낀 경우 복수의 환상을 가지게 되고 그 과정에서 성도착적 공상이나 행동을 하는 동안 상대방을 모욕하는 등의 성도착적 행동이 나오는 것으로 보고 있다.

해 일탈된 성행동의 표출을 시도하는 것이다.

성도착 행위를 자기 응집력을 회복하기 위한 필사적 시도라고 설명하는 입장에서는 타인으로부터 공감적인 자기 대상 반응이 없는 상태에서 자신의 통합과 자기 응집력을 회복하려는 무의식적 노력이 성도착 행동의 원인이 된다고 본다. 즉 심리적으로 취약한 사람이 포기나 분리의 위협을 받을 때 그러한 행위를 통해 자신이 살아있음을 나타내고 싶어 한다는 것이다. 성도착자들이 평상시에는 이러한 행위를 덜 하다가 특히 스트레스 상황에서 성도착 행위에 더욱 탐닉하는 것들이 좋은 예이다.

성도착 행동의 기저에는 주체성이나 자기감 상실에 대한 심각한 두려움이 깔려 있다. 성도착증 행위의 남녀 비율을 보면 여성들은 남성들에 비해 거의 없다고 할 수 있다. 남성 도착증은 명백한 성적 욕구로부터 나타나나 여성의 경우 거의 드러나지 않는다. 그러나 이러한 여러 이유에도 불구하고 왜 어떤 사람에 한해 특정한 성도착 공상이나 행동을 보이는 이유에 대해 구분하여 설명하기 어렵다. 한 사람에게서 여러 가지의 성도착 행위를 관찰할 수 있고, 사람에 따라 다양한 정신과적 진단과 다양한 수준의 성격 형성이 있을 수 있다(신희천 외, 2000: 112-117).

성도착은 동의하지 않는 상대에 대하여 상대방에게 해를 입히는 방식으로 행동화하는 것이다. 성도착증이 있는 사람들은 원하는 성적 자극을 접촉하게 해 주는 직업을 구하거나 취미나 자원봉사 일을 개발하기도 한다. 소아기호증의 경우 소아와 관계된 활동을 하기도 하고, 성적 가학증의 경우 응급차 운전사를 하기도 한다.

성도착증은 남성 대 여성의 비가 20:1로 추정되는 성적 피학증을 제외하고 여성에게는 거의 진단되지 않는다. 여러 개의 성도착을 같이 가지고 있는 경우가 많다. 15~25세 사이에 발병이 가장 많으며 대개 18세 이전에 발병하나 나이가 들면서 감소하기도 한다. 즉 성도착 경험이 있다가도 연령이 증가하면 성적 욕구가 줄어들기도 한다. 성도착증적 외설물과 기구들을 거래하는 대규모 상품시장은 성도착증의 유병률이 높다는 점을 시사한다(신희천 외, 2000: 26-29).

성도착증의 일반적 원인으로는 고착, 아동기의 경험, 도착 환상의 발전, 생물학적 원인, 정신장애와의 관련성 등으로 나누어 설명할 수 있다. 첫째, 인격발달 과정 중 구순기나 항문기 수준에서 고착된 것으로 또는 오이디푸스 콤플렉스와 관련된 역동적 측면의 설명이 가능하다. 둘째, 어머니와의 이별이 원인이 될 수 있다. 셋째, 사회경험적 이론에서는 어릴 때 성도착자에게 당했던 성적 피해경험이나 대중매체의 영향 등이 원인으로 작용할 수 있다. 넷째, 학습이론의 측면으로, 어릴 때 도착행등에 대한 환상이 성장과정 중 타인과의 관계를 통해 억제되지 못하고 계속 발전되었기 때문이다. 다섯째, 대뇌장애, 호르몬 장애, 염색체 장애 등과의 관련성이다. 여섯째, 다른 정신장애와 정신지체가 성도착행동에 관련되기도 한다.

아드레날린과 테스토스테론의 결합으로 인하여 성욕은 폭발할 수 있다. 성적 자극과 아드레날린의 결합은 성적 흥분감을 고조시키고 위험도 고조시키는데 이는 성도착증세와 관련이 있다. 아드레날린과 성적 흥분이 상승작용을 일으키면 위험하고 새로운 것, 금기의 범접을 통해 성적 쾌감을 얻으려는 사람들에게 나타날 수 있다. 건전한 의미의 아드레날린의 분비는 낙하산 타기, 행글라이딩을 통해 아드레날린의 분비를 촉진시키는 경우이다. 문제는 이 방식을 통한 성적 쾌감은 지속시간이 짧으며 계속 진화하려는 속성인데 한 가지 흥분에 익숙해지면 더 이상 자극이 되지 않으므로 좀 더 자극적인 것을 찾아내려 하므로 일단 과정에 들어서면 빠져나오기 어렵다.

고통을 당하거나 가하는 것에서 쾌감을 얻는 피학, 가학 성욕증의 경우도 아드레날린의 분비와 연관이 있다. 인류역사를 통틀어 고통과 성욕의 결합이 상당한 보편성을 띠는 이유가 여기에 있다. 그러나 아드레날린과 성욕이 결합되어 나올 수 있는 궁극적 표현은 성행위 중 일부로 사람의 생명을 빼앗는 행위에 있으며, 성도착성 연쇄살인범이 여기에 해당된다. 일반적인 남자들은 이러한 수준까지 도달하지는 않으나 대신 음란물, 성행위의 장소, 체위 등의 변화, 기타 변태적 방법을 통해 충족시키는 경우가 있다. 다정함, 사랑, 부드러움, 상대를 향한 배려심, 동정 등의 감정이 없다면 성행위는 야만스러움과 동물적인 것으로 전락한다. 여성들은 성을 감정과 관련짓는 법을 터득하는 반면, 남자들은 특별히 감정을 억압하는 환경에서 자랄 경우 더 심하게 성을 감정에서 분리시키는 특징을 가진다.

3. 성도착증의 경과와 예후

성도착증과 관련되는 공상과 행위는 소아기 또는 사춘기 초기에 시작된다. 그러나 청소년기와 초기 성인기에 보다 구체화되고 정교화되어 일생 동안 계속될 수 있다. 즉 성도착증과 관련되는 공상이나 행위는 반복적이라는 특징이 있다. 성도착증은 대개 18세 이전에 발병하며, 세 가지 이상의 도착증을 동시에 보이는 경향이 있다. 성도착적 공상과 행위는 스트레스를 많이 받는 상황이 되면 성도착에 빠질 가능성이 높아진다.[16] 보통사람들에게도 이러한 도착증세가 있을 수 있다. 공상의 빈도와 충동의 강도가 상당히 강할 때 사회적 스트레스에 의한 증가, 다른 정신장애와 관련되어 발현될 수 있다. 어릴 때 주위 환경에 의해서도 성도착증에 빠질 기회가 많다. 예컨대 아동기 때 사

16 부인과 떨어져 생활하던 사람이 성적 만족을 얻기 위해 아동에 대한 성적 시도를 하여 경찰에 체포된 사례 등을 들 수 있다.

창가에서 성장하면서 성인들의 성행위를 자주 보고 자란 사람 중에 절시 음란증의 성도착을 보이는 경우도 있다. 발병연령이 어릴 때, 행위가 빈발할 때, 수치나 죄책감이 없을 때, 술 또는 약물남용이 있을 때에는 치료 가능성이 줄어든다.

성도착의 종류와 범죄행동

성도착은 크게 세 종류로 나눌 수 있다. 첫째, 목표 이상성 성도착으로 성행위의 목표에 이상이 있는 것으로, 추구하는 목표가 비정상적인 경우이다. 즉 성행위 그 자체보다는 간접적 행위로 성욕을 만족시키려는 욕구가 강한 것이다. 성적 상대를 때리고 상대로 부터 폭행을 당하고 굴욕을 맛보는 것, 훔쳐보는 것, 노출, 청각, 후각, 촉각, 전화 등을 이용한 성적 행동을 말한다. 둘째, 대상 이상성 성도착은 성행위 대상에 이상이 있는 것으로 정상적 대상이 아닌 이상적 대상을 선택하여 성적 만족을 얻는 것이다. 즉 자기 연령에 적합한 이성을 택하여 성적 만족을 추구하는 것이 아니라 시체, 동물 등의 다른 대상을 택하는 것을 말한다. 셋째, 방법 이상성 성도착은 성행위를 하되 성기를 이용한 성적 행위가 아닌 성기 이외의 대상에 집착하여 만족을 얻는 경우이다.

인간은 인간에게 성적 동기를 느끼는 것이 보통이나 사체나 동물 그리고 무생물에게도 성적 동기를 느끼며, 세 가지 모두에게 끌릴 수도 있다. 예를 들면 소아기호증을 가진 자는 사춘기 이전의 아이에게, 십대기호증을 가진 자는 십대아이들에게, 노인기호증을 가진 자는 나이든 사람을 성적 대상으로 삼기도 한다. 관음증과 노출증과 같이 시각에 관련되는 경우도 있고, 마찰도착증과 같이 촉각만 관련된 경우, 청각과 관련된 전화음란증 같은 경우도 있다. 피해자가 괴로워하는 모습을 봐야만 성적 쾌감을 느끼는 가학음란증, 자신이 남으로부터 괴로움을 당할 때 흥분하는 피학음란증, 이 둘을 모두 동시에 행해 상대방과 같이 쾌감을 추구하는 가학피학음란증도 있다.

1. 때리고 맞기를 원하는 성도착

1) 때려야 느낀다 ‘가학음욕증’(Sexual Sadism)

가학성이란 상대의 동의에 상관없이 성적 만족을 얻기 위해 신체적, 심리적으로 고통이나 상처를 주고 즐기는 경향을 말한다. 흔히 동물 등의 교미행위에서도 이러한 가학적인 면을 볼 수 있으나 성적 만족을 얻는 것과는 의미가 다르다.

범죄자의 다양한 행동을 설명하기 위한 가학적(Sadistic)[17]이란 용어는 대중매체는 물론 일반에게서도 널리 사용되어 왔다(Brent E. Turvey, M.S., 2002: 427). 사디즘 혹은 가학성 변태성욕은 프로방스 귀족출신의 사드백작 사드(Alphonse Francois de Sade)가 여성을 괴롭히는 데서 쾌감을 얻는 현상에서 시작되었다고 할 수 있다. 사드는 자신의 작품에서 타인에게 굴욕을 가함으로써 성적 욕망을 추구하는 심리의 소유자인 주인공을 묘사한 것이다. 상대의 동의 없이 성적 만족을 위해 정신적, 육체적, 심리적으로 고통이나 상처를 주는 행위가 이에 해당된다.

사디즘(Sadism)이란 용어는 1898년 성과 고통의 관계를 연구하는 정신과 의사인 크래프트 에빙(Krafft-Ebing)에 의해 최초로 사용되었다(Krift-Ebing, 1997: 20). 에빙은 사디즘을 생리적 욕망과 잔혹함이 결합되어 육체적으로 변질된 행동으로 표출되는 것으로 보았다. 사디스트에 의해 저질러지는 상대방을 학대하거나 죽이는 사례의 발생은 의식적 욕망이 성관계만으로는 충족될 수 없기 때문이다. 이러한 관점에서 가학성(Sadism)이란 배우자, 파트너 혹은 희생자 등을 잔혹하게 다루고 고통을 가함으로써 얻어지는 성적 만족이라는 개념으로 정리될 수 있다. 에빙은 예속적, 복종적인 것에 의미를 두고 그러한 행동을 실천하는 임상적 증상을 체계화하였다. 특히 이성에게 정신적, 육체적 고통을 주어 괴로워하거나 아파하는 것을 보고 성적인 만족을 취하는 취향을 말한다.

DSM－Ⅳ에서는 사디즘을 인격장애(Personality Disorder)의 범주로 포함시켜 설명하면서 다시 두 가지 형태로 구분하고 있다(Ronald Blackburn, 2003: 77). 첫째는 다른 사람이 심리적, 신체적으로 고통을 당하는 것을 목격하고 기쁨이나 환희를 느끼는 새디스틱 성격 장애인데 모든 연쇄살인범이 이 범주에 들어간다고 할 수 있다. 두 번째는 성적 가학증이다. 모든 연쇄살인범이 성적 가학증을 가진 것은 아니나 대부분이 관련되어 있다(Harold Schechter, 2003: 206-207). 성적 가학증은 되풀이 되는 욕구와 성적 환상을 가지며 가학적 행동을 통해 가해자가 희생자에게 수치심을 포함한 심리적, 육체적 고통을 가하면서 성적 흥분을 이끌어내는 행동을 일컫는다(Adrian Raine, 1993: 15)

가학적 성적 공상은 소아기 때부터 존재하는 경향이 있으며 시작 연령은 다양하지

17 사디즘은 1740년에서 1814년까지 살았던 한 프랑스 작가의 이름에서 유래했는데, 그의 이름은 도나시엥 알폰소 프랑소와 드 사드(Donatien-Alphonse-Francois de Sade)이지만, 마르키스 드 사드(Marquis de Sade)로 더 잘 알려져 있다. 사드의 현존 작품은 대부분 색정적인 문학으로 여겨지는데, 그것은 육체적 고통을 통해 효과적이고 지적 방식으로 성적 자극을 묘사했기 때문이다. 예컨대, 저스틴(Justine)이란 작품에는 희생자의 고통과 모멸감을 통해 성적 만족을 얻으려는 한 수도승의 가학적 강간 행위가 잘 묘사되어 있다. 그는 프로이드 훨씬 이전부터 성도착에 대해 다양한 견해를 가지고 있었다. 소돔의 120일이라는 소설을 통해 자기성애적 질식, 시체성애증, 소아음란증, 수족절단, 수간, 식인까지 다양한 형태의 성 이상행동을 기술하였다.

만 통상 초기 성인기에 나타난다. 성적 가학증은 보통 만성적이며, 성적 가학적 행위를 수용하지 않는 상대에 대하여 강간이나 성적 살인을 하며 결국 체포될 때까지 지속된다. 이러한 가학적 행위는 시간이 경과하고 공상과 환상이 현실로 나타나면서 점차적으로 강화되는 경향이 있으므로 매우 위험하다. 이러한 증상은 DSM－Ⅲ에서는 가학적 성격장애로 불렸으나 DSM－Ⅳ에서는 이러한 진단명은 완전히 없어지게 되었다(신희천 외, 2000: 83).

버거스(Burgess), 그로스(Groth), 홀스트롬(Holmstrom) 등은 아이들과 관련하여 사디즘을 다음과 같이 묘사하였다. 가학적 범죄자는 아이들을 괴롭히면서 즐거워하며 아이들의 두려움과 고통, 괴로움 등이 가학적 소아기호증 환자들을 흥분시키는 요소가 된다고 하였다. 아이들을 해치고 성적으로 더럽히고 혹은 죽이는 것이 이들의 의도이다. 이들의 분노는 성적 행동과 힘에 의해 유지된다(Burgess, Groth, Holmstrom, 1977: 15). 그로스(Groth)는 분노와 힘을 성적으로 전이시키게 되면 공격성 자체는 성적으로 매우 자극적 행동이 되고 가해자는 희생자를 의도적으로 괴롭히면서 강력한 만족감을 얻게 되면서, 희생자의 고통과 분노, 괴로움 그리고 고뇌와 무기력함, 아픔을 즐기게 된다고 하였다(Groth, 1979: 44-45).

정신분석에서는 가학성 변태성욕자들이 거세불안을 느끼며 상대방에게 고통을 가함으로써 자기의 힘이나 우월감을 과시하는 환상에 의존하고 있다.[18] 가학성 변태성욕의 과정에서는 상대를 살해하는 경우도 있다. 인간에 있어서의 가학성은 그 정도가 심해지면 성적 만족을 위해 피해자 목숨을 앗아가기도 한다.

그 이유는 성교 도중 상대여성의 목을 압박하면 여성의 질이 수축되어 질 속의 남근은 더 큰 압박을 받게 되고 성적 쾌감을 증대시키게 된다. 역으로 여성의 경우 성교 도중 남성의 목을 조이면 남근의 혈관이 긴장하면서 남근의 발기가 강화되므로 성적 쾌감을 극도로 느낀다. 사람에 따라서는 상대에 대한 애정을 깨물거나 꼬집는 등의 행위로 나타내는 경우도 있으나 이러한 것이 지나칠 때에는 가학성과 연관성이 있을 수 있다.

홀메즈(Holmes)에 의하면, 사디즘이란 타인을 벌하는 과정에서 느끼게 되는 성적 만족이다. 희생자가 느끼는 고통은 가해자에게는 바로 성적 자극이 된다. 가학적 환상이나 행동은 희생자를 기어 다니게 하거나 우리에 가두는 등의 우월적 지배행동으로

18 DSM-Ⅳ에서의 성적 가학증 진단기준
1. 희생자의 심리적 또는 육체적 고통을 통하여 성적 흥분을 추구하는 행위를 중심으로 성적 흥분을 강하게 일으키는 공상, 성적 충동, 성적 행동이 반복되며, 이러한 증상이 적어도 6개월 이상 지속된다.
2. 이러한 공상, 성적 충동, 성적 행동이 임상적으로 심각한 고통이나 사회적, 직업적, 또는 다른 중요한 영역에서 기능적 장애를 초래하는 경우이다.

나타나기도 한다. 이러한 우월적 지배행동에는 희생자에 대한 속박, 눈 가리기, 구타, 채찍질, 꼬집기, 불태우기, 전기충격, 강간, 칼로 베기, 찌르기, 목 조르기, 고문, 신체 절단 혹은 살인 등이 포함된다(Holmes, 1991: 67).

가학성의 본질은 엄밀한 의미에서 단순히 타인에게 고통을 가하는 것이라기보다 사람을 완전히 지배하는 것이다. 상대를 자신의 의지대로 조종하여 무력한 대상으로 만들고, 절대적 지배자나 신이 되며 자신이 원하는 대로 상대를 조정하는 것이다. 그러므로 피해자를 괴롭게 만드는 그 자체가 목적이다. 스스로 저항할 수 없는 상태에서 고통을 겪도록 강제하는 것, 타인을 완전히 지배하는 데에서 오는 쾌감이야말로 가학적 충동의 본질이다.

강간범의 성욕은 생리적 흥분과의 관련성보다는 심리적으로 비정상적 자극을 획득하고 이에 따라 발현되는 공격적 파괴욕구로서 이해하여야 할 것이다. 강간범의 범행 동기는 여성의 저항에 대하여 즉각적 반격을 가하고 이를 제압하거나 파괴하여야 한다는 의욕의 발동에 있다. 그러므로 과도한 저항은 공격욕, 파괴욕을 증가시킬 수도 있다.

가학성 변태성욕자들은 신체일부를 밧줄로 결박하거나, 입에 재갈을 물리거나 채찍을 사용, 언어적으로 학대하는 경향이 있다. 성적 가학증과 관련 있는 것으로서는 강간, 난폭한 성행동, 성적 살인 등을 들 수 있다. 의식적 가학성 변태성욕자는 즉흥성을 싫어하므로 가능하다면 자기가 저지를 범죄의 모든 단계를 반복적으로 미리 연습해 보고 실패 가능성을 줄이기 위해 생각해 낼 수 있는 모든 방법을 취한다.

수사기관은 치밀한 사전 연습의 흔적으로 인한 보통 범죄자의 반복된 범행과 의식적 가학적 변태성욕자의 첫 번째 범행을 혼동할 수 있다. 가학적 변태성욕자는 성욕이 무척 왕성하고 무차별적이며 기회가 되면 나이나 성별과 상관없이 아무 인간과 또는 동물, 무생물과도 관계를 맺는 범행과 적어도 이 분야에서는 전천후적 소질을 가지고 있다. 그러한 모든 것이 성적 흥분상태와 직접적 관계가 있어야 한다. 만일 살아있는 피해자의 고통을 보면서 성적으로 흥분하지 않는다면 가학적 변태성욕자의 범주에서 제외시켜야 한다.

가학적 성범죄자에 있어서 죽은 희생자는 전혀 성적 흥미의 대상이 아니므로 죽은 자의 가슴, 복부, 직장, 성기에 집중하여 자신의 분노와 좌절을 표현하는 사후 훼손자들 역시 가학적 변태성욕자의 범주에서 제외시켜야 한다(Roy Hazelwood & Stephen G. Michaud, 2002: 86-92).

상대의 고통을 보고 즐기는 가학적 변태성욕자들이 모두 범죄를 저지르는 것은 아니다. 이들은 범죄를 저지르지 않고 교묘하게 자신의 욕구를 충족시키면서 일생을 보내기도 한다. 희생자의 고통을 상상하는 것만으로 만족하는 부류로 상상을 하면서 성적 흥분을 느끼고 결과적으로는 자위행위를 병행하지만 이를 결코 실행에 옮기지 않는 부류들이다. 그들은 순응적 파트너(자신의 성적 취향으로 길들여진 아내, 여자친구)와의 관계를 통해 이를 해소해 나가거나 돈을 주고 산 매춘부와의 관계를 이용하기도 한다. 성격장애와 관련하여 가학적 변태성욕자들은 대부분 편집증적 공포에 시달리기도 한다.

매 맞는 배우자들 중 대다수는 가학적 변태성욕자의 순응적 희생자일 가능성이 높다. 그러나 성적 가학성의 속성상 순응적 피해자들이 먼저 도움을 청하기가 어렵기 때문에 많은 사람들은 사회에 드러나지 않은 채 남아있다(Roy Hazelwood & Stephen G. Michaud, 2002: 120).

가학음욕증의 대표적인 증상으로 편타가학증을 들 수 있다. 중국에서 편(鞭)은 채찍이라는 의미 이외에도 남근을 상징하는 것으로 해석하였는데 수사슴의 음경 말린 것을 강장제로 사용하였고 이때 수사슴의 음경을 녹편(鹿鞭)이라고 하였다. 따라서 편은 채찍 이외에도 남근을 상징하기도 한다(문국진, 1996: 62). 편타가학증(鞭打加虐症)은 상대를 나체로 만들거나 엉덩이 부분만을 노출케 하여 몽둥이, 채찍, 혁대 등으로 내리침으로써 성적 흥분을 느끼고 절정감에 이르는 증상이다.

고대 그리스에는 아기를 낳지 못하는 부인이 신전에서 알몸이 되어 양가죽으로 만든 채찍으로 잔등에서 엉덩이까지 얻어맞으면 임신이 가능했다는 기록이 있다고 한다. 채찍으로 치는 의식을 프래질런트(Flagellant)[19]라고 하며 여기에 관한 기록은 적지 않다. 정신분석학적으로는 이때의 채찍을 남성의 성기인 남근을 상징한다고 해석하고 있으며 매질로 인한 여성의 매력적인 부분의 홍조, 그리고 매질로 인하여 몸에서 부분적으로 경련이 발생하는 것을 통하여 성교장면을 연상하게 한다고 해석하고 있다.

편타가학증은 어릴 때 받은 자극적 인상이 매우 중요한 계기가 되는데 동양에서는 아이들의 엉덩이보다 종아리를 때리는 편인데 반해 서양의 경우 어린아이의 엉덩이를 노출시킨 후 가격하는 편이 많아 편타가학증은 동양보다는 서양에서 많이 볼 수 있다. 그러나 최근에는 외국의 음란물 등의 영향으로 우리나라에서도 이러한 현상을 볼 수 있는데 인터넷을 중심으로 동호인 모임들도 있는 것으로 파악되고 있다. 외국에서는 피학음욕증을 선호하거나 가학음욕증을 합법적으로 하고 싶어 하는 사람들을 중심으로 가학－피학 클럽(일명 SM클럽)에 가입하고 돈을 내고 때리거나 맞는 행위를 하는데 편타가학증이 상징적으로 많이 사용되고 있다.[20]

---

19 flagellant는 채찍질하다는 의미를 나타내는 라틴어 flagellare에서 비롯된 것이다.

20 미국 뉴욕에서는 SM클럽이 운영되고 있다. 이 클럽에서는 편타가학증 이외에도 상대에게 굴욕감을 주는 체인을 목에 달고 다니는 행위나 얼굴에 동물의 가면을 씌워놓고 언어적으로 모욕하는 행위 등이 이루어지고 있다.

인간은 누구나 어느 정도 가학성을 지니고 있는데 그 이유는 인간의 성장과정과도 연관이 있다. 신생아에게 있어서 자기와 다른 사람을 구별하는 능력이 존재하지 않으므로 자기만이 존재하는 것 같은 환상 속에서 생활하게 되는데 점차 시간이 경과하게 되면 자기 이외의 세계에 눈을 뜨게 된다. 즉 자신이란 하나의 허상일 뿐 아니라 이제까지 유일한 자신의 영역이 침범당하는 느낌에서의 불안감을 느끼게 되므로 다른 이의 존재를 부정하고 싶어 하고 상대를 배척하려는 발상에서 사디즘이 시작된다.

프로이드의 성심리 발달 중 구순기는 자기 이외의 남을 인식하지 못하는 단계이나 항문기에 들어서는 이러한 구별을 하게 되고 자기 이외의 존재에 대하여 공격성을 느끼는 시기이므로 항문 사디즘기라고도 한다. 이와 같이 자기의 존재와 사디즘은 불가분으로 연결되므로 인간이 자기라는 환상에 집착하는 한 어느 정도 사디스트로서의 가능성을 안고 있다 하겠다.

2) 맞아야 느낀다 '피학음욕증'(Sexual Masochism)

남을 때리는 행위에서 성적 만족을 얻는 성적 가학증이 있다면 이에 대한 상대적 개념으로 피학음욕증 또는 성적 피학증(Sexual Masochism)이 있다.[21] 마조히즘의 어원은 소설 '모피코트를 입은 비너스'[22]를 쓴 오스트리아의 작가 레오폴트 폰 자허 마조흐(Leopold von Sacher-Masoch)[23]에서 유래되었다. 소설에 등장하는 여자주인공이 성적으

---

21 DSM-IV에서의 성적 피학증의 진단기준
1. 굴욕을 당하거나 매질을 당하거나 묶이거나 기타 다른 방식으로 고통을 당하는 행위로 가상적인 것이 아닌 실제적 행위이다. 이와 관련하여 성적 흥분을 강하게 일으키는 공상, 성적 충동, 성적 항동이 반복되며 적어도 6개월 이상 지속된다.
2. 이러한 공상, 성적 충동, 행동이 임상적으로 심각한 고통이나 사회적, 직업적, 또는 다른 중요한 기능영역에서 장애를 초래한다.

22 소설은 이야기를 풀어나가는 주인공 '나'가 친구 '제베린'의 체험기를 읽는 형식으로 진행해 나간다. 여기에 등장하는 모피는 하위자에 대한 성취물, 힘과 미의 상징적인 의미를 갖기도 한다. 채찍은 이러한 관계를 극대화시키는 도구로 폭력과 잔인함을 나타낸다. 이와 관련된 주요 내용은 아래와 같다. 레오폴트 폰 자허 마조흐, 이선희 역, 모피를 입은 비너스, 2006, 열림원을 참고할 것.
① "제가 사랑하고 숭배하는 아름다운 여자의 노예가 되는 겁니다!"(p. 77)
② '망치 아니면 모루가 되어야 한다'는 괴테의 말만큼 남녀 관계를 훌륭하게 지적한 말은 없다네. … 중략 … 남자의 열정 속에 여자의 권력이 들어있어. 그런데 남자가 주의하지 않으면 여자는 그 권력을 이용할 수 있어. 폭군이 되느냐 아니면 여자의 노예가 되느냐 하는 선택만이 남아 있을 뿐이네. 남자는 헌신하는 만큼 머리에 멍에를 뒤집어쓰고 채찍 맛을 보게 될 거야."(pp. 22-23)
③ "자, 이 초감각적인 바보를 보십시오! 성난 여왕처럼 모피 재킷을 입고 나타났던 아름답고 풍만한 아주머니의 채찍질 덕분에 처음으로 여성에 대한 감각에 눈을 떴습니다. 그 후부터 제게는 아주머니가 이 세상에서 가장 매력적인 여자로 보였습니다."(p. 67)
④ "채찍은 빠르고 강하게 내 등과 팔을 내리쳤다. 채찍질 하나하나가 내 살을 파고들어 여기저기서 피가 흘렀지만 고통은 나를 황홀하게 했다. 그 고통은 내가 숭배하는 여인, 언제든지 내 생명을 바칠 용의가 있는 여인이 주는 것이니까."(pp. 88-89)
⑤ "나는 이제 정말로, 나와 똑같이 생각하고 느끼고 원하는 한 인간을, 나보다 더 강한 정신과 육체를 가진 한 남자를 다스리고 학대하는 것에서 즐거움을 느껴요. 특히 나를 사랑하는 남자를 말이에요." (p. 236)

23 피학적인 성애의 화신인 레오폴드 폰 자허 마조흐는 1836년 오스트리아 렌베르크에서 경찰서장인 아버지와 렌베르크 대학 총장의 딸인 폰 마조흐와의 사이에서 태어났다. 그는 천재적인 두뇌의 소유자로 20세 때 그라츠 대

로 지배적이고 가혹한 데 반해, 남성주인공은 상대적으로 복종적이고 유약하다는 스토리에서 비롯되었는데 리하르트 폰 크라프트에빙(Richard von Kraft-Ebing)[24]이 이를 구체화하였다.

피학음욕증은 다른 사람으로부터 학대나 경멸을 당하는 행위로부터 성적인 만족감을 추구하는 행위를 말한다. 일반적으로 이러한 성적 흥분을 얻기 위해 육체적 정신적으로 상처를 입거나 고통을 추구하는 성향은 일반사람들에게는 찾아보기 어렵다. 그러나 피학성 변태성욕을 추구하는 사람들에게는 이러한 행동이 일반적이다.

성적피학증은 가상이 아니라 실제로 굴욕당하거나 매질, 두임, 그 밖의 방식으로 고통을 당함으로써 성적 만족을 추구하는 것이다. 피학적 상상은 다른 사람에 의해 붙들려 있거나 묶여 있어서 도망갈 수 없다는 내용들 또는 강간을 당한다는 상상이 일반적이며 피학적 상상은 행동으로 연결되지는 않는다. 그러나 이러한 상상이 일단 행동으로 연결되면 문제는 심각해진다.

피학적 성적 충동을 구체적으로 실현하기 위하여 스스로 또는 상대방과 함께 행하는 경우가 많은데 핀으로 피부를 찌른다거나, 전기쇼크를 주는 방법, 심지어는 신체를 절단하는 경우도 있다. 통상 자신의 몸을 결박한 후 눈을 가림으로써 공포를 조성하고 손찌검, 채찍질, 구타 등을 병행한다. 또한, 굴욕상태에서 방뇨, 분변케 하거나[25] 자신에 대한 폭언을 즐긴다. 이러한 피학증 증상으로는 유아증 현상, 올가미, 노끈, 비닐봉지, 마스크, 화학물질을 이용 산소박탈로 성적 쾌감을 얻는 저산소도착증, 물품음란증, 복장 도착증 등이 있고 이러한 행위는 통상, 성적 가학증과 동반하여 발생할 수도 있는데 소아기 때부터 존재해 오다가 성인 초기에 시작되기도 한다.

3) 피학음란증의 극치 '저산소음욕증'(Hypoxyphilia)

고대에서 여성이 노예들을 성적인 이유에서 끈으로 목을 졸라 살해하는 경우가 있었다고 전해진다. 끈으로 목을 매었을 때 끈에 자기 체중이 가증되어 일어나는 질식사를 통상 '목매달아 죽는다'는 의미의 의사(*Hanging*)라고 표현한다. 목이 졸려짐과 동시에 뇌에 혈액을 공급하는 혈관인 추골동맥이 차단되면 급격한 국소적 뇌빈혈이 먼저

학의 역사학 강사가 되었고 대학교수와 신문사 편집장 등으로 활동하며 많은 장편과 단편소설을 발표했다. 34세 때 장편소설인 '모피코트를 입은 비너스'로 명성을 떨쳤다. 이 소설은 권력이 있고 권위적인 사람의 지배에서 오는 성적 쾌락을 그렸다. 자허 마조흐는 실제로 모피를 입은 여인에게 채찍으로 얻어맞기를 즐겼다고 전해지며 소설에서 나오는 것과 유사하게 피학적인 상황을 즐겼다. 아내의 간통을 강요하고 이를 훔쳐보면서 즐기는 악취미를 가지고 있던 그는 모피코트와 채찍, 하이힐 등의 성적 상징물에 집착하였다.

24 독일의 성과학자인 그는 1898년에 저술한 성에 관한 고전 〈성적 사이코패스〉에서 사디즘과 마조히즘이라는 용어를 처음 사용했다. 이후 심리학자 프로이드는 〈성이론에 관한 3개의 논문〉에서 사디즘과 마조히즘을 성적 본능의 구성요소라고 명명했다.

25 분뇨음욕증(scatology)이라고도 한다.

오게 된다. 이어 갑작스러운 의식불명에 빠지게 되고 의식이 없는 상태에서 질식이 야기되므로 당사자는 고통을 전혀 느끼지 못하고 사망한다.[26] 또한, 경추골절에 이르는 과정에서 미주신경이 자극되면 방뇨, 방분, 사정 등의 현상이 나타난다. 저산소음욕증은 자기 색정 질식사(Autoerotic Death) 혹은 저산소애호증, 저산소도착증, 자음질식사라고도 한다. 저산소음욕증은 피학음란증의 가장 위험한 결과를 초래할 수 있는 경우라고 할 수 있다.[27] 오르가즘을 얻기 위해 끈으로 목을 매거나 본드 등의 유기 용매, 아산화질소 등으로 산소결핍을 유도하여 숨을 쉬지 못하게 하는 방법을 사용하기도 한다. 이로 인해 저산소증을 초래하여 오르가즘을 맛보는 방법을 쓰다가 정도가 지나쳐 질식으로까지 발전, 사망하는 경우가 많다. 끈 이외에도 가슴을 압박하거나, 비닐봉지, 마스크, 화학물질 등을 이용하거나 남으로 하여금 목을 조르게 하는 사례도 보고되고 있다.[28]

이러한 것이 잘못 알려져 성만족의 한 방법으로 목을 매다는 경우도 있다. 즉 산소를 박탈함으로써 성적 쾌감을 느끼려는 시도를 하다가 기구의 기능 이상이나 올가미 노끈 등의 위치 선정이 잘못되어 급기야는 스스로 죽음을 초래하는 경우이다. 특히 혼자 사는 독신자나 가족과 함께 생활하더라도 가족들의 외출 이후에 이러한 행위를 하다가 사망하는 예도 있다. 우리나라에서도 점차적으로 과거보다는 주거환경이 개선된 결과 개인별로 독방사용률이 증가함에 따라 저산소증에 의한 사망이 발생하고 있다.[29]

미국의 경우 매년 500~1,000명이 이러한 행위 도중 사망한다고 한다.[30] 그들 중

---

26 줄로 목을 매어 죄는 경우 동맥혈의 순환 및 정맥혈의 배출을 일시적으로 막아 심장에서 더리로 올라가는 경동맥(carotid artery)이 눌리게 되고 뇌로 가는 혈류에 장애가 생겨 뇌에 심각한 저산소증을 일으키게 된다. 뇌는 신체의 다른 어떤 장기에 비해 상대적으로 크기가 작으면서도 많은 양(30% 이상)의 산소를 소모하는 중요한 기관으로 단 5초만 혈류의 공급에 장애가 생겨도 정신을 잃을 수가 있다. 이러한 행동으로 순간적인 성적 만족감을 얻게 되나 이러한 상태가 몇 분간 지속되면 뇌세포에 손상이 생겨 이를 제어하지 못하고 뇌사 상태에 빠지게 되어 사망에 이르게 되는 것이다.

27 DSM-Ⅳ에서는 저산소 도착증(hypoxyphilia)을 피학음욕증에 포함시키지 않고 비정형 성도착증(atypical paraphilia)으로 분류하고 있다.

28 의도적 질식(intended asphyxiation)이라고도 한다. 흔히 목에 줄을 걸어 질식을 유발하는 형태에서 즐기다가 사망을 방지하기 위한 일정한 장치가 제대로 작동하지 않아 본인의 의도와 상관없이 사망하는 경우이다. 즉 일종의 사고사이다. 통상 줄을 이용하여 목을 졸라매는 교사형태로 발견된다. 구체적으로 목을 매단 끈은 대개 장치를 이용하여 복잡하게 매져 있으며 끈과 경부 사이에서 목을 조르기 쉽도록 일정한 장치(풀매듭 혹은 끼우개 : slipknot, 스스로 풀리는 형태의 매듭 : 의식을 잃게 되었을 때 스스로 풀리도록 고안된 장치)가 발견되기도 한다. 이외에도 비닐주머니를 뒤집어쓰고 사망하는 경우도 있다. 특징적으로는 대부분 시체 주변에 도색사진 혹은 음란 동영상물이 남겨져 있고, 여자복장을 한 상태에서 발견되는데 이러한 상황을 고려하지 못하면 살인으로 잘못 해석할 수도 있다.

29 헤젤우드는 자기색정사를 진단하는 5가지 기준을 제시했는데, 1) 성적 흥분을 얻을 수 있는 메커니즘, 2) 혼자 하는 성적 행위, 3) 포르노물 같은 성적 환상을 돕는 도구, 4) 이전의 자기색정 형태, 5) 자살 의도 없음이 그것이며, 죽음은 1) 생리학적 기전, 2) 자가 구조장치, 3) 피해자의 판단착오 중 한 가지 이상에서 문제가 생겼을 때 일어나게 된다.

30 2010년 8월 미국 시카고 지역에서 '초킹 게임(Choking Game)'으로 인하여 청소년들이 사망한 사례는 이러한 종류의 게임이 청소년을 중심으로 번지고 있음을 시사하고 있다. '초킹 게임(Choking Game)'은 기도를 압박해

96%가 남성으로 사춘기 소년부터 70세 노인까지 연령층은 다양하나 20대가 가장 많다(신희천 외, 2000: 98). 우리나라에서는 저산소증에 대한 정확한 통계가 없다. 성적 피학증이 있는 남성들은 통상 물품음란증, 복장도착증, 성적 가학증을 동반하는 경우가 있다. 저산소 음욕증을 소재로 한 영화 등이 있다[31]

4) '가학음욕증과 피학음욕증'이 만나면?

성의 상대에게 고통을 주거나 또는 반대로 고통을 받음으로써 성적 만족이나 쾌감을 얻는 일종의 비정상적 행위를 잔인성 성도착증(Algolagnia)이라고 한다. 사디즘의 본질은 상대를 물건화하여 성을 즐기는 도구로 삼아 굴욕을 주는 것으로 개인(Personality)을 하나의 물건(Material)으로 본다는 것이다.

성적 흥분의 핵심은 상대가 주체에서 물건으로 전락하는 것이다. 개인의 금력이나 권력, 폭력을 이용하여 성적 대상을 찾아 헤매는 남성 역시 이러한 성적 가학증을 가지고 있다고 볼 수 있다. 가학성 변태성욕자는 거세불안을 느끼며 상대방에게 고통을 가하는 행위를 통해 자신의 힘이나 우월감을 과시하는 것이며 피학성 변태성욕자도 환상에 의존하면서 고통받는 사실에서 커다란 만족을 느낀다.[32] 남에게 가학을 함으로써 얻는 쾌감과 남으로부터 학대를 당함으로써 받는 쾌감을 얻는 형태로 이어질 수 있다.[33]

뇌에 산소가 공급되지 못하도록 했다가 갑자기 이완시킴으로써 일시적으로 마약과 같은 효과를 얻는 것으로, 주로 9세부터 16세 청소년들 사이에 행해지며 인터넷을 통해 다양한 방법이 퍼지고 있다고 한다. 피해자 중 한명은 천으로 된 벨트에 목이 조인 채 어머니에 의해 발견됐고, 또 한명은 침실 벽장 안에서 목을 매그 있는 것을 부모가 발견했으나 사흘 뒤 숨졌다. 이 피해자의 방에서는 다른 친구들의 '초킹 게임' 장면이 담긴 동영상 테이프가 발견됐다. 자녀의 목에 멍이 들었거나 눈이 충혈된 경우, 침대 시트와 벨트, 티셔츠, 타이 등이 매듭지어진 채로 발견된 경우, 질식 및 기절 상태에 대해 궁금해 하는 경우 특별한 관심이 필요하다.
http://www.segye.com/Articles/News/International/Article.

31 저산소음욕증을 소재로 만든 일본 영화 "감각의 제국"은 1936년에 실제로 일어난 '아베 사다 사건'을 재구성한 것으로 성과 관련된 파격적 장면으로 주목받은 작품이다. 1930년대 일본은 사무라이 정신이 팽배한 분위기였으며 사무라이 정신은 남성우월주의를 표현한다. 어느 요리집에 여종업원인 시다는 주인이던 기찌조와 격렬한 사랑에 빠진다. 그러던 중, 기찌조의 아내가 그들의 관계를 알아차리자 시다와 기찌조는 그 아내의 손길이 뻗치지 않는 어느 한 요정으로 도피를 하고 거기에서 그들은 가학적인 행위를 함으로써 오르가즘을 느끼는 섹스를 하게 된다. 마지막 장면에서 여자와 성교를 하면서 남자는 자신의 목을 죽기 직전까지 조르라는 요구를 하게 된다. 즉 성행위 도중 목을 조르는 저산소 상황에 이르러 남주인공이 사망한 후 여주인공이 남주인공의 남근을 자르면서 끝이 난다.

32 〈피아노 치는 여자〉는 2004년 노벨문학상을 받은 소설 〈피아니스트〉를 영화로 제작한 작품이다. 서른 살이 훌쩍 넘은 여주인공 에리카는 피아노 선생으로, 어렸을 때부터 어머니의 억압과 제재, 감시를 받아 온 인물이다. 그녀의 어머니는 그녀의 생활뿐만 아니라 남성과의 교제도 일일이 간섭한다. 그녀는 어머니로부터 벗어나기를 원하나 어머니의 품을 뿌리치지 못 하고 순응하는 이율배반적인 여성이다. 이러한 억압받는 환경 속에서 그녀의 욕구충족은 그녀의 남자친구이자 제자인 클레머와 사랑을 하면서 폭발하게 된다. 그녀는 클레머에게 자신을 줄로 결박하고 채찍질을 해달라고 요구한다. 한국 영화 〈거짓말〉에서도 가학, 피학 장면이 등장한다. 채팅을 통해 만난 남녀 주인공이 자극적인 정사장면으로 논란이 되었던 작품으로 정상적 성관계 이상의 쾌락을 추구하는 두 남녀는 남자가 여자를 몽둥이, 철사 등을 이용하여 무차별 가격하면 여자는 고통을 당하면서 '행복해'란 말을 연발한다. 어느 정도 시간이 지나자 여자도 남자를 때리기 시작하면서 학대행위는 도를 높여간다.

33 B씨는 앞선 스웨덴 방문에서 A씨를 만나 친구가 됐다. 이후 인터넷을 통해 연락을 하다 교환 학생으로 스웨덴을 다시 찾아 A씨와 재회한 후 A씨와 '성적모험'을 즐기기로 했다. 둘은 환락을 더하기 위해 소설에 나오는 가

일반적으로 피학성 변태성욕행위는 여성에게 많고 가학성 변태성욕행위는 남성들에게 많다. 부부간에는 가학피학성 변태성욕이 결합하여 나타나는 경우가 있다. 사디즘을 추구하는 남성의 입장에서 특히 싫어하는 것은 쉽게 응하는 여성이다. 순순히 응하는 여성은 수치심이나 굴욕을 느끼지 못한다고 믿음으로써 사디즘의 대상에서 제외하는 경우가 많고 자기 자신은 수치와 굴욕을 모르는 절대적 주체로 군림한다. 사디스트는 사랑할 상대가 없어서 하는 수 없이 강간을 하거나 매춘을 하기보다는 사랑할 상대가 존재하여도 폭력이나 금력을 이용하여 여성을 공략하고자 하는 경향이 있다.

일반적으로 남성은 가학적인 경향, 여성은 피학적인 경향이 강하다. 그 이유는 암컷은 원래 생물학·해부학 및 생리학의 각 분야에서 볼 때 내향적 특성을 가지고 있다. 예컨대 성별의 기본이 되는 성기를 보아도 수컷은 돌출되어 있고, 암컷은 함몰되어 있다. 성 생리적인 면에 있어서 수컷은 진취적인 데 비해 암컷은 포섭적이다. 또한, 생물학적 분석에 의하면 암과 수는 정자와 난자의 차이로 상징되는데 수컷은 적극적, 외향적 추진적인 운동을 하는 정자와 같은 이치이며 암컷은 소극적이고 포섭적이다. 따라서 남성은 생물학적으로 공격적, 파괴적 경향을 보이고 여성은 방어적 경향을 보인다는 것이다(문국진, 1996: 59).

그리고 가학적 행위는 특히 성에 대해 일종의 열등감을 가지고 있는 사람, 특히 남성이 반사적으로 그 열등감을 상쇄하고 싶은 욕망에서 일어난다고 보는 견해도 있다. 그러나 이러한 주장이 남성의 가학성과 여성의 피학성이라는 측면을 정확히 설명하고 있는지에 대해서는 많은 비판이 있다. 왜냐하면, 성행위에 있어서 남성은 확실히 능동적이고 여성은 수동적이지만 그 능동성과 수동성을 직접적으로 가학과 피학으로 연결시키는 것은 무리이다. 남성 중에서도 피학적 경향을 가지고 있는 사람도 있으며, 여성의 경우 반대로 가학적 경향을 가지고 있을 수 있고 한 사람이 가학과 피학을 골고루 추구하는 예도 있기 때문이다.

고통이 쾌락으로 변할 수 있는가? 고통 그 자체가 쾌감이 되기보다는 고통으로 인하여 발생하는 성적인 정동(情動)으로 해석하고 있다. 심한 불안이나 고통, 또는 공격충동이 그대로 성적 쾌감이 되는 것이 아니라 그러한 것들이 성적 쾌감으로 전환되는 것을 가능하게 하는 일종의 최음제 효과를 하고 있다는 것이다.

가학적 심리는 자신이 신체적, 성적 학대의 희생물이었던 어린 시절의 장면을 역

학적 행위들을 차용했다. 나일론 타이즈와 콘돔으로 B씨를 묶고 나무로 된 지시봉으로 여자 친구 B씨를 최소 123대를 때렸다. 이들은 '자신들만의 게임'을 하던 중 B씨가 숨을 쉬지 않는 것을 알아채고 구급차를 불렀다. 이후 B씨는 이틀 동안 집중 치료를 받았지만 결국 사망했다. B씨는 가학적인 성관계를 맺던 도중 기도가 막혀 심각한 뇌손상을 입은 것으로 밝혀졌고 B씨의 입에 무언가가 채워져 있었다. 스웨덴 경찰은 B씨의 몸에서 코카인 대용품과 알코올을 복용한 흔적을 발견했다고 밝혔다. 스웨덴 경찰은 B씨의 죽음과 관련해 지난 주 A씨를 체포했다. http://news.donga.com/3/all/20130129/52664498/2 (2013. 1. 29.)

전시키고자 무의식적 시도를 하는 것이다. 힘이 없을 때 당했던 피해를 힘을 가지고 난 이후에 자기보다 약한 주위 사람에게 복수를 함으로써 유아기적 외상을 회복하고자 하는 것으로 본다. 이에 반하여 피학적 심리는 유아기에 경험하였던 학대 경험을 반복하고 있으며 자신에 대한 처벌을 다시 시도하고 있는 것으로 본다. 오히려 아무런 관계를 가지지 못하는 것은 무관심의 영역이므로 상대로부터 관심 밖의 대상으로 인정받기보다는 차라리 학대받는 편이 상대와 관계를 맺을 수 있는 유일한 통로로 간주하는 것이다. 따라서 학대받으면서 심리적 안정감을 느끼게 된다. 피학적 행위는 겉으로는 자기 파괴적으로 보이나 생동감과 자기응집력의 회복을 위한 필사적 노력으로 볼 수도 있다.

다른 도착증들이 주로 남자에게서 발견되는 것에 비해 가학증과 피학증은 남녀 모두에게서 동일하게 나타나는 유일한 성도착증이라는 점에서 매우 독특하다(신희천 외, 2000: 122-123). 현대사회에서는 이러한 가학성과 피학성을 상업적으로 결합한 SM클럽 등의 활동이 공공연히 이루어지고 있으며 독특한 성적 취향을 가진 소수들만의 축제가 벌어지기도 한다.

2. 은밀함과 익명성을 통한 성도착

1) 훔쳐보는 것에 목숨을 걸다 '절시음욕증'
(觀淫症, 竊視淫慾症, Voyeurism, Scoptophilia)

촉각 다음으로 성적인 자극을 일으키는 감각은 시각(Vision)이다. 절시음욕증이란 프랑스어 voyeur(보다)에서 유래된 말로 관음증[34] 혹은 도시증, 절시증, 절시음란증, 영어로는 "Peeping Tom"[35]이라고도 한다. 이성의 나체, 성기 또는 다른 사람의 성행위

34 DSM-Ⅳ에서의 관음증 진단기준

1. 옷을 벗는 과정에 있거나 성행위 중에 있는 전혀 눈치를 채지 못하고 탈의한 대상을 관찰하는 행위를 중심으로 성적 흥분을 강하게 일으키는 공상, 성적 충동, 성적 행동이 반복되며 적어도 6개월 이상 지속된다.
2. 이러한 공상, 성적 충동, 행동이 임상적으로 심각한 고통이나 사회적, 직업적, 또는 다른 중요한 기능영역에서 장애를 초래한다.

35 peeping이라는 의미는 '몰래 훔쳐보다'라는 의미이다. Peeping Tom의 유래는 바이킹이 영국 누방에 쳐들어와 데미인의 왕인 크누트 1세의 통치를 받기 시작한 11세기 초반, 이전에 영주의 땅을 빌려 소작하던 자유 농민들은 농노의 신분으로 신분이 격하되었고 그들은 가혹한 세금을 내야만 했다. 당시 코번드리를 지배하던 포악한 러퍼릭 영주는 자신이 지배하는 농노들에게 초야권을 갖는 것은 물론 가혹한 농사의 대가를 요구하였다. 이러한 폭정에 힘들어 하는 농노들에 대하여 영주의 아내였던 17세의 메리 고다이바는 안타깝게 생각하면서 그들의 고통을 좀 덜어 주기를 간청한다. 그러나 남편은 부인의 이 제의를 거절하다가 '만일 당신이 옷을 모두 벗어 던지고 이 성을 한 바퀴 돌겠다면 그렇게 해 주겠노라고…' 하였다. 이에 대해 영주의 예상과는 달리 메리는 영주가 원한다면 그렇게 하겠노라고 승낙하였고 이 사실은 전 성안의 모든 백성들에게 알려졌다. 백성들 입장에서는 자신들을 위해 승낙한 영주의 부인에 대하여 감사하는 마음을 가지고 있었으며 주민 회의를 거쳐 만일 영주의 부인이 대낮에 말을 타고 성을 한 바퀴 도는 모습을 보지 말자고 결정하였다. 그러나 그 마을의 재단사였던 Tom

장면을 몰래 숨어 훔쳐보면서 성적 만족을 느끼는 것을 말한다. 일반적으로 관찰하는 사람과 직접적 성행위는 시도되지 않고 단지 훔쳐보거나 또는 나중에 이러한 장면을 연상하면서 자위행위를 하는 것이 일반적이다. 관음증은 통상 15세 이전에 발생되며 만성화되는 경향이 있다.

관음증이란 노출증의 반대로 이성의 나체, 성기, 성행위를 반복적으로 훔쳐보면서 성적 만족감을 얻게 된다. 절시음욕증은 통상 불법주거침입과 병행하는 경우가 많은데 현장에서 자위를 하는 경우가 있으며 혹은 현장을 벗어나 정사장면을 회상하며 자위를 하기도 한다.

이성의 나체 혹은 성행위를 훔쳐보는 것은 대개 남자가 더 심하긴 하다.[36] 그러나 남녀를 불문, 동서양을 막론하고 많은 사람들이 즐기는 행위 중 하나로 알려져 있다. 주로 젊은 남성에게 발견되는데 점차 나이가 들면서 없어지는 경향이 있다. 여성의 경우에도 다른 사람의 벗은 몸, 혹은 성교행위를 봄으로써 성적인 흥분을 한다는 점에서 관음증적인 경우가 있을 수는 있으나, 전적으로 관음행위에 의해 성적 흥분이 좌우되는 경우는 남성에 비해 드문 편이다.

실질적으로 상품의 광고효과 측면에서 무대라든가, 각종 광고 등 영상매체를 통하여 여성들의 노출을 공공연하게 보여주고 있음은 주지의 사실이다. 훔쳐보기는 일반적으로 많은 사람들에게 공통적으로 발생되는 보편적 현상이며 남의 것을 훔쳐보는 것은 인간이 느낄 수 있는 욕망이기는 하다. 그러나 성행위를 훔쳐보거나 벗은 몸을 훔쳐보는 행위를 통한 성적 만족 추구가 반복되거나, 훔쳐보는 것에만 집착하게 되는 행위가 유일한 성적 만족의 탈출구가 되어 병적으로 발전하는 것이 문제이다. 이러한 경향은 일반적으로 성행위를 우연히 또는 자주 볼 수 있는 환경이나 기회가 주어지는 상황에서 발생하는 경우가 많다.[37] 포르노 비디오테이프나 음란물 관련 동영상들은 이러한 인간의 절시욕망을 만족시켜주기 위한 하나의 방법으로 보편화되어 있다.

남성들은 여성들에 비해 시각적 자극에 쉽게 반응한다.[38] 따라서 성행위를 훔쳐보

은 전라의 몸으로 말을 타고 성안을 도는 영주 부인의 나체를 훔쳐보게 되었고 눈이 멀게 되었다. 이러한 전래 구전은 Peeping Tom의 어원이 등장하게 된 계기가 되었으며 남의 나체를 훔쳐보면 눈이 먼다는 영국의 전설의 기원이 되었다.

36 캐나다 62세 전직교사인 조지 켐프벨은 비디오 카메라를 구두에 설치한 뒤 여성에게 접근하여 50여 명에 달하는 여자들의 치마 속 풍경을 촬영한 죄로 체포되었다. 그는 초소형 카메라렌즈를 구두 속에 장착한 후 광학섬유 케이블을 바짓가랑이 사이로 끌어올려 허리춤에 넣어 둔 카메라 본체와 연결시키는 교묘한 방법을 사용한 것으로 밝혀졌다.

37 어떤 절시음욕증 환자는 자신이 그러한 행위를 시작하게 된 계기를 설명하면서 어릴 때 자신의 부모가 성행위하는 것을 목격할 기회가 있었으며 그것도 여러 번 목격하였으므로 강박관념으로 머릿속에 남아 그러한 모습을 다시 보고자 다른 곳을 기웃거렸다 한다.

38 나체를 볼 수 있는 투시안경을 판다는 광고가 결국 남성의 '훔쳐보기' 심리를 이용한 사기 행각으로 드러났다. 서울지방경찰청 사이버수사대는 인터넷 쇼핑몰을 통해 투시안경을 판다고 속여 돈을 받아 가로챈 혐의(정보통

는 행위 자체가 많은 사람들로 하여금 흥분을 유발하게 한다. 평범한 사람이라도 타인의 성적 행위를 엿보는 것에 대한 관심이 많다.[39] 그러나 여기에서 언급하는 관음증 환자는 평범한 사람에 비해 강박적으로 타인의 성행위, 배설행위 또는 나체 엿보기를 좋아하거나 이를 보면서 성적 만족을 주로 추구하는 사람들을 말한다.[40] 최근에는 망원경이나 원거리 카메라를 이용하여 훔쳐보거나 모습을 촬영하는 사람들이 있다. 음란 포르노물은 평범한 사람들에게도 흥미의 대상이 되지만 특히 관음증 환자는 이를 보는 데 그치지 않고 수집하고 분류하는 데 자신의 가치를 인식하기도 한다. 그리고 실제 훔쳐보는 행위에 있어서 자신이 지켜보는 대상이 자신의 존재를 인식하지 못하거나 위험한 상태가 존재할 때 더욱 흥분하게 된다. 그리고 성적 극치감은 그러한 관찰을 하고 있는 과정에서 자위행위를 하거나 그 이후에 전에 훔쳐본 장면들을 생각하면서 자위행위를 통해서 여성에 대한 우월감도 느낀다. 관음증은 직접적 공격성향의 성적 행위보다는 수위조절을 통하여 자신의 행위를 정당화할 수 있는 소지가 있으므로 중독성이 있다.[41]

엿보기를 계속하는 사람들은 그 행위의 과정에서 강한 흥분을 느끼기도 하지만 다른 사람과의 접촉에 대하여 두려움을 가지고 있다는 이유도 있다. 이러한 성벽을 가진 사람들은 성격이 소극적이므로 다른 사람, 특히 이성과의 만남에 어려움이 있다. 대부

신망 이용 촉진 및 정보 보호 등에 관한 법률 위반)로 정모(39) 씨를 구속했다고 22일 밝혔다.
경찰에 따르면 정씨는 지난 5일 'tusi.ikik.kr' 등 6개의 인터넷 사이트를 개설한 뒤 '사람의 속살을 볼 수 있는 투시안경을 판매한다'고 속여 박모 씨로부터 55만원을 입금받아 가로챈 혐의를 받고 있다. 경찰은 피해자 수는 아직 확인되지 않았으나 수십 명에 이를 것으로 추정하고 있다. 사기 등 전과 14범인 정씨는 최근 투시안경 광고를 내건 일부 관련 사이트의 접속이 폭주하자 중국 선양에 있는 공범 신모 씨와 짜고 이들 사이트를 개설한 것으로 조사됐다. http://www.donga.com/fbin/output?n=200906220304&top20=1

39 인간의 훔쳐보기 심리를 영리목적으로 발전시킨 것 중 대표적인 것은 1889년 프랑스 혁명 1백주년 축제 기념 행사시의 사교 댄스였던 카드 리유 춤을 지드로가 변형시킨 춤이다. 이 춤은 여성의 은밀한 곳을 순간적으로 엿보는 것을 즐기는 것으로 그 이후 캉캉 춤으로 알려져 세계적인 명성을 얻고 있다. 가까운 일본이나 미국을 비롯한 유럽 각국에서도 인간의 이러한 심리를 활용한 훔쳐 보기 관람관이 성행하고 있다. 자판기를 이용하여 돈을 지불하거나 동전을 투입하면 여성 혹은 남성의 전라를 관찰할 수 있는 작은 창이 열리면 이를 볼 수 있는 형태이다.

40 회사 화장실에 몰카를 설치한 뒤 여직원을 몰래 훔쳐본 '관음증' 사장이 쇠고랑을 차게 됐다. 충북 영동경찰서는 지난 15일 성폭력 범죄의 처벌에 관한 특례법 위반(카메라 등 이용 촬영) 혐의로 A씨(43)에 대해 구속영장을 신청했다. 경찰에 따르면 A씨는 지난 1월 자신이 운영하는 회사 화장실에 몰래카메라를 설치해 여직원을 촬영한 혐의를 받고 있다. A씨는 두 칸인 회사 화장실 중 한 칸 출입문에 `고장이라고 써 붙여 잠가놓고 칸막이 아래 빈 공간을 통해 옆 칸을 촬영한 것으로 드러났다. 이 업체는 사장을 포함해 5명의 직원이 근무하는데, 여직원 1명을 제외한 나머지는 대부분 외근을 한다. A씨의 범행은 지난 13일 폐쇄된 화장실서 불빛이 새나오는 것을 이상하게 여긴 여직원 B씨한테 발견돼 발각됐다. 경찰은 A씨로부터 범행 일체를 자백받고, 몰래카메라로 촬영해 컴퓨터에 저장했던 영상 등을 증거물로 압수했다. A씨는 경찰에서 "호기심 때문에 그랬다"고 진술한 것으로 알려졌다.
http://www.wowtv.co.kr/newscenter/news/view.asp?bcode=T30001000&artid=A201604150540(2016. 4. 16.)

41 22~28세까지 7년 동안 남의 성행위를 보기 위하여 다른 사람의 집에 침입하였다가 16회 구속된 사례도 있다. 이러한 경우 범죄자는 어릴 때 부모의 성행위 장면을 지속적으로 목격한 경험을 가지고 있으며, 어머니에 의한 과잉보호 등도 원인으로 작용하였다. 또한 절시음욕으로 인하여 자기 집 옆 여관 베란다를 이용하여 사춘기 때부터 남의 성행위를 엿보다가 추락, 사망한 사례도 있다.

분이 남자이므로 여성과 정상적 성관계보다는 타인의 성관계를 목격하고 이러한 것을 기억에 담아 자위행위를 함으로써 성적 만족감을 추구한다. 엿보기는 두 사람이 성행위를 하고 다른 사람이 이를 관전하는 변형된 형태가 있다. 때로는 부부, 애인을 바꾸어 관찰하는 극단적이고 전형적 방법인 배우자 교환(Swinging, Mate Swapping)은 직접적 절시음욕증은 아니지만 간접적으로 이러한 심리와 관련이 깊다.

배우자 교환은 에스키모족, 중앙아시아, 유럽 일부지방, 솔로몬 제도주민에서 관찰되는데 1978년 길마틴의 배우자교환에 대한 연구에 의하면 서양인들 중에는 2~5%가 배우자 교환을 시도해본 경험이 있다고 한다. 관음광의 변형된 형태로 두 사람이 성행위를 하고 있는 동안에 제3의 상대자가 이를 관전하면서 성적 만족을 얻는 경우를 3인간 색정광이라고 부른다. 이는 그리스의 역사적 인물명을 따서 캔돌리즘(Candaulism)이라고도 한다. 이와 유사한 개념으로 자신의 연인이 다른 사람과 성교하는 장면을 관찰하면서 성적 기쁨을 얻는 관음증을 믹소스코피아(Mixoscopia)라고 부른다. 한 남성이 자기 부인으로 하여금 다른 남성과 성교를 하도록 하고 이를 보거나 듣는 데서 쾌감을 얻거나 자기 부인이 다른 남성과 함께 있으면서 옷 벗는 것을 바라보면서 쾌감을 얻는 것을 말한다. 그 경우 남성은 자기 부인이 다른 남성의 연인이거나 낯선 여성으로서의 역할을 하는 것으로 상상한다.

페니켈은 이러한 행동경향은 유년기 시절 충격적으로 받아들여질 수 있는 중요한 장면에 대한 고착과 연관이 있다고 주장하였다. 예컨대 부모의 성교장면을 목격하거나 엿듣게 된 것을 계기로 초기의 외상적 경험이 자신의 거세불안을 일으킨 것이 원인이라고 보았다. 성인이 되고 난 이후에는 수동적으로 경험한 외상을 능동적으로 극복하기 위한 시도로서 이러한 행동을 한다는 것이다. 어릴 때 우연히 보았던 성적 흥분장면을 반복적으로 보고 싶어 하며, 잡힐 것 같은 불안한 심리에서만 성적 쾌감을 느낀다.

심리적으로 관음증 환자의 경우에는 여성의 성기를 확인함으로써 여성과 동일시하나, 자신의 성기 발기와 자위를 통하여 자신의 성기가 온전하다는 사실을 확인하고 여성보다 우월하다고 느끼려는 무의식적 동기가 숨어있다.

통상 관음증 환자들은 매우 보수적이며 성에 대해 부정적 인식을 가진 부모에게서 성을 억압당한 경우에 많이 생기며 여자들과 자연스럽게 사귀지 못하고 열등감을 가지고 있는 사람들에게 나타난다. 어린이들은 사람들이 어떻게 태어났는가에 대하여 관심이 많다. 특히 태어난 곳, 즉 성기에 대하여 어른들에게 자주 질문을 하는 것이 일반적이다. 아이들이 성기나 출산에 대한 질문을 하면 어른들은 자신의 기준에 의거하여 이를 묵살하거나 오히려 질책하는 경우가 많다. 이렇게 질책을 당한 아동의 경우 자라서 성을 죄악시하게 될 가능성이 크다. 성을 지나치게 터부시하고 더럽고 잘못된 것이라는 인식을 아이들에게 심어주게 되면 반대 급부로 아이들은 더욱 성기에 관심을 가지게 될 수 있다.

범죄와의 관련성은 관음증을 충족시키기 위해 그 실행과정에 있어서 불법주거침입을 하는 경우가 있다. 기회가 되었을 시 자신의 욕구를 참지 못해 관찰 대상에 대해 순간적으로 추행을 한다거나 강간으로 발전할 가능성도 있다. 그리고 만일 피해자가 반항하거나 소리를 지르는 경우 자신의 행위를 모면하기 위하여 순간적으로 살인을 저지를 수 있는 가능성도 있다.[42] 그러나 일반적으로 자신의 행위가 노출되었을 시에는 현장을 신속히 도주하는 경향이 강하다.

일반인 중 관음증적 성향이 높은 사람은 성적 만족을 위해 춘화(포르노 사진)를 보거나 음란소설을 읽으면서 충족하는 경우도 있고, 섹스비디오나 사이버상에서의 동영상을 다운받아 봄으로써 어느 정도 욕구를 충족시킬 수 있다. 그러나 이러한 것이 습관적으로 변화될 때에는 일반적 성적 행위보다는 여기에 집착함으로써 정상적 부부관계를 가지거나 이성과의 관계를 유지하기가 어렵다. 일본 등 외국[43]의 윤락가에서는 관음적 상황을 인위적으로 조성하여 이러한 성향이 있는 고객들을 대상으로 사업을 하고 있다.

2) 나는 바바리맨이로소이다 '노출음욕증'(露出淫慾症 Exhibitionism)

남에게 자신의 성기나 나체를 노출함으로써 성적 만족을 추구하는 것을 노출음욕증, 노출음란증, 노출광이라고 한다. 시각적 측면에서 상대를 훔쳐보는 것으로 성적 만족을 느끼는 것이 절시음욕증이라면 절시음욕증과 노출음욕증은 동전의 양면과 같은 깊은 관계가 있다.[44]

노출음욕증과 관련된 역사 기록을 보면 고대 로마의 남근 숭배의식과 남성의 성기

---

42 영화 썸머타임에서 남자주인공에게서 관음증의 증상을 볼 수 있다. 영화는 80년대 운동권이던 남자주인공이 몸을 숨기려 허름한 목조건물에 몸을 숨기게 되면서 시작된다. 우연히 아래층으로 난 구멍을 발견하게 되고 습관적으로 구멍으로 여자주인공의 집을 훔쳐보고 엿듣게 되고 하루도 거르지 않고 그 주인공 여자를 관찰하기 시작한다. 그러한 행동을 통해 알 수 없는 성적 만족과 쾌감을 얻게 되고 급기야 여자주인공 남편이 흘리고 간 열쇠를 주워서 여자주인공 집에 들어가게 된다. 여자주인공도 그가 자신을 몰래 훔쳐보고 있다는 사실을 알게 되고 그녀 역시 알지 못하는 쾌감과 야릇한 감정 속으로 빠져들게 된다는 줄거리이다.

43 일본의 윤락가에서는 타인의 성행위를 볼 수 있도록 방을 만들어 놓고 돈을 내고 관람하는 섹스산업이 합법적으로 성행하고 있다.

44 DSM-Ⅳ에서의 노출음욕증 진단기준
1. 낯선 사람에게 성기를 노출시키는 행위를 중심으로 성적 흥분을 강하게 일으키는 공상, 성적 충동, 성적 행동이 반복되며 적어도 6개월 이상 지속된다.
2. 이러한 공상, 성적 충동, 행동이 임상적으로 심각한 고통이나 사회적, 직업적, 또는 다른 중요한 기능영역에서 장애를 초래한다.

노출 행위가 문서로 남아있고 중국의 소설 금병매에서도 성기노출과 관련된 대목이 등장하며 이외에도 노출음욕증과 관련된 다양한 기록이 존재한다.[45]

노출음욕증은 성적 흥분에 도달할 목적으로 공공장소에서 경계하지 않는 특히 이성(대부분 여성)에게 성기를 노출하거나 자위행위를 함으로써 성적 쾌감을 얻는 것으로 그러한 주로 남성이 대부분이다.[46] 보통 18세 이전에 발병하고 40세 이후에 상태가 통상 완화된다.[47]

성기를 노출하는 남성뿐만 아니라 속옷을 입지 않고 외출을 시도하는 여성도 이에 해당될 수 있다. 성을 상품화하는 특수한 곳을 제외하고 거의 대부분의 문화권에서는 여성의 성기를 노출하는 것이 금기시되어 다리를 가지런하게 모으는 것이 정숙한 여성의 표상이 되었다. 그러나 일반적으로 공공장소에서 성기를 보여주고 싶어 하는 욕망을 가진 사람들은 여성보다는 대부분 남성들이다. 특히 그러한 광경을 상대가 목격하고 충격을 받는 모습을 보고 성적 욕구를 만족시킨다.

이러한 행위를 하는 남성들은 통상 동성애자가 아니며 전형적으로 결혼을 한다. 그러나 결혼생활을 통한 성적 욕구 해소 자체보다는 노출행위에서 더 커다란 만족을 얻게 된다. 수법으로는 목표대상을 선정하고 기회를 포착할 때까지 숨어 있다가 대상이 지나가거나 가시거리 내에 들어올때 갑자기 성기를 노출시키는 행위가 일반적이다. 이를 플래쉬(Flash)라고 부르며 한국에서는 은어로 바바리맨이라고 부른다.[48]

이외에도 공공장소에서 자위행위를 하다 피해자뿐만 아니라 여성의 동상, 초상화 등 여성을 상징적으로 나타내는 물건에 대해 사정하는 살리로마니아(Saliromania), 발기된 자신의 성기를 촬영해 다른 사람에게 보여주는 행위인 사진 노출증(Photoexhibitionism),

---

45 19세기의 성의학자 이반 블로흐(Iwan Bloch)가 찾아낸 1550년경 부적절한 노출행위 사건에 대한 기록에 의하면 베네치아 신성모독 대책위원회가 도메니고라는 이탈리아 청년이 교회에서 미사중 베네치아 여성들에게 성기를 내보였다는 행위에 대하여 베네치아 위원회에서는 그에게 징역 6개월과 베네치아로부터 10년간 추방할 것을 선고했다는 기록이 있다. 다른 사건은 그로부터 약 100년 후, 극작가이자 시인인 영국 귀족 찰스 세들리(Sir Charles Sedley)에 관한 사건이다. 그는 어느 날 그의 친구들과 "콕(Cock)"이라는 선술집에서 만취하도록 술을 마셨다. 그 후 선술집 2층 발코니로 몰려가서 성기를 꺼내 보이기 시작했다. 재판장 포스터는 그가 귀족이라는 것을 고려하여 징역 일주일과 2천 마르크의 벌금형을 내렸다. 이외에도 19세기 초반 1822년 조지 4세는 부랑죄 항목에 점쟁이, 거지, 거리의 도박사, 빈민, 가족을 버린 사내들, 또한 거리나 길가, 공공장소 주요 도로 등의 장소에서 부적절한 노출행위를 하는 모든 사람들을 포함시켰다.

46 정신박약, 간질, 기타 정신장애를 가지고 있는 경우도 있으며 평소 성격은 소심하고 겁이 많으며 주위상황에 예민하게 반응하는 성격의 소유자가 많다.

47 28세의 청년 전형적인 노출음욕자가 자신이 거주하는 모 공장의 여공들 기숙사에 여공들이 피곤해 잠든 밤중에 침입, 여자가 혼자 자는 방에 침입해서 옷을 벗고는 여성을 깨우는 것으로 발전하여 놀란 여성의 표정, 공포에 떠는 모습으로 성적 만족을 얻는 사례가 있었는데 그는 7년에 걸쳐 약 200여 건의 노출을 시도하였다 한다. 이 사례에서는 환자 자신이 16세 되는 해 소변을 보는데 어린이들이 자신의 방뇨 광경을 보고 있음을 알아차리고 노출된 자기 성기에 대해 어린이들이 호기심을 가지고 있다고 느낀 뒤 점차적으로 발전한 것이라고 한다.

48 바바리는 영국의 버버리 코트의 상표이름으로 일반적으로 한국에서는 바바리가 코트의 대명사로 사용되고 있다. 노출광들이 통상 코트로 몸을 가리고 있다가 순간적으로 단추를 풀어 코트의 앞부분을 개방하여 성기를 노출시키는 행위로 인하여 이러한 용어로 고착되었다.

자신의 배설물을 남에게 보여주는 배설물 노출증(Faecal Exhibitionism), 길거리에서 알몸으로 활보하거나 달리는 행동인 스트리킹(Streaking), 달리는 차안에서 밖으로 엉덩이를 보이는 행동인 무닝(Mooning)등이 노출 음욕증 범주에 포함될 수 있다.

노출행위는 남성이라는 주체성을 확인하고 싶으며 자신의 성기가 아직도 존재하고 있다는 사실을 남으로부터 인정받고 싶어 하는 의도에서 이러한 행위를 하는 것이다. 평소 여성에 대한 경멸감과 우월감을 가진 남성은 자신의 성기 노출행위를 보고 여성들이 깜짝 놀라는 반응을 관찰한다. 이들은 성기 노출을 목격한 여성을 놀라게 하여 도주하는 피해자를 보면서 쾌감을 얻고, 노출행위를 보고 놀라는 여성의 반응을 통해서 여성에 대한 우월과 경멸감을 느낀다. 그러나 상대가 놀라지 않거나 무관심한 반응을 보였을 때에는 노출광들은 주로 좌절하며 전혀 만족을 느끼지 못한다. 그러므로 노출음욕증 환자의 노출행위에 대해서는 놀라는 표정을 짓지 않고 별다른 반응을 보이지 않는 등 무관심으로 일관하면서 의연하게 대처하는 것이 효과적이다.[49]

오히려 지나치게 놀라거나 하는 모습은 노출음욕증 환자에게 만족감을 주는 강화효과가 있다. 한 가지 주의할 점은 노출음욕증 환자에게 지나친 굴욕적 언사를 사용하거나 놀리는 등의 대처는 상대의 폭력성을 일깨울 수 있다. 노출하고 난 이후에는 그러한 모습을 보고 달아나는 것이 일반적이며 피해자를 공격하거나 학대하지는 않는다.

상대방이 자기를 보자마자 현장을 이탈하여 도주하는 경우도 있다. 이들이 출몰하는 장소는 지하철이나 사람이 많이 붐벼 다른 사람들이 많이 볼 수 없는 장소보다는 학교 앞, 거리, 야산 등 많은 사람들이 자신의 모습을 관찰할 수 있는 장소를 선택한다. 발생형태는 여러 사람들 앞에서 하는 경우[50]가 일반적이지만 성향에 따라서는 한 명의 피해자를 선정하여 그 앞에서만 이러한 행위를 은밀히 하는 부류도 있다.[51] 등산 중 마주친 피해자에 대하여 성기를 노출하거나 성기를 노출한 뒤 차를 운전하면서 지나는 여성 행인을 불러 길을 묻는 척하다가 자신의 성기를 보여주는 형태 등 다양하다. 비록 상대가 이러한 광경을 목격하지 못한다 하더라도 이러한 행위 자체에 스릴을 느

---

49 차 속에 있던 남성이 자신의 성기를 노출하였을 때, 오히려 상대편 여성이 성적 제의에 반응하면서 여성의 아파트로 유혹할 시에는 대경실색하여 도망가는 사례가 있었다. 그의 경우 어릴 때 포악한 아버지와 쌀쌀맞은 어머니하에서 수줍어하고 부끄럼타는 소년이었으며 성장하면서 이성과 마주칠 때 불편함을 느꼈다고 한다. 이러한 그의 노출행위는 남성적인 주체성을 확인하고 싶은 욕망이 깔려있으며 자기가 존재하고 있다는 것을 보증받고 싶어 하는 의도에서 그러한 행위를 하였다고 한다.

50 A씨는 2008년 8월 23일 오후 10시께 인천시 강화군의 모 여고 교실에 들어가 야간 자율학습중이던 B(18.고3)양과 B양의 여동생(17) 앞에서 옷을 벗은 혐의를 받고 있다. A씨는 학교 인근을 배회하다 모친과 함께 귀가하던 B양 자매에게 들켜 신고를 받고 출동한 경찰에 붙잡혔다. 경찰은 인근 주민인 A씨가 전에도 학교 주변을 배회하며 음란행위를 한 적이 있다는 진술을 확보하고 추가 범죄가 있는지 조사중이다. 연합뉴스, 2008. 8. 26.

51 자신도 알 수 없는 이유로 자기의 성기를 노출하고 싶은 강렬한 충동을 처음으로 경험한 노출음욕자는 알지 못하는 여성과 단둘이 있는 상황을 찾아 헤맸다. 혼자 있는 여자를 발견하고 접근할 때에는 더욱 성적인 흥분을 느꼈으며 자신의 발기된 성기를 내보였다. 이때 피해자가 놀라는 모습이 더욱 흥분시켰으며 그때 사정을 하였다.

끼며 성적 만족을 얻는다.

노출음욕증 환자는 일반적으로 직접적인 성교 욕구는 감퇴하지만 대신 심한 노출 충동을 느끼고 이를 실행한 후 자신의 행위에 대하여 후회하는 일련의 과정을 거친다. 그러나 시기가 되면 이러한 욕구를 참지 못하고 계속하게 된다. 부적절하게 자신의 성기를 노출시키는 남성들의 심리는 정신분석학적으로 거세불안과 연관이 있다. 이 같은 행위는 성교를 두려워하고 수줍어하는 성격 때문이다.[52] 이들의 성적 능력은 일반인에 비해 떨어지는 편으로 통상 성교를 통해 상대를 만족시키지 못하는 데에 대한 두려움을 가지고 있으므로 성기 노출을 하게 되는 것으로 분석된다.[53]

알몸을 지향하는 것은 평소 문명의 압박 속에서 생활해오던 현대인이 의식적인 편함을 느끼면서 자유로운 상태로 있고자 하는 내적 욕구의 바람이긴 하지만 공동생활을 하는 과정에서 상대에게 피해를 준다는 관점에서 이러한 행동에는 사법처벌이 따른다. 노출음욕증을 가진 자들에게 적용되는 법조항은 경범죄에 해당되거나 공연음란죄[54]에 해당된다. 기타 변태적 성욕인, 즉 소아기호증, 강간, 관음증, 근친상간 등과도 결합할 수 있다.

여성은 남성과 달리 상대적으로 성감대가 전신에 퍼져 있기도 하고, 성기를 노출하는 행위는 자신에게 매우 위험한 행동이므로 성기노출이 아닌 정신적 노출증이라는 형식을 취하기도 한다. 여성들이 연령이 높아 가면 처녀 때와는 달리 오히려 남성들보다 더욱 노골적인 성 농담을 스스럼없이 하는 것도 노출염원의 발산 측면에서 정신적 노출증이라고도 할 수 있다(문국진, 1996: 102).

성행위를 노출하고자 하는 욕구는 남성보다는 상대적으로 여성에 많으며 성생활에 불만이 있는 여성이 자신의 성행위를 누군가가 보고 있다는 사실을 인식할 때 성적 극치감을 가지는 경우도 있다.[55] 여성의 노출욕은 성기 노출대신 성행위의 노출증은 남성보다 자신들의 가치를 확인, 이를 통해 자신들의 자존심이 고양될 것이라고 믿는 여성에게 많이 나타나는데 19세기 후반부터 병리학적 증후군으로 인식하기 시작하였다.[56] 남녀 모두 노출증을 자신의 상처를 달래기 위한 자기 도취적 수단이나 사회적으

52 지나친 부모의 도덕적 기준, 성적 억압의 존재, 근친상간적 욕구에 대한 죄책감 등을 가지고 있다가 어떤 계기가 되어 자신의 성기를 낯선 사람, 특히 이성에게 보여주고 싶은 충동이나 흥분을 느끼는 경우가 많다.

53 어떤 노출증환자는 학생시절 비오는 축구경기장에서 우비를 입고 관람하던 중 옆 좌석에 앉은 여학생 몰래 성적으로 흥분하여 자위행위를 한 것을 계기로 스트레스를 받을 때마다 노출 충동이 고조되었다고 한다.

54 공연음란죄는 공공장소 등에서 일반 사람의 성욕을 자극해 성적 흥분을 유발하거나 성적 수치심을 해치는 행위를 하는 것을 말한다. 대표적인 것으로는 2005년 7월 30일 모 방송국 음악프로그램 방송 도중에 갑자기 카메라 앞에서 옷을 벗고 성기를 포함한 전라를 기습적으로 노출한 사건을 들 수 있다. 경찰에 연행된 이들은 공연음란 및 업무방해죄 등의 혐의로 구속되어 각각 징역 10개월, 8개월을 선고받았다가 집행유예 2년으로 석방됐다.

55 여성들 중에는 불안한 환경 속에서 성교를 하면 쉽게 흥분되며 절정감에 도달하는 사례가 보고되고 있다.

56 우리나라에서의 최근 몇 년간 여성들의 노출 사례에 대한 것은 아래와 같다.

로 거의 용납되지 않는 행위를 이용하여 적개심을 표출하는 수단으로 삼는다.

3) 숨겨진 나약한 목소리 '전화음욕증'(Telephone Scatologia)

전화음욕증은 전화외설증(Obscene Telephone Calling)이라고도 하며 특정 질환으로 분류되지는 않으나 변태성욕의 일종으로 간주된다. 주로 사춘기 청소년에게 많지만 이러한 욕망이 제대로 해소되지 않으면 중년, 노년까지 지속되는 경우도 있다. 전혀 모르는 사람에게 음란한 말을 하거나 음란한 소리를 녹음하여 전함으로써 성적 쾌감을 느끼며 주로 전화방을 사용하는 경우도 있다.

우리나라의 경우는 청소년뿐만 아니라 중년에 이르기까지 광범위하게 증가하였으나 전화를 통해 상대에게 음란한 말을 늘어놓는 형태는 발신자 추적장치의 등장으로 점차 감소하고 있는 실정이다. 전화음욕증은 성인 여성 성폭력 피해율 중 가장 높은 비율을 차지한다. 이렇게 피해율이 높은 이유는 이러한 행위가 가지는 익명성, 안전성, 처벌가능성이 낮다는 점에서 선호된다.[57]

일반적으로 무작위로 상대를 선정하여 음란전화를 거는 경우도 있지만 상대에 대한 기초적 인적 사항을 알고 시도 하는 경우도 있다. 최근 자주 노출되고 있는 개인정보[58]를 활용한 전화음욕 행위는 피해자를 늘 지켜보고 통제하고 있다는 생각에서 무작위 선정의 경우보다 더욱 강한 즐거움을 느낀다.[59]

형태는 자신의 성기를 묘사하거나 음란한 성행동에 대해 자세히 설명하는 설명형, 성관계를 하자면서 피해자에 대해 일거수일투족을 관찰하고 있다고 하여 피해자가 당

2006년 월드컵 거리 응원에서 일부 여성들이 이러한 분위기에 편승하여 자신의 육체를 과다하게 노출하여 논란이 된 바 있다. 대표적인 사례로는 일명 '똥습녀'(엉덩이 비닐 부분에 습기 찬 여자) 또는 '젖공녀'(가슴에 공을 그린 여자)로 알려진 것인데 "사람들이 자신을 쳐다본다는 느낌이 흥분되고 즐겁다"라고 하였다. 이러한 현상들과 관련하여 이를 노출음욕증이냐 개성에 속하는 문제인가에 대해 논란이 있다. 그러나 개성을 표현하는 한 수단으로서의 적절한 수위의 노출이 문제가 될 수는 없으나 노출 그 자체를 개성을 빙자하여 시도하는 것은 문제가 있다 할 것이다.
2007년 12월 24일 오후 7시 30분부터 서울 장충동 장충체육관에서 벌어진 '에픽하이 크리스마스 콘서트'에서 한 여성관객이 스탠딩석에서 공연을 관람하며 옷을 하나씩 벗기 시작해 상반신을 노출하는 소동을 일으켰다. 이에 현장에 있던 경호원들이 즉각 이 여성의 옷 벗는 행위를 중단시킨 다음, 옷을 입혀 공연장 밖으로 퇴장시켰다. 스타뉴스. 2007. 12. 25.
2008년 7월 31일 인터넷 개인방송 사이트인 '아프리카TV'에서 31일 새벽 한 여성BJ(방송진행자)가 생방송 도중 갑자기 옷을 벗고 자신의 알몸을 노출하는 방송사고가 발생했다. 이 BJ는 방송 당시 술에 취한 듯 보였으며, 옷을 벗은 뒤 그대로 잠이 들어버렸다. 이 채널의 관리자는 방송사고가 발생한 뒤, 방송을 종료시켰으나 방송 캡처 사진은 인터넷에 퍼졌다. 조선닷컴, 2008. 08. 1.

57 영국 랭커셔의 한 슈퍼마켓에서 일하는 30대 남자가 지난 2년 동안 미등록된 휴대전화 6대를 이용, 여성을 상대로 무려 1만 건의 외설 및 위협 전화를 한 혐의로 기소돼 징역 4년을 선고받았다. 영국 사상 최대의 외설 및 위협 통화 건수를 수립한 앨런 스넬(39)은 무작위로 추출한 여성들을 상대로 전화번호를 돌려 여성인 상대방이 응답할 경우 곧장 음란전화를 하기 시작했다고 BBC는 전했다. 연합뉴스. 2002. 6. 25.

58 2008년 옥션과 GS칼텍스 홈페이지에서의 개인정보 대량 유출 사례 등이다.

59 인터넷 카페 내 회원등급 신청시 댓글로 회원정보가 추가되는 것을 활용하여 음란전화를 시도하거나 학교 홈페이지를 통해 해당 학교 여교사에게 전화를 하는 등의 사례가 보고된 바 있다.

황하는 목소리를 듣고 흥분하는 협박형, 설문조사 등을 가장하여 상대의 성적 취향이나 부부관계 횟수, 체위 등에 대하여 물어보는 문의형이 있다. 이들은 한 피해자에게 지속적으로 접근할 수도 있으며 반응이 만족스럽지 않으면 다른 피해자에게로 옮겨가는 경우도 있다.

전화음욕증 환자들의 심리는 노출음욕증이나 관음증 환자들의 심리와 유사한 측면이 있다. 이들은 대개 대인관계에서 문제가 있는 경우가 많다(신희천 외, 2000: 100). 신분이 드러나지 않는 상태에서 자신이 원하는 시간과 상황에서 피해자와의 접촉이 가능하며 자신이 하고 싶은 말을 일방적으로 전달하는 것으로 상대가 전화를 받고 당황하는 모습을 음성을 통해 느낄 수 있다.

전화를 거는 가해자는 대부분이 남성들이고 피해자는 대부분 여성들이다. 음란전화를 거는 사람은 말을 하면서 자위를 하고 있을 확률이 매우 높다. 음성을 통해 상상하는 과정에서 성적 흥분을 느끼고 있는 것이다. 자신을 감춘 상태에서 자위행위를 통하여 당시 상황을 자신이 조절하고 있다는 우월감을 가질 수 있다. 최근 모바일의 발전에 따라 상대에게 음란 사진이나 영상을 보내는 형태를 취하기도 한다. 발신자 추적을 피하기 위하여 속칭 대포폰을 사용하기도 한다.

최근에는 각종 인터넷 전화연결 매체가 이에 이용되고 있다. 이러한 성적 욕구를 상업적으로 이용하고 있는 것 중의 대표적인 것이 전화방이다.[60] 이는 불특정 다수에게 전화를 하는 방식이 아니라 일정한 주제로 대화방을 개설해 놓고 성적 대화를 유도하거나 이를 통해 욕구를 충족하는 형식이다. 음성 채팅이나 화상 채팅으로 발전하기도 한다. 일방적 전화음욕증에 비하면 돈을 지불하고 상대가 동의하고 있는 형식을 취하므로 죄의식을 거의 느끼지 않는다는 특징이 있다[61].

음란전화에 대처하는 방법으로는 상대의 시도에 놀라는 모습을 보여서는 안 된다. 음란전화를 받았을 때 당황하거나 놀라는 기색을 보이면 보일수록 상대는 흥미를 느끼게 될 것이다. 노출음욕증 환자에 대처하는 것과 마찬가지로 무덤덤하거나 무시하는 것이 바람직하다. 잘 들리지 않는다거나 전화를 들고 아무런 반응을 보이지 않고 조용히 있는 것도 효과적이다. 필요하다면 전화번호를 바꾸거나 필요한 절차를 밟아 전화번호를 추적할 수도 있다.

---

60 전화방요금은 일명 060서비스라고도 하며 요금이 다양하지만 통상 10분에 1만원, 30초에 700원이라는 해외전화요금보다 훨씬 비싼 금액으로 이 덫에 걸린 남성들의 주머니를 털어간다. 전화방에서 근무하는 여성의 유혹에 넘어가 음란 폰팅으로 인한 피해 남성들은 전국적으로 약 100만 명이 넘는다고 한다.

61 전화음욕증은 일본에서 시작되었다. 일본이라는 나라는 이러한 성도착적 행위를 상업화하고 구체화하는 데 적극적이고 관대한 나라로 알려져 왔으며 이러한 행위를 구체적 상업행위에 접목시켜 활용하고 있는 나라이기도 하다. 일본인들은 이러한 대체적 성적 욕구 해소 수단이 많은 반면 상대적으로 성행위 횟수는 다른 나라에 비해 매우 적다고 알려져 있다.

4) 상대가 나에게 다가왔다고? '접촉음욕증'(Frotteurism)

스킨십이라는 용어가 있듯 인간에게 있어서 피부가 성적 접촉에서 차지하는 비중은 적지 않으며 이를 통해 인간적 친밀감을 표시하는 것은 오래전부터 있어왔던 표현 중의 하나이다. 그러나 자신의 일방적 욕구를 해소하기 위하여 동의하지 않는 사람에게 접촉하거나 문지르는 행위인 접촉음욕증은 피해자에게 심각한 불쾌감을 자아낼 뿐 아니라 상대의 정신적 피해를 초래한다.

접촉음욕증은 마찰음욕증, 접촉도착증, 마찰도착증 등 여러 가지 용어로 불린다. 이러한 행위는 성도착의 발생 양태 중 문명의 사용과 인구밀도가 높아짐에 따라 생겨난 현상으로 볼 수 있다.[62] 통상 치한(癡漢)이라고도 하는데 지하철, 버스 안에서 여성의 신체부위와 접촉함으로써 성적 쾌감을 얻는 것의 형태로 나타난다. 복잡한 대중교통수단에서 여성의 엉덩이, 기타 신체 부위에 성기를 닿게 하거나 문지르는 행위, 손을 성기나 유방에 닿게 하는 행위 등이 대표적인 것들이다.

상대 여성이 눈치 채지 않을 정도로 순간적으로 가볍게 시도하는 경우도 있다. 그러나 심각한 것은 적극적으로 상대에 대해 접근하는 경우이다.[63] 정서적으로 불안한 사람들이 불안한 감정을 완화하거나 해소시키기 위한 방법의 일환으로 이러한 시도를 한다. 유아기 때 어머니의 신체에 접촉하는 것과 동일시하려는 심리 또는 자신의 성기가 온전하다는 심리적 안정감을 확인하는 행위로 해석하기도 한다. 그러한 행위를 통해 평소 여성에 대한 환상과 공상, 예컨대 피해자와 비밀스러운 성관계를 하고 있다고 느끼며 때로는 이러한 과정에서 사정을 하는 경우도 있다. 일단 이러한 행위를 시작하게 되면 상습성이 된다. 피해자들이 적극적으로 이러한 행위에 대처하지 않으면 이러한 행위를 하는 자들이 안정감을 느끼기 때문이다. 또한 심리적 방어를 위한 나름대로의 논리를 세워놓고 자신의 죄의식을 중화시킨다.

복잡한 교통수단 내에서 이루어지는 접촉 행위는 불가항력적 상황, 즉 자신이 피해자에게 다가간 것이 아니라 피해자가 자신에게 다가왔다는 어쩔 수 없는 상황이라는

62 2015년 5월 27일 서울시에 따르면 2014년 서울지하철 1~8호선에서 발생한 성추행 건수는 1,003건을 기록해 처음 1,000건을 돌파했다. 2012년 744건, 2013년 953건에 이어 계속 증가세다. 절도, 폭력 등 다른 범죄는 줄어들고 있는 것과 대조된다. 절도는 2013년 582건에서 지난해 513건으로, 폭력은 73건에서 60건으로 줄었다. 뉴스1. 2015. 5. 27.

63 2017년 11월 26일 새벽 1시 대전광역시 유성구의 한 곰탕집에서 남성이 여성을 성추행했다는 시비가 발생하였고 이후 사건이 피고인의 주소지인 부산지방검찰청 동부지청으로 이첩되며 재판이 열렸다. 2018년 9월 5일 1심에서 부산동부지방법원 동부지원 판사 김동욱은 피고인에게 징역 6월의 실형을 선고함과 동시에 법정구속하였다. 그러자 법원으로부터 이 사실을 통보받아 알게 된 피고인의 아내가 2018년 9월 6일부터 인터넷 커뮤니티 보배드림에 '초코파이1'이라는 닉네임으로 남편의 억울함을 호소하는 글을 올리면서 성폭력 무고죄와 관련한 이슈가 촉발된 사건이다. 결과적으로 2019년 12월 12일, 대법원은 남성에게 징역 6개월에 집행유예 2년을 내린 원심을 확정하며 유죄로 끝이 났다. https://namu.wiki/w/ 2023. 5. 28 검색

것을 암시하면서 죄의식을 감소시킨다. 만일 피해자가 이러한 행위에 대하여 이의를 제기하는 경우 그러한 행동은 사람에 떠밀려 불가항력이었다는 등의 변명거리를 사전에 마련해 놓고 있다.[64] 그러므로 본인 스스로 이러한 행위가 심각한 범죄라는 의식을 가지고 있지 않다. 지하철 등 복잡한 교통수단 내에서 접촉을 시도하다 체포되는 자들 중에는 대학생, 의사, 교사, 심지어 법관 등 교육 수준이 높거나 일정한 사회적 지위가 있는 사람들이 있다. 그 이유는 다른 성범죄자들 같이 직접적 성적 공격 행위를 하기에는 부담이 있지만 자신의 행위가 드러나 문제가 되면 자기 방어나 합리화 등 변명을 할 수 있을 정도의 시나리오를 미리 짜놓는 정도의 지능을 가지고 있기 때문이다.

일반적으로 이러한 행위에 대한 여성 피해자의 대응은 소극적이다. 누군가 뒤에서 접촉이나 비벼대는 행위를 시도할 때 직접적 대응을 하는 사람은 상대적으로 적다. 보복이나 창피함 때문에 그대로 당하고 있는 경우가 대부분이다. 특히 20대 젊은 여성일 경우 창피함 때문에 그대로 있거나 자리를 옮긴다. 그냥 있을 경우 가해자는 따라다니면서 지속적으로 접촉을 시도한다. 그러나 적극적으로 대응했을 경우 가해자는 주변 사람들의 눈을 의식해 자리를 빨리 뜨거나 다음 정거장에서 내리는 경향이 많다. 따라서 심적 부담이나 창피를 무릅쓰고 이런 행위에 대하여 커다란 목소리로 소리치거나 경찰에 신고하는 것이 필요하다. 이러한 경우 대부분은 얼굴을 붉히거나 자리를 바로 뜨지만 경험이 많은 자인 경우 오히려 피해자에 대해 위협하거나 모욕을 주어 상황을 모면하려는 경우도 있다.[65] 그러나 당황하지 말고 이에 대처하여야 한다.

발병은 15~20세 정도의 청소년기에 관찰되며 상습성이 있고 여성의 경우는 이러한 증상이 거의 보고되고 있지 않다. 그러나 여성이라도 직책을 이용하여 부하인 남성을 상대로 접촉을 시도하는 경우도 있다. 직장에서 직위가 높은 여성일 경우 부하와 저녁자리를 함께 하면서 여성상사가 남성 직원의 허벅지 등을 비벼대거나 자신의 가슴을 이용해서 팔에 문지르는 사례도 있다.

최근에는 인터넷 등의 통신환경 발달과 각종 음란물 및 성인 자료의 접근성의 용이함이 청소년들을 대상으로 이러한 것을 부추기는 경향도 있다. 접촉음란증을 소재로 한 영상이나 게임 등을 해 본 경험이 있는 청소년들이 가상세계와 현실세계를 구분하

---

64 사례: 여자아이들만 보면 왠지 밀착하고 싶은 강한 욕구가 일어나요. 심지어는 저의 성기를 그 여자아이의 엉덩이에 문지르고 싶은 욕구가 막 일어나는 거 있지요? 어떨 때 만원버스에 시달릴 때에는 기회도 되고 그래서 저도 모르게 정신없이 여자아이와 밀착하여서 마구 문지르고 그랬어요. 어차피 버스에 공간이 없으니까 어쩔 수 없는 일이잖아요? 한국 청소년 상담원, 2007. 9. 24.

65 사례: 00역을 지날 무렵 문이 열렸고 60대 남성이 자신의 옆자리를 차지했다. 자리에 앉은 남성은 갑자기 강씨에게 몸을 밀착시켰다. 그것도 모자라 손으로 허벅지를 더듬기까지 했다. 참다 못한 강씨는 "왜 이러세요?"라고 소리쳤지만 이에 대응한 남성의 태도는 가관이었다. 오히려 소리를 지르며 "왜 나한테 소리 지르냐, 내가 당신한테 뭘 했다고?"하며 되레 더 큰 소리로 면박을 줬다. 그것도 모자라 입에 담지 못할 욕설까지 퍼부으며 유유히 다음 정거장에서 사라졌다.

지 못하고 행동으로 옮기기도 한다.[66]

3. 거부하지 않는 상대를 고르는 성도착

1) 물건은 나를 거부하지 않는다 '물품음욕증'(Feticism)

물품음욕증(fetishism)이란 일명 주물숭배 색욕이상증이라고도 한다. 이는 특정한 물건(보통 인간의 신체와 긴밀한 연관이 있으며 생명이 없고 비교적 부서지지 않는 물건)에 의해 성적인 흥분을 느끼는 증상을 말한다.[67] 이 말의 어원이 된 Fetishism은 마력, 부적이라는 뜻의 포르투갈어 페티티오(Fetitio)에서 유래하였다.[68] 물품음욕증은 보는 것으로 그치지 않고 이를 만지거나 소유하려는 욕구가 강한 증상이다. 페티시즘이라는 단어를 최초로 사용한 사람은 프랑스의 정신분석학자 알프레드 비네(Alfred Binet)이다. 그는 '정상적인 사랑'이란 '복잡한 페티시즘'의 결과라고 주장하였다. 중국의 전족과 중세의 코르셋 문화도 페티시즘과 관련이 있는 역사적 사실이다.

프로이드는 욕망과 공격적 본능이 인간의 특징이라고 주장하였다(오창호, 2005: 51). 인간은 항시 욕구를 추구하는 존재이며 그 중 성적 욕구 역시 기본적인 것이다. 그러나 성에 대한 갈망은 본인이 원하는 대로 이루어지는 것은 아니다. 일정한 사회적 규제하에 놓여 있다. 현실적으로 성적 욕구의 즉각적 충족은 가능하지 않다. 단일 사회규범을 무시하고 성적 욕구를 추구한다면 성범죄자로서의 낙인이 찍히게 될 것이다. 그러므로 충족하기 어려운 욕구를 충족하기 위한 대체물로서 물건을 선택하게 되는 것이 물품음욕증이다.

여성의 가슴과 다리 등은 대다수 남성들의 관심의 대상이다. 남성은 여성보다 시각적 자극에 의해 훨씬 쉽게 조건화되는 경향이 있다. 1966년 라크만(Rachman)의 고전적 조건형성(Classcical Conditioning) 실험은 성행위에 직접적 역할을 하지 않는 물건,

---

66 최종 치한 전차라는 일본 애니메이션의 줄거리는 치한에 소질을 가진 남자가 한 노인의 안내로 치한의 기술을 연마하게 된다는 내용이다.

67 DSM-Ⅳ에서의 물품음욕증 진단기준
1. 여성의 내의 등 무생물인 물건을 중심으로 성적 흥분을 강하게 일으키는 공상, 성적 충동, 성적 행동이 반복되며 적어도 6개월 이상 지속된다.
2. 이러한 공상, 성적 충동, 행동이 임상적으로 심각한 고통이나 사회적, 직업적, 또는 다른 중요한 기능영역에서 장애를 초래한다.
3. 기호물이 옷 바꿔 입기에 사용되는 여성 의류(복장 도착증) 또는 촉감으로 성기를 자극하려는 기구(예: 진동기)에 국한하지 않는다.

68 15세기 후반 포르투갈 뱃사람들이 노예매매, 무역관계를 위해 서아프리카 기니만 연안의 흑인과 접촉하였을 때 원주민들이 자연물, 인공물, 또는 동물 등을 대상으로 예배하는 것을 목격하고 프르투갈의 민간신앙에서 카톨릭 성자의 유물, 주문(呪文)이 걸린 것 혹은 주물을 신앙과 의례의 대상으로 삼는 주술 종교적 체계를 연상하여 부른 데서 기인한다.

신체 일부에 대한 집착 심리와 관련된 실험이다. 그는 여성의 나체사진이나 유혹적 사진을 환등용 슬라이드로 만들어 제시하는 무조건 자극의 과정 중에 여성의 검은색 구두 사진을 삽입하는 조건 자극 과정을 반복하였다. 이 결과 이 실험에 참가하였던 피험자들은 구두의 슬라이드만 제시해도 흥분하는 현상을 보였다(윤가현, 1997: 197). 이와 같이 성행위에 직접적 역할을 하는 것이 아닌 어떤 물건[69] 또는 신체의 일부에 대하여 흥분하는 심리상태를 물욕음욕이라 한다.[70]

평소 사랑하는 이의 손수건이나 속옷에서 상대를 연상하고 성적 흥분을 느낀다는 것은 있을 수 있는 현상으로 이러한 현상을 굳이 물품음욕증이라 하지는 않는다. 그러나 정상적 사람이라면 물건이나 신체의 일부보다는 실물을 선호하는 것이 일반적이다. 따라서 어떤 체험 또는 생각 때문에 실물이 아니라 그 상징 또는 비유되는 것을 택하는 경우가 있다. 예컨대 헤어진 여인이 그리워 그녀가 남긴 속옷을 만지며 그리워하는 것은 도착이 아니다. 그러나 물품음욕증은 특정한 여인이 아니라 아무 여성의 것이라도 관계없이 익명의 모든 여성(여성을 비유할 수 있거나 대신할 수 있는 것을 가리지 않고 대상으로 하는 것은 속옷주인의 익명성)을 대상으로 성적 욕망을 추구하는 것이다.[71]

익명성은 우선 상대로 부터 거부당할 위험성이 없고 무해하며 안전하다는 심리기전에 기초를 둔 자기 방어에 치중하고 있다.[72] 성적 대상에 대한 주도권과 통제라는 측면에서 물품은 사람을 거부하지 않는다는 특성을 페티시에서는 이를 매우 중요한 요소로 고려하고 있다. 결과적으로 페티시즘이란 자신을 스스로 소외시킨 결과로 볼 수 있

---

69 '바운스'라는 힙합댄스그룹의 노래 중 '스타킹'의 가사는 "너의 스타킹 때문에 난 정말 미쳐버릴 것 같아. 우리 함께 했었던 그 시간들 행복했던 그때를 잊을 수 없어. 너의 검은 스타킹을, 망사 스타킹을 다시 보고 싶어~(중략)~까만 스타킹을 신고 나오기를. 너와의 최후를 바래." 이 노래는 예전에 사귀던 여자가 까만 스타킹과 그물망사 스타킹이 잘 어울렸는데 그녀 자신을 그리워하기보다는 스타킹이 잘 어울리는 '그녀의 다리'를 그리워하면서 부르는 노래 가사로 구성되어 있다.

70 '용의주도 미스신'이라는 영화에 등장하는 극중 재벌 3세 이준서(권오중 역)는 신미주(한예슬 역)의 손에만 집착한다. 신미주에게 드레스를 사주면서 드레스를 입은 신미주의 전체적 모습보다는 실크 장갑을 낀 신미주의 손에만 집착하는 모습을 보인다. 그리고 카레집에 가서 이준서는 신미주에게 손으로 카레를 먹여달라는 등의 연기를 통해 인간이 아닌 신체의 일부인 손에 집착하는 것을 그리고 있다.

71 유치원, 교회 등에서 여자 신발 100여 켤레를 훔친 혐의(절도)로 김모(34) 씨는 지난해 10월부터 최근까지 유치원, 교회 등을 돌며 모두 27차례에 걸쳐 104켤레의 여자신발을 훔친 혐의를 받고 있다. 조사결과 김씨는 어린이집, 피아노학원, 교회 등에서 여자 신발을 훔쳐 인근 재개발아파트의 비어있는 지하방에 보관해 왔으며 2002년에도 같은 범죄로 징역 1년 6개월의 실형을 선고받고 김씨는 경찰에서 "예쁜 신발을 보거나 신발 냄새를 맡으면 기분이 좋아져 신발을 훔쳤다"고 말했다.
www.nocutnews.co.kr

72 1. 양귀비를 내쫓은 당나라 현종은 양귀비가 자신의 머리칼을 잘라 보내자 감격과 그리움에 젖어 양귀비를 다시 궁궐로 데려왔다고 한다. 이는 일종의 모발음욕증(모발은 신체의 일부로 이를 몸에서 분리하는 경우 장본인이 없어도 그 사람을 대신할 수 있으며 동시에 성적 감각을 느끼기 쉬움)으로 볼 수 있다.
2. 4살 때 아버지와 사별한 후 8세 때 의붓아버지를 맞은 아이가 독점하고 있던 어머니의 애정이 의붓아버지 쪽으로 쏠리는 것을 느끼고 여성의 상징적인 의미로 여성의 속옷을 절도하기 시작하였다. 그는 여학생 교실에 침입하여 체육시간에 벗어놓은 여학생의 교복 치마를 훔치고 이를 산에서 태우는 행위를 계속하였는데 치마가 불타는 광경은 그에게 쾌감을 주었다한다.

다.[73] 통상 사춘기 내지 그 이후에 발현된다.[74]

주관적으로 느끼는 매력은 무의식적인 것이므로 이를 억제하기 어렵다. 일반적으로 이러한 경향은 여성들보다 남성들에게 보편적이다. 그 이유는 남성이 여성에 비해 사소한 시각적 자극에도 쉽게 흥분하기 때문이다. 주로 새로운 물건보다는 여성이 소지하고 있는 물건에 집착한다. 통상 여자 속옷, 양말, 신발, 장갑, 손수건 등의 의복류나 그림, 사진, 조각 고무, 실크 모피 등의 물건을 중심으로 이루어진다.

대체로 여성과 관련된 물건 중 관능적 촉감을 주는 것을 대상으로 한다. 예를 들면 굽 높은 신발, 특정한 색깔이나 짙은 색의 스타킹, 특정한 머리색, 모양새 등이 될 수도 있다. 주로 부드러운 감촉을 지닌 여성관련 물품(속옷, 양말, 브레지어, 스타킹) 등이나 개인의 경험에 따라 다른 물건으로 대체될 수 있다. 통상 여성이 이미 사용했던 속옷이 대표적으로 선호하는 물품이다. 이러한 물건에 성적 흥분을 느끼고 자위행위를 병행한다. 그러한 물건 없이는 정상적 발기가 불가능하기도 한다. 기혼자 중 아내에게 자기의 취향에 맞는 특정한 머리색과 모양을 강요하여 결혼을 파국으로 끌고 간 사례도 있다. 나아가 사람의 신체 전체가 아닌 일부, 즉 손, 발, 다리, 유방, 엉덩이, 모발, 분비물 등에 관심을 가지는 경우 이를 일명 국부음욕증 또는 편아증(Partialism)이라고 하기도 한다. 여기에는 음모를 대신할 수 있는 머리카락 등이 대표적인 것이다.[75] 익명성, 타인의 거부로부터 자신을 방어하기 위해 가장 손쉬운 방법으로는 섹스인형으로 불리는 용품을 구입하여 사용하는 것이 대표적이다.

이렇듯 물건에 집착하는 이유는 후각과 색욕간의 관계를 지속시킬 수 있으며 대상물건을 통해 자신이 상상하고 있는 여성을 기억 속에 쉽게 떠올릴 수 있기 때문이다. 프로이드에 의하면 의식적으로 냄새에 집착하는 것은 페로몬과 같은 성적 자극제의 판매와도 관계가 있다.

---

73 페티시의 가장 대표적인 것이 섹스 인형이다. 인형은 사람을 거부하지 않는다는 특성 때문에 페티시의 가장 전형적인 경우라 할 수 있다.

74 국내의 모교수가 국내 신문에서 자신의 페티시 성향에 대해 인터뷰한 글: "어릴 때부터 몸이 약해서 운동을 안 했어. 골목에서 놀지도 않고. 책을 많이 읽었지. 초등학교 3학년인가 4학년 때 금병매를 읽었는데, 나는 그게 삼국지 뭐 이런 건 줄 알았어. 읽었더니 너무 충격적인 거야. 어린 나이에 흥분이 되고 막 그러더라고. 그리고 초등학교부터 여자 손톱에 매니큐어 바른 거 보면 흥분했어. 중학교 2학년 때인가 버스에서 어떤 여자를 봤는데 손톱에 빨간 매니큐어를 바르고 있더라고. 당시 내 나이가 어렸는데도 흥분이 됐어. 그게 '손톱 페티시즘'인지도 모르고 그때부터 금병매니 아라비안나이트니 손톱 부분만 줄을 그어 가면서 읽었어. … (0 하 생략)" 조선일보. 2007. 6. 20.

75 최근 일부 여학생들 사이에서는 피서지를 노린 돈벌이가 유행이다. 이들이 판매하는 물건은 다름 아닌 중고 속옷. 남성들에게 자신의 체액이 묻은 팬티나 브래지어를 판매해 돈을 번 뒤, 풍족한 휴가를 떠나고 있다. 속옷의 가격은 착용 기간, 체액의 정도에 따라 상이 하지만, 보통 3일 이상 입은 속옷이면 개당 3만원의 시세로 거래된다. http://www.ilyosisa.co.kr/news/articleView.html?idxno=67598 (2014. 8. 4.)
서울 강남구에서는 여성 스타킹을 수집하기 위해 먹물을 뿌리고 여성 화장실에서 여성들의 버린 스타킹을 상습적으로 수집한 사례도 있다.

물품음욕증은 동양보다는 서양이 많다고 알려져 있다. 그 이유는 부부관계가 우선인 서양 가정의 어린이들은 어머니를 차지하지 못하기 때문에 스트레스가 무의식적으로 쌓인 결과 정신적, 성적 불만요인이 되어 여성의 속옷에 대한 물품음욕으로 대치되는 경향이 심할 수 있다. 동양의 어린이들은 대부분 어머니를 독점하고 자랐으므로 만족감으로 충만하여 물품음욕증이 적을 수 있다. 그러나 우리나라도 핵가족제도와 맞벌이 부부제도로 어린이와 어머니가 접하는 시간이 점점 짧아져 점차적으로는 물품음욕증이 증가할 가능성이 크다.

이러한 행위의 심리적 배경으로는 모친의 나체 등을 보고 성욕을 느낀 어린아이가 죄책감을 가지게 된 결과 의식적으로 성적 욕구를 억압하는 과정에서 여성의 속옷이나 물품에 대해 집착하게 된다.[76] 이렇게 함으로써 끊임없이 자책하는 죄의식에서 벗어나기 위한 방편으로 여성의 물품에 집착하는 것으로 설명할 수 있다.

정신분석이론에서는 여성 신체에 부착된 거의 모든 물건이 주술적으로 남근을 표상하며, 이런 물건을 숭배하는 것은 거세불안에 대한 방어기제에서 비롯된다고 설명한다. 프로이드는 성적 감정을 불러일으키는 물건으로 선택된 대상물은 상징적으로 여성의 성기를 의미하며 이러한 물건에 집착함으로써 자신은 항상 여성의 성기를 많이 보유하고 있음으로써 내재해 있는 거세불안을 극복하도록 돕는다는 것이다. 그는 물품음욕 심리에는 거세에 대한 부인과 거세에 대한 인정이라는 모순된 두 개의 사고를 모두 망라하는 물건에 집착한다고 주장하였다.

또 다른 해석으로는 성기기 이전 단계에서 유아와 어머니간의 관계에 심각한 문제가 발생하여 어머니로부터 위안을 받을 수 없을 때 어머니를 대치할 수 있는 지속적이고 변하지 않는 물건을 확보하고 이에 집착함으로써 심리적 안정감을 추구하려고 한다는 것이다. 그러므로 물품음욕증의 핵심인 물건에 성적으로 집착한다는 것은 자기 존재의 상실에 대한 극심한 불안의 또 다른 형태로 볼 수 있다(신희천 외, 2000: 124-125).

일본에서는 이러한 남성의 물품음욕 심리를 상업적으로 이용하는 예가 성행되고 있다.[77] 한국에서도 페티시 동호회가 설립되어 비슷한 성향을 가진 사람들끼리 교류하

76 여성 혼자 사는 집만 골라 침입해 여성 속옷만을 상습적으로 훔친 20대 남자가 경찰에 붙잡혔다. 전남 목포경찰서는 신안군 지도읍에 사는 28살 양아무개씨를 특정범죄가중처벌법 위반 등의 혐의로 붙잡아 조사중이다. 경찰에 따르면 양씨는 2007년 8월 중순께 같은 마을에 사는 A씨(40,여)의 집에 침입해 속옷 10여 점을 훔치는 등 지난 24일까지 모두 9차례에 걸쳐 여성 속옷 100여 점 150여만 원 상당의 물품을 훔친 혐의를 받고 있다. 경찰은 양씨가 “여성 속옷에 성적 충동을 느껴 범행을 저질렀다”고 진술함에 따라 성도착증 가운데 하나인 페티시즘 증세가 있었던 것으로 보고 정확한 범죄 동기를 조사하고 있다. CBN NEWS, 2008. 9. 26.

77 브루세라샵은 일본에서 패티즘 목적으로 여고생 등의 속옷이나 교복, 체육복인 부르마를 판매하는 곳이다. 이곳에서 판매하는 물건들은 세탁하지 않은 속옷이나 브루마일수록 더욱 값이 올라가는 등 아주 애욕적인 것일수록 고가에 판매되는 모습이 보인다. 여고생이 실제 착용했던 팬티를 캔이나 플라스틱에 넣어 파는 상품까지 있다. 자판기의 천국이라는 일본에서는 3,000엔을 넣으면 자판기에서 여성이 착용했던 팬티가 나오는 자판기를 개발하였다.

면서 정보를 공유하고 마음에 드는 물건 등을 공동구입하기도 하는데 고학력 전문직 남성들의 회원수가 적지 않다고 한다.[78]

페티시는 안전한 탈출구로서의 의미를 가지고 있다. 소유자를 대치하는 것 이상의 역할, 즉 안전하고 조용하고 협조적이며 배반하지 않아 후유증을 걱정할 필요가 없다. 예컨대 가죽제품에 빠진 사람은 가죽제품에 칼질을 해도 범죄가 되지 않는다는 것이다. 그러나 페티시를 즐기는 과정에서 침입절도범이 될 확률이 높은데 자신이 소유하고 싶은 물품(주로 속옷)을 취득하기 위하여 불법적으로 타인의 주거지에 침입하여 물건을 훔치는 경향이 있으며 남성의 경우 술에 취한 상태에서 불법주거침입을 하다 체포된 사례가 보고되고 있다.

2) 이성의 옷이 나를 편하게 한다 '복장음욕증'(服裝淫慾症, Transvestism)

복장음욕증과 관련된 역사적 사례는 여러 곳에서 발견된다. 구약성경 신명기 22장 5절에는 "여자가 남자의 의복을 입어선 안 된다. 남자가 여자의 옷을 입어서도 안 된다. 이렇게 하는 자는 너희 신 여호와가 미워할 지니라"고 적혀 있다. 기록을 보면 당시 여성과 남성이 때로는 복장을 바꿔 입었다는 사회상을 반영한 것임을 알 수 있다. 기원전 364년 로마에서는 미용법의 발달에 따라 이를 계기로 남장여인(男裝女人)들이 나타나는 이변이 벌어졌다고 한다.

엘리스(Havelock Ellis)는 복장음욕증을 이온 부몽(Chevalier Charles d'Ecn Beaumont)[79]이라는 프랑스 귀족의 이름을 따서 에오니즘(Eonism)이라고 호칭하였다. 1574년부터 1589년까지 프랑스를 다스렸던 앙리 3세는 재봉과 자수를 즐겼으며 공개적인 무도회장에서도 여장을 하고 여자로서 대우받기를 원했었다고 한다. 프랑스 루이 14세의 형제였던 필립공작도 이성복장 착용자로 유명했으며, 초창기 뉴욕주의 주지사였던 코너리(Cornury)경도 간혹 여장으로 공식석상에 나타났다고 전해진다.

페티시 경향이 있는 남성들은 복장음욕증과도 연관이 있을 가능성이 크다. 복장음

78 페티시스트들은 과거 성적소수자로 분류돼 따가운 눈총을 받았지만 이제는 더 이상 숨지 않는다. 이제 이들은 세상 밖으로 나와 자신의 독특한 취향을 당당하게 밝힌다. 아울러 자신들은 변태나 정신병자가 아니라고 주장한다. / '인터넷에서 페티시에 대한 정보를 찾는 것은 그리 어렵지 않다. 검색창에 페티시라는 단어만 치면 이와 관련된 수많은 정보들이 모습을 드러낸다. 페티시 관련 유흥업소를 비롯해 동호회, 카페, 블로그, 성인 사이트 등 관련 사이트가 셀 수 없을 정도로 많다. 그만큼 페티시가 널리 퍼져 있다는 얘기다. 동시에 많은 이들이 페티시를 즐기고 있다는 뜻이기도 하다.' / '인터넷 동호회 사이트를 통해 활동하는 페티시스트들 중 자신을 변태라고 말하는 이는 거의 없다. 취재를 하면서 만난 페티시 카페의 회원들 대부분은 '걸쩡한' 일반인들이다. 이들은 자신들이 페티시를 즐기는 이유에 대해 '자극제가 되기 때문'이라고 말한다.

79 이온 부몽은 프랑스의 외교관, 작가, 프리메이슨 단원, 용기병 대장 그리고 프랑스의 최고의 검사 중 하나로 알려져 있다. 그는 transvestite(의상도착자)의 선구자로 불리기도 한다. 이와 관련된 일화로는 어느 날 데옹은 만일 그가 여장을 하고 루이 15세의 정부인 마담 Pompadour를 속일 수 있는지 여부를 친구와 내기하였는데 마담 Pompadour는 그가 남자인 것을 알아차리지 못했다고 한다. 또한 루이 15세도 그의 여장 고습에 속았다고 전해진다.

욕증은 앞에서 설명한 물품음욕증을 근원으로 하여 발전한 것으로 분류되며 이성의 옷이나 대상물을 걸침으로써 성적 흥분을 가져오는 증상을 말한다.[80] 복장 도착적 물품음란증, 복장도착증 또는 'Cross Dressing' 등 여러 용어로 불리고 있다. 남성이 여장을 하거나 여성이 남장을 할 수는 있으나 주로 남성이 여장을 하는 경우가 많다. 최초에는 남몰래 입다가 자주 입게 되면 공개적으로 입고 성전환수술을 하는 경우도 있다. 이 증상의 초점은 옷을 바꿔 입는 것이다. 통상 이러한 증상을 가진 남성이 여성의 옷을 수집하여 바꿔 입는데 옷을 바꿔 입는 동안 자신의 성적 공상 속의 남자 주인공 또는 상대 여성으로 상상하면서 자위행위를 병행한다.

이성의 복장을 착용하면서 성적 흥분을 얻는 경우는 거의 모두 남성들에게서만 볼 수 있는 현상이다. 이러한 취향은 흔히 사춘기부터 시작되나 그 이전에도 시작될 수 있으며 30대, 40대의 남성에게서도 나타난다. 주로 18개월 정도의 남자아이에게 여성 옷을 입혀 보면 당시 그 아이가 성적 흥분을 느끼지는 않으나 여성과의 동일시를 경험하게 된다. 많은 이성복장 착용자들은 동성애적 경향을 지니고 있으나 그렇다고 이들을 모두 동성애자라고 간주할 수는 없다. 이들은 성전환자들과는 달리 자신의 생물학적 성에 대한 의구심이 높지 않은 편이다.

서양에서는 남자아이에게 여자 옷을 입혀 굴욕을 느끼게 하는 패티코트 벌이 있다. 남자아이들에게 여성 옷을 강제로 입히게 함으로써 수치감을 유발하려는 처벌행위가 복장음욕증에 대한 눈을 뜨게 하는 계기가 될 수도 있다. 이렇듯 여러 이유로 이성의 의복을 걸쳐본 경험이 있는 아이 중에 사춘기를 전후하여 이성의 복장에 대한 색정이 발현되기 시작하면 이러한 취향을 가질 가능성이 높다. 서양남자의 1% 정도가 이에 해당된다. 이러한 이성복장 착용에는 주로 화장이라는 추가적 방법이 수반되기도 한다. 이성복장 착용에 주위 사람들이 별다른 눈치를 채지 못하는 경우 가끔 옷을 바꿔 입는 실험을 하면서 점차적으로 발전해 나간다. 복장음욕증은 혼자서 하는 경우도 있고 여럿이서 집단적으로 하는 경우도 있다. 복장음욕증은 단순히 옷만 바꿔 입는 것이 아니라 여성의 각종 화장품을 이용하여 치장을 하고 속옷까지 일체로 입기도 한다.

남자의 복장음욕에 대한 정신 분석적 설명으로는 어머니가 남근을 가지고 있다는 막연한 생각에서 남아는 자신의 거세불안을 극복하기 위해 복장음욕 행위는 남근을 가진 어머니와 동일시한다. 왜냐하면 복장음욕증 환자는 통상 정신적으로 모성적 대상과 어느 정도의 융합을 경험하며 이들의 성은 이성과의 성관계가 있음에도 불구하고 대개

---

80 DSM-Ⅲ에서의 기준은
1. 이성애를 지닌 남성이 반복적으로 지속적으로 이성의 복장을 착용하는 것,
2. 최소한 장애로 발달하는 최초의 과정에서 성적인 흥분을 목적으로 이성복장을 착용하는 것,
3. 이성복장착용을 방해받으면 강한 욕구좌절을 느끼는 것 그리고 성전환증의 기준에 해당되지 않는 것 등이다.

억제되어 있다고 한다(신희천 외, 2000: 128).

이성복장착용의 목적은 반드시 이성의 구성원으로 활동하거나 일원이 되기보다는 여성과 동일시하려는 기능 또는 어머니와 상징적으로 합병함으로써 분리불안을 해소하려는 역할을 하는 것이다. 어린 남자아이는 분리불안을 경험하게 되는데 어머니와 다른 성기를 가지고 있다면 이로 인해 어머니를 잃게 될지도 모른다는 불안에 시달리게 된다. 동일시와 합병에 대한 욕망은 거세불안을 강화시킨다. 거세불안은 자신의 남근이 존재하고 있다는 사실을 증명하도록 만든다. 이러한 증명을 위해 이성복장을 착용할 때 자위행위와 병행하는 경우가 많다.

한편 여자아이의 경우 어렸을 때 여자 옷을 입지 않으려는 현상이 일어난다. 이 현상은 주변 어른들이 여자아이를 남자아이의 대용품으로 성장시키려는 의도로 부추기면서 더욱 강화될 수 있다. 이러한 여자아이들은 점차적으로 자라면서 남성의 헤어스타일이나 남성의 복장착용을 하는 경향이 강해지는데 남근의 결여를 부정하려는 소망이 심리에 깔려있다.

벤트러와 프린스의 연구(Bentler & Prince, 1969, 1970)에서 복장도착증자들의 행동과 태도에 관한 정상집단과 비교할 때 이들은 대인관계에서 더 억제적이고, 다른 사람들과 관계를 덜 맺고, 더 독립적이었다. 공감이나 사랑, 다른 사람으로부터의 도움 등을 덜 추구하는 경향이 있고, 잠시 동안 남성으로서의 역할을 벗어던질 때 더 행복해하는 경향이 있다(아윈 사라손 외, 김은정 외 역, 2001: 304-306).

3) 산 사람보다는 죽은 사람이 편하다 '시체음욕증'(屍體淫慾症, Necrophilia)[81]

Necrophilia는 고대 그리스의 시체, 죽음, 추억 등을 의미하는 'Nekros'(corpse, or dead)와 집착을 의미하는 'Philia'(Friendship)로부터 유래되었다. 시체, 지나간 추억에의 집착, 잊힌 사람에 대한 사랑, 차가운 것, 움직이지 않는 것, 무덤, 달빛, 유령 등에 집착하는 의미가 있다. 구체적으로는 죽은 사람과의 성적 관계를 가지거나 죽은 자의 신체 일부에서 성적 매력을 느끼고 자위행위를 하는 도착 증상으로 일명 시간증(Vampirism)이라고도 한다. 크라프트에빙(Krafft-Ebing)이 그의 저서 'Psychopathia Sexualis'(1886)에서 시체음욕증을 의미하는 용어로 처음 사용하였다.

81 퇴행성 시간은 사체를 자르거나 가슴이나 신체부위의 절단 사체를 물어뜯는 행위를 말한다. 이물질의 삽입은 피해자와 성공적인 성행위의 실패(성행위를 대신하는 상징적 행위)로 어렸을 때 성적 학대와 같은 충격적 사건이나 이성과 원만한 관계를 유지할 수 있는 능력이 없을 때 자기만의 왜곡된 성적 환상을 가지고 버클, 머리빗, 만년필, 우산, 맥주병 등을 이성의 성기에 삽입하는 사례 등이 있다. 최근의 사건(동두천 미군 윤락녀 강간살인사건) 사체와 성관계하는 성적 환상(상대로부터 거부당하지 않고 자신의 마음대로 하고 싶다)을 가지고 있던 대학생이 환상을 실현할 수 있는 방법으로 영안실 아르바이트를 시도하였으나 고용되지 않자 경안실에 침입을 시도한 사례도 있으며, 면식이 있는 다방레지를 유인하여 음료수에 독약을 탄 후 마시게 하고 죽어가는 여자의 사진을 촬영한 엽기적인 사건도 있다. 이러한 행위 역시 인간의 죽음과 연관이 있는 이상행동이라고 할 수 있다.

미국의 경우 "Necrophilia is the Sexual Attraction to Corpses."[82]로 정의하고 있으며 우리나라에서는 시간(屍姦)을 시체를 간음(姦淫)함 혹은 시신 일부에서 성적인 매력을 느껴 자위행위를 하는 것으로 정의하고 있다. 1965년까지는 미국에서도 시간을 범죄로 보지 않았다. 오늘날에도 시간에 관한 법률이 규정되어 있는 주는 16개 주뿐이다(메리 로치, 권루시안 역, 2010: 44). 우리나라에서 이러한 시간(屍姦)을 처벌할 수 있는 관련 조항은 사체 등의 오욕(형법 159조)이다.[83] 시간과 관련하여 고대 이집트에서는 미이라를 만드는 사람들 중에 시체음욕증 환자가 많아 신선한 시체에 대한 능욕을 방지하기 위해 일부러 사체의 부패가 진행한 후 미이라 작업을 의뢰하였다고 한다.[84] 우리나라에도 시간과 관련된 처벌기록을 엿볼 수 있다.[85]

시체에 성욕을 느껴 시체와 성교하거나, 완전한 소유를 위해 유방, 외음부 등 시신의 일부 손상하거나 도려내어 보관한다. 이는 송장에서만 성욕을 느끼는 병적 현상으로 주로 남성이 거의 대부분이다. 완전한 소유를 행하고 있다는 만족감을 느끼기 위해 시체안치실이나, 무덤에서 손상되지 않은 여성의 시체(익사, 가스중독사체) 등을 사용하는 경우가 많다. 이러한 행위를 할 가능성이 높은 사람들은 대부분 훼손되지 않은 시체와 접촉할 수 있는 확률이 높은 곳에서 일하는 직업을 가진 사람들 예컨대 장의사, 시체안치소 직원들이다.

어려서 어머니가 사망한 가족력이 있는 사람 중에 죽은 어머니를 시체를 통해 그리운 대상을 찾아보려 하거나 그려보고 싶어 하는 심리가 작용했을 것이라는 주장도 있다.[86] 성에 대한 보상을 강박적으로 추구하고 독점하기 위하여 자신에 대하여 거부하지 않는 시체라는 대상에 대하여 안전하게 성적 충동을 추구하는 심리가 깔려 있다. 최근 성적 목적으로 사용되는 섹스돌(Sex-Doll)이 안전하고 거부당하지 않는 성적 목적

---

82 Wikipedia, http://www.wikipedia.org

83 형법 제159조 (사체등의 오욕) 사체, 유골 또는 유발을 오욕한 자는 2년 이하의 징역 또는 500만원 이하의 벌금에 처한다.〈개정 1995.12.29〉
- 제160조 (분묘의 발굴) 분묘를 발굴한 자는 5년 이하의 징역에 처한다.
- 제161조 (사체등의 영득)
  ① 사체, 유골, 유발 또는 관내에 장치한 물건을 손괴, 유기, 은닉 또는 영득한 자는 7년 이하의 징역에 처한다.
  ② 분묘를 발굴하여 전항의 죄를 범한 자는 10년 이하의 징역에 처한다.
- 제162조 (미수범) 전2조의 미수범은 처벌한다.

84 희랍의 사상가 헤로도토스(Herodotus BC490?-425?)는 그의 저서 '역사(Historiai)'에서 이집트인의 시간에 대하여 언급하고 있다. 이집트인들은 지체가 높거나 아름다운 여자들의 시체는 사망 2~3일 경과 후 어느 정도 부패가 진행된 뒤에야 미이라를 만드는 사람들에게 넘겼다고 한다. 왜냐하면 '싱싱한' 시체를 탐내어 섹스를 서슴치 않는 사람들이 있었기 때문이다.

85 조선 현종 4년(1663), 시녀행음자(屍女行淫者), 즉 사망한 여성에 대하여 음행을 한 자는 사형으로 다스린다는 기록이 있다. http://aids.hallym.ac.kr/d/sck/090.html

86 미국의 연쇄살인범 에드 게인은 연쇄살인 이외에도 인근 공동묘지에서 사체를 파내어 사체의 껍질을 벗기고 이를 연결하여 옷을 만들고자 시도하였다. 그 역시 어머니의 심리적 영향에서 벗어나지 못한 결과 그러한 행동을 한 것으로 추정되고 있다. 그의 이야기는 유명한 '싸이코'라는 영화와 '양들의 침묵'의 모델이 되었다.

추구와 연관이 깊다. 시체음욕증 역시 성욕의 배출 대상으로 부터 거부당하지 않으며, 자기 마음대로 할 수 있기 때문에 타인으로부터 상처를 받지 않는다는 안도감을 느낄 수 있다. 또한, 이러한 증상을 가진 자들은 내면적으로 상처받는 사실 자체를 두려워하는 속성을 가지고 있다.[87]

4) 말 못하는 짐승이 더 편하다 '동물음욕증'(獸姦, Zoophilia)

동물음욕증은 성욕해결의 상대를 사람이 아닌 동물을 대상으로 한다. 수간(獸姦), 동물성애(動物性愛), Bestiality, Zoophilia라고도 하며 사육하고 있는 가축 등을 대상으로 직간접적 성적 접촉 혹은 성행위를 시도하거나 또는 그런 환상에 성적 만족을 느끼는 경우를 뜻한다. 동물음욕증 혹은 수간은 기록[88]을 통해 오래전부터 행해져 온 이상행동[89]이라고 추정할 수 있지만 자주 접할 수 있는 성격의 헝위는 아니다.

통상 사람들과 같이 생활하면서 비교적 잘 훈련되어 있는 동물(말, 개 등)과 성교, 자위행위, 구강 생식기 접촉 등을 실행하거나 이와 같은 환상을 통하여 만족을 느끼는 사람들의 이상 성행동이다.[90] 동물과의 성행위로는 직접적 성교, 동물을 이용한 자위행위, 동물로 하여금 사람의 성기를 핥게 함으로써 쾌감을 느끼거나 또는 동물에게 자위행위를 함으로써 자기만족을 얻는 방법 등이 있다. 남성의 경우에는 대개 양, 개, 말, 소, 닭 등의 동물의 질에 자신의 성기를 삽입하나, 여성의 경우에는 개나 고양이 등의 애완동물이 자신의 성기를 자극하도록 유도한다. 또는 뱀을 사용하는 경우도 있으며 한 동물 음욕증 여성의 경우 자신의 수캐를 훈련시켜 정기적으로 성교를 했다는 보고도 있다(신희천 외, 2000: 98). 일반적으로 동물과의 성행동은 고립되거나 격리된 지역에

---

87 1925년 베르크레클 지역에서 발생한 살인음욕을 겸한 시체음욕의 사례가 있다. 미모의 과부가 시체가 든 관을 무려 35개나 자신의 지하실에 가지고 있었는데 관에는 사망자의 이름과 나이, 사망 연월일들이 기재되어 있었다. 그 관들의 주인은 자신의 남편, 아들, 애인들로서 그들을 자신으로부터 영원히 떠나지 못하도록 하는 것이 목적이었다고 한다. 또한 완전한 소유 또는 자신과의 일체화를 위해 1981년 우럽에 유학중이던 일본인 유학생이 육체적 열등감, 식인 욕구로 같이 공부하던 동료인 네덜란드 여학생을 살해하고 인육을 먹은 엽기적인 사실이 발생하였다.

88 그리스-로마 신화에는 신들이 인간들과 성적 접촉을 위해 자주 동물로 변신하며 반인반수(半人半獸)의 예가 많이 등장한다. 그리스 로마 신화에 등장하는 미노타우로스의 탄생은 수간에 관련된 이야기이다. 크레타 섬의 왕 미노스는 바다의 신 포세이돈에게 황소를 재물로 바치기로 해 놓고 이를 어겼다. 바다의 신 포세이돈은 이에 앙심을 품고 미노스의 아내인 파시바로 하여금 황소를 사랑하게 만들어 버렸다. 파시바는 욕정을 참지 못하고 황소와의 관계하여 태어난 아이가 머리는 소이며 몸은 인간인 괴물 미노타우로스이다. 또한 농경의 신인 사튀로스는 머리, 몸통, 팔은 인간이고 허리 밑으로는 말과 유사한 동물 모습을 하고 있는데 다리는 4개가 아니라 2개로 인간과 흡사한 모습이다. 사튀로스는 술과 여자를 좋아하고 성적인 쾌락을 추구하는 상징적 존재로 인식되었다. 반수반인의 괴물 중 사자 몸에 상반신이 여자인 스핑크스도 한 예가 될 수 있을 것이다.

89 15세기경 페르시아의 민화에는 페르시아 대상들이 낙타와 수간하는 상황이 묘사되어 있으며 터키에서는 사냥개를 대상으로 수간하고 있는 그림이 발견되었다.

90 동물애호증(zoophilia)이 수간(獸姦)과 차이가 있다는 주장도 있다. 수간은 단순히 동물과 성적 접촉을 하는 것을 의미하는 데 반해 동물애호증은 인간보다도 동물을 직접적 성교의 상대로 더 선호하는 경우에 해당된다고 하나 이를 정확히 구분하기 어렵다.

서 생활하므로 성적 만족을 정상적 방법으로 해소하기 어려운 사람들에게 자연적으로 발생된다.[91] 대체로 비문명국의 하류층, 특히 농촌의 목축업자, 산악지대에서 동물을 키우는 목동이 이에 해당된다. 몽고의 징기스칸 군대 등도 수간을 용인한 역사적 사실도 있었다. 유럽 정벌을 위한 몽고 원정 시 병사들의 성적 욕구를 해소하기 위하여 여성의 생식기와 해부학적으로 닮았다고 믿어지는 양을 이용한 수간(메리 로치, 권루시안 역, 2010: 155)이 공공연하게 공인되었다고 한다. 이와 같이 유목생활을 주로 하는 민족 중에서는 동물과의 교접을 통하여 성적 만족을 추구하려는 경향이 있었으나 동물과의 성행동에 대한 일반적 사회적 인식은 매우 부정적이다. 이스라엘인들의 구약성서 레위기에서는 인간이 동물과의 교접시 사형에 처한다고 기록(구약성서, 레위기 18-20장)[92] 되어 있으며 일반적으로 이러한 행위에 대하여 처벌하였다.[93] 상업적 목적에 활용하기 위하여 수간을 테마로 한 포르노 영화가 제작되기도 한다.[94]

4. 특이한 것에 집착하는 성도착

1) 냄새와 감촉에 집착한다 '후각 및 촉각성 음욕증'

후각 및 촉각성 음욕증은 좋은 냄새 혹은 악취를 맡을 때 관련된 성적 연상을 하거나 특정한 감촉, 예컨대 진흙 등과 같은 물건과 접촉할 때 성적 욕구를 느끼거나 성적 자극을 받는 증상을 말한다. 이 증상은 의식적으로 좋은 냄새건 악취건, 환자가 연상하는 냄새 그리고 진흙과의 접촉을 통해 색욕을 느끼는 증세가 있다. 동물계에서 잘 알려진 페로몬과 같은 성적 자극제의 활용이나 머드팩을 뒤집어쓰고 이를 즐기는 행위 등은 이러한 인간의 욕구나 심리를 이용하여 어느 정도 상업화한 것이다.

91 일본의 고려장 유사 문화를 주제로 한 일본영화 이마무라 쇼헤이 감독의 영화 [나라야마 부시코]에서 등장인물 중 지능이 떨어지고 못생기고 더러운 외모의 남성인 '하나'가 적절한 여성 상대를 찾지 못하다가 동네 개와 수간을 시도하는 모습이 묘사되고 있다.

92 레위기 18:23 너는 짐승과 교합하여 자기를 더럽히지 말며 여자가 된 자는 짐승 앞에 서서 그것과 교접하지 말라 이는 문란한 일이니라. 20:15 남자가 짐승과 교합하면 반드시 죽이고 너희는 그 짐승도 죽일 것이며 20:16 여자가 짐승에게 가까이 하여 교합하거든 너는 여자와 짐승을 죽이되 이들을 반드시 죽일지니 그 피가 자기에게로 돌아가리라

93 중세 유럽에서는 남자가 암퇘지나 암소, 당나귀와 수간을 행하는 경우 공개 심판을 하고 짐승과 함께 화형에 처했다. 1534년 영국에서는 수간을 하면 교수형의 대상이 되었는데 구체적으로 1679년 런던에서 수간을 행한 여인을 개와 함께 교수형에 처한 경우도 있다. 이러한 수간에 대한 처벌은 1861년까지 이어졌다.

94 네덜란드는 2008년 최근 2년간 많은 논란을 빚어온 수간 금지 법안을 통과시켰고 이 법안에 따라 동물과 관계를 맺거나 동물 포르노 제작에 사용할 경우 최고 징역 6개월에 처해질 수 있도록 규정하고 있다.

2) 더러운 것이 좋다 '배설도착증'

분변애호증, 관장애호증, 소변애호증 등 세 가지를 통틀어 배설도착증이라고 하는데 이는 배설을 통해 성적 만족을 얻거나 대소변을 이용하여 성적 쾌감에 도달하려는 증상을 말한다. 분변애호증(Coprophilia)은 대변 보는 행위를 관찰하거나 대변 행위 그 자체에 대하여 성적 욕구를 느끼는 것으로 대변 색욕이상증이라고도 한다.[95] 관장애호증(Klismaphilia)은 항문을 통해 약물을 직장이나 대장에 넣는 관장을 통해서 성적 욕구를 느끼는 것이다. 마지막으로 소변애호증(Urophilia)은 소변 보는 모습을 보거나 소변을 몸에 바르거나 마시는 등의 행위를 통해 성적 욕구를 느끼는 증세로 소변 색욕이상증(Undinism)이라고 한다. 세 가지 증세의 공통점은 모두 사람의 몸에서 생성될 수 있는 더러운 것, 주로 인간의 배설기관에 집착하는 것이다. 사드의 인생과 소설에서 눈에 띄는 점은 인분과 체취에 열광하는 분변애호증으로 변을 먹거나 핥는 분식증으로까지 확대된다(스튜어트 후드, 정해영 역, 2005: 40).

이외에도 절단된 신체에 대하여 성적 매력을 느끼고 집착을 느끼는 신체절단 애호증이 있는데 자신의 몸의 일부를 절단하는 극단적 행동을 하거나 신체가 절단된 성적 상대를 찾는 경우도 있다.[96] 또한 신체 중 일부에만 집착하는 신체 부분도착증이 있다. 이는 정상적 성행위보다는 구강을 통한 성애, 여성성기와 구강의 접촉, 남성성기와 구강의 접촉 등에 집착하는 것인데 이러한 행위는 인간의 신체 중 특히 발에 집착하는 등의 행위와도 일맥상통한다(신희천 외, 2000: 99).

앞에서 분류하는 것과 같이 대상이상성 성도착과 목표이상성 성도착이라는 것이 완전히 분리되어 발현되는 것이라기보다는 보는 각도에 따라 대상이상성 성도착 또는 목표이상성 성도착 등이 혼합되어 방법 이상성 성도착 등과 함께 복합적으로 나타나는 경우도 있다.[97]

---

95 영화 〈아마데우스〉라는 작품에서 모차르트가 상대의 분뇨를 보고 흥분하는 장면이 있다. 이 외에도 사드는 그의 작품세계와 인생에서 인분과 체취에 열광하는 분변기호증을 즐겼으며 이것은 변을 먹거나 핥는 분식증까지 확대되었다.

96 신체통합정체성장애(Body Integrity Identity Disorder, 이하 BIID)는 신체 일부에 장애를 얻은 상태를 '이상적'으로 여겨 그렇게 되기를 강하게 추구하는 상태로 신체 절단 애호증이라고도 한다. 영국 여성 쥬얼 또한 여섯 살 쯤 됐던 어린 시절부터 자신이 맹인이어야 한다는 생각을 품었다. 이에 쥬얼은 시력을 잃기 위해 태양을 똑바로 쳐다보며 많은 시간을 보내기도 했다. 10대가 된 이후 그녀는 본격적으로 시각장애인의 삶을 흉내내기 시작했다. 매우 어두운 선글라스를 끼고 생활했고 18살이 됐을 땐 맹인용 지팡이를 짚고 다녔다. 20세가 됐을 때에는 점자 읽는 법도 완전히 익혔다. 2006년에 이르러 그녀는 결국 그녀의 소원을 이루도록 도와줄 심리학자를 찾아낸다. 그는 유독한 세제를 쥬얼의 눈에 넣어줬다. 그 후 6개월에 걸쳐 시력은 조금씩 사라져갔다. 왼쪽 눈은 형체가 망가져 결국 제거해야 했다. 오른쪽엔 녹내장과 백내장이 동시에 발생했다. 가족들에겐 사고라고 말했지만 추후 결국 모든 정황이 들통 나고 말았다. 이에 어머니와 자매들은 그녀와의 연락을 끊기에 이르렀다. 서울신문, 2015. 10. 4.

97 영국 남서부 콘월지방에서 소 등 가축의 배설물로 만든 거름 위에서 나체로 구르며 성적 쾌감을 만끽하던 남성

5. 성도착은 모두 성범죄인가?

비정상적 전성(Abnormal Sexuality)을 소유한다고 해서 무조건 도착은 아니며 성도착과 성범죄를 동일시할 문제는 아니다. 성도착이 성범죄의 구성요건이 될 수는 있으나 이 역시 시대와 지역, 역사적 배경 등에 따라 다르다. 지구촌의 어느 지역에서는 동성애가 형사처벌 대상이 되지만, 미국의 샌프란시스코나 캐나다의 몬트리올에서는 세계 동성애자 대회가 개최되기도 한다. 심지어는 과거 청교도적 사고가 팽배해 있던 미국의 동부지방에서는 자위행위를 범죄로 규정하였던 적도 있었다. 우리나라의 경우도 이제는 연예인들이 자신이 동성애자임을 밝히는 커밍아웃을 하기도 한다. 사람에 따라서는 이를 비난하기도 하지만 그 행위를 범죄로 취급하여 벌한 적은 없으며 사회적으로 사회적 약자 내지는 소수로서 어느 정도 인정을 하는 분위기이다.

성과 관련된 행위는 시대와 국가, 그리고 환경에 따라 여러 가지로 해석될 수 있는 문제이다. 그러므로 법은 순수한 개인문제와 반사회적 행동으로 규정되는 성범죄를 구별하고 있다.

성도착을 포함하는 성심리의 이상과 성범죄, 정신이상의 세 가지 개념은 서로 중복되는 부분도 있으나 서로 독립된 개념으로 이해하여야 하며, 성범죄자의 대부분이 성도착자라든가, 정신이상자의 대부분이 성범죄자라는 생각은 옳지 않은 것이다. 즉 성범죄자의 대부분을 성심리적으로 도착이라고 볼 수 없다. 예컨대 절시증으로 주거침입을 한 중년남성의 경우 절시에 대한 충동으로 비록 범죄행위를 하긴 하였으나 정신이상과는 전혀 상관없는 평상시에는 정상적 생활을 영위하는 평범한 가장일 수도 있다. 사회풍속의 변화 등은 과거에 이상성욕 또는 변태성욕으로 평가하고 간주하던 도착적 성행동이 보편화되어 가고 있는 것도 최근의 경향이다.[98]

성도착 행위라고 해서 모두가 범죄에 해당하는 것은 아니므로 본 장에서는 성도착의 종류 중 범죄와의 관련성을 중심으로 분류를 시도하였다. 단 이 중 최근 아동들을 대상으로 유괴, 납치, 살인, 암매장 등 가장 문제가 되고 있는 소아기호증

이 정신병원을 거쳐 감옥에 수감되었다. 성도착증이 있는 44세 남성은 징역 3년을 구형받고 정신질환자로 판단돼 데번의 한 정신병원에 입원했다. 앞서 수년 전 이 남성은 어느 농부 소유의 퇴비 살포기 안에서 나체로 구르는 행위를 통해 성적 쾌감을 느끼기 시작했다. 이 같은 행위를 수없이 반복하던 남성은 퇴비 살포기를 청소하러 온 농부에게 발각돼 농부의 사유지로의 접근이 금지됐다. 하지만 이 남성은 침입 금지 명령을 어기고 계속해서 끈적한 소 배설물을 찾아가 취미생활(?)을 즐겼다. 그러던 중 두 번이나 붙잡혀 투옥됐으나 석방되자마자 농장으로 달려가는 등 망측한 버릇을 전혀 고치지 못했다. 이 남성은 그의 침입을 막으려는 농부와 그 가족을 6년간 끊임없이 괴롭히며 방화를 시도하는 등 살해 위협을 가하기도 했다. 이에 남성은 경찰에 체포돼 징역형을 선고 받았다. 경찰은 추가로 이 남성의 집에서 360벌의 여성 속옷과 함께 액체와 고체 형태의 진흙이 담긴 병을 발견한 사실을 전했다. 데일리안. 2013. 11. 21.

98 동성애자, 가학피학증을 가지고 있는 사람들을 위한 SM산업이 번창하고 있는 것이 그 예이다.

표 3 성도착증과 범죄와의 관계

행위의 구분	성도착증	촉각	청각	시각	1차적 범죄	2차적 범죄
때리고 맞는 행위	가학음욕증	○	○	○	상해, 과실치사	유괴, 납치, 살인
	편타가학증	○	○	○	상해, 과실치사	유괴, 납치, 살인
	피학음욕증	○	○	○		
보거나 보여주는 행위	절시음욕증	×	△	○	주거침입	강간, 절도, 강도
	노출음욕증	×	△	○	경범죄	
듣는 행위	전화음욕증	×	○	×	경범죄	스토커
만지는 행위	접촉음욕증	○	×	△	성추행	성범죄
만지거나 보는 행위	물품음욕증	○	×	○	주거침입	절도
	복장음욕증	○	×	○		
직·간접적 성행위	시체음욕증	○	×	○	분묘불법발굴	사체손괴
	동물음욕증	○	○	○	동물학대	
	소아음욕증	○	○	○	아동 성추행	강간, 살인

출처: 내용 재정리

은 따로 구분하여 살펴보기로 한다(오윤성. 2008: 91-131).

성도착증을 행위 종류에 따라 구분하고 촉각, 청각, 시각과의 관련성을 중심으로 분석한 후 이러한 행위로 인하여 발생할 수 있는 범죄를 다시 구분하였다〈표 3 참조〉.

이러한 분석을 통해 모든 성도착증이 범죄자가 되는 것은 아니지만 자신의 성적 욕구를 충족시키기 위한 과정상 발생될 수 있는 범죄가 있음을 알 수 있다.

제 9 장 **성 범 죄**

Criminal Psychology

성관련 범죄의 구분과 처벌의 법적 근거

성범죄는 피해자의 신체뿐만 아니라 정신적 후유증을 일생 동안 남기게 되는 심각한 범죄 중의 하나로 특히 최근에는 범행수법 등이 점점 악랄해지고 있다. 교정시설에 수감 중인 성범죄자에 대한 치료프로그램 연구개발 및 강제치료 부과 방안, 소아 성기호증 등 성도착을 가진 성범죄자에 대한 치료감호제도 도입, 집행유예나 가석방되는 성범죄자들에 대해 지역사회와 연계하여 지속적인 치료활동이 이루어지도록 하는 방안 등이 이루어지고 있다. 그러나 2009년 교정시설에 수감되어 있는 4천여 명의 성범죄자 중 3분의 1 이상이 재범 이상의 상습범일 정도로 이들의 상습성은 매우 높다(법무부 교정국, 2009: 52).

성범죄는 유형에 따라 성폭행, 부적절한 성접촉, 아동에 대한 성추행 및 강간 등으로 구분된다. 양상은 우발적 성범죄로부터 빈번한 피해가 지속되는 상습 성범죄에 이르기까지 매우 다양하다. 성범죄 관련사건 발생에 따라 언론에서는 경쟁적으로 성범죄와 관련한 보도를 하고 있다. 이 과정에서 성범죄의 성격에 관련된 용어들이 많이 등장하면서 혼용 되고 있다. 그러나 용어의 무분별한 사용은 사건의 실체나 범행사실에 대한 정확한 파악에 많은 혼동을 가져 오기도 한다. 이러한 혼동을 막기 위해 성범죄와 관련된 용어에 대한 정의를 정리하고자 한다.

1. 성 폭 력

한국에서의 성폭력이라는 용어는 매스컴에 의해 보다 광범위하고 포괄적이며 모호한 의미로 사용되고 있다. 성폭력이란 일반적으로 강간이나 강제추행 이외에도 언어적 성희롱, 음란성 메시지 그리고 몰래카메라 등 상대방의 의사에 반하여 가해지는 성적 의미에서의 모든 신체적, 정신적 폭력을 일컫는 광범위한 의미로 사용된다. 공식적으로 사용되는 성폭력특별법은 '성폭력범죄'라는 개념을 활용하여 현실적으로 성적 침해를 내용으로 하는 범죄들을 포괄적으로 지칭하고 있다.

좀 더 구체적으로 정의하자면 성폭력은 '피해자의 동의 없이 행해지는 성적 행위로서 피해자가 거부감과 고통을 느끼는 일체의 행위'(최인섭 외, 1998: 50)로 여성이 일상 속에서 흔히 경험하는 학대 또는 폭행의 연속선상에 존재하는 성적 침해로 정의할 수 있다(최인섭 외, 1998: 43).

2. 성 폭 행

성폭력이 성폭행과 강제 추행을 비롯하여 신체적, 언어적, 정신적 성적 폭력을 포괄하는 개념으로 성폭행보다 더 넓은 의미를 가지고 있는 반면, 성폭행은 상대 동의를 얻지 않고 시도되는 구체적 성행위로 한정된 좁은 의미로 정의할 수 있다. 이와 유사한 개념인 강간이라는 용어를 방송 등에서는 의도적으로 사용하지 않는 경향이 있다.

3. 성적 일탈행위(성적 침해)

성적 일탈행위 또는 성적 침해는 성적 의사결정의 자유 또는 인격권을 침해하는 일체의 성적 행위를 의미하는 것으로 성범죄는 물론, 성희롱을 포함한 성적 불법행위 등이 포함된다(김용세, 1999: 131).

4. 성 추 행

성추행이란 물리적인 신체접촉을 가함으로써 상대방에게 성적 수치심을 불러일으키는 일체의 행위를 말한다.

5. 성 희 롱

성폭력 범죄가 주로 형사처벌의 대상이 되는 반면, 성희롱은 주로 남녀차별을 금지하는 법률에 의해 규제된다. 그 양상이 성폭력, 성폭행보다도 경미한 성적 언어나 행동이다.

성희롱은 성범죄와는 달리 고용관계에서 이루어지는 일체의 성적 행위로서 폭행, 협박, 위계, 또는 위력에 의한 경우뿐만 아니라 인간으로서의 존엄을 침해하는 중대하고 철저한 성적 행위를 모두 포함한다(서울고판 1995. 7. 25. 94나15358).[1]

사업주, 직장 내의 상급자, 동료, 하급자가 직장 내 성희롱의 주체가 될 수 있다.[2] 직장 내 지위를 이용하였거나 업무와의 관련성이 있는 행위라면 행위 장소는 문제되지 않는다(김용세, 1999: 135-136).

노동부의 성희롱예방지침에 의하면 대표적인 성적 언동으로 육체적 행위, 언어적 행위, 시각적 행위, 기타 사회통념상 성적 굴욕감을 유발하는 것으로 인정되는 언어나 행동으로 구분하고 있다.

육체적 행위에는 입맞춤이나 포옹, 뒤에서 껴안는 등의 신체적 접촉행위, 가슴, 엉덩이 등 특정 신체 부위를 만지는 행위, 안마나 애무를 강요하는 행위이다. 사실 이 부분은 성추행과도 겹치는 부분이다.

언어적 행위에는 전화통화를 포함한 음란한 농담이나 성적으로 상스러운 이야기를 하는 행위, 성적 사실 관계를 묻거나 성적 내용의 정보를 의도적으로 유포하는 행위, 성적 관계를 강요하거나 회유하는 행위, 회식자리 등에서 무리하게 옆에 앉혀 술을 따르도록 강요하는 행위 등이다.

시각적 행위에는 음란한 사진, 그림, 낙서, 출판물 등을 게시하거나 보여주는 행위로 컴퓨터 통신이나 팩시밀리 등을 이용하는 경우를 포함하고, 성과 관련된 자신의 특정 신체부위를 고의적으로 노출하거나 만지는 행위 등이다(노동부, 2009: 5).

1 우리나라에서 본격적으로 성희롱에 관심과 주의를 기울인 것은 서울대 우조교 성희롱사건이다. 종래의 성희롱은 민법상의 불법행위로도 주목을 받지 못했지만, 이 사건을 계기로 성희롱이라는 개념이 세간의 관심을 끌게 되었다. 1993년에 서울대 화학과 우희정 조교가 신정휴 교수에게 성희롱을 당했다고 고발했고, 6년간의 법정투쟁 끝에 신 교수가 우 조교에게 500만원을 지급하라는 최종판결이 나왔다. 경향 신문 2016. 5. 1.

2 직장 내 성희롱은 일반적으로 남성 상사가 여성 하급자에 대한 행위가 대부분이나 경우에 따라서는 여성이 남성에게 여성이 여성에게, 남성이 남성에게 하는 행위도 있을 수 있다.

6. 간 음

간음이란 혼인관계에 있지 않는(非婚姻關係: 비혼인관계) 남녀 간에서 발생하는 성교행위이다. 남녀 간의 성교를 내용으로 하기 때문에 동성애 행위나 음란 행위는 이에 속하지 않는다. 간음은 상황과 여건에 따라 여러 의미로 나누어질 수 있다. 폭행·협박을 수단으로 한 경우에는 강간죄, 심신상실 또는 항거(抗拒) 불능의 상태를 이용한 경우에는 준강간(準强姦), 미성년자(13세 이상 19세 미만)[3] 또는 심신미약자에 대하여 위계 또는 위력으로써 간음 또는 추행을 한 자는 미성년자 등에 관한 간음죄, 영리를 목적으로 음행에 부녀를 매개하는 경우는 음행매개죄(淫行媒介罪), 혼인을 빙자한 때에는 혼인빙자간음죄 등이 성립된다. 그러나 혼인빙자간음죄는 2009년 11월 26일 헌법재판소에서 "혼인빙자간음 법률 조항이 남녀평등에 반할 뿐 아니라 여성을 보호한다는 핑계로 여성의 성적자기결정권을 부인한다"며 재판관 6대 3의 의견으로 위헌 결정이 내려져, 2012년 12월 11일 폐지되었다.[4]

한편, 배우자가 있는 사람이 배우자 이외의 사람과 간음하면 성립되었던 간통죄에 대하여 헌법재판소는 2008년 10월 30일 "간통죄는 과잉금지원칙에 위배하여 성적 자기결정권, 사생활의 비밀과 자유를 침해하지 아니하고, 또한 그 법정형이 책임과 형벌간 비례원칙 등에 위배하여 과중한 것으로 볼 수 없다"며 합헌 결정을 내렸으나 2015년 2월 26일 헌법재판소는 형법 제241조에 규정된 간통죄가 과잉금지 원칙에 위배되고 성적 자기 결정권과 사생활 비밀의 자유를 지나치게 침해한다는 근거로 위헌결정을 내림으로써 결국 폐지되었다.

7. 성 범 죄

성범죄란 폭행·협박 또는 위계·위력 등의 방법으로 타인의 성적 자유 내지는 애정의 자유를 침해하거나 이에 준하는 방법으로 침해하는 범죄이다. 성적 자유에 관한 죄의 기본적 범죄유형은 강간죄와 강제추행죄이다. 또한 이러한 범죄의 변형된 형태인 준강간·강제추행죄, 의제강간·강제추행죄와 강간·강제추행치사상죄도 처벌의 대상이

3 2013년 7월 1일 부로 민법이 개정되어 미성년자의 연령이 20세에서 19세로 하향 조정되었다.

4 혼인빙자간음죄가 위헌이라는 헌법재판소 결정이 나온 이후 이에 대한 재심사건에서 첫 무죄 판결이 나왔다. 서울중앙지법 형사항소30부(이민영 부장판사)는 2010년 1월 1일 혼인빙자간음죄와 사기, 폭행 등으로 징역 3년 6월의 형이 확정돼 3년 4개월간 수용돼 있던 박모(31) 씨에 대한 재심에서 사기 및 폭행죄만 인정해 징역 3년을 선고하고 형집행정지결정을 내렸다고 1일 밝혔다. 박씨는 2006년 결혼할 것처럼 속여 여성 2명과 성관계를 맺고 이들의 신용카드로 2천 800여 만원을 쓴 혐의와 폭행혐의 등으로 기소됐으며 1심에서 징역 4년을 선고받았으나 항소심에서 징역 3년 6월로 감형된 뒤 형이 확정됐다. 조선일보. 2010. 1. 1.

다. 기타 성범죄와 관련되는 미성년자간음죄, 업무상 위력 등에 의한 간음죄 및 혼인빙자간음죄는 인간의 성적 자유를 보호한다는 점에서 공통점이 있으나 그 객체와 침해방법이 다르고 부수적으로는 별도의 보호법익을 가지고 있는 독립된 범죄유형에 속한다.

8. 강 간

강간(强姦, Rape)이란 성폭행(Sexual Assault)의 일종으로 상대의 동의 없이 협박이나 폭행을 사용하여 강제로 성관계를 맺는 행위이다. 강간을 의미하는 영어의 Rape은 강제로 취한다는 뜻을 가진 라틴어 단어인 Rapere에서 유래한다. 남녀 간 합의가 이루어지지 않은 성적 교섭을 포함한다(Larry J. Siegel, 1991: 289). 강간 과정에서 피해자에게 육체적 고통뿐 아니라 심각한 정신적 외상을 입히므로 각 나라에서는 성범죄에 대해 무거운 처벌을 하고 있다. 강간의 정의에 대한 문제는 역사와 문화적 배경에 따라 각국마다 상이하며 성폭력, 성폭행, 간음, 성범죄 등의 범주에 중복 포함되어 있다.

강간죄는 폭행 또는 협박으로 사람을 강간(强姦)한 경우에 성립하는 범죄이다. 폭행 또는 협박이란 수단을 사용한다는 점에서 강제추행죄와 같지만 그 정도가 강제추행죄보다 강할 뿐만 아니라, 행위양태가 강간이란 점에서 구별된다. 강간행위는 반드시 폭행 또는 협박을 행위수단으로 하여야 한다. 간음 이외의 다른 성행위는 비록 그로 인하여 행위자의 성적 욕구가 충족되었다 하더라도 간음이 아니라 추행행위가 될 뿐이다.

강간죄 실행의 착수 시기는 행위자가 강간 의사를 가지고 상대방에게 폭행 또는 협박을 가한 때이다. 실행착수를 지나 간음행위에 이르렀을 때에 기수에 이른다.[5] 강간죄의 주체는 사람이다. 여성도 남성과 함께 강간죄의 공동정범이 될 수 있고, 남성을 이용하여 간접정범이 될 수 있다. 다만 여성 자신이 혼자서 강간죄를 범할 수는 없다.

그동안 강간죄의 행위객체는 부녀에 국한되어 왔으므로 남성은 강간 피해자가 될 수 없었다. 그러나 강간죄의 보호법익이 여성의 정조가 아닌 성적 자기 결정권에 있고 남성도 강간피해를 당할 수 있다는 지적으로 2012년 10월 피해자는 남자아동·청소년으로 확대되었다. 이에 따라 강간죄의 주체가 남성에서 사람으로 확대되었고 이와 관

---

5 강간죄의 기수시기에 관하여 종래에는 삽입설과 만족설이 대립되었다. 그러나 현재에는 남자의 성기가 여자의 성기 속으로 들어가는 순간에 기수가 된다는 데에 견해가 일치한다. 따라서 성기간의 단순한 접촉만으로는 아직 기수에 이르지 아니하고 남자 성기의 일부가 여성 성기에 삽입되면 충분하다. 여기서 더 나아가 성기의 전부삽입이나 사정완료 또는 성욕의 만족이 있을 것을 요하지는 아니한다.

제1편

제2편

제3편

제4편

제5편

련된 문제는 해소되었다. 아울러 기존 아동·청소년 대상 성폭력범죄에만 규정됐던 유사강간죄를 형법에 규정토록 해 지금까지 강제추행으로 처벌하던 것보다 더욱 엄한 처벌을 할 수 있도록 했다. 그러나 미국의 일부 주에서는 동성애 강간을 인정하는 곳도 있다.

자신의 아내가 강간죄의 객체가 될 수 있는가라는 물음에는 두 가지 해석이 있다. 혼인계약 내용에 강요된 동침까지 포함할 수 없으므로 이를 인정하여야 한다는 견해의 적극설과 부부관계의 특수성을 고려하여 이를 부정한다는 소극설이 있다. 소극설이 지금까지의 통설,[6] 판례였으나 가해자의 배우자도 피해의 객체가 될 수 있다는 개념으로 배우자 강간을 인정하여야 한다는 의견이 적극적으로 수용되고 있는 추세로 우리나라도 이를 시행하고 있다. 한국에서는 2008년 이전까지는 부부간에서 발생하는 강간을 인정하지 않았으나 이후 부부간에 발생하는 강간도 처벌하고 있다.

성전환 수술을 받은 남성이 강간죄의 객체가 될 수 있는지 여부에 대하여 역시 두 가지 관점의 해석이 있다. 성전환 수술을 받은 남성은 현실적으로 신체적 특징이 여성이고 남성도 강간의 의사로 한 것이므로 강간죄의 객체로 보아야 한다는 적극설과 남성이 여성으로 성전환수술을 받았더라도 여성으로 볼 수 없으므로 행위자를 강제추행죄로 물을 수밖에 없다는 소극설이 있다.[7]

강간치사상죄는 강간죄, 강제추행죄, 준강간·강제추행죄, 미성년자의 강간·강제추행죄 및 그 미수범을 범하여 사람을 사상에 이르게 한 경우에 성립하는 범죄이다. 개정 형법은 이와 같은 범죄유형을 조금 세분화하여 "강간 등 살인·치사"(제301조의 2)로 구분하여 각각의 법정형을 달리 기술하고 있다. 즉 강간 등의 죄를 범한 자가 사람을 상해하거나 상해에 이르게 한 경우에는 무기 또는 5년 이상의 징역에 처한다. 강간 등의 죄를 범한 자가 사람을 살해한 경우에는 사형 또는 무기징역에 처하며, 사망에 이르게 한 경우에는 무기 또는 10년 이상의 징역에 처한다.[8] 그러나 상황에 따라 강간치상으로 인정될 수도 있고 안 될 수도 있다.[9] 13세 미만의 사람 및 신체적 또는 정신적 장애가 있는 사람에 대하여 죄를 범한 경우 공소시효를 적용하지 아니한다.

---

6 독일형법은 명문으로 "혼인 외의 성교관계를 강요한 자"라고 규정하고 있다.

7 대판 1996.6.11, 96 도 791

8 2012년 10월 22일 기존 공소시효 배제 대상이 '13세 미만의 여자, 장애인 여자'에서 '13세 미만 사람, 장애가 있는 사람'으로 확대 되었으며, 강간살인죄의 경우에는 연령과 상관없이 공소시효를 배제토록 하였다.

9 판례에서 강간치상이 인정된 예는 ① 처녀막파열, ② 전치 10일의 외음부찰과상, ③ 보행불능, 수면장애, 성병감염 등 기능장애를 일으킨 경우, ④ 히스테리병을 야기시킨 경우, ⑤ 음순 내부에 피멍이 든 것으로서 그 상처부위에 염증이 생길 수도 있는 것이라면 그 상처를 치료하는 데 필요한 기간이 2일에 불과한 경우, ⑥ 코피를 이불에 손바닥만한 크기로 흘리고 콧등이 부은 경우이며, 판례에서 강간치상이 부정된 예는 ① 자연치유 될 수 있는 외음부출혈과 근육통, ② 강간도중에 피해자의 어깨를 입으로 빨아서 생긴 반상출혈상, ③ 강간미수과정에서 피해자의 손바닥에 생긴 2㎝ 정도의 가볍게 긁힌 상처, ④ 강간중 피해자가 입은 좌전경부흡입상의 경우 등이다.

범죄와 사상 발생 간 관련성의 인정에 있어서 본죄는 결과적 가중범이므로 기본범죄인 강간이나 강제추행 등의 범죄와 중한 결과인 사상의 발생 사이에 일정한 관련이 있어야 한다. 사상의 결과는 간음 또는 추행의 기회에 또는 이와 밀접하게 관련된 행위에서 생긴 것이라야 한다. 따라서 사상의 결과는 ① 간음 또는 추행행위 그 자체에서 일어나거나 ② 그 수단인 폭행 또는 협박에 의하여 일어나거나 ③ 간음 또는 추행행위에 수반되어 발생한 경우에 관련성이 인정된다. 피해자가 강간의 수단인 폭행, 협박을 피하기 위하여 창문을 뛰어내리다 사망한 경우 등이 해당된다.

범죄와 사상 발생 간 관련성이 부인된 경우에는 ① 강간을 당한 후 피해자가 집으로 돌아와 강간을 당함으로 인하여 생긴 격분 또는 수치심과 장래에 대한 절망감 등으로 음독자살한 경우 ② 강간으로 임신이 되어 낙태수술이나 분만 중 사망한 경우 등이다.

강간치사상죄는 강간이나 강제추행 등의 기본행위가 기수로 되었건 미수로 되었건 그와 상관없이 사상의 결과가 발생한 때에 기수가 된다. 또한 강간의 미수인 한 착수미수[10]이든 실행미수[11]이든 관계가 없으며, 중지미수[12]인 경우에도 본죄가 성립한다.[13]

강간죄는 친고죄에 해당되었으나 친고죄 조항이 전면폐지되었다.

9. 강제추행

형법 제298조에 의거 '폭행 또는 협박으로 사람에 대하여 추행한 자는 10년 이하의 징역 또는 1,500만 원 이하의 벌금에 처한다.' 강제추행이란 상대방의 의사에 반하

10 범인이 범죄의 실행에 착수는 하였으나, 그 행위를 마치지 못한 일로 미종료 미수라고도 한다.

11 범죄를 실행하였으나 그 결과가 발생하지 아니한 경우이며 종료 미수라고도 한다.

12 범인이 범죄에 착수하다가 그 범죄가 완성되기 전에 자기의 의사에 따라 범행을 중단하는 것으로 임의 미수 또는 중지범이라고도 한다.
만취 여성에 대한 성폭행이 미수에 그쳐 기소유예 처분을 받고 피해자가 선처를 호소했더라도 해당 공무원의 해임은 정당하다는 판결이 나왔다. 전주지법 제2행정부(재판장 방창현)는 29일 공무원 A씨(32)가 전북도지사를 상대로 "처분이 너무 가혹하다"며 제기한 해임처분 취소 소송을 기각했다. A씨는 2013년 7월 13일 오전 1시쯤 만취한 22세 여성을 모텔로 데려가 성폭행하려다가 잘못을 깨닫고 범행을 스스로 중지한 혐의(준강간미수)로 검찰에서 기소유예 처분을 받았다. A씨는 다음해 3월 전북도 인사위원회 의결을 거쳐 전북도로부터 해임 처분을 받자 "우발적 범행으로 잘못을 깨닫고 즉시 범행을 중지하고 피해자가 선처를 호소한 점 등을 고려할 때 너무 가혹하다"며 소송을 냈다. 세계일보 2015. 6. 29.

13 가해자 A는 피해자 B를 술집의 바닥에 넘어뜨린 다음, 왼손으로 반항하는 B의 가슴을 누르고, 오른손으로 치마를 걷어 올린 다음 팬티를 내리고, 자신의 혁대를 풀고 B의 몸 위로 올라타 성교를 하려고 하였다. 이에 B가 따귀를 때리며 저항하자 A는 이렇게까지 할 필요는 없다고 생각하고 강간행위를 중단하였다. 그러나 B는 넘어져 반항하는 과정에서 상해를 입었다. 이러한 경우 A가 자의로 강간을 중단하였을 지라도 강간의 실행에 착수한 후 피해자가 상해를 입었다면 강간치사상죄로 처벌된다. 대판 1988.11.8. 88 도 1628.

여 그에게 성적 수치심이나 혐오감을 야기할 수 있는 "간음 이외의 성적 가해행위"를 말한다.[14] 강제추행죄는 폭행 또는 협박으로 사람을 추행한 경우에 성립하는 범죄이다. 강제추행은 반드시 폭행 또는 협박을 행위수단으로 하여야 한다. 여기서 폭헝 또는 협박은 반드시 추행 이전에 있을 필요는 없고 추행과 동시에 행하여지거나 폭행 자체가 추행에 해당하는 것이어도 상관없다. 예컨대 상대방의 동의를 얻지 않고 강제로 키스하는 경우가 이에 해당한다.

강제추행죄는 상대방에 대하여 폭행 또는 협박을 가하여 항거를 곤란하게 한 뒤 추행행위를 하는 경우뿐 아니라 폭행행위 자체가 추행행위라고 인정되는 경우도 포함되는 것이다. 이 경우 폭행은 반드시 상대방의 의사를 억압할 정도의 것임을 요하지 않고 상대방의 의사에 반하는 유형력의 행사가 있는 이상 그 힘의 대소강약을 불문한다.[15] 추행이라 함은 객관적으로 일반인에게 성적 수치심이나 혐오감을 일으키게 하고 선량한 성적 도덕관념에 반하는 행위로서 피해자의 성적 자유를 침해하는 것이다. 이에 해당하는지 여부는 피해자의 의사, 성별, 연령, 행위자와 피해자의 이전부터의 관계, 그 행위에 이르게 된 경위, 구체적 행위태양, 주위의 객관적 상황과 그 시대의 성적 도덕관념 등을 종합적으로 고려하여 신중히 결정되어야 한다.

강제추행죄의 폭행·협박은 강간죄의 폭행·협박과 폭행죄 또는 협박죄의 그것과 중간정도라는 견해가 있는데 피해자의 저항이 곤란한 정도의 폭행·협박이라는 것이다(서일교, 1982: 82).[16]

2013년 6월 19일 모든 성범죄에 대한 친고죄 조항이 폐지되었다. 또한, 성폭력특별법에 의하여 업무상 위력 등에 의한 추행은 가중처벌되며, 대중교통수단, 공연·집회장소 기타 공중이 밀집하는 장소에서 추행한 경우도 처벌한다.

---

14 강간죄의 법정형은 3년 이상의 유기징역이나 강제추행은 10년 이하의 징역이나 1,500만원 이하의 벌금이다. 그러나 강제추행의 행위유형 가운데는 예컨대 oral sex, anal sex, sodomie 등 강간죄의 간음행위 유형보다 더 개인의 성적 자결권을 해칠 가능성이 있는 범죄유형이 있다. 따라서 입법론적으로는 새로운 성범죄유형을 추가하여 기술하는 것이 타당하다.

15 피해자와 춤을 추면서 피해자의 유방을 만진 행위가 순간적인 행위에 불과하더라도 피해자의 의사에 반하여 행하여진 유형력의 행사에 해당하고 피해자의 성적 자유를 침해할 뿐만 아니라 일반인의 입장에서도 추행행위라고 평가될 수 있는 것으로서, 폭행행위 자체가 추행행위라고 인정되어 강제추행에 해당된다. 대판 2002. 4. 26. 선고 2001도2417.

16 강제추행의 예로는 상대방을 알몸이 되게 하는 행위, 여자의 유방을 만지는 행위, 성기를 접촉시키는 행위, 여자의 성기에 이물질을 삽입하는 행위, 질 내에 손가락을 넣는 행위, 간음 이오의 비정상적인 성행위를 강요하는 행위, 강제키스 등이 이에 해당된다.

10. 준강간, 준강제추행

준강간·준강제추행죄는 사람의 심신상실이나 항거불능의 상태를 이용하여 간음하거나 추행함으로써 성립하는 범죄이다. 폭행 또는 협박으로 간음하거나 추행한 것은 아니지만 특정의 상태를 악용하여 개인의 성적 자유를 침해하였기 때문에 강간이나 강제추행에 준하여 처벌하는 것이다.

형법 제299조(준강간, 준강제추행)에 의거 사람의 심신상실 또는 항거불능의 상태를 이용하여 간음 또는 추행을 한 자는 강간, 유사강간 등의 예에 의한다. 이때 항거불능의 상태라 함은 심리적, 물리적으로 절대적으로 불가능하거나 현저히 곤란한 경우에 해당된다(대판 2000. 5. 26. 선고 98도3257).[17]

본죄의 범죄주체는 강간죄나 강제추행죄의 주체와 동일하다. 행위객체는 심신상실이나 항거불능의 상태에 있는 사람이다. 심신상실이란 정신능력의 상실로 말미암아 정상적인 성적 자기결정을 할 수 없는 상태를 말한다. 따라서 생물학적으로 사물변별·의사결정능력이 없는 자뿐만 아니라 수면이나 탈진, 무의식 등 일시적으로 깊은 의식장애에 빠진 사람도 여기에 해당된다. 항거불능은 심신상실 이외의 사유로 심리적 또는 신체적으로 반항할 수 없는 상태를 말한다.[18] 심신상실과 항거불능의 상태에 이르게 된 원인은 원칙적으로 묻지 않는다.[19]

강간이나 강제추행죄와의 구분에 있어서 행위자가 처음부터 강간, 강제추행을 위하여 의도를 가지고 마취제, 수면제, 최면술이나 기타 폭력을 사용하여 이러한 항거불

---

17 형법 제299조에서의 항거불능의 상태라 함은 같은 법 제297조, 제298조와의 균형상 심신상실 이외의 원인 때문에 심리적 또는 물리적으로 반항이 절대적으로 불가능하거나 현저히 곤란한 경우를 의미한다.
형법 제299조는 사람의 심신상실 또는 항거불능의 상태를 이용하여 간음 또는 추행을 한 자를 같은 법 제297조, 제298조의 강간 또는 강제추행의 죄와 같이 처벌하도록 규정하고 있는바, 이 죄가 정신적 또는 신체적 사정으로 인하여 성적인 자기방어를 할 수 없는 사람에게 성적 자기결정권을 보호해 주는 것을 보호법익으로 하고 있고, 같은 법 제302조에서 미성년자 또는 심신미약자에 대하여 위계 또는 위력으로써 간음 또는 추행을 한 자의 처벌에 관하여 따로 규정하고 있는 점 등에 비추어 보면, 형법 제299조에서의 항거불능의 상태라 함은 위 제297조, 제298조와의 균형상 심신상실 이외의 원인 때문에 심리적 또는 물리적으로 반항이 절대적으로 불가능하거나 현저히 곤란한 경우를 의미한다고 보아야 할 것이다.

18 장애인의 날 행사에서 알게 된 20대 뇌병변 장애 여성을 성폭행한 60대 남성이 중형을 선고받았다. 춘천지법 제2형사부는 성폭력범죄의 처벌 등에 관한 특례법 위반(장애인 준강간) 혐의로 기소된 A(61)씨에게 징역 5년을 선고했다. 또 5년간 신상 정보 공개와 120시간의 성폭력 치료 프로그램 이수를 명령했다. A씨는 2015년 4월 20일 장애인의 날 행사에서 뇌병변 장애 3급을 앓고 있는 피해자 B(21 · 여)씨를 알게 됐다. B씨의 지적 능력이 부족하다는 것을 안 A씨는 그해 7월 1일과 9일 두 차례에 걸쳐 자신의 집에 데리고 가 B씨를 성폭행한 혐의로 기소됐다. 재판부는 "피고인의 반복적인 성적 행위 요구에 피해자가 저항하지 못한 채 원치 않은 성관계를 한 것으로 보인다"며 "피고인도 피해자가 정신적 장애로 성관계 의사를 표현하지 못한다는 것을 알고 간음한 것으로 판단된다"고 밝혔다. 이어 "피고인이 시각 장애를 가지고 있는 것으로 보이는 점 등을 종합적으로 판단했을 때 검사의 전자장치 부착명령 청구는 기각한다"고 덧붙였다. 연합뉴스, 2016. 5. 11.

19 항거불능의 예로는 의사가 치료를 가장하여 여환자에게 간음 또는 추행을 하는 사례가 심리적 항거불능의 경우에 해당되며 이미 결박되어 있거나 윤간 또는 수회의 강간으로 반항할 기력조차 없이 기진해 있는 상태를 이용하여 간음, 추행을 한 사례 등이 신체적 항거불능에 해당된다.

능의 상태를 야기하여 간음, 추행하였다면 준강간·강제추행이 아니라 강간죄나 강제추행죄가 성립한다.

11. 가족 면전에서의 강도강간 범죄

일반적으로 강도강간 범죄는 노출되지 않고 은밀하게 저질러지는 것이다. 그러므로 부녀자가 강간의 피해를 당하더라도 피해자의 명예에 대한 손상의 정도가 상대적으로 적다. 그러나 가족 면전에서 이루어지는 강도강간은 강도를 한 후 피해자가 수치심으로 신고를 하지 못하게 하여 범행을 은폐하거나 계속할 목적으로 가족 면전에서 피해자 정조를 유린하는 것이므로 평생 얼굴을 맞대고 생활하여야 하는 가족 구성원 간에 씻을 수 없는 수치심과 심적 외상을 초래하도록 하여 이혼이나 별거 등 가정을 해체시키는 죄질이 매우 나쁜 범죄이다.

법적 개념에서 이러한 행위를 보다 더 구체적으로 설명하면 야간에 사람의 주거, 간수하는 저택, 건조물이나 선박 또는 점유하는 거실에 문호 또는 장벽 기타 건조물의 일부를 파손하고 침입하여 절도범죄를 저지른 자 또는 흉기를 휴대하거나 2인 이상이 합동하여 절도나 강도범죄를 저지른 자가 그 피해자인 부녀자를 강간, 강제추행, 준강간 또는 준강제추행하는 유형의 범죄로 정의할 수 있다(김상희 외, 1991: 26-27).

1980년대 들어 급격히 늘어난 가족 면전 강도강간 범죄는 당시 유사 범죄수법의 급속한 확산에 따라 매스컴에서부터 가정파괴범죄라는 용어를 사용하기 시작하였다. 가정파괴범죄라는 용어는 남성 중심의 시각에서 만들어진 용어로 정확히 표현하자면 가족 면전하에서 강도강간 범죄를 저지르는 것이다. 강도행위 과정에서 피해자에게 수치심을 주어 신고를 하지 못하게 할 의도이건, 순간적 욕정을 참지 못한 결과이건 피해자의 가족, 즉 남편이나 시부모, 아동들의 면전에서 강간을 하는 행위로 그 행위 자체를 보자면 결과적으로 가정을 파괴하는 범죄라는 것이다. 그러나 이 용어의 사용에는 가정 파괴적 요소가 있어 결과적으로 범행을 시도한 범죄자가 원하는 방향, 즉 가정을 파괴하는 방향으로 연결을 시키고 있다.

부녀자가 원치 않는 강간피해를 입었을 때 가정이 파괴된다는 등식은 이를 제대로 지켜주지 못한 남성의 책임이 아니라 오히려 남성 중심의 가부장적 이데올로기화에서 피해 여성들이 이혼을 당하거나 버림을 받는 등 2차, 3차 피해에 기여한다는 점에서 용어의 사용이 적절치 못하여 그 후 가족 면전 강도강간 범죄로 바뀌게 되었다.

특수강도·강간 범죄로 분류되는 범인들의 수법은 임신 중인 부녀자를 강간하거나 시부모나 남편, 자녀들 앞에서의 윤간 등을 서슴지 않은 극악범죄로 간주되어 당시 사형 등 극형에 처해진 이후 다소 그러한 추세가 줄어들었다.

12. 성폭력범죄처벌의 법적 근거

성폭력특별법은 강간죄가 가지고 있는 모순점을 해결하기 위해 등장한 것이다. 형사소송법에 따르면 직계비속은 직계존속을 고소할 수 없다. 따라서 존속이 비속을 강간한 행위에 대하여 고소하는 것이 불가능하였다. 이러한 모순을 피하기 위하여 "성폭력특별법"에서는 성범죄의 경우 고소의 제한규정을 적용하지 못하도록 하였다. 그 결과 비속도 존속을 고소하여 강간죄로 처벌할 수 있다. 또한 성폭력특별법에 따라 친족관계에 의한 강간, 특수강도강간,[20] 특수강간[21] 등은 더 이상 친고죄에 해당하지 않으며, 형도 가중하여 처벌하고 있다. 강간죄에 대한 고소가 취하되었을 때에는 검사는 강간의 과정에 행사한 폭행 또는 협박만을 분리하여 처벌할 수는 없다.[22]

「성폭력범죄의 처벌 등에 관한 특례법」은 성폭력범죄의 처벌 및 그 절차에 관한 특례를 규정함으로써 성폭력범죄 피해자의 생명과 신체의 안전을 보장하고 건강한 사회질서의 확립에 이바지함을 목적으로 제정되었다. 성폭력범죄의 처벌 등에 관한 특례법(시행: 2013.12.19.)에서 정의하고 있는 "성폭력범죄"란 다음 〈표 4〉에 해당하는 죄를 말한다.

표 4 성폭력범죄 처벌 등에 관한 특례법상의 '성폭력범죄'

법명	법조항	내용
「형법」 제2편 제22장 성풍속에 관한 죄	제242조	음행매개
	제243조	음화반포
	제244조	음화제조등
	제245조	공연음란
「형법」 제2편 제31장 약취, 유인 및 인신매매의 죄	제288조	추행 등 목적 약취, 유인 등
	제289조	인신매매
	제290조	약취, 유인, 매매, 이송 등 상해 · 치상
	제291조	약취, 유인, 매매, 이송 등 살인 · 치사
	제292조	약취, 유인, 매매, 이송된 사람의 수수 · 은닉 등
	제294조	미수범

20 야간주거침입절도범이나 특수절도범이 강간을 행한 경우이다.

21 흉기 기타 위험한 물건을 휴대하거나 2인 이상이 합동하여 강간을 행한 경우이다.

22 2012년 10월 22일 성폭력범죄에 대한 친고죄 폐지 등의 내용을 담은 형법 일부개정안 및 아동·여성대상 성폭력 대책 특별위원회에서 심사한 5개 법률 개정안이 모두 가결되었다. 그동안 아동·청소년 대상 성폭력범죄의 경우 이미 대부분 친고죄가 폐지됐지만, 성인 대상 강간이나 강제추행의 죄 등은 여전히 친고죄로 남아있었다. 또한 형법과 더불어 성폭력범죄의 처벌 등에 관한 특례법과 아동·청소년의 성보호에 관한 법률에 있는 친고죄와 반의사불벌죄 규정도 전면 폐지된다.

「형법」 제2편 제32장 강간과 추행의 죄	제297조	강간
	제297조의2	유사강간
	제298조	강제추행
	제299조	준강간, 준강제추행
	제300조	미수범
	제301조	강간등 상해 · 치상
	제301조의2	강간등 살인 · 치사
	제302조	미성년자등에 대한 간음
	제303조	업무상위력등에 의한 간음
	제305조	미성년자에 대한 간음, 추행
「형법」 제38장 절도와 강도의 죄	제339조	강도강간
성폭력범죄의 처벌 등에 관한 특례법	제3조	특수강도강간 등
	제4조	특수강간 등
	제5조	친족관계에 의한 강간 등
	제6조	장애인에 대한 강간 · 강제추행 등
	제7조	13세 미만의 미성년자에 대한 강간, 강제추행 등
	제8조	강간 등 상해 · 치상
	제9조	강간 등 살인 · 치사
	제10조	업무상 위력 등에 의한 추행
	제11조	공중 밀집 장소에서의 추행
	제12조	성적 목적을 위한 공공장소 침입행위
	제13조	통신매체를 이용한 음란행위
	제14조	카메라 등을 이용한 촬영
	제15조	미수범

성범죄 처벌에 관한 법적 근거는 아동·청소년의 성보호에 관한 법률, 형법 등이 있으며, 개별 조항에서 죄의 행위태양과 형벌 및 양형이 규정되어 있다.

표 5 성범죄 처벌 관련 법적 근거

법명	법조항	내용
아동 · 청소년의 성보호에 관한 법률(시행: 2014.9.29.)	제7조	아동 · 청소년에 대한 강간 · 강제추행 등
	제8조	장애인인 아동 · 청소년에 대한 간음 등
	제9조	강간 등 상해 · 치상
	제10조	강간 등 살인 · 치사
	제11조	아동 · 청소년이용음란물의 제작 · 배포 등
	제12조	아동 · 청소년 매매행위
	제13조	아동 · 청소년의 성을 사는 행위 등
	제14조	아동 · 청소년에 대한 강요행위 등

	제15조	알선영업행위 등
	제16조	피해자 등에 대한 강요행위
	제17조	온라인서비스제공자의 의무
	제18조	신고의무자의 성범죄에 대한 가중처벌
	제19조	「형법」상 감경규정에 관한 특례
	제20조	공소시효에 관한 특례
형법(시행 2014.12.30.)	제297조	강간
	제297조의2	유사강간
	제298조	강제추행
	제299조	준강간, 준강제추행
	제300조	미수범
	제301조	강간 등 상해 · 치상
	제301조의2	강간등 살인 · 치사
	제302조	미성년자 등에 대한 간음
	제303조	업무상위력 등에 의한 간음
	제305조	미성년자에 대한 간음, 추행
	제305조의2	상습범

강　간

1. 강간발생 관련 이론

강간 발생 원인에 대한 범죄학자들에 의해 제시된 답변은 강간범죄의 다양성만큼이나 다양하다. 범죄학자들이 강간의 정확한 원인에 대해 아직도 의문을 가지고 있기는 하나, 강간범죄는 몇 가지 사회적, 문화적 심리적 역동의 산물이라는 증거가 있다 (Larry Baron and Murray Straus, 1984: 467-489). 일부에서는 강간을 비정상적 환경에 대한 정상적 반응이라고 보는 시각도 있는 반면, 강간을 흐트러진 심성과 비행적 생활경험의 산물로 보기도 한다.

강간은 성범죄 중 가장 심각한 형태의 범죄로 사전에 계획되어진 강간도 있고피해자를 특정하고 범행을 하는 경우도 있다. 반면에 (피해자의 신고를 저지하겠다는 의도이건, 순간적인 성적 욕구에 의한 충동적인 행동이건) 강도범죄를 저지른 후에 강간을 저지르기도 한다.

강간은 일반적으로 우발적 경우가 많은 것처럼 알려져 있으나 실제로는 계획적인 경우가 많다. 피해자를 사전에 알고 있는 경우에는 피해자를 유인하는 등 사전에 계획하는 경우가 많고, 만일 피해자와 면식관계가 없는 경우라면 인적이 드물고 어두운 곳에서 미리 잠복하고 있다가 여성을 공격하는 형태가 일반적이다. 어떤 수단과 방법을 동원해서라도 여자를 욕보이면 자신의 것이라고 낙인찍는 것으로 간주하고 여성의 높은 콧대를 꺾는다는 사고방식이 강간범의 심리에 도사리고 있다. 따라서 강간은 인간 존재의 핵심을 파괴하는 행위로 단순한 폭행이나 강도와는 성격이 상이하다고 할 수 있다.

1) 생물학적 시각

남자가 번식을 위해 여자에게 접근하기 위해 경쟁하는 심리적 기제가 강간을 저지르는 동기가 될 수 있다. 강력 강간범 중에는 사회적 계층과 지위가 낮은 남자, 그래서 번식을 위해 여자에게 접근할 정당한 기회를 얻을 가능성이 아주 희박한 남자가 많다. 강간은 남자 사이의 경쟁과 폭력 때문에 나타나는 것은 아니지만, 여자에게 정당하게 접근할 수 없는 남자가 그 방법을 강구하게 만드는 심리적 기제는 강간의 동기가 될 수 있다(앨런 S.밀러, 가나자와 사토시, 박완식 역, 2008: 182).

이와 같이 강간을 설명하기 위해 남성의 성적 욕구측면, 즉 생물학적 측면에 초점을 맞추어 설명하는 시각을 생물학적 시각으로 분류한다. 강간의 원인이 종족을 보존하기 위한 수단으로서 시간이 흐름에 따라 발달해 온 남성의 본능적 욕구 때문이라는 주장이다. 원시시대에는 강제적 성관계가 유전자를 퍼뜨려 자손을 많이 남기려고 하는 목적에서 유지되었을 수도 있다. 생물학자인 도널드 사이몬(Donald Symons)은 아직도 남성은 본능적으로 가능한 한 많은 여성들과 친밀한 성적 접촉을 하도록 남성 스스로를 고무시키는 편협된 성적 욕구를 가지고 있다고 주장한다. 사이몬은 성적 욕구가 가능한 한 많이 자신의 종족을 번식시키려는 필요성과 관련되어 있다는 사회생물학적인 시각을 견지하고 있다(Donald Symons, 1979).

생물학적 측면에서 성교를 성적 분비물을 안전하고 확실한 장소에 배출하는 행위로 간주한다면 강간범의 차원에서의 강간행위는 대단히 불안전하고 불확실한 장소에 자신의 정자를 배출하는 행위를 실행하는 것으로 정의할 수 있다. 강간에 대한 초기 연구들에 의하면 강간은 단순히 생리적으로 유발된 남성의 강한 성욕이나 정신질환에 의해 유발된다고 설명하고 있다. 강간발생 원인을 생물학적 시각에서 보다 구체화시켜 설명하고 있는 것이 생리적 반응설 혹은 피해자 유혹설이다

생리적 반응설이란 강간을 남성의 성충동으로 인해 유발되는 범죄로 피해자인 여성의 유혹을 받고 남성의 성욕이 가동하여 강간이 발생한다고 보는 입장이다. 성충동을 강조하는 이들은 강간을 단순히 생리적 반응으로 이해하기 때문에 범죄자에게서 강

간의 원인을 찾기보다는 피해여성의 옷차림이나 언행에서 강간의 원인을 찾으려 한다. 극단적으로 여자가 먼저 꼬리를 치기 때문에 강간이 발생한다는 입장으로 화간(和姦)은 존재해도 강간은 존재하지 않는다는 시각은 피해자에게 책임을 미루는 피해자 비난 시각과 연관이 깊다.

2) 사회학적 시각

▪ 남성의 사회화(Socialization of Males)

사회학적 시각이란 강간발생을 근대사회에 있어서 남성 사회화의 기능 중 하나로 보는 시각이다. 다이애나 러셀(Diana Russell)에 의하면 강간은 실제로 비행행위가 아니라 남성으로 간주되어지는 자질이라고 주장한다. 남자아이들은 어린 시절부터 공격적이며 강제적이고 거칠게 지배하는 것을 배우면서 자란다. 성인남성들은 여성들이 지배받는 것을 원하고 있다는 것을 믿으면서 동시에 여성을 지배하는 것을 학습하게 된다. 러셀은 남성이 사랑과 애정, 존경의 욕구와 성적인 감정을 분리하는 방법의 학습을 통하여 남성생식능력을 유지해 나간다고 주장하였다. 남성들은 성적 경험이 없어 동정을 지키는 것을 수치로 여기면서 많은 여성들과 능동적인 성관계를 맺기를 기대하면서 공격적으로 사회화되어 가고 있다고 하였다.

이러한 성적 불안은 자신의 이미지와 남성적 정체성을 북돋우기 위하여 남성으로 하여금 강간을 저지르도록 하는 원인이 될 수도 있다(Larry, J. Siegel, 1984: 299).

▪ 여성해방이론(Feminist Theory)

여성 해방론자들은 사람에게 '생물학적 성(Sex)'이 남성이냐 여성이냐에 따라서 각기 상이한 역할(성역할)이 부여된다는 전제하에 이른바 '사회적 성(Gender)'이라는 개념을 도입하여 강간의 원인을 설명하고 있다.

사회적 성이란 '사회가 인간에게 부과한 기대치, 특성, 행위의 집합체이며, 아동기부터 지각과 반응을 사전에 결정하고 자신의 성역할을 따르면서 성장하도록 만드는 문화적, 사회적 구성물'이라고 정의되는 개념이다(E. F. Keller, 1978: 187-205). 역사적 기록을 고찰해 보면 근대사회 이전 고대와 중세에도 동서양을 막론하고 이러한 개념이 형성되어 있었음을 알 수 있다.[23]

---

23 동양에서는 남성은 양이고 여성은 음이므로 남성은 높고 귀하고 강하고 동적이며 생명의 근원을 부여하는 자이고, 여성은 낮고 천하고 유하고 정적이며 생명의 근원을 수여받는 수동적인 자라는 사회적 성으로 규정해 왔다. 서양의 중세시대 교부철학에서는 남성을 영혼으로 여성을 육체로 규정하였다. 육체의 본질적 원리를 악마적인 것으로 본 중세사상에서는 여성은 불가피한 유혹이며, 우정의 적이며, 재앙이며, 집안의 위험물이며, 자연의 악이라고 간주하였고, 모든 성욕의 근원은 남성 때문에 비롯된다는 생각을 뿌리내리게 하였다. 따라서 여성은 지배하는 정신(남성)에 복종하는 육체(아내)가 되든지, 아니면 이성의 지배에 반항하는 감각적인 육체(창녀)가 되

이들의 주장에 의하면 사회적, 문화적으로 남녀의 역할이 다르게 규정되어 있기[24] 때문에 강간범죄가 일어나는 것으로 '남성'하면 지배(Dominance)를 연상하고 '여성'하면 복종(Submission)을 연상하는 사회적 통념 때문에 강간이 심각한 사회문제로 존속하는 것이라고 설명한다. 성역할에 대한 차별적 사회화(Differential Sex Role), 노동의 성별분화(Sexual Division of Labor), 결혼제도 등으로 인하여 여성을 소유재산의 일부로 간주하는 풍조가 생겨나게 되었고, 그러한 모순 때문에 강간이 발생하게 된다고 주장한다.

그러므로 그들은 이러한 전통적 성역할에 대한 사회화 패턴이 바뀌기 전에는 여자는 강간당해도 무방하고, 강간당할 필요가 있으며, 강간당하기를 원하는 합법적 피해자이고, 남자는 잠재적 가해자로 되는 상황이 지속될 것이라는 논리를 전개한다(Vicki Menickle Rose, 1977: 75-89).

▪ 갈등이론(Conflict Theory)

여성해방론자들이 '사회적 성'이라는 개념을 상정해서 강간의 원인을 설명하는 데 비해 갈등이론가들은 자본주의적 사회구조 속에서 강간의 원인을 찾으려 한다.

갈등이론가들은 자본주의사회에서는 성역할에 대한 차별적 사회화, 여성에 대한 사회적 통제, 성의 계층화(Sexual Stratification) 등이 보편화되어 있으며, 따라서 대다수의 여성들이 종속적 위치에서 사회적, 경제적 역할을 수행하고 있다고 설명한다.

그들은 자본주의 경제체제하에서는 여성이 마치 사유재산인 양 취급을 당하기 때문에 강간범죄가 발생하더라도 그것이 다른 남자의 재산권을 침해하는 것이 아니면 법적으로나 형사 사법적으로 크게 문제가 되지 않으며, 그러한 구조 속에서 강간범죄가 발생한다고 설명한다.

▪ 남녀비율 불균형이론(Theory of Sexual Access)

여성해방론자들과 갈등이론가들은 강간의 동기로서 힘(Fower)과 공격(Aggression)을 강조하지만 그 밖의 사회구조이론가들은 범죄의 성별적 특성에 관심을 집중한다. 남녀비율 불균형의 이론에서는 성적 배출구(Sexual Outlets)가 부족하던 강간범죄가 성행한다는 가설을 상정한다. 이러한 주장과 관련하여 상반적 연구결과가 제시되고 있다.

덴마크의 지방별 강간율을 조사하고 나서 전체인구 중에서 남성이 차지하는

어야 한다고 했다.

24 남성은 강하고, 진취적이고, 사회적이며, 외향적이고 이상적이며, 적극적이며, 저돌적인 역할이 규정되어 있고, 여성은 약하고 보수적이며, 가정적이고 내향적이며, 감정적이고 소극적인 역할이 규정되어 있다고 주장한다.

비율이 높을수록 강간율이 높다고 결론을 내린 사바라스토가(Svalastoga)는 남성의 수가 여성의 수보다 많으면 성상대를 찾는 데 있어서 사회적 긴장(Tensions)이 야기되어 결과적으로 강간율이 높아진다고 설명하였다.

그러나 이에 대한 반론도 만만치 않다. 레저(Leser)는 미국 각 주의 남녀구성비와 강간율과의 관계를 조사하고 나서 두 변인 사이에 아무런 관계가 없다고 결론을 내렸으며, 줄리아 슈벤딩어(Julia Schwendinger)는 남성의 수가 여성의 수보다 많아 성욕의 배출로가 제한되어 있더라도 강간율이 더 높지 않으며, 매춘이 성행하는 사회에서 오히려 강간율이 높다고 설명하였다.

단순한 성적 배출구의 문제에서 탈피하여 인류학자인 레빈(Levin)은 혼인 외 성관계를 제한하면서 만혼을 권장하는 문화권에서 강간율이 높다고 분석하였다. 차펠(Chappell) 등은 '성에 대하여 관대한 사회일수록 강간율이 높다'고 가설을 상정하여 검증을 시도하였다. 그들은 성논리가 엄격한 사회에서는 성배출의 기회가 부족하더라도 강간이 발생하지 않으나 성에 대하여 관대한 사회에서는 성배출 기회가 부족하면 강간이 성행한다고 결론을 내렸다.

▪ 하위문화이론(Subculture Theory)

하위문화이론가들은 한 지역의 강간율은 그 지역의 인구구성, 연령분포, 실업수준, 평균소득, 가족구성, 강력범죄율 등과 관련이 있다고 설명한다. 아미르(Amir)는 지역별로 범죄의 분포양상이 다른 사실에 착안하여 '하위문화'라는 개념을 이용하여 강간의 원인을 설명하였다. 그는 실업률이 높고, 흑인의 인구 구성비가 높으며 대인강력범죄율이 높은 지역에서 강간율이 높다고 지적하였다. 또한, 동질성이 강한 사람들이 집단으로 거주하고 있고, 성추행 등의 공격행동이 묵인되는 지역에서 강간범죄가 가장 많이 발생한다고 설명하였다. 이러한 특성을 지닌 지역에서는 성적 사회화(Sexual Socialization)에 대해서 관대하며, 남성임을 과시하기 위하거나 위치를 얻기 위한 수단으로 성을 이용하더라도 그것이 묵인된다고 설명하였다.

커티스(Curtis)는 하위문화이론을 한 단계 더 발전시켜 그는 흑인사회에서 강간범죄가 많이 발생하는 이유는 그들이 지배의 문화(Dominant Culture), 빈곤의 하위문화(Poverty Subculture), 그리고 폭력적 저항문화(Violent Contraculture)를 동시에 접하면서 살아가고 있기 때문이라고 설명하였다.

▪ 폭력의 부문화

강간 원인에 있어서 폭력의 부문화 개념은 폭력이 사회적으로 높게 용인되는 환경에서 거주하는 남성 또래집단들은 성을 획득하기 위하여 폭력을 사용할 확률이 높다는 견해이다. 이러한 환경에서의 전통적 성역할이란 남성은 여성을 유혹하고, 여성은 남성의 유혹에 빠진다는 것을 강조하고 있다(Charles McCaghy, Deviant Behavior, 1976). 전통적 성역할의 고정 관념 속으로 강하게 사회화되면 될수록, 남성은 성적 측면에 있어서 더욱 공격적이게 된다.

실제로 성적으로 공격화 되어있는 남성은 여성을 합법적 성적 폭력의 대상자로 볼 가능성이 있다. 그들이 생각하기에 여성이란 지배되어지기를 바라고 한 방에 나가떨어지기를 원하고 있는 존재이다. 그렇지 않으면 피해자들을 뭔가를 기대하면서 성적으로 유혹하는 존재로 인식하고 있을 수도 있다. 성적 공격은 또래 집단간에 있어서 범죄자의 지위를 격상시키는 역할을 할 수도 있으며 남자 중의 남자임을 입증하는 수단으로 사용되어지기도 한다(Charles Adler, 1985: 306-331).

윌리암 올리버(William Oliver)는 흑인 남성사회에서 성폭행을 해당지역 내의 압력요인을 처리하고 "여성을 농락하는 강한 남성상"을 구현하기 위한 소수민족 남성의 기능 측면에서 설명하고 있다(William Oliver, 1989: 257-271).

▪ 음란물 등의 노출 결과

강간의 원인으로서 성적으로 연관이 있는 영화나 책을 보는 행위가 강간범죄 발생에 영향을 미친다는 주장도 있다(Edward Donnerstein, Daniel Linz, and Steven Penrod, 1985: 115-116). 여성을 폭행하고 강간하며, 고문하는 등의 내용을 담은 폭력물이나 음란물을 시청한 경험이 있는 남성은 성적으로 공격 행동을 한다는 것이다. TV에서 강간관련 프로를 시청하던 12세 소년이 근처에서 같이 시청하던 10세의 소녀를 강간한 사례도 있다(Associated Press, 1984: 50).

일반적으로 강간범들은 괴상망측한 사람도 아니고, 소심하거나 성적 박탈감 혹은 횡포가 심한 부인과 어머니에 둘러싸인 정신분열자도 아니다. 이런 생각은 신화에 불과하다. 작가 수잔 브라운 밀러(Susan Brown Miller)가 인용한 FBI보고서에 따르면, "강간을 저지르는 미국의 전형적인 범죄자들은 여성들에게 폭력을 행사하기 좋아하는 공격적이고 적대감에 가득찬 젊은이들이다."(에롤 셀커크, 홍영남 역, 1992: 104)

리처드 펠슨(Richard Felson)과 마빈 크론(Marvin Krohn)은 강간범이 성적 대상으로서 비슷한 연령의 강간목표물을 선택하고 있는 경향을 지적하던서 강간범과 피해자간 연령과의 상관관계를 설명하고 있다. 또한, 상대적으로 연령이 높은 강간범들이 권력과 통제의 동기에서 강간을 저지르고 있는 것에 비해 연령이 낮은 강간범들은 성적 만족을 추구하면서 상대적으로 피해자에 대해 폭력을 덜 휘두른다는 주장을 하였다

(Richard Felson and Marvin Krohn, 1990: 222-242).

3) 심리학적 시각

강간범죄자들이 정신병이나 개인적 혼란으로부터 고통을 받고 있다는 심리학적인 시각이다.

▪ 여성에 대한 가학적 감정과 패배감 극복설

파울 게할드(Paul Gebhard) 외 연구팀은 수감된 강간범들의 많은 수가 심리적 경향을 나타내고 있었으며 게다가 이 중 상당수가 여성에 대해 적대적이고 가학적인 감정을 소유하고 있는 것으로 결론짓고 있다(Paul Gabhard, John Gagnon, Wardell Pomeroy, and Cornelia Christenson, 1965: 198-205).

그로스(Groth)에 의하면 강간사건은 분노와 권력과 성욕에 의해 발생한다고 주장하였다. 강간범들은 성적 쾌감을 즐기기 위해서 여성을 강제로 간음하는 것이 아니라 여성에 대한 패배감, 굴욕감, 증오심 등을 극복하기 위해서 강간을 한다고 결론을 내렸다. 베네크(Beneke)는 많은 남성들은 성을 무기로 사용하여 여성을 굴복시킴으로써 성취감 내지는 승리감을 경험한다고 설명하였다.

일부 성범죄자 중에는 여성들을 모두 창녀, 매춘부, 헤픈 대상 혹은 그 이하로 비하하는 경향이 있으므로 매춘부나 약물 중독자를 배우자로 선택하는 대신 괜찮은 중산층 여성을 선택한 이후 차츰 성적 노예로 만들어 나가기도 한다(Rcy Hazelwood & Stephen G. Michaud, 2002: 111).

포춘(Fortune)은 강간범들이 갈등과 불안감을 떨쳐버리기 위해서 강간을 하는 것이기 때문에 강간을 하더라도 성적으로는 오히려 불쾌감을 경험한다고 설명하였다. 자이스(Geis)는 어린 시절 여성으로부터 핍박을 받았거나 멋진 여성상을 그리다 열등감에 빠졌던 남성들이 여성에 대한 굴욕감을 극복하고 자신의 남성다움을 확인하고자 강간을 시도한다고 설명하였다. 그는 매력적인 여성의 존재는 남성들에게 자신의 존재가치나 능력을 의심하게 하는 패배감을 야기할 수 있는데, 그러한 경우 남성은 자신에게 패배감을 안겨준 사람에게 공격을 가함으로써 쾌감을 맛볼 수 있다고 하였다.

호로스(Horos)는 굴욕감, 증오심 등을 극복하기 위한 강간에 있어서는 가해자가 자신의 행위를 폭행으로 간주하는 대신 '더불어 즐겼다'고 생각하며, 또한 상대인 여성을 진정으로 소유했다는 정복감에서 극도의 쾌감을 경험한다고 분석하였다.

▪ 범행의 학습과 복수심리

강간범은 다른 행위를 배우는 듯 범행을 학습한다는 강간발생에 대한 또 다른 시각이다. 그로스(Groth)는 그의 연구를 통해 강간범들의 40%가 청소년기에 성적으로 피해를 받은 경험이 있다는 사실을 발견하였다(A. Nicholas Groth and Jean Birnbaum, 1979: 101).[25] 점차 성장함에 따라 자신이 입은 개인적 성적 피해 경험을 바탕으로 다른 사람에게도 성적 피해를 입히고 싶다는 욕망과 관련있다고 주장하였다.

이와 연관된 이론으로 복수행위설이 있다. 뢰벤스타인(Lowenstein)은 남자들은 복수를 하고픈 상대(남자 혹은 여자)가 있으나 직접 그 대상에게 복수심을 표출시킬 수가 없을 때 만만한 여성을 대상으로 전위시켜 풀어버린다고 주장하였다. 블랙(Black)은 다수의 강간범들이 자신의 강간범행을 복수나 처벌행위였다고 정당화시키는 것을 발견하였다.

조두영은 전쟁과정에서 승전병사들의 강간이 복수적 강간의 전형이며 병사들은 강간을 통해 쌓였던 복수심을 마음껏 풀어버림으로써 적과 전쟁에 대한 공포심을 줄이고 전우애를 공고히 하면서 '힘'을 가졌다는 생각에서 더욱 자신만만해진다고 설명하였다. 승전병사들에 의한 집단 강간행위의 대표적 사례는 제2차 세계대전 당시 중국남경에서 일본군에 의해 행해진 학살이다. 적대적인 적군과 적군의 가족을 도덕적으로 짓밟는, 고조된 공격성이나, 공포감을 해소하기 위해 남성간의 유대감을 강화, 지배감을 증가시키는 기능을 한다(윤가현, 1997: 233).

정신병리학적으로 보면 집단적으로 피해자를 윤간하는 경우 공모자들은 동일한 목표대상과 관계를 가지므로 동성애적 동기가 상징적으로 표현된다고 할 수 있다. 그들은 동료 앞에서 자신의 존재를 확인하면서 집단행동의 충동을 영속시키고 있다. 아마도 윤간을 범하는 대부분의 청소년들은 서로 자기들의 남성다운 면을 동료들에게 각인시키려는 욕망을 가지고 있는 것으로 생각된다(Amir, 1971). 그들은 희생자를 구타하고, 모욕을 주고, 성적으로 굴욕을 주는 행위를 하면서 자기들의 부적절감을 은폐시키려고 한다(윤가현, 1997: 27).

김태연은 복수의 일환으로 강간을 저지르는 자들은 복수하고자 하는 대상을 직접 강간하기도 하지만 대개는 복수하고자 하는 사람이 속하는 범주의 모든 사람들을 대상으로 간주해서 무차별적으로 강간을 저지른다고 하였다. 복수의 일환으로 강간을 저지르는 경우 여성은 단지 범인이 복수하기를 원하는 대상의 희생양으로서 피해를 당하는 것이며 따라서 그러한 형태의 강간은 잔혹하고 심한 상처를 남긴다고 설명하였다.

25 서남부 살인사건의 범인인 정남규의 경우 어릴 때 성폭행과 성추행을 당한 경험이 있다고 진술하였다.

2. 강간범의 유형 분류와 특성

강간과 관련된 여러 연구들에 의하면 강간을 성욕이나 정신질환에 의해서 저질러지는 단순 사건으로 보기에는 여러 문제가 있다는 결론을 내렸다.[26] 따라서 오늘날에는 강간을 성욕충족의 수단으로 보기보다는 힘을 과시하거나 분노를 풀기 위한 수단으로 이해하는 것으로 해석하기도 한다.

강간의 유형은 여러 학자들에 의해 여러 측면에서 분류되고 있다. 강간행위 그 자체를 중심으로 분류하기도 하고, 수사를 위한 효과적 범죄예방 전략 차원에서 분류하기도 한다. 또한, 강간 발생이 이루어지는 장소 내지는 가해자와 피해자간의 인간관계나 면식 경험을 중심으로 분류하기도 한다. 예컨대 전혀 면식관계가 없는 낯선 자 강간(Stranger－Stranger Rapes), 친구나 가족 간에서 벌어지는 면식자 강간(Acquaintance Rapes) 등이 있고, 알코올류와 마약류를 포함하는 강간, 부부강간(Marital Rape) 등으로 나눌 수 있다. 일회적으로 강간이 이루어지는 경우도 있으며 상습적으로 강간을 저지르는 자도 있다. 피해자에 대해 아무런 경고 없이 갑자기 행하는 강간이 있는가 하면, 자신이 설정한 목표물에 접근하기 위하여 개인적인 인간관계를 이용하거나 차타기를 권유한다든지, 피해자에 대해 대화를 시도하는 경우도 있다(James LeBeau, 1987: 309-26).

1) 그로스(Groth)의 분류

그로스(Groth)는 보스턴지역의 강간범 133명과 피해여성 92명을 대상으로 한 강간범의 심리를 조사하여 “강간이란 성 자체가 목적이기보다는 성이란 수단을 통하여 힘을 과시하거나 분노를 풀려는 기도”라고 정의하였다(Groth. A. N., Burgess. A. W., Holmstrom L.L, 1997: 1239~1243). 그로스(Groth)는 강간 가해자를 동기를 기준으로 권력형, 분노형, 가학성, 기회주의적 강간으로 구분하고 있다. 이러한 유형 분류는 강간행위와 관련된 적대행위, 통제, 지배 등의 개념을 이용하여 설명된다(Larry J. Siegel, 1991: 293).

▪ 권력형 강간(Power Rape)

권력형(Power Rape)은 성취감, 소유감, 정복감, 승리감 등의 쾌감을 경험하기 위해

26 예컨대 Hen 등은 강간범 69명의 정신질환 여부를 감정하고 나서 14.8%만이 정신분열증 혹은 정신지체로 진단이 내려졌다고 발표하였다.(F. Hen, M. Herjanic, R. H. Vanderpeal, “Forensic Psychiatry: Profile of Two Types of Sex Offenders,” American Journal of Psychiatry, No.133, 1977, pp.694-696 참조). 그리고 Scully와 Marolla는 강간범 중 정신질환자는 5%에 불과하다고 발표하였다(D. Scully and J. Marolla, “Riding the Bull at Gilley's Convicted Rapists Describe the Rewards of Rape,” Social Problem, Vol.32, No.3, 1985, pp. 251-263, 김태연, 전게논문 8쪽에서 재인용).

서 강간하는 경우를 지칭하며, 자신의 지배력을 과시하기 위한 목적으로 이루어지므로 이를 지배력 과시형이라고도 한다.

공격자가 성적으로 동기화되어 여성을 강간하는 것으로 단지 목적을 달성하기 위해 공격성, 즉 힘을 사용할 뿐이다. 강간을 함으로써 범인이 노리는 바는 남성, 정복, 지배, 우월의 감정이다. 범인은 강간 실행 이전에 미리 목표를 선택하고서 몰래 따라가다가 어두운 거리, 숲에서 범행을 한다. 막상 강간을 하게 되면 피해자는 처음에는 반항하다가도 뒤에 가면 굴복하여 기쁘게 응할 것으로 기대한다. 자신의 주체성, 성능력, 힘, 지배력을 증명하고자 범행하며 만약 희생자가 저항을 지속하면 굴복시키기 위해 더 심한 폭력을 사용하는 것이 아니라 도망가 버리기도 한다.

권력형 강간범은 통상적으로 자신의 아내와 여자 친구와는 합의하에서 성적 관계를 가진다. 합의하의 성관계 도중에서도 자신의 지배력을 과시하기 위한 행동을 할 수도 있다. 강간 과정에서도 상대를 소유하기 원하는 만큼 피해자에 대해 어더한 해도 입히기 원하지 않는다. 그의 목적은 성적 정복이며, 단지 목적을 달성할 수 있을 정도의 완력을 사용할 뿐이다.

권력형 강간범은 여성을 자신의 통제하에 넣고 상대방을 지배할 수 있기를 원하며 때로는 강간 과정을 통해 자비심을 보여주고 싶어 한다.

권력형 강간범을 주도하는 것은 성적 희열이 아니다. 강간은 남성의 우월성을 보존하기 위해서나 개인적 불안정성을 완화하기 위한 대체 방법이다. 권력형 강간의 피해자는 보통 강간범보다 어리거나 비슷한 연령의 여성들이다. 심한 육체적 폭력을 통상 사용하지 않으므로 피해자의 상태만 보아서는 강간피해 여부를 확인하기 어렵다. 오히려 가족이나 친구들이 피해사실을 오랫동안 인지하지 못할 수 있기 때문에 강간피해 경험에 대한 피해자의 개인적 죄의식은 점차 감소되어 자신이 처한 상황을 혼자서 극복할 수 있을 것이라고 생각하기도 한다(Larry J. Siegel, 1991: 293).

강간시 대개는 성교불능(Impotence)이 생기거나 조루증(Premature Ejaculation)을 겪으며 비교적 온전한 성교가 이루어지더라도 원하던 성적 만족은 얻지 못한다. 사후 피해자를 검사해 보면 대개의 경우 질 내에서 살아 있는 정자가 발견되지 아니하며 신체의 상처도 별로 없다. 강간시 피해자에게 「성감이 어떠냐?」, 「평소 당신의 성생활은 어떠했느냐?」, 「이름은?」 등의 질문을 자주 던짐으로써 피해자와의 인간적 지배관계를 공고히 하려는 시도를 한다.

▪ 분노형 강간(Anger Rape)

분노형(anger rape)은 여성에 대하여 분노, 경멸감, 증오심 등을 지니고 있는 남성이 그러한 감정을 제거하기 위해서 강간을 하는 경우를 일컫는다. 범인이 평소 여성들에게 가졌던 분노, 경멸, 증오를 피해자에게 해소하는 것으로서 매우 폭력적으로 신체적 학대를 목적으로 희생자를 공격한다. 통상 용무가 있는 것처럼 이야기하면서 접근하여 상대의 경계를 늦추거나 피해자 여성의 집에 침입하여 강간을 시도한다. 범인은 인생과정에서 여성관계가 갈등·좌절·질투·폭력으로 점철되므로 여성에게 복수하기 위한 의도에서 범행을 저지른다. 피해자가 적극적으로 반항시 더욱 분노하여 살인으로 연결될 수도 있다.

여성에 대하여 분노, 경멸감, 증오심을 지니고 있는 남성이 그러한 감정을 해소하기 위해 연상의 여성 또는 나이든 여성을 대상으로 선택하는 경향이 짙다. 강간시 상대를 때리고 옷을 찢거나, 저속한 욕을 하며 몸에 상처를 내는 경우도 있다. 사후 피해자의 신체를 검사해 보면 성기에 대해 집중적으로 상처를 낸 사례들이 적지 않다.

분노형 강간은 성욕이 분노와 결합하여 표출될 때 발생한다. 이 유형의 강간범은 강간과정에서 피해자와 성행위를 가짐에 있어서 필요 이상의 잔혹성을 사용한다. 가능한 한 강간피해자를 망가뜨리는 것이 목적이며 성적 측면은 그 이후의 일이다. 때때로 강간범은 어떤 자극과 갈등, 공격을 유발시키는 사건을 경험한 이후 분노를 해소하기 위해 강간을 저지르기도 한다(Larry J. Siegel, 1991: 293).

매우 강한 공격성의 표출로 신체적, 언어적 공격 피해자의 동조를 얻는 데 있어서 필요 이상의 지나친 물리력을 행사한다. 사디스틱한 성폭행의 리스트에 나와 있는 행동을 보인다. 범죄자는 성적 흥분을 증가시키기 위한 것이 아니라 화가 났을 때 행해진 행동들을 처벌하는 것으로 해석된다. 범행의 주 동기는 분노이며 성적 만족이 아니다.[27]

▪ 가학성 강간(Sadistic Rape)

그로스(Groth)는 성욕과 공격성이라는 요소가 단일 심리적 특성으로 합성되는 경우를 가학성 강간이라고 정의하고 있다. 가학성 강간범들은 피해자에게 고통을 주거나

27 범죄자의 행동과 언어에서 강간의 주된 의도가 피해자에게 상해를 입히고 경멸하고, 굴욕감을 느끼게 하고 피해자를 처벌하려는 것임을 나타내는 명백한 증거가 있다. 여성 특히 어머니와의 관계가 냉담한 경우가 많고 분노의 대치수단으로 여성을 선택하게 된다. 욕설, 구강성교, 굴욕적이고 경멸적 행위에서 피해자를 강압적으로 끌어들이는 방법 등을 사용한다. 노인을 대상으로 하는 경우에는 나이가 많은 여성에 대한 성폭형을 말하며 통상 60세 이상의 여성이 피해자가 된다. 공격성이 매우 표출적이며 의도적으로 나이가 많은 피해자를 선택하는데 그의 행동은 기회가 되어 피해자를 포착하는 것은 아니다. 아동을 대상으로 할 경우 전혀 에로틱한 공격성이 아닌 어린이들에게 극도의 분노를 표출하는 범죄자로 공격성은 어린이 피해자를 대상으로, 일반적으로는 보통 어린이 또는 어떤 특정인에 대한 분노에서 비롯된다. 마지막으로 세상에 대한 증오의 방편으로 공격적 행동으로 표출되며 피해자는 전형적으로 범죄자와 면식관계가 없다. 피해자에게 상처를 입히고 신체적 공격을 하는 것이 보통인데 범죄자는 대체로 사회적 적응기술을 가지고 있지 않다. 범죄자는 여자나 남자 모두를 상대로 언어적, 육체적 폭행을 한 경력이 있다. 대체로 범죄는 비계획적이다.

몸을 묶고 고문을 하는 등 의식에 탐닉하는 경향을 가지고 있다. 통상 이러한 유형의 강간범들은 피해자들에게 고통을 주거나 파괴하고자 하는 특성을 가지고 있다. 강간 경험은 가학성 변태성욕자들에게는 강렬한 흥분을 주는 요소로 작용하기도 한다. 강간 과정 중 욕을 하여 상대를 모욕하거나 학대하고 고통을 주면서 만족을 얻게 된다. 이러한 형태의 강간은 피해자에게 심각한 신체적 외상을 초래하기도 한다. 그로스(Groth)는 이러한 형태의 강간 피해자는 신체적 상처를 치료하고 난 이후에 정신적 치료가 필요하다는 사실을 지적하고 있다(Larry J. Siegel, 1991: 293). 이러한 경우는 공격자의 분노와 권력이 성적으로 변형되어 가학적 공격행위 그 자체에서 흥분을 일으키는 정신병리적인 형태이다. 통상 희생자들이 고통받는 모습에서 쾌락과 만족감을 얻으며 극단적인 경우 희생자를 살인하거나 몸을 절단하고 쾌감을 느낀다.

폭력수준은 강압적으로 피해자가 동조하도록 요구하는 것을 훨씬 넘어선 정도로 피해자가 고통스러워하거나 두려움, 불안에 떠는 것을 보고 성적 흥분을 느낀다. 채찍질, 속박, 피해자 신체의 성감대에 가하는 폭력(태우기, 자르기, 몸통에서 팔다리 자르기, 항문, 둔부, 생식기 등의 기능을 망쳐놓은 것) 등의 행동을 하거나 음부, 항문 등에 이물질을 삽입하고 피해자가 의식을 잃은 후 성교하는 경향이 있으며 범죄행위중 대소변을 이용하는 것과 같은 행동을 보이기도 한다.

▪ 기회주의적 강간(Opportunistic Rape)

기회주의적 강간은 애초 강간의 의도는 없었지만 우발적으로 강간이 이루어지는 경우를 말한다. 가까운 친척이나 평소 안면이 있는 경우에는 이전에 상호작용이 이루어져 오다가 주위 사람이 없는 틈을 타서 술을 마시는 등의 환경 하에서 성적 욕구를 느낀 가해자가 피해자를 강간하는 경우가 전형적인 예이다.[28] 전화음란행위, 과음 후 여성이 지나다니는 공공장소에서 소변을 보면서 성기를 노출하는 노출증이나 길을 가

28 아내가 함께 있던 집에서 술에 취해 자고 있는 아내 친구를 강간한 30대 남성이 2심에서 집행유예로 풀려났다. 2015년 7월 16일 오전 4시 30분쯤부터 강원 원주시 자택에서 A씨는 부인 B씨와 부인의 친구 C(25 · 여)씨와 함께 소주 3~4병을 나눠 마셨다. 술에 취한 A씨와 C씨는 다리를 포갠 상태로 침대에 같이 누워 신체 접촉을 했다. 이 과정에서 C씨의 브래지어 끈도 풀렸다. 부인 B씨는 이를 보고 A씨와 말다툼을 벌였고, 이에 C씨는 '다투지 말라'면서 다른 방에 들어가 잠들었다. 남편과 다툰 B씨 역시 C씨가 들어간 방에 들어가 함께 잠들었다. 이후 A씨는 부인 B씨를 다독거려 다시 안방에 데리고 들어와 잠들었다가 목이 말라 잠에서 깬 뒤 C씨가 자고 있는 방에 들어가 강간한 혐의를 받았다. 12일 서울고법 춘천 제1형사부는 준강간치상 혐의로 기소된 A(32)씨에 대해 징역 3년을 선고한 1심을 깨고 징역 2년6월에 집행유예 4년, 160시간의 사회봉사와 80시간의 성폭력 치료강의 수강을 명령했다. 재판부는 "A씨는 피해자가 먼저 적극적으로 신체 접촉을 하는 등 성관계에 동의한 것으로 착오해 간음했다고 주장하지만 범행 당시 피해자가 저항한 점, 피해자가 허위로 진술해 오랜 친구의 남편인 피고인을 모해할 동기나 이유를 찾을 수 없는 점, 피해자와 피고인의 녹취록 중 '내가 미쳤었다 미안하다. 나 혼자 다 했다'라고 피고인이 범행은 인정하는 취지의 발언을 한 점 등을 볼 때 강간하고 상해를 입게 한 사실이 충분히 인정된다"고 판시했다. 그러면서도 "형사처벌 전력이 없는 점, 피해자에게 용서 받은 점, 우발적인 범행인 점 등을 고려했다"고 선처한 이유를 밝혔다.
http://view.asiae.co.kr/news/view.htm?idxno=2016051313495114954 (2016. 5.13.)

다가 창문으로 성행위 목격, 옷 벗는 장면 등 성적으로 자극적인 장면을 우연히 목격한 범죄자를 예로 들 수 있다. 공격성의 정도는 낮게 나타난다. 통상 면식관계가 없는 경우로 범죄자는 학교교육 정도가 낮은 편이고 직업이 없고, 다른 사람들과의 대인관계가 불안정한 특징을 가지고 있다. 범죄자는 충동적이고 청년기에 시작해서 성인기 전반을 통해 장기간의 심각한 행동문제를 가지고 있거나 범죄로 인해 체포된 기록이 있다. 알코올, 약물복용이 흔하다.

또한 다른 범죄를 저지르는 과정에서 성적 행위를 할 기회가 있어 강간을 하는 경우 역시 기회주의적 강간에 해당된다(Anna C. Salter, Ph. D., 2003: 82). 비면식적 관계하에서는 범죄를 저지르는 과정에서 최초 범죄의 목적이 강간이 아니었으나 겁에 질린 여성 피해자가 현장에 있을 때 강간을 하게 되는 경우이다. 강도강간범죄 등 강도과정에서 성적 욕구를 억제하지 못하거나 수치심으로 신고를 할 수 없도록 하기 위한 방편으로 강간을 병행하는 경우도 있다.[29]

그러나 범죄의 목적이 강간이 아니었다 하더라도 일단 기회주의적 강간을 행한 이후 집단적으로 강간을 행하는 가족면전 강도강간 등의 범죄와는 구분되어야 한다.

2) 헤이즐우드(Hazelwood)의 분류

헤이즐우드(Hazelwood, 1995)의 분류는 앞에서 제시된 4가지 강간의 유형을 보다 확장시켜 수사를 위해 강간의 분류를 통한 효과적 범죄예방전략을 위한 목적에서 시도되었다. 그는 강간을 6가지의 특수유형으로 분류하였다.

▪ 자신감 확신형(Power-Reassurance)

평소 남성으로서 자아에 대한 불확실성을 회복하고 성적 측면에서 부족하다고 느꼈던 자들이 강간을 통해 자신감이나 안정감을 얻기 위해 시도하는 유형이다.

이들은 전형적으로 한 번의 강간 이후에도 희생자들과 다시 접촉하려는 의도를 가지고 있어 다시 만나기를 시도하기도 하고, 그렇지 않다고 하더라도 범행 후 피해자로부터 사과나 복종을 얻어내기 위해서 잔혹성을 동반한 필요 이상의 힘을 사용하지는 않는다. 그러므로 의식적으로 희생자들을 해하거나 정서적 상처를 입히려는 의도를 가지고 있지는 않다. 그들은 희생자들을 평소에 감시하거나 멀리서 훔쳐 본 이후에 사전

---

29 유흥비를 마련할 목적으로 금품을 강취하는 과정에서 순간적인 성적 충동을 느낀 범인이 부녀자를 강간하는 것이 대표적인 사례이다. 이 경우 범인은 주간에는 인적이 드문 주택가를 돌아다니다가 대문이 열려 있는 집을 범행대상으로 삼았고, 야간에는 불이 꺼져 있는 것을 확인 후 담장을 넘어 침입하는 수법으로 범행을 해 왔으며, 대낮에도 대문이 열려 있는 집에 손수건으로 복면을 하고 들어가 과도를 들이대고 위협, 돈을 요구시 없다고 하면 "돈이 없으면 몸이라도 달라"고 하면서 강간하였고 강간한 후에는 귀금속을 강취하거나 핸드백에서 돈을 꺼내가는 수법을 사용하였다.

에 피해자를 선택한다. 강간에 실패하였을 시 재차 야간에 범행을 할 가능성이 크다.

▪ 여성지배 표출형(Power-Assertive)

여성지배 표출형 범죄자들은 자신들이 성적으로 충만되어 있고 남자다움을 가지고 있으며 그들의 우월함을 여성을 상대로 표현하기 위해 강간이라는 수단을 사용한다. 범죄자들은 보통 과도한 힘을 최후의 수단으로 사용하지는 않지만 독립성이나 두목기질(Macho)적 태도를 갖는다. 범죄자들은 희생자들을 반복적으로 공격하고 희생자들의 옷을 찢거나 벗긴다. 그들은 희생자를 외딴 지역으로 데리고 가서 자기가 하고 싶은 대로 하려고 한다.

▪ 분노 폭발형(Anger-Retaliatory)

이 유형의 강간범들은 일반적으로 여성에 대해 분노를 가지고 있으며, 강간 행위를 통해 피해자를 타락시키거나 처벌하기 위한 무기로 사용한다. 그들은 강간과정에서 과도하거나 잔혹한 물리력을 사용하며 최초 공격을 통해 피허자를 완전히 제압한다. 자신이 과도하고 잔혹한 행위를 하였을 때 피해자에 대해 어떤 결과를 미칠 것인가에 대한 아무런 고려도 하지 않으며 자비심도 없다. 강간 과정에서도 피해자 반응이나 저항 정도 등에 대해 자극을 받으며 범행 직전이나 이전에 자신의 분노가 억압되어 있다가 기회가 되어 폭발해 버릴 때 즉각적인 강간행위로 이어진다.[30]

▪ 고통 흥분형(Anger-Excitement)

고통 흥분형은 강간과정에서 희생자들의 고통을 목격하고 고통의 소리를 듣는 것을 통해 희열을 느끼게 된다. 강간을 하게 되는 최초의 동기는 피해자에게 고통을 가하는 그 자체인 것이다. 강간 피해자의 고통으로 인한 행동, 반응 그리고 피해자의 복종을 바라보면서 더욱 흥미를 느끼기도 하고 이러한 것들이 성적 자극제 역할도 한다. 이러한 유형의 강간범들은 분노 폭발형보다는 덜하긴 하지만 결과적으로 피해자들에게 심각한 신체적, 정신적인 상처를 가한다.

30 A씨는 2015년 말 여자친구 B씨가 이별을 요구하자 대화를 빌미로 B씨를 자신의 집으로 불렀다. A씨는 B씨의 휴대전화에서 다른 남자와 만난다는 정황을 발견한 후 B씨를 한 시간여 동안 폭행했다. 폭행 당시 피의자는 B씨에게 속옷만 입게 한 상태에서 쇠막대기를 사용해 전신을 폭행한 것으로 알려졌다. 이후 A씨는 쓰러진 피해자를 성폭행했고 피해 여성을 감금한 후 수 시간에 걸쳐 폭행과 성폭행을 반복했다. 이 과정에서 가해자는 피해자의 성기에 음료수병 등의 이물질을 집어넣는 변태 성행위까지 저질렀다. 재판부는 "수시간에 걸쳐 여성에게 무차별적인 폭력을 행사하고 강간한 것은 물론 변태 성행위까지 강요해 죄질이 몹시 나쁘다"며 징역 8년형을 선고했다. http://news.heraldcorp.com/view.php?ud=20160519000583 (2016. 5. 19.)

▪ 기회주의형(Opportunistic)

이 유형의 강간자들은 원래 강간이 목적이 아니라 다른 범죄, 즉 강도나 절도 과정에서 범행 장소에 있던 여성을 대상으로 강간하는 경우이다. 예를 들어 만약 범죄자가 도둑질하러 집에 들어갔다가 혼자 있는 여성 또는 어린아이를 발견하고 강간을 시도하는 것이다. 헤이즐우드(Hazelwood, 1995)는 다른 범죄를 행하는 동안 지속적으로 강간을 했던 범죄자와 이 유형의 범죄자를 혼동하지 않아야 한다는 것을 강조하고 있다.

그러나 기회주의적으로 강간을 했다 하더라도 이후 상습적으로 다른 범죄와 더불어 강간을 지속적으로 하게 된다면 더 이상 기회주의에 속하지 않는다.

▪ 윤간형(Gang Rape)

이 유형의 강간은 두 명 또는 그 이상의 범죄자에 의해 이루어지며 범행과 관련하여 집단의 리더격이 존재한다. 주로 불량 청소년들 집단에서 평소 알고 지내거나 품행이 좋지 않다고 생각하고 있던 여학생 등을 유인하여 윤간을 저지르는 경우가 있다. 구성원 중에는 최초 윤간을 꺼리는 자도 있을 것이나 만일 윤간 행위에서 빠지게 된다면 집단에서 소외될 것을 두려워하는 심리에서 마지못해 참여하기도 한다. 주로 범죄집단에서 자신들의 공범의식과 결속력을 과시하기 위한 방편으로 윤간을 행하는 경우가 이에 해당된다.[31]

3) 코헨(Cohen)에 의한 분류

▪ 공격적 강간범

성적 감정이 없는 폭력적 강간범으로 여성에게 피해를 입히고 자존심을 상하게 하고, 평판을 떨어뜨리기 위해 강간을 한다. 잔인하게 강간하고 피해자를 폭행하는 경향이 있다. 공격성의 지표로 칼로 벤 상처, 긁힌 상처, 찰과상보다 큰 상처 그리고 피해자의 동조를 얻어내기 위하여 뺨을 때린다든지, 주먹으로 구타한다든지, 피해자의 저항이 없음에도 불구하고 발로 차는 등의 지나친 강제력을 행사한다. 피해자는 대부분

31 경기 부천 원미경찰서는 평소 알고 지낸 여중생을 고시원으로 불러내 성폭행한 혐의로 A(15)군 등 중학교 3학년생 5명을 구속하고, 동급생 B(15)군을 불구속 입건해 기소 의견으로 검찰에 송치했다고 20일 밝혔다.
A군 등 6명은 지난달 5일 오후 경기도 부천의 한 고시원에서 중학교 1학년생 C(13)양을 불러내 술을 권해 취하게 하고, 번갈아가며 성폭행한 혐의를 받고 있다. A군은 평소 알고 지내던 C양에게 "친구 생일인데 함께 파티하자"며 자신이 사는 고시원으로 불러낸 뒤 C양이 술에 취하자 친구들과 함께 범행한 것으로 조사됐다.
딸이 집에 들어오지 않자 이상하게 여긴 C양의 아버지가 같은 날 저녁 실종신고를 했고, 경찰은 주변인 탐문수사 끝에 다음날 오전 고시원에서 A군 등 2명과 함께 있는 C양을 찾아냈다. 경찰은 현장에서 피임 도구를 발견해 성폭행 정황이 있는 것으로 보고 수사한 끝에 A군으로부터 범행 일체를 자백받았다. 경찰은 A군 등 2명의 진술을 토대로 범행에 가담한 나머지 중학생 4명도 차례로 붙잡았다.
http://news.chosun.com/site/data/html_dir/2016/04/20/2016042000951.html (2016. 4. 20.)

낯선 사람으로, 강간범의 관심을 끌 만한 성적 특성을 가진다. 이 유형의 강간범은 성적으로 각성하지 않으며 발기되도록 피해자에게 오랄 행위나, 수음을 요구한다. 범죄 과정에서의 특수한 행위, 자르거나 불을 붙이거나 흉기로 찌르거나, 질식시켜 의식을 잃게 한다든지, 깨물거나 발로 차는 행위나 항문이나 성기 등에 이물질을 삽입하는 행위를 하기도 한다. 피해자에게 굴욕감을 주기 위한 행위, 굴욕감을 주려고 시도하는 것, 욕을 하거나 대소변이용, 다른 남자로 하여금 강제로 피해자를 관찰시키기도 한다.

강간범에게 저항하는 것은 더 많은 폭행을 당하는 원인이 되기도 한다. 이 유형의 강간범은 여성들에 대해 적대적이며 성적행위를 요구하면서도 지조가 없는 것으로 지각한다. 따라서 능동적이고 독립적이면서 자기 주장이 강하다고 생각하는 여성을 피해 대상으로 선택하는 경향이 있다. 반드시 그렇지는 않으나 직업은 트럭 운전사, 목수, 도로 수선공 또는 기술자 같은 남성적 사람인 경우가 많다고 한다. 특히 여성의 행동에 대해 분노할 때 이에 대한 반응행동으로 강간을 하는 경우가 많다.

▪ 보상적 강간범

강력한 성적 각성을 필요로 할 때 강간을 하게 되는데 공격은 의미있는 특징이 아니다. 기초적 동기는 성적인 자신감을 입증하기 위한 욕망이라고 할 수 있다. 극단적으로 수동적이며 사회적으로 부적절한 경향이 있는 피해자, 때로는 고분고분한 여성의 이미지에 집중한다. 보상적 강간범은 내향적이고 낮은 자아존중감, 성취욕구의 낮은 수준으로 사회적으로 성공을 거두지 못하므로 사회적으로 적응하지 못하는 부분에 대한 보상으로 범죄를 저지른다. 만일 피해자가 강력하게 저항하면 당황해서 도망치는 경우가 많으나 수동적이면 피해를 입을 가능성이 크다. 성적으로 각성된 수동적 강간범은 피해자와 가벼운 신체적 접촉을 했을 때 순간적으로 사정(토정)하기도 한다. 다른 유형의 반사회적 행동을 보이지 않는다.

▪ 성적-공격적 강간범

성적-공격적 강간범은 여성들은 난폭하게 다루어지길 바라고 남자에 의해 지배되고 통제되는 것을 즐기고 있을 것이라는 잘못된 통념에 근거하여 행동한다. 피해자의 저항과 실랑이를 저항이라고 생각하지 않고 저항하는 피해자가 실제로 원하는 것은 성적 폭행과 강간이라고 생각하는 경향이 있다. 흔히 결혼을 하였으나 결혼생활에 적응하지 못하고 이중·삼중의 결혼, 별거하거나 이혼한 경험을 가지고 있으며 가정 내 폭력이 자주 행해지는 여건하에서 생활한다. 청소년기 중반기 또는 그 이전부터 사소한 범죄로 시작, 강간살인까지 다양한 형태의 반사회적 행동을 보이며 피해자를 잔인하게 강간하고 폭행하고 죽이기까지 하는 성적 가학증을 보이기도 한다. 성적 흥분이 고조된 상태에서 깨무는 일이 성범죄 살인에서 일어나기도 한다.

▪ 충동적 강간범

강력한 성적 특징, 공격적 특징을 보이지 않으며 기회가 있을 때 순간적으로 강간하는 범죄자로 보통 주거침입 강도나 절도 같은 다른 범죄를 저지르다가 부가적으로 강간을 저지르는 유형이다.

4) 범죄의 형태에 의한 분류

▪ 강도와 연관된 강간

강간 외의 다른 강력범죄를 저지르는 동안 강간이 일차적이었는가, 아니면 부차적 목적인가에 의해 구분되는데 결과적으로 강간과 강도가 같이 발생한 경우이다.

- 강도 및 충동적 강간 주목적은 주거침입과 강도 등 비(非) 성적 강력범죄로 범죄현장에 피해자가 있었기 때문에 이차적으로 강간이 발생하는 경우이다. 피해자는 주로 성인여성, 범죄현장에서 일하는 여성으로 현장특징으로는 주거침입, 절도, 강도피해의 증거가 남아있다.

- 계획적 강도 및 강간 주요 범행 의도는 성폭행, 강간이다. 피해자는 통상 성인여성이며 일차적으로 발생한 성폭행과 더불어 범죄현장에는 주거침입, 강도의 증거를 찾을 수 있다.

▪ 가정 내 성폭행

가족, 집안 사람, 친척에 의한 성폭행으로 갑자기 발생할 수도 있고 상황적인 것일 수도 있으며 최근의 스트레스 사건에 의해 자극을 받아 발생할 수도 있고 실제적인 혹은 상상적인 것일 수도 있다. 누적된 스트레스에 의해 발생할 수도 있다.

- 가정 내 성폭행: 성인피해자(Adult Domestic Sexual Assault) 피해자는 범죄자와 친숙한 관계, 친척관계로 배우자나 내연녀가 포함된다.[32] 보통 이전에 범죄자로부터 폭

32 "내연 사실을 남편에게 알리겠다"며 수차례 성폭행을 저지른 혐의로 기소된 30대 남성에게 법원이 실형을 선고했다. 대전지법 제12형사부는 강간 등의 혐의로 재판에 넘겨진 홍모(33) 씨에 대해 징역 2년 6월의 실형을 선고했다고 28일 밝혔다. 또 재판부는 40시간의 성폭력 치료프로그램 이수를 명했다. 홍 씨는 2014년 10월부터 같은 회사에 근무하던 피해자 A(23 · 여)씨와 내연관계를 유지해오다 만나주지 않자 지난해 2월 대전의 한 모텔에서 A씨를 협박하고 강간한 혐의로 재판에 넘겨졌다. 홍씨는 피해자가 내연관계를 청산하려고 하자 그동안 주고받았던 문자메시지 대화 내용을 남편에게 보내겠다고 수차례 협박한 혐의도 받고 있다. 법정에서 홍씨는 A씨를 협박한 사실이 없고 합의하에 성관계를 했다고 주장했지만 재판부는 받아들이지 않았다. 재판부는 "피고인이 내연관계였던 피해자와 주고받은 문자메시지를 이용해 피해자를 협박하고 강간한 것으로 죄질이 나쁘다"라며 "실제로 피고인은 피해자의 남편에게 문자메시지를 전송했고 피해자는 큰 정신적 고통을 받았을 것으로 보인다"

행을 당하거나 갈등관계인 경우가 많다.

- 가정 내 성학대: 아동피해자(Child Domestic Sexual Assault) 미성년 가족에 대한 성폭행을 포함한다.[33]

▪ 권위에 의한 강간

피해자와 범죄자 간 지위불균형의 관계에서 발생하며 고용, 교육, 연령 등에 있어서 범죄자는 피해자에 대하여 우위에 있으며 권위적 관계에 의해 범죄가 발생하는 경우이다.

피해자는 범죄자와 면식관계이며 피해자에 대해 범죄자는 권위적 관계이다. 조직의 상관,[34] 선생님,[35] 감독관, 매니저, 고용주, 치료사, 의사 등이며 폭력을 사용하지 않는 것이 일반적이고, 따라서 피해자에게 심한 신체적 상해가 나타나지 않는다. 범죄자는 피해자에게 친숙함을 가장하여 접근 후 신뢰획득을 기도하며 전과가 있거나 입건

고 판시했다. 이어 재판부는 "피고인은 자신의 범행을 부인하면서 납득하기 어려운 변명을 하고 있으며 피해자로부터 용서를 받지 못했다"며 "다만 피고인에게 벌금형을 넘는 전과가 없는 점과 부양가족이 있는 점 등 유리한 정상을 참작했다"고 양형 이유를 설명했다.
http://www.cctoday.co.kr/?mod=news&act=articleView&idxno=954044 (2016. 1. 29.)

33 대학생 A양은 초등학교 1학년 때부터 12년 동안 친부로부터 성폭력 피해를 받았다며 이렇게 말했다. 가벼운 성추행으로 시작됐지만 곧 강간으로 이어졌다. 아버지라는 사람은 "우리 사이에 있었던 일을 엄마나 다른 가족에게 이야기하면 가족이 모두 뿔뿔이 흩어져서 살아야 한다"고 수시로 말하며 A양을 협박했다. A양은 사춘기에 접어든 후 아버지의 행동이 심각한 성폭력이라는 것을 인지했지만 아무에게도 이 사실을 털어놓지 못했다. 기숙사를 운영하는 고등학교로 진학한 것도 아버지로부터 도망치기 위해서였다. 하지만 몸과 마음이 허약해진 A양이 환청과 환각 증상에 시달리다가 교사에게 그동안 일어났던 일을 털어놓았다. 아이에 대한 죄책감에 무너질 것 같았던 어머니 B씨를 붙잡아줬던 것은 A양과 함께 찾아간 서울 종로구의 서울해바라기센터 관계자들이었다. A양과 어머니 B씨는 센터의 법률 지원을 받아 성폭력 가해자인 아버지이자 남편을 고소했다. 가해자는 10년 형을 받아 현재 복역 중이다. 두 사람은 5년째 센터에서 치료를 받고 있다.
http://news1.kr/articles/?2621961 (2016. 4. 3.)

34 현역 육군 여단장이 부하 여군 성폭행 혐의로 체포됐다. 2015년 1월 27일 육군 중앙수사단은 강원도 지역에서 여단장으로 근무하는 47살 모 대령을 긴급체포 했다. 체포된 대령은 2014년 말부터 올해 초까지 자신의 관사에서 20대 초반인 여군 부사관을 여러 차례 성폭행한 혐의를 받고 있다. 이 대령은 그러나 합의 하에 이뤄진 일이라며 혐의를 부인하고 있는 것으로 전해졌다. 이번 사건은 부대 안에서 일어난 다른 성추행 사건 조사 과정에서 드러난 것으로 알려졌다. 육군 관계자는 헌병대가 모 소령의 성추행 사건을 조사하던 중, 피해 여군이 자신의 동료가 성폭행을 당했다고 진술하면서 수사가 이뤄졌다고 전했다. 앞서 1월 18일에는 경기도 모 부대의 상사가 부하 여군 하사를 성폭행한 혐의로 체포됐고, 2014년 10월에는 현역 중령도 같은 혐의로 체포되는 등 군내 성폭력이 끊이지 않고 있다.
http://sports.chosun.com/news/ntype.htm?id=201501270100338550021411&servicedate=20150127 (2015. 1. 27.)

35 여고생 제자를 상습 성폭행하다 급기야 임신하게 만든 고교 담임선생님이 징역을 선고받았다. 대구고법 제1형사부(이범균 부장판사)는 여고생 제자를 상습적으로 성폭행한 혐의로 기소된 담임교사 A(49)씨에 대한 항소심에서 징역 5년을 선고하고, 80시간의 성폭력 치료프로그램 이수를 명령했다고 14일 밝혔다. 앞서 1심 재판부는 징역 6년을 선고했다. A씨는 2012년 11월 경북의 한 고등학교 주차장에서 "집까지 데려다 주겠다"며 제자 B양을 자신의 승용차에 태운 뒤 인근 야산으로 이동해 성폭행한 것을 비롯해 5개월여 사이에 11차례 인적이 드문 곳에서 '몹쓸 짓'을 한 혐의로 재판에 넘겨졌다. 그는 피해자가 집안 및 진학 문제 등을 상담하면서 자신을 의지하는 것을 빌미로 이런 범행을 저질렀다. 그는 합의로 성관계를 가졌다고 주장했지만, 1·2심 재판부 모두 이를 받아들이지 않았다. 재판부는 "담임교사가 제자를 상대로 지속적으로 범행해 임신까지 시키는 등 죄질이 좋지 않다"고 판결 이유를 설명했다.
http://news.heraldcorp.com/view.php?ud=20150614000212&md=20150615003217_BL (2015. 6. 14.)

된 경력이 있을 수 있다.

▪ 종속적 강간

아동과의 종속적 관계를 이용하여 성관계를 갖는 경우이다. 범죄자들의 특징은 자기중심적이며, 아동의 안전은 고려하지 않는다. 전형적으로 남근숭배적이며 성행위의 목적은 삽입이고 오르가즘에 도달하는 것이다. 아동은 수음목적으로 이용되기도 하는데 보통 충동적이며 미계획성이나 계획적으로 접근하는 경우도 적지 않다. 신체적 상해는 거의 없거나 미미한데 아동뿐 아니라 다양한 연령층의 많은 피해자가 존재할 가능성이 크다. 예컨대 아픈 사람, 불구자, 보육시설에 있는 건강한 아동이나 장애 아동이 피해자가 될 가능성이 많다. 공격성은 낮게 나타나며 피해자의 동조를 확보하는 데 필요 이상의 공격을 하지 않는다. 자신의 이익을 위해 남을 이용하는 경향과 착취적 경향이 있다.[36]

▪ 납치강간

피해자는 자신의 의지에 반하여 강압적으로 한 장소에서 다른 장소로 이동하게 되며 성범죄는 두 번째 장소에서 발생하는 것이 일반적이다. 친족이 아닌 사람에 의한 납치는 강제로 그리고 비권위적으로 어린이를 빌딩, 차량 또는 50미터 이상 멀리 데려가며 한 시간 이상 감금, 범죄를 저지를 목적으로 어린이를 유혹하는 것을 포함한다. 유괴 성범죄의 하위 범주는 성인, 청소년, 아동에 대한 유괴강간으로 구분한다.

---

36 인지 기능에 장애가 있는 미성년자를 성폭행한 혐의로 기소된 20대 남성에게 대법원이 원심을 깨고 무죄 판결을 내렸다. 대법원 2부는 아동 · 청소년의 성 보호에 관한 법률 위반 혐의로 기소된 조모(20) 씨에 대한 상고심에서 강간 혐의에 대해 유죄를 인정해 실형을 선고한 원심을 깨고 무죄 판결하라는 취지로 사건을 서울고등법원으로 돌려보냈다. 조씨는 2015년 2월 새벽 피해자 이모(17) 양을 불러내 모텔로 데려간 뒤 성폭행한 혐의 등으로 기소돼 재판을 받아왔다. 이 양은 정신과 클리닉에서 지능 지수 74로 경계성 지능이라는 진단을, 심리 상담기관에서는 지능 지수 86으로 인지 기능에 제한이 있다는 판정을 받았다. 대법원은 검찰이 저출한 증거만으로는 강간 혐의가 합리적 의심없이 증명됐다고 볼 수 없다고 판단했다. 재판부는 새벽에 만나자는 연락을 받고 피해자가 거절하지 않고 나간 점, 술을 마시지 않았는데도 피해자가 먼저 모텔방에 들어간 점, 성관계 이전이나 도중에 폭행이나 협박을 한 사실은 없는 점, 피해자가 무서웠다고 하면서도 어떤 폭행이나 협박이 있었는지 구체적으로 설명하지 못하는 점 등을 무죄 판단의 근거로 들었다.
http://news.kbs.co.kr/news/view.do?ncd=3286815&ref=A (2016. 5. 29.)
인화학교는 광주광역시에 설립된 청각장애인 교육을 위한 특수학교로 당시 연 35여 억원의 공공자금이 지원되고 있었다. 인화학교 학부모회장의 자녀가 친구들을 통해 들은 성폭력 관련 이야기를 엄마에게 전했고, 학부모회장이 이를 확인하기 위해 피해학생을 성폭력 상담소에 데리고 가 상담을 하면서였다. 2006년 국가인권위원회에서 직권조사를 한 결과 2000년부터 2005년까지 교장과 행정실장을 포함해서 가해자 6명, 초중고등학교 피해학생 9명이 드러났다. 교장 김씨는 2004년 12월 청각장애 4급인 13세 여아를 교장실로 끌고 들어가 강간했다. 교장은 끝까지 범행 사실을 부인했다. 광주지방법원은 장애 학생의 진술이 일정하고, 목격자가 있다는 사실을 근거로 김씨에게 징역 5년을 선고했지만 광주고법은 피해자와 합의, 동종전과 없음을 이유로 김씨의 형량을 절반으로 감경하고, 집행유예를 선고했다. 행정실장 관련 사건 판결은 더 큰 반발을 일으켰다. 다른 혐의로 유죄를 받은 행정실장은 청각장애 2급인 13세 여학생을 화장실로 데리고 들어가 하의를 벗기고 성추행한 혐의로 기소됐다.
http://news.naver.com/main/read.nhn?mode=LSD&mid=sec&sid1=102&oid=086&aid=0002071716 (2011. 9. 26.)

5) 면식관계에 의한 분류

강간은 희생자와 공격자와의 면식관계를 중심으로 두 가지로 나눌 수 있다.

▪ 낯선자 강간(Stranger Rape)

강간 이전에 피해자가 강간범과 전혀 일면식이 없는 형태를 낯선자 강간(Stranger Rape)이라고 한다. 낯선자 강간에서는 공격자가 갑자기 나타나 강간을 시도하는 것이 일반적이다. 공격자는 자신의 신분을 은폐시키기 위하여 얼굴에 복면을 쓰거나 희생자의 얼굴을 수건이나 이불 등으로 가리기도 한다. 일반적으로 낯선자 강간에는 심한 물리적인 폭력이 수반된다.

▪ 면식자 강간(Nonstranger Rape)

낯선자 강간(Stranger Rape)과는 달리 사회생활을 하는 도중에 가해자와 피해자간 최소한의 인간관계가 형성되어 있는 상태에서 범죄자가 안면이 있는 피해자를 강간하는 경우를 면식자 강간(Nonstranger Rape)[37]이라고 부른다. 희생자와 최소한의 인간관계가 있는 친구, 친지, 연인 등에 의해서 희생자의 의지에 반하여 발생하는 성폭행으로 정의되며 근친상간은 제외된다. 성인과 청소년의 경우, 데이트를 하는 과정에서 강간을 하는 것(Date Rape)으로서 학교 내 커플 간에 자주 발생하는 것으로 알려져 있다. 선생님과 제자, 운동선수와 코치 등의 관계, 아동의 경우 이웃 또는 가족의 친구들이 범죄자로 포함되는 경우도 있다. 피해자에 대한 공격 정도가 낮아 피해자에게 심한 신체적 상해는 나타나지 않는 것이 보통인데 피해자와 범죄자간에 서로 만나는 것에 동의하는 것에서부터 관계가 시작되는 경우가 많다.

범죄자의 특징은 이전에 전과가 없고, 범죄에 연루되지 않을 가능성이 크다. 보통 상황적으로 성인 피해자를 대상으로 범죄가 발생하는 경향이 있으며, 아동 피해자에 대해서는 선호적인 취향을 가진 범죄자에 의해 발생한다.

미국의 Mildwestern 대학의 자기보고 통계에 따르면 강간범의 100%가 이미 범행 이전에 범죄피해자를 알고 있는 것으로 나타났다. 이와는 다소 상이하나 대학구내에서 술에 취했거나 무방비상태의 여성을 대상으로 집단적인 갱(Gang)에 의해 행해지는 강간도 있다. 이러한 경우 피해 신고율은 10% 정도인 것으로 알려져 있다(Thomas Meyer, 1984: 15).

37 면식자 강간에는 데이트 중에 발생할 수 있는 date rape을 포함하여 friend rape, acquaintance rape 등으로 구분할 수 있다.

6) 강간범의 행동 특징

강간범들은 일반적으로 어느 정도의 정신질환을 가지고 있으며 뇌에 문제가 있는 것으로 보고되고 있다. 콜롬비아 대학의 심리연구 팀이 뉴욕 주 범죄자 300명을 대상으로 한 연구에서 그들 중 27%는 입원해야 할 정도로 심각한 병적 상태를 가지고 있었는데, 그들 모두가 충동적인 특성을 가지고 있어, 자신을 제어할 줄 몰랐고, 어린아이 같은 행동양식과 추리력을 나타냈으며, 성적 욕구를 극복할 수 없을 뿐만 아니라 그 욕구를 광폭하고 반사회적 방식으로 드러냈다(도미니크 달레락, 하태환 역, 1995: 220).

강간범은 강간범죄 이전에 대부분 절도, 폭행 등 전과가 있는 경우가 많다. 강간살인이나 피해자 유인 후 연쇄살인을 하는 경우는 거의 대부분이 이전에 강간이나 성범죄 전과를 가지고 있다. 따라서 범행 이전에 행동방향이나 각본을 가지고 범행한다. 만일 범행이 계획적이 아닌 경우 몸싸움을 하는 상황에서 충동적으로 강간을 저지르기도 한다.

이들은 여성을 하나의 인격체로 간주하지 않는다. 단지 성적 욕구가 솟구칠 때마다 이를 해소하기 위한 일회성 도구로 본다. 평소 가지고 있던 비정상적 환상을 통해 인간을 하나의 사물로 생각하고 비인격화하므로 죄책감을 덜 느끼게 된다. 범행 과정에서 수단과 방법을 가리지 않고 상대를 육체적으로 소유하면 내 것이 될 것이라는 잘못된 소유욕과 연약한 여성에 대한 상대적 우월감을 과시하려는 심리가 깔려있다. 범행 이후에는 잘못을 사과하기도 하고, 강간과정에서 일시적이라도 권력 아래에서 강제적으로 순종하는 피해자를 보면서 쾌감을 느끼기도 한다. 그러나 강간에 대한 책임은 자신에게 있는 것이 아니라 여성이 유혹했다든지, 그럴만한 이유가 있어서 강간피해를 당했다든지 하는 변명과 함께 자기 합리화를 할 시나리오가 이미 머릿속에 짜여 있다.

강간과정에서 자신의 얼굴을 기억하지 못하도록 얼굴을 옷이나 이불 등으로 덮는 경우가 있으며 상황의 급박성으로 인하여 실제로 주변에 사정하는 예도 있다. 이들 대부분은 일반인에 비해 재주가 없으며 이성간의 사랑에는 더욱 자신이 없는 열등감의 소유자이다. 강간행위를 통해 열등감을 극복하기도 하며 이 과정에서 평소의 자기가 아닌, 더욱 강해진 자신을 발견하기도 한다. 이들이 강간과정에서 피해자에 대해 가장 공격을 많이 하는 부분은 목 부위를 눌러 살해하는 경우가 많고 만일 이러한 것이 습관적일 때는 강간과정에서 사람을 죽이는 데 더 흥미나 관심을 가지는 살인 음욕의 경향을 띨 수 있다.

살인음욕이란 성적인 욕구가 동기가 되어 이성과의 성교 전이나 성교도중에 상대를 살해함으로써 성적 쾌감을 얻는 행위이며 강간 과정 중 격렬하게 저항하는 상대의 목을 졸랐을 때 쾌감을 느끼기 때문에 습관적으로 피해자를 살해하는 것이다. 피해자가 저항하지 않거나 복종적이면 오히려 흥미를 잘 느끼지 못한다. 이러한 살인음욕의 나쁜 버릇을 가진 자 중 격렬하게 저항하는 피해자를 통제하는 것이 어렵고 피해자가 저항하는 것을 좋아하지 않는 부류들은 일단 피해자를 협박하여 포박하거나 실신, 심지어는 살해한 다음 무저항 상태에서 시간을 하기도 한다. 때로는 피해자가 전혀 저항하지 않았는데도 행위 이후에 살해하는 경우가 있다. 이는 피해자의 신고를 사전에 차단하려는 의도도 있다고 볼 수 있으나 가해자의 가학욕이 단순한 피해자를 능욕하는 것만으로는 충족되지 않기 때문에 최종적으로 피해자 살해를 통하여 자신의 행위를 종결하려는 의미로도 해석할 수 있다. 살인음욕은 대부분 남성에 의해 이루어지나 강간과는 무관하게 일부 여성에 의한 살인음욕도 있을 수 있다.

이와 비교되는 개념으로 음욕살인이 있는데 음욕살인이란 가해자의 대부분은 발기 불능이거나 성교의 욕구는 매우 약하므로 강간과정에서 사람을 결과적으로 죽게 하는 것이 아니라 최초부터 성적인 욕구보다는 사람을 죽이는 행위 그 자체로서 성적 쾌감을 얻는 행위로 볼 수 있다. 그러나 범죄 과정상 복합적인 요소가 존재하기 때문에 이러한 두 가지 개념에 대한 엄격한 구분은 현실적으로 어렵다.

3. 강간에 대한 상반된 시각과 예방 대책

1) 강간에 대한 두 가지 상반된 시각

강간발생에 있어서 강간 피해자에 대한 시각은 크게 두 가지, 즉 피해자 비난시각과 옹호 시각으로 양분된다.

- 피해자 비난

강간을 단순한 폭력행위로 이해하고 있으며 강간이 발생하더라도 그 원인을 피해자의 인격이나 품행에 관한 문제에서 찾는다. 강간발생에 있어서 피해자 책임을 주장하는 사람들 중에는 피해자 조장(Victim Facilitation), 피해자 촉진(Victim Precipitation), 피해자 도발(Victim Provocation) 등의 개념을 이용하여 강간 발생 상황을 설명하기도 한다.

일반적으로 사람들은 강간피해자에 대해서 다음과 같은 의문을 가진다.

첫째, 성폭행을 당하지 않았는데도 자신의 행동을 정당화하거나 상대를 곤경에 빠뜨리기 위해 신고한 것이 아닌가?

둘째, 설사 성관계가 있었다 하더라도 성행위 이전에 그리고 성행위를 하는 과정에서 여성의 묵시적 동의가 있었던 것은 아닌가?

셋째, 적어도 피해자인 여성이 스스로 그러한 상황을 자초하거나 더 나아가서 가해자를 유혹하였기 때문은 아닌가?라는 시각이다. 강간사건에 대한 이러한 시각적 접근을 피해자 비난시각이라고 한다.[38]

가해자가 피해자에게 범죄행위를 하는 과정에서 기만과 술수를 포함하는 확신강간(Confidence Rape)에서의 피해자들이 주로 비난의 대상이 된다. 자기의 주장을 잘못 표현하거나 남의 감정을 상하지 않도록 교육된, 어떤 의미에서는 좋은 매너를 가진 여성들이 특별히 취약한 여성들이며 이들이 주로 비난의 대상이 되고 있다.[39]

강간을 촉진한다고 비난을 받는 피해자들은 주로 가난한 집안에서 부모로부터 심리적, 경제적으로 버림을 받거나 스스로 가출한 소녀들로, 조숙한 자신의 성적 능력을 통해 타인으로부터의 보호, 관심, 사랑, 친밀감을 추구하기 때문이다.

이들의 분별없는 행위가 나이 먹은 남자들과 혹은 또래와 어울려 스스로 강간피해를 당할 수 있는 상황으로 유도될 수 있다는 주장들은 피해자 촉진 강간의 사례를 다루는 형사사법체계의 여러 단계(경찰-검찰-법정)에 심각한 영향을 미칠 수도 있으며 각 단계에서의 제2차, 3차 피해와 연관이 있다.

■ 피해자 옹호

범죄자와 피해자의 상호관계에서 범죄 피해자가 차지하는 비중이 날로 커지고 있는 것은 분명하다(최영인 외, 2003: 156). 강간 피해자 입장을 전적으로 옹호하는 범죄학자들은, 비록 피해자들 가운데 범죄를 유발하거나 어느 정도의 책임을 가진 경우가 있기는 하지만 이는 극히 소수에 불과한 것이라고 주장한다. 따라서 대부분의 강간범죄는 가해자에게 책임이 절대적으로 존재하며, 여성들이 강간을 당하는 데 있어서 책임은 거의 없다고 보았다(최영인 외, 2003: 174-175). 강간 피해자를 옹호하는 입장에 있는 사람들은 피해자 비난 입장을 견지하는 사람들이 나아가 피해자에게 2차 피해를 입힌다고 주장하고 있다. 그들은 피해자를 위한 특별한 대우를 원하는 것이 아니라 단지 동등하게 대해 달라는 것이다. 가해자가 피해자의 의도와 상관없이 또는 적어도 그 상

---

38 1958년에서 1960년도까지 미국 필라델피아 경찰의 강간 사건보고서 자료 646건 중 195건에서 그녀의 행동이 도발적이다, 유혹적이다, 그녀의 평판이 좋지 않다는 등 피해자가 자초한 것으로 묘사되고 있다.

39 여성의 친절과 호의를 자신에 대한 매력으로 착각하는 남성들이 있으므로 이러한 종류의 남성들에 대한 여성의 명확한 태도가 필요하다.

황에서는 원치 않는 잘못 해석된 신호가 강간에 있어서는 가해자 행동을 결정하게 한다. 그리고 비디오나 선배들로부터의 잘못된 정보로 인한 왜곡된 상황을 일반적으로 받아들인 고정개념 하에서 가해자는 행동하기 때문이라는 것이다. 예컨대 여성의 거부는 긍정의 표시라고 남성들이 주관적 판단을 하기 때문에 강간 범죄가 발생한다고 본다.

2) 강간에 대한 잘못된 인식과 예방방법

▪ 강간에 대한 잘못된 인식

첫째, 강간행위에 대한 잘못된 시각은 강간이란 행위자체를 무의식적 행위 즉, 욕구에 대한 즉각적인 반응으로 보는 시각이다. 남성은 일단 성욕이 발동하면 성욕 해소 과정에서 발생하는 결과와 상관없이 성적 만족을 추구하여야만 하는 통제할 수 없는 성적 욕구를 가지고 있는 존재로 간주한다. 그러므로 여성이 의식적이든 무의식적이든 남성을 성적으로 애태우게 했다면, 남성은 성적 욕구를 통제할 수 없는 상황이 되므로 남성에게는 책임이 없다는 시각이다. 그러나 아미르(Amir)의 강간에 대한 연구에 의하면 강간사건의 전체 70% 이상이 사전에 계획되었으며 강간을 하면서 폭력을 사용한 것은 전체의 85.1%로 나타났다. 따라서 강간은 단순한 무의식적 성적 행위나 성적 욕구가 아니라 극단적인 학대행위이며 여성에 대한 증오적, 폭력적 표현으로 보아야 하는 것이다.

둘째, 여성이란 존재를 선천적으로 피학음란증과 연관이 있다고 보는 시각이다. 성범죄자나 일부 남성들이 자신들의 행동을 합리화하기 위해 마조히즘을 통한 쾌락을 추구하는 여성들에게는 고통과 학대를 수반한 강간이 적절하다는 주장을 하기도 한다. 모든 여성은 자연적으로 피학음란증세가 있다는 가정 하에 여성생물학 및 마조히즘 간에 직접적 관련이 있을 것이라고 주장하는 것이다. 따라서 강간이란 피해 여성에게 즐거움을 주는 행위로, 강간은 본질적으로 피해자 없는 범죄라는 극단적 입장을 취하고 있다.

셋째, 예로부터 여성을 남성의 소유재산 개념으로 보아 여성(아내, 딸) 등에 대한 성폭행은 남성의 재산권 침해 측면으로 보는 경향이 높았다. 이러한 인식은 피해 여성을 한 사람의 인간으로 생각하기보다는 자신의 재산을 침해당한 것으로 인식하고 이러한 침해를 스스로 막지 못한 피해자에게 책임을 묻는 경향도 적지 않다. 최근 많이 나아지긴 하였으나 강간 피해자의 신고율과 기소율은 다른 어떤 범죄보다도 낮다. 신고율이 낮은 이유로서는 피해자 스스로가 사생활 노출을 원치 않거나, 강간범의 복수를 두려워하는 점, 신고 절차에 대한 이해 부족, 신고에 대한 믿음이나 사법기관에 대한 신뢰의 부족, 여성으로서 성적 피해를 당한 수치감과 당혹감, 법정에서 강간피해자로 비난을 받을 수 있는 현실을 두려워하는 점 등을 들 수 있다. 일반적으로 피해자가 가해자를 알고 있었거나 과거에 가해자와의 성경험이 있었다는 점, 가난하거나 매춘부이거나 착용 복장이 야하다는 점 등은 피해자에게 불리한 요소로 작용하는 것이 현실인데 이는 강간 피해자가 남편, 친구, 경찰 등으로부터 보호받기보다는 오히려 도덕적인 순수성을 의심받는 경우가 많기 때문이다.

▪ 강간예방방법

강간범죄를 예방하기 위해서는 우선 거주지에서 시건장치를 확인하는 것이 기본이다. 시건장치가 제대로 되어 있지 않다면 강간범죄 피해를 당할 수 있는 확률은 매우 높아진다. 그러므로 시건장치의 확인이 필수적이다. 또한 하절기에 침입절도나 강도를 위해 피해자의 집안으로 침입 시 자고 있는 피해자를 발견하였을 때 강간으로 이어지기 쉽다. 또한 타인이 초인종을 눌렀을 때 사람을 확인하지 않고 문을 열어 피해를 당하는 경우이다. 예컨대 꽃 배달을 왔다는 말에 별다른 의심없이 문을 열어주고 피해를 당한 사례가 대표적이다. 혹시 실수로 별 생각 없이 문을 열어버린 상황에서도 자신이 혼자 있다는 사실을 알려서는 안 된다.

추가적으로 일상적 생활 패턴을 다양하게 변화시키거나 외출을 했을 때 불을 밝혀두는 습관을 가지고 집에 도착하기 전에 미리 키를 준비해서 시건장치를 해제하여야 한다.

공공교통수단에서 내려 혼자 걸어 거주지로 이동을 하여야 할 경우에는 필요시 사전에 집에 전화를 걸어 자신을 보호해 줄 수 있는 사람을 불러 같이 귀가하는 것을 권장한다. 부득이하게 혼자 이동할 수밖에 없는 경우 위험을 느낄 때에는 주위 가게에 들러 보호를 요청하는 등의 조치를 취해야 한다. 특히 보행 시 일정한 보폭으로 이동함으로써 자신이 목적지를 향해 걸어가고 있음을 가해자가 인식하도록 하여야 한다.

소아기호증과 아동성추행

조선시대에는 12세 이하의 어린 소녀를 간음한 자는 비록 화간이라고 하더라도 강간으로 인정하여 사형에 처했다(정성희, 2004: 182-183).[40]

한국사회에서는 과거에 비해 살인 목적이나 동기가 불분명한, '묻지마 살인'이 늘고 있다. 특히 성 관련 범죄, 특히 아동을 대상으로 한 성범죄는 인터넷을 통한 음란물의 범람 및 이에 대한 통제 부실 등 여러 원인으로 인한 사회적 위험성과 심각성이 갈수록 심해지고 있다. 2021년 전국에서 발생하고 있는 18세 미만 아동에 대한 실종 아동 건수는 21,379건에 달하고 있다(http://www.police.go.kr).

아동 유괴발생 경향은 일반적으로 몸값을 요구하는 유형에서 점차적으로 성적 욕구로 인해 아동을 납치, 유괴하여 추행하고 범죄사실이 드러나는 것이 두려워 살해, 암매장하는 등 성범죄 유형으로 전환되고 있는 추세다. 공상과 환상 실현 욕구를 가진 범죄자는 통상 범행과정에서 피해자 가족에게 접촉하지 않아 수사하는 입장에서는 증거확보나 범인검거가 매우 어려운 실정이다. 단지 피해자가 그러한 피해를 당하는 것은 단순히 바로 그 순간에 그 장소에 있었기 때문이다.

이렇듯 소아기호증 성범죄자의 범행수법은 갈수록 교묘해지고 악랄해지고 있으며 모방범죄도 역시 연이어 발생하고 있다. 안양 초등학교 납치 살해사건이나 조두순 사건 등은 소아기호증 성범죄자에 의한 대표적 사건이다. 이 사건은 사건 자체의 잔혹성과 체포과정, 재판과정에서 보여준 범인의 인면수심으로 전 국민에게 분노와 충격을 안겨준 사건이다.

한편 이러한 종류의 사건 발생은 소아기호증이라는 이상 성심리에 대한 관심을 고조시켰으며 이러한 범죄자들로부터 아동들을 보호하여야 한다는 사회적 공감대를 확산시켰다.

아동 대상 성범죄자들은 주위 사람들과의 커뮤니케이션 단절이나 정서적 미숙함

---

40 조상들의 성폭행범에 대한 처벌은 단호했다. 11세 어린 아이를 강간한 사노 잉읍금을 교형에 처하다(태조 7년 윤5월 16일). 형조에서 계하기를 "평해에 있는 죄수 김잉읍화(金仍邑火)는 8세 난 계집아이를 강간했사오니 율(律)이 교형(絞刑)에 해당합니다"하니 상이 그대로 따랐다(세종 8년 11월 17일) 백성에게 선정을 베풀어 역사에서 위대한 성군으로 꼽히는 세종도 성폭행범에 대해서는 단호했다. 세종 8년 11월 17일자 실록에는 평해(현재 경북 울진지역)에 사는 김잉읍화라는 사람이 8세 여아를 성폭행했다 붙잡혀 형조로부터 교수형에 처할 것을 왕이 건의받아 시행을 허락했다. 이에 앞선 태조 7년 윤5월에도 11세 여아를 성폭행한 노비 잉읍금이 역시 교수형을 당한다. 조선시대에는 강간 및 강간미수에 대한 처벌이 무거웠다. 강간은 최대 극형인 교수형을 받았다. 강간미수는 곤장 100대, 유배 1,000리의 처벌이 내려졌다. 특히 미성년자에 대한 성폭행은 곧바로 '죽음'으로 이어졌다. 12세 이하 여아를 성폭행하는 경우는 예외 없이 교수형에 처해졌다. 조선후기에는 성범죄 방지를 위해 오후 8시가 되면 남자들이 거리로 나오지 못하도록 하는 풍습이 존재했다고 알려지고 있다. 머니투데이. 2012. 9. 7.

등으로 인하여 사회적으로 고립된 사람들이 많다.

성도착 유형 중 어린 아이를 대상으로 성범죄를 저지르는 소아기호증 환자들은 평상시 일반인들과 구별하기 어렵다. 방어능력이 없는 어린이를 대상으로 기회가 주어지면 순간적으로 돌변할 가능성이 크므로 매우 위험한 존재이다. 성폭력 범죄의 재범률은 50%대로, 다른 범죄보다 10% 정도 높으며 일산 초등생 납치 미수사건의 피의자도 10년 전 같은 수법으로 아동 성범죄를 저지른 전력이 있었다(http://stock. moneytoday.co.kr).

과거 어린이 유괴사건의 경우, 금품을 노린 일반적 유괴사건이 다수였다. 그러나 최근 발생하는 아동 성폭행 및 살인 사건들의 특징은 피의자가 협박 전화를 하지 않는 점과 개인적 원한이 없는 불특정 다수를 상대로 범행을 저지른다는 점이다. 아동 대상 성범죄는 어린이에 대한 성적 환상이나 각성을 기초로, 기회가 주어진다면 제2, 제3의 범죄로 이어진다는 점에서 위험요인이 매우 크다(전대양, 2005: 207).

2007년도에 발생한 안양 초등학생 납치 살해사건은 범행과정과 살해 수법의 잔혹성 그리고 체포 이후 범인의 인면수심의 극치를 보여 주었던 대표적 사건이다. 이 사건은 성적 욕망의 대상을 어린이로 하였다는 점에서 소아기호증 성범죄자에 대한 관심을 더욱 고조시켰다. 이와 같은 유사 사건의 발생을 예방하고 사건 발생시 신속한 범인의 검거를 위해서 필요한 것은 우선적으로 소아기호증 범죄자들에 대한 유형 파악이 선행된 이후 이에 대한 대비책을 강구하여야 한다.[41]

1. 소아기호증의 정의

가학성 변태성욕을 느끼는 범죄자가 사춘기 이전 어린아이를 대상으로 성적흥분을 느끼는 증상을 소아음욕증(Pedophilia), 소아기호증 또는 기아광이라고 한다. 이 용어의 어원은 그리스어로 소년과 연인을 의미하는 'paidos'와 'erastes'의 합성어로서 동성애남자가 남자아이를 성행위의 대상자로 하는 남색(Pederasty)에서 비롯되었다. 성인여성이 남자아이에게 피해를 준 경우도 있지만, 현실적으로 대부분 희생자는 남자아이보

41 납치, 실종 어린이의 인상착의 등 관련정보를 도로 전광판 등을 통해 공개적으로 알림으로써 신고와 제보를 독려하는 시스템을 일명 앰버 경보 시스템(Amber Alert System)이라고 한다. 이 시스템은 1996년 미국 텍사스에서 납치된 뒤 무참히 살해된 9세 소녀 앰버 해거먼의 이름을 딴 것으로서 미국 실종비상사태 대응 방송(America's Missing: Broadcast Emergency Response)의 약자인 AMBER라고 명명하고 2003년 4월 30일 부시 전대통령이 관련법에 서명하였다. 이에 따라 미국에서는 18세 이하 미성년자 청소년 납치 사건이 발생할 경우 관련 정보를 전국의 TV와 고속도로 방송 및 전자표지판에 알린다. 국내에서는 2007년 4월 초 도입하여 전국 주요 도로와 지하철 역 등에 설치된 전광판, 실종아동 찾기 홈페이지, 개인별 휴대전화 문자를 통해 정보를 내보내고 있다. 납치사건이 발생하게 되면 수사기관의 신속 정확한 판단이 선행되어야 하는데 이를 위해서는 즉각적인 신고가 절대적이다. 따라서 효과적으로 이 제도를 시행하기 위해서는 납치 아동에 관한 정보를 포함하여 용의자나 용의자 차량에 대한 정보제공이 실시간으로 제공되어야 한다.

다 여자아이가 더 많다.[42]

프로이드는 마지막 저서 "정신분석입문"에서 아동에 대한 성인들의 성적 학대가 초래하는 병적 결과에 대해 강조했다. 아동의 감정통제를 도와주어야 하고 사회적 규준을 지켜야만 하는 성인이 오히려 그러한 규준을 어기고 자신의 성적 욕구를 위해서 아동들을 이용하는 과정에서 아동들의 신뢰의 능력을 손상시킨다고 보았다. 이러한 행위는 단지 성적인 측면만이 폭행인 외상에 되는 것이 아니라 자신을 보호해 줄 것 같았던 성인에 대한 배신감이나 혼란스러운 느낌 역시 외상이 되는 것이다(이반 워드, 이수련 역, 2002: 52).

일반적으로 그들은 이성애적 기호를 소유한 남성들이며 결과적으로 대부분의 희생자들은 여자아이들이다(윤가현, 1997: 207). 구체적으로 13세 혹은 그 이하의 아이들에 대해 성적 환상을 갖거나 강한 성욕을 느끼는 등 직접적 성행위를 시도하는 자를 말하며, 성행동 후에는 강한 죄책감이나 성기능의 손상이 있다(Philip W. Witt., 2001: 112- 113). 소아기호증은 크게 ① 동성 소아기호증(Homosexual Pedophilia), ② 양성 소아기호증(Bisexual Pedophilia), ③ 이성 소아기호증(Heterosexual Pedophilia)으로 분류·진단한다. 동성 소아기호증 경우 아이들을 귀여워하고 그들을 대상으로 항문 접촉을 실행하는 반면, 양성 소아기호증은 사례가 많지 않다. 이성 소아기호증은 가장 문제시 되는 유형이다. 정상적으로 혼인을 하는 사람이 많은 편이며 아이를 귀여워하거나 성기의 삽입 등 아동 성기에 대한 접촉이 많다. 어린아이와 게임을 하면서 어린아이가 생식기를 자연스럽게 노출시키는 상황으로 유도하거나 어린아이의 환심을 사기 위해 아이들이 좋아하는 물건을 주고 성적 접촉을 시도하면서 이러한 상황에서 승리와 성취감의 흥분이나 기쁨을 느끼는 경우가 많다. 소아기호증의 대상은 평균 연령이 10세 정도이며 약 25%는 6세 미만으로 11~13세의 아이가 전체의 50%를 넘는다(전대양, 2007: 266-267).

이러한 증상은 주로 성적으로 미성숙한 성인들에게 많이 나타나며 아동과의 성관계는 소아기호 환자의 성적 불안을 줄어들게 하고 자존심을 높여준다. 전통적 이론에 의하면 소아기호증 환자들은 도착적 환상과 행동을 통한 무의식적 분리감 및 유기된 느낌을 피하기 위하여 피해 아동 안에서 자신의 모습을 찾는 나르시스적 선택을 한다. 이들은 보통 나약하거나 성인을 대상으로 한 정상적 성적 만족감을 구하지 못하며 소아를 통해 지배욕구와 성적 욕구를 충족한다. 자기도취적으로 어린아이와 동일시하는

42 경기도 모 아파트 단지 유치원생 170여 명을 대상으로 한 성추행사건이 발생하였는데 원생의 부모 절반 이상이 맞벌이 부부였으므로 상대적으로 아동들에 대한 관심이 소홀한 틈을 타 소아기호증 환자인 유치원장에 의한 아동 성폭행 피해가 발견되었다. 원장은 유아교육에 심취하다보니 저지른 실수라고 변명하였는데 그가 아동들을 대상으로 행한 행위는 성기접촉, 삽입행위, 성기를 입에 넣고 놀기를 강요하는 등 소아기호증 혼자의 전형적인 양태를 나타내고 있다.

데 어린아이에 대한 지배나 통제 및 유혹은 무력감에 대한 보상이며 성적인 공격성의 또 다른 표현이다.

아동 성학대는 어른이 어린이에게 가하는 성폭행을 의미하며 이 중에서도 가족 내 성학대는 법률적, 생물학적 부모, 형제자매, 조부모, 의부모, 양부모 등과 혈연의 친척 등에 의한 성학대가 여기에 해당된다.[43]

2. 소아기호증 범죄자의 특성

소아기호증(Pedophilia)은 강력한 성적 충동과 성적 흥분 경험을 위해 비정상적 상상, 대상, 행위 등을 수반하는 사회적 장애를 지칭하는 것으로 정상인의 성적인 행동과 구별[44]되는 성도착증(Sexual Perversion)[45]의 일종이다(이윤성, 1994: 80-81). 소아기호증 환자는 다른 성폭력 가해자에 비해 열등감이 많거나 성적 좌절이나 자아존중감에 손상을 입은 경우가 많다. 이는 부정적인 성적 자아상이 아동을 상대로 범행을 실행하게 하는 원인이 된다. 아동과의 성행위가 피해자에게 악영향을 미칠 수 있다는 것과 사회적으로 허용될 수 없다는 점을 인식하면서도 아동에게 성적 매력을 더 느끼는 점은 다른 성범죄자의 특징과 구분되는 점이다. 정신분석학적 측면에서는 아동에 대한 성적 유희나 공격성을 띠게 되는 원인으로 유아기의 성본능(Libido)과 미숙한 자아(Ego)를 들고 있다.(George B. Plermo, 2001: 56).

---

43 대구지법 제12형사부는 27일 친족관계에의한강간 혐의로 기소된 이모(46)씨에 대해 징역 8년을 선고했다. 또 10년간의 위치추적 전자장치 부착과 치료감호 처분을 명령했다.
재판부는 "이씨가 정신성적 장애 등으로 범행에 이르게 된 점을 감안해도 반인륜적인 범죄로 피해자가 큰 정신적 충격을 받은 것으로 보이는 만큼 엄중한 처벌이 불가피하다"고 밝혔다. 이씨는 딸이 13세였던 2007년부터 지난해까지 대구 주거지 등에서 3차례 성폭행하고, 1차례 강제추행한 혐의로 재판에 넘겨졌다. 정신감정결과 이씨는 심각한 알코올 의존증과 근친에 한정되는 소아기호증(Pedophilia)을 앓는 것으로 진단됐다. 노컷뉴스 2013. 9. 29.

44 정상인도 성적 자극과 흥분을 높이기 위해 공격적 행동이나 평소와 다른 행위 또는 도구를 이용하고자 하는 욕구를 지니고 있으므로, 상대방과 안정되고 친밀한 관계 유지를 목적으로 행하는 정상적인 성적 행위를 성도착증이라고 하지는 않는다.

45 성도착증이라는 진단을 내리기 위해서는 반드시 다음과 같은 두 가지 경우에 해당되어야 한다.
첫째, 인간이 아닌 이상, 개인 자신이나 상대방의 고통이나 굴욕감, 소아나 동의하지 않는 사람들을 포함하는 반복적이고 강렬한 성적 환상, 성충동 및 성행동이 적어도 6개월 이상 지속되는 경우이다.
둘째, 일부 개인이 일으키는 성도착증적인 환상이나 자극이 성적 흥분을 일으키는 데 반드시 필요하며, 성행위를 할 때 항상 동반된다. 다른 경우, 성도착증이 스트레스 기간이라든지 간헐적으로만 나타나며 성도착적인 공상이나 자극 없이도 성적 흥분이 가능할 수 있다.
셋째, 이러한 성적 행동이나 성충동, 환상이 임상적으로 심각한 고통이나 사회적・직업적 또는 기타 중요한 영역에서 자애를 일으키는 경우이어야 한다. 성도착증에는 복장도착증(transvestism), 소아기호증(pedophilia), 물품음욕증(fetishism), 노출증(exhibitionism), 관음증(voyeurism), 성적 가학증(sexual-sadism), 성적 피학증(sexual masochism), 마찰도착증(frotteurism) 등의 하위 단위를 지니고 있다. 성도착증의 증상은 대개 소아기나 18세 이전 사춘기 때부터 시작되며, 15~25세 사이에 발병이 가장 많고 대부분 만성화로 진행되며, 50세 이후에는 성적 행위나 공상이 점차 줄어드는 것이 일반적이다.

소아기호증 환자들은 소아를 자신의 소아기적 거울상(Mirror Image)과 동일시하는 자기애적 선택대상으로 간주한다. 이들은 성인 상대자보다 저항력이 약하고 불안도 덜 일으키는 소아를 성적 대상물로 선택하는 정신적으로 무력하고 허약한 사람들이다. 어린 시절 자신이 실제로 성적 학대의 희생자였을 수도 있고, 범행과정에서의 정복감이나 승리감은 희생자를 능동적, 지속적으로 학대함으로써 자신의 소아기 때 수동적 외상을 변형시켰음을 의미한다. 이러한 자기표현의 이면에는 성적 상대를 제어하고 정복하려는 의도가 숨어있다(신희천 외, 2000: 125-127). 어린 시절 겪었던 성적 학대 경험은 많은 어린이들에게 장기간에 걸쳐 심리적 문제를 발생시킨다. 그리고 우울증, 죄의식, 열등감, 물질남용, 자살, 화, 만성 불안, 수면장애, 두려움 그리고 공황증 등을 야기 시킨다.

우울증은 어린 시절 성희롱을 당한 성인 사이에서 보고된 가장 일반적 증상으로 성적 학대피해 경험이 있는 어린이들에게 많이 발생된다. 브라운과 핑케홀(Browne & Finkelhor)은 피해를 당하는 아동은 정신적 충격을 받게 되는데, 가해자와 피해자 사이의 관계가 밀접하거나 강한 강제력이 사용될수록 정신적 쇼크도 더욱 커진다고 주장하였다(Bartol, Curt R. & Bartol, Anne M., 2005: 397-399).

그러므로 소아기호 범죄자들은 도착적 환상과 행동을 통한 무의식적 분리감 및 유기된 느낌을 피하기 위하여 피해 아동 안에서 자신의 모습을 찾는 나르시스적 선택을 하게 된다. 이들은 보통 나약하거나 성인을 대상으로 한 정상적 성적 만족감을 구하지 못해 소아를 통해 지배욕구와 성적 욕구를 충족한다(김은주, 2007: 120).

일반적으로 40~50대 중년 남성이 압도적 다수를 차지하고 있다. 남자아이에 대한 선호도보다는 여자아이에 대한 선호도가 2배 높다. 50대 이상의 범죄자들은 10세 이하의 미성숙 아동을, 40대 이하의 범죄자들은 12~15세 사이의 소녀를 선택한다. 이들은 소아의 옷을 벗기고 노출상태를 즐기며 자위행위를 시도하거나 애무를 하는 정도에 그치기도 하지만 구강성교, 손가락, 이물질, 남근 등을 소아의 질에 넣는 등의 추행을 하기도 한다.

범행 대상은 친척, 의붓자식, 주위에 있는 노출된 아동들이나 심지어 친자식을 범행대상으로 삼기도 한다. 접근 방법으로는 ① 아동에 대한 위협 ② 아동의 부모로부터 신뢰 획득 ③ 매력을 느끼는 아동의 어머니와 결혼 ④ 아이들과 음식을 같이 먹는 등 함께 지내는 시간을 늘려가면서 자연스러운 분위기를 조성한다. 그들은 대개 사회에 대한 적응 능력이 떨어지며 대인관계에 있어서 용기와 기술이 상대적으로 낮기 때문에 순응을 잘하고 쉽게 복종하며 다루기 쉬운 아동을 피해자로 선택한다. 또한 가해자와의 성관계를 합리화하기 위하여 아이들이 성적으로 도발하였다고 주장하는 성향이 강하다. 주로 성적으로 미성숙한 성인들에게 많이 나타난다. 아동과의 성관계를 통해 성적 불안은 감소하게 되어 상대적으로 자존심은 높아지게 된다. 이들 대부분은 사회관계의 단절이 많고, 성인 여성에 대해 성적 자신감이 결여되어 있거나 정상적 섹스를 할 수 없는 경우가 많다(Petiziol, A. Introduction. In B. Callieri & L. Frighi(Eds.), 1999: 9-12; Bartol, Curt R. & Bartol, Anne M., 2005: 397-399).

소아기호증 환자는 거의 남성이지만 피해자는 남성과 여성 아동 모두가 될 수 있다. 이성 소아기호증환자(성인남자-여자어린이)는 75% 정도가 여성 피해자만을 선택하며, 동성 소아기호증 환자(성인남성-남자어린이)는 전체 통계의 20~23%정도에 그쳐 상대적으로 발생빈도가 낮은 편이다. 남성, 여성 모두를 피해자로 선택하는 양성 소아기호증 환자는 소수이다. 소아기호증 환자는 대개 어린이의 몸, 성기를 애무하거나 가해자의 성기를 자극하도록 유도하기도 하는데 이성에 대한 성기 삽입은 상대적으로 적다.

그들은 자신이 피해자라는 인식을 갖고 있기 때문에 대개 사회에 더한 적응 능력이 떨어진다. 또한 대인관계에 있어 용기와 기술이 상대적으로 낮고 상습적 성향이 강하다(신희천 외, 2007: 125-127).

이들이 사용하는 유혹전략은 어린아이와 게임을 하면서 생식기를 자연스럽게 노출케 한다든지, 환심을 사기 위하여 어린아이가 좋아하는 물건을 주고 성적 접촉을 시도한다. 소아기호증 환자들은 이러한 상황에서 승리와 성취감의 흥분이나 기쁨을 느낀다(윤가현, 1997: 208). 성적 접촉의 형태는 세 가지 요소에 의존하고 있는데 아이들과의 접촉 및 상호작용에 제한받는 가해자들은 성기 대 성기 그리고 구강 대 성기의 접촉을 선호한다. 가해자와 피해자가 잘 알고 있는 경우에는 접촉을 원하는 성향이 더욱 심해진다. 어린 시절의 폭력적, 비폭력적 성적 학대피해는 피해 어린이에게 장기간에 걸친 심리적 트라우마(trauma)를 야기한다. 결과적으로우울증, 유죄, 열등감, 물질남용, 자살, 화, 만성 불안, 수면장애, 두려움 그리고 공황증 등을 일으킨다.

소아기호증 환자를 치료하는 데 있어서 MPA(Medroxyprogesterone Acetate)나 CPA(Cyproterone Acetate) 등의 프로테스테론을 사용했다는 실험논문이 나오고 있다. 이 약물은 끊임없는 자위행위 시도, 기회가 있을 때마다 성적 접촉 시도, 공격적 성적 충동을 강박적으로 느끼는 등의 통제할 수 없는 과도한 성욕을 지닌 사람들에게 적용되는 약물이다(Meyer, 1985). 미국의 미시간주의 법정에서 만성적 소아기호증 환자에게 금고형 대신 MPA[46] 처방의 판결을 내린 바 있다(윤가현, 1997: 209).

로이 헤이즐우드는 소아기호증의 공통점을 다음과 같이 정리하였다. 소아기호증

46 메드록시 프로게스테론 아세테이드 : 프록스틴 유형의 호르몬 약물로 피임방법과 갱년기 호르몬 요법의 일부로 사용된다.

환자나 성적 가학증 환자는 의식적인 성범죄자로 성적 욕구나 동기가 강하고 많은 시간과 돈, 노력을 범죄 행동에 투자한다. 범행을 한 이후에도 후회나 죄책감을 느끼지 않으며 사회가 자신을 혐오한다고 생각하거나 피해자에게 책임을 떠넘기는 등 자기 행동 합리화에 무척 뛰어나고 자기애가 강하다.

또한 사회가 자신들을 혐오한다고 생각하며 체포당하지 않기 위해 관련분야를 연구하기도 한다. 주로 아이들을 성적 대상으로 하는 특정 주제와 관련 있는 사진이나 비디오, 에로 소설 등을 수집하는데 이러한 교보재들은 자신이 평소에 품고 있는 환상을 보충하는 역할을 한다. 그들은 평균 혹은 평균 이상의 지능과 사회적 관계를 유지하면서도 잘 발각되지 않기 때문에 체포될 때까지 행위가 계속되어 상습범이 될 확률이 크다. 또한 자신이 낳은 생물학적 자식에 대한 근친상간의 위험성이 크다. 이들은 자신의 업적을 지속적으로 기억하기 위하여 자신의 성범죄 행동을 기록하는 등의 자기애가 강하나 범행과정에서 성적으로 금방 싫증을 내며, 피해자들에게 요구하는 행동이 점점 지나치고 공격적이 된다. 이들의 행위는 60~70대까지도 범죄를 저지르는 등 지속성을 가지고 있으므로 다른 성범죄보다 피해자 숫자가 훨씬 많다. 평소에는 자신을 드러내지 않고 행동하기 때문에 평범한 이웃으로 주위에 인식되며 중산층 출신이 현저하게 많아 이들이 체포되었을 시 주위 사람들이 많이 놀라고 충격을 받는 경우가 많다(Roy Hazelwood & Stephen G. Michaud, 2002: 105-107).

소아기호증 환상을 가진 자가 마음속으로만 성적 환상을 그려본다든지 은밀히 아동들을 대상으로 한 음란물을 수집하는 등의 행위만 하거나 아동을 대상으로 직접 행동에 옮기지 않는 경우 노출되지 않을 가능성이 높다. 이러한 증상은 주로 부부간의 다툼, 사별, 심한 고독감(주로 성인 상대를 구할 수 없거나 성적 불능상태에서 추행)을 느낄 때 더욱 강해질 수 있으며 이러한 성벽이 있는 사람들은 평상시 노출음욕증이나 절시음욕증을 겸하고 있는 경우가 많다.

3. 소아기호증 범죄자의 유형 분류

1) DSM-Ⅳ의 분류

소아기호증은 16세 이상의 사람들이 사춘기 이전의 아이들 즉, 13세 혹은 그 이하의 아이들에 대해 성적 환상을 갖거나 강한 성욕을 느끼는 등 직접적 성행등을 시도하는 것을 말한다. 성행동 후에는 강한 죄책감이나 성기능의 손상이 있다(Ph lip W. Witt., 2001: 112-113). DSM-Ⅳ에서는 환자의 나이가 16세 이상일 때와 상대방보다 최소 5세 이상 차이가 날 때 소아기호증으로 진단할 수 있는데 법적으로 문제가 되는 도착증 중에서 가장 흔한 장애이다. 환자가 남자인 경우에는 대상이 여자아이인 경우가 두 배 더 많고 8~10세의 소녀가 선호된다. 소아기호증 범죄자의 범행 대상은 평균 연령이 약 10세 정도이며 그중 약 25%는 6세 미만으로 11~13세의 아이가 전체의 50%를 넘는다(전대양, 2007: 266-267). 동성애적 남자는 이보다 더 나이가 많은 남자 어린이를 대상으로 한다. 증상은 중년 이후에 잘 일어나며, 피해자에 대한 지배와 통제의 욕구, 성적 무능감에 대한 병적 극복에서 기인한다.

2) MTC(Massachusetts Treatment Center)에 의한 분류

MTC는 강간 유형 분류를 시도하였고, 이와 유사한 개념으로 소아기호증 환자의 행동 유형에 대해 구체적으로 세분화하였다. MTC는 환자의 주요 유형을 인격발달 고착(미성숙)형, 퇴행적 유형, 착취적 유형, 공격적·가학적 유형 등으로 구분하고 있다.

▪ 인격발달 고착(미성숙)형

해당 유형의 환자들은 평균적 지능을 지니고 있으며, 성인과 관계를 맺어본 적이 없거나 다른 사람들에게 소극적이고 미숙한 태도를 보이는 경향이 있다. 이들은 결혼하는 경우가 드물고 이성교제나 외부인과의 만남도 제한되어 있다. 그러므로 어린이와의 관계 속에서 가장 편안함을 느끼고 친구 같은 존재로 아동을 찾는다. 피해자를 만지거나 껴안고 보살피는 행위를 원하지만 성기를 사용한 성관계나 물리적 힘으로 피해자를 공격하는 행위는 드물다.

▪ 퇴행적 유형

퇴행적 유형은 비교적 원만한 사춘기 시절을 보내며 동료들과 좋은 관계를 유지하지만 알코올 중독이나 이혼, 실직 등의 문제를 가지고 있는 경우가 많다. 이성과의 교제 과정에서 자기 불신과 불완전한 남성적 성향에 대한 자각으로 인해 직업적 또는 사회적 문제에 부딪히게 된다. 피해자는 거의 여자아이로 자신의 주위 사람보다는 면식이 없는 피해자를 선호하며 성기를 사용한 성관계 상대로서 피해자를 물색한다. 범죄 후에는 압박감이나 후회를 느낀다.

▪ 착취적 유형

착취적 유형은 성적 만족을 충족하기 위하여 어린이를 찾으며, 냉소적이며 늘 주변사람들을 의식하여 피해 다니는 등 변덕스럽고 성급한 성격을 갖고 있다. 어린아이

그림 8 MTC: CM3 아동 대상 성범죄자 분류

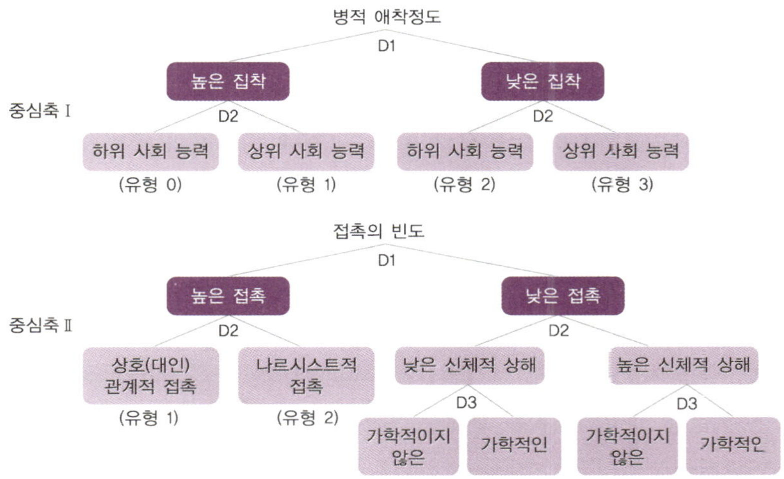

출처: R. A. Knight *et al.*, Journal of Interpersonal Violence, Vol. 4, P. 8, fig. 1. Copyright © 1989 by Sage Publications, Inc. Reprinted by permission of Sage Publications, Inc.

의 관심을 끌고 유인하기 위해 어린이의 심리적 취약점을 집중적으로 공략하거나 각종 속임수 및 전략을 사용한다. 필요에 따라 물리적 힘이나 공격적 태도를 취하는데 아이들의 감정적·신체적 상태는 전혀 고려치 않으며 피해자를 오직 성적 대상으로만 취급한다.

▪ 공격적·가학적 유형

공격적·성적 목적으로 어린이에게 접근하고, 범행 실행을 위해 유괴나 살인을 시도하는 유형으로 이러한 범죄자들은 생각보다 많지 않다. 그러나 이 유형에 해당되는 부류가 주로 뉴스 등 언론의 주목을 받게 되어 소아기호증 환자의 대표적 이미지로 굳혀져 있다.

이들은 주위 환경에 잘 적응하지 못하고 반사회적 행동을 오랫동안 유지하였을 가능성이 있다. 피해자에게 공격을 가할수록 성적 흥분을 일으켜 폭력적 행동을 일삼기 때문에 어린이들에게 위험하면서도 가장 치료하기 어려운 대상 중 하나이다(Bartol, Curt R. & Bartol, Anne M., 2005: 401-403).

3) MTC: CM3에 의한 분류

MTC 분류에 소아기호증 분류의 복잡성을 보다 더 세밀하게 묘사하기 위해 최초

모형에다 유형을 보다 세분화하고 이를 MTC: CM3(MTC: 아동성추행자 버전 3)라고 명명하였다. MTC: CM3(아동성추행자 버전 3)에서의 유형 분류는 첫째, 아동에 대한 인격발달 고착(미성숙)의 수준, 사회능력성취 수준, 범죄자와 아이들간의 접촉 빈도 등 세 가지 분리된 요소로 퇴행형과 인격정지형(미성숙형)으로 구분하였다. 둘째, 분류에 자아도취형 범죄자 유형을 새로 포함시켰으며 셋째, 성적 공격에 있어서의 폭력을 신체적 상해와 가학적 요소로 구분하였다(〈그림 8〉 참조).

퇴행과 인격발달 고착(미성숙)으로 구성된 소아기호증 분류가 유용한 것이긴 하지만, 초기에 예상했던 것보다 그 양태가 더욱 복잡하다는 사실을 발견하고 범죄자의 학대 방법, 흥미 정도, 아이와의 관계, 사회능력 수준 등의 요소를 중심으로 분류를 더욱 세분화하였다. 범죄자들을 크게 인격발달 고착(미성숙)과 사회능력의 정도에 따라 분류하였는데, 인격발달 고착(미성숙)의 수준은 범죄자가 아이들에게 갖는 성적 관심으로 기준을 삼았다. 사회능력은 정상인처럼 일상생활을 영위하는 능력을 말하며, 어린이를 성적 환상 대상으로 6개월 이상 인식하는 경우 그 범죄자의 집착 수준은 높다고 판단할 수 있다. 범죄자가 높은 사회능력을 가지고 있는지를 판단하기 위해서는 적어도 2가지 이상의 조건에 충족해야 한다.[47]

▪ 인격발달 고착과 사회능력 요소를 변수로 하는 유형 구분(축1)

MTC: CM3는 인격발달 고착과 사회능력 요소를 변수(축1)로 아동 대상 성범죄자를 유형 0에서부터 유형 3까지 4가지 유형으로 구분하고 있다.

유형 0은 인격발달 고착수준이 높고, 사회능력이 떨어지는 범죄자, 유형 1은 인격발달 고착수준이 높고, 사회능력이 높은 범죄자, 유형 2는 인격발달 고착수준이 낮으며, 사회능력이 떨어지는 범죄자, 유형 3은 인격발달 고착수준이 낮고, 사회능력이 높은 범죄자를 가리킨다.

▪ 아동과의 접촉 빈도를 변수로 하는 유형 구분(축2)

아동 대상 성범죄자들이 아동과의 일일 접촉빈도가 얼마나 있는가를 변수(축2)로 범죄자 유형을 총 6가지로 구분하고 있다.

- 접촉빈도에 의한 분류　　아동들과의 성적 범죄와 비(非) 성적 관계를 일상적으로

47 ① 직장 생활을 3년 이상 지속하였는가?
② 최소 1년 이상 성인과 성적 관계를 해왔는가?.
③ 3년 또는 그 이상 아이에 대한 양육 책임을 져왔는가?.
④ 교회나 회사, 그룹 등의 성인이 주도하는 조직에서 1년 이상 활동을 한 적이 있는가?
⑤ 적어도 1년 이상 성인과의 사회적 우호관계를 가졌는가?

맺고 있는 자들을 접촉빈도가 높은 하위집단(축2-1)으로 분류하였다. 접촉빈도가 높은 범죄자들은 버스 기사나, 교사, 보이스카웃 지도자나 체육 코치 등과 같은 직업이나 여가활동을 통하여 아동들과의 접촉빈도가 잦은 사람들이다. 아동들과 접촉빈도가 높으며 성적 범행 이전에 범죄자와 포괄적 관계를 추구하는 범죄자를 두 가지 하부유형으로 다시 구분하고 있다.

유형 1은 대인관계추구형(Interpersonal)으로 사회적, 성적 목적을 달성하기 위해 아이들과 폭넓게 교제를 하며 아이들을 자신이 독차지하는 동료 관계로 보거나 상호간 만족을 추구하는 친구 관계로 설정한다. 유형 2는 자아도취형(Narcissistic)으로 오직 성적 경험의 기회를 늘리기 위해 아이들과 사귀기를 원하는 형태이다. 이 과정에서 그들은 아이들의 감정 상태에 대한 배려가 전혀 없는 착취형 범죄자(Exploitative Offender)와 비슷한 특징이 보이며 대개 면식이 없는 피해 아동과 직접적인 성행위를 하는 경향이 있다.

아동들과의 접촉빈도가 낮은 범죄자 집단을 하위집단(축2-2)으로 분류하고 있는데 이 유형은 오직 성폭행을 시도하기 위해서 아이들과의 접근을 시도한다. 이 유형은 범행시 발생한 피해자의 신체적 피해 정도에 따라 다시 두 가지 유형으로 나누어진다.

- 신체적 상해에 의한 분류 접촉빈도가 낮은 범죄자 중 두 가지 유형, 즉 착취적 유형과 말수가 없는 가학적 유형은 피해자에게 거의 신체적 상해를 입히지 않는다. 낮은 상해라고 함은 피해자를 칼로 베거나, 찰과상, 타박상 등을 입히는 등 신체적 상해를 입히지 않으면서 떠밀거나, 따귀를 때리거나, 신체를 쥐거나 말로 위협하는 행위 등을 말한다. 유형 3은 착취적, 비가학적 유형으로 피해자를 복종시키는 데 필요한 수준 이상의 공격이나 폭력을 사용하지 않는다. 더욱이 범죄자의 성적 욕구를 야기시키는 가학적 공격행동 역시 사용하지 않는다. 유형 4는 침묵하는 또는 상징적인 가학적 범죄자 유형으로 아동에게 신체적 상해를 입히지 않는 범위 내에서 다양한 고통을 주거나 위협적 행위를 하는 유형이다.

아동들과의 접촉빈도가 낮은 범죄자 집단 중 피해자에게 심각한 신체적 피해를 입히는 두 가지 하위유형이 있다. 공격적 범죄자 유형과 가학적 범죄자 유형으로 구분된다. 높은 수준의 신체적 피해라 함은 아동을 때리거나, 목을 졸라 살해하거나 항문성교, 대·소변을 먹도록 강요하는 행위 등을 포함하는 개념이다. 유형 5는 공격적, 비가학적 범죄자 유형으로 가학성이 공격의 궁극적 목적인 것을 제외하고는 앞에서 언급한 공격적 소아기호증 환자와 동일하다. 이 유형은 자신의 일상생활을 통해 모든 사물에 대하여 극단적 분노의 경향이 있으며, 아동을 포함하여 모든 사람들에 대하여 폭력적이다. 유형 6은 가학적 범죄자 유형으로 피해아동에게 위해를 가하여 고통과 공포, 신체적 상해를 입히는 행위를 통해 성적 쾌감을 얻는다(Bartol, Curt R. & Bartol, Anne M., 2005: 401-405).

4) Groth에 의한 분류모형

▪ 범죄자의 심리적 목적과 행동 양상의 지속성에 의한 분류

Groth는 범죄자의 심리적 목적과 행동 양상의 지속성에 기초를 두고 아동 대상 성범죄자를 두 가지로 분류하고 있다.

- 인격고착형 혹은 미성숙형　　아동에 대한 성적 선호욕구가 청년기 이후 지속되어 온 경우 처음 성을 접할 때부터 성적 행동에 아이들을 끌어들이고, 그들은 일생을 통해 한결같이 아이들을 대상으로 범행을 해나가는 유형을 인격고착 내지는 미성숙형으로 분류하였다. MTC에서의 분류와 마찬가지로 인격발달 고착형 범죄자는 이전에 그가 어떠한 성적 경험을 하였건 간에 일생을 통하여 어린 아동에 대해 기본적으로 성적 매력을 느껴 왔던 사람들이다. Groth는 이러한 성격고착의 원인으 심리적 성숙의 제어에 기인하며 지속적이고 후속적 인격발달을 정형화하는 데 실패하였기 때문이라고 보았다.

- 퇴행형　　범죄자가 다른 성인들과의 정상적 인간관계를 유지해나가면서도, 상황적 스트레스, 예를 들면 실업, 부부간의 갈등으로 인하여 일시적으로 자아 존중감을 상실하였을 때 아동에 대한 성행위에 의존하려고 하며 성적 만족을 아이들을 통해 해소하려는 유형을 퇴행적 아동 범죄자로 분류하였다.

▪ 범행 의도 또는 심리적 목표에 따른 분류

또한 Groth는 임상조사를 기초로 아동 대상 성범죄자들을 범행 의도 또는 심리적 목표에 따라 분류하였다. 첫째, 성적 압력(Sex-Pressure) 범죄자, 즉 심리적 압력을 사용하는 범죄자, 둘째, 성적 폭력(Sex-Force), 즉 물리적 강제력을 사용하는 범죄자로 구분하였고 성적 폭력(Sex Force) 그룹을 다시 피해자의 저항을 억제하기 위해 폭력을 사용하겠다는 위협을 하는 착취적(Exploitative) 유형과 아이들을 괴롭히는 데 쾌감을 느끼는 가학적(Sadistic) 유형으로 분류하였다.

- 성적 압력(Sex Pressure) 범죄자　　심리적 압력을 사용하는 성적 압력(Sex Pressure) 범죄자의 전형적 범행수법은 아동을 감언이설(甘言利說)로 설득시키고 그들로 하여금 빚을 졌다는 감정 혹은 미안한 감정을 갖게 하는 등의 수법으로 피해자를 함정에 빠뜨려 성적 행위를 실행에 옮긴다. 아동들은 수영을 가르쳐주거나 자전거를 사주는 사람에게 무언가 빚지고 있다고 느끼게 되고 범죄자들은 이 점을 이용한다.

- 성적 폭력(Sex Force) 범죄자 물리적 강제력을 사용하는 성적 폭력(Sex-Force) 범죄자는 위협을 가하고 물리적 힘을 사용하는 유형으로 피해 아동이 도움을 요청할 곳이 없다는 점과 아이들의 순진함, 어른에 대한 두려움, 물리적인 힘 등을 이용하여 범행을 행한다.

- 착취적 유형(Exploitative): 착취적 유형은 아이들의 저항을 막기 위해 위협, 감금, 속임수, 협박 등 육체적 힘을 사용한다.

- 가학적 유형(Sadistic): 가학적 유형은 보고된 사례가 많지 않은 케이스르 피해자의 신체공격과 그들이 느끼는 고통으로 성적 욕망을 채우며, 필요에 따라 강간을 하거나 피해자를 살해하기도 한다(Bartol, Curt R. & Bartol, Anne M., 2005: 405-406).

5) 핑커홀과 아라지(Finkelhor & Araji)에 의한 분류

핑커홀과 아라지(Finkelhor& Araji)는 네 가지 이론을 통해 소아기호증 환자를 설명하고 있다.

▪ 정서적 일치 이론(Emotional Congruence Theory)

이 이론은 소아기호증 환자가 자신의 욕구를 정서적으로 만족시키고 일치시키기 위해 아동과의 성적 관계를 원하는 심리적 상태를 설명하는 이론이다. Finkelhor와 Araji는 소아기호증 환자들이 아동의 특성을 이용하여 자신의 정서적 욕구를 충족시키려는 시도를 하므로 이를 정서적 일치이론이라고 부르고 있다. 대부분의 정서적 일치 이론들은 심리분석학적 측면에 그 뿌리를 가지고 있으며, 심리학적 발달고착에 초점을 맞추고 있다.

소아기호증 환자들은 스스로를 어린아이 같은 감정적 욕구 및 의존증을 지닌 주체로 생각하기 때문에 아이들과 함께 있을 때 가장 편안함을 느낀다. 또한 그들이 일상생활에서 자주 겪게 되는 무능력함을 어린이와의 성관계를 통해 욕구를 해소시키려 한다. 이 이론은 소아기호증 환자들이 일상생활에서 경험하는 무능력, 낮은 자아존중감 등에 초점을 두고 있다.

아동과 정서적으로 일치하는 것과 관련하여 인격발달 고착을 가진 성인은 아동들을 통제하면서 궁극적으로 자신이 강하다는 점과 전능함을 인식하기 때문이다.

▪ 성적 자극 이론(Sexual Arousal Theory)

성적 자극 이론은 '소아기호증 환자들이 아동의 어떤 특성에 의해 성적으로 각성되는가?'를 설명한 이론으로, 성적 흥분은 전형적으로 어린이와 함께 있을 때나 어린이에 대한 성적 환상에 따른 음경의 발기 정도로 측정된다. 성적 자극 이론이 주장하는 바는 정상적으로 성적 흥분을 잘 느끼지 못하는 남성들이 여러 원인에 의해 아동에 대해 성적으로 각성된다는 것인데, 그 이유 중 하나로 어린 시절 친구들과의 성적 놀이에 참가해 본 경험 때문이라고 단정하고 있다.

소아기호증 환자에 있어서 아동기의 성적 놀이는 강렬하고, 보상이 있으며 자극적이다. 즉 당사자가 느껴본 가장 흥분되는 성적 놀이였을 가능성이 높다. 반면 성인이 되고 난 이후의 성적 유희는 어린 시절의 기억에 비해 흥미가 떨어지거나 아예 없을 가능성도 있다. 예컨대 소아기호증 환자의 수줍음은 성인으로서의 성적 접촉에 걸림돌이 될 수 있는데, 이러한 여건하에서 가장 적합한 성적 유희로 자위행위를 택할 수 있다. 자위행위 도중, 소아기호증 환자의 환상은 자신이 아동기 때 느꼈던 만족스러운 성적 경험에 초점을 맞출 수 있게 되어, 반복적 자위행위는 아동과 연관된 미성숙된 성적 행위를 보다 강화시키게 된다. 자위행위 그 자체가 성적 긴장을 해소시키는 통상적 방출구가 될 수 있으므로 자위행위는 결국은 아동에 대해 더욱 매력을 느끼도록 강화시키는 행위가 되는 것이다. 결국 아동이란 성적 흥분을 보다 높이게 되는 자극제가 된다.

▪ 방해 이론(Blockage Theory)

성적 각성에 대한 또 다른 관점은 방해이론이다. 성적 피해를 당한 외상과 소아기호적 행위와 연관이 있다는 시각이다. 많은 학자들이 소아기호증 환자의 배경에 아동기에 성적 피해를 당한 경험이 비정상적으로 존재하고 있음을 발견하였다. 그러나 성적 외상이 얼마나 소아기호증의 성적 쾌락과 관련이 있는가는 불확실하다. 방해이론에서는 소아기호증이란 성인과의 관계로부터 정상적인 성적, 정서적 만족을 추구하는 것을 방해받은 결과라고 주장한다. 이 이론은 소아기호증 환자가 가지고 있는 여러 사회적 결함, 즉 자신감 결여, 소심함, 부적절하고 미숙한 인성이 성인 여성들과 정상적인 사회적 성적 관계로 발전시키는 것을 거의 불가능하게 만든다고 강조한다. 부부관계가 무너지게 되면 소아기호증 환자들은 종종 자신의 딸을 성적 대체물로 전환할 수도 있는 것으로 본다.

▪ 탈억제 이론(Disinhibition Theory)

탈억제 이론은 자아통제와 행위에 대한 개인적 억제능력의 상실에 초점을 맞춘다. 그리고 소아기호증 환자에게 있어서 소아에 대한 성적 행위를 하게 하는 다양한 환경을 묘사하고 있다. 충동억제의 실패, 술이나 약물의 과다복용, 스트레스로 분류되는 모든 요소들은 이들이 선호하는 성적 비행행위의 부가적 원인으로 치부될 수 있다. 많은 소아기호증 환자들이 자신의 책임을 인정하지 않고, 외부적 요인에 그 탓을 돌린다. '나도 어쩔 수 없었다'든지 '어떤 일이 일어났는지 나도 잘 모르겠다'는 등 책임을 회피하는 언행이 일반적이다. 어린이 대상 성범죄자들은 이기적이고, 삐뚤어진 인식과 방법으로 아동들과의 성적 관계를 정당화하려는 믿음과 태도를 견지하면서 성적 접촉을 지속하려 한다. 그들은 "어린이는 섹스를 원하고 어른과의 성적 관계에도 상처를 입지 않는다"라는 자기 합리적 사고가 지배적이다(Bartol, Curt R. & Bartol, Anne M., 2005: 408-410).

6) 란닝(Laning: 1986)의 유형학

란닝(Laning: 1986)이 발전시킨 유형은 글로스(Groth)의 분류를 기초로 사용하였으며 이 두 가지 분류는 다시 하위유형으로 구분된다.

▪ 상황적인 아동 성학대범(Situational Child Molester)

이 유형의 아동치한은 성적인 면을 추구함에 있어서 오직 아이들만이 아닌 다른 저항력 없는 사람들, 예를 들면 장애가 있거나, 고령인 사람들을 선택하기도 한다. 4가지 기본적 패턴이 있다.

- 퇴행(Regressed)　이 범죄자들은 보통 자기 존중함이 낮거나, 삶의 기술이 부족하다. 이 유형은 글로스(Groth)의 퇴행적 아동치한과 상당한 공통점이 있다.

- 도덕적 혼란(Morally Indiscriminate)　이 종류의 범죄자들은 사람들의 혼란을 악용하고 이를 이용하여 범죄를 저지르는 성향이 있다. 기회와 자발성으로 희생자를 선택하고 힘 또는 조작을 사용하여 희생자를 손에 넣는다. 또한 희생자들 특히 사춘기 어린이들을 악용할 위험이 높다. 이들은 사람들을 악용하는 데 있어서 항상 성적 측면으로만 이용하는 것은 아니며 다양한 측면에서 이들을 활용한다.

- 성적 혼란(Sexually Indiscriminate)　이 종류의 범죄자들은 성적 경험에 기본적인 동기가 있다. 성적인 면을 추구함에 있어서 아이들만을 선택하는 것은 아니며, 권태로부터 벗어나기 위해 아이들을 성적인 희생자로 나타낸다. 그는 다양한 성적인 활동과 연관되어 있는데 예를 들면 다양한 성인 파트너와의 상대, 아이들에게 매춘행위를 시키는 것, 배우자를 바꾸는 것 등이다. 그는 이러한 행위에 의한 다양한 희생자와 포르노그라피를 모으면서 만족감을 느낀다. 이 중에는 사회적 지위가 있는 사람들이 종종 있다.

- 부적합(Inadequate)　이 범죄자들은 사회적으로 부적합한 사람들이다. 그들은

호기심과 불확실성으로 인하여 아이들을 성적 대상으로 본다. 전혀 모르는 대상을 찾거나 면식이 있는 아이들을 대상으로 삼기도 한다. 주로 피해자들에게 위협을 하지 않으며 적대감을 표출하지도 않는다. 따라서 평소와 다른 이들의 행위로 인하여 피해자인 아이들은 충격을 받게 된다. 이 유형의 범죄자들은 정신병, 고령, 지능의 부족 등의 특징을 가진다.

위의 이러한 상황적 아동 치한 중 어떤 유형의 아동 치한들은 그들의 희생자들을 살해하기도 한다. FBI행동과학 수사팀은 도덕적 혼란이나 부적합인 자들이 위의 다른 두 유형보다 희생자를 더 죽인다고 본다.

▪ 아동 선호 성학대자(Preferential Child Molesters)

이 유형의 범죄자들이 성적으로 선호하는 대상은 오직 아이들밖에 없다. 연령, 성적 선호도, 종사업종을 보면 어린 희생자들을 상대로 하는 성적 행동의 패턴을 미리 알 수 있다. 이들은 상황적 아동치한보다 그 수가 적지만, 잠재적으로 희생자 수는 더 많을 가능성이 높다. 이들은 다음과 같은 특징을 가진다.

- 유혹(Seduction) 어떻게 하면 희생자를 속박하는지, 아이들과 이야기하는 법, 그들의 이야기를 듣도록 설득하는 방법을 잘 알고 있다. 특별히 피해자를 선택하는 데 있어서 신체적, 정서적인 것은 무시한다. 그는 희생자들의 일거수일투족을 간섭하며 오랜 기간 피해자들에 대한 성적 행위를 계속한다. 시간이 경과한 후 피해자가 자신의 상황을 인지했을 때 이 관계를 언제까지 지속하여야 할 것인가가 주요 관점이다. 이 기간 동안 피해자들은 자신에게 발생했던 일을 폭로하고 싶어 한다. 그러나 이 유형의 범죄자들은 협박과 폭력 등 여러 가지 방법을 사용하여 이를 막으려고 노력한다.

- 내성적(Inroverted) 이 유형의 범죄자들은 사회적 기술이 부족한 아이들을 부추기는 것을 좋아한다. 희생자들은 전혀 면식이 없는 아이들이거나 연령이 상대적으로 매우 어린 부류들이다. 전형적인 아동치한에 속하는 이 유형의 범죄자들은 주로 아이들이 많이 모여 있는 학교 운동장이나 공원 같은 장소를 탐색하면서 피해자를 물색한다. 또한 자신의 성기를 아이들에게 노출하는 행위를 하거나, 음란 전화를 걸기도 한다. 이들은 결혼한 여성을 상대로 이와 같은 행위를 하기도 하며 때로는 자신의 아이들을 대상으로 하기도 한다. 이와 같은 유형은 피해자들이 아주 어린 유아였을 때부터 성을 악용하는 경향이 있다.

- 사디스트적(Sadistic) 이 유형의 범죄자들은 피해자에게 신체적, 정신적 고통을 가할 때 성욕이 일어나는 것을 느낀다. 피해자들에게 고통을 가하기 위해 폭력을 사용하기 때문에 다른 유형보다 아이들이 살해당할 가능성이 높다.

일반적으로 이 유형의 범죄자들은 그리 흔치 않다. 그러나 최근 아이들을 성추행하고 자신의 범행이 드러날 것이 두려워 아이들을 살해하는 경우도 종종 발생하고 있어 커다란 사회문제로 대두되고 있다.

4. 가정 내에서의 아동 성학대 발견법

소아기호증 중에서도 타인에 의한 아동성학대보다 더욱 심각한 것은 가정 내에서의 근친상간(Incest)으로 이루어지는 아동 성학대이다. 성적 대상에 대한 터부는 당시의 사회적 관습과 풍습에 커다란 영향을 받는다.[48] 근친상간은 일부 국가나 계층 지역을 제외하고는 이를 금하고 있다. 이는 곧 도덕적 의미에서 가족제도의 붕괴를 의미한다. 그리고 신분관계 자체가 파괴됨으로서 자기 존재 상실의 비극적 결과를 초래한다. 이러한 사례는 가정 내의 치부를 드러내는 것이므로 잘 드러나지 않는다는 특징을 가지고 있다.

통상 성인 남성에 의한 여아 성학대가 일반적이다. 친아버지보다도 양아버지나 의붓아버지인 경우가 많다. 가해자는 성격상 극도로 내성적이거나 권위주의적인 성격의 소유자, 자기중심적인 성격, 충동적인 성격을 가지고 있다. 정신적으로 미숙하거나, 생활 방식이 유아적이다. 따라서 자신의 무력감을 알고 이를 은폐하기 위해 어린이와 동일화, 자신의 모자람을 어린이에게 투영하는 것이다.

본인도 어려서 성학대를 당한 경험이 있을 수 있고 문란한 성생활을 하는 경향이 있다. 가해자가 친아버지일 경우 대개 성격이 난폭하고 주벽이 심한 사람이 많다. 통상 최초의 성학대는 술에 취한 상태에서 이루어지는 경우가 많다. 그러나 가정 내 아동 성학대에 대해서는 피해자의 어머니 대부분은 어린이의 성학대를 알면서 모르는 척하는 경우가 많다. 그 이유는 가정파괴를 원치 않거나, 남편의 폭력에 대해 두려워하고 경제적 지원을 의식하기 때문이다. 이런 형태는 통상 어머니가 대개 무지하거나 저학력일 때 발생할 가능성이 높다. 그러므로 피해자인 어린이는 아버지에 대해 거역할 수 없는 순응적 성격이 많고 따라서 소아 성폭력이 야기되기 쉬운 여건을 가지고 있는 가정이다. 어린이 성학대가 경찰에 신고 되는 경우는 매우 낮다. 재혼으로 이루어진 가정에서의 근친상간의 발생빈도는 5~6배정도라고는 하나 최근 생물학적 생부에 의한 아동 성학대도 많이 증가하고 있다. 부녀간의 근친상간은 여자아이에게 무조건적으로 신뢰하고 의지하는 보호자격인 사람으로부터의 배반을 당하는 결과를 초래한다. 근친상

48 우리나라의 경우 삼국시대나 고려시대까지는 근친에 의한 결혼이 가능하였으며 일본의 경우 사촌간 결혼이 가능하다. 주로 왕족의 경우 근친에 의한 결혼 풍습이 많이 잔존해 있다.

간을 범한 아버지는 자신의 도착적 행위에 대한 죄책감으로 투사나 동일시 같은 방어기제가 잘 형성되어 있다. 예컨대 성학대나 성폭행으로 우울하거나 화가 난 상태의 딸을 무마시키기 위해 노력하거나 부모로서의 의무감을 다하려고 노력하기도 한다.[49]

가정 내의 아동 성 학대는 가족 간의 긴장을 발생시킨다. 아동의 심적 자존심을 극도로 손상시키거나 오히려 피해를 당하는 데에 대한 죄의식을 유발하기도 한다. 피해자는 가해자를 통해서 주위 남성에 대한 불신이 싹트므로 정상적인 이성간의 관계 유지에 어려움을 겪는다. 한편 일찍부터의 성적 경험으로 인해 성적 조숙으로 인한 성비행, 난잡한 성행위, 약물이나 알코올 중독의 위험성이 있다. 때로는 이러한 상황을 견디지 못하고 심한 우울증에 시달리거나 자살에 이르기도 한다.

1) 은폐(BLIND)의 5요소(Goodwin)

굳윈(Goodwin)은 가정 내 발생 아동 성학대에서 가해자가 피해자에 대하여 자신의 행위를 은폐하기 위한 몇 가지 전략을 5가지로 정리하고 있다. 이를 BLIND 5요소라고 한다(윤가현, 1997: 252).

▪ 세뇌(Brainwash)

가해자는 피해자에 대하여 '나만이 너에게 이렇게 하는 것이 아니라 이 세상의 모든 아버지 혹은 어른이 그렇게 한다'라고 이야기한다. 피해자에게 나쁜 일이 전혀 발생하지 않았음을 확신시키거나 주지시키기 위한 노력을 하면서 피해자를 세뇌시킨다.

▪ 상실(Loss)

피해 사실을 어머니가 알게 된다면 매우 슬퍼하거나 자살할 수도 있다고 이야기한다. 그렇게 함으로써 피해자가 어머니를 잃을까 두려워하게 만드는 것이다. 또한 혹시 이 사실이 알려지면 피해자와 같은 가족인 가해자 즉 자신이 형사처벌을 받거나 감옥에 가게 될 텐데 그래도 괜찮겠냐는 등으로 위협한다. 피해자는 이러한 상실의 두려움으로 사실을 스스로 은폐하도록 유도하는 것이다.

49 김보은은 피해자 김영오에게 어렸을 적 양녀로 입양되면서 부녀 관계가 성립되었고, 12살이던 김보은을 수양아버지 김영오가 강간한 이래 근친상간행위는 1992년 피고인 김진관을 만날 때까지 계속적으로 반복되었다. 상식적으로 김보은의 근친상간행위는 피고인이 신고할 수도 있었으나, 검찰청 과장으로 근무하였던 피해자 김영오는 수시로 어머니와 김보은의 앞에서 일부러 사무실에서 피의자를 집으로 데려와 구타를 하고 취조하는 등 자신의 위력을 보여주면서 도망가면 자신의 힘으로 곧 잡을 수 있다고 하면서 도망이나 신고할 엄두를 내지 못하게 하였다. 후에 이러한 사실을 알게된 남자친구인 김진관과 함께 피해자 김영오를 살해한 사건이다.

제1편
제2편
제3편
제4편
제5편

■ 분리(Isolation)

혹시 그러한 피해사실을 다른 사람에게 이야기를 한다고 하여도 아무도 이러한 사실을 믿지 않을 것이라고 이야기한다. 오히려 그런 말을 하는 피해자가 주위 사람들로부터 정신이상자 취급을 당하거나 고립되어 외로운 생활을 계속할 수밖에 없음을 인식시킨다. 그렇게 함으로써 피해자 스스로 이러한 사실을 다른 사람들에게 알리는 행위를 포기하도록 유도하게 된다. 설사 도움을 청하더라도 아무도 도와주지 않을 것이며 오히려 자기를 돌보고 있는 어른에 대해 그러한 이야기를 하는 것 자체가 여러 사람들로 부터 비난받을 수 있음을 주지시킨다.

■ 미각성상태(Not Awake)

수면이나 음주 명정 등 항거 불능 상태로 인하여 피해자가 제대로 의식을 차릴 수 없는 피해 당시의 상황적 여건을 악용하여 성적 공격을 할 수 있다. 일단 한번 시작하게 되면 피해자의 미각성 상태가 아니라도 습관적으로 응하거나 자포자기하는 경우가 많아 장기적으로 지속될 가능성이 크다.

■ 죽음의 공포(Death Fear)

가장 극단적이고 직접적인 위협은 만일 이러한 사실을 누설한다면 죽음을 당할 수 있다는 공포감을 주는 것이다.

가해자는 상황과 여건에 맞도록 단독 혹은 2~3개 이상의 전략을 구사한다.

2) 아동 성학대를 발견하는 법

아동 성학대 피해경험 아동들은 집과 학교에서 일반 아동들과는 다른 행동양상을 보인다. 우선 집에서는 혼자 있기를 두려워한다. 자다가 갑자기 소리를 지르거나 우는 일이 자주 있다. 주위 사람들이 표시하는 애정에 대해 적대적이다. 다른 아이들과 놀다가도 갑자기 공격적이며 화를 잘 낸다. 옷 벗기를 거부하거나 목욕하기를 완강히 거절한다. 만일 특정한 방에서 그러한 피해를 당했다면 피해를 당한 특정한 방에 대해 공포감을 가지거나 방을 쳐다보려고 하지 않는다. 때로는 외출을 하려하지 않고 자기 방에 머물면서 천장을 쳐다보면서 무언가를 혼자서 골똘히 생각하는 일이 잦아진다. 별다른 이유 없이 혼자 자주 몸을 씻거나 야뇨증을 보이는 경우도 있다. 심한 경우는 가출하기도 한다.

학교에서는 우선 학업성적이 떨어진다. 귀가하기를 두려워하거나 싫어하고 학교에 남아있기를 원하며 이유를 물어도 이에 답하지 않는다. 체육시간이나 풀장에서 옷 벗기를 싫어하며 지적 퇴행행동을 한다. 이외에도 부모의 양해가 있는 결석을 자주 하게 되는 현상을 보인다. 죄책감에서 극단적 선택[50]을 하거나 가해자에 대한 살해를 강행하기도 한다.[51]

5. 성범죄자에 대한 형사정책적 대응

1) 신상공개제도

전자발찌법이 시행된 데 이어 성범죄자 신상정보가 여성가족부의 '성범죄자 신상공개 알림e 사이트(www.sexoffender.go.kr)'를 통해 공개되었다. 청소년의 성보호에 관한 법률에 따라 범죄 후 형이 확정된 자에 대해 국가청소년위원회가 신상정보 및 범죄사실 요지를 계도문과 함께 관보 및 청소년위원회 홈페이지에 6개월간 게재하고, 정부 및 시·도 게시판에 1개월간 게시한다. 이러한 조치는 아동·청소년의 성보호에 관한 법률 시행 이후 처음 실시되는 것으로, 2010년 1월 1일 이후 아동·청소년 대상 성범죄를 저지른 자 가운데 재범 가능성이 있어 법원으로부터 신상공개명령을 선고받은 자들을 대상으로 신상정보를 공개하고 있다.

그리고 2012. 12. 18. 전부개정에 의하여 공개 대상자를 기존 아동·청소년 대상 성범죄자에서 성인대상 성범죄자로 범위를 확대하였다. 벌금형을 선고한 경우에도 신상정보 확인을 가능하도록 하였으며, 공개정보의 내용과 고지의 객체도 확대하였다.

2) 전자발찌제도

전자발찌제도는 전자 감시프로그램의 일종이다. 재범 방지 목적으로 범죄자의 발목 또는 손목에 전자 감응장치를 설치함으로써 범죄자의 이동과 행동을 제한하기 위하여 고안된 장치이다. 80년대 후반에 이미 동 프로그램을 도입한 미국과 영국 등에서는 전자감시장치의 재범방지효과가 입증되고 있다(이수정 외, 2005: 82). 우리나라에서의 전자발찌제도는 인권단체의 반발로 인하여 오랜 시간 논의를 거듭해 왔다. 그러다가 용산에서 동네 신발가게 주인이 초등학생을 유인하여 성폭행을 시도하다 반항하는 피해자를 살해하고 자신의 아들과 함께 사체를 불태운 사건이 발생한 후 부랴부랴 전자발찌 의무화 법안을 신속히 처리하였다.

2008년 9월 1일부터 시행된 특정 성범죄자에 대한 위치추적전자장치 부착에 관한

---

50 계부에 의해 중학생 딸과 딸의 친구가 성폭행을 당한 뒤 투신한 청주 중학생 사례가 대표적인 예이다.

51 김부남 사건이 대표적인 사례이다.

법률에 따라 2회 이상 또는 13세 미만 아동에 대한 성범죄자 중 검찰이 청구하면 법원이 전자발찌 착용여부를 결정한다. 이와 별도로 가석방되는 성범죄자에 대해 법무부가 위치추적 여부를 결정하기도 한다. 그리고 2009년 4월에는 전자장치를 부착하는 특정범죄대상에 미성년자 유괴를 포함시켰고, 이후 2010년 3월에는 동법 시행당시 형 집행 중 혹은 형 집행종료 등이 3년 이내인 범죄자에게 소급적용하였다. 2012년 11월에는 대상범죄에 강도 범죄와 성폭행 및 살인범죄와 그 미수범까지 추가되었다. 전자발찌제도에 대한 개인 프라이버시 침해, 이중처벌, 무죄추정의 원칙어 반한다는 의견들도 개진되었지만 범죄자의 인권보다는 성범죄피해예방이 더 중요한 가치라는 의견이 더 힘을 얻고 있다.

3) 성범죄자에 대한 치료감호제도

성적가학증 등 정신 성적 장애자는 재범의 위험성이 높은 반면 치료 가능성도 높다는 것이 정신의학계의 일반적 견해이다. 이에 따라 소아 성기호증 등 정신적 장애를 가진 성범죄자를 최장 15년 강제 격리 치료할 수 있도록 한 개정 치료감호법에 의거 이들에 대한 치료감호의 법적 근거가 마련되었다. 이에 따라 법무부는 정신과 전문의 등 전담인력을 배치하고 공주치료감호소 내에 100명까지 수용할 수 있는 성범죄자 전담치료센터를 설치하였다(법무부, 2009: 52-53).

4) 화학적 거세

화학적 거세란 약물을 써서 남성호르몬을 억제하는 의학용어로 전립선암 환자에게 주로 쓰였던 치료방법이다. 약물이 투입된 남성은 아무리 애를 써도 일정기간 발기불능의 상태가 지속되는 것이다. 이 방법은 미국 버몬트(Vermont)주에서 지난 1982년 성범죄자의 재발 예방 계획을 추진하면서 약물사용에 의한 거세를 합법화시킨 바 있는데 시행 6년 후 성범죄의 재발률이 4%에 불과했다는 놀라운 통계가 나왔다. 대만에서는 성범죄자에게 가석방 이후 매달 1회 심리치료를 받게 하고 있다. 현행법상 3년으로 한정된 이 심리치료의 기간을 늘려야 한다는 의견이 법안에 반영될 예정이다. 그러나 대만의회는 성범죄자의 재범률이 증가하는 현상에 대해 앞으로 성범죄자에게 화학적 거세를 시행하기 위한 법안을 연구 중이다. 그 이유는 그동안 성범죄자에게 진행해 온 심리적 지도만으로 범죄를 예방할 수 없다는 판단에서이다. 그러나 대만 여성인권단체에서는 화학적 거세가 오히려 변태적 성범죄를 증가시킬 수 있다는 이유로 반대하고 있는 실정이다. 약물만으로는 성범죄자의 발기불능만 보장할 뿐 범죄충동까지 억제할 수 없으므로 약물에 의한 발기불능의 좌절감이 더해져 변태성욕자는 보상심리에서 더 강렬한 범죄충동을 느낄 수 있음을 지적하였다.[52] 일부 유럽국가에서는 화학적 거세가 아닌 물리적 거세를 집행하고 있는 실정이다.[53]

52 한국에서는 2010. 7. 23일 성폭력범죄자의 성충동 약물치료에 관한 법률이 국회에서 통과되었으며, 시행령과 시행규칙을 제정하고 2011. 5. 24일 입법 예고한 후 2011. 8. 4일부터 시행되었다.

53 물리적 거세는 화학적 거세와 목적은 같지만, 시행 방법에 차이가 있다. 화학적 거세가 약물을 이용해 일시적으로 성 기능을 약화한다면, 물리적 거세는 고환을 외과적으로 제거해 남성호르몬(테스토스테론) 분비를 영구적으로 억제하는 방법이다. 독일, 스웨덴, 덴마크, 미국 텍사스주 등은 범죄자의 동의하에 물리적 거세를 시행하고 있다. 특히 덴마크는 1929년부터 물리적 거세를 합법화해 시행하고 있다. 2012년 당시 물리적 거세 도입을 반대하는 측은 물리적 거세가 화학적 거세보다 부작용이 크고, 과잉금지원칙 위반 여지가 있다고 주장했다. 하지만 의학적으로 볼 때 물리적 거세와 화학적 거세는 큰 차이가 없는 시술이다. 오히려 의료계는 물리적 거세가 이름만 다를 뿐, 암 치료 목적으로 오랫동안 시행되어 안전성이 입증된 방법이라고 전했다.
출처 : https://health.chosun.com/site/data/html_dir/2021/08/03/2021080300732.html 2023. 5. 30 검색

제5편

살인 심리

제10장
살　　인

제11장
범죄 프로파일링과 연쇄살인

범죄, 그 심리를 말하다 – 범죄심리 해부하기

Criminal Psychology

제10장 살 인

Criminal Psychology

살인의 정의

살인은 인류 역사와 함께 시작된 가장 오래된 범죄로 인간이 오랜 진화의 역사 동안 반복적으로 대면해왔으며 적응해야만 했던 진화의 압력에 대한 산물이다(데이비드 버스, 황승효 역, 2006: 25).

인간의 생명은 '우주의 무엇과도 바꿀 수 없는 절대적인 것이며, 전 지구보다도 무겁고 존엄한 인간존재의 근원'이다.[1] 이 세상의 모든 종교는 살인을 가장 죄악시하고 있다. 기독교에서는 카인이 아벨을 죽인 사건이 있은 이래로 살인을 금기로 여겨왔으며, 하느님이 모세에게 내렸다고 하는 이른바 십계명에도 "살인하지 말라"고 되어 있고, 불교에서도 인명의 소중함을 강조하여 일체의 살생을 금하고 있다(김상희, 1991: 15).

살인의 충동성을 찬양한 사람의 대표로 사디스트의 원조 격인 사드를 들 수 있다. 사드는 충동적 범죄인 살인에 대한 성찰에 이끌리게 된다. 살인이라는 주제는 그의 작품에 등장하는 인물들에게 거의 최음적 효과를 주는데, 그 이유는 살인이 '지성을 가장 잘 일깨우며 가장 악명 높고 가장 금기시되는 범죄행위'이기 때문이다. 사드는 파괴 행위 없이는 번식할 수 없는 힘으로서의 자연이라는 개념에서 출발한다. 자연이 파괴를 수반하는 끊임없는 쇄신의 과정에 개입되어 있다면, 그러한 파괴행위를 계속 확대해 가는 것이 바로 자연의 뜻에 따라 행동하는 것이 아니겠는가? 파괴와 재생간의 균형은

1 대법원, 1963. 2. 28. 선고, 62도 241호 사건의 판결문 참조.

유지되어야 하며, 오직 범죄에 의해서만 유지될 수 있다. 따라서 범죄는 자연에 이바지하는 것이라는 주장을 하였다(스튜어트 후드, 정해영 역, 2005: 103).

미국 텍사스 주립대학의 데이비드 버스(David Buss) 교수는 인간은 생물학적으로 살인 유전인자를 가지고 태어나는 근본적으로 살인에의 욕망이 있는데 그는 살인을 인간의 본능인 섹스와 질투와 같은 맥락에서 바라보고 있다. 인간에게 기본적으로 성욕이나 질투심이 있는 것처럼 살인도 생물학적이며 유전적인 것이라고 본다. 그는 특별한 사람이 살인을 저지른다는 견해에 반박하면서 누구에게나 살인 본능은 있으며 오랜 세월 동안 진화해 온 것이라고 설명한다(김형근, 2009: 42).

살인이란 타인을 살해함으로써 피해자를 죽음에 이르게 하는 행위(형법 제250조 제1항 참조)로 인간에게 있어 피해자의 가장 존귀한 생명을 빼앗는 대표적 범죄행위이다. 살인은 한 인간의 생명을 영원히 박탈한다는 점에서 강력범죄 중 가장 전형적인 침해범일 뿐 아니라 인간의 가장 원초적인 폭력성 범죄이다(김상희, 1991: 16). 살인은 사람의 생명을 앗아가므로 그 피해가 영원히 원상회복될 수 없으며, 살인으로 인한 유가족들에 대한 피해도 그 비용이 엄청난 것이기 때문에 발생 자체만으로도 많은 사람들의 관심을 끌기에 충분하다.

반인륜, 생명경시 풍조의 만연으로 지금도 살인이 발생하고 보도되고 있다. 지존파사건에서 보듯이 한몫 잡고 세상이 마음에 들지 않는 다는 이유로 선량한 사람들을 납치·살해 암매장하는가 하면, 단지 세상이 싫다는 이유만으로 불특정 다수인을 살상하는 무동기 살인도 있다. 사소한 시비가 살인에까지 이르는 충동적, 우발적 살인, 철모르는 어린 생명을 앗아가는 비정한 살인 등 살인 범죄가 매년 끊이지 않는다.

인간이 인간을 살해하는 이유는 분노, 욕구불만, 질투, 혐오, 공포심이나 잔인한 마음 등이다. 계획적으로, 우연한 이유로 사람을 죽이기도 한다. 범행 동기는 다양하다. 금전, 원한, 성, 불만, 분노 혹은 범죄 증거를 없애기 위해서 살인을 하는 경우도 있다. 그런가 하면 술에 취했거나 정신병이 원인이 되어 사람을 죽이는 사례도 있다(Clinton T. Duffy, 88 Men and 2 Women ; 서인태 역, 1974: 38).

살인의 분류

살인의 분류는 어떤 관점으로 접근하여 구분하는가에 따라 달라진다. 여러 복합적 요소로 구성된 살인사건을 분류하기란 쉬운 일이 아니다.

살인행위 자체가 잘못된 행동이긴 하나 처벌가능성과 연관해 몇 가지로 구분할 수 있다. 살해 의도 없이 결과적으로 타인을 죽음에 이르게 함으로써 책임은 있되 일부 용서해 줄 수 있는 소지가 있는 살인행위(Excusable Homicides)가 있다. 살해 의도는 없었으나 부득이 자신의 안전을 위해 상대를 죽일 수밖에 없는 정당 방우적 측면의 살인행위(Justifiable Homicides)도 있다. 그러나 일반적으로 살인이라고 하면 타인에 의한 불법적 행위인 범죄적 살인행위(Criminal Homicides)를 말한다.

학자에 따라서는 다양한 방법으로 살인을 분류하고 있다. 신진규는 살인죄를 고의살인과 과실 살인으로 나누고 각각에 대해 가해자 및 피해자가 되기 쉬운 특징을 파악하여 살인범죄의 발생 원인을 설명하고 있다. 이상현은 살인의 특수한 형태로서 대량살인, 동기 없는 살인, 쾌락살인, 이욕에 의한 살인, 미성년자의 살인으로 분류하고 있고, 앨런(Alen)은 살인, 다수살인, 암살로 구분한다. 또한 살인을 개인 살인과 조직살인으로 구분하고 다수살인은 대량학살, 연쇄살인, 집단학살 등으로 구분하기도 한다.

1. 살인의 법적 분류

1) 우리나라 현행 형법상 분류

인간 존재가 시작하는 시점은 산모가 규칙적인 진통을 수반하면서 태아가 태반으로부터 분리되기 시작한 때부터이며, 끝나는 시점은 숨이 끊어 졌을 때이다.

현행 형법은 크게 범인과 피해자 사이의 신분관계에 따라 단순살인과 존속살인을 구별하고 특수한 동기로 인한 영아살해를 규정하고 있다. 형법 제24장에서 '살인의 죄'를 살인(제250조 제1항), 존속살인(제250조제 2항), 영아살해(제251조), 촉탁·승낙에 의한 살인(제252조 제1항), 자살 교사·방조(제252조 제2항)와 위계 등에 의한 촉탁살인(제253조)을 규정하고 있다.[2] 존속살인죄는 책임이 가중되는 경우이고, 영아살해죄는 책임이 경감

2 제250조 (살인, 존속살해)
① 사람을 살해한 자는 사형, 무기 또는 5년 이상의 징역에 처한다.
② 자기 또는 배우자의 직계존속을 살해한 자는 사형, 무기 또는 7년 이상의 징역에 처한다.〈개정 1995.12.29〉
제251조 (영아살해) 직계존속이 치욕을 은폐하기 위하거나 양육할 수 없음을 예상하거나 특히 참작할 만한 동

되는 경우이며, 촉탁·승낙에 의한 살인죄와 자살교사·방조죄는 위법성이 경감되는 경우라 볼 수 있다. 그리고 모든 경우에 대해서 미수 및 예비·음모를 벌하고 있다(제254조, 제255조).

형법 제88조의 내란목적살인죄와 제338조의 강도살인·치사, 그리고 특별법상의 살인죄에 관한 여러 규정은 일종의 특별규정에 해당된다(김상희, 1991: 17).[3]

▪ 살 인

사람과 사람 간에서 발생하는 고의로 사람을 살해한 자 대부분이 모두 '살인의 죄'(제250조 1항)에 해당된다. 사형, 무기 또는 5년 이상의 징역에 처한다.[4] 살인죄에 있어서 대법원 양형기준은 각주와 같다.[5]

▪ 존속살해

존속살해죄는 존비속의 관계에서 발생하는 비속이 존속을 살해하는 경우로『자기 또는 배우자의 직계존속을 살해』함으로써 성립하는 범죄이며, 그에 대한 처벌은 사형, 무기 또는 7년 이상의 징역이다(제250조 제2항). 존속범죄를 기타 일반 범죄와 구별하여 가중 처벌하는 것은 각 문화권이 가지고 있는 전통적 가족제도로부터 기인한다고 볼 수 있다.

단순살인에 비하여 존속살해에 대한 형벌을 중하게 하는 이유는 직계존속에 대한

기로 인하여 분만 중 또는 분만직후의 영아를 살해한 때에는 10년 이하의 징역에 처한다.

제252조 (촉탁, 승낙에 의한 살인등)

① 사람의 촉탁 또는 승낙을 받아 그를 살해한 자는 1년 이상 10년 이하의 징역에 처한다.

② 사람을 교사 또는 방조하여 자살하게 한 자도 전항의 형과 같다.

제253조 (위계 등에 의한 촉탁살인 등) 전조의 경우에 위계 또는 위력으로써 촉탁 또는 승낙하게 하거나 자살을 결의하게 한 때에는 제250조의 예에 의한다.

제254조 (미수범) 전4조의 미수범은 처벌한다.

제255조 (예비, 음모) 제250조와 제253조의 죄를 범할 목적으로 예비 또는 음모한 자는 10년 이하의 징역에 처한다.

제256조 (자격정지의 병과) 제250조, 제252조 또는 제253조의 경우에 유기징역에 처할 떠에는 10년 이하의 자격정지를 병과할 수 있다.

3 특별법상의 특별 규정으로는 국가보안법상의 목적수행살인(국가보안법 제4조), 군형법상의 상관살해(군형법 제53조), 약탈살인(동법 제83조) 등이 있고, 특정범죄가중처벌 등에 관한 법률상의 미성년자 약취·유인살인(제5조의 2) 등이 있다.

4 살인죄에 해당되는 경우에는 남편이 다른 여자와 불륜의 관계에 빠지자 남편이 잠든 사이 주방에 있던 식칼로 가슴 등을 찔러 살해한 경우, 친구끼리 술값 등의 문제로 서로 다투다 상대방이 죽인다며 욕설을 하자 그에게 살해당하기 전에 먼저 죽여야겠다고 마음먹고 소지하고 있던 칼로 찔러 살해한 경우, 불량소년끼리 서로 결투를 하다가 칼을 꺼내어 상대방이 도주하자 이를 쫓아가 칼로 찔러 살해한 사례 등이 이에 해당된다. 살인 미수죄로는 교도소 안에서 복역자끼리 말다툼을 하다 소지하고 있던 날카로운 흉기로 가슴을 찔러 상대방이 도주하자 다시 쫓아가 가슴 등을 찔러 상해를 입힌 경우, 자신의 처와 간통한 고용주의 집에 칼을 소지하고 찾아가 고용주의 가슴을 칼로 1회 찌른 후 계속하여 팔과 다리 등을 찔렀으나 그의 처가 살려달라고 애원하자 중지하여 상해를 가한 경우가 이에 해당된다(검찰청, 2002).

5 다음 표 참조.

직계비속의 패륜적 행위라는 반윤리성 때문에 형을 가중하는 것이다. 여기서 직계존속은 혈연이 상하로 직통하는 친족관계(직계)에서 특정인을 기준으로 할 때 그 부모 이상의 항렬에 속하는 친족[6]을 의미한다. 이러한 관계가 성립하기 위해서는 법적인 뒷받침이 따라야 한다.[7]

형종 및 형량의 기준	유형의 정의	양형인자의 정의	양형인자의 평가원칙	공통 원칙	다수범죄 처리기준

유형	구분	감경	기본	가중
1	잠작 동기 살인	3~5년	4~6년	5~8년
2	보통 동기 살인	7~12년	10~16년	15년 이상, 무기 이상
3	비난 동기 살인	10~16년	15~20년	18년 이상, 무기 이상
4	중대범죄 결합 살인	17~22년	20년 이상, 무기	25년 이상, 무기 이상
5	극단적 인명경시 살인	20~25년	23년 이상, 무기	무기 이상

* 살인미수범죄의 권고 형량범위는 위 형량범위의 하한을 1/3로, 상한을 2/3으로 각 감경하여 적용. 단, '무기'는 '20년 이상'으로 '무기 이상'은 '20년 이상, 무기'로 각 감경하여 적용

구분			감경요소	가중요소
특별양형인자	행위	공통	• 범행가담에 특히 참작할 사유가 있는 경우 • 과잉방위 • 미필적 살인의 고의 • 피해자 유발(강함)	• 계획적 살인 범행 • 범행에 취약한 피해자 • 사체손괴 • 잔혹한 범행수법 • 존속인 피해자 • 비난할 만한 목적에 의한 약취·유인인 경우(4유형) • 피지휘자에 대한 교사
		미수	• 경미한 상해(상해 없음 포함)	• 중한 상해
	행위자/기타		• 농아자 • 심신미약(본인 책임 없음) • 자수 • 처벌불원 또는 실질적 피해 회복(공탁 포함)	• 반성 없음(범행의 단순 부인은 제외) • 특정강력범죄(누범)
일반양형인자	행위		• 소극 가담 • 피해자 유발(보통)	• 사체유기
	행위자/기타		• 범행 후 구호 후송 • 상당한 피해 회복(공탁, 포함) • 심신미약(본인 책임 있음. 4유형의 강간살인/유사강간살인/강제추행살인, 약취·유인 미성년자 살해, 인질살해에는 적용하지 아니함) • 진지한 반성	• 특정강력범죄(누범)에 해당하지 않는 동종 및 폭력 실형전과(집행종류 후 10년 미만) • 합의 시도 중 피해야기(강요죄 등 다른 범죄가 성립하는 경우는 제외)

* 음주 또는 약물로 인한 만취상태에서 강간살인/유사강간살인/강제추행상인범죄를 범한 경우에는 성범죄 양형기준(수정, 2010.7.15. 시행)과 동일한 방식으로 처리

https://sc.scourt.go.kr/sc/krsc/criterion/criterion_01/murder_01.jsp 2023. 5. 30 검색

6 조부모, 외조부모 등이 이에 해당된다.

7 ① 사실상의 부자관계가 있다고 할지라도 법적으로 인지절차를 완료하지 아니한 상태에서는 직계존비속관계로 볼 수 없으며 ② 사실상의 관계가 없는 경우에도 합법적 절차를 통하여 입양관계가 성립되면 직계존비속관계가

따라서 혼인 외 출생자가 생부를 살해한 경우에도 존속살해죄가 성립하지 않으나, 혼인 외 출생자가 인지절차가 완료된 후 생부를 살해한 경우에는 존속살해죄가 성립한다. 그렇지만 혼인 외 출생자가 생모를 살해한 경우에는 인지절차에 관계없이 존속살해죄가 성립한다. 왜냐하면, 출생자와 생모 사이에는 그 생모의 인지나 출생신고를 기다리지 아니하고 자식의 출생만으로도 당연히 법률상의 친자관계가 성립하기 때문이다. 개정 전 민법에서는 계모자 및 적모서자관계[8]가 법정모자관계로 인정되었으나 삭제(1990. 1.13)되어 지금은 단지 인척관계에 지나지 않게 되었다.

존속살해죄의 "배우자의 직계존속"에서 배우자는 법률상의 배우자를 말하며, 사실혼관계에 있는 자는 포함되지 않는다. 또한, 배우자는 살아있는 배우자를 의미한다. 배우자가 사망 후 그 배우자의 직계존속을 살해한 경우에는 보통살인죄만이 성립한다. 다만 배우자의 신분관계는 살해행위의 착수 시에 존재하면 족하다(배우자 살해 후 배우자의 직계존속을 살해한 경우). 이혼의 합의가 있고 별거중인 경우에도 법률상 이혼이 성립하지 아니하는 한 존속살해죄가 성립한다.[9]

존속살해에 있어서 공범에 대한 법의 적용에 있어서 신분 관계없는 자에게는 존속살해의 책임을 물을 수 없다.[10]

전통적으로 존속살해를 가중하여 처벌하는 태도는 동양과 서양 모두 존재하였으나, 현재에는 존속살해죄 규정을 삭제하거나 그에 대한 형벌을 완화하는 경향이다. 일본과 독일 및 유럽의 일부 국가에서는 존속살해의 규정을 폐지하였으나,[11] 우리나라, 프랑스 등은 존속시키고 있다. 다만 우리나라도 형법 개정(1996년 7월1일부터 시행)을 통하여 존속살해의 형벌을 완화하였다.

인정된다.

8 적모 서자 관계에서 서자와 관련하여 서자제도가 생기게 된 이유는 한국의 특유한 부권적인 가족제도의 입장을 유지하기 위하여 정실에 생남이 없으면 후실을 얻어 자식을 낳게 하여 이를 데려다가 집안의 혈통을 계승시키는 것을 당연한 일로 인정하여 왔기 때문이다. 서자라 함은 혼인 외의 출생자를 부(父)가 인지한 경우에 그 아들을 서자라고 불러 왔으나 이 명칭은 민법상 폐지하고 사생자와 함께 혼인 외의 출생자라고 부른다. 서자는 출생시에 소급하여 부와의 친자관계를 가지게 되어 그때부터 자에 대한 부양의무가 생기고, 부에 대한 자의 상속권이 주어지게 된다. 적모는 부의 배우자로서 서자의 생물학적 모친이 아닌 경우이다.

9 존속살해죄가 성립하는 예로서 어머니가 자주 꾸중하자 집안에 있던 어머니의 가슴을 칼로 찔러 살해한 경우, 평소 술주정을 하는 아버지 때문에 가정불화가 심하다고 생각하여 술을 마시고 귀가하는 아버지와 말다툼 도중 쇠파이프로 머리를 내리쳐서 살해한 경우가 이에 해당되고 시어머니와의 불화로 한약에 독극물을 넣어 살해하려다 치사량이 부족하여 신음 중인 것을 남편이 발견하고 치료함으로써 상해를 입힌 데 그친 경우에는 존속살해미수죄가 성립된다.

10 A와 B가 공동으로 A의 부를 살해한 경우에 A는 존속살해, B는 보통살인으로 처벌한다. 또한 A가 B를 교사(방조)하여 A의 부를 살해한 경우에는 B는 보통살인죄 정범, A는 존속살해죄의 교사(방조)범이 된다. A가 B를 교사(방조)하여 B의 부를 살해한 경우에는 B는 존속살해죄, A는 보통살인죄 교사(방조)범이 된다.

11 일본의 경우 1995년 6월 1일부터 시행된 개정형법에서 이를 폐지하였다.

■ 영아살해[12]

영아살해는 직계존속이 치욕을 은폐하기 위하거나 양육할 수 없음을 예상하거나 특히 참작할 만한 동기로 인하여 분만중 또는 분만직후의 영아를 살해한 때에는 10년 이하의 징역에 처한다(형법 제251조).[13,14]

■ 촉탁·승낙에 의한 살해

사람의 촉탁 또는 승낙을 받아 그를 살해한 자는 1년 이상 10년 이하의 징역에 처한다(형법 제252조 1항).[15,16]

■ 자살교사(방조)

사람을 교사 또는 방조하여 자살하게 한 자는 1년 이상 10년 이하의 징역에 처한다(형법 제252조2항).

불구가 된 딸의 처지를 안타까워한 나머지 자살을 권유하여 그 뜻을 받아들이게 한 다음 청산가리를 마셔 숨지게 한 경우에는 자살교사죄가 성립되며, 애인과 결혼을

---

12 영아살해는 주로 아이 엄마가 미혼인 상태에서 아이 키우기를 돕겠다고 약속한 남자나 환경이 불리한 경우이거나 심각한 선천적 결함이 있는 경우 자식이 많아 새로운 아이에게 투자하는 것이 부담이 도는 경우, 정신적으로 안정되지 않는 경우 등 여러 가지가 있다. 이 경우 여성이 남성보다 훨씬 많이 저지르는 대표적인 범죄이다. 서래마을 프랑스인 영아살해 사건이 발생하여 물의를 일으킨 바 있다.

13 구체적 예로서는 미혼모가 임신하여 영아를 분만하게 되자 수치심에 분만한 영아의 콧구멍을 눌러 질식시키거나 화장실에 빠뜨려 살해한 경우, 영아를 분만하여 죽인 뒤, 그 사체를 인근 야산에 몰래 파묻은 경우에는 영아살해죄 및 사체유기죄가 성립하고, 자기와 불륜관계에 있던 여성이 임신하게 되자 이를 은폐할 목적으로 산모에게 영아를 출산하게 되면 살해하자고 권고하고 산모가 이를 받아들여 출산한 영아를 질식시켜 살해한 경우 영아살해 및 영아살해교사죄가 성립한다(검찰청 자료, 2002).

14 A씨는 2015년 3월 8일 오후 2시 30분께 자신의 집과 분리된 재래식 화장실에서 출산하면서 인분 속으로 갓난 아이를 빠뜨려 사망케 한 혐의(영아살해)로 기소됐다. 그는 헤어진 남자친구와의 사이에서 아이를 갖게 됐다는 사실을 알고 중절 수술을 하려 했으나 상황이 여의치 않자 집 화장실에서 혼자 아이를 출산했고, 이후 곧바로 경찰에 신고 이 사실을 알렸다. 전주지법 형사3단독은 "피고인은 분만 직후 영아를 재래식 화장실에 내버려둬 숨지게 해 죄질이 무겁지만, 원치 않던 임신을 하고 친부와 헤어진 뒤 갑작스럽게 출산을 하게 돼 불안한 심리 상태에서 우발적으로 범행을 저지른 점, 수사기관에 직접 신고하고 잘못을 뉘우치고 있는 점 등을 고려해 징역 2년에 집행유예 3년을 선고했다."
http://www.newsis.com/ar_detail/view.html?ar_id=NISX20160223_0013913997&cID=10201&pID=10200 (2016. 2. 23.)

15 구체적인 예로는 심장판막증으로 고생하고 있는 자가 자신의 집에서 면도칼을 이용하여 자살하려 하였으나 그 뜻을 이루지 못하고 찾아온 친구에게 의사도 소용이 없으니 제발 자신을 죽여 달라며 애걸하여 너무 안타까워한 나머지 넥타이로 친구의 목을 졸라 살해한 경우에는 촉탁 살해죄가 성립되며, 양가 집안의 반대로 결혼을 할 수 없게 된 것을 비관하여 함께 죽기로 결심한 뒤, 수면제를 다량 복용하였으나 그 뜻을 이루지 못하자 다른 방법으로 자살을 결심하던 중 피해여성이 치마끈으로 자살하겠다며 자신의 목에 치마끈을 감고 당겨달라고 부탁하자 이를 승낙하고 살해한 경우에는 승낙살해죄가 성립한다(검찰청 자료, 2002).

16 "죽여달라"고 부탁하는 연인을 살해한 30대 남성이 징역 5년을 선고받았다. 앞서 오씨는 지난해 12월 서울 성내동의 한 고시원에서 함께 살던 39살 이 모 씨가 생활고 등을 비관해 자신을 죽여달라고 부탁하자 목 졸라 숨지게 한 혐의로 재판에 넘겨졌다. 서울동부지방법원은 촉탁 살인 혐의로 기소된 38살 오 모 씨에 대한 국민참여재판에서 징역 5년을 선고했는데 국민참여재판에서 배심원 7명 모두는 오씨에 대해 징역 5년에서 6년의 유죄 평결을 내렸고 재판부도 이를 받아들여 징역을 선고했다. 재판부는 오씨가 적극적인 만류나 설득을 하지 않았고, 피해자 유족과 합의가 없었다는 점 등을 고려했다고 설명했다.
http://www.ytn.co.kr/_ln/0103_201603300859382656 (2016. 3. 29.)

약속하였으나 부모가 반대하여 이를 비관하여 그녀와 함께 자살하기로 약속하고 그녀에게 청산가리 한 봉지를 주면서 물에 타 마시기를 권유하여 그녀가 자살을 결심한 후 청산가리를 마셔 사망케 한 경우 자살방조죄가 성립한다(검찰청 자료, 2002).

▪ 위계 등에 의한 촉탁살인 등[17]

위계 또는 위력으로써 촉탁 또는 승낙하게 하거나 자살을 결의하게 한 때에는 제250조(살인, 존속살해)의 예에 의한다(형법 제253조). 예로서 피해자인 아내의 불륜사실을 알고 자식들에게 부끄러운 일이니 스스로 죽으라고 강요하며 자살하지 않으면 자신이 죽인다며 협박 후, 아내에게 유서를 쓰게 하고 독극물을 마셔 자살케 한 경우 위력에 의한 촉탁살인죄가 성립한다(검찰청 자료, 2002).

▪ 살인미수

위에서 언급된 모든 죄에 있어서 미수에 그친 경우 역시 기수범과 동일하게 처벌한다. 단 미수범의 경우 형이 경감될 수 있다.

2) 형법상 기타의 죄에서의 분류

▪ 내란목적의 살인

국토를 참절[18]하거나 국헌을 문란할 목적으로 사람을 살해한 자는 형법 제88조(내란목적의 살인)에 해당되며 사형, 무기징역 또는 무기금고에 처한다. 그리고 미수범은 제89조(미수범)에 의거 처벌한다.

▪ 강간살인

형법 제301조 2(강간등 살인 · 치사)에 의거 강간이나 강간 미수를 범한 자가 사람을 살해할 때에는 사형 또는 무기징역에 처하며 사망에 이르게 한 때에는 무기 또는 10년 이상의 징역에 처한다.

▪ 강도살인

강도가 사람을 살해한 때에는 형법 제338조(강도살인 · 치사)에 의거 사형 또는 무기징역에 처하며 사망에 이르게 한 때에는 무기 또는 10년 이상의 징역에 처한다.

---

17 '위계(僞計)'는 타인의 부지(不知) 또는 착오를 이용하는 것으로서 비밀이든 공연(公然)이든 불문한다.

18 僭竊(참절) : 분수에 맞지 않게 도둑질한다는 의미

▪ 해상강도살인

형법 제340조(해상강도) 제3항에 의거 다중의 위력으로 해상에서 선박을 강취하거나 선박 내에 침입한 자가 사람을 살해 또는 사망에 이르게 하거나 부녀를 강간한 때에는 사형 또는 무기징역에 처한다.[19]

3) 기타 특별법상의 살인 관련 분류

국가보안법상의 목적 수행 살인죄, 즉 반국가단체의 구성원 또는 그 지령을 받은 자가 목적수행을 위한 행위 중 사람을 살해하였을 때[20]와 군형법상의 살인 관계 규정 즉 상관, 초병, 직무수행자, 전투지역이나 점령지역에서 약탈 중 사람에 대한 살해[21] 그리고 특정범죄가중처벌법상의 살인죄 약취 유인 미성년자들에 대한 살인, 치사 그리고 도주차량운전자의 가중처벌에 있어서 치사, 사망 등이 있다.[22]

4) 살인의 영미법상 분류

영미법에서의 살인행위(Criminal Homicide)에 대한 분류는 우리나라에서의 살인의 분류와는 상이하게 고의성 여부에 따라 분류하고 있다. 살인행위(Criminal Homicide)는 모살(謀殺; Murder), 부주의가 아닌 고살(故殺: Nonnegligent manslaughter)이라는 두 가지 개념으로 분리(Hazel B. Kerper, 1996: 135-140; Bartol, Curt R, 2007: 284; 이재양, 1992: 10)하고 있다(김상희, 1991: 17).[23]

---

19 형법상 해상강도 살인미수 혐의는 살인 혐의와 같은 무기징역이나 사형을 선고할 수 있는 중대 범죄다. 이 혐의는 삼호 쥬얼리호 납치 사건에서 석해균 선장에게 총을 난사한 피의자인 마호메드 아라이는 물론 나머지 생포 해적 4명에게 똑같이 적용됐다. 해적들에게는 또 인질강도 살인미수와 해상강도상해, 인질강도 상해, 선박 및 해상구조물에 대한 위해 행위의 처벌 등에 관한 법률 위반, 특수공무집행방해치상 등 모두 6개의 혐의가 적용됐다. http://news.naver.com/main/read.nhn?mode=LSD&mid=sec&sid1=102&oid=001&aid=00049315369 (2011. 2. 25.)

20 국가보안법 제4조 (목적수행)
① 반국가단체의 구성원 또는 그 지령을 받은 자가 그 목적수행을 위한 행위를 한 때에는 다음의 구별에 따라 처벌한다.
3. 형법 제115조·제119조제1항·제147조·제148조·제164조 내지 제169조·제177조 내지 제180조·제192조 내지 제195조·제207조·제208조·제210조·제250조제1항·제252조·제253조·제333조 내지 제337조·제339조 또는 제340조제1항 및 제2항에 규정된 행위를 한 때에는 사형·무기 또는 10년 이상의 징역에 처한다.

21 군형법 제52조 (상관에 대한 폭행치사상)
제52조의4 (상관에 대한 특수상해)
제53조 (상관살해와 예비, 음모)
제58조 (초병에 대한 폭행치사상)
제58조의4 (초병에 대한 특수상해)
제60조의4 (직무수행중인 군인에 대한 중상해)
제82조 (약탈)

22 특정범죄가중처벌등에관한 법률 제5조의2 (약취유인죄의 가중처벌)
특정범죄가중처벌등에관한 법률 제5조의3 (도주차량운전자의 가중처벌)

23 미국의 경우 주마다 약간의 차이가 있기는 하지만 위와 같이 Murder와 Manslaughter로 구별하고 Murder를 다시 first-degree Murder와 second-degree Murder로 구별하고 있다(상세한 내용은 Wayne R. LaFave, Austin

미국의 UCR(Uniform Crime Report)에서는 살인 통계에 謀殺(Murder)과 부주의가 아닌 故殺(Nonnegligent Manslaughter)만을 포함하며 부주의로 인한 살인(Negligent manslaughter)은 포함시키지 않는다(Bartol, Curt R, 2007: 284).

모살이 사전에 모의를 하거나 또는 의도적으로 살해의 결과를 야기한 경우라면, 고살은 살해의 결과라는 위험을 알면서도 감수한 경우다. 그러나 피해자의 도발행위(provocation)나 가해자가 극도의 감정적 불안정상태가 입증될 경우 모살은 고살로 감경 평가된다(김한균, 2010: 183-209).

▪ 모살(Murder)과 부주의가 아닌 고살(Nonnegligent Manslaughter)

모살(murder)의 사전적 의미는 살해할 의도를 미리 가지고 사람을 살해하는 행위를 말한다. 즉 사람을 살해하는 행위 중에서도 미리 상해나 살해를 할 고의성(김증한 외, 1988: 359)[24]이나 악의(with malice aforethought, either expressed or implied)를 가지고 사람을 살해하는 것이다. 여기서 계획적 범행의사(Malice Aforethought)이란 용어가 의미하는 바는 법적 정당성을 결여한 상태[25]에서 타인의 사망을 야기하는 자발적, 사전 음모, 예상을 전제로 하는 정신적 상태 등을 말한다(Bartol, Curt R, 2007: 285).[26] 살인 고의, 중상해 고의, 중죄(Felony) 고의, 합법적 체포에 대한 저항, 높은 사망가능성 인식 고의 등의 상황[27]하에서 살인을 저지르는 것이 이에 해당되며 이를 고의적 살인이라고도 한다.

▪ 살인 급수제

법적인 구분에 있어서 1급살인(murder in the 1st degree)의 경우는 범행이 사전에 계획되었거나 고의(Deliberate)적 행위인 경우에 해당되지만, 사전에 고의적인 살해 의도가 없었다 하더라도 방화, 강간, 유괴, 야간주거침입 등 사전에 범행을 계획하고 난 후 실행한 중죄 과정에서 살해하는 경우 혹은 살해의 방법으로 독약이나 폭발물을 사용하거나, 피해자를 고문하여 결과적으로 살해하는 경우가 이에 해당된다.

W. Scott, Handbook on Criminal Law, 1983, 562-563면 참조).

24 행위자에게 책임을 부담시키기 위한 하나의 조건으로서 범죄사실의 인식을 말한다. 일시적으로 부주의한 과오로 인하여 범죄의 결과를 야기시키는 과실과 구별된다.

25 법적 정당성을 가진 경우란 경찰관이 총기를 소지하고 격렬히 반항하는 범인에 대한 화기 발사 등이 이에 해당된다.

26 사전 계획적이란 수 주간의 계획과정을 요구하는 것은 아니며 심지어는 몇 분 정도의 짧은 시간에 사람을 살해하기 위한 준비도 이에 해당된다.

27 살인할 의도가 있었다든지, 살인할 의도는 가지지 않았다고 주장하더라도 중한 상해를 입힐 의도를 가지고 있었던 경우, 또한 중죄에 해당되는 범행의도가 있었던 경우, 형사사법기관원에 의한 합법적 체포에 대한 저항의사가 있는 경우, 피해자가 사망할 수 있는 가능성을 매우 높게 인식한 상태에서의 범행 등이 이에 해당한다.

영미법에서는 1급살인죄 이외의 모든 살인죄는 2급살인(murder in the 2nd degree)으로 간주한다. 2급살인(murder in the 2nd degree)은 주로 고살(Nonnegligent Manslaughter)에 해당된다. 고살(Nonnegligent Manslaughter)이란 사전에 피해자를 살해할 의도나 악의를 가지고 있지는 않았지만 결과적으로 사람을 살해한 경우로 상황적 살인이라고도 한다. 즉, 불법적으로 살해하긴 하였으나 1급살인에 해당되는 악의나 사전 계획 없이 살해하는 것이다. 여기에는 자발적 살인과 비자발적 살인으로 구분된다.

미국 대부분의 주에서는 사람을 살해하는 행위를 두 개의 급수로 나누어 구분하기도 하며, 일부 주에서는 세 개의 급수로 나누기도 한다. 이러한 급수 제도는 일단 사형을 당할 수 있는 살인과 그렇지 않은 살인을 구분할 수 있는 유용하고 의미 있는 방법으로 사용되었지만 최근에 이르러서는 이러한 급수에 대한 구분은 다소 모호해지고 있다(Bartol, Curt R, 2007: 285).

▪ 자발적 살인과 비 자발적 살인

자발적 살인(Voluntary Manslaughter)이란 범인이 상당한 흥분상태(Adequate Provocation)에서 살해에 이른 경우이다. 예컨대 배우자의 간통현장을 목격하고 정부를 살해한 경우[28] 또는 자신의 자식을 차에 치여 사망케 한 음주 운전자를 격노한 아버지가 목을 졸라 살해한 경우가 이에 해당된다. 즉 비록 사전에 사람을 살해할 의도가 없었다 하더라도 자식의 죽음에 격노한 아버지는 음주 운전자를 살해하고자 하는 욕구를 가지고 있는 것이다. 이 경우 결과적으로 사람을 살해하였으나 최초부터 죽일 마음을 가지고 있지 않는 경우이다. 살인의 급수를 구분하지 않고 있는 많은 주에서는 이러한 사례를 부주의가 아닌 고살(Nonnegligent Manslaughter)의 예로 간주한다(Bartol, Curt R, 2007: 285).

비자발적 살인(Involuntary Manslaughter)은 중죄[29]에 해당되지 않는 범죄행위를 하던 도중 결과적으로 사람을 살해하게 되는 경우로 의도하지 않은 살해(Unintended

28 관습법에서 배우자가 간통을 저지르는 현장을 목격하고 아내와 그 정부를 살해한 남성은 그가 심신상실 상태에 있었다는 것을 주장함으로써 경감조치를 받을 수 있었다. 이러한 경감조치는 살인자의 동기에 대해 공감을 표하는 한편, 그 도발적 행위에 대한 살인자의 감정적 반응이 옳지는 않다는 점을 인정하는 것이다. 미국의 4개 주에서, 피고인이 아내의 간통현장을 목격했다는 증거가 무죄 방면의 근거가 되었다. 조지아 주에서는 위 상황에 놓인 피고인에게 무죄를 선고하는 것이 정당방위와 유사한 것으로 여겨졌는데 이 논리는 20세기 후반까지 폐지되지 않았다. 또한 1974년까지 텍사스주에서는 자신의 아내와 침대에 함께 있다 발각된 남성을 살해하는 것이 완전히 합법적 행위로 인정받았으며 아무런 처벌을 받지 않았다.

29 중죄(felony)란 강간, 강도 등 1년을 초과하는 징역형이나 사형으로 처벌할 수 있는 범죄이며 경죄(misdemeanor)란 중죄에 해당되지 않는 범죄를 말하는 것이나 우리나라의 경범죄와는 다른 개념이다. 우리나라의 경범죄처벌법에 해당되는 범죄는 노상방뇨, 음주소란행위 등에 대하여 10만원 이하의 벌금・구류・과료에 의해 처벌(구류 1-30일 미만 신체자유제한), 과료(2,000원 이상 50,000원 미만의 재산형)로 구분되지만 미국의 경죄는 징역 1년형으로 처벌할 수 있는 범죄를 포함한다.

Killing)라고도 하며 물건을 빼앗기 위해(다른 범죄 실행과정) 사람을 밀치다가 결과적으로 사망케 한 경우가 이에 해당된다.

■ 부주의로 인한 살인(Negligent Manslaughter)

부주의로 인한 살인(Negligent Manslaughter)이란 우리나라의 과실치사와 유사한 개념으로 볼 수 있다. 비록 살해 의도는 전혀 없었으나 주의 의무를 다하지 않음으로써 결과적으로 사람을 죽이는 경우이다. 예컨대 총을 다루다가 부주의로 주위 사람에게 총상을 입혀 사망케 한 경우나 중앙선을 넘어 마주오던 차량을 충격하는 교통사고의 결과 상대 운전자를 사망케 한 경우가 대표적 예이다. 이러한 사례들은 UCR에서 살인의 범주에 들어가는, 부주의가 아닌 고살(Nonnegligent Manslaughter)과 확연히 다른 점이다.

앞에서 제시된 모살(Murder)과 부주의가 아닌 고살(Nonnegligent Manslaughter)의 경우는 피해자를 살해하고자 하는 의도가 있으며 따라서 상대 피해자가 죽기를 바라는 의도가 있다는 점에서 부주의로 다른 사람을 죽이는 경우(Negligent Manslaughter)와 확연히 차이가 난다.

그러나 앞의 두 가지 종류의 살인과 부주의로 인한 살인(Negligent Manslaughter)과의 경계가 모호한 경우도 있다. 가해자가 특별한 상황에서 매우 흥분하거나 감정적으로 조절하지 못하고 상대를 살해하는 경우, 즉 거친 성행위를 하다가 성적 흥분을 참지 못하여 상대 여성의 목을 졸라 살해하는 경우를 들 수 있는데 이와 같은 경우는 고의성 여부를 가려내기가 매우 어렵다. 따라서 미국의 일부 주에서는 부주의로 인한 살인(Negligent Manslaughter)을 2급살인과 유사한 개념으로 취급하기도 한다(Bartol, Curt R, 2007: 285).

미국의 살인범죄 통계에 들어가는 것은 모살(murder)과 부주의가 아닌 고살(Nonnegligent Manslaughter)이다. 그러나 부주의로 인한 살인(Negligent Manslaughter)에 해당되는 것처럼 보이나 고의성이 있다고 판단되는 경우 이에 대한 고의성 여부를 가려내는 것은 수사기관이나 법원의 몫이다.

■ 살인 당시 상황을 고려하여 가중처벌

영미법에서는 살인을 분류함에 있어서 가중살인(Aggravated Murder)이라는 특이한 개념을 적용하고 있다. 가중살인이라는 개념은 미국의 경우 각 주마다 주법에 의거 개념이 약간씩 차이가 있으나 살인을 행한 주체를 가중 처벌하기 위하여 심각한 경우를 별도로 규정하고 사항별로 처벌의 수위를 달리하는 개념이다. 가중살인으로 처벌하기 위해서는 사전 계획적 성격을 띤 보다 구체적이고 심각한 요소가 발견되어야 한다. 가해자의 측면과 피해자의 측면으로 구분[30]하여 그러한 행위나 대상에 해당되면 이를 가중살인의 영역에 포함시킬 수 있다.

그러나 우리 형법은 앞에서도 설명하였듯이 양자를 구별하지 아니하고 범인과 피해자 사이의 신분관계에 따라 단순살인과 존속살인으로 구분하고 특수한 동기로 인한 영아살해를 규정하고 있을 뿐이다.

2. 살인 성격에 의한 분류

피해자의 수와 살인이 발생한 현장의 수에 의한 분류는 동일 사건, 동일 장소를 기준으로 하여 몇 명의 피해자가 한 장소에서 살해되었는가를 기준으로 분류하며 사건의 성격에 따라 구분하기도 한다.[31]

1) 단일살인(Single Homicide)

살인 피해자의 수가 1명인 경우로 일반적으로 가장 많이 발생하는 경우이다.

2) 이중살인(Double Homicide)

피해자의 수가 2명인 경우이다. 현장에 있던 2명이 모두 살인의 대상이 되는 경우도 있고, 직접적 살해목표 옆에 우연히 다른 사람이 있는 경우도 있으며 살해를 말리는 과정에서 살해될 수도 있다.

3) 삼중살인(Triple Homicide)

피해자가 3명인 경우이다. 현장에 있던 3명이 모두 살인의 대상이 되거나 직접적 살해목표 옆에 우연히 다른 사람들이 있는 경우도 있어 이들이 살인 피해자가 될 수

30 1998년 미 오레곤 주의 주법에 의거한 가중살인 대상은 다음과 같다. 가해자의 입장에서 살펴보면 1. 청부살인의 경우 청부를 한 자, 2. 청부살인에서 청부를 받고 살인한 자, 3. 어떤 종류의 살인이건 처벌을 받고 재범한 자, 4. 동일한 범죄행위로 한 번에 2명 이상 살해한 자, 5. 피해자를 고문하거나 의도적인 상해의 결과로 사람을 살해한 자, 6. 고의적 살인의 피해자가 14세 이하인 경우에 해당된다. 피해자의 신분이 형사사법과 관련된 공적 업무를 하던 형사사법관련 요원이 아래와 같은 사람일 경우 이에 해당된다. 구체적으로 1. ORS 181.610의 규정에 따로 규정되어 있는 여러 형태의 사법경찰관, 2. 형사사법기관 근무자, 3. 오레곤 주 경찰, 4. 사법 집행관, 5. 배심원, 목격자, 6. 법원 고용인, 7. 보호관찰관 등이다. 기타 1. 범죄자가 구금 중 다른 사람을 살해하는 것, 2. 폭발물에 의한 살인(오레곤 주법에 의거), 3. 범죄 실행을 은폐하기 위해서, 또는 범행의 주체를 은폐하기 위한 살인, 4. 탈옥과정이나 탈옥 후에 살인 등으로 세분화되어 있다.

31 처갓집에서 행패를 부리던 사위가 이를 만류하던 처형이나 처갓집 식구들을 엽총으로 살해한 경우가 이에 해당될 것이다. 피해자의 수는 한 명에서 두 명 또는 세 명 때로는 네 명 이상이 될 수도 있다. 따라서 피해자의 숫자에 해당되는 살인으로 분류될 수 있다. 네 명 이상이 된다면 이러한 경우는 대량살인에 해당된다.

있는 경우도 있다.

4) 대량살인(Mass Homicide)

대량살인은 분노에 찬 범죄자가 한꺼번에 많은 사람을 죽이는 것으로 자기 파괴적 경향이 강하며 대량살인의 핵심 요소는 한 장소에서 범죄가 발생한다는 것이다(Harold Schechter, 2003: 7-10). 학자에 따라 다소 상이하게 분류하기도 하는데 삼중살인을 포함시키기도 하고 피해자의 수가 4명 이상인 경우를 지칭하기도 한다. 대부분의 피해자가 살인자와 면식관계나 인간적 관계가 형성되어 있지 않다(강은영 외, 2008: 51).[32]

물품을 변조한 대량살인에 주로 사용되는 수법은 음료수 등 음식물에 독극물을 주입하여 이를 마시거나 섭취한 불특정 다수를 대상으로 대량살인을 획책하는 것이다. 청산가리(Cyanide)는 1온스당 250명 이상을 살해할 수 있는 살상력을 지니고 있을 뿐 아니라 이를 쉽게 구할 수 있다는 점에서 자주 사용되는 독극물이다.

▪ FBI에 의한 분류

FBI는 대량살인을 두 가지 형태로 분류하고 있다. 고전적 대량살인과 가족 간 대량살인이다(Douglas 외, 1986).

- 고전적 대량살인　고전적 대량살인은 패스트 푸드점과 같은 사람들이 많이 모이는 장소에 사람들을 인질로 잡은 상태에서 살해하는 것이다.[33] 대량살인자들은 자신의 삶에 대해 더 이상 희망이 없다고 생각하며 좌절하거나 분노하는 성향을 가지고 있다. 통상 사건을 일으키기 전 오랜 시간 동안 치밀하게 계획하는 경향이 있다. 대량살인자가 선택한 피해자는 평소 가지고 있던 불만에 대한 상징적 대상이거나 자신의 불행에 대해 무언가 비난할 소지가 있는 개인들을 포함한다. 대량살인자들은 통상 총기류에 대해 깊은 관심과 흥미를 가지고 있으며 짧은 시간에 최대한 많은 사람들을 살상할 수 있는 반자동 총기류를 선호한다. 최근 들어서는 대량살상에 적합한 성능이 우수한 자동 소총류도 많이 사용되고 있다. 이들은 친구들이나 주위 사람들과의 강한 사회적 유대감이 없어, 사회적으로 고립되어 있고 퇴행적 인간들이 주류를 이루고 있다. 또한 다른 사람들을 지배하고 통제하거나 단시간 내에 남들로부터 주목받기 위한 기회로서 대량살인을 택하는 것이며 통상 범행을 저지른 이후에 자살하는 경향이 많다.

---

32 피해자의 수에 따라 분류하는 것은 학자에 따라 다소 견해가 엇갈리고 있다. 레빈과 폭스(1996)의 경우 네 명 이상의 피해자가 발생한 사건을 대량살인이라고 한 반면, 홈즈와 홈즈(2001)의 경우 세 명 이상의 피해자가 발생한 경우를 대량살인이라고 분류하고 있다.

33 1984년 미국의 캘리포니아에서 제임스 올리버 휴버티(James Oliver Huberty)에 의해 샌프란시스코 맥도널드 패스트 푸드점에서 21명에 달하는 사람들을 살해한 사건이 이에 해당된다.

- 가족 간 대량 살인　　가족 구성원에 의해 최소 3명 이상의 가족을 살해하는 경우를 가족 간 발생하는 대량살인으로 분류하기도 한다.

▪ 디츠(Dietz, 1986)에 의한 대량살인 분류

디츠는 좌절한 가족의 가장이 전체 가족을 살해하는 유형인 가족학살자(Family Annihilator),[34] 사람이 많은 공공장소에서 충분한 무기를 준비하여 통상 경찰에 의해 사살되는 형태인 특수부대원 흉내를 내는 학살자(Pseudo-Commandos),[35] 폭탄이나 독극물을 이용하여 사람들을 대량 살해[36]하고 치고 빠지는 유형인 설치-도주형 살인자(Set-and Run-Killers)[37]로 분류하고 있다.

▪ 홈즈와 홈즈(Holmes & Holmes)에 의한 대량살인 분류

홈즈와 홈즈(Holmes & Holmes)는 디츠의 세 가지 분류에다 네 가지 유형을 추가하였다. 자신의 의지가 아니라 카리스마를 가진 어떤 인물로부터 승인을 받고 대량살인에 참여하는 형태인 추종자(Disciples), 현재 직장에 불만이 있거나 해고, 은퇴한 전직 피고용자들이 구체적인 개인을 향해 불만을 가지고 대량살인을 저지르는 불만 많은 피고용자 유형(Disgruntled Employees), 막연하게 세상을 향해 대량살인을 저지르는 전반적 사회에 대한 불만을 가진 시민 유형(Disgruntled Citizens), 정신질환자에 의한 대량살인을 의미하는 미친 대량 살인자 유형(Psychotic Mass Murderers)으로 구분할 수 있다(강은영 외, 2008: 52-53).

▪ 대량살인의 특성

- 좌 절　　파머(Palmer, 1960)는 51명의 대량살인자를 대상으로 연구한 결과 그들의 주요 범행원인이 심각한 좌절에 있음을 발견하였다. 좌절의 종류에는 어린 시절

34 명문 사립대 경영학과를 졸업한 강씨는 외국계 기업 임원으로 있다 2012년 퇴직하고 아파트를 담보로 대출받아 주식투자를 하다 금전적 손해까지 입자 2014년 1월 6일 오전 3시쯤 서울 서초동에 있는 자신의 아파트에서 잠을 자던 아내와 두 딸들에게 수면제를 먹여 살해하는 극단적인 선택을 했다. 이후 자신도 목숨을 끊을 계획이었지만 자살 시도가 미수에 그치면서 도주했고 범행 당일 낮 12시 10분쯤 경북 문경에서 체포돼 재판에 넘겨졌다. http://www.focus.kr/view.php?key=2015120400115029521 포커스 뉴스 2015. 12. 4.

35 고전적 대량살인과 유사한 개념이다.

36 80대 여성 박씨는 지난해 7월 14일 오후 2시 43분쯤 경북 상주시 공성면 금계1리 마을회관 냉장고에 전날 먹다 남겨둔 사이다 페트병에 맹독성 농약으로 사용이 금지된 메소밀을 몰래 넣어 이를 마신 할머니 6명 중 2명이 숨지고 4명이 중태에 빠뜨린 혐의(살인 및 살인미수)로 구속기소됐다. 박씨는 상주지원에서 1심 재판을 받을 예정이었지만 국민참여재판을 신청, 대구지법에서 열린 1심에서 무기징역을 선고 받자 항소했다 1심에서 배심원 7명은 만장일치로 유죄로 판단했다.
http://www.hankookilbo.com/v/72dc217915aa4970869cdd13d29902b6 (2016. 5. 19.)

37 물품을 이용한 대량살인과 유사한 개념이다.

의 질병, 사고, 아동학대, 신체적 질환, 소외, 빈곤 등 사회적 무시와 실패 등이 있다. 이러한 좌절이 장기적으로 계속되게 되면 실패 극복능력의 감소와 궁극적으로는 부정적 자아상(Self Image)이나 심각한 침체로 될 수 있다.

- 책임의 외부화 　좌절과 의기소침의 결과 책임을 자신에게 돌려 공격성이 내부적으로 향할 때에는 자살과 같은 시도를 하게 되지만, 이러한 결과가 모두 다른 사람이나 환경, 불운의 탓이라고 한다면 타인을 향한 공격성이 발현될 수 있다.

- 엄청난 실패 　평소 장기적으로 계속된 부정적 자아상과 의기소침, 좌절 등에 실직이나 이혼 등의 감당할 수 없는 스트레스가 덧붙여진다면 평소에 외부에 대한 공격이 현실화될 수 있는 가능성은 매우 커지게 된다.

- 사회적 고립 　주위에 자신의 어려운 처지를 이해해 주고 들어줄 수 있는 사람이 아무도 없이 사회적 외톨이가 된다면 상황을 더욱 악화시킬 수 있다. 가족들과 떨어져 혼자 살거나 주위에 자신을 이해해 줄 수 있는 형제, 친구들이 없을 때 정서적 지지의 원천이 상실되면 대량살인에 커다란 역할을 할 수 있다.

- 대량살상무기 　평소 자신의 환상을 구체화시키고자 하는 심리는 많은 사람을 한꺼번에 살해할 수 있는 자동화기나 폭발물 등 대량 살상무기를 늘 가까이 구입하여 두고 자신이 언젠가는 결행할 수 있을 것이라는 기대를 가지게 된다.

- 세상에 대한 증오 　어릴 적부터의 왕따, 고립감, 좌절과 현재 처해 있는 여건의 악화, 주위에서 도움을 줄 수 있는 사람의 부재에 따른 사회적 고립화, 자신보다는 주위의 여건이 결국 자신을 이렇게 만들고 말았다는 원망 등이 누적되면 세상의 불특정 다수에 대한 증오감이 생기게 된다. 증오감이 본때를 보여주고자 하는 소영웅심리와 결합하였을 때 총부리를 돌리게 되는 것이다.

- 상대적으로 명확한 표적 　이들은 불특정 다수를 선택하기는 하나 그렇다고 해서 아무런 생각도 없이 표적을 무작정 선택하는 것은 아니다. 대량살인 중 40%가 가족구성원을 살해하는 경우가 대표적이다. 가족 구성원이 아니라 불특정 다수라 하더라도 대량 살인 시도 시 자살하거나 경찰에 의해 사살되거나 체포되어 통상 일회성으로 끝날 가능성이 크다. 그러므로 일단 목표가 선정되면 실수하지 않도록 범행을 사전에 치밀하게 계획하는 경향이 강하다. 구체적 범행대상으로는 자신을 해고한 사장, 점수를 낮게 준 교사, 왕따시킨 친구, 자신이 지나가는 앞길을 막아 자신을 화나게 한 행인들을 살해하기도 한다.

- 모 방 　대량살인의 주요한 특징은 모방인데 특히 10대 고등학생들의 대량살인은 이전에 발생했던 대량살인의 영향이 매우 크다.

대량살인을 시도하는 범죄자는 스스로 목숨을 버릴 각오로 범행한다. 피의 향연을 벌인 뒤 스스로 목숨을 끊거나 출동한 경찰에 의해 사살되기도 한다. 대량살인범들은 많은 사람들을 한꺼번에 해하기 위해서 총기류를 사용하는 점이 다른 점이다. 대량살인의 핵심적 요소는 한 장소에서 범죄가 발생한다는 점이다. 대표적인 사건으로 1966년 8월 1일 텍사스 대학 관망대에 올라가 총기를 난사한 찰스 휘트먼의 사건이 있다(Harold Schechter, 2003: 10-11).

대량살인범은 대부분 남성이며 일반적으로 인생에 실패한 자들이다. 배우자로부터의 버림, 직장에서의 실직, 기타 굴욕적 일들로 인해 막다른 골목에 몰린 자들이다. 이들은 실패의 원인을 외부로부터 찾으며 격분하여 여러 사람을 해치는 타입이다(강은영 외, 2008: 53-55).

5) 연속살인(Spree Killing)

피해자의 수가 다수이긴 하지만 범행 장소가 한 군데가 아니라 여러 군데를 다니면서 살해를 시도하는 경우, 단순히 피해자의 수가 4명 이상인 경우를 말하는 대량살인과 다른 개념으로 분류한다. 장소를 이동하면서 여러 명을 살해한 경우, 즉 두 곳 이상의 장소에서 한 건의 사건이 발생하는 경우를 연속살인[38]이라고 한다.

연속살인(Spree Killing)과 대량살인(Mass Murder)의 차이점은 범인이 움직이는가의 여부, 즉 장소의 이동과 관련이 있다. 범행 장소를 이동하는가 아니면 한 장소에서 대규모 살상이 이루어지고 사건이 종결되는가라는 한 가지 점만 뺀다면 거의 동일하다. 대량살인범은 한 장소에서 많은 사람들을 살해하는 반면, 연속살인범은 장소를 옮기면서 가는 곳마다 살인을 한다. 이러한 점을 감안하였을 때 연속살인범은 움직이는 대량살인범(Mobile Mass Murder)이라고도 한다.

심리적으로 대량살인범과 매우 유사하다. 연속살인범도 심한 좌절감과 소외감을 안고 있다. 인간사회와의 단절, 허무한 인생 그리고 심리적 폭발의 단계를 거친다. 우선 자신이 인간사회와 연결되어 있다고 느끼지 못한다. 살아온 인생 전부를 허무하게 느낀다. 그리고 더 참을 수 없는 지경에 이르러 폭발한다. 그들은 대부분 항복보다는 죽음을 선택한다. 죽음을 택하지 않는 경우 자신들이 처형되거나 평생 갇혀 지내게 되리라는 것을 알고 순순히 체포된다(Harold Schechter, 2003: 12).[39]

---

38 경남 창녕에서 발생하였던 우순경 사건을 들 수 있다. 평소 자신과의 사이가 좋지 않던 동네사람들을 파출소 무기고에서 꺼내온 카빈 총으로 온 동네를 돌아다니며 살해한 사건이다. 또한 버지니아 텍에서 발성한 연속살인사건이나 전방 모사단에서 발생한 김모 일병 사건 역시 이러한 유형의 사건이다.

39 노르웨이 법원이 2011년 총기 난사와 폭탄 테러로 77명의 목숨을 앗아간 극우주의자 안데르스 베링 브레이빅에 대해 24일(현지시간) 책임 능력을 인정해 징역 21년형을 선고했다. 노르웨이에서 징역 21년형은 법정 최고형이다. 브레이빅은 지난해 7월 22일 오슬로 정부청사에서 폭탄을 터뜨려 8명을 숨지게 했으며 우토야섬의 노동당 청소년 캠프에서 총기를 난사해 69명을 살해했다.

이들은 두 가지 범행동기, 즉 세상에 대한 증오, 자기 자신을 세상에 드러내 보이고 싶은 욕구 때문에 범행을 저지른다.

직장문제, 정상적 애정관계를 가질 수 없다는 좌절감에서 고통을 느끼지만 적어도 사람들을 죽일 수 있다는 한 가지 면에서 자신이 남보다 뭔가 다르고 특별하다는 것을 증명하기 위해 범행을 저지르는 것이다. 따라서 대량살인과 마찬가지로 연속살인범 역시 특정한 대상을 표적으로 범행을 저지르게 되는데 자신을 해고한 사장, 낙제점을 준 교사, 왕따를 시켰던 고등학교 때 친구 등이 표적이 되기도 한다.[40]

이와 같이 대량살인과 연속살인은 동일한 심리적 현상에서 발현된 것이기 때문에 최근 이 두 종류를 같이 묶을 수 있는 새로운 용어가 제시되었다. 뉴욕 타임즈는 콜럼바인 대학살 1주기 직전 딜런 클레볼드, 찰스 휘트먼 기타 범인들을 일컬어 발작적 살인범(Rampage Killer)이라고 칭했다. 이는 대량살인범, 연속살인범과 연쇄살인범의 본질적 차이를 명확히 짚어주는 용어이다.

지난 2008년 한국에서 발생한 연천지역 최전방 GP 총기난사 사건의 경우가 대표적인 연속살인이다. 국회 진상조사 소위원회가 발표결과 제시된 발생 원인으로 몇 가지를 들 수 있다. 첫째, 범인인 김모 일병의 내성적 성격으로 인하여 GP생활에 대한 부적응, 둘째, 부대 내에서 동료나 상급자와의 원만한 관계를 형성하지 못한 상황에서 심리적 압박감의 증폭, 셋째, 일부 선임병의 욕설과 질책 등의 상호작용 등이다. 결과적으로 김모 일병의 군복무에 대한 부적응이 가장 큰 원인이지만 근본적 원인을 선임병들의 언어폭력이나 질책보다 김모 일병의 성격적 결함 등에 무게를 두고 있다.

이와 관련하여 김모 일병이 군 입대 직후 받았던 다면적 인성 검사 결과는 다음과 같다. 첫째, 무감동적, 기운과 의욕이 없는 비활동적, 둘째, 우울증적 심리의 표출, 셋째, 율법에 순응적이고 조심성이 많으며 넷째, 자신의 실체를 잘 드러내지 않고 인정하지 않는 인성을 가지고 있다. 특히 자신을 남에게 나타내지 않는 방어적 성향이 강해 타인이 인식할 수 없도록 공격성이나 분노감을 과도하게 억제하고 있었다. 이 사건 이전 연속살인으로 한국에서 가장 많은 사상자를 낸 창녕 우순경 사건이 있다.[41]

---

http://news.naver.com/main/read.nhn?mode=LSD&mid=sec&sid1=104&oid=003&aid=0004677929 뉴시스 2012. 8. 24.

40 2002년 가을 존 무하마드와 그를 추종하는 10대 소년 리 말보가 저지른 사건이 대표적이다. 그들은 알라바마 주 몽고메리에서 최초 2건의 저격 살인을 한 후, 파란색 시보레 차를 타고 이동하면서, 워싱턴 D.C. 메릴랜드 주, 버지니아 주에서도 범행을 저질렀다. 체포된 후 사건의 주범격인 무하마드는 개인으로서 사회인으로서 실패하고 세상을 향해 분노를 쏟아내는 성향을 가지고 있었기 때문에 전형적인 연속살인범의 범주에 속한다.

41 1982년 4월 26일 의령군 궁류면 우순경 총기난동 사건 은 궁류지서에 근무하던 당시 27세의 우범곤 순경이 무기고에서 탈취한 총과 수류탄으로 동네 주민들에게 난사해 사망자 56명, 부상자 35명을 발생시킨 희대의 사건이다.

6) 연쇄살인(Serial Homicide)

연쇄살인에 정의는 학자나 기관별로 다소 차이가 있다. 더글라스 등은 3곳 이상의 개별적 장소에서 각각의 개별적 살인사건이 발생하는 경우로 살인에 대한 공상과 환상을 가지고 범행을 준비하면서 특히 피해자를 살해하는 중에도 심리적 냉각기를 가지는 경우를 연쇄살인으로 분류한다(Douglas, Ressler, Burgess & Burgess, 1992).

1992년 미연방수사국(FBI)에 의하면 연쇄살인은 앞에서 제시한 사건 간 정서적 냉각기(Emotional Cooling-off period)를 가지고 있으며 세 군데 이상 독립된 장소에서 세 차례 이상 서로 연관성이 없는 살인을 저지르는 것을 말한다. 이때 냉각기는 살인과 살인 사이의 휴지기로 짧게는 몇 시간에서부터 길게는 몇 년이 될 수도 있다(Harold Schechter, 2003: 7).

미 국립 사법연구소(National Institute of Justice)에 의한 연쇄살인에 대한 정의를 살펴보면 통상 늘 그런 것은 아니지만 대체로 한 사람이 혼자서 범행을 저지른다. 피해자의 수는 반드시 3명이상이 아니며 2명부터 연쇄살인의 범주에 포함시키기도 한다. 그러나 그 이상의 연이은 사건이나 반드시 독립적인 성격을 가진 살인사건이어야 한다. 살인은 몇 시간, 혹은 몇 년의 간격을 두고 일어날 수 있다. 범행 동기는 심리적인 것이며 범인의 행동과 물적 증거를 토대로 보면 가학적인 성범죄 양상이 강하다(Harold Schechter, 2003: 9).

두 군데 혹은 세 군데 이상 독립된 장소와 냉각기는 연쇄살인과 대량살인(Mass Murder)과 구별하는 중요한 특징이다. 연쇄살인범을 육식동물에 비유한다면 대량살인범은 '인간 시한폭탄'으로 정의할 수 있다. 대량살인과 연속, 연쇄살인을 표로 정리해 보면 위와 같다〈표 6 참조〉. 시간적 간격 즉, 정서적, 심리적 냉각기의 존재여부가 연쇄살인과 나머지 살인을 구분하는 결정적 차이점이다.

표 6 살인의 분류

구분	피해자 수	장소	사건간 연관성	정서적 냉각기	범죄자의 특징	성범죄	종결
대량살인	4명 이상	동일	해당없음	없음	인간시한 폭탄	없음	주로 자살
연속살인	4명 이상	이동	있음	없음			
연쇄살인	2-3명 이상	이동	없음	있음	육식동물	있음	체포 또는 자살 미해결

출처: 내용 재정리

3. 살인 동기에 의한 분류

살인의 동기가 무엇인가를 알아내는 것은 살인 사건의 성격을 파악하고 사건 수사를 수행하는 데 있어서 매우 중요하다. 살인 행위 그 자체가 비정상적 행위이기는 하나 적어도 동기가 어느 정도 명확한지의 여부에 따라 정상적 살인과 비정상적 살인으로 구분한다. 금전적 이욕에 의한 분류에서는 강도 등 재산범죄 과정에서 발생하는 살인과 납치·유괴·보험·상속과 관련된 살인으로 구분한다. 또한 상대에 대한 통제, 치정·배신감 등의 질투에 의한 살인, 성적 동기에 의한 살인, 정신적 이상에 의한 살인 그리고 동기가 불분명한 무동기 살인 등으로 구분할 수 있다.

1) 목적과 동기의 명확성에 의한 분류

▪ 살인의 목적

- 증상적 살인(Symptomatic Murder)　　무의식적 동기, 자존심의 실추, 공격성과 성적 본능의 처리 미숙, 알코올 중독, 간질, 기질적 뇌증후군 같은 것의 증상으로서 살인을 하는 경우이다.

- 본질적 살인(Essential Murder)　　갱, 마피아 같은 지하범죄조직 또는 암살자가 확연한 목적을 갖고 치밀한 계획하에 저지르는 반사회적 살인을 지칭하는데, 이때의 범인은 반사회적 성격의 소유자가 압도적으로 많다.

▪ 동기의 명확성

- 정상적 살인　　살인사건 수사과정에서 통상 인간이 가질 수 있는 감정인 금전이나 원한, 순간적인 격분에 의해 발생한 것으로 살인 동기를 추정할 수 있는 경우를 정상적 살인이라고 한다.

- 비정상적 살인　　앞에서 설명한 인간이 일반적으로 가질 수 있는 원인 이외에 살인 그 자체가 목적이 되므로 수사기관의 입장에서 살인사건 수사과정을 통해서도 합리적인 동기를 추정하거나 파악하기 어려운 경우를 비정상적 살인이라고 한다.

2) 금전적 이욕에 의한 분류

▪ 강도 등 재산범죄 과정에서의 살인

재산범죄, 특히 강도, 주거침입, 절도 범행중 범죄자가 피해자를 위협하는 과정에서 피해자 저항을 제압하거나 피해자를 과도하게 겁주는 과정에서 피해자를 살해하는 것이다. 이외에 처음부터 피해자의 저항의지를 무력화시키기 위하여 의도적으로 살해하는 경우도 있다.

■ 납치, 유괴 살인

보호자로부터 금품을 요구하기 위한 목적으로 피해자를 납치하거나 유괴한다. 그리고 전화 등을 이용하여 보호자와 접촉 후 협박을 통해 이루어지는 철저한 계획 범행의 결과 피해자를 살해하는 것이다.[42] 그러나 최근 많이 발생하고 있는 일련의 사건 중 납치 유괴의 형태를 띠긴 하지만 그 동기가 성적 목적 혹은 살인 목적으로 살해하는 경우는 이 범주에 포함해서는 안 된다. 그러므로 최근 금전적 이욕없이 소아 기호증을 가진 자들이나 자신의 성적 욕구를 충족하기 위해 어린이나 부녀자를 납치 또는 유괴하는 경우들은 이에 해당되지 않는다.

일반적으로 납치 및 유괴 장소, 살해현장, 사체발견 장소 등이 상이하다. 계획적으로 현장을 답사하거나 피해자 관련 정보를 사전에 수집 후 피해자에 대한 보호자의 보호나 감시가 소홀한 상황을 틈타 이루어진다. 피해자는 주로 저항력이 약한 여자나 아동일 가능성이 높다. 그러나 술에 취하여 방어능력이 현저하게 떨어지거나 정상적 상태의 남성도 방심하고 있다가 순간적으로 제압을 당하면 피해자가 될 수 있다.

범죄자는 유괴 후 여러 사람들의 눈을 피해 혹은 수사기관의 추적을 회피하면서까지 피해자를 관리할 수 있는 여건이 용이하지 않다. 통상 피해자를 살해하여 시체를 유기하는 것이 일반적이다. 피해자를 살려두는 것은 후에 체포될 수 있는 가능성이 크므로 이를 두려워하여 피해자를 살해하는 경우가 대부분이다. 골든타임이 경과하면 피해자의 생존확률이 급속도로 감소하게 된다.

■ 보험 살인

보험 살인은 금전을 목적으로 한 전형적인 살인형태이다. 주변사람들을 대상으로 한 범행의 용이성이나 범행 후 받게 될 금전적 수혜의 기대감으로 최근 들어 급증하고 있다. 범행 실행 과정에서 보험이라는 수단을 통해 금전적 이익을 추구하기 위해서는 범죄자와 피해자와의 관계가 매우 가까울 수밖에 없다. 그 이유는 피해자 사망으로 인한 보험 수혜자가 바로 범죄자 자신이 되어야 하기 때문이다. 따라서 금전적 이득을

---

42 1980년 11월 13일, 서울 영등포의 아파트에서 당시 중학생이던 이윤상이 다니던 중학교의 체육교사 주영형이 누나의 심부름을 다녀오던 제자인 이윤상을 유괴 후 살해하여 북한강에 암매장한 사건이 발생하였다. 범인은 범행동기를 도박 빚을 갚기 위해 유괴하였다고 진술하였고 조사과정에서 여학생 제자들과의 불륜 한각도 밝혀졌다. 유괴 후 범인은 서울 영등포의 아파트에 이 군을 감금한 후 손발을 묶고 입에 반창고를 붙이고 이불을 덮어 질식사시킨 뒤 시체를 경기도 가평군 북한강 둔치에 암매장하였다. 범인과 불륜 관계에 있던 두 여고생도 범행을 도운 혐의로 함께 구속되었으며 범인 주영형은 1심에서 사형을 선고받고 계속 항소·상그하였으나 대법원에서도 사형 확정판결을 받고 1983년 7월 9일 사형이 집행되었다.

위한 보험 살인의 피해자는 범죄자와 가까운 관계, 배우자를 포함한 가족, 동거 관계 등에 있는 경우가 대부분이다.[43] 피해자는 자신의 사망에 따른 보험 수혜자가 범죄자라는 사실을 전혀 예상하지 못한 상태에서 피해를 입는 경우가 대부분이다. 따라서 일단 범죄자가 범행을 결심하면 피해자가 될 확률이 매우 높아진다.[44] 범행 이전에 반드시 피해자가 보험에 가입해야 하며 범죄자 자신을 수혜자로 만들어 놓아야 한다. 피해자에게 보험 가입 사실을 알리지 않거나 알려도 여러 이유를 달아 보험에 가입시키는 것이 일반적이다. 피해자를 살해하는 방법은 교통사고를 위장한 살해방법이 많이 이용되고 있다. 여성이 범죄자인 경우 지인을 고용하여 청부살해하는 경우도 있다. 청부살인의 경우 살인을 의뢰했던 보험 수혜자가 자신의 의도를 은폐하기 위해 피해사실을 경찰에 신고하기도 한다. 범행 이후에도 사체를 숨기지 않고 쉽게 발견되어야만 보험금을 탈 수 있다. 그러므로 사체를 은닉하여 범행 장소에 그대로 두는 것이 아니라 다른 사람을 시켜 신고하기도 한다.[45]

이런 형태의 범죄현장의 분석에서 가장 어려운 것은, 범죄를 저지르기 전 치밀한 계획을 세우고, 물리적 단서를 거의 남겨 놓지 않는 경우다. 현장은 깨끗하게 정돈되어 있고, 흉기를 사용한다면 현장에 가지고 왔다가 가지고 가는 경향이 있다. 절도나 강도 범죄에 의한 살인으로 위장하는 경우 경찰 수사에 혼선을 주기 위해 성범죄 흔적을 남기거나 장롱, 서랍을 열어 놓기도 하고 현장조작을 시도한다. 피해자의 영결식에서는 과도한 슬픔을 표시하거나, 때로는 전혀 슬픈 기색을 나타내지 않기도 한다.

▪ 상속 살인

상속 살인 역시 금전적 이득을 목적으로 하는 전형적인 살인이다.[46] 본 살인의 특

43 남편이 전 가족을 보험에 가입시킨 후 자신의 부인과 자식들을 차례로 목을 졸라 살해하고 증거를 인멸하기 위해 집에 불을 지른 혐의로 체포되어 유죄판결을 받은 사례가 있다.

44 부인을 살해하기 위해 자동차에 살해 도구를 설치한 경우도 있다. A씨는 부인을 살해하고 보험금을 타기 위해 지나가면서 창문으로 부인의 몸을 치기 위해 자신이 운전하는 차량에 철근으로 도구를 만들고 범행을 시도하다 범행을 시도하기 전에 발각된 사례가 있다. 연쇄살인범인 강호순의 경우 연쇄살인 행각 0 외에도 2005년 10월 경기 안산시의 장모 집에 불을 질러 아내와 장모를 살해한 혐의로 지난 2월 구속 기소돼 1심에서 사형을 선고 받았다.

45 드들강 임산부 살인사건의 범인은 지인을 시켜 119에 신고하려는 시도를 하였다.

46 토지 상속으로 놓고 갈등을 빚던 형수를 살해하고 조카까지 살해하려 한 70대 남성이 대법원으로부터 징역 25년을 확정 받았다. 대법원 2부는 살인 · 살인미수 혐의로 기소된 이 모씨(72)에게 징역 25년을 선고한 원심을 확정했다고 26일 밝혔다. 또 10년간 위치추적 전자장치의 부착을 명령했다. 재판부는 "이씨의 연령, 성품과 행실, 지능과 환경, 피해자들과의 관계, 각 범행의 동기 · 수단과 결과, 범행 후 정황 등 기록에 나타난 여러 사정들을 종합하면 정상을 참작하더라도 원심의 형이 부당하다고 할 사유가 없다"며 "재범의 위험성이 있어 10년간 위치추적 전자장치 부착도 그대로 유지한다"고 판시했다. 앞서 이씨는 지난해 8월 형수 A 모씨(72) 자택에서 미리 준비해간 망치로 A씨를 살해하고, 인근에 살고 있는 조카 B씨(58)에게 흉기를 휘둘러 살해하려 한 혐의로 기소됐다. 이에 1 · 2심 재판부는 "범행의 내용 · 결과가 참혹하고 그 죄질 또한 매우 무겁다"며 "이씨가 진심으로 사과하거나 반성하고 있지 않으며 오히려 형수와 조카에게 범행동기에 대한 책임을 전가하는 듯한 태도를 보이는

성상 존속살인과 많이 겹치는 부분이 있다. 상속 살인을 통해 자신에게 금전적 이익이 있을 것임을 예상하고 범행을 저지른 경우가 이에 해당된다. 따라서 비록 존속살인이라 하더라도 그 범행동기가 금전적 이익이 아니라 우발적이고 충동적인 경우는 이에 해당되지 않는다. 존속살인이 상속 살인에 해당되는 것은 아니나 상속 살인은 배우자에 의한 살인을 제외하고는 주로 존속살인에 해당되는 경우가 대부분이다. 상속 살인에서는 피해자가 사망하여야만 범죄자가 상속의 수혜를 받는다는 공식이 성립하므로 상속 살인에서의 범죄자와 피해자 역시 부모-자식 관계, 그리고 배우자 관계가 가장 많다. 만일 법적으로 상속의 수혜를 입지 못하는 관계에 있다면 적어도 상속범죄자가 아닐 가능성이 크나 청부살인을 의심해 볼 수도 있다. 존속살인의 동기가 존속살인의 피해자의 장기적 학대에 의한 범행 등을 제외하고, 부모 등이 살해된 결과 발생하는 금전적 이익 기대 심리가 존재하여야 한다. 존속살인의 사례 중 박한상 사건[47]은 상속과 관련된 아버지의 최후통첩이 범인으로 하여금 끔찍한 부모 살해를 결심하게 된 결정적 동기를 제공한 면에서 전형적인 상속 살인의 특징을 가지고 있다.

3) 상대에 대한 통제, 질투(치정/배신감) 등의 분류

범행 동기 중 예로부터 남녀 간의 질투, 치정이나 배신감에 의한 살인 발생은 동서고금을 막론하고 일반적이며 남녀간 상대의 부정행위나 배신행위에 대한 긴장관계는 현재진행형이며 미래형이기도 하다.

최근 결혼율이 급속히 떨어지고 있기는 하나, 많은 사람들이 번식을 위해 짝을 형성하고 가정을 이루는 것은 자연스러운 현상이다. 진화심리학적 관점에서 우성 생식을 하는 종의 경우 짝짓기(Mating)가 번식을 위해 반드시 필요하다. 그러므로 남녀 모두 협조적이고 신뢰할 만하며 수완이 좋고 번식력이 높은 짝을 선택하는 것이 최대 관심사이다. 여성의 입장에서는 자신과 자식을 부양하는 배우자의 배신이 경제적, 사회적 지위와 직접적인 관련성을 가지기 때문에 많은 관심을 갖게 된다. 남성의 경우에는 부성(Paternity)이 확실하지 않을 때[48] 엉뚱한 곳에 투자하는 결과 초래에 관심이 있다(최재천

점, 피해자들이 처벌을 강력히 원하는 점 등을 고려해 상당 기간 사회에서 격리할 필요가 있다"며 이씨에게 징역 25년을 선고했다.
http://www.siminilbo.co.kr/news/articleView.html?idxno=407666 (2015. 7. 26.)

47 부모를 살해한 패륜아 박한상은 유학중 부모의 허락을 받지 않고 몰래 한국으로 들어와 압구정동 등에서 유흥하다 이러한 행위가 아버지에 의해 발각되어 '호적을 파 가라'는 등의 질책을 듣자 장남으로서 자신에게 상속될 수 있는 재산이 없어질 수 있다는 강박감이 범행 동기의 중요한 부분을 차지하였다고 진술하였다.

48 자식을 향한 부모의 사랑은 엄청나지만, 어떤 조건하에서는 그다지 '엄청나지' 않을 수도 있다. 진화론적 관점에서 본다면 부모가 유전적 부모가 아닐 때, 부성의 불확실성 등이 대표적인 것이다. 부성의 불확실성이란 여성은 스스로의 몸으로 잉태하여 자녀를 출산하므로 자녀가 자신의 친자녀인지 불확실할 이유가 거의 없는 반면 바람기 있는 짝을 둔 남성은 자기 자식이 아닌 엉뚱한 자식에게 투자를 해야 할지도 모르는 위험에 늘 놓여 있고,

외, 2004: 22-23).

성적 질투의 방식은 남성과 여성에게 있어서 서로 다른 형태로 나타난다. 상대가 외도를 했을 때 남녀 반응은 동일하지 않다. 여성은 남편이 외도했을 경우에 때로 육체적 상해를 입히거나 죽이기도 한다. 때로는 남편의 애인을 다치게 하거나 죽이는 경우도 있고, 남편을 떠나든지 아니면 남편을 쫓아내기도 하고, 남편더러 자녀를 키우라고 버리는 경우도 있다. 그렇지만 여성이 이렇게 할 확률은 여전히 남자가 그럴 확률보다 낮으며, 발각된 남편의 경솔함을 용서해줄 확률이 더 높다. 이처럼 들켰을 때 치러야 할 대가가 상대적으로 더 적기 때문에 수컷 동물의 부정은 분명 암컷만큼 정교하지 못하다(로빈 버이커, 이민아 역, 2007: 104).

남성은 상대 여성이 정절을 깨는 것에 대해 훨씬 큰 분노를 느끼는 데 비해 여성은 상대 남성이 다른 여성에게 정서적 친밀감을 보이는 것에 대해 더 크게 분노한다(Buss et al, 1996). 이러한 성적 질투는 성인들 간에 벌어지는 폭력과 살인의 직접적인 원인이 되기도 한다(Daly & Wilson, 1988).

배우자 혹은 사귀는 관계인 남녀 간 살인의 원인에는 별거, 이혼, 이별 등의 좌절로 인한 살해와 간통 등 배우자의 부정을 원인으로 한 살해 등으로 구분할 수 있다.

▪ 별거, 이혼, 이별에 따른 살해

전통적으로 결혼은 남편에게 아내에 대한 배타적 성적 접근 권한의 부여를 의미하는 것이었다. 아내에 대한 일종의 소유권적 성격을 지닌다. 여성은 번식을 위한 '자원'으로서 거래를 할 수 있는 대상이며, 보통 이 거래는 여성 집안의 남성(대부분이 여성의 아버지)간에 이루어진다. '재산'으로서의 아내에 대한 '소유권'은 '소유주'에게 '소유물'을 마음대로 처분하고 이용할 수 있는 권리를 주는 것이다. 소유물로서의 아내에 대한 가장 극단적인 역사적 자료는 19세기 영국에서의 아내 시장(Wife Market)제도에서 드러난다.

그러므로 어떤 이유에서이건 간에 아내의 도주, 혹은 아내와의 이혼은 남편에게, 혹은 그의 가족에게 귀중한 생식자원 혹은 금전적 자산을 잃는다는 의미를 지닌다. 더구나 헤어진 후 그녀가 다른 남성을 새로운 남편으로 맞는다면, 자신의 아이와 미래의 경쟁자가 되는 새 남편의 아이를 낳을 것이기 때문에 이중의 손실을 입게 된다. 자손의 수로 표시되는 절대적인 번식 성공뿐만 아니라, 상대적인 번식 성공도 역시 중요하기 때문이다. 때로 남성들은 자신의 짝을 붙잡고 절망적인 상황에서 아내를 죽여 버리고 말겠다는 극단적 결론에 도달하기도 한다. "만약 그녀가 내 것이 될 수 없다면 누구

아내가 임신한 태아가 자신의 정자에 의한 수정인지 아닌지의 여부가 불투명할 수 있다는 개념이 부성의 불확실성이다.

의 것도 될 수 없다(If I can't have her, then no one can)"라는 한 남성의 선언은 이런 심리를 드러내고 있다(Campbell, 1992).

이러한 원리는 단순히 법적 관계로 맺어진 배우자간에만 해당되는 것이 아니며 부부 사이가 아니더라도 남녀 간에 발생될 수 있다. 따라서 이를 비단 배우자에 한정하지 않는다(최재천 외, 2004: 86-87).

부인이 남편의 폭행으로부터 벗어나기 위해 가출했을 때 남편이 부인을 찾아내어 살해하는 경우, 처갓집에 가서 가출한 부인의 소재를 알려달라고 실랑이를 하다가 처갓집 식구들을 살해하는 경우도 있다.

▪ 불륜과 배우자 살해

한국에서 간통죄는 이미 폐지되었다. 그러나 배우자불륜으로 인한 갈등과 배우자 살인은 고대이후 계속되어 온 주제다.

불륜에 따른 배우자 살해가 즉각적으로 이루어지지 않는다 하더라도 별거, 이혼, 이별 등의 과정에서 살해될 수 있는 가능성은 존재한다. 불륜현장에서의 살인은 여성에 의한 것보다는 간통현장을 목격한 남편에 의한 우발적 격정 살인의 가능성이 보다 높다.

4) 성적 동기에 의한 분류

성욕이상과 관련된 살인은 범죄자의 성적 측면에서의 병적 이상이나 집착에서 비롯되는 경우가 많다. 평소 가지고 있던 여성 피해자에 대한 성적 관계성에 의해 범죄 동기화된다. 이런 유형의 범죄는 평소 가지고 있던 성적 환상의 혼합 드는 성욕이상의 형태로 설명될 수 있다. 성적 환상의 혼합이란 범죄자가 자신의 퍼스낼리티를 피해자의 퍼스낼리티와 혼합하려는 욕구에서 비롯된다. 피해자를 살해하고자 하는 살인충동은 범죄자가 피해자와 정체감을 혼합하려는 데에서 발생하는 내적 갈등에 기인하는 것으로 해석할 수 있다.

범죄자의 상상 속에서는 정교하긴 하지만 실현 불가능한 환상이 도사리고 있다. 남성 성욕이상자들에게서 이런 환상을 행동에 옮기려는 욕구가 강하게 나타날 때 성적 동기에 의한 살인이 발생한다.

체포를 피하기 위해 범죄현장에는 철저하게 자신의 지문과 족적 등을 남겨놓지 않는다. 범죄자는 피해자 접근 방법을 선택하기 위해 그리고 자신에게 가장 유리한 상황을 조성하기 위해 동선이나 매복 장소를 사전에 점검하고 피해자의 일상생활을 관찰하기 위해 주변을 맴돌거나 피해자와의 접촉 시도를 지속적으로 할 가능성이 있다.

성욕이상이 동기가 된 살인은 주로 범죄자의 거주지와 가까운 지역에서 발생하는 경우가 많다. 범죄자 거주지와 지역적으로 가까운 곳에서 발생한 범죄는 피해자와 우연히 마주친 상태에서 범죄가 발생하기도 하지만 사전에 미리 매복해 있다가 피해자에게 접근했을 수도 있다.

5) 정신이상병에 의한 살인

정신이상에 의한 살인은 발병초기가 매우 위험하다. 그 이유는 표면상 정신이상자의 인격붕괴현상을 관찰하기가 매우 곤란하며 돌발적으로 발생하기 때문에 이를 예상할 수 없기 때문이다. 정신분열증은 정신병 인구 중에서 가장 높은 비율을 점하며 동시에 범죄자 중에서도 가장 높은 출현율을 나타낸다. 외부 세계와의 융화가 거의 상실된 채 자기 자신의 특수한 관념 또는 생각에 집착해서 소일하는 것이 일반적이다.[49] 가정 내에서 발생하는 살인사건은 이러한 정신분열환자의 폭발적 공격행위로 발생하는 경우가 많다. 이 경우 어릴 때 가지기 쉬운 특정 가족 구성원에 대한 증오감정이 적절히 해소되지 못한 채 성장하다가 분열증심리에 빠져 살인행동으로 이어진다고 해석할 수 있다(신진규, 1987: 298-199).

주로 비합리적 동기나 망상(Delusion)에 의한 살인이 많다. 망상증은 어느 한 가지 고정된 망상에 빠져 그 망상을 중심으로 사고하고 행동하면서 특정 문제에 모든 신경을 집중함으로써 사물에 대한 객관적 판단을 제대로 하지 못해 발생한다.[50]

6) 무동기 살인

인간 불만이 내부에서 쌓이면 자살이 되고, 제대로 해소되지 못하고 외부로 표출되면 묻지마 살인으로 나타날 수 있다. 이 두 가지 모두 최근 우리 사회에서는 늘어나는 추세다.

대부분의 살인범죄가 면식범의 소행이라는 얘기는 이제 더 이상 통하지 않으며 점점 더 많은 범죄가 낯선 사람에 의해, 낯선 사람을 상대로 행해지고 있다. 이와 같은 많은 사건의 경우 특별한 범행동기를 찾을 수 없으며 그 결과 명확하거나 논리적인 동기를 찾아내기 어렵다(존 더글러스, 마크 올 셰이커, 이종인 역, 1999: 32). 한국에서의 살인범죄는 대체로 동기와 대상을 뚜렷하게 구분할 수 있는, 범행 동기를 가진 살인이 주를 이루었다. 그러나 뚜렷한 이유도 없이 불특정 다수를 살해하는 소위 '묻지마 살인'(무동

---

49 강남역 살인사건, 수락산 살인사건, 사패산 살인사건 그리고 부산에서 발생한 조현병 환자에 의한 범죄 행위 등이 사회를 불안으로 몰고 가고 있다.

50 셰익스피어의 오델로에서 주인공인 오델로가 부인을 살인하는 행위는 피해망상에서 비롯된 것이다.

기살인)의 급증으로 인하여 이러한 범행에 대한 범죄행동분석이 쉽지 않다. 즉 원한을 살 일이 있는 특정 대상도 아니며 금전이나 치정 같은 동기가 분명한 것도 아닌 불특정 다수를 대상으로 하는 무동기 범죄가 최근에 급속히 증가하고 있다.

직접 피해를 당하는 당사자인 살인피해자는 영문도 모른 채 살해될 수 있으며 주위의 다른 사람들도 살해된 원인에 대해 잘 알지 못한다. 다만 범죄자만 알고 있는 원인이 분명하지 않는 이유로 인하여 살인이 발생하게 된다. 이런 유형은 유사한 범죄자의 배경에 대한 광범위한 범죄분석 자료 축적 후에야 비로소 범죄를 정의하거나 범주화할 수 있다.

동기 없는 살인 원인으로서는 기온·습도의 증가에 따른 여름철 불쾌지수 상승 등으로 사소한 시비에도 상대를 살해하는 경우가 있다. 경제 상황의 악화·실업증가·계층 간 양극화 심화 등으로 인한 금전적 스트레스, 사회에 대한 불만·적개심, 급격한 사회 변화에 대한 부적응, 내면의 불만을 극단적으로 표출하는 이상 심리자들의 증가와 모방범죄 등이 그 원인이 될 수 있다. 이 경우 사소한 시비에도 극단적인 행동이 나올 수 있다. 최근 벌어진 '묻지마 살인'들이 대부분 이 경우에 해당한다.[51] 이러한 다양한 원인으로 인하여 무동기 살인범죄에 대한 원인 파악이 곤란하다.

무동기 범죄자는 불특정 피해자를 임의로 선택하는 경향이 있다. 피해자는 통상 남성 혹은 여성, 성인 또는 아동이 대상이 된다. 범죄자가 연쇄적으로 범죄를 저지른 경우에도 피해자들의 특성과 생활 스타일 등이 너무 다르게 나타나기 때문에 연쇄살인으로 분류되지 않을 수 있다.

주로 공공장소에서 예상치 않게 발생하며, 범죄자는 다른 사람들에게 노출되는 경우가 많다. 현장에서 없어진 피해자의 소지품은 거의 없다. 예상치 않게 발생되는 범행의 특성상 피해자를 숨기려고 노력하지 않는 비체계적 범죄일 가능성이 높다. 상황에 따라서는 대량살상으로 이어지는 경우도 있다. 그 이유는 범죄자가 가능한 한 많은 사람을 죽이려는 목표를 가지고 있기 때문이다. 이런 범죄는 치명적인 흉기나 여러 종류의 흉기가 사용되는 것이 특징이다.

4. 살인과정에서의 유책성에 의한 분류

신진규는 살인사건을 포함하여 범죄행위의 발생에 있어 근본적인 문제는 가해자

51 2009년 6월 24일 경북 군위에서 자신을 "돼지야"라고 부른 실내 포장마차 주인을 살해한 A씨나 같은 날 서울 서대문구에서 사소한 시비가 붙은 대학생을 칼로 찌른 B씨 등 그리고 자신을 모욕했다는 이유로 지난 28일 삼촌을 살해한 C씨 등의 사례가 최근 벌어진 대표적인 '묻지마 살인'의 형태이다.

의 가해적 공격행위 또는 그 습성에서 찾아야 하며, 피해자의 문제는 보조적 문제로 고려되어야 할 것으로 보았다(김상희, 1992: 34). 그러나 범죄가 발생한다 함은 이미 피해자와 가해자간에는 갈등이 상호작용 형태로 존재했었다는 증거이기도 하다(Spark, Genn & Dodd, 1977: 103-104). 즉 범죄발생은 사회적 상호작용을 중심으로 이루어진다. 한스 퀴네(Hans Heiner K hne)는 "범죄피해는 가해자와 피해자 사이의 상호작용 과정의 결과이며 피해자가 올바른 행동에 대한 사회적 개념을 위반한 결과 가해자가 피해자의 행동을 잘못 이해하여 범죄를 저지르는 것이다"라고 주장한다(Hans Heiner K hne, 1992: 27).

이렇듯 범죄란 일반적으로 피해자와 가해자 사이에 상호적 작용의 형태를 포함하고 있기 때문에 피해자의 과장된(Displayed) 행동이나 위축된(Omitted) 행동이 범죄피해의 가능성을 증가 혹은 감소시키기도 한다(Neil Alan Weiner, Marvin E.Wolfgang, 1989: 208).

최근의 피해자에 관한 관심은 범죄를 유발하는 데 있어서 피해자가 기여하는 역할의 결정에 관한 것이다. 전통적인 범죄학적 입장은 범죄발생에 있어서 가해자 측면만을 주목한 반면, 피해자학적 측면은 범죄발생에 있어서 피해자의 역할을 중시하는 측면이다.

유책성이란 피해자학적 용어이다. 그러나 범죄에서 완전한 무책과 완전한 유책이란 개념을 구분하기란 결코 쉽지 않다. 피해를 입는다는 것은 가해자와 피해자 사이의 상호작용 과정의 결과로 가해자는 범죄 진행과정 중 때때로 피해자의 행동을 잘못 해석하고 오해하여 때로는 유도 당함으로써 범죄행위를 저지르게 될 수도 있다는 것이다. 범죄발생에 있어서 범죄자와 피해자간의 역할을 조명하기 위하여 범죄자와 피해자간 발생하는 상호작용(interaction)이라는 개념이 주목을 받게 되었다.[52]

피해자학자들은 "범죄행위를 가해자와 피해자 간 발생하는 상호작용의 결과"로 보면서, 주도권과 반응, 작용과 반작용, 동기와 의도를 설명하는 역동적 모형(Dynamic Model)으로 표현하기도 한다(Andrew Karmen, 1984: 73). 사회적 상호작용이론(Social Interaction Theory)[53]이란 피해자학이론이 그동안 간과했던 상호작용이라는 요소를 부각시킨 이론이다. 이 이론을 정립한 대표적인 학자는 쎙스탁(Sengstock)[54]이다. 그는 범죄

52 서로 아는 사람들간의 폭행을 연구한 최초의 사회과학자는 씨멜(Simmel)이다. 그는 "비행의 사회적 상호작용이란 피해자를 범죄의 인과적 원인이며 가해자와 관계가 있다"라고 주장하였는데 이것은 오늘날 범죄를 분석하는 데 있어서의 중요한 요소로 채택되고 있다.

53 비행의 사회적 상호작용이론은 범죄자가 이유 없는 선택을 통해 범죄를 저지르는 측면보다는 범죄자에게 그러한 행위를 하도록 하는 피해자의 요인에 의한 것임을 제시하고 있다. 나아가 피해자는 가해자로 하여금 자신을 유혹할 수도 있는 기회를 제공함으로써 범죄를 유도할 수도 있다고 보는 입장이다.

54 Sengstock은 이러한 범죄형태의 다양성과 범죄발생 과정에 있어서 가해자와 피해자간 상호작용의 중요성을 인

란 일반적으로 범죄자와 피해자 사이에 일어나는 상대적인 개념으로 파악하고 상호작용이라는 개념을 도입하였다(Mary C. Sengstock, Jersey Liang, 1982: 115). 오늘날 새롭게 등장한 개념인 비행의 사회적 상호작용이론은 범죄원인을 가해자뿐만 아니라 피해자에게서도 찾으려 노력하는 범죄분석의 중요한 경향 중의 하나이다(Mary C. Sengstock, Jersey Liang, 1982: 116).

Sengstock이 제시한 수정된 사회적 상호작용 모형은 세 가지이다.[55]

1) 피해자촉진 모형(Victim Precipitation Model)

울프강(Wolfgang)은 피해자도발[56]에 의한 살인이라는 용어를 사용하여 살인사건에서 피해자가 그 범죄의 직접적, 적극적 촉진자가 되는 상황을 설명하였다. 그는 필라델피아에서 발생한 살인사건 연구를 통해 피해자 유발에 의한 살인이 연구대상 전체 살인사건 588건 중 150건으로 약 26%에 해당한다고 하였다. 사회적 상호작용이론은 범죄피해가 가해자에 의해서만 발생한다는 관념에서 탈피해 "피해자도 가해자와 함께 서로 범죄를 유도하고 발생케 한다"는 차원에서 문제를 제기하고 있다. 일반적으로 범죄피해자가 되는 경우는 그 피해자가 잠재적 가해자와 얼마나 닮은 시간과 강도로서 접촉을 해 왔는지에 달려 있다. 따라서 범죄피해란 쌍방이(피해자와 가해자) 함께 참여하는 사회적 상호작용 형태의 기능이라고도 할 수 있다.

피해자가 가해자로 하여금 고의적으로 도발행위를 유도하도록 하여 그 결과 가해자로 하여금 반격하는 과정에서 범죄피해를 초래하게 된다. 이것이 피해자촉진 모형(Victim Precipitation Model)이다. 이 과정은 상대적으로 짧은 기간 동안 혹은 비교적 긴 기간 동안 이루어질 수 있다. 이 모형은 범죄발생에 있어서 피해자에게 책임이 명백히 존재하고 있는 모형이다. 빚 독촉을 하는 사람이 가해자에게 인격적 모독을 가하는 경우 격분에 의한 살인피해 등이 이에 해당된다.

하우츠(Houts)는 15명의 살인범죄피해자를 대상으로 동기·행동·태도 등을 포함시켜 그들의 사례연구 분석을 시도하였다. 그 결과 자기 파괴 경향(Tendency Toward Self

식하고, 노인범죄피해를 설명하는 과정에서 사회적 상호작용 모형을 한 개의 모형에서 가해자와 피해자의 책임정도에 따라 더욱 구체화시켜 세 가지 형태의 사회적 상호작용 모형으로 구분하였다. Sengstock은 위와 같이 사회적 상호작용 모형을 세 가지로 구분하였으나, 노인범죄피해를 설명하는 데 있어서 이러한 세 가지 모형을 모두 이용한 것은 아니며, 범죄피해를 당하는 노인은 자신이 의도하지 않았다 하더라도 가해자와의 무의식적인 상호작용을 통해 가해자와 면식이 없거나 가해의도를 전혀 모른다 하더라도 범죄피해를 당할 수 있다는 사실 등을 세 번째 모형을 통해 설명하고 있다.

55 오윤성(1996)은 Sengstock이 제시한 수정된 사회적 상호작용 모형 중 범죄인과관계에 있어서 피해가능성이 있는 모형에서 무책형이라는 한 가지 유형을 추가하여 군부대 내에서 발생하는 폭행을 설명하였다.

56 피해자도발이라는 용어의 보다 정확한 개념은 단순히 물리적 힘만 사용하는 것이 아니라 언어적 도발이나 자살의 성향이 있는 피해자까지 확장할 수 있다.

Destruction)을 소유한 사람은 살인피해를 자초할 수 있고, 자신의 죽음을 도발할 수도 있다고 주장하였다. 부모 폭행이 원인이 되어 이를 견디지 못한 자식이 부모를 살해하거나 남편의 오랜 폭행을 견디지 못한 아내가 남편을 살해한 경우가 이에 해당된다.

2) 갈등모형(Conflict Model)

월리스(Wallace)는 가정폭력에 있어서 제3자 개입에 관한 연구에서 피해자의 행위가 폭력의 결과에 매우 중요한 요인임을 강조하였다. 그는 연구사례 중 1/4의 경우 가해자와 피해자가 서로 범죄를 발생시키는 역할을 하고 있으며, 가해자의 10% 정도는 부분적으로 결백하다고 주장하였다(Wallace, S. E., 1965: 47-48).

이러한 관점에서 볼 때 상대 면전에서의 개인적 행동은 단순한 자극, 반응 그리고 대응 그 이상의 의미를 가지고 있다. 상호작용적 충돌은 내면적 과정을 포함한다. 즉 주어진 사회적 여건 속에서 행동을 위한 상호기대를 지배하는 지각과 인식이 존재하는 것이다(Donald L. Blazieck, 1976: 3). 주로 갈등관계에 있는 가해자와 피해자가 보다 긴 기간을 통하여 사회적 상호작용을 하다가 범죄발생과정 중 서로에게 피해를 입힘으로써 양자가 가해자와 피해자의 역할을 번갈아 담당하는 경우에 해당된다.

3) 범죄인과관계에 있어서 피해가능성이 있는 모형 (Available Victim Model of Crime Causation)

피해자가 범죄 발생에 있어서 커다란 역할을 하지 않은 경우이다. 이러한 관점에서 피해자는 자신도 알지 못하는 가운데 가해자가 주관적으로 고무되는 일련의 행동에 연관되어 피해를 당할 수 있다.

피해자가 유혹상황을 의도하지 않거나 잘 알지 못하는 부지불식간에도 범죄는 발생할 수 있다. 이 모형에서의 피해자는 가해자와 상호작용을 하는 과정에서 피해자 자신은 범죄발생에 있어서 아무런 책임이 없거나 자신도 인식하지 못하는 가운데 피해자가 되어버린 형태의 범죄에 적합하다. 따라서 전적으로 범죄발생 책임은 피해자에게 있는 것이 아니라 가해자에게 있는 것으로 보아야 한다(Mary C. Sengstock, Jersey Liang, 1982: 123-124).

5. 실행주체 및 면식, 비면식관계에 의한 분류

1) 실행 주체에 의한 분류

▪ 가해자가 스스로 범죄행위를 실행하는 살인

범죄자가 살인범죄의 주체가 되는 경우가 대부분이다. 이것은 동기가 어떤 것이건, 계획적이건, 우발적이건 간에 살인범죄를 저지르는 주체가 직접 살인을 저지르는 경우이다.

▪ 다른 사람을 이용한 살인(청부살인)

청부살인의 동기는 금전적 이욕이 될 수도 있고 상대에 대한 질투나 배신감이 될 수도 있다.[57] 그러므로 청부살인은 동기에 의한 살인 분류에 포함시키기 적절치 않아 실행주체에 의한 분류에 포함시킨 것이다. 분명한 점은 청부살인이란 타인을 이용하여 목표물을 살해하려는 사람이 존재하고 있다는 점이다. 상황은 크게 두 가지이다. 첫째, 목표대상을 살해하는 데 있어서 자신의 계략과 힘만으로 부족한 경우이다. 살해를 결심한 사람이 여성이고 목표대상이 남성인 경우가 많다. 둘째, 목표대상을 살해하는 데 있어서 직접적으로 용의선상에 오를 수 있는 위험이 있는 경우 그러한 위험으로부터 탈피하기 위한 목적으로 다른 사람을 고용하여 살해하는 경우이다.[58]

청부살인 범죄 피해자는 범죄자가 지향하고자 하는 목적에 방해물로 인식되었기 때문에 피해를 입는 경우이며, 범죄피해의 위험은 상황에 따라 다르다.

범행현장에서 청부살인을 행하는 하수인이 머무르는 시간은 상대적으로 짧으며,

---

57 영남제분 청부살인 사건은 영남제분 회장의 아내였던 윤길자 씨가, 자신의 사위의 이종사촌 여동생이었던 하지혜 씨를 청부 살해한 사건이다. 윤씨가 자신의 사위와 그의 사촌 여동생이었던 하씨를 불륜 관계라고 오해해서, 자신의 조카와 고교 동창에게 1억 7,500만 원을 주며 하지혜 씨를 청부살인을 했다. 당시 22살로 이화여대 법학과에 다니던 하씨는 경기도 검단산 산중에서 범인들이 쏜 공기총을 맞아 숨졌다.
http://www.ytn.co.kr/_ln/0103_201602231755203310 (2016. 2. 26.)

58 경찰은 2014년 10월 15일 K건설 시공업체 사장 경 모(59) 씨를 살해하고 도주한 조선족 김 모(50) 씨를 살인 혐의로, 범행을 교사한 S건설 사장 이 모(54) 씨를 살인 교사 혐의로 구속했다. 강서 경찰서는 "이번 사건은 개인적 원한 때문에 제3자에게 사주한 청부 살해이며, 교사범이 브로커를 통하 생활고에 시달리는 조선족을 고용한 '이중 청부' 형태로 범행이 이루어졌다"고 밝혔다. 교사를 받은 브로커가 조선족을 고용해 살인을 한 영화 '황해'와 비슷한 사건이 벌어진 것이다. 이 같은 이중 청부 형태의 살인 교사가 발생한 계기는 건설업체간 갈등이 원인이었다. S건설업체 사장 이씨는 2006년 K건설업체와 경기도 수원의 아파트 신축 공사와 관련해 70억 원짜리 토지 매입 용역 계약을 체결했다. 그러나 토지매입에 실패하면서 계약이 파기됐고 재산상 손실을 본 이씨와 경 씨는 각종 민형사상 소송을 내며 갈등의 골이 깊어졌다. 결국 이씨는 지난해 9월, 30년을 넘게 알고 지내던 브로커 이씨에게 "보내버릴 사람이 있는데 4,000만 원을 줄 테니 사람을 알아봐 달라"라고 부탁했고, 이씨는 중국에서 체육 관련 행사로 알게 된 중국 연변 공수도 협회장 조선족 김씨에게 연락해 살해를 청부한 것으로 알려졌다. 이에 조선족 김씨는 지난 3월 20일 강서구의 한 빌딩 1층 현관에서 퇴근하던 경씨를 향해 흉기로 7차례 찔러 살해했다.
http://www.sisaweek.com/news/articleView.html?idxno=29594 (2014. 10. 15.)

빠르고 신속하게 살인을 저지른다. 범죄자는 범행도구를 현장에 가지고 가는 경우가 많다. 범행현장에 증거를 남기지 않고 빠른 시간 내에 효과적으로 살인을 할 수 있도록 계획을 짜고 정교하게 사체처리를 하는 등 순서에 따라 범행을 저지르는 체계적인 경향이 있다. 흉기는 자신이 쉽게 이용할 수 있는 것을 선택하거나 사용하기 용이하도록 따로 개조하기도 한다. 또한 범행 흔적을 없애기 위해서 방화를 저지르기도 한다.

청부살인의 경우 수사기관의 수사에 혼란을 초래하기 위하여 사고사로 위장하기도 한다. 현장을 복잡하게 조작하며 일차적 살인동기를 혼동시키기 위해 강도로 위장하는 경향이 있다. 또한 사체가 성적 동기로 살해한 것처럼 놓여 있을 가능성이 있다.

배우자의 청부살해 사건을 의뢰하는 배우자는 사전 준비를 철저히 한다. 청부살인 사건을 해결하는 수사방법은 살인으로 인해 이익을 볼 수 있는 주변 인물들을 광범위하게 조사하는 것이다. 이를 통해 상황의 미묘한 구도를 파악하고 실제로 어떤 일이 벌어졌는지 변별해 낼 수 있는 것이다. 범죄현장을 교묘히 위장하는 것이나, 불순한 의도를 가진 배우자가 범행 전에 감정을 관리하는 것이나 모두 경찰의 수사에 혼선을 주려는 연극적 의도가 개재되어 있다(존 더글러스, 마크 올 셰이커, 이종인 역, 1999: 339).

2) 면식, 비면식에 의한 분류

▪ 면식관계

스팍(Spark)의 폭력피해연구에서 폭력피해 응답자 중 47%가 가족 구성원이나 이미 알고 있던 사람들부터 폭력피해를 입은 것으로 나타났다. 따라서 범죄피해는 범죄 발생 이전에 서로 알고 지냈거나 친한 사람들, 즉 가족 구성원들에 의해 많이 발생하는 경향을 띠고 있음을 알 수 있다(Spark,Genn & Podd, 1977: 103-104).

울프강(Marvin Wolfgang, 1958)의 필라델피아지역 발생 588건 살인범죄 연구 결과를 보면 살해 동기로 언쟁 중에 발생한 것이 43.6%로 가장 많다. 그리고 피해자-가해자 관계와 환경적 요인들은 절반 이상이 피해자와 가해자가 서로 친구사이였거나 또는 인척 등 면식관계에 있었다. 가해자와 피해자간의 관계가 살인사건 이전에 친숙한 관계이기 쉽다는 것이다.

살인에 미치는 알코올의 영향에 있어서는 588건의 살인사건들 중 거의 2/3 정도가 피해자, 가해자 또는 둘 다 살인 직전에 술을 마시고 있었다고 함으로써 알코올과 살인의 상관성에 대해 설명하고 있다. 살인은 대개 가해자에게 친숙한 장소에서 일어날 가능성이 크고, 무기 역시 가해자에게 익숙한 것이라고 하였다(Spark, Genn & Podd, 1977: 96-101).

■ 비면식관계

면식과 비면식관계에 대한 비율에 있어서 유동적이다. 2015년 대검찰청의 '범죄분석통계'에 따르면 2014년 발생한 938건의 살인사건 가운데 3분의 1(27.9%)이 친족 간에 벌어져 모르는 사람(26.7%)보다 더 많은 것으로 나타났다(디투데이 2016.02.16.).

가정과 살인

가정이란 인간사회의 최소단위이다. 한 사람의 인간이 성장하고 공동생활을 영위하는 생활의 장이며 인류의 생존을 위해 불가결한 것이었다. 개인은 경제적으로 가족에 의존하여 생존을 확보해 왔다. 그러나 가족은 사람들에게 행복한 생활이나 아이들에게 바람직한 양육 환경만을 제공한 것은 아니다(긴조 기요코, 지명관 역, 2001: 16). 살인의 경우 많은 부분이 근친 간에 벌어지고 있다. 그 이유는 사람들은 대부분의 시간을 가족과 가까이서 보내고 있으며 근친이란 즐거움의 주요 근원인 동시에 때로는 좌절과 상처의 주요 근원이기 때문이다(박형민, 2003: 50).

가정에서의 갈등은 일반적으로 가정폭력이라는 형태로 표출된다. 스트라우스(Straus)가 미국인 2,143명의 표본을 중심으로 한 분석결과를 보면 언어적 폭력이 피해율과 밀접한 관계를 가지고 있었고, 남편이 가정의 모든 결정권을 가지고 있는 집안에서 가정폭력이 발생될 가능성이 남편과 아내의 발언권이 동등한 가정보다 3배 이상으로 나타났다(Kenny, Mary Ann, 1980: 10).

얀(Jan E. Stets)은 폭력 행위 발생은 피해자에 대한 가해자의 통제 유지를 위해 장기간에 걸쳐 일어나는 것이라고 하였다. 제도적 폭력은 학습의 메커니즘을 통해 반복된다고 하면서 가정폭력을 가해자와 피해자의 양쪽 시각에서 고려하였을 때 반복된 폭행은 가해자가 피해자의 행동을 통제하기 위한 관점에서 이해될 수 있다고 하였다. 그는 아홉 쌍의 가정폭력경험이 있는 배우자를 선택하여 면접 방법을 사용하여 사례연구를 시도하였다. 가정폭력의 상호작용의 과정을 크게 4가지, 즉 자극·인식·조작·완결로 나누어 설명하였다. 그는 가정에서의 폭력행위란 최초에는 상호간 자극이 원인이 되어 발생하는 상황적 결과라고 하였다. 그러나 장기적 측면에서 보았을 대는 가해자가 상대 피해자의 행동을 자기 의도대로 통제하기 위한 결과로 설명하고 있다. 그러므로 점차 세월이 흐름에 따라 자극에 의한 충동적인 폭력은 가해자의 의도에 의해 행해지는 습관적이고, 제도적인 폭력으로 자리 잡게 된다고 하였다. 또한 폭력적 성장환경에서 자란 남성은 갈등을 해소하는 데 있어서 가장 합법적 방법을 폭력이라고 인식하고 있었다. 따라서 부부간에 갈등상황이 발생될 때 다른 사람들이 자신을 폭력적이라고 간주한다고 인식하면서 자신을 통제하지 않고 바로 자극에 대해 공격적이 될 수 있다고 하였다(Jan E. Stets, 1988: 68-120). 가정 폭력의 가장 궁극적이고 비극적인 형태는 가족 구성원간의 살인으로 귀결된다.

1. 사전 계획 여부에 의한 가정 내 살인

1) 조작된 가족 구성원 간 살인

가족 구성원 간 살인은 구성원 간 발생하는 스트레스 내지는 인간관계의 붕괴에 기인해서 발생했을 가능성이 높다. 다만 조작 혹은 우발적 여부의 주요 차이는 범죄현장에서 나타난다. 가정 내 살인의 주요 동기는 주로 금전, 치정, 질투, 오래된 갈등에 기인한다.[59]

정교하게 계획된 가족 구성원 간의 살인 현장은 완전범죄를 위해 흉기, 지문 그리고 기타 증거가 되는 항목들이 흔히 제거된다. 그러나 사체는 일반적으로 은닉되지 않는다. 범죄현장은 피해자 혹은 범죄자의 거주지일 경우가 많으나 집 밖에서 범죄가 일어날 가능성도 있다.

현장조작 증거는 이 사건이 흔히 계획된 살인임을 알려준다. 사체는 사고사(예: 자동차 고장, 익사)처럼 보이도록 조작될 수도 있고 강도나 강간 같은 범죄 이후에 살해된 것처럼 조작될 수 있다. 그러나 가정 내에서 발생한 강도 강간/살인임을 알리기 위해 장롱 등을 뒤진 흔적을 남기거나 성범죄를 당한 것처럼 피해자를 부분적으로만 옷을 벗기는 경우가 많다. 그러나 완전히 알몸 상태로 남겨 놓은 경우는 드물다. 죄의식을 느끼는 경우 피해자의 얼굴을 덮어 놓는 경우도 있다.

사체는 자살처럼 보이도록 조작되는 경우도 있는데 주로 유서가 발견되거나 약물을 복용한 것처럼 약봉지가 발견되는 경우가 종종 있다. 때로는 자연사한 것처럼 보이기 위해 오랜 시간동안 천천히 독극물을 주입한다든지 약물과다복용(예: 인슐린의 다량복용으로 자연사 위장) 등에 의해 사망한 것으로 조작하는 경우도 있으며 수사관을 속이려

59 인터넷 도박에 빠져 빚을 지자 보험금을 노리고 여동생을 살해한 20대에게 무기징역이 선고됐다. 신씨는 지난해 9월 울산에 사는 여동생(당시 23세)을 찾아가 함께 식사를 한 뒤 소화제라고 속여 독극물을 먹게 해 살해한 혐의 등으로 구속기소됐다. 재판부는 "여동생을 살해하고도 반성은커녕 자신의 행동을 정당화·하기에 급급했다"며 "재범 위험성이 높아 사회에서 영원히 격리할 필요가 있다"고 판시했다. 재판부는 그러나 신씨의 아버지 살해와 아내 살인미수, 어머니 살인예비 혐의에 대해서는 증거 부족을 이유로 무죄를 선고했다. 재판부는 "아버지도 독극물로 살해하고 아내와 친모까지 살해하려 했다는 의심은 들지만 명확한 증거가 없다"고 밝혔다. http://www.seoul.co.kr/news/newsView.php?id=20160217500181 (2016. 2. 17.)

는 의도로 피해자가 신비주의에 심취해서 종교적 의식의 형태로 자살을 한 것으로 조작하는 경우도 많이 있다.

2) 우발적인 가정 내 살인(Spontaneous Domestic Homicide)

우발적인 가정 내 살인은 가족 구성원 간 스트레스 혹은 스트레스 누적이 원인이 되어 발생된다. 갈등의 결과 살인 후 현장조작 등은 거의 이루어지지 않는다. 범죄자가 살인행위를 통해 이득을 얻으려는 것은 아니다. 경찰을 속이려는 의도도 가지고 있지 않은 경우가 많으며 술을 마시거나 약물 복용 상태에서 범죄를 저지를 가능성이 높다. 손 또는 끈을 사용하는 액살이나 교살은 가정 내 살인에서 가장 많이 나타나는 사인 중 하나이다.

흉기는 통상 집 안에 있는 것을 사용하고 범죄현장에 남겨져 있으며, 통상 강제로 침입한 흔적이 없고 절도 흔적도 없다. 범죄발생 후 현장을 원상태로 만들려는 흔적이 있는데 살인 이전 상태로 되돌리고자 하는 양심의 가책이나 무의식적 욕구의 표현방식이다. 따라서 피해자를 씻기는 행위, 흉기를 씻는 행위로도 나타날 수 있다. 때로는 숨기려는 목적보다는 사체의 눈과 마주치기가 싫다는 심리에서 주로 사체 얼굴부위를 덮는 행위가 있을 수 있다. 사체를 씻기거나 옷을 다시 입히는 행위, 살해 장소로부터 사체를 옮기는 행위, 머리에 베개를 받치거나 소파, 침대에 눕히는 행위 등은 원상태로 복귀시키려는 표현이며 경찰이나 구급요원이 현장에 도착 시 주로 범죄자는 현장에 존재하는 경우가 있으며 119나 112에 본인이 직접 신고하는 경우도 있다.[60]

2. 피해 대상별 살인

1) 배우자, 동거인에 대한 살인

배우자 살인에는 보험금이나 재산 등을 노려 행하는 경우도 있고 우발적으로 발생할 수 있으나 가정폭력과의 연관성도 무시할 수 없다. 여성 살인의 대부분은 장기적 가족폭력에 노출되어 온 부인에 의한 남편 살인이다.

60 2005년 4월 16일 강릉경찰서는 집안 식구들에게 상습적으로 가정폭력을 휘둘러 온 40살의 아버지를 목 졸라 살해한 혐의(존속살인)로 14살의 여중생 이모 양을 긴급체포했다. 피살된 아버지는 이날도 만취해, 병든 할아버지(74)를 괴롭히고 할머니(70)에게 욕설을 퍼붓는 것도 모자라 이를 만류하는 딸 이양을 폭행했다. 이양은 술에 취해 몸을 잘 가누지 못하는 아버지의 양손을 묶고 방바닥에 있던 넥타이로 목을 졸라 숨지게 했다. 하지만, 이양의 행동이 계획적인 살인이라고 보기 어려운 정황과 증거가 있다. 이양은 손이 묶인 후에도 난동을 부리는 아버지가 두려워 112신고를 해 경찰에 도움을 청했다는 점이다. 경찰이 출동할 때까지 조부모와 자신의 안전을 지키기 위해 애쓰던 이양은 급기야 넥타이로 목을 조르는 극단적인 방법을 사용하게 된 것이다. 범행 후에도 이양은 도주하거나 범행을 은폐하려는 시도를 전혀 하지 않았다. 경찰이 현장에 출동했을 때 이양 아버지는 이미 숨져있었다. http://news.naver. 2005.4.19.

배우자 살인에 기여하는 요인으로는 가정폭력, 부부싸움과 언쟁, 이전의 물리적 폭력에 대한 경험, 알코올이나 약물중독, 정신질환, 관련기관의 부적절한 개입 등을 들 수 있다. 특히 가정폭력에 의한 배우자 살인의 경우, 가해자는 복종하도록 교육시킬 목적으로 상대를 폭행하는 과정에서 자기 통제력을 상실한 가해자들의 폭력이 종료된 후에 남는 것은 상대의 사망이다.

부부간에 흔히 발생 할 수 있는 가벼운 언쟁이 단초가 되어 살인으로도 이어질 수 있다. 매 맞는 아내 증후군 혹은 가정폭력으로 인한 외상 후 스트레스 장애(Post Traumatic Stress Disorder)를 가지는 피해자가 자신을 공격하려는 가해자를 보고 이전의 끔찍한 피해 경험이 되살아나 순간적 자기방어 행동을 취한다는 것이 살인에까지 이르는 경우도 있다.

배우자 살인의 특성으로 배우자 살인의 가해자, 피해자는 대부분 가정폭력의 피해자, 가해자인 경우가 많다. 이들 중 상습적으로 가정폭력을 당해 온 피해자들의 경우 낮은 자존감, 만성적인 우울증, 자책감, 학습된 무기력 등을 보인다. 또 자녀의 수가 많을수록, 아내의 교육수준, 사회, 경제적 지위가 낮을수록 그 무기력 정도가 심하고 자아강도도 약하다. 이러한 가정폭력의 피해자는 결국, 배우자 살인의 가해자가 되는 경우가 많다.

이와 달리, 가정폭력의 가해자는 배우자 살인의 피해자가 되는 경우가 있는데, 이들은 어린 시절 부모로부터 학대를 받았던 경험이 있는 사람들이거나, 부모의 폭력을 직접 목격했던 사람들인 경우가 많다. 이들은 대부분 술을 마시거나 약물에 중독된 상태에서 폭력을 행사하며 성 역할에 있어서 상당히 보수적인 견해를 갖고 있다. 가해자들의 폭력은 결혼 초부터 시작되어 장기적이고 반복적으로 이루어진다. 폭력이 반복될수록 그 구타와 위협의 정도가 심해지며 폭력의 유형도 다양해진다. 또 이는 구타 후 강제적 성관계 혹은 중증 의처증으로도 이어진다.

매 맞는 아내들은 자신들이 오랫동안 표현하지 못하면서 발생하는 스트레스를 안으로 억제하는 과정에서 축적된 분노가 연속되는 남편의 폭력에 의해 순간적으로 폭발하거나 순간적으로 가해진 남편의 폭력이 유달리 심하여 자신이 죽을지도 모른다는 공포감이 발생하였을 때 남편을 살해할 수 있다. 한국에서 이와 같은 아내 폭력이 만연하게 된 배경에는 조선시대부터 남편들은 "내 여자 내가 때리는데 무슨 상관이냐"는 식의 가부장적 의식으로 아무런 죄의식 없이 아내들을 폭행한 것에 기인한다. 전통적인 부권의식이 폭행을 제어하기 힘들게 했고 심한 경우 아내를 살해하는 결과까지 초래하였다. 여자들은 이혼하면 경제적 상황 등이 악화되는 것을 두려워하여 남편의 폭력을 무조건 참고 견디지 않으면 안 되었으며 처벌은 미약하였다(정성희,

2004: 174).[61]

2) 부부갈등이 자식들에게 확장된 살인

가정 내에서 경제적 곤란 등 여러 이유로 인한 부부갈등이 자식들에게 확장되어 살인이 발생하는 경우이다. 전통적으로 우리나라에서는 자녀들을 자신의 소유물로 생각하는 경향이 있다. 그러므로 배우자와의 갈등으로 배우자를 살해하는 경우 자녀들을 함께 살해하는 경향이 있다. 직접적으로 살해할 수도 있고 가족 자살을 시도하는 과정에서 자녀들을 죽음에 이르게 한다. 또한, 격정적 살인에서 자녀들을 포함하여 집에 방화하거나 가스를 폭발시킴으로써 주위에 있는 식구들이 피해자가 되는 경우도 있다.[62]

부부싸움과정에서 영아를 벽에 집어 던져 사망케 한 사례도 있다. 경제적 부담, 심지어 자식의 학업성적 하락을 비관하여 온 가족이 탄 차에 불을 질러 집단 자살하거나 저수지에 차를 타고 돌진하는 등의 사례도 있다.

3) 존속살인

부모와 자식은 서로 유전적으로 완전히 동일하지 않으므로 종종 상호간의 이해 충돌을 경험하게 된다(최재천 외, 2004: 48). 진화심리학에서는 부모살해를 자식이 이러한 부모의 통제에서 벗어나 자신의 이해를 추구하는 과정에서 발생한 갈등의 극단적 표출 형태로 본다.

자식이나 손자가 부모나 할머니, 할아버지를 살해한다는 것은 전통적으로 유교 사상을 숭상해왔던 우리나라에서는 도저히 상상할 수 없는 패륜적 행동의 대표적인 것이었다. 경제발전에 따른 물질적 풍요 속에서도 정신적으로는 윗사람에 대한 공경을 덕목으로 하는 유교 전통을 수용해 온 한국 사회에서, 가족 간 발생하는 여러 문제 중에서도 가장 충격적인 것을 든다면 직계비속에 의한 존속살해를 들 수 있을 것이다. 한국에서 발생하는 존속살해는 평균적으로 매년 40여 건 정도 발생하여 일반인들에게 알

---

61 조선시대 정조 때 아내를 발로 차서 죽인 박춘복 사건의 판결문 내용을 보면 "부부란 조그만 성미에 거슬려도 다투는데, 다투는 것이 심하면 때리게 된다. 저녁에 주먹질하다가도 아침이면 가까워지며, 금방 욕하다가도 곧 헤헤거리게 된다. 성이 나면 세찬 불길과 같고, 기분이 좋으면 얼음 녹는 듯 하니 한마디로 뭐라도 할 수 없는 것이다. 춘복은 비록 무능했지만, 항상 부인의 원망이 그치지 않으니 취한 김에 주먹질과 발길질을 하는데 어디가 치명적인 곳인지 아닌지를 가렸겠는가? 이것을 어찌 살해할 마음이 있어서 그렇게 한 것이라고 하겠는가? 특별히 사형에서 감하여 장배하라!" 이와 같이 부인 살해에 대한 관대함이 지속되어 아내 구타의 분위기가 쉽사리 없어지지 않았다.

62 2007년 9월 4일 캐나다 브리티시 콜롬비아주에 있는 빅토리아 섬에서 발생한 한인 가정에서의 부부 싸움 끝의 치정극 살인 사건이 당일 저녁 TV뉴스의 헤드라인으로 다루어졌다. 새벽 3시, 911 신고 후 경찰이 출동한 뒤 확인해 보니 한국인 피터부부와 아내의 부모, 피터부부의 아들 등 일가족 다섯이 죽어있었다. 범인인 피터는 길이 10cm의 양날 칼을 사용하여 가족을 모두 살해하고, 자신도 자살했던 것으로 보도됐다. 집안 곳곳에는 방화하려 했던 흔적도 있었다. 두 부부는 이혼 수속에 따라 별거 상태였고, 남편이 고의적으로 낸 교통사고 때문에 아내는 팔이 부러졌으며 그 결과 구속되었던 남편의 접근 금지 명령이 사건 발생 얼마 전 해제된 후 발생하였다.

려진 만큼 양적으로 흔한 사건은 아니다.

살인행위 중 가해자와 피해자가 같은 가족의 일원이라는 점과 피해자가 존속인 점에서 일반 살인사건과는 다르다. 무엇보다도 범죄로부터 가장 안전해야하는 가정 내에서, 자녀에 의해 살해된다는 점과 그 결과 전통적 가치관과 가족윤리의 파괴에 따른 패륜성에 대해 사회는 깊은 우려를 보이고 있다.[63]

가족 간의 문제는 외부로 잘 드러나지 않는다는 특징을 가지고 있다. 따라서 존속살해범죄는 사건의 성격상 가해자와 피해자가 일정기간 동안 인간관계를 형성해 온 사이로 같이 생활해오면서 상호간 또는 일방적으로 쌓였던 여러 종류의 감정이 동기가 되어 발생 이후 비로소 표면화되는 경우가 대부분이다. 미국의 경우 부모로부터 정신적·육체적·성적 학대를 받는 청소년들에 의한 부모살해가 커다란 사회문제로 대두되어 이와 관련된 원인론적 연구가 활발히 진행되고 있다. 이에 비해 한국에서의 존속살해의 원인론적 연구는 사안의 성격상이나, 연구 환경의 제한적 여건으로 인하여 많이 이루어지지 않아 왔다. 다만 법적 측면에서 친족관계에 따른 형법상의 효과[64]에 대한 연구들이 일부 존재하고 있다(이천현, 2001: 152-153).

존속살해 중에서 가해자가 정신질환자[65]인 경우는 예외적이다. 가해자와 피해자의 신분관계와 범행이유에 따라 존속살해 사건의 주요 유형을 분류해보면 정신이상자에 의한 것과 피해자의 장기적 학대로 인한 반사회적 성격에 의한 살해 그리고 배우자와의 가정불화로 인한 배우자의 존속에 대한 살해사건 등으로 나눌 수 있다.

존속살해 유형 가운데 대표적 유형으로 전체 존속살해 사건의 약 35.4%가 정신이상자에 의한 것이다. 다음은 피해자의 학대에 의한 존속살해 사건이다. 가해자의 대부분은 20대 미혼 남성이며 초범자가 많고 존속살해 사건 이전에 존속을 대상으로 한 범죄경력, 예컨대 존속폭행 같은 범죄를 저지르지 않은 사람이 많았다. 피해자는 아버지, 어머니, 조부모의 순이었다. 피해자는 평소 자녀를 대상으로 상습적으로 학대를 한 경험이 많고 자주 음주를 함으로써 폭력적 가족 체계를 형성해 온 장본인이다.

범행이유로 어머니를 피해대상으로 하였을 때에는 가해자의 정신이상 원인이 가장 많았고, 아버지가 피해자가 되는 경우는 아버지의 오랜 학대, 가해자의 배우자의 직계존속이 피해자가 되는 경우는 가정불화가 그 원인인 경우가 많다(오윤성, 2003: 32).

63 가족 구성원간의 오래된 갈등과 재산 등의 문제로 인하여 어버이날에 남매에 의해 살해된 아버지 사례도 있다.

64 존속살해죄를 가중처벌함은 비속의 패륜성보다는 존속의 반윤리적인 경우도 있으며 반윤리적이라는 점에서는 비속살인 경우와 동일하므로 비속살해에 대한 가중처벌이 없는 한 존속살해죄의 법정형으로 사형 또는 무기징역만을 규정하고 있는 것이 지나치게 가혹하고 살인죄에도 무기, 사형을 법정형으로 규정하고 있으므로 책임이 무거운 경우 이를 적용하면 될 것이라는 주장이 헌법 제11조 1항의 평등의 원칙과 관련하여 논의되고 있다.

65 우리나라에서 발생된 존속살해범 중 정신질환자가 차지하는 비율은 전체의 46.6%로서 정신이상에 의한 존속살해의 예가 많은 편이나 정신질환자에 대한 심리적 역동성의 접근은 이상심리의 영역에 속하므로 제외한 것이다.

하이드(Heide)는 존속살해 청소년의 유형을 3가지로 구분하고, 부모(특히 아버지)를 살해하는 청소년의 특성과 가족상황을 12가지로 정리하였다.

① 가정 내 폭력이 공통적으로 나타나고 있다(언어적, 육체적 폭력).
② 청소년들이 그들의 상황을 해결하고자 정부당국, 친척, 주위 사람들로부터 도움을 청하나 실패하게 된다.
③ 청소년이 가족상황을 벗어나기 위해 가출을 하고 자살을 고려하거나 자살을 시도하지만 실패하게 된다.
④ 청소년들이 다른 사람들로부터 고립되어 있고 다른 청소년에 비해 탈출구가 적다.
⑤ 살인사건이 있기 직전에 그 이전에 비해 가족상황이 더 악화된다.
⑥ 살인사건이 있기 직전 청소년들은 자신이 가족상황을 통제할 만한 능력이 없다고 느낀다.
⑦ 청소년들은 자신의 가족상황에 대처할 만한 방법을 갖고 있지 않으며, 따라서 가족은 통제 불능의 상태가 된다.
⑧ 이러한 청소년들은 범죄경력이 거의 없다.
⑨ 청소년들은 무기를 사용하기 용이한 환경에 놓여 있다.
⑩ 아버지 혹은 어머니가 알코올 중독 혹은 심각한 음주상태에 빠져 있다.
⑪ 살인을 하는 동안 혹은 살인 이후에 기억상실증에 걸리는 경우가 많다.
⑫ 청소년이나 다른 살아 있는 가족구성원들에게 피해자의 죽음은 하나의 구원으로 생각된다.

부모 학대 등으로 인한 존속살해 사건은 평소 피해자가 도발하거나 유발하는 경우가 많다. 가해자가 어려서부터 피해자인 아버지가 음주 후 부부싸움 중 어머니나 가해자와 그 형제자매를 상습적으로 폭행하며 집안의 가재도구를 부수는 등 계속된 가족 내 폭력사태를 결과적으로 가해자가 되는 자녀가 경험하였고, 아버지에 대한 누적된 분노와 적개심으로 아버지를 살해하는 경우도 있다. 대부분 피해자인 부모가 범죄를 유발하였다는 점에서 가족들의 가해자에 대한 감정은 동정적이다.

피해자측면에서의 가정폭력에 대한 실태조사를 살펴보면, 아내가 남편을 살해하고, 자식이 부모를 살해하는 사건들은 대부분 술을 먹고 행패를 부리는 아버지 혹은 아동을 심하게 학대하거나 유기하는 부모로 인해 발생하고 있음을 알 수 있다. 이러한 상황에서 피해자가 아내나 자녀인 경우 택할 수 있는 길이란 이혼 또는 별거, 가출인데 그 방법도 사용할 수 없다면 살인이라는 극단적인 방법을 취하게 된다는 것이다.

그림 9 존속살해의 부메랑 효과 모형

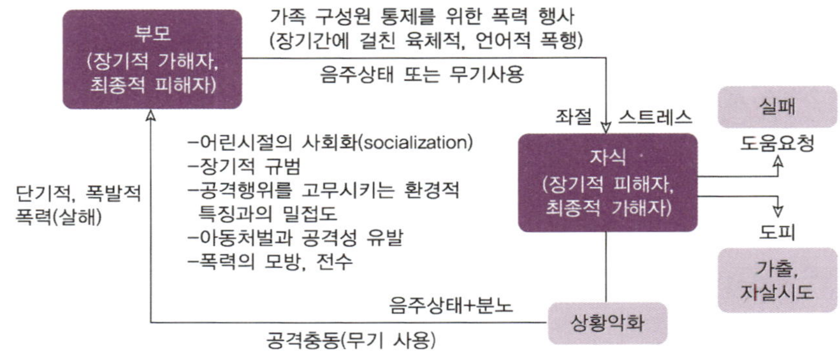

출처: 오윤성, 2003: p. 80.

존속살해의 경우 일반적인 살인과는 그 원인이나 양태에 있어서 여러 차이점이 있다. 존속살해의 특징은 가해자와 피해자가 같이 생활해오면서 일정기간 동안 인간관계를 형성해 온 사이이다. 그간 축적되었던 감정이 동기가 되어 발생할 가능성이 농후하다는 점에서 일반 살인과는 차별성을 가지고 있다. 가해자와 피해자가 상대적으로 오랜 기간 심리적으로 누적된 여러 감정 요소들로 인하여 전적으로 책임이 가해자에게만 있는 경우보다는 책임이 일부 피해자에게도 존재하는 형태로 나타난다는 것이다. 그러므로 존속살해범죄는 장기간에 걸쳐 부모–자식 사이에 형성되어 온 갈등의 원인과 부모를 살해하게 된 가족상황이 연구의 관심이 된다.

존속살해는 통상 상습음주벽이 있는 아버지 또는 어머니와 그들로부터 폭력피해를 입은 자식과의 관계로 설정할 수 있다. 장기적이고 지속적 폭력을 행사하였던 가해자이면서도 최종적 피해자인 부모(주로 아버지)로부터 좌절과 스트레스 상황에 노출된 자식은 이 상황에서 벗어나기 위하여 가출하거나 자살을 시도하기도 하며 타인에게 도움을 요청하나 실패하기도 한다. 이러한 과정을 거친 후 전보다 상황이 더욱 악화됨에 따라 분노나 공격충동으로 인한 단기적, 폭발적 폭력의 형태인 살해라는 극단적 방법을 선택하게 된다. 원인은 부모 영향 하에서 가해자들인 자녀들이 거쳤던 어린 시절의 사회화와 장기적 규범 그리고 적어도 공격행위를 고무시키는 환경적 특징과 밀접한 가정 영향으로 인한 폭력 모방과 음주벽 등의 전수 등이다. 그 결과 부모살해라는 일종의 부메랑 효과로 이어지고 있는 것이다〈그림 9 참조〉.

존속살해 발생 가정에서는 심각한 학대를 비롯한 가해자가 아버지인 경우 주도권을 쥐고 구성원들을 통제하기 위하여 지속적인 폭력을 사용해 왔으며 폭력은 육체적·

언어적 폭력이 공통적으로 사용되고 있다.

이러한 가정의 가장 커다란 문제는 부모가 지속적이며 심각한 음주상태에 있기 쉽다. 술로 인해 폭력을 행사하게 되고 학대를 받은 아이들이 이에 대하여 가장 극단적 폭력의 형태인 살해행위를 하게 되는 원인이 제공되고 있었다. 그리고 이러한 폭력은 때로는 자식에게 전수되는 경향[66]을 보인다.

피해자들은 열악한 가정환경으로 인하여 내성적 성격의 소유자들이 많았다. 이러한 가정문제를 다른 사람과 상의하여 도움을 청하려는 시도를 하지 않았거나 시도하여도 실질적인 도움을 받을 수 없는 상태가 지속되었다. 이 과정에서 열악한 상황에서 도피하기 위하여 가출을 하거나 자살을 시도한 경우도 적지 않다.

부모와 자녀와의 관계는 자녀의 어린 시절 사회화(Socialization)와 장기적 규범, 공격행위를 고무시키는 환경적 특징과의 밀접도, 아동처벌 과정에서 아동의 공격성을 유발시킴으로써 결국 그들로 하여금 폭력의 모방과 전수를 통한 부메랑효과를 일으키는 결과를 초래할 수 있다. 이러한 부메랑 효과는 만일 당시 상황적 요소가 적절히 구성되었을 시에는 그 목표가 부모가 될 수도 있다. 그렇지 않다고 하더라도 자녀들이 사회생활 과정에서 또는 자녀들이 부모가 되어 자식을 훈육과정에서 또 다른 폭력을 유발할 수도 있는 것이다. 특히 사건 전에 가정 관련 상황이 악화되었으며 이어 따른 좌절감과 고통으로 인하여 부모를 공격하는 경향이 있다.

4) 형제간의 살인

인류 역사상 공식적으로 언급된 최초 살인은 형제간 살인이다.[67] 형제간 살인은 주로 형제간의 경쟁심에 의한 것으로 촉발된다. 전통적으로 농경사회에서는 형제간 살인이 훨씬 빈번하게 발생하였다. 성서의 창세기에서는 형제간의 맹렬한 갈등의 역사가 기록되어 있으며 형제살해의 동기는 거의 자원을 둘러싸고 일어난다(데이비드 버스, 홍승효 역, 2005: 284).[68]

조선시대 초기 일어났던 왕자의 난은 왕권을 둘러싼 형제간의 살인으로 형제간 살

66 폭력의 전수와 관련된 연구는 Parke, R. D., & Collmer, C. W.(1975). *Child Abuse: An Interdisciplinary Analysis*, Chicago: University of Chicago Press; Rosenbaum A., & O'Leary, K. D.(1981) Marital violence: Characteristics of abusive couples. *Journal of Consulting and Clinical Psychology, 49,*; Spinetta J. J., & Rigler, D.(1972) The child-abusing parent: A psychological review. *Psychological Bulletin,* p. 77을 참고.

67 아담과 그의 아내 하와에서 태어난 카인과 아벨은 형제간이었으나 하나님이 아벨로부터는 제물을 받으셨으나 카인으로부터는 제물을 받지 않자 이에 화가 난 카인이 그의 아우 아벨을 들로 나가자고 유인한 뒤 살해한다. 창세기 4장 참조.

68 요셉은 노년에 얻은 아들이므로 이스라엘이 여러 아들보다 그를 깊이 사랑하여 그를 위해 채색 옷을 지었더니 그 형들이 아비가 형제들보다 그를 사랑함을 보고 그를 미워하여 그에게 언사가 불평하였더라.

육의 대표적 사례이다. 형제간의 경쟁심은 어릴 적부터 존재하나 점차적으로 성장함에 따라 우월감, 열등감으로 인한 갈등, 특히 현대에 있어서는 상속 등으로 인한 금전문제로 인하여 발생하기도 한다.[69]

3. 개인적 좌절·심적 부담으로 인한 가족 살인

경제적·사회적 좌절 영역이 매우 광범위하긴 하나 경제적·사회적 좌절로 인한 자포자기 심정에서 범죄자 자신 주위 가족들을 살해하는 경우이다. 단, 경제적 혹은 사회적 좌절에 따른 분노 혹은 적대감의 표시로 비면식 피해자를 대상으로 행하는 살인은 기타 충동적 살인이나 연쇄살인 등으로 분류된다. 여기에서는 다른 사람에게 폐를 끼치지 않겠다는 심정으로 자신의 주위 가족을 대상으로 동반자살이나 상대를 살해하는 경우를 살펴본다.

1) 동반자살

해직, 해고 등 경제 여건 악화에 따라 고용 불안의 심각성이 더해가고 카드 빚 급증이나 개인 채무의 발생으로 인한 파산신청 등 전반적인 경제와 사회 상황악화는 개인을 무력한 존재로 전락시킨다. 특히 사채업자들로부터의 심한 인격적 협박이나 모욕에 몰린 채무자들이 쉽게 결정하는 것이 가족 동반자살이다. 자살이 범죄에 해당되지는 않으나 이러한 행위 역시 사람을 살해하는 행위이다. 특히 자식을 소유물로 생각하는 경향이 많은 한국사회에서의 가족 단위 자살은 최근 심각한 사회문제로 대두되고 있다.[70]

이러한 형태는 피해 대상별 살인에서의 부부 문제나 갈등 등이 자식에게까지 확장되는 경우와 일치한다.

---

69 서울 서대문경찰서는 유산 문제로 다투다 여동생을 숨지게 한 혐의로 49살 김모 씨를 구속했다. 김씨는 서울 홍은동에 있는 여동생 집에 술을 마시고 찾아가 유산 배분 문제로 말다툼을 벌이다 흉기를 휘둘러 여동생을 숨지게 한 혐의를 받고 있다. 김씨는 2억 원짜리 집을 부모로부터 상속받은 여동생에게 자신의 몫을 달라고 여러 차례 요구했지만 거절당하자 범행을 저지른 것으로 드러났다.

70 주식투자 실패로 경제적 어려움에 빠진 처지를 비관해 자신의 아내와 10대 딸을 살해한 50대 남성이 대법원에서 중형을 확정받았다. 박씨는 2014년 12월 대전에 위치한 자신의 집에서 아내(당시 47세)와 딸(당시 17세)에게 수면제가 든 음료를 먹이고 목졸라 숨지게 한 혐의로 재판에 넘겨졌다. 그는 퇴직 후 별다른 직업 없이 지내다 아파트 담보로 빌린 대출금 2억 7,000만원과 부모에게 빌린 5,000만원을 주식에 투자해 실패하자 범행을 저질렀다. 박씨는 재판과정에서 "가족에게 동반자살을 제안했고 이를 동의해 살해했다. 피해자들의 승낙에 의해 살해했다"고 주장했다. http://www.focus.kr/view.php?key=2016021100152708521 (2016. 2. 12)

2) 부양 부담에 의한 살인

최근 한국 사회에서 고령화 인구의 증가로 인한 노인문제가 심각한 사회문제의 하나로 대두되고 있다. 결과적으로 부양 부담에 의한 살인사건들이 발생하고 있다. 특히 자식들의 뒷바라지를 평생 해오면서 정작 자신들의 노후문제에 대비하지 못한 노인 세대들이 겪는 경제적 활동의 단절에 따른 어려움과 악화되는 장기적 건강 유지비용 등의 심리적 압박으로 인한 살인 사건 혹은 동반 자살 등이 발생하고 있다. 예컨대 치매 등 장기간에 걸친 뒷바라지를 해오던 배우자, 특히 남성 배우자가 상대를 살해하고 동반자살하거나 자살미수로 그쳐 처벌받는 경우가 일반적인 형태이다.[71]

또한, 자식의 입장에서 저 출산과 핵가족화로 부양 의무자가 혼자인 경우가 늘어나고 있다. 경제적으로 어려운 사람은 부양에 대한 부담을 견디지 못하고 살인을 저지른다. 특히 부모가 치매나 중병을 앓게 되고 이러한 상황이 장기간 지속되면서 극심한 경제난에 허덕이게 되면 살인이나 유기의 충동을 느낀다고 한다.[72]

71 '행복전도사'로 알려졌던 작가겸 방송인 최윤희 씨가 남편과 함께 2010년 10월 8일 경기도 고양시 일산의 한 모텔에서 동반자살로 생을 마감하였다. 최씨의 유서에는 "통증이 심해 견딜 수 없는 상황에서 남편이 혼자 떠나보낼 수 없다고 해 결국 동반 떠남을 하게 되었다"며 자살을 하게 된 이유를 설명하고 있다.

72 뇌졸중이나 치매 상태에 있는 부모를 방치하여 사망케 한 사건, 노모를 돌보다 노모를 살해하고 자식이 자살한 사건 등 다양하게 발생하고 있다.
오랜 시간 병석에서 고생하던 어머니가 지병으로 잠을 이루지 못하자 고통을 줄이겠다며 목을 졸라 살해한 아들 정모(44) 씨가 징역형을 선고받았다 막내아들인 정씨는 10년 전부터 어머니의 병수발을 해왔다. 몇 년 전부터는 주3회 혈액투석을 받는 등 병이 악화됐지만, 어머니를 모시고 다니며 치료를 해 왔다. 정씨는 지난 2월 술에 취해 집에 들어왔을 때 어머니가 통증으로 잠을 이루지 못하자, 고통을 줄여줘야겠다는 마음을 먹는다. 당시 어머니 옆에 자고 있던 자신의 딸을 안방으로 옮기고, 정씨는 범행을 저질렀다.
http://www.joongdo.co.kr/jsp/article/article_view.jsp?pq=201605190712 (2016. 5. 19)

제11장 범죄 프로파일링과 연쇄살인

Criminal Psychology

사이코 패스

1. 용어의 구분

'사이코패시(Psychopathy)'는 죄책감이나 타인에 대한 동정심마저 없는 '심리이상'이 합쳐진 정신질환 중 최악의 경우로 꼽힌다. 사이코패시에 관련하여 저술한 최초의 임상전문가는 19세기 초 프랑스 정신과의사 필리프 피넬(Philippe Pinel)이다. 그는 철저하게 잔혹하며 자제력이 완전히 결여된 사이코패시를 정신착란 증세 없는 정신병이라고 정의하면서 일반인이 저지르는 범죄와 구분하였다(로버트 D. 헤어, 조은경 외 역, 2005: 52). 사이코패스(Psychopath)라는 용어는 최초 정신병질자라는 의미로 사용되면서 1891년 독일의 심리학자 코흐(Koch)가 도덕적으로 경멸하는 moral insanity라는 표현 대신 오늘날 반사회적 성격장애의 일반 명칭이 된 psychopathy inferiority라는 용어를 처음 사용하였다고도 하지만(오채근, 2006: 8) 사이코패스 유형의 인물은 그 전부터 이미 존재했다(Harold Schechter, The Serial Killer Files, 2003: 16).

정신을 뜻하는 '사이코(Psycho)'와 병리 상태를 의미하는 '패스(Path)'를 합쳐 만든 사이코패스(Psychopath)는 반(反)사회적 인격장애의 극단적인 증세를 가진 정신병질자를 뜻한다.[1] 사이코패스는 법적으로 인정된 정신이상자는 아니나 사이코패스는 심리적으

1 사이코패시(psychopathy)는 정신의 병이라는 의미로 사회적 관점에서 좋지 못한 몇 가지 행동과 성격 특성으로 정의되는 성격장애를 말한다. 이에 반해 사이코패스(psychopath)는 정신병질자를 의미한다.

로 손상을 입은 사람을 의미한다.

사이코패스는 매스컴에서 무차별적으로 언급되어 왔으며 유사한 여러 용어와 혼동되어 사용되어 왔다. 그 이유는 연쇄살인과 같은 범죄가 발성하고 난 이후에 이러한 행동을 적절히 설명할 수 있는 개념으로 사이코패스라는 용어가 자주 회자되었기 때문이다. 예컨대 사이코패스와 사회병질자를 의미하는 반사회적 이상 행동자(Sociopath),[2] 정신이상자 등의 용어 등이 혼재되어 사용되고 있는데 대표적인 것이 반사회적 성격장애(Antisocial Personality Disorder)이다. 반사회적 성격장애자는 범죄자 및 반사회적 행위자를 의미하며 대다수의 범죄자가 이런 기준에 쉽게 부합하지만 그렇다고 해서 대부분의 범죄자가 사이코패스인 것은 아니다. 오히려 법망을 잘 피해 법의 심판을 받지 않는 사람 중에 사이코패스가 많을 수 있다(로버트 D. 헤어, 조은경 외 역, 2005: 51-52).

2. 사이코패스의 전조

유년기 아동이 사이코패스인지를 가려내는 일은 매우 조심스럽다. 그렇지만 진정한 의미에서의 사이코패스라면 어릴 때부터 관련 특징이 분명하게 나타날 수 있다. 사이코패스란 성장과정 중에 아무런 조짐이 없다가 갑자기 어느 날 등장하는 것이 아니기 때문이다. 이들이 어릴 때부터 보이는 특이한 조짐은 다음과 같다.

반복적, 우발적으로 뻔한 거짓말을 하며, 다른 사람들의 감정이나 기대, 고통에 무관심하거나 이해하지 못한다. 부모, 선생, 규칙에 반항하는 경향이 많고 말썽을 부리는데 체벌이나 질책에도 별다른 반응이 없고 남의 물건을 훔치거나 공격, 싸움 등을 일삼는다. 일반적으로 학교생활에 잘 적응하지 못하고 무단결석, 가출, 기물파괴, 방화 등을 하는 경향이 있으며 동물을 괴롭히거나 죽이는 행동, 성에 대한 지나친 호기심 내지는 실험 등 성적 조숙성을 보이기도 한다(로버트 D. 헤어, 조은경 외 역, 2005: 250).

사이코패스는 대부분이 선천적 기질을 가지고 태어난다고 본다. 그러다가 성장과정에서 불우한 환경 등의 영향을 받으면서 후천적 요소와의 결합을 통해 보다 극대화되거나 폭력성향이 증폭되고 고착화된다. 가족해체 현상이 늘어나고, 폭력이 용납되고, 노력하는 과정은 무시되고 '성공 제일주의'가 확산될수록 자기만의 세계에 갇힌 사이코패스가 늘어날 가능성이 높아진다.[3] 어린 시절부터 '품행(品行)장애' 증세를 보이는 경향이 있다. 10~12세 이전부터 주위 아이들을 자주 때리거나 남의 물건을 훔치고도 태연

2 선천적 기질이나 생물학적 특성은 정상이나 잘못된 가정환경의 영향 등으로 습관적으로 반사회적 행위를 반복하는 경우를 말한다.

3 http://issue.chosun.com/site/data/html_dir/2009/02/04/2009020400319.html

하다. 방화(放火) 수준의 불장난을 할 때도 있다. 쥐를 잡아 직접 죽이거나, 이유 없이 학교에 결석하는 경우도 잦다. 이들은 양심의 가책을 전혀 느끼지 못하고 남에 대한 동정심이 없는 돌같이 차가운(Callous) 타입으로 나중에 사이코패스가 될 확률이 높다.[4]

1) 사회생물학적 요인

사이코패시가 특수한 유전적 번식전략의 하나라는 주장이다. 사이코패스는 과격한 방법을 통해 아주 많은 자식을 낳아 방치하더라도 일부는 살아남을 수 있는 전략을 택한다. 가능한 많은 성행위를 하지만 자녀 양육에 대한 책임은 별 관심이 없는 방식을 택해 개인적 투자는 하지 않은 채 유전자만 퍼뜨리는 개념이다(로버트 D. 헤어, 조은경 외 역, 2005: 261). 자신의 부도덕성이나 결함이 드러나면 조금의 미련도 없이 바로 대상을 바꿔버리는 전략을 택한다.

2) 생물학적 요인

로버트 케이건(Robert Kegan)은 사이코패스의 뇌구조가 비정상적으로 느리게 성장하며 성인 사이코패스의 뇌파는 일반 청소년의 것과 유사하고, 자기중심성, 충동성, 이기심, 욕구지연 능력 결여 등이 어린아이의 발달지체와 관련성이 있다는 증거라고 주장하였다.

또한, 어린 시절 뇌, 전뇌에 손상을 입었거나 기능장애를 일으킨 결과 장기적인 계획 부족, 욕구지연 능력 부족, 피상적 감정, 과민성, 공격성, 부적절한 사회행동, 충동성 등이 포함된다는 주장도 있다. 즉 이러한 여러 행동이 전뇌 기능장애로 인한 것이다(로버트 D. 헤어, 조은경 외 역, 2005: 264-265).

나이겔 블랙우드 박사는 사이코패스로 분류된 범죄자 17명과 일반적인 반사회적 성격장애 범죄자 27명, 일반인 22명의 뇌를 자기공명영상(MRI)으로 촬영한 뒤 뇌 구조를 연구한 결과 사이코패스는 일반인에 비해 전두피질과 측두근의 회색질이 다른 범죄자나 일반인들에 비해 적다는 사실을 발견했다. 해당 뇌부위의 회색질은 다른 사람의 감정이나 의도를 이해하는데 중요한 기능을 수행하며 도덕적 행동을 생각할 때 활성화되는 부분이다.

나이겔 블랙우드 박사는 "사이코패스의 뇌는 일반인과 달리 감정이입이 되지 않고 죄책감이나 당혹감 같은 자아의식적 감정이 일어나지 않는다"고 발표했다.[5]

4 서울대의대 소아정신과와 서울시소아청소년센터가 2005년 서울 시내 초·중·고 학생 2,672명을 대상으로 부모 등과 1대1 면접 조사를 통해 분석한 바에 따르면, 전체 학생의 1.5%가 사이코패스 징조를 보이는 품행장애 성향이 있는 것으로 조사됐다.

5 http://www.ilyosisa.co.kr/news/articleView.html?idxno=87534 (2015. 9. 28.)

미국 브르크하멜 국립연구소의 연구 결과에 따르면, 사이코 패스들은 감정을 지배하는 전두엽 기능이 일반인의 15%밖에 되지 않아 다른 사람의 고통에 무감각하고 양심의 가책을 느끼지 않는다. 고통에 무감각하기 때문에 죄의 대가로 받게 될 처벌을 두려워하지 않아 재범률도 높고 연쇄 범죄를 저지를 가능성도 일반 범죄자들보다 높다는 연구결과도 나왔다. 또 공격적 성향을 억제하는 분비물인 세로토닌이 부족하여 사소한 일에도 공격적이며 심지어 잔인할 정도의 성격적 결함을 드러낸다고 한다(The Science Times, 2009. 8. 26.).

3) 생물학적 요인과 사회적 요인의 결합

로버트 D. 헤어는 사이코패시가 생물학적 요인과 사회적 요인이 복합적으로 작용한다고 간주한다. 유전적 요소가 뇌 기능의 생물학적 토대와 기본 인격형성에 영향을 미치며, 이것이 개인의 반응 방식에 영향을 주고, 삶의 경험이나 사회 환경 과정에서 상호작용한다고 주장한다. 이러한 주장은 소질론에 기초를 둔 메츠거의 주장과도 유사하다. 생물학적 요인으로 내면적 통제와 양심이 발달하지 못한 상태에서 자신의 환경이나 사회적 요소, 학습경험으로부터 받아들일 수 있는 여러 가지 긍정적 측면보다는 부정적 측면을 흡수하여 사회화나 양심 형성의 기초를 제대로 마련하지 못하므로 사이코패시가 발현될 수 있다는 견해를 편다. 사회적 요인과 양육방식은 이미 가지고 있던 성격 장애가 발현되고 행동으로 나타나는 데 있어서 결정적 영향을 미칠 수 있다는 것이다. 그러나 이러한 사회적 요소 역시 사이코패스가 가지고 있는 근본적인 면, 즉 동정심 결여나 양심부재 등에 결정적 영향을 미칠 수 없다고 판단한다(로버트 D. 헤어, 조은경 외 역, 2005: 270-271).[6]

3. 사이코패스의 특징

사이코패스와 범죄자를 동일시해서는 안 된다(Ronald Blackburn, 2003: 80). 사이코패스는 무엇이 옳고 그른지 안다. 그들은 이성적이고 때로는 아주 똑똑하다. 어떤 경우 대단한 매력을 뿜어내기도 한다. 그들은 외관상 멀쩡해 보이기 때문에 더욱 위험하다.[7]

6 좋은 도자기를 만들기 위해서는 질이 좋은 흙과 숙련된 기술자가 있어야 한다는 예를 들고 있다.

7 안산 인질 살해범 김상훈(46)은 사이코패스 성향을 지녔고 범행을 사전에 철저히 계획했던 것으로 확인됐다. 안산상록경찰서는 21일 인질살인 사건 수사결과 발표에서 "김은 자신의 집에서 부엌칼을 소지한 채 범행장소로 갔고 편의점에 들러 목장갑도 2켤레 구입했다"며 "인질극과 인질살인 모두 계획된 범행으로 판단하고 있다"고 밝혔다. 경찰은 김이 박모(49)씨 집에 들어갈 때 '이미 손에 흉기를 들고 있었다'는 피해자 이모(32)씨의 진술을 확보한데다, 김의 자택 압수수색 결과 주방에 부엌칼이 없었던 점으로 미뤄 범행에 사용된 흉기는 김이 자신의 집에서 들고 간 것으로 보고 있다. 또 박씨가 귀가하자마자 몸싸움을 벌여 살해한 점도 미리 살인을 준비한

즉 인식능력이 부족하거나 현실감각이 떨어지지 않으며 대부분의 정신장애자에게 나타나는 환상이나 망상, 강렬한 부정적 스트레스를 경험하지 않는다. 정신병자와는 달리 극히 이성적이며 자신의 행동이 무엇을 의미하며 원인이 무엇인지도 잘 알고 있다. 이들의 행동은 자유선택에 의한 실행의 결과라고 할 수 있다. 즉 현재의 정신의학적, 법적 기준에서 본다면 사리분별이 가능한 인간들이다(로버트 D. 헤어, 조은경 외 역, 2005: 48-49).

사이코패스 판단을 위한 체크 리스트를 활용하기도 한다(Ronald Blackburn, 2003: 83).[8] 사이코패스 여부를 판정하기 위해서는 로버트 헤어 교수가 고안한 20문항짜리 '정신병질자 선별도구(PCL-R)'를 사용하는 것이 일반적이다. 화이트칼라 사이코패스를 가려내기 위해서는 산업심리학자 폴 바비악(Paul Babiak)과 헤어 교수가 개발한 비스캔 360(B-Scan 360)을 사용하기도 한다. 비스캔360의 107개 항목에서 핵심 내용을 추린 체크리스트를 활용하기도 한다(조선일보, 2015.7.2)[9]

것이라는 증거라고 경찰은 설명했다. 하지만 김은 계획적 범행에 대해 부인과 인정을 반복하다가 현재는 진술을 거부하고 있다. 김에 대한 프로파일러 면담과 사이코패스 평가에서는 "처의 행동과 사고까지 통제하려는 망상적 태도를 가지고 있다. 낮은 죄책감 등 공감능력 결여, 교활함과 범죄행위에 대한 합리화, 폭력성 등 반사회적 경향을 가진 사이코패스 성향을 지닌 자로 추정해볼 수 있다"는 결과가 나왔다. 경찰은 국립과학수사연구원 감정결과 숨진 둘째 딸(16)의 몸 속에서 김의 체액이 검출됐고 생존자 2명도 성폭행을 했다고 진술하고 있어 김이 둘째 딸을 성폭행한 것으로 결론 냈다. 이 부분에 대해서 김은 "성추행일 뿐이었다"고 혐의를 부인하고 있는 것으로 전해졌다. 이 밖에 경찰은 김이 A(44)씨와 7년여 결혼 생활 동안 최소 5차례 이상 상습폭행을 가한 사실도 확인, 여죄를 수사하고 있으며 자택에서 길이 111㎝의 일본도를 불법 소지한 사실도 확인해 혐의에 추가했다.
http://www.hankookilbo.com/v/cfbd5f19a21b41fa9755c083f6422f51 (2015. 1. 21.)

8 사이코 패스를 진단하는 체크리스트
1. 입심이 좋고 겉으로 매력이 있음
2. 극도의 자기 중심적/거드름 피우거나 자기 자랑
3. 쉽게 싫증을 내거나 좌절에 대한 내성이 없음
4. 병적인 거짓말/타인을 속임
5. 진실성 결여
6. 죄책감 결여
7. 사랑 혹은 정서적 깊이가 없음
8. 감정이입 결여, 냉담함
9. 타인을 이용하여 기생하는 생활 양식
10. 행동통제능력 떨어짐
11. 난잡한 성생활
12. 어린 시절 행동에 문제가 있음
13. 현실적이고 장기적인 계획의 결여
14. 충동성
15. 부모로서의 책임감 결여
16. 빈번한 부부 관계
17. 아동 비행
18. 보호관찰, 가석방 결과 나쁨
19. 자신의 행위에 대한 책임을 지지않음
20. 전과 많음

9 【성격적 측면】
1. 진실성이 없다 : (특히 타인에 대한 칭찬에서) 진심을 느낄 수 없다.
2. 거만하다 : 세상에 자신보다 잘난 사람은 없다는 식으로 뽐내기를 좋아한다.
3. 신뢰할 수 없다 : 거짓말을 곧잘 한다.

이러한 여러 가지 특징을 정리하면 아래와 같이 요약할 수 있다.

1) 달변이나 깊이 없는 대화

정신과 학계에 따르면, 통상 성인의 약 1%가 사이코패스적 성향을 띠는 것으로 분류된다. 이들의 상당수는 범죄와 연관되지 않고 사회에서 암약한다.[10] 바로 누구를 살해하지는 않지만 일상생활에서 다른 사람들에게 지속적인 영향을 준다. 따라서 일상생활 과정에서는 냉혹한 살인마보다는 달변의 사기꾼이 많은 실정이다. 근거도 없는 거짓말을 습관적으로 하다가 거짓말이 드러나고도 부끄러워하지 않고 쉽게 말을 바꿔 다른 거짓말을 지어내는 전문가들이다(로버트 D. 헤어, 조은경 외 역, 2005: 25-35).

그들은 대화와 유머 또는 임기응변에 능하다. 번지르르한 이야기를 함으로써 상대방 호감을 얻는 방법을 잘 알고 있다. 보도된 것이나 관련 학문을 인용하여 허풍을 떨거나 모든 것을 알고 있는 듯한 자세로 대화를 주도한다. 어떤 상황에서는 횡설수설하는 등 비논리적이기도 하다. 거짓말이 드러나더라도 개의치 않고 둘러대거나 넘기는 수법을 자주 사용한다.[11]

---

4. 교묘하게 사람을 다룬다 : 타인으로 하여금 자신이 원하는 일을 하도록 교묘하게 유도한다.

【대인관계】

5. 무감각하다 : 타인이 고통을 당하는 상황을 보고도 별다른 감정을 보이지 않는다.
6. 무자비하다 : (해고, 인사상의 불이익 등) 타인에게 고통을 주는 일을 서슴없이 행한다.
7. 피상적이다 : 자신의 감정을 표현할 때 마치 '매뉴얼에 적혀있는 대로' 기계적으로 한다는 느낌이 든다.
8. 남의 탓을 한다 : 자신의 잘못을 매번 타인의 탓으로 돌린다.

【조직에서의 행태】

9. 참을성이 없다 : 결과를 기다리지 못하고 자꾸 보챈다.
10. 변덕스럽다 : 수시로 업무 지시 내용을 바꾼다.
11. 신뢰성이 없다 : 안심하고 일을 맡겨둘 수 없다. 주로 주위 사람들이 구멍을 메워줘야 한다.
12. 주의가 산만하다 : 한 가지 업무에 집중하지 못하고 자꾸 다른 일들을 챙기려고 든다.
13. 타인의 성과를 가로챈다 : 마치 기생충처럼 타인의 능력에 의존하거나 부하직원의 성과를 자신의 공적으로 둔갑시킨다.

【반사회적 성향】

14. 극적이다 : 타인에게 강한 인상을 남길 수 있는, 과장되고 연극적인 행동을 잘한다.
15. 부도덕하다 : 양심에 거리낌이 없는 듯이 부도덕한 행동을 어렵지 않게 취한다.
16. 괴롭힌다 : 부하직원이나 하청업체직원 등 자신의 영향력 아래에 있는 약자들을 자주 괴롭힌다.

0점 : 전혀 그렇지 않다
1점 : 그런 경향이 상당히 강하다
2점 : 정확히 그렇다

7점 이하 : 회사가 붙들어 매야 할 인화(人和)형 인재
8~15점 : 까칠하기는 하지만 사이코패스라고 비난하는 것은 무리
16~23점 : 저돌적인 기업 전사(戰士)거나 아직 이빨을 드러내지 않은 사이코패스
24점 이상 : 요주의 인물
※비고 : 총점에 관계없이 1, 2, 3, 4, 5, 6, 15, 16번 항목에서 2점을 받은 것이 4개를 넘는다면 요주의 인물

10 회사나 조직에서 자기 출세나 성공을 위해 남을 무자비하게 짓누르거나 해코지하는 사람들이 그런 케이스라며 대형 사기를 쳐놓고도 자기는 호화 생활을 하는 사람도 일종의 사회적 사이코패스로 볼 수 있다.

11 국내 유명대학 졸업자라고 상대 여성을 속이고 10년 이상 결혼생활을 하면서 학생대표 등을 맡는 등 왕성한 활동을 하다가 덜미가 잡힌 사례 등이 대표적인 예이다.

사이코패스는 평생 남을 꼬드기고 속이고 무자비하게 짓밟는 사회의 약탈자다. 그들은 다른 사람에 대한 도의적 양심이나 동정심이 전혀 없기 때문에 죄의식이나 후회도 없이 사회규범과 기대를 헌신짝처럼 버리고 자신이 원하는 것을 이기적으로 행동한다(로버트 D. 헤어, 조은경 외 역, 2005: 7).

2) 자기중심적이며 심한 과장

사이코패스는 무엇에 관심이 있으면 이를 즉각적으로 해야 하며 인내심을 가지고 기다리지 못한다. 발생된 문제에 대한 책임을 남의 탓으로 돌리는 놀라운 기술을 가지고 있다. 남에게는 자신감에 찬 사람으로 비춰진다.

사이코패스에게는 죄책감이나 양심의 가책이 없다. 따라서 보통 사람이라면 식은 땀을 흘릴 법한 상황에서조차 뻔뻔하리만큼 태연하다(Harold Schechter, The Serial Killer Files, 2003: 15).

이들은 극도로 자기중심적이며 의미 있는 대인관계를 지속해 나가는 능력이 없는 자들로, 자신이 원하는 것이 좌절되면 극단적인 공격성을 보인다. 몇 주 또는 몇 달은 주변의 인정을 받으며 착실하게 보낸다. 따라서 부분적으로 접촉하거나 관찰했던 사람들 중에는 이들을 매우 조용하고 성실한 사람으로 평가하는 우를 범하기도 한다. 그러나 실제로는 주기적이고 발작적으로 반사회적 행동을 하는 특징이 있다. 연쇄살인범 유영철 역시 이러한 경향을 보이고 있다(이은영, 2005: 78-79).[12]

3) 후회, 죄의식 결여

사이코패스는 양심으로 가는 연결선이 손상을 받아 아주 끊어져 있거나 거의 연결되어 있지 않아 정상인이라면 양심의 가책을 받아야 하는 상황에서도 전혀 양심의 가책을 받지 않아 범죄행위를 포함하여 엽기적이고 비상식적인 행동을 계속하는 자를 말한다(Ronald Blackburn, 2003: 83).

사이코패스들은 자신이 겪는 고통에는 매우 민감하나 자신의 행동으로 인하여 피해를 받은 피해자와 그 가족의 고통에 대해서는 무감각하다.[13] 또 처벌을 받아도 별다른 감흥을 느끼지 않는다.[14] 따라서 체포된 후 감옥 속에서도 별다른 스트레스를 받지

---

12 밤에 살인에 도취되어 있다가도 그 다음 날 날이 밝으면 언제 그랬냐는 듯이 쇼핑도 하고 산책도 하고 인터넷도 하고, 낮엔 평범한 남자가 밤에 살인마가 되고, 낮에 일상적인 지성을 보이다가도 밤엔 엄청난 살인의 본능을 느꼈다. 유영철 편지 중에서.

13 유영철은 자신이 살해한 여성들이 겪었을 고통을 자기가 살아온 인생에 대한 고통과 비교하면서 자기의 고통에 비하면 피해여성들의 고통은 훨씬 덜하다고 평가하였다.

14 2016년 5월 15일 서울동부지법 1호 법정. 지난해 세간을 떠들썩하게 했던 이른바 '트렁크 살인사건'의 4차 공판이 열렸다. 피해 여성의 여동생 주모 씨(35)가 어렵게 입을 열었다.

않고 일상적인 활동을 한다.[15]

이들은 겉보기에는 매우 밝고 명랑한 경우가 많다. 양심의 가책이나 부담감이 전혀 없기 때문이다(장근영, 2004: 84). 토막 낸 시체를 들고 택시를 타고도 그들이 가지는 부담감은 일반인들이 가지는 그것과는 비교할 수 없을 정도로 미미하다.

4) 공감능력 부족

자기중심성, 죄의식 결여, 피상적 감정, 기만성과 같은 사이코패스의 특징 중 많은 부분이 다른 사람과 정서적 공감을 하지 못한다는 점이다(로버트 D. 헤어, 조은경 외 역, 2005: 80). 그들은 자신이 다른 사람들에게 끼치는 해악이나 그 행위의 결과에 대한 이해가 없거나[16] 이해하지 않으려 한다(RoyHazelwood & Stephen G. Michaud, 2002: 73-74).

"(김일곤은) 너무 당당하고, 큰소리치고, 사건과 상관없는 이야기만 합니다. 살인자도 인권이 있다고 하지만…. 그래도 최소한 예의란 게 있는데…." 주 씨는 울먹이느라 말을 끝맺지 못했다. 피고인 김일곤(49)을 쳐다보며 파르르 떨기도 했다. 김일곤은 줄곧 눈을 감거나 고개를 숙이고 외면했다.
김일곤은 "유가족에게 할 말이 있느냐"는 판사의 물음에 "사람으로서 해서는 안 될…"이라고 운을 뗐다. 순간 그가 반성하나 싶어 법정의 시선이 쏠렸다. 하지만 김일곤은 곧 "영등포 벌금 문제가 먼저 해결돼야 한다"고 말을 돌렸다. 법정에선 "아~" 하고 짧은 탄식이 흘러나왔다.
사건의 발단은 지난해 5월 서울 영등포구에서 김일곤이 20대 남성 K 씨와 다툰 일로 벌금 50만 원을 문 것이다. 김일곤은 복수하기 위해 K씨를 찾아갔지만 자신보다 덩치가 크고 힘도 센 K씨에게 겁을 먹고 도망쳤다. 그 후 김일곤은 여성을 납치해 복수에 이용할 계획을 세웠다. 노래방에서 일하던 K씨에게 납치 여성을 "도우미로 취직하고 싶다"며 접근시켜 그를 유인하려 한 것. 김일곤은 지난해 9월 9일 충남 아산에서 복수를 실행하는 과정에서 납치한 여성이 반항하자 살해했다. 시신을 잔혹하게 훼손하고 트렁크에 싣고 도피 행각을 벌이다가 차량에 불까지 질렀다. 김일곤은 사과는커녕 "내 억울함을 밝히는 일이 피해자를 위한 것"이란 이해할 수 없는 주장만 늘어놓고 있다. 이런 김일곤의 내면에는 반사회적 인격장애를 가진 '사이코패스'가 있다. 김일곤은 사이코패스 체크리스트(PCL-R) 검사에서 40점 만점에 33점이 나왔다. 25점을 넘으면 사이코패스로 분류된다. 그를 면담한 범죄행동분석관(프로파일러) 권일용 경감은 "타인의 고통에 냉담하고 거리낌 없이 살해하는 사이코패스"라며 "강자에게 약하고 약자에겐 강한 성향까지 있어 K씨에게 훼손된 자존감을 찾기 위해 피해 여성을 대상으로 잔혹하게 화풀이했다"고 설명했다. 김일곤은 유족에게 회복될 수 없는 상처를 남겼다. 유족은 국립과학수사연구원에서 김일곤의 손에 잔인하게 훼손된 시신을 보고 치를 떨었다. 그런데도 김일곤은 태연히 "내가 시키는 대로 했으면 살려줬을 것"이라며 피해자 탓을 하고 있다. 프로파일러는 김일곤을 연쇄살인 사이코패스 유영철, 강호순보다 위험한 인물로 꼽았다. 권 경감은 "유영철과 강호순은 부유층이나 여성 같은 특정 대상을 골라 범죄를 저질렀지만 김일곤은 대상을 가리지 않고 분노를 표출하는 성향이 있다"며 "어릴 적 가출해 범죄로 삶을 이어가며 피해의식과 사회 증오를 키워 사소한 일에도 충동 조절이 불가능한 시한폭탄 같았다"고 분석했다.
http://news.donga.com/3/all/20160129/76197226/1 (2016. 1. 29.)

15 강호순은 경찰이 주는 매끼 식사를 깨끗이 해치웠다. 유치장에선 한낮까지 코를 골며 잠을 잤다. 유치장에 함께 입감된 범죄자들과 과자도 나눠먹고 한담도 했다. 경기 서남부 지역에서 2년 여에 걸쳐 여성 7명을 살해한 강은 시종 침착한 모습이었다. 검거된 지 9일째인 2009년 2월 1일, 현장검증에 앞서 맞닥뜨린 기자들에게 "유족들에게 죄송하다"고 말한 것이 다였다. 창백한 형광등 아래 밤샘 조사를 받을 때도 강은 움츠러들지 않았다. 수사관들과 여자 이야기도 하고 농담도 했다. 경찰 관계자는 "조사받을 때 보면 쌩쌩하다"며 "그런 모습을 기자들이 봐야 하는데…" 했다. 검거된 지 8일째인 31일, 연쇄살인범 강호순은 안산 단원서 1층에 있는 9.9㎡(3평)짜리 유치장에서 정오 가까운 시간까지 벽 쪽에 누워 코를 골았다. 아침으로 경찰이 식판에 담아 주는 밥, 다시마 어묵국, 김치, 콩자반, 단무지를 남김없이 먹은 뒤였다. 강은 점심을 먹은 뒤 강도·상해 혐의로 한 방에 들어온 파키스탄 출신 노동자(41)와 한국말로 이야기하며 과자를 받아 먹었다. 유치장 한쪽 세면대에서 온수로 세수를 하고 손에 물을 축여 몸도 닦았다. 이어 강은 유치장에 연결된 진술 녹화실에서 1일 새벽 3시까지 조사를 받았다. 저녁은 형사들과 함께 백반과 자장면을 시켜 먹었다. 조사가 끝나자 강은 다시 유치장에 누웠다. 잠깐 뒤척였지만 이내 코를 골았다. 유치장 직원은 "오전 8시에 아침밥이 나오면 내가 가서 깨워야 일어 난다"며 "먹고 나면 점심 때까지 또 잔다"고 했다. 지난달 28일과 1일, 두 차례에 걸쳐 희생자들을 납치·살해·암매장한 장소로 현장검증을 나간 것을 빼면 강은 매일 이와 똑같은 하루를 보냈다. 조선일보. 2008. 2. 2.

16 강은 "나는 평소엔 아주 정상적인데, 순간순간 스스로를 제어할 수 없었다"고 했다. 강은 유영철, 정남규와 자신

이들은 자극추구 성향(Sensation Seeking Tendency)[17]을 가지고 있으며 충동만 있고 양심이 없을 때 지능이 높고 연쇄살인범이 될 수 있는 가능성이 높다. 사이코패스들이 사람들을 살해하고도 멀쩡히 살아가고 있는 것을 일반인들은 불가사의하게 느낄 수 있다. 하지만 실은 그들은 다른 사람을 자신의 만족을 위해 이용할 대상으로 바라볼 뿐이며 약하고 상처입기 쉬운 사람에 대한 동정은커녕 조롱하면서 표적을 삼는 경향이 있다(로버트 D. 헤어, 조은경 외 역, 2005: 81).

일반인들과의 커다란 차이점은 자신에 대한 엄격한 통제를 들 수 있다. 이 중에서는 지적 능력을 보유하고 있으며 자신의 행동을 잘 통제하므로 상대에 대한 친절과 배려로 호감을 사기도 한다. 그러나 내면으로 들어가 보면 남보다 우월하다는 사고와 공격성을 보유하고 있으며 매우 자기중심적이다. 반면에 자신에 대해서는 무척 관대하다.

그들의 특징은 남을 철저하게 이용하고도 아무런 양심의 가책을 받지 않는다는 점이다. 그러므로 쉽게 장기적이고 반복적으로 상대를 착취하고 이용하다가 헌신짝 버리듯 한다. 결과적으로 잘못되면 그것은 자신의 잘못이 아니라 철저하게 상대의 잘못이다.[18]

5) 거짓말과 속임수의 일상화

전혀 스트레스를 받지 않고 거짓말과 남을 속이는 행위를 일상적으로 하는 경향이 있다.[19] 이들은 만성적 거짓말쟁이이며 거짓말을 할 이유나 필요성이 없을 때에도 거짓말을 하기도 한다(RoyHazelwood & Stephen G. Michaud, 2002: 73-74). 거짓말, 사기, 속임수는 사이코패스의 타고난 재능이다(로버트 D. 헤어, 조은경 외 역, 2005: 83). 거짓말이 일상화되어 있으므로 자신이 거짓말을 한 사실조차 나중에는 진실로 받아들이는 경향

을 비교한 언론 보도를 보고 "내가 '살인마'면 내 아들들은 '살인마의 자식'이 되는 것이냐"라고 불쾌해했다고 경찰은 전했다. 아들을 위해 자신의 범죄행각을 책으로 출판하겠다는 뜻을 밝혔다고 경찰이 전했다. 경기지방경찰청 수사본부는 3일 "강호순이 범행을 자백한 뒤 자신이 저지른 범행을 책으로 출판해 아들들이 인세라도 받도록 해야겠다고 말했다"고 밝혔다. 강은 또한 최근 자신의 얼굴 사진이 언론에 공개된 것에 충격을 받고 아들들을 걱정하기도 했다. 강은 경찰조사에서 자신의 얼굴이 언론에 공개된 것에 대해 "아들은 어떻게 살라고 (내 얼굴을) 다 공개 하냐"고 말했다. 경찰 관계자는 "강호순이 (자신의 얼굴 공개 이후) 아들 걱정을 했고, 큰 충격을 받았다고 했다"고 전했다. 조선일보, 2008. 2. 2.

17 규범을 잘 지키는 것은 사회생활을 하는 데 매우 중요한 덕목이지만, 한편으로 규범을 어기고 충동적으로 행동하고 싶어 하는 마음도 가지고 있다. 이렇게 좀 더 짜릿하고 위험한 경험을 추구하려는 경향을 자극추구 성향(Sensation Seeking Tendency)이라고 한다.

18 연쇄살인범 강호순이 수사 초기에 주장한 것은 피해자들이 자신의 차에 순순히 올라 탔다는 점을 강조하는 행위 등이 대표적인 것이다. 자신의 살인행각의 시작은 피해자들이 순순히 자신의 차에 올라탔다는 점을 강조하고 싶은 것이다. 또한 피해자보다도 자신의 자식에 대해 걱정하는 듯한 발언을 자주하는 점도 이와 어느 정도 일치하는 점이다.

19 연쇄살인범 강호순의 집 거실 벽에는 '마음을 다스리는 글'이라는 족자가 붙어 있었다. 내용은 주로 교훈적인 것이다. 특히 범죄와 관련된 글로서 '죄는 참지 못하는 데서 생긴다'는 구절도 눈에 띈다. 이 글귀를 매일 보면서도 강은 전혀 양심의 가책을 느끼지 않았는데 왜냐하면 그는 전형적인 사이코패스였기 때문이다.

이 있다. 그러므로 자신의 거짓에 대하여 확신을 가지고 방어를 하는 경향이 있다.

이들의 거짓말 대상에는 피아 구분이 없다. 접촉하는 주위의 모든 사람들을 대상으로 기회가 될 때마다 거짓말을 하고 이익을 취한다.

6) 피상적 감정

다른 사람과의 깊은 정서적 교감을 하는 데 매우 서툴다. 겉으로만 사람을 대하는 것이 일상화되어 있으며 타인의 정서나 감정에 대해 제대로 이해하지 못한다. 사람을 살해하고 시신을 옆에 둔 채 식사를 하거나 집단 성폭행을 하고 경찰에 체포된 이후에도 공범들 간에 농담을 주고받거나 장난을 치는 행위 등은 타인을 의식한 과장된 행위일 수도 있으나 상대의 아픔이나 감정을 이해하지 못한 결과일 수 있다.[20]

사이코패스는 생리학적으로도 냉혈한들이다. 사이코패스에게는 통상적으로 일반인들이 겪는 공포반응이 나타나지 않거나 적게 나온다. 예를 들어 동물이 죽는 끔찍한 사진을 보여줘도 동공이 커지지 않는다. 스트레스 상황에 놓여도 손에 땀이 나지 않으며 롤러코스터를 태워도 심장박동이 빨라지지 않는다. 신경 의학적으로는 인간의 감성을 관할하는 뇌 앞쪽 전두엽과 중심부 변연계와의 연결회로에 결함이 생긴 것으로 분석된다. 사이코패스들은 웬만한 일에는 놀라지도 않고 즐겁지도 않기 때문에 강간이나 살인 등 아주 극단적 행동을 탐닉하기도 한다. 이들은 남을 해롭게 할 수 있는 상황에서 느끼는 불안감이나 공포감이 없기 때문에 '자기억제' 기능이 작동되지 않는다. 이 때문에 사이코패스의 범죄는 연쇄적이고 습관화된 형태를 띤다.

이러한 사이코패스적 기질이 최악의 범죄행동과 연관되는 사례가 연쇄살인이다. 이들은 너무나 폭발적이고 극단적 충동성을 지니고 있어서 자기가 하고 싶은 대로 하기 위해서는 남을 거리낌 없이 해치기도 한다.

처음 한 사람을 죽이기 전까지는 자신의 성향을 깨닫지 못하고 조용히 살지만, 첫 번째 살인 후에 자신의 살인본능을 깨닫고 연쇄살인의 길로 들어서는 것이다.[21] 사이코패스와 연관된 연쇄살인범들 중 에드 게인(Eddie Gein)[22]이 전형적인 사이코 패스에 해

20 강호순을 상대로 2009년 1월 31일과 2일 두 차례에 걸쳐 반사회적 인격장애 검사(PCL-R)를 실시한 결과 사이코패스에 해당하는 27점과 28점이 나왔다. "PCL-R은 20개 질문 문항으로 진행되며 문항마다 0-2점이 부여돼 모두 40점 만점으로 친다. 미국의 경우 20점 이상, 우리나라는 24점 이상이면 사이코패스로 분류한다. 강호순은 죄책감이 없고 슬픔의 감정을 모르는 전형적인 사이코패스로 자신의 잘못을 피해 여성에게 돌리며 엉뚱한 자기방어를 하거나 희생자 가족과 관련한 질문에 자신이 슬퍼해야 하는 건가라는 반응을 보였다.
http://news.msn.co.kr/article/read.html?cate_code=1100&article_id=200902031503461100

21 강호순의 진술에 의하면 그는 사람의 목숨을 해치는 것에 대해서 아무런 죄책감을 느끼지 않고 오히려 쾌감을 느꼈다고 한다. 그는 일반인들과는 전혀 다른 인간이다.

22 연쇄살인범 에드 게인(Eddie Gein)은 히치콕(Alfred Hitchcock) 감독의 사이코(Psycho)의 원작소설 모델과 양들의 침묵에 나오는 연쇄살인범 '버팔로 빌'의 모델이 된 범죄자이다. 그는 살인 신체절단 · 무덤도굴 · 시간 · 복

당된다.

7) 충동적

충동적이라 함은 욕구만족의 지연 능력이 결여된 것이다. 그들은 하고 싶어서 일탈행위나 범죄를 저지르는 것이다. 충동성은 비단 사이코패스뿐만 아니라 일반적인 범죄자의 특징이기도 하지만 특히 사이코패스에게 있어서 충동성은 매우 중요한 요소 중 하나이다.

8) 서툰 행동제어

이 특징은 어느 상황에서는 일부 사이코패스에게 해당되지 않을 수도 있다. 어떤 사이코패스는 자신의 행동에 대한 통제를 놀랄 만큼 잘 하는 경우도 있기 때문이다. 그러나 단지 자신이 추구하는 흥분이나 재미를 충족시키기 위해 일시적으로는 평상시 보여주는 행동이 갑자기 무너지듯 자신을 억제하지 못하기도 한다. 예컨대 연쇄살인을 하면서도 경찰의 추적을 잘 빠져 나가던 범인이 지루하거나 반복적인 일(경찰의 추적을 지속적으로 따돌리는 상황)을 견디지 못하는 경우 결정적 실수를 저지르고 순간적으로 자신의 행동을 제대로 통제하지 못하여 체포되는 결과를 가져오기도 한다.

9) 책임감 결여

사이코패스의 커다란 특징 중 하나는 책임감을 가지고 있지 않다는 점이다. 일례로 명백히 잘못된 행위를 수없이 반복한다. 적발되었을 때 앞으로 잘해보겠다는 맹세를 일삼지만 그 순간만 모면하면 자신이 하고 싶은 행동을 다시 반복하는 등 자신의 행동에 대해 책임을 지겠다는 의사가 전혀 없다. 다만 그 순간을 넘길 뿐이다. 일상적 활동 과정 중에 수없이 반복되는 무책임한 행위로 인해 문제가 발생하면 그러한 행위를 할 수밖에 없었다는 변명 등을 늘어놓는다. 만일 변명을 할 상황이 아니라면 도망을 가거나 대응하지 않는 등 뻔뻔함으로 일관하여 점차적으로 주위 사람들을 지치게 하거나 아예 포기하게 하는 전략을 사용하기도 한다. 몇몇 자신에게 결정적 영향을 미칠 수 있는 사람을 제외하고는 이들을 통제할 수 있는 사람은 드물며 자신으로 인하여 불이익을 받을 수 있는 타인에 대한 배려나 고려는 전혀 없다.

자신의 이익을 위해 다른 사람을 이용하다가도 상대가 부탁하는 일이 귀찮거나 자

장도착(Transvestism)·페티시즘 등 엽기적 행각을 저질렀다. 무능력한 아버지, 집안을 실질적으로 지배해 왔던 종교적 금욕주의자인 어머니 밑에서 사회와 고립된 생활을 한 결과 어머니가 사망하고 난 이후 이러한 영향으로 범행을 저지르게 되었다. 그는 주로 중년 여성 또는 중년 여성의 시신을 대상으로 범행을 저질렀는데 이러한 범행 배경에는 자신을 지배하고 있던 어머니의 영향이 지대하였다.

신에게 이익이 없다고 판단되면 정색을 하고 면전에서 거절하기도 한다. 그러나 부탁할 일이 생기면 자신이 한 행동에 대해서는 개의치 않고 다시 접근하여 자신의 목적을 이룬다. 최종적으로 별다른 이익이 없다고 판단되면 오랜 인간관계에도 불구하고 주저없이 관계를 끊어버리기도 한다. 목적을 달성하거나, 결정을 자기 의도대로 추진하기 위해 주위 사람들 간의 인간관계를 왜곡 내지 조정하기도 하며, 그 과정에서 기도가 노출되더라도 전혀 개의치 않고 그러한 행위를 지속적으로 시도한다.

특히 책임감 결여부분은 비단 사이코패스형 범죄자뿐 아니라 일반인들에게도 많이 관찰되는 측면으로 일상생활에서 자주 경험할 수 있는 부분이다. 이들 중에는 소위 성공한 사이코패스라고 일컬어지는 집단이 있는데 범죄를 저지르는 사이코패스보다 더욱 이기적이고 냉혹하며 속임수에 능하나 지적 능력과 사회적 배경, 사교술을 최대한 활용하여 외견상 지극히 정상적인 모습을 하면서 살아간다(로버트 D. 헤어, 조은경 외 역, 2005: 182).[23] 모든 범죄자가 사이코패스는 아니며 모든 사이코패스 역시 범죄자는 아니라는 사실(로버트 D. 헤어, 조은경 외 역, 2005: 144)[24]을 명심한다면 주위에서 발생하는 불가사의한 상황에 대한 설명이나 해석이 가능하다.

10) 유년기의 문제행동

통상 유년기 때부터 문제행동을 보이기 시작하는데 거짓말, 도둑질, 무단결석, 파괴적 행동, 타인 괴롭히기, 가출, 조숙한 성행위 등이다. 일반 아이들과 달리 성장환경이나 양육환경이 좋은 집안에서 자란 사이코패스는 이와는 상관없이 이러한 행위에 몰입하기도 한다. 유년기의 동물학대, 잔인성 등의 특징을 보인다(로버트 D. 헤어, 조은경 외 역, 2005: 110-111).

11) 성인기의 반사회적 행동

반사회적 행동이 반드시 범죄행동과 연관되는 것은 아니다. 오히려 이들은 이러한 행위를 하는 데 익숙해 있으므로 다른 사람들보다 쉽게 범죄나 일탈행동이 노출되지 않고 쉽게 빠져나가는 일이 많다. 대신 남들이 잘 알지 못하는 가정 내에서의 여러 반사회적 행동, 즉 가정폭력, 아동학대 또는 직장 내에서 은밀히 이루어지는 공금횡령, 반복된 바람피우기 등을 하고도 양심의 가책을 받지 않으며 오히려 이를 자랑스럽게 여기기도 한다.

---

23 이들 중 변호사, 박사, 정신과의사, 교수, 경찰, 군인, 사업가, 작가, 예술가, 연예인 등이 있다.

24 단, 사이코패스는 그 숫자에 비해 범죄율이 매우 높으며 특히 중범죄자의 절반 이상이 사이코패스 판정을 받는다.

연쇄살인의 이해

1. 용어의 기원과 정의

1) 용어의 기원

옥스퍼드 사전 개정판 편집장인 제시 슈이드라이어는 연쇄살인자(Serial Murder)라는 용어가 지난 1961년도 옥스퍼드 사전 개정판에 등장하였다고 주장하였다. 그러나 일반적으로 범죄수사의 실무적 차원에서 연쇄살인범(Serial Killer)이라는 용어는 1970년대부터 본격적으로 사용되기 시작하였다. 미국의 연방수사국 요원이자 FBI 정예 행동과학연구소의 창립 멤버였던 로버트 레슬러(Robert Ressler)가 연쇄살인범(Serial Killer)이라는 용어를 사용한 것으로 알려져 있다. 1970년대 초 영국경찰대학에서 열린 국제회의에 참가한 로버트 레슬러(Robert Ressler)는 학자나 실무자들이 연속적으로 발생하는 범죄를 의미하는 연쇄라는 용어를 강간, 절도, 방화, 살인에 접목시켜 언급하는 것을 듣고 반복적으로 타인을 살해하는 살인범에 대해 연쇄살인범(Serial Killer)이라는 용어를 사용한 것이 기원이 되었다.

2) 연쇄살인의 정의

FBI 범죄분류 매뉴얼(FBI Crime Classification Manual, 1992)에 의하면 연쇄살인이란 '사건 사이에 냉각기를 가진 상태에서 세 곳 이상의 장소에서 세 차례 이상 살인을 저지르는 행위'로 정의하고 있다. 구체적으로 횟수는 세 건 이상, 장소는 서로 다른 장소에서 세 군데 이상, 시간 측면에서는 살인과 살인 사이에 휴지기를 일컫는 냉각기(Cooling-off Period)가 있어야 하는데 이는 몇 시간[25]에서부터 몇 년까지도 될 수 있다. 장소와 시간 그리고 심리적 냉각기는 연쇄살인과 대량살인을 구별하는 중요한 특징이다.

대량살인은 분노로 가득 찬 개인이 한꺼번에 많은 사람들을 살해하는 것이며 자기파괴적 경향이 강하다. 불만을 가진 고용인이 자동소총으로 사무실에 들어와 난사한 후 자살하는 경우가 대표적인 예이다.

그러나 이러한 분류는 정의가 지나치게 광범위하거나 협소하고, 범행의 구체적 성질, 즉 심각한 성도착 증세 등에 관한 설명이 없는 점 등으로 인하여 오늘날의 연쇄살

25 2006년 1월 충남 천안 풍세에서 발생한 2건의 살인사건은 오전과 오후로 전혀 다른 피해자를 대상으로 한 연쇄살인이다. 심리적 냉각기는 불과 몇 시간 정도 밖에 되지 않았다.

인을 정의하기에는 다소 부족한 면이 있다. 이러한 FBI 정의의 결점을 수정, 보완하고 융통성과 정교함을 추가하였다고 평가되는 미국 국립 법연구소(National Institutes of Justice)는 연쇄살인에 대해 '둘 이상의 연이은 살인, 이 각각의 사건은 독립적이어야 하며, 항상 그런 것은 아니나 통상 한 사람에 의해 범행이 이루어진다'그 정의하고 있다. 사건발생은 몇 시간, 혹은 몇 년의 간격을 통해 발생할 수 있으며 범행 동기는 심리적인 것으로 범행 장소에서의 범인의 행위와 물리적 증거는 가학적 성범죄 양상을 나타낸다'는 것으로 정의되고 있다(Harold Schechter, 2004: 7-9).

2. 연쇄살인범의 분류

1) 범행동기에 의한 구분

일반적으로 연쇄살인범은 범행동기에 따라 다음과 같이 구분할 수 있다(Georgia Cumming & Maureen Buell, 1998: 86).

▪ 망상형 연쇄살인범(The Visionary Serial Killer)

정신병을 가지고 있지 않은 연쇄살인범도 인격적 혼란(Character D sorder)을 수반한 정신병질적(Psychopathic) 경향을 가지고 있을 수 있다. 그러나 대부분의 연쇄살인범은 정신병자가 아니며 그들은 명백히 현실을 기초로 인식하고 반응한다. 이러한 대부분의 경우와는 달리 망상형 연쇄살인범은 그들이 본 환상 또는 그들이 들은 목소리에 의해 살인을 하게 된다. 구체적으로 어떤 유형의 사람을 살해하라는 환청, 때때로 "외부에서 조종하는" 악마 또는 마귀의 목소리를 듣게 된다.

이 중에서는 여성을 이 세상에서 없애야 할 악의 존재로 판단하고 자신이 이들을 이 세상에서 제거하는 신의 도구라고 생각하는 경향이 있다.[26]

▪ 확신형 연쇄살인범(The Mission Serial Killer)

확신형 연쇄살인범은 어떤 계층이나 집단의 사람(주로 매춘부, 직업여성 혹은 다른 인종

26 17명의 희생자를 낸 페루 역사상 '최악의 연쇄살인마' 파블로(42)는 권총으로 17명을 쏴 살해한 혐의로 2006년 구속 기소됐다. 하지만 파블로는 재판과정 중 "실제로 살해한 것은 25명"이라고 진술해 또 한번 충격을 안겼다. 이 사건은 페루 역사상 최악의 연쇄살인사건으로 꼽히며, 아직도 페루인들은 그를 '죽음의 사자'로 기억하고 있다. 2007년 재판부는 파블로에게 징역 35년을 확정했다. 그러나 파블로가 자살을 시도하는 등 '망상형정신분열증'을 보여 2009년부터 의료형무소에서 치료 중이다. 2011년에는 기자들에게 "나는 범죄자가 아니라 청소부다. 썩어가는 세상을 구원하려고 25명을 죽인 것"이라고 말해 책임능력 여부가 논란이 됐었다. 살해 동기에 대해서는 "신의 명령으로 약물중독자와 매춘부, 동성애자를 없애 세계를 정화하려고 했을 뿐"이라고 일관되게 주장해오고 있다. http://ilyo.co.kr/?ac=article_view&entry_id=144444 (2015. 9. 28.)

이나 종교집단)들을 박멸해야 한다는 의무감을 느끼고 행동하게 된다. 이 유형은 정신병자는 아니므로 환청이나 환시현상이 없기 때문에 현실적 인식에서는 일반인과 동일하다. 그러나 특정한 집단의 사람들을 제거해야 한다는 의무를 스스로 자신에게 부여하고 이에 따라 행동하게 된다.[27]

그들은 평소에 자신의 진면목을 다른 사람들에게 노출시키지 않기 때문에 체포 되었을 시 주위 사람들은 매우 놀라기도 하고 그럴 사람이 아니었다고 증언할 가능성이 크다.

▪ 쾌락형 연쇄살인범(The Hedonistic Serial Killer)

쾌락형 연쇄살인범은 성적 만족과 금전추구라는 두 가지 동기에 따라 욕정/스릴형과 금전추구형으로 구분할 수 있다.

- 욕정/스릴형 살인범(Lust or Thrill Serial Killer) 쾌락형 연쇄살인범의 첫째 하위범주인 욕정/스릴형 연쇄살인범(Lust or Thrill Killer)은 개인적 폭력성과 성적 만족 간 결정적 관계를 가진다. 이 유형은 피해자에 대하여 극단적이고 사디스틱한 폭력을 사용하는 것이 특징이다(Harold Schechter, 2003: 209).[28] 폭력 사용에 있어서 성적 연관성을 확실히 나타내며 폭력의 극단적 형태인 살인을 통하여 성적 만족을 인식하게 된다. 이 유형의 연쇄살인범에게 있어서 살인이란 가장 에로틱한 경험이며 이러한 행동으로부터 즐거움을 도출할 수 있기 때문에 사람을 죽이는 것이다. 살인으로부터 즐거움으로 얻기 때문에 앞에서 제시된 망상형, 자기 확신형 연쇄살인범이 빠른 시간 내에 피해자를 살해하는 것과는 대조적으로, 사람을 살해하는 과정에 있어서도 상황이 허용하는 한 시간을 지연시키는 경향이 있다.[29] 이들의 대표적 범행형태는 희생자의 머리를 비닐봉지로 씌운 뒤 그들이 죽기 직전까지 이를 씌웠다가 다시 살리는 가혹하고도 반복적 유사 종교 의식 행위이다. 그 과정에서 희생자의 무기력함을 보면서 성적 즐거움

27 제2차 세계대전시 유대인들을 집단적으로 학살한 독일 나치집단은 아무런 죄의식 없이 대량으로 유대인들을 학살하였다. 그들은 유대인들은 이 세상에서 사라져야 할 인종이며 쓰레기이므로 제거하여야 한다고 믿었다. 예컨대 나치 친위대 사령관이었던 히믈러(Himmler)는 초등학교 교사출신의 유약한 성품을 가진 사람으로 아이들이 땅에 쓰러져 피를 흘리는 것을 보고도 눈물을 흘렸으며 꽃이 꺾인 것을 보고도 가슴 아파하였다. 그러나 그는 많은 유대인들을 가스실로 보내어 학살하는 결정에 서명하면서 아무런 양심의 가책을 느끼지 않았다. 이러한 측면에서 나치의 유대인 학살은 집단적 자기확신형 연쇄살인 특성을 가지고 있다고 할 수 있다.

28 욕정형 연쇄살인범이라는 용어는 독일의 외과의사인 크라프트 에빙이 최초로 사용하였다. 그는 가학성을 설명하면서 연쇄살인이라는 용어 대신 피해자에 대하여 극단적이고 새디스틱한 폭력을 사용한다는 의미에서 독일어 lustmord, 즉 lust murder을 사용하였다.

29 욕정/스릴형 연쇄살인범의 살인과정은 주로 사람고기를 먹는다든지, 팔다리 절단행위, 고문, 타인에 대한 지배나 기타 두려움을 주입하는 행동에 중점을 두고 있다. Ken Bianchi와 Angelo Buono는 젊은 여자를 Buono의 집으로 데려와 고문하고, 살인하였다. 이 유형으로 분류되는 자들은 Robert Berdellad, Jeffrey Dahmer, John Wayne Gacy 등이다.

을 얻는다. 즉, 욕정/스릴형 연쇄살인범(Lust or Thrill Serial Killer)의 살인 행동은 주로 성적 만족에서 동기를 찾을 수 있다.[30]

- 금전추구형 연쇄살인범(Comfort-Oriented Serial Killer) 쾌락적 연쇄살인범의 두 번째 하위범주에 속하는 금전추구형 연쇄살인범(comfort- oriented serial killer)은 앞에서의 욕정/스릴형 연쇄살인범과는 달리, 범행동기로 성적 만족을 추구하지 않는 대신 개인적 이익을 추구하기 위해 사람을 살해하는 유형이다. 예컨대 전문적 암살자들이 지속적으로 살인을 하는 이유는 금전적 이익을 실현하기 위해서이다. 또 다른 금전추구형 연쇄살인범들은 자신과 어떠한 관계가 있는 대상을 살해함으로써 이익을 얻게 된다. 통상 여성들이 남성들에 비해 이러한 종류의 연쇄살인범이 되는 경향이 많다.[31] 면식관계나 인간관계가 형성되어 있는 사람을 살해함으로써 금전적 이익을 얻을 것으로 기대한다.

▪ 권력-통제형 연쇄살인범(The Power-Control Serial Killer)

권력-통제형 연쇄살인범은 피해자에 대한 완전한 지배를 통해 성적인 만족을 추구한다(Holmes & Holmes, 1998). 이 유형의 연쇄살인범에 있어서 성적 만족은 필수적 요소가 아니다. 중요한 것은 무력한 피해자에 대해 권력을 행사하고 통제하는 능력이다(Michaud & Aynesworth, 1983). 자신이 원하는 대로 다른 사람을 조종할 수 있는 힘과 권력을 가졌다는 만족감이 즐거움의 원천이다. 이들은 희생자를 완벽하게 지배하는 행위를 통해 쾌락형 연쇄살인범의 첫째 하위유형인 욕정/스릴형이 얻는 즐거움과 비슷한 성적 즐거움을 경험한다. 심리적으로는 정상이며 쾌락형 연쇄살인범과 동일하게 정신병을 가지고 있지 않다. 반 사회적 성격을 가지고 있으므로 사회적, 문화적 규칙과 규범을 알고는 있다. 그러나 그것들을 통상 무시하며 개인적 규칙과 규범에 따라 행동방향을 결정한다.

---

30 욕정살인이란 용어는 버거스(Burgess), 더글라스(Douglas), 레슬러(Ressler) 등이 힘과 성욕 그리고 야만이 어우러진 살인이라고 언급한 포괄적인 용어와 유사하다. Burgess, Douglas and Ressler, 1988: 1. 참고.

31 보험금을 타기 위해 자신의 남편과 형제, 부모를 살해한 여성의 예가 여기에 해당된다. 한국에서 마약 자금을 대기 위해 남성과 교제하여 결혼한 이후 수면제를 먹여 놓고 눈을 찔러 살해한 예가 있다. 범인은 자신의 다른 남편뿐 아니라 오빠, 모친 역시 보험에 가입시켜 놓고 살해를 기도하였다.
포천의 한 40대 여성이 10억원에 달하는 보험금을 노리고 전 남편과 현 남편, 시어머니 등을 살해해 충격을 주고 있는 가운데 범죄심리 전문가들은 이 여성이 사이코 패스와는 다른 성향의 전형적인 '이윤추구적 연쇄살인자'라고 진단했다. 이윤추구적 연쇄살인은 또 수법이 상당히 치밀한데다가 한정된 지역 · 공간에서 범행이 벌어져 사건이 잘 발각되지 않는 편이다. 이러한 범행은 단순히 생활비가 필요해서 저지른 것은 아니었다. 피의자는 범행 후 백화점에서 하루 수백만원을 쓰고 자신의 취미생활에 수천만원을 투자하는 등 과소비적 성향을 보였다. 스스로 제어할 수 없었던 것으로 추정되고 있다.
http://www.kyeonggi.com/news/articleView.html?idxno=922776 (2015. 3. 4.)

그림 10 연쇄살인 단계

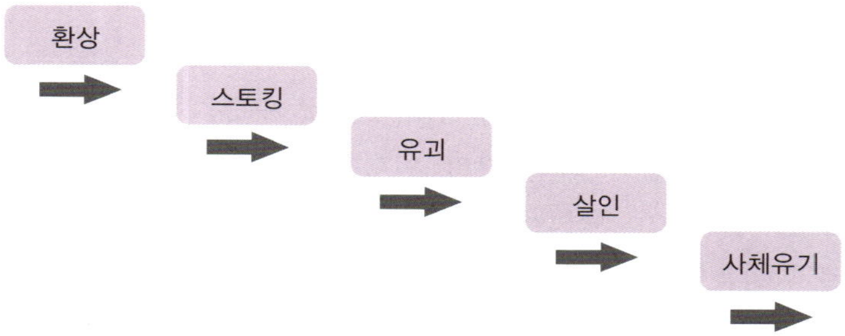

출처: Holmes, Ronald M. & Stephen T. Holmes, 2002: p. 129.

2) 범행동기에 의한 유형과 범죄현장 평가간의 관련 요소의 특징

범죄현장을 관찰하면 어떤 유형의 연쇄살인범인지를 짐작할 수 있다. 망상형 연쇄살인범은 피해자의 몸에 과도하게 상처를 내어 살인을 하는 경향이 있다. 사용된 흉기는 피해자가 가지고 있는 물건을 사용하는 경우가 많은데 사용하고 현장에 그대로 남겨둔다. 이러한 특징을 기초로 범인은 아마도 현장 근처에 살고 있을 가능성이 크며 따라서 피해자는 우발적으로 선택된 것으로 볼 수 있다.

확신형 연쇄살인범은 한 유형의 피해자를 선택하여 스토킹하고, 자신이 소지하고 있던 흉기를 사용한다. 따라서 흉기가 범죄현장에 남아 있는 일은 없다.

권력-통제형 연쇄살인범의 살인동기는 피해자를 완전히 소유하고 싶어 하는 것이다. 그러므로 피해자를 완전히 지배함으로써 자신의 성적 만족을 충족시킨다.

권력-통제형 연쇄살인범은 살인 과정에서 다섯 가지의 단계를 거친다〈그림 10 참조〉.

환상을 가지고, 스토킹을 하다가, 피해자를 유괴, 살해 후 사체를 처리하는 것이다. 그러므로 살인 개시에 있어서 환상은 행동하기 이전 과정에 사전 입력되어야 한다. 이 과정을 종료하는 것은 살인이 아니라 사체의 유기이다.

FBI의 살인범 유형과 위에서 열거된 연쇄살인범의 유형들을 혼합하여, 특히 성적 욕구충족이 살인에 있어서 중요한 동기일 때, 이 유형에 의거하여 프로파일링하면 좋은 결과를 얻을 수 있다. 〈표 7〉에서는 범죄현장의 요소를 나열하고 이러한 요소들과 다양한 형태의 연쇄살인범의 유형과의 관계가 열거되어 있다.

표 7 연쇄살인 사건에 있어서 범죄현장 분석

범죄현장특성	망상형 (The Visionary Serial Killer)	확신형 (The Mission Serial Killer)	금전추구형 (Comfort-Oriented Serial Killer)	스릴형 (Thrill Serial Killer)	욕정형 (Lust or Serial Killer)	권력-통제형 (The Power-Control Serial Killer)
범죄현장통제	×	○	○	○	○	○
과도하게 살해	○	×	×	○	×	×
흐트러진 현장	○	×	×	×	×	×
고문의 증거	×	×	×	○	○	○
사체 이동	×	×	×	○	○	○
특정한 피해자	×	○	○	○	○	○
현장 무기유기	○	×	○	×	×	×
피해자와의 연관성	×	×	○	×	×	×
피해자 면식성	○	×	○	×	×	×
과도한 성행위	×	×	×	○	○	○
무기로 고문	×	×	×	○	○	○
피해자 교살	×	×	×	○	○	○
성기 삽입	?	○	통상 안함	○	○	○
이물질 삽입	○	×	×	○	○	×
시간(屍姦)	○	×	×	○	×	○
범죄자의 성별	남성	남성	여성	남성	남성	남성

출처: Holmes, Rolald M. & Stephen T. Holmes, 2002: p. 129.

▪ 피해자 선택

어떤 범죄자는 낯선 사람을 피해자로 선택하는 반면, 어떤 범죄자들은 잘 아는 사람, 동료, 고객, 환자, 학생, 친척을 범행대상으로 삼는다. 성 범죄자에게는 무엇이든 가능하다(Roy Hazelwood & Stephen G. Michaud, 2002: 5).

오직 망상형 연쇄살인범만이 특정한 피해자의 유형에 대해 관심을 갖지 않는다. 그 이유는 망상형 연쇄살인범은 환청이나 망상에 의한 외부적 요인에 의해 동기부여가 되기 때문이다.

쾌락형, 권력-통제형, 확신형 연쇄살인범들은 자신의 심리적 욕구를 충족시켜 주거나, 피해자 죽음이 자신에게 금전적 이익을 줄 수 있는 대상을 선택한다.

쾌락형 연쇄살인범의 하위 범주에 속하는 금전추구형 연쇄살인범만이 자신과 인간관계를 맺고 있는 피해자를 살해하는 반면, 다른 유형들은 비면식 관계에 있는 사람들을 살해할 것이다. 금전 추구형 연쇄살인범은 통상 독극물을 자주 사용한다.

▪ 범죄현장

범죄현장은 사체유기 현장과 명백하게 다른 경우가 많다. 망상형, 확신형, 금전추구형의 살인범들은 통상 자신이 살해했던 곳으로부터 피해자의 사체를 이동시키지 않는다. 만일 살해현장이 바로 사체유기 현장과 동일하다면 범죄자는 아마도 피해자와 근접한 곳에서 생활하고 있을 가능성이 크며 이는 비조직적인 반사회적 성향을 가지고 있는 유형의 특성과 많은 부분에서 공통점이 많다.

▪ 무기 선택

무기의 선택에 있어서는 흉기소지 여부, 범행을 하거나 시간의 증거, 남성 성기 혹은 여성에 대한 겁간 흔적, 기타 범죄현장에서 발견된 요소들은 수사를 용이하게 할 것이다. 예컨대 만일 연속적으로 매춘부들이 살해되었거나 시간이 관련되었다면 이 유형의 범죄자는 하느님으로부터 그러한 쓰레기들을 모두 제거하라고 계시를 받았을 수도 있다. 만일 범죄현장에 수많은 물적 증거와 함께 혼돈적인 면이 농후하다면 그럴 가능성이 더 커진다. 만일 시간 흔적이 연관되어 있지 않으면, 살인범의 동기는 확신형 연쇄살인범의 특성인 내면적인 근원을 가지고 있을 수도 있다.

프로파일러는 연쇄살인범의 범주에 범죄현장과 사체처리 현장간의 증거를 비교함으로써 범인의 유형에 관련된 기초적인 정보를 획득하게 될 것이다. 비록 컴퓨터가 발달하였다 하더라도 프로파일러의 개인적 관련성의 가치는 결코 평가절하 되어서는 안 된다(Holmes, Rolald M. & Stephen T. Holmes, 2002: 127–130).

3) 범행 현장증거에 따른 구분

일탈 범죄자가 어떤 사람인지 알려주는 가장 훌륭한 정보의 근원은 그의 작업 결과물이므로 범죄현장 자료가 중요하다.

행동단서를 평가할 때 중요한 것은 단 하나에 매달리지 말고 열린 마음을 유지하는 것이다. 그러므로 이러한 증거를 중심으로 체계적, 계획적, 의식적, 조직적인지 혹은 비체계적, 우발적, 충동적, 비조직적인지를 우선 결정 해야한다. 그리고 범죄현장을 통해 살인자가 조직적 / 비조직적 범죄자인지 여부, 혹은 의식(儀式) 위주의 범죄인지 충동적 범죄인지와 관련된 요소의 발견이 중요하다. 이를 구분하는 간단한 방법은 범행현장 증거를 바탕으로 범인이 고의적으로 경험이 많은지 아니면 서두르면서 부주의하고 실수를 하는지 살펴보는 것이다(Roy Hazelwood & Stephen G. Michaud, 2002: 123).

성범죄 유형에는 의식적(儀式的) 행동이 두드러지는 유형도 있고 단순 충동에 의한 유형도 있다. 때로는 의식과 충동이 기이하게 혼합된 형태의 유형도 존재한다.

표 8 미국 연방수사국(FBI)의 분류

구분	조직적 범죄자(organized offenders)	비조직적 범죄자(disorganized offenders)
특성	평균 혹은 그 이상의 지능 사회적 능력 보유 숙련된 노동자일 가능성 성적 능력 양호 출생 환경 양호 부친 취업 상태 안정적 자녀 훈육 불량 범행시 자제력 뛰어남 범죄와 관련하여 음주 상황적 스트레스의 촉진 생활 동반자 보유 좋은 상태의 자동차, 기동성 보유 범행 관련 언론보도에 대한 관심 범행 이후 해당지역 이탈 혹은 전직	평균 이하의 지능 사회 부적응 비숙련 노동자 성적 능력 무능 출생 환경 낮음 부친 취업 상태 불안정 자식에 대한 가혹한 훈육 범행시 불안감 느낌 범행 관련 음주 거의 없음 상황적 스트레스 적음 혼자 생활 범행 장소 근처에서 일하거나 거주 범행 관련 언론보도 별반 관심없음 범행 후 약물복용 등 행동의 변화

출처: Innes, Brian, 2003, p. 75.

범행현장 증거를 바탕으로 한 연쇄살인범의 분류는 범인이 고의적으로 한 경험이 많은지, 아니면 서두르면서 부주의하고 실수를 하는지에 따라 여러 용어가 사용되고 있다. 그러나 자세히 살펴보면 그러한 용어들이 학자별로 중복되어 사용되고 있다. 보다 정확한 개념을 구분하기 위해 일단 미국 연방수사국의 분류체계에 의해 범인 특성에 대한 표를 검토하고 계획적, 의식적, 조직적, 체계적인 범죄와 비계획적, 우발적, 충동적, 비조직적, 비체계적 범죄 그리고 이러한 요소들이 결합되어 나타나는 혼합형의 3가지의 커다란 범주로 구분하여 살펴보기로 한다〈표 8 참조〉.

▪ 체계적 계획살인(Systematic Planned Murder)

체계적 계획살인범의 숫자와 비율이 점점 증가하고 있다. 이는 사회가 복잡해지고 대량살상무기를 입수하기가 용이하며, 반사회적 인물들이 강탈과 살인 환상을 실현할 능력과 여건이 가능하기 때문이다.

계획적 계획 연쇄살인범은 순간 충동이 아니라 살인행위 이전부터 마음속으로 범행을 꿈꾼다. 이전부터 환상을 하면서 살인 충동이 점점 강화되었을 때 범행을 결심하게 된다. 살인을 결심한 후 범행을 계획하고 체계적으로 구성하게 된다. 일반적으로 살인 장소를 택하는 데 있어서 자신이 거주하거나, 근무하거나, 일시적으로 머문 장소에 가까운 곳으로 결정하는 경향이 높다.

범인이 목표로 삼은 낯선 사람을 대상으로 평소 자기가 마음에 두고 있는 특정한 타입의 사람을 찾기 위해 미행을 하거나 사전에 답사를 하기도 한다. 나이, 용모, 직업,

헤어스타일, 생활양식 등이 선택의 요소가 된다. 대상은 차에 혼자 앉아 있거나 차를 기다리고 있는 피해자가 선택된다. 피해자와의 접촉에 있어서 인격적으로 대하는 등 계략이나 사술을 쓰며 희생자들을 인격적으로 잘 대해주기 때문에 범행을 시도할 때 피해자가 긴장을 풀게 만들 수 있다.

체계적 계획 연쇄 살인범은 일반적으로 화술이 뛰어나고 매력적이며 사교적인 편이다. 범행을 미리 계획하므로 논리적이며 이러한 행위를 통해 자신의 범행과정에서 겪을 수 있는 위험부담을 줄인다. 적응성과 이동성이 뛰어나며 범행 중 긴급한 상황에 적응하는 순발력을 보이기도 한다. 범행수법이 점점 교묘해지는 등 살인의 기법이 점차로 진화하는 양상을 보인다. 피해자 살해 전, 피해자가 공포에 질려 있는 모습을 사진 촬영이나 영상촬영을 하기도 한다. 이러한 행위는 살해 후에도 피해자를 다시 떠올리고 우월감을 강조하기 위함이다. 범행과정에서도 피해자를 바로 살해하지 않고 기절시키거나 반 죽음 상태에서 다시 살려주는 등의 변태적 행위를 하는 과정에서 성적 흥미를 증대하기도 한다.

강간이나 성폭행을 하는 동안 피해자의 복종적이고 겁에 질린 태도를 선호한다. 이 경우 상대방이 대항을 하면 범인의 공격 행동이 더 심해지기도 한다(로버트 K. 레슬러 · 톰 샤흐트만, 황보석 역, 1994: 149).

살인 이후에는 사람들의 눈에 띄지 않는 장소에 시체를 숨기며 사건현장을 조작하고 수사과정을 지켜보기도 한다. 피해자가 살아 있을 때 성행위를 하며 희생자의 소지품을 가져와서 성취감을 맛보기도 한다. 주로 승용차를 이용하며 범행 도구는 범행현장에 가져갔다가 사용하고 난 이후 가져와서 다음 범행에 재사용한다. 주로 희생자의 시체를 파묻거나 은닉한다. 이들은 흔히 희생자의 소지품을 기념물로 가져가 경찰이 신원을 확인하기 어렵도록 한다.

이들은 자신이 생활해 오면서 받았던 그들의 여자친구, 자기 자신, 가정, 전반적 사회에 대해 분노, 스트레스, 상처와 두려움을 내면화하기보다는 외면화하는 경향이 있다. 따라서 사교적이다. 또한 다른 사람에 대해 열등감보다는 우월감을 느낀다. 경험이 많아질수록 이 유형의 살인범들은 피해자를 유괴한 곳과는 더 멀리 시체를 옮길 것이다(로버트 K. 레슬러 · 톰 샤흐트만, 황보석 역, 1994: 144).

▪ 비체계적 충동 살인(Unplanned Impulsive Murder)

비계획적 충동살인은 애초 살인 계획을 치밀하게 짜지는 않았으나 결과적으로 사람을 살해하게 된 경우를 말한다. 충동적으로 연쇄살인을 행하는 살인 범죄자는 학창시절 착한 아이로 비춰지며 지능이 낮고 비천한 가정 출신으로 외톨이, 홀어머니, 아내가 없는 경우가 많다. 일반적으로 용모는 못생긴 편이고 기형적 질병이나 불구, 무능력자기도 하다.

만일 누군가와 함께 생활한다면 그것은 부모, 홀어머니일 가능성이 높다. 아무도 그들의 이상한 행동을 견딜 수 없기 때문이다. 이들은 외톨이로, 때로는 은둔자가 되어 자기들을 배제한 사회를 적극적으로 배제한다(로버트 K. 레슬러 · 톰 샤흐트만, 황보석 역, 1994: 150).

피해자를 선택하는 데 있어서 쉽게 제압할 수 없는 희생자를 택하기도 하며 범행과정에서 상처를 입기도 한다. 피해자를 실신시키거나, 얼굴을 가리거나 훼손함으로써 개성을 말살한다. 사건현장은 일반적으로 정상적 논리가 결여되어있다. 사건 현장까지는 걸어오거나 대중교통수단을 이용하며 사건현장이 피해자의 집인 경우 현장에 있는 도구를 사용하며, 범죄현장을 조작하지 않고 살해현장과 범행현장이 동일하다. 피해자 사체에 끔찍한 상처가 나있거나 신체의 일부분을 절단하기도 하고 가치 없는 것을 가져가기도 한다. 죽거나 정신을 잃은 자와 성행위(시간)을 시도한다. 대체로 범죄 이전에 스트레스가 없으며 그들의 범죄는 충격을 준 외부 세계의 사건으로서가 아니라 정신병에 의해 촉발된다(로버트 K. 레슬러 · 톰 샤흐트만, 황보석 역, 1994: 152).

비계획적 충동 연쇄살인범은 평소 자신이 가지고 있던 분노와 열등감을 외면화하기 보다는 내면화하므로 평소 조용하고 온순하며, 비사교적 성격으로 비추어질 수 있다. 그러나 막상 살인을 하게 되면 닥치는 대로 살인하는 경우가 많다.

이들은 기념품을 가져가는 대신 정신이 혼란스러운 상태에서 신체의 일부분을 절단하거나 머리칼, 옷가지 등의 가치가 전혀 없는 것을 가져간다(로버트 K. 레슬러 · 톰 샤흐트만, 황보석 역, 1994: 148).

▪ 혼합적 살인

사건의 성격상 체계적 계획살인인지, 비체계적 충동살인의 경향을 띠는지를 구분할 수는 있으나 세부 사안별로 이를 엄격히 구분하는 것은 쉽지 않다. 왜냐하면 살인과정에서 앞에서의 여러 가지 성격이 혼합적으로 나타날 수 있기 때문이다. 그러므로 이러한 경우 이를 혼합적 성격을 가진 살인으로 분류할 수 있다.

표 9 연쇄살인범 관련 용어의 구분

	성격 판단	사용된 용어	통일된 용어
범행 현장 증거	고의적, 숙달성, 경험 有, 반사회적, 범죄적	계획적, 의식적, 조직적, 체계적,	체계적 계획살인
	부주의, 실수, 정신장애	비계획적(우발적), 충동적, 비조직적, 비체계적,	비체계적 충동살인
	위 요소들의 혼합	혼합형	혼합적 살인

출처: 관련 자료 재정리

연쇄살인범의 일반적 심리

1. 연쇄살인범의 어린 시절

로버트 레슬러에 의하면 정상인이 35세를 넘어서면서 갑자기 사악한 살인자로 전락하는 일은 절대로 없으며 살인의 전조 행동은 이미 어린 시절부터 존재하고 진전되어 온 것으로 본다(로버트 K. 레슬러 · 톰 샤흐트만, 황보석 역, 1994: 92). 즉 정상적이었던 사람이 어느 날 갑자기 연쇄살인범으로 바뀌기는 어렵다는 것이다.

1983년 도로시 루이스 박사와 그 동료들은 연쇄살인의 전조현상으로 어머니 요인, 아버지 요인, 아동기 건강요인 등과 이에 대한 설득력 있는 증거를 제시했다. 이들은 대부분 바람직하지 못한 가정에서 성장하는 경우가 많다. 일단 직계가족 중에는 정신병이 있는 경우가 많고 전과가 있거나 범죄활동에 연루된 부모 아래에서 성장한다.

▪ 어머니 요인

인간 생애에 있어서 6, 7세까지의 어린아이 삶에서 가장 중요한 것은 어머니이다. 어린아이가 사랑이 무엇인지를 배우는 기간도 바로 이 시기이다(로버트 K. 레슬러 · 톰 샤흐트만, 황보석 역, 1994: 92-93). 그런데 연쇄살인범들은 어머니와의 관계가 매우 냉담하기 때문에 적어도 6~7세까지는 어린아이에게 가장 중요한 시기임에도 불구하고 어머니로부터 사랑을 제대로 받지 못하고 성장하게 되는 경우가 많다. 어머니가 정신과질환 때문에 입원을 했던 경우가 많으며, 다른 어머니에 비해 아동학대를 하는 비율이 매우 높고 가정 내에서 가정폭력을 경험하거나 목격했을 가능성이 매우 크다.

■ 아버지 요인

이들의 아버지는 폭력적이며, 때로는 가족이나 타인에 대한 위협행동을 자주하는 아버지 밑에서 아동기를 보내는 경우가 많다. 일상적인 폭력 대상은 주로 어머니인 경우가 많다. 이들은 생물학적 아버지가 없는 채로 아동기를 보내거나 혹시 있다 하더라도 알코올 중독이나 약물중독으로 인해 그 역할을 하지 못하는 아버지 아래에서 생활해 왔을 가능성이 높다.

즉 8~12세 사이의 남자아이에 있어서 아버지는 절대적으로 필요한 시기이다. 그런데 사망, 수감, 별거, 이혼 등으로 분리되었으며 물리적, 아버지의 존재가 있으나 교감이 없으므로 정서적으로 이미 떠나 있는 상태이다. 따라서 이들의 마음속에는 어머니에 대한 분노가 쌓여 있을 뿐 아니라 아버지라는 존재로부터 적절한 훈육을 받을 수 있는 기회도 없다. 어머니에 대한 나쁜 기억은 나아가 세상의 많은 여자들과의 원만치 않은 관계로 발전할 가능성이 크다(로버트 K. 레슬러 · 톰 샤흐트만, 황보석 역, 1994: 86). 이러한 설명은 가정적 요인이 인간에게 있어서 다른 어떤 요소보다도 중요하다는 의미를 가진다.

■ 아동기 건강 요인

살인범들은 다른 사람들에 비해 신체적, 정신적 건강문제를 갖고 있는 경우가 많았다. 가장 많이 보고된 건강 문제는 아동기 대뇌발작이었다(스트븐 후안, 배도희 역, 2006: 141).

■ 초기 3대 경고 징후

1966년 다니엘 헬맨 박사와 나단 블랙맨 박사는 행동과학연구에서 성인기 살인행동을 가장 잘 예측해 줄 수 있는 아동기 행동유형으로 3가지를 제시하였다. 그것은 아동기 후반까지 야뇨증이 있는 것, 방화, 동물에 대한 잔인함 등이다. 이 3가지 요인들은 '3대 초기 경고 징후'로 알려져 있다(스트븐 후안, 배도희 역, 2006: 139–140).

■ 야뇨증

야뇨증은 정신적 공허감 등 심각한 정서적 문제를 표시해 주는 것이다(이은영, 2005: 92).[32]

32 유영철은 자신의 글에서 어느 책에서 야뇨증과 관련된 글을 읽었다며 "야뇨증은 정신적 공허감에서 생긴 병으로 스트레스 등이 마음에 축적되어 있다가 밤에 잘 때 긴장이 해소되면서 눈물로 변형된 형태의 오줌을 싸게 된다는 것이 의학적으로 증명된 글을 읽었다며 자신의 신체적 특징(즉, 야뇨증)이 다 이유가 있었네요"라고 언급하고 있다.

▪ 방화

방화는 사회적 규범을 존중하지 않는 것이다. 방화는 환상의 논리적 연장선에서 생각할 수 있다. 베코비츠는 불붙은 건물에서 실려 나오는 시체들을 즐거운 듯이 지켜보았는데 이러한 행위는 궁극적 행위, 즉 살인을 실행할 수 있는 장으로 들어서기 위한 전주곡이었다(로버트 K. 레슬러 · 톰 샤흐트만, 황보석 역, 1994: 89).

▪ 동물학대

동물에 대한 잔인함은 생명경시 및 폭력경향성을 반영하는 것이다. 베코비츠는 6세 혹은 7세경에 양어머니의 수족관에 있는 물고기를 죽이기 위해 암모니아를 쏟아붓고, 물고기들을 핀으로 찔렀던 일도 있었다(로버트 K. 레슬러 · 톰 샤흐트만, 황보석 역, 1994: 89).

에드먼드 켐퍼 사건의 경우 어릴 때 고양이 두 마리를 죽여서 내장을 가지고 장난을 쳤다(존 더글러스 외, 이종인 역, 1999: 151).[33] 이와 관련된 연구로 1985년 스테판 켈러트 박사와 앨런 펠토스 박사는 동물에 대한 잔인성을 보인 아동에 대해 조사한 결과 비공격적 범죄자 집단, 비범죄자 집단에 비해 공격적인 범죄자 집단에서 유의미하게 높았다.

▪ 추가적 요인

1974년 연구에서 불레어 저스티스 박사와 두 명의 동료들은 세 가지 요인 이외에 다음 네 가지 요인들이 추가되어야 한다고 주장했다. 자신보다 연령이 높은 아동과의 싸움, 심한 짜증, 학교문제 및 무단결석, 다른 사람과 어울리지 못함이다.

또한 정서적 박탈, 부모 간 다툼, 신체적 처벌, 심각한 폭력, 친척에 의한 성적 학대, 극악한 잔인성 등이 원인이 될 수 있다(스트븐 후안, 배도희 역, 2006: 142).

많은 사람들이 어린 시절에 엄청난 고통과 시련을 겪지만 모두 연쇄살인범이 되는 것이 아님은 분명하다. 그러나 그러한 문제점을 지닌 아이들이 학교와 사회 그리고 이웃으로부터 무관심하게 방치될 때 사태는 계속 악화된다. 애정이 없는 어머니, 학대를 일삼는 아버지와 형제들, 간섭하지 않는 학교, 효과적이지 못한 사회봉사 단체, 다른 사람들과 정상적 관계를 맺지 못하는 성격 등은 정신병자를 만들어 내는 조건이나 마찬가지이다(로버트 K. 레슬러 · 톰 샤흐트만, 황보석 역, 1994: 103).

위에서 언급한 전조현상을 요약하면 야뇨증, 방화, 동물에 대한 잔인함, 자신보다

33 1963년경 22구경 권총으로 친할머니를 살해한 후 식칼로 무수히 난자하였고 할아버지마저도 총으로 살해하였다. 살해 이유는 할머니를 총으로 쏜다면 어떤 기분이 들 것인가가 궁금했다는 단순한 이유였다. 석방된 이후에도 1972년 지나가던 행인 여성 2명을 칼로 살해하고 폴라로이드 카메라로 시체의 사진을 찍고, 해부한 후 내장을 꺼내서 장난을 쳤다.

연령이 높은 아동과의 싸움, 심한 짜증, 다른 사람들과 잘 어울리지 못하는 성격, 아버지와 어머니 요인, 아동기의 건강 요인, 정서적 박탈, 신체적 처벌의 경험, 성적 피학대의 경험, 잔인성 등이다. 이외에도 성적 환상, 음란성 등이 추가될 수 있다.

2. 연쇄살인범의 일반적 특징

연쇄살인범이 되는 원인과 연쇄살인범의 특징 간 어떠한 차이점이 있는지를 잘 살펴볼 필요가 있다. 연쇄살인범이 되는 원인이란 왜 어떠한 행동이 발생하는지를 설명하는 것이며, 특징은 살인자들의 일정한 형태 내에서 나타나는 공통점에 대한 것이다. 이들이 가지고 있는 이상적(Abnormal) 성격이 무엇인가를 명백하게 밝히는 것은 거의 불가능하다(Blair, 1993; Egger, 1998; Hickey, 2001; Holmes & Holmes, 1998). 그러나 일반적으로 미국에서 언급하는 연쇄살인범이 가지고 있는 특징은 다음과 같다.

1) 정서적 결여와 사회 부적응

연쇄살인범의 대다수는 정신적으로 크고 작은 상처를 가지고 있다. 성장과정 속에서 발견되는 이러한 정신적 결함은 오랜 시간이 지난 후에도 남아 있다. 정상인들은 작은 동물들을 봤을 때 귀엽고 사랑스럽다는 반응을 보이는 것이 대부분이다. 반대로 학대받거나 아름다운 사물이 훼손된 것을 접하면 자연히 안타깝고 슬프다는 느낌을 갖거나 동정하는 마음이 생겨난다. 그러나 뇌파분석 실험에 의하면 연쇄살인범들은 정상인들이 이러한 느낌을 가지는 데 비하여 식물인간처럼 아무런 반응이나 감정변화 또는 동정심, 연민의 감정을 보이지 않는다. 오히려 잔인한 장면을 보면 흥분과 호기심, 좋은 느낌의 뇌파 반응을 나타내는 것으로 나타난다. 그들에게 슬픔이나 죄책감 등은 의미가 없다(루춘루, 이가나 역, 2008: 105).

이들은 어린 시절 정상적인 사람 간 보여줄 수 있는 상호 애정과 의존에 대한 접촉이나 정서적 따스함을 거의 가지지 못한다. 부모의 냉담한 태도를 보상해 줄 수 있는 형제, 자매 또는 다른 가족 구성원들과의 관계 역시 결여되어 있다. 또한 이들은 어린 시절 심한 정신적, 신체적 학대의 경험이 있거나 성장과정에서 가까운 사람들로부터 무시당하고 산다. 때로는 이와는 반대로 자신의 행동에 아무런 제약을 받지 않는 환경에서 성장하기도 한다. 변덕스러운 성격으로 이상한 행동을 하게 되고 인형의 목을 비틀어 버린다든지 물건을 파괴해 버리는 등 살해성향이 어린 시절부터 싹트기 시작한다. 이들의 지능은 대부분 낮은 편은 아니나 공부에 집중할 수 없으므로 학업성적은 들쑥날쑥하거나 별로 높지 않은 편이다. 성격은 밖으로 잘 드러내지 않아 자세를 낮추고 생활하게 되므로 얌전하다는 평을 듣거나 사람들의 관심 밖에 있게 된다.

반대로 무단결석을 하고 수업시간에 달아나거나 선생을 공격한다든지 학교에 방화를 하는 등 파괴적이거나 눈에 띄게 난폭한 경우도 있다. 성인이 되어 출세를 위해 여러 가지를 시도하나 실패하고 설혹 직장에 들어가도 오래 유지하지 못한다. 결국 사회에 적응치 못하고 끊임없이 떠돌이 생활을 하게 된다.

사춘기를 지나면서 이성과 정상적 합의하에서 성적 접촉을 하는 경험이 있으나 상대에게로부터 거부당했을 때 무능력의 인식, 분개, 적개심 등이 살인으로 이어질 수 있다. 또한 성적 경험을 파괴적 행동과 연계하여 상대방을 격하하고 모욕하고 지배하려는 비정상적 시도한다. 그 결과 상대를 비인격화시키고 하나의 사물로 전락시킨다. 조정, 지배, 통제 이 세 단어는 장차 스토커, 강간범 그리고 살인자가 될 수 있는 모든 성범죄자들의 슬로건들이다(John Douglas and Mark Olshaker, 1998: 24).

이들 중 때로는 망상으로부터 살인에 대한 동기를 부여받기도 하며 나쁜 일이 발생하였을 때 그럴 줄 알았다는 등의 자기 암시를 하기도 한다. 반사회적 행동을 실험적으로 시도해 보고, 이러한 시도가 별 문제를 일으키지 않고 그냥 넘어가게 되면 자기중심적이 되어 처벌받지 않을 것이라는 확신을 하면서 다시 범행가능성을 예측하기도 한다.

미국에서의 연쇄살인범의 인구학적 특성은 대부분 남자로 백인이 많고 25세에서 34세까지의 연령층에 많이 속한다. 비교적 지적이고 또는 적어도 전문지식이 있는, 총명하고 카리스마적인 성격을 가지고 있고 경찰 또는 경찰 일에 흥미를 가지고 있는 사람이다.[34]

2) 환 상

환상 없이 폭력행동은 실행될 수 없다(Douglas 등, 1992; Sears, 1991). 환상의 내용과 특성은 사람에 따라 다르며 연쇄살인자 유형별로 차이가 있다. 환상적 연쇄살인자의 환상은 지옥으로부터의 환상 또는 신으로부터의 목소리에 좌우된다. 욕정 또는 스릴, 쾌락주의 연쇄살인자의 성적 환상은 얼굴 없는 피해자에 초점이 맞춰질 것이다(Ronald M. Holmes, Stephen T. Holmes, 2002: 126-130).

연쇄살인범들은 사춘기 시절에 친구들과의 협동이 요구되는 정상적 흥미와 활동을 발전시키는 대신, 혼자만의 세계에서 자기 마음대로 할 수 있는 난폭하고 음란한

34 이와 같은 기준에 의한다면 Ken Bianchi의 경우 완벽하다. 백인 남자, 개인적인 비밀 회사원, 경비관련 회사 근무자, 지적이고 총명하고 젊다. 그러나 Ottis Toole의 경우는 이와는 정반대이다. 그는 총명하거나 지적이지도 않았고 범죄를 범했을 때 연쇄살인범의 연령범위보다 초과한 상태였다. Toole과 같은 교도소의 사형수 감방에 있는 한 연쇄살인범은 Toole은 "무딘 IQ"를 가지고 있다고 주장하였다.

환상 속으로 빠져들었다(로버트 K. 레슬러 · 톰 샤흐트만, 황보석 역, 1994: 106).

폭력적 성범죄는 환상에서 비롯된다. 수용가능한 행위의 평상적 경계를 뛰어넘기 위해 왜 어떤 사람은 자신을 환상의 세계로 가도록 내버려 두는지를 이해함으로써 프로파일러들은 동기가 무엇인지를 검증하여야 한다(Roy Hazelwood & Stephen G. Michaud, 2002: 19).

폭력적 환상에 있어서 오늘날의 범죄자는 과거의 범죄자들에 비해 훨씬 이른 시간에 자신의 범죄를 개념화한다. 그리고 결과적으로 그들의 환상은 점차 복잡화되며 일부 사건에서는 도가 심해진다(Roy Hazelwood & Stephen G. Michaud, 2002: 20).

연쇄살인범의 일상생활에서 즐겁고 좋은 일들(결혼, 아이의 출생)이 발생한다면 비록 일시적이긴 하지만 연쇄살인을 저지르지 않을 수 있다.그러나 이러한 것은 지속적이지는 않다. 만일 현실적으로 자신을 압박하는 요소(실직이나 경제적 어려움, 이혼) 등이 발생한다면 이로부터 받은 스트레스를 해소하기 위하여 다시 살인을 저지를 가능성이 크다.[35]

성폭력범이 범죄를 저지르기 전에 환상을 품는 기간이 길면 길수록 범죄자가 원하는 피해자의 특징은 더욱 구체화된다(Roy Hazelwood & Stephen G. Michaud, 2002: 37).

환상은 보통사람들에게도 있을 수 있으며 성적 욕구를 품는 것은 자유이다. 그러나 많은 사람들이 이러한 환상을 구체적으로 실행하지는 않는다. 그러나 성범죄자들과 보통사람들과의 차이점은 구체적으로 실행을 하느냐 하지 않느냐의 차이이다(Roy Hazelwood & Stephen G. Michaud, 2002: 39).

포르노그래피는 성범죄자들에게 새로운 아이디어의 끊임없는 원천이며 폭력적이고 성적 공격으로 유도하는 과정에서 매우 중요한 역할을 할 수도 있다. 특정한 음란 동영상이나 사진 등은 풍부한 시각적 영감의 무한한 자료를 제공함으로써 (폭력적)성적 환상을 더욱 강화시킨다. 일반적으로 성범죄자들은 자신의 일탈 환상을 강화하는 동안 자신이 선호하는 비디오나 음란사진들에 많은 시간을 투자하는 경향이 있다(Roy Hazelwood & Stephen G. Michaud, 2002: 12-13).

연쇄살인범은 통상 처음에는 사람을 죽이거나 위해를 가할 가능성에 대해 심각하게 생각하지 않는다. 자신이 가지고 있는 도색잡지나 음란 비디오 등을 통해 다양한 욕구를 충족시킨다. 하지만 지금까지 해오던 상상만으로는 지루하고 그러한 행위만으로는 자신의 욕구를 충족시키기 못한다. 따라서 주위에서 마주치는 사람들을 대상으로

35 화성연쇄살인사건의 범인 이춘제는 1991년 9차 사건 이후 청주로 이동해 결혼함으로써 더 이상 화성지역에서의 살인은 발생하지 않았다. 그러나 청주에서 처제를 강간 살인함으로서 검거되어 무기징역을 선고받고 복역 중 현장에 남겨진 자신의 DNA 증거로 화성연쇄살인 사건의 진범임이 33년만에 드러났다.

정신적, 신체적 접촉을 간절히 원하게 된다. 그리고 살아있는 인간을 대상으로 현실적으로 지배하고 통제하기 위하여 유괴, 납치, 폭력 행사 등을 생각하게 되는 것이다.

구체적으로 자신의 생각을 실현하기 위해 지금까지 상상으로만 그려왔던 피해자를 현실적으로 납치하고 성추행하는 등의 범행을 한 후 자신의 행동에 대한 합리화를 시도한다. 그동안 별반 가치가 없다고 느꼈거나 사회적 기생충이라고 경멸해 왔던 대상, 그리고 자신이 돌봐준다고 생각할 수 있는 어린아이들을 대상으로 범행을 하고 난 이후 자신을 합리화시킨다. 자신의 행위가 타인에게 의도적으로 해를 가하거나 불법적이고도 잘못된 행위임을 공개적으로 인정하고 싶지 않아 하는 것이다(Ronald M. Holmes, Stephen T. Holmes, 2002: 119–122). 이러한 합리화 경향으로 인해 정확한 범행동기를 밝히지 않는 것이다.

정상적인 사람들도 성적 환상을 품을 수 있다. 반면 연쇄살인범들은 성적 경험이나 환상을 파괴적 행동과 연계시킨다. 다른 사람을 격하하고 모욕하고 지배하려는 비정상적 시도와 성적환상을 섞는 것이다. 이 과정에서 피해자를 비인격화하여 물건화시키는 것이다.

실험적인 반사회적 행동, 즉 들키지 않는 거짓말, 동물에 대한 잔학행위, 어린아이에 대한 학대 등이 벌받지 않고 넘어가면 그 효과는 또다시 환상으로 섞여들고, 환상은 점차적으로 그 도를 더해간다(로버트 K. 레슬러 · 톰 샤흐트만, 황보석 역, 1994: 108–109).

이러한 것을 연쇄살인범들의 환상의 증폭(Escalation)이라고 한다(존 더글러스 외, 이종인 역, 1999: 129).[36]

3) 가학성(Sadism)

범죄자의 다양한 행동을 설명하기 위해 가학적(Sadistic)[37]이란 용어는 대중매체에서는 물론 일반인에게도 널리 사용되어 왔다(Brent E. Turvey, M.S., 2002: 427). 가학성(Sadism)이란 배우자, 파트너 혹은 희생자 등을 잔혹하게 다루고 고통을 가함으로써 얻어지는 성적 만족이라는 개념을 포함하고 있다. 사디스트에 있어서 통상 상대방을 학대하거나 죽이는 사례가 흔하게 발생하는 것은 의식적 욕망이 상대방과의 성관계만으로는 충족될 수 없기 때문이다. 의식적 살인자들은 자신들의 비정상적 성적 욕구와 환

36 에드 게인의 경우 땅속에 있는 시체를 파내어 범죄행각을 저지르다가 땅속에 있는 시체로는 만족할 수 없어 자신이 스스로 시체를 만들어 내는 일을 하기에 이른 것이 대표적인 예이다.

37 가학성은 1740년에서 1814년까지 살았던 한 프랑스 작가의 이름에서 유래했는데, 그의 이름은 도나시엥 알폰소 프랑소와 드 사드(Donatien–Alphonse–Francois de Sade)이지만, 마르키스 드 사드(Marquis de Sade)로 더 잘 알려져 있다. 사드의 현존 작품은 대부분 색정적인 문학으로 여겨지는데, 그것은 육체적 고통을 통해 효과적이고 지적 방식으로 성적 자극을 묘사했기 때문이다. 저스틴(Justine)이란 작품에는 희생자의 고통과 모멸감을 통해 성적 만족을 얻으려는 한 수도승의 가학적 강간 행위가 잘 묘사되어 있다.

상을 충족시키기 위한 방법의 하나로 음란물을 보거나 수집하고 보관하기도 한다(Stephen G. Michaud with Roy Hazelwood, 1998: 21).

DSM－Ⅳ에서는 가학성을 인격 장애(Personality Disorder)의 범주로 포함시켜 설명하면서 이를 다시 두 가지 형태로 구분하고 있다(Ronald Blackburn, 2003: 77).

첫 번째는 다른 사람에게 심리적, 신체적 고통 광경을 주거나 목격하고 기쁨이나 환희를 느끼는 사디스틱 성격장애이다. 모든 연쇄살인범이 이 범주에 들어간다고 할 수 있다. 두 번째는 성적 가학증이다. 모든 연쇄살인범이 성적 가학증을 가진 것은 아니나 대부분이 관련되어 있다(Harold Schechter, 2003: 206-207). 되풀이 되는 욕구와 성적 환상을 가지며(Adrian Raine, 1993: 15) 가학적 행동을 통해 희생자에게 수치심을 포함한 심리적, 육체적 고통을 가하면서 성적 흥분을 이끌어내는 행동을 일컫는다. 희생자가 느끼는 고통은 가해자에게는 바로 성적 자극이 된다. 가학적 환상이나 행동은 희생자를 기어 다니게 하거나 우리에 가두는 등의 우월적 지배행동으로 나타나기도 한다. 이러한 우월적 지배행동에는 희생자에 대한 속박, 눈 가리기, 구타, 채찍질, 꼬집기, 불태우기, 전기충격, 강간, 칼로 베기, 찌르기, 목 조르기, 고문, 신체절단 혹은 살인 등이 포함된다.

홀메즈(Holmes)에 의하면, 가학성이란 타인을 벌하는 과정에서 느끼게 되는 성적 만족이다(Holmes, 1991: 67). 버거스(Burgess), 그로스(Groth), 홀름스트롬(Holmstrom) 등은 소아 학대 과정에서의 가학성을 다음과 같이 묘사하였다. 가학적 범죄자는 아이들을 괴롭히면서 즐거워한다. 아이들의 두려움과 고통, 괴로움 등이 가학적 소아성애자들을 흥분시키는 요소가 된다. 아이들을 해꼬지하고 성적으로 더럽히고, 죽이는 것이 이들의 의도이다. 이들의 분노는 성적 행동과 힘에 의해 유지된다(Burgess, Groth, Holmstrom, 1977: 15). 그로스(Groth)는 분노와 힘을 성적으로 전이시키면 공격성 자체가 성적으로 매우 자극적 행동이 되는데 가해자는 희생자를 의도적으로 괴롭히면서 강력한 만족감을 얻게 되고, 희생자의 고통과 분노, 괴로움 그리고 고뇌와 무기력함, 아픔을 즐기게 된다고 하였다(Groth, 1979: 44-45).

가학적 변태성욕자들이 항문 강간을 선호하는 이유는 항문 강간이 피해자에게 주는 고통과 모멸감과 관련성이 있다. 외부 물질을 체내에 삽입하는 행위 등은 피해여성을 극단적으로 대상화한 결과인 것이다(Roy Hazelwood & Stephen G. Michaud, 2002: 103).

편집성 인격장애를 가진 사람들은 의심이 많고 잘 믿지 않으며 경계심이 지나치게 많고 배신당할까봐 끊임없이 경계한다. 가학적 변태성욕자들은 대부분 편집증적인 공포에 시달린다. 편집증은 다른 사람에 대해 근거 없는 의심을 키우고, 무구한 발언이나 사건에 숨겨진 의미를 가져다 붙인다(Roy Hazelwood & Stephen G. Michaud, 2002: 104).

4) 다양한 형태의 성도착 증세의 보유

애틀랜타 소재 정신건강 전문의 진 아벨 박사는 일탈 범죄자들이 한 가지 정도의 도착 증세만 보이는 경우는 거의 없음을 발견하였다. 예컨대 한 사람에게 관음증이 있다는 사실이 밝혀지면 그가 적어도 한 가지 이상의 추가적 도착증세, 예를 들어 페티시즘 등을 가지고 있다고 예상할 수 있다는 것이다(Roy Hazelwood & Stephen G. Michaud, 2002: 102).

연쇄살인 단계와 행동별 심리

1. 연쇄살인 단계

연쇄살인은 모두 이러한 단계를 거쳐서 이루어지는 것은 아니나 통상 7개 단계의 범행과정으로 구분된다.

1) 제1단계: 심리적 준비단계(The Aura Phase)

설령 희생자에게 성기 삽입이나 다른 성행위를 하지 않았다 하더라도 연쇄살인범들을 성범죄 살인범이라고 규정짓는 것은 통상 그들이 성적 환상을 품기 때문이다(로버트 K. 레슬러 · 톰 샤흐트만, 황보석 역, 1994: 106).

심리적 준비단계는 일상적 현실세계를 대체하는 환상(Fantasy)[38]이 형성되는 단계이다. 환상 속에서 치러지는 "의식"에 참여할 대상을 찾아야 한다는 강박관념에 시달리게 된다. 연쇄살인범은 살인을 저지르기 전 평범한 일상에서 일탈하는 변화와 자신의 행동이 바뀔 것이라 신호를 느끼게 된다. 그러면서 주위의 모든 것들이 갑자기 아주 느리게 움직이는 듯한 느낌을 받으며 소리나 색깔 등을 전보다 훨씬 선명하고 생생하게 느낀다.

후각은 훨씬 예민해지며 피부 역시 민감해져서 아주 미세한 부딪힘에도 강한 자극을 받게 된다. 현실감각을 상실하고 상상을 통하여 한 단계 한 단계 범형을 진척, 흥분을 고조시켜 "절정(Climax)"에 이르기도 한다.

38 시험적인 반사회적 행동이 벌 받지 않고 넘어가면 그 효과는 또다시 환상으로 섞여들고 환상은 점점 난폭한 수준으로 도달하게 된다.

이러한 환상은 사람에 따라 수주일 또는 수년간 연속되기도 하는데 머릿속에서 마치 비디오테이프처럼 재생되기도 한다. 그러다가 환상 속에 그리던 피해자를 발견하는 순간, 심리적 준비단계는 종료되고 환상이 현실로 전환되면서 다음 단계인 "낚시질단계(The Trolling Phase)"로 넘어가 실제로 희생자 포획 작업에 들어가게 된다.

심리적 준비단계는 만일 사전에 적절히 개입된다면 예방이 가능하며 강박적 충동을 해소할 수도 있으나 문제는 이러한 상황에 처해 있음을 다른 사람이 알기가 거의 불가능하다는 것이다. 연쇄살인범은 욕망과 쾌락(Lust)욕구를 단족시키고자 하는 '원초적 본능(Primal Instinct)'에 의해 지배되는 단순한 '생물적 존재(Eiological Engine)'로 탈바꿈함으로써 일반적으로 합리적 이성선택을 하지 못한다. 따라서 살아있으나 죽은(a Death in Life) 그리고 그림자 같은 존재(a Shadowy Existence)로 불리기도 한다. 이러한 환상이 사라지거나 살인의 의식을 끝낸 이후에야 현실의 세계로 복귀하게 된다.

일반적으로 연쇄살인자의 심리적 단계는 왜곡된 생각이나 사고방식에서 비롯된다. 그러나 이러한 상태가 지속적일 수는 없다. 그러한 행위는 조단간에 자신의 위치를 위협할 것이며 다음 단계인 전략단계로 넘어가게 된다(Ronald M. Holmes, Stephen T. Holmes, 2002: 124-126).

2) 제2단계: 낚시질단계(The Trolling Phase)

낚시질단계는 연쇄살인범에게는 매우 긴장하고 집중력이 높아지는 가운데 강박적, 열광적, 편집증적인 행동패턴을 보이는 단계이다. 그의 일거수일투족을 지배하는 연쇄살인에 걸맞은 새로운 행동 프로그램이 작동하게 된다. 그는 더 이상 현실사회 속의 정상적 인간으로 기능하고 있지 않다. 단순히 일상생활의 자극에 대해서 본능적으로 반응하고 있을 뿐이다. 평소에 지나치며 보았던 경험과 환상 및 변태적 욕구들이 뒤섞여, 희생자를 낚아 올리기 위해 낚싯대를 드리울 위치를 결정하거나 희생자를 적극적으로 찾아 나서는 단계이다. 연쇄살인범이 선호하는 지역으로는 지하 주차장, 인적이 드문 밤거리 외진 골목길, 청소년 회관, 대학의 여학생 기숙사, 초등학교 운동장이나 장애인 시설, 한적한 시골길이나 아이들의 통학로 등이 있다. 그는 가장 적합한 목표물을 찾겠다는 생각으로 자신도 모르는 사이 특정한 장소에서 희생자를 찾기 위해 배회하며 일단 희생자가 확정되면 희생자에 대한 스토킹을 하면서 점차적으로 희생자에게 접근하게 된다.

3) 제3단계: 구애단계(The Wooing Phase)

연쇄살인범이라고 해서 결코 혐오스럽게 생겼다거나 불안감을 조성하는 타입은 아니다. 오히려 피해자들을 폭력으로 위협하여 끌고 가지 않고 오히려 마각을 드러내기 전까지는 순진한 모습으로 유혹하는 경향이 강하므로 피해자들은 연쇄살인범을 상대로 거의 저항을 하지 않으며 때로는 협조하는 경우도 있다.[39]

4) 제4단계: 포획단계(Capture)

포획단계는 낚시나 덫에 걸려든 피해자를 낚아채는 단계다. 피해자가 혼자가 될 때까지 기다리면서 피해자의 도주 가능성을 차단시킨 채, 스스로 심리적 흥분감을 고조시킨다. 피해자가 결국 덫에 걸려드는 '포획' 상태에 이르게 되면 살인마의 흥분상태는 최고조에 이르게 된다. 이 단계가 연쇄살인범이 가장 즐기는 순간이다. 피해자를 포획하고 난 이후에는 마음대로 피해자를 농락하며 얼마든지 자기만의 '의식'을 치를 수 있다는 기대감에 차 있기 때문이다. 포획단계에서의 행동은 갑자기 차문을 잠가 버리거나, 창문을 통해 갑자기 침입하기도 한다. 필요하다면 피해자 제압을 위해 얼굴에 주먹을 날려 피해자를 무력화하기도 한다. 향후 행해질 폭력에 대한 음산하고 무서운 협박을 하여 점진적 공포를 가중시킨다. 낚시질단계, 구애단계, 포획단계는 짧은 시간에 이루어지기도 한다.

5) 제5단계: 살인(The Murder)

포획 성공 이후에는 강력한 통제와 주도권 아래 평소에 할 수 없었지만 환상 속에서 꿈꾸어 왔던 행동을 피해자를 대상으로 마음껏 즐기게 된다. 가능한 한 욕구를 충족시키기 위하여 상상해 왔던 모든 방법을 동원하여 피해자에 대한 가학적 행동을 한다. 이 과정에서 피해자의 공포와 경악 그리고 동정과 자비를 갈구하는 행동은 연쇄살인범의 즐거움을 가중시키는 요소다. 이러한 피해자의 반응은 평소에 그가 원했던 것으로 최대한 피해자를 농락하고 가학적 성행위를 한 이후에 살해하게 된다. 살해 후에는 사체에 대하여 자신이 꿈꾸어 왔던 방식대로 사체에 대한 모욕이나 절단 등의 행동을 하게 되는데 이러한 행위는 회상기에 대비한 행위이다.

6) 제6단계: 회상기(The Totem Phase)

연쇄살인범은 죽은 희생자 시체 일부를 소유함으로써 승리감이나 자신감, 절정감

39 2009년 부녀자 일곱을 살해한 연쇄 살인범 강호순이 붙잡혔을 때 사람들은 두 번 놀랐다. 희생자를 모조리 목 졸라 죽이고 암매장한 잔인함에 치를 떨었다. 선하디 선한 얼굴에 또 한 번 모골이 송연해졌다. 공개된 사진 속 그는 개를 안고 환하게 웃고 있었다. 그만하면 준수한 외모였다. 살인극이 끝나면 그는 평범한 30대 청년으로 돌아가 가축을 기르고 스포츠 마사지사 일을 했다. 이웃들은 "친절하고 성실한 사람이었다"고 했다. 아무도 얼굴에 숨겨진 악마성을 눈치채지 못했다.
http://news.chosun.com/site/data/html_dir/2016/05/09/2016050902982.html (2016. 5. 10.)

을 느끼거나 절대적 파워를 상징하는 트로피로서의 의미를 부여하려고 한다. 때로는 살인과정을 폴라로이드 카메라로 찍거나 비디오 테이프로 녹화해 놓음으로써 자신의 연쇄살인과정을 회상[40]한다. 그러나 시간이 점차로 경과하게 되면 마술적인 토템의 힘은 사라져버리고, 정신적으로 극히 가라앉는 침체기로 접어들게 된다.

7) 제7단계: 침체기(The Depression Phase)

연쇄살인범은 살인이 끝나고 자신의 행동에 대한 회상을 통해 자신감에 차 있다가도 점차 시간이 경과함에 따라 살인행위에서 오는 절정감을 상실하고 우울한 절망감에 시달리게 된다. 심리적 준비단계에서부터 회상기 단계까지 진행되던 일종의 환각에서 깨어나 정상적 사회생활 복귀하게 된다. 이 과정에서 자신의 끔찍한 범죄행위에 대한 자책감에 시달리거나, 경찰 혹은 기자에게 참회 섞인 고백 수기를 우송하기도 하며 편지로 고해성사를 대신하는 등의 행동을 보이기도 한다.

그러나 일정한 심리적 냉각기를 가진 뒤에는 도저히 억제할 수 없는 살인충동에 다시 사로잡히게 된다. 그렇게 되면 어느 때보다 더 자기중심적이 되어 처벌을 받지 않고 다시 범행을 할 수 있을 것이라고 확신하는 경우가 더 흔하다.

일단 살인욕구를 참지 못하면 이전 범행의 부족한 점을 보완하고 더 주드면밀하게 범죄계획을 짠다. 그래서 다음번에는 주의 깊게 희생자를 찾게 되며 이전 범죄보다 더 난폭한 살인을 저지르는 것이다(로버트 K. 레슬러 지음, 황보석 역, 1994: 113-114). 그리고 다시 심리적 준비단계로 돌아간다. 어느 순간 주변 색깔이 선명하게 보이는 등의 환상에 시달리기도 하다가 어느 날 우연히 눈앞을 지나치는 어떤 여인을 보고 잠재의식에 내재되어 있던 살인욕구가 고개를 들고 살인하는 악순환을 겪게 되는 것이다.

연쇄살인범의 마음속에서는 살인행위 그 자체가 환상처럼 완벽하지 않기 때문에 아쉬움이 남는 것이다. 그들은 환상에 사로잡혀 있고, 그들의 마음속에는 환상의 일부가 되어 다음 번 살인을 부추기는 충족되지 않은 경험 같은 것이 있다(로버트 K. 레슬러 · 톰 샤흐트만, 황보석 역, 1994: 42-43).

2. 연쇄살인범의 단계별 심리

모든 연쇄살인범들이 동일할 것이라고 주장하는 것은 잘못된 것이다. 그러나

40 회상기를 설명하기 위한 예로서 평소에 곰을 두려워하는 종족은 어려운 사냥의 과정을 겪고 난 이후 곰을 박제하거나, 곰 다리뼈 혹은 두개골을 보관하면서 일종의 기념품을 삼는다. 실제로 곰의 다리뼈나 두개골을 만지면서 얘기하면 그날의 승리감을 다시 한 번 떠올리며 도취하는 데 큰 도움이 된다. 그러므로 다리뼈나 두개골은 후일 "행운의 상징" 내지는 "길조"를 의미하는 물건이 된다.

그들 사이에 유사성이 없을 것이라고 가정하는 것 역시 합리적이지 않다. 이러한 유사성은 프로파일링을 적용하는 데 있어서 매우 중요하다. 살인의 착수는 역동적인 외부의 힘에서 비롯된다. 이러한 외부적인 힘이란 현실적인 것일 수도 있고, 환상에 의한 것일 수도 있다.

Holmes 등(2002)은 연쇄살인에 있어서 연쇄살인범의 심리는 다섯 가지의 과정을 거친다고 주장하고 있다(Ronald M. Holmes, Stephen T. Holmes, 2002: 124-126).

1) 왜곡된 사고(Distorted Thinking)

연쇄살인범의 심리는 통상적으로 왜곡된 생각이나 사고방식에서 비롯된다(Stage 1). 범죄자는 살인을 함으로써 발생할 수 있는 결과에 대해 깊이 생각하지 않는다. 단지 살인을 했을 때 어떠한 내·외적 보상을 받을 수 있는가에 더 많은 관심이 있을 뿐이다. 즉 눈앞의 이익에만 관심이 있다. 연쇄살인범은 사회적으로 여러 가지 면을 가지고 있는데 환상에 기초를 둔 연쇄살인 유형을 제외한 많은 유형의 연쇄살인범들이 사회병질자(Psychopath)로 그들은 자신의 매력을 이용하여 다른 사람의 긴장을 풀게 하고 이득을 취한다.

2) 이성의 몰락(The Fall)

이성의 몰락단계는 그동안의 사건들이나 현실적 혹은 상상 등이 축적되어 다음 행동으로 이어지게 되면서 피해자를 직접 물색하거나 어떤 범죄행위를 하는 단계다. 지금까지 자신을 버텨온 이성이 몰락하면서 내부의 충동이 고개를 들고 행위로 연결된다. 연쇄살인범이 이 단계에 도달할 때마다 폭력적 행위를 한다는 것은 아니다. 때때로 자신의 반응은 남에게 직접적인 해를 끼치지 않는 것들, 예컨대 여성을 성폭행하는 장면을 담은 비디오를 보면서 자위행위를 하는 상징적인 행위로 종결될 수도 있지만, 그러한 상징적 반응은 일시적인 것이며 매우 짧은 기간에서만 가능하다. 어떤 때에는 직접적으로 욕구충족 방법을 강구하거나 피해자를 직접 물색하는 과정을 시작하게 된다. 일단 왜곡된 사고가 이성의 몰락으로 이어지면 다시 원상태로 돌아올 수 없다.

3) 부정적 내적 반응(Negative Inward Response)

부정적 내적의 반응단계는 자신의 내적 심리와의 반응단계이다. 연쇄살인범은 납치나 유괴, 살인 등의 범죄행위를 실행에 옮기는 과정에서 필연적으로 발생하게 되는 부적절한 감정, 양심의 가책 등을 잘 제어하여야 한다. 예를 들어 “이렇게 하면 안돼” 라는 소리에 귀를 기울일 필요가 없다고 스스로에게 최면을 거는 것이다. 자기가 처해 있는 현재의 위치를 확인하고 가장 잘 아는 방법과 수단을 동원하여 범행을 실제 행동으로 옮기기 직전의 단계가 된다.

4) 부정적 외적 반응(Negative Outward Response)

부정적 외적 반응단계는 범행을 마음속에 담아 놓는 단계에서 벗어나 실제로 옮기는 단계이다. 개인적 우월성을 스스로 확인하는 데 있어서 충동적이고 필요한 요소가 된다. 이미 연쇄살인범은 자신의 행위가 초래할 결과와 관련하여 아무런 생각도 하지 않는다. 일단 자신의 우월성을 확인하기 시작하면 그는 자신을 통제하지 못한다. 단지 더 이상 부정적 외적 현실의 추가적 위험을 무릅쓸 수 없으므로 오직 취약한 피해자를 선택할 뿐이다.

5) 회복(Restoration)

범행을 마치고 난 이후 충동성이 빠져 나간 후 제정신으로 돌아오게 되면 마지막 단계인 회복단계로 접어든다. 자신이 저지른 행위의 결과에 대한 잠재적 위험을 고려하게 되고, 피해자의 사체를 적절히 처리하기 위해 자신이 무엇인가 조치를 취해야 한다는 것을 인식하게 된다. 범행 이후의 자신의 개인적 위험을 최소화하기 위해 무엇인가 조치를 취해야만 한다. 자신이 하고 싶은 행위를 일단 하고 난 이후에는 다시 왜곡된 환상단계인 첫 단계로 돌아옴으로써 이러한 심리적 단계는 완성되고 지속되는 것이다.

범죄 프로파일링(Criminal Profiling)

1. 범죄 프로파일링의 성격과 적용범위

1) 프로파일링의 역사와 정의

범죄 프로파일링에 관련하여 범죄행위 조사를 위해 최초로 발간된 서적은 마녀의 망치(The Witches's Hammer: The Malleus Maleficarum)라는 책이다. 이 책은 1486년 당시 시대상을 반영하듯 마녀 사냥꾼을 위한 전문 매뉴얼로 제작되었다. 이 책에는 지역사회나 지역구성원들에게 해를 끼치는 마녀를 식별하기 위한 다양한 정보가 프함되어 있었다(Kramer and Sprenger, 1971: 89). 오늘날에 있어서 범죄 프토파일링과는 다소 차이가 있으나 체포 객체의 특징을 기술하였다는 점에서 의미가 있다고 하겠다.

에드가 알렌 포는 1841년 '모르그가의 살인'이라는 제목으로 단편소설을 발표하였다. 포는 이미 150년 전에 법의학적 증거만으로는 동기가 성립될 수 없는 끔찍한 범죄를 해결할 수가 없다는 것을 간파하고 프로파일링의 필요성을 깨달은 선각자였다. 그의 소설에 나오는 사립 탐정 오귀스트 뒤팽은 역사상 최초의 행동 프로파일러이다. 프로파일러는 정상적 수단이 없을 때 상대방의 마음속으로 들어가 그 마음과 자기의 마음을 일치시켜야 하며 그렇게 함으로써 범인이 실수하거나 계산 착오를 하도록 교묘히 끌어들이는 유일한 방법을 직관적으로 알아낸다. 아서 코난 도일이 창조한 소설속의 탐정 셜록홈즈 역시 행동 프로파일러로서의 명성을 유지하고 있다(존 더글러스 외, 이종인 역, 1999: 35-36).

일탈 심리를 조명하기 위한 최초의 국가적, 역사적 의미를 지닌 프로파일링에 대한 시도는 제2차 세계대전 당시 미국 정부의 의뢰를 받은 정신과 의사 월트 렝거(Dr. Walter C. Langer) 박사가 당시 독일의 독재자 히틀러에 대해 행한 프로파일링이었다. 1943년 미국의 전략 정보국(OSS)은 당시 미국에서는 만일 그를 체포하였을 때 어떻게 신문을 할 것인가에 대한 도움을 찾고자 하였다. 즉 무엇이 히틀러에게 동기를 부여하는지 그리고 만일 마음먹은 대로 잘 안 되었을 때 그가 어떤 행동을 할 것인지를 알고 싶었다. 렝거 박사는 히틀러에 대한 프로파일링을 실시하였고 프로파일 요소 중 하나로 만일 패전하게 된다면 히틀러는 자살할 것이라고 예측하였다(Holmes, Rolald M. & Stephen T. Holmes, 2002: 25-29).[41] 렝거 박사의 여덟 번째 판단대로 독일의 패전이 확실시 되었을 때 히틀러는 자살하였다. 이러한 과정을 통해 독재자의 심리를 파악하고 행동을 예측하는 단편적인 선에서 종결되었으나 이러한 시도는 여기에 그치지 않고 나아가 범죄자의 마음을 읽고 파악하는 데 있어서 표준단계로 이어지는 또 다른 프로파일링, 즉 범죄프로파일링의 시작이기도 하였다(Jenny MacKay, 2009: 17).

이후 프로파일링에 대한 체계적인 노력은 1970년대 FBI의 행동과학 연구부의 수사요원들에 의해 본격화되었다(김민지, 2004: 76).

근대 범죄 프로파일링은 다양한 역사와 학문에 근거를 두고 있다. 즉 범죄행동의 연구(범죄학), 정신병의 연구(심리학과 정신병학), 물적 증거의 검증(법정 과학)이다. 이러한 다양한 학문에 근거를 두고 수사와 법적 목적을 위해 범죄의 특성을 추론하는 것이다(Brent E. Turvey, M.S, 2002: 3). 이를 위해서 레슬러는 범인의 특성과 태도를 편견 없이

41 1. 히틀러는 자연사할 것이다. 2. 히틀러는 중립국으로 망명할 것이다. 3. 히틀러는 전투에서 전사할 것이다. 4. 히틀러는 암살당할 것이다. 5. 히틀러는 미칠 것이다. 6. 독일 군부에 의해 반란이 발생하여 체포당할 것이다. 7. 히틀러는 적군의 수중에 넘어가 포로로 잡힐 것이다. 8. 히틀러는 자살할 것이다.

효과적으로 분석하는 데 냉정한 태도의 유지가 필요하며 범인의 사고방식 역시 이해해야 하지만 중립적 사고를 견지해야 한다(Lnnes, Brian, 2003: 55–57)고 주장하였다.[42]

범죄수사는 범죄를 저지른 범인을 찾아내고 법정에 세워 응분의 대가를 받게 하는 과정(김종률, 2002: 16)이며 범죄혐의가 있다고 보일 때, 그 진위를 확인하고 범죄로 인정되는 경우 범인을 발견, 확보하고 증거를 수집, 보전하는 수사기관의 활동(법무부, 1998: 6)으로 정의된다.

범죄수사를 용이하게 하기 위해 최근 활발하게 활용되고 있는 수사기법 중 하나로 프로파일링(Profiling) 기법을 들 수 있다. 이 세상에 똑같은 범죄는 없고, 똑같은 범죄자도 없다. 프로파일러는 사건을 통해 패턴을 찾아 용의자의 특성을 찾아내야 하는데 그 작업은 사실에 기초한 것이며 분석적, 논리적 사고를 요구한다. 그 사건으로부터 알아낼 수 있는 모든 정보를 알아내고, 경험을 통해 그 사건이 왜 일어났는지에 대한 개연성을 추측하고 그러한 요소들로부터 범인의 윤곽을 잡는다. 간단히 말해서 '무엇이?, 왜?'를 통해서 누구인가를 추론하는 것이다(로버트 K. 레슬러 · 톰 샤흐트만, 황보석 역, 1994: 169–170).

범죄 프로파일링이란 새로운 것은 아니며 어떤 종류의 인간이 범인인가 하는 질문에 답하고 가능한 한 정확한 예측을 위해 다양한 범죄자료 그리고 범죄현장을 분석하는 데 사용되는 기술(James Morton, 2001: 91)이며 범죄 실행에 있어 주체가 되는 개인의 인성적 특징을 추론하는 과정이다. 이 과정에 참가하는 전문가 집단은 주로 수사관, 행동과학자, 사회학자, 법정 과학자 등이다. 범죄 프로파일링은 또 다른 용어로 행동 프로파일링, 범죄현장 프로파일링, 범죄자 인성 프로파일링, 범죄자 프로파일링, 심리 프로파일링으로 불리기도 하며 최근에는 범죄수사 분석이라는 용어로도 사용되는 경향이 있다(Brent E. Turvey, M.S, 2002: 1).

프로파일링을 범죄 심리 분석기법으로 해석하기도 한다. 곽대경은 프로파일링을 검거된 범죄자를 대상으로 심층면접을 통해 범죄의 직접적 이유뿐 아니라 심층적 범죄동기를 체계적으로 파악하여 이미 발생한 범죄행위에 대한 보다 정확하고 종합적 이해를 시도하는 분석기법이라고 정의하고 있다(곽대경, 2001: 4). 박광배는 프로파일링이란 동일인에 대한 범죄는 공통성을 가진다는 가정에 기초하여 범죄 이전의 준비행적, 범죄행위의 특성, 피해자의 특성, 범죄 후의 행적 등 소위 범죄수법을 파악하여 범죄자의 유형을 추정하는 수사기법으로 범행수법을 일컫는 MO(Modus Operandi: Method of Operation)와도 관련이 깊은 범죄자 유형분석기법이라 정의하였다(박광배, 2001: 33). 헨리

42 '괴물과 싸우는 누구라도 그러한 과정 속에서 자신이 괴물이 되지 않도록 주의해야 한다. 당신이 심연을 쳐다보는 동안 심연 역시 당신을 쳐다보고 있다.' 니체의 짜라투스트라는 이렇게 말했다 중에서.

리(Henry Lee)는 프로파일링을 범죄혐의가 높은 일반적 특성을 결정하기 위해 사용되는 범죄현장의 심리적, 통계적 분석에 기초를 둔 과정이라고 하였다(Henry Lee, 2001: 271).

2) 적용범위

범죄행동에 있어서의 동기는 단순할 수도 있으며 복잡할 수도 있다(Cyril H. Wecht, MD, JD, 2004: 126). 그러나 범죄수사 분석(Criminal Investigative Analysis)이란 비단 프로파일링뿐 아니라 FBI의 행동과학부 내에서 수행되는 모든 업무를 가리키는 용어(Roy Hazelwood & Stephen G. Michaud, 2002: 129-130)로 그 범위가 다소 광범위하다.

인간은 유사한 동기를 가지고 있음에도 불구하고, 각 개인은 상이하게 행동한다(Drukteinis, 1992: 532). 살인범의 행동을 추동(Impulse)하는 것은 무엇인가? 그러한 맥락에서 프로파일링의 적용은 모든 범죄에 대하여 이루어지는 것은 아니다. 프로파일링이 적합한 범죄유형은 일반적인 범죄자 개인의 독특한 심리적, 행동적 성격이 바깥으로 드러난 범죄에 적용하게 되므로 가학적 성폭력, 사체의 절단, 오욕, 장기적출, 사체에 대한 강간(시간), 무동기 연쇄방화 등 대부분 사회적 물의를 야기하는 엽기적인 범죄에 대해 적용하는 경우가 많다. 이러한 유형의 범죄에 프로파일링을 적용할 때 모든 인간은 개인마다 독특한 성격을 가진다는 점과 범죄현장에는 범죄자의 성격이 반영된다는 점, 범죄인은 통상 유사한 MO에 의해 범행하며 동일한 서명을 남기며, 범죄자의 성격은 변하지 않는다는 가정(Holmes, Rolald M. & Stephen T. Holmes, 2002: 39-43)하에서 연구되고 있다.

성격은 개인을 식별할 수 있는 특정성(Elements for Identification), 단순한 관찰을 통해 파악되는 것이 아닌 관찰된 행동, 사고방식을 통해 추론되는 경향성(Tendency), 상황, 시간 등의 변화에도 불구하고 비교적 안정적인 행동양식, 사고를 보이는 점에서 일관성(Stability)을 요소로 한다(권창국, 2002: 5-6). 그리고 이것은 직접적으로 외부로 표출되는 것이 아니라 오직 행동을 통해서만 의미를 알 수 있으므로 범죄현장에 나타난 여러 증거들인 범인의 행동적 특성을 통해 그 개인을 이해할 수 있는 것이다(김용화, 2002: 4).

행동과학팀의 견지에서 보면 연관성 분석은 일련의 범죄에서 드러나는 행동을 조사하여 한 사람이 모든 범죄 혹은 일부 범죄에 책임이 있는지 가능성을 평가하는 것이다.

프로파일링은 신원이 밝혀지지 않은 사람의 성격과 특징을 목록으로 만드는 것으로 객관적이라기보다는 주관적이고, 과학적이라기보다는 기술이며, 범죄를 해결하는 마술이라기보다는 수사 도구이다. 그러나 적절히 잘 활용된다면 경찰 수사를 좀 더 용이하게 하고 폭을 좁혀주는 방법으로서 범죄자의 유형을 제시하기도 한다(Roy Hazelwood

& Stephen G. Michaud, 2002: 177).

그러므로 프로파일링이란 만일 제대로 이루어진다면 전에는 눈에 띄지 않았거나 잘 이해되지 못했던 관점에서 탈피하여 어떤 범죄의 중요한 특징을 드러내어 해석해 주는 자세한 분석이라고 할 수 있다(Roy Hazelwood & Stephen G. Michaud, 2002: 121). 또한 프로파일링은 사건을 조사하면서 부딪치는 장애물을 제거하는 없어서는 안 되는 하나의 도구이다.

3) 프로파일링의 한계와 유사분야

프로파일링은 범죄 사실과 범죄 및 범죄자에 대한 경험을 토대로 하는 순수한 추론일 뿐이며 사건을 조사하는 만능 도구는 아니다. 또한 프로파일링을 적용할 수 있는 분야에는 한계가 있다. 적용분야는 우선 대상 범죄의 성격이 폭력 범죄이거나 잠재적 폭력 범죄로 미해결 범죄여야 하며 유력한 가능성이 모두 제외된 상태여야 한다(Roy Hazelwood & Stephen G. Michaud, 2002: 132).

프로파일링은 최후의 수사기법이다. 다른 방법이 모두 실패한 후에 사용한다는 의미이다. 프로파일만으로 사건 자체가 해결되는 예는 거의 없다. 그러나 프로파일은 새로운 아이디어를 제공하여 전체적 수사에 활력을 불어 넣을 수 있다(Roy Hazelwood & Stephen G. Michaud, 2002: 165).

프로파일링과 유사한 개념으로는 간접 인격평가(Indirect Personality Assessment, IPA)가 있는데 이는 특정인과 관련된 정보를 양적, 질적으로 가능한 한 누락되지 않고 모아 그의 약점과 강점을 알아내는 것이다(Roy Hazelwood & Stephen G. Michaud, 2002: 130).

이외에도 의문사 분석은 이용 가능한 증거를 가늠하여 어떤 사망 사건이 살인, 자살, 사고 중 어느 것일 확률이 가장 높은 지를 결정한다. 훨씬 많은 변수를 다루고 있다는 점만 제외하면 의문사 분석 역시 프로파일링과 비슷하다(Roy Hazelwood & Stephen G. Michaud, 2002: 131).

2. 범죄프로파일링의 목적

목적이란 성취하여야 할 광범위하고 일반적인 것을 지칭하는 데 반해 목표란 주어진 시간 내에 성취해야 할 특정된, 측정 가능한 것을 말한다(Craig, 1980: 24).

프로파일링의 목적은 특정된 것이라기보다 범죄에 대항하여 싸우는 데 있어서 형사사법체계에 도움을 주기 위해 존재하는 것으로 크게 세 가지로 구분할 수 있다.

1) 범죄자에 대한 사회적·심리적 평가를 통한 형사사법체계에 조력

범죄 프로파일링은 범죄자 인격의 사회적, 심리학적 핵심 변수에 관한 기초적이고 실질적 정보를 포함한다. 평가 요소로서는 인종, 연령, 직업, 종교, 결혼 유무, 교육 정도 등이 있다. 이 과정을 통해 범죄 친화적 사람들을 대상으로 광범위한 영역을 다루는 대신 수사의 범위를 축소시킬 수 있다. 또한 범죄현장에 남겨져 있는 추론 가능한 심리학적 특성에 대하여 수사관들에게 주의를 환기할 수 있는 정보를 제공하거나 향후 발생할 수 있는 범죄행위를 예측할 수 있다.

2) 범죄자의 소지품에 대한 심리학적 평가를 형사사법 기관에 제공

범죄자의 소지품에 대한 심리학적 평가는 수사기관이 이미 주요 용의자를 확보했을 때 매우 중요한 개념이다. 여기에는 물적 증거, 목격자 보고서, 용의자에 대한 모든 필요한 정보 등이다. 심리학적 프로파일링을 통해 범죄자가 가질 수 있었던 기념품, 사진, 음란물, 기타 등을 제시할 수 있다. 이러한 물품들을 통해 범죄과정을 다시 한 번 돌아볼 수 있다. 예컨대 연쇄 소아기호증의 경우 통상 소아기호증 환자들은 아동 포르노물을 소지하고 있다. 범죄자가 가지고 있는 물품들을 분석함으로써 수사관에게 왜 범죄자가 그 피해자를 선택했는지, 피해자 포획전략은 무엇이었는지, 범죄자의 소유물에서 발견된 부차적 증거로부터 관련 증거의 수집에 관해 해당 범죄자를 어떻게 신문할 것인가에 대한 계획을 제공할 수 있다. 연쇄방화범, 연쇄살인자, 강간범, 기타 범죄자들에게도 유사하게 적용될 수 있다.

3) 범죄자를 신문하는 전략과 암시를 제공

일단 용의자가 체포되면 적절하고 효과적인 신문과 취조의 방법에 관한 정보가 핵심적이다. 프로파일링은 다양한 범죄자 집단으로부터 정보를 수집하는 데 있어서 효과적인 전략과 다양한 인격에 관한 정보를 포함하고 있어야 한다. 모든 범죄자들이 동일한 방법으로 신문에 반응하는 것은 아니다. 한 가지 유형의 범죄자에 대해서 거기에 적합한 전략이 있을 수 있으나 모든 종류의 범죄자가 동일한 신문 기법에 반응할 것을 기대해서는 안 된다. 예컨대 모든 연쇄살인범이 동일한 이유로 사람을 살해하는 것은 아니며 체포된 이후에 동일한 형태의 신문 전략에 반응하는 것은 아니다(Holmes, Rolald M. & Stephen T. Holmes, 2002: 7-9).

3. 관련 용어

1) Modus Operandi(MO)

▪ Modus Operandi(MO)의 정의

19세기 후반 알퐁스 베르틸롱(Alphonse Bertillon)은 "하늘 아래 살아서 움직이는 모든 것은 그 개체 자체의 독특한 특성을 갖는다"고 주장하였다(Rhodes, 1956). 그의 주장은 수사관들에게 범죄자들과 연관된 유용한 자료를 제공하는 개념으로 매우 의미 있는 제안이었다. 또한 로카르드(Locard)는 로카르드의 법칙을 통해 "사람이 어떤 물체나 다른 사람과 접촉하였을 때 반드시 상호 교류하는 물적 증거를 남긴다"는 주장을 하면서 범죄자는 반드시 범행과정에서 특정한 위치, 증거, 피해자와 관련이 있는 그 무엇을 남길 수밖에 없다는 사실에 주목하였다(Saferstein, 1998: 4-5).

1809년 프랑스 경시청 수사과 소속으로서 경찰 정보원 역할을 오랫동안 해온 전과자 유진 비독(Eugene Vidocq)은 범인 체포에 있어서 최선의 방법은 범죄 사용 기술과 방법을 이해하는 것이라고 믿었다. 이와 같은 방법은 범죄수사를 하는 데 있어서 효과적인 방법임이 입증되었다. 유진 비독(Eugene Vidocq)은 그들이 체포한 범죄자들에 주목한 결과 일 년 만에 약 750명에 이르는 범죄자를 검거하게 되었다. 범죄자들이 어떻게 범행을 해왔는지, 그들의 습성과 범행수법 등을 이해한 후 그러한 지식을 범인 검거에 다시 활용하였다. 범죄자를 이해하기 위해서 수사 전략을 발전시키고 범죄행위와 연관시키며, 성공적으로 범인을 검거하기 위해서는 수사관들이 범죄자들의 수법을 잘 이해하는 것이 필요하다(Brent E. Turvey, M.S., 2002: 230).

Modus Operandi(MO)는 Method of Operating을 뜻하는 라틴어로 범죄가 어떤 방법을 통해 이루어졌는가를 의미한다(Gross, 1924: 478). 이 용어는 FBI의 심리분석관이었던 더글러스에 의해 만들어졌다. 이는 후천적으로 획득된 행태로 범인들이 범죄를 저지를 때 사용하는 방법이다.

범죄자의 MO는 범죄 실행을 종결짓게 하기 위한 필요한 선택과 행동으로 구성된다(Brent E. Turvey, M.S., 2002: 229). 이는 후천적으로 획득된 형태이며 역동적이어서 변할 수가 있는 일종의 범행수법이라고도 할 수 있다(존 더글러스 외, 이종인 역, 1999: 357). 범죄자의 Modus Operandi(MO)는 범죄를 어떻게 실행하는가라는 측면에서의 범행수법으로, 왜 범죄를 저지르는지를 의미하는 범행 동기나 인증(Signature)측면과는 구분되는 개념이다. 범죄자의 MO를 수사에 활용하는 이유[43]로서는 범행수법을 통하여 미제

43 범죄 프로파일링을 하는 데 있어서 Modus Operandi(MO)은 범죄자에 대한 일련의 정보(선택, 절차, 기술)를 제

사건과의 연관성을 추정하고, 미제사건에서의 범행수법 증거와 이미 인지하고 있는 범행수법을 비교함으로써 용의자를 확인하는 데 있다. 그리고 해결되지 않은 사건에서의 범행수법 증거와 체포된 용의자의 범행수법을 비교할 수 있다. 이러한 범행수법을 축적해 놓음으로써 미제사건에서의 용의자 인식과 수사적 측면에서 문제해결의 계기로 발전시킬 수 있는 것이다. 이렇게 함으로써 용의자를 우선적으로 선정하거나 제거할 수 있어 궁극적으로 사건을 해결할 수 있다(Weston & Wells, 1974; Lee et al, 1983).

▪ Modus Operandi(MO)의 특성

범행수법과 범죄기술을 이해한다는 것은 수사에 있어서 최선의 방책이며 종국적으로는 범인을 검거하는 첩경이다. 범죄자의 범행수법은 점차적으로 범행을 저지르면서 그 방법을 개선시켜 나간다. 범죄자의 MO는 시간이 경과함에 따라 점차적으로 진화하며 학습하면서 발전한다. 범죄 경험이 많아지게 되면 보다 정제될 수 있으며, 더 교활하게 되며 확신을 가지게 된다. 즉 시간경과에 따라 진화, 발전하는 학습행동들로 구성된다(Brent E. Turvey, M.S., 2002: 231).

범행을 하고 난 이후에 자신의 범죄수법에 대하여 반성을 하기도 한다. 예컨대 더욱 시간을 오래 끌었어야 했다든지, 협박을 하면서 피해자의 모습을 더 즐겼어야 했다든지, 범행과정에서의 미숙한 행위에 대해 앞으로 더 잘할 수 있을 것이라는 환상으로 시간을 보낸다. 이러한 경험적 요소는 더욱 정교해지고, 대담해지며 자신감과 여유를 가질수록 더욱 다듬어질 수 있다. 반면에 과도한 자신감 충만으로 자신을 과신하거나, 범행이 점차적으로 복잡해지고 피해자의 수가 증가함에 따라 모든 상황을 통제하기 어려운 여건이 되면 정신상태가 복잡해지게 된다. 따라서 범행 초반에 증거를 남기지 않기 위해 자신에 대하여 엄격하던 조심스러움이 범죄횟수가 증가하고 점차적으로 체포되지 않을 수 있다는 자신감이 커짐에 따라 뒷마무리를 소홀히 하여 현장에 많은 증거를 남기거나 완전범죄를 추구하는 행동이 무디어지게 된다.

범죄자가 자신의 범행수법을 진화시키든 또는 범행증거를 은폐하는 데 실패하든 간에 이러한 범죄자의 범행 수법적 측면의 변화는 수사를 위해 많은 도움이 된다. 범죄자의 범행수법은 여러 가지가 있으나 일반적으로 다음과 같은 목적을 위해 행동을 하는 경향이 있다.

첫째, 신원은폐이다. 주간에 은행 강도를 할 때 얼굴에 마스크를 착용하는 행위,

공하는 것이므로 상관성이 강하다고 할 수 있다. 구체적인 내용을 살펴보면 범죄자가 특수한 훈련을 받은 경험이 있는지, 기술, 직업, 전문성, 지식의 범위를 알 수 있으며 피해자에 대한 지식(사건 이전 접촉이나 이전 관계)과 범행현장을 어느 정도 잘 알고 있는가 등에 대한 지식이다.

강간을 범할 때 피해자의 눈을 가리는 행위, 강도 범죄를 할 때 장갑을 착용하는 행위, 목격자 살해행위 등이다.

둘째, 범죄의 성공적 완성을 위해서 피해자를 침묵시키는 수법으로 재갈을 물리는 행위, 피해자를 통제하기 위해 무기로 위협하는 행위 등이다.

셋째, 범행 후 도주의 용이성을 위해 범죄를 저지른 후 피해자의 차량을 이용한 도주, 범행 후 차량 방치, 자신의 도주를 방해하지 못하드록 살아 있는 피해자를 결박하는 행위 등이다(Brent E. Turvey, M.S., 2002: 231).

범행수법의 일반적 형태를 살펴보기 위하여 아래와 같은 사항을 점검하여야 한다. 범죄자의 수, 사전 범행 계획 여부, 범행지역 선정 여부, 범행지역으로 접근로의 선정, 범죄현장의 사전답사나 피해자에 대한 사전 조사여부, 범행 중 피해자와의 관련성, 무기사용, 피해자 통제를 위한 방법사용여부, 피해자에 입힌 상처의 양과 질, 피해자 살해 방법, 사전행동의 양과 질, 피해자 의복이 발견된 지역과 위치, 피해자 사체가 발견된 지역과 위치, 피해자 신원을 파악하지 못하도록 또는 다른 이유로 범죄 현장이나 피해자로부터 탈취한 물품여부, 범행 현장으로의 접근과 이탈시 사용한 운송방법, 범행 현장으로부터 도주방향이나 경로 등이다(O' Connell & Soderman, 1936: 254-260).

▪ Modus Operandi(MO) 분석의 목적

범죄자의 Modus Operandi(MO)를 분석하는 목적은 다음과 같다(Brent E. Turvey, M.S., 2002: 229).

- 미제사건과의 연관성
- 미제사건에서의 범행수법과 이미 해결된 사건에서의 범행수법의 비교를 통한 용의자 인식
- 미제사건에서의 범행수법과 이미 해결된 사건에서의 범행수법의 일반적 비교
- 미제사건에서의 범행수법과 이미 해결된 사건에서의 범행수법의 비교를 통한 수사단서의 개발과 용의자 인적 사항 파악
- 궁극적인 미제사건 해결

2) Signature

범인 특유의 요소와 개인적 충동을 지칭하기 위해 탄생된 용어가 시그너처(signature)이다. MO(Modus Operandi)가 유동적이고 변하는 범죄방식이라는 의미로 사용된 반면 시그너처(signature)는 한 개인의 깊숙한 내부에 숨어서 절대로 변하지 않는 정적 측면을 강조한다(존 더글러스 외, 이종인 역, 1999: 89).

따라서 시그너처(signature)는 심리적·정서적 욕구에 의거 범인에 의해 저질러지는 독특한 행동을 묘사하기 위해 사용되는 용어이다. 범인이 자신의 정체성을 성취하기 위해 저지르는 행위로 이것은 정적인 특징이기 때문에 변하지 않는다. 예컨대 범인이 피해자를 조종하고 고통을 가하여 피해자로부터 애원과 탄원을 받아내는 재미를 위해 범행을 한다면 이것은 범인이 어떤 상황에서도 어쩔 수 없이 되풀이하는 행동이라고 할 수 있다.

3) MO와 Signature의 구분

MO와 Signature는 범죄수사 분석에서 대단히 중요한 2대 개념이다.

청소년의 경우 첫 범행에서 기술을 완성하지 않는 한, 어른이 되어 가면서 범행 수법이 바뀐다. 첫 범행을 저지르고 무사히 피해 나가면 그것을 바탕으로 범죄수법이 더 잔인해진다거나 세련되어진다. 이런 이유로 MO는 역동적이라고 할 수 있다.

그러나 범인이 피해자를 조종하고 고통을 가하고 피해자로부터 애원을 유도하거나 굴욕적인 모습을 보는 재미로 범행을 저지른다면 그런 목적은 살인범의 성격을 드러내 주는 특징이 된다. 따라서 이러한 행동은 Signature에 해당된다. 이것은 범인이 어떤 상황에서도 어쩔 수 없이 되풀이하는 행동이다.

MO와 Signature의 차이에 대한 예로서 은행강도가 은행 안의 모든 사람의 옷을 벗긴 후 섹스하는 자세를 취하고 사진을 찍었다면 이것은 범인의 시그너처이다. 왜냐하면 단순히 이러한 행위를 하는 것은 은행을 터는 것과는 아무런 관련성이 없기 때문이다. 그러한 행위를 하는 것은 오히려 은행을 터는 목적을 달성하기 위해서 더욱 자신을 곤경에 몰아넣을 수 있기 때문이다. 그러나 그는 어쩔 수 없이 그러한 행위를 하는 것이다.

그러나 은행강도를 하는 상황 하에서 은행 안에 있는 사람들의 옷을 벗긴 이유가 단지 알몸이 된 사람들이 당황한 나머지 범인의 얼굴을 못 보게 하여 나중에 정확한 인상착의를 기억하지 못하려는 목적이었다면 이것은 결과적으로 은행털이의 궁극적 목적에 간접적 도움을 주게 되는 것으로 MO가 되는 것이다(존 더글러스 외, 이종인 역, 1999: 357-359).

연쇄살인에서 만일 피해자를 납치하여 고문을 가할 시 고통을 못 이겨 내지르는 비명을 듣고 즐거움을 느끼는 가학행위는 궁극적으로 살인이라는 결과를 가져왔다 하더라도 진정한 목적이 피해자를 괴롭히면서 비정상적 쾌락을 얻어내는 것이었다면 명백한 Signature에 해당된다. 또한 살해 전 피해자의 사진을 촬영하여 이를 보관하는 행위 역시 Signature에 해당된다.

범죄 프로파일링 산출 과정

프로파일링의 목적은 수사관으로 하여금 그러한 범죄를 저지를 가능성이 있는 인간의 유형을 파악하도록 돕는 것이다. 범죄 프로파일링은 범죄와 범죄자의 증상을 진단하는 것으로 가능한 용의자의 명단을 만들고, 용의자 압축, 용의자 및 증인에 대한 신문, 비밀 수사 진행시 용의자 추적, 용의자가 방문할 가능성이 높은 장소에 대한 고정 기술과 언론을 활용하여 은신중인 범죄자의 노출, 범죄예방을 위해 미래의 잠재적 범죄자에 대한 정보를 경찰에 제공하는 것이다. 연쇄범죄의 경우 프로파일링은 어디서 어떻게 다음 피해자가 선택될 것인가를 포함하는 차기 피해자의 유형이나 종류를 예상하는 것도 될 수 있다(Jenny MacKey, 2009: 47).

로이 헤이즐우드 등은 산출과정을 4단계로 간략하게 설명하고 있다(Roy Hazelwood & Stepfen G. Michaud, 2002: 138).[44] 존 캠벨은 범죄 프로파일 산출 과정은 다섯 단계로 이루어지며 여섯 번째 단계는 최종적으로 범인을 체포하는 마지막 단계이다(John H. Campbell & Don Denevi, 2004: 18-27; Jenny MacKey, 2009: 38).

1. 프로파일링 자료입력 단계

1) 범죄현장

정확한 프로파일링을 위해 광범위하고 포괄적 자료 수집이 필수적이다. 살인사건에 있어서, 범죄의 완벽한 개요에서부터 범죄현장의 묘사, 기상상태, 심지어 정치, 사회적 환경과 같은 요소, 그 지역의 특성과 같은 요소들이 포함될 수 있다. 범죄현장에 있어서의 필수요소는 물적 증거, 증거의 형태, 사체의 자세, 두기 등이다.

2) 피해자학적 요소

피해자에 관한 완벽한 배경정보는 살인사건 프로파일링에서 필수적이다. 가정 내의 여러 요소와 직업, 평판, 습관, 평소에 가지고 있던 위협요소, 물리적 환경, 개인의 인격특성, 범죄 경력, 가족 관계, 습관, 사회적 행동들이 필요하다.

---

44 로이 헤이즐우드 등은 프로파일링의 과정을 4개 단계로 구분하고 있다.
1. 어떤 범죄행동이 발생하였는가를 인식하는 단계
2. 왜 그러한 일들이 발생하였는가에 대한 이유를 밝히는 단계
3. 상황의 재구성단계
4. 그러한 이유를 위해 어떤 방법으로 이러한 범죄를 저저른 사람의 유형이 무엇인가를 결정하는 단계

3) 법정 정보

범죄와 관련된 법정 정보 역시 결정적이다. 법정 정보에는 독물학과 관련된 부검 보고서, 혈청학 보고서, 부검 사진과 상처를 닦고 난 이후의 사진들이 있다. 또한 사망 추정시간, 사망 원인, 사용된 무기의 형태, 성적 행위 여부, 기타 법과학적 보고서 등이다.

4) 사건 보고서

사건 보고서에서 파악할 수 있는 정보는 배경정보, 현장관찰 사항, 범죄발생 시각, 신고자, 이웃에 관련된 정보와 사회 경제학적 통계 혹은 범죄율 등이다.

5) 사 진

사진은 주로 현장 주변사진과 범죄현장 사진, 피해자 사진 등으로 구분하며 이러한 자료들은 수사진행에 커다란 도움이 되며 이와 같은 정보를 종합적으로 수집하여 자료를 입력한다.

2. 결정과정 모형 단계

결정과정에서는 최초단계에서 수집된 자료를 조직화하고 정리하여 의미 있는 형태로 만드는 단계이다. 여기에는 프로파일링을 하는 데 있어서 반드시 필요한 일곱 개의 결정적 요소가 있다. 획득한 정보를 조직화하고 분류한 후 프로파일링을 위한 근본적이고 결정적인 구조를 형성하게 된다.

1) 살인의 형태와 유형 결정

피해자, 사건, 장소의 수와 냉각기의 유무에 따라 살인의 형태와 유형은 구분된다. 우선 피해자의 수에 따라 살인을 구분한다는 것은 이미 설명한 바 있다〈표 10 참조〉.

표 10 살인의 형태와 유형

구분	단일살인	이중살인	삼중살인	대량살인	연속살인	연쇄살인
피해자 수	1명	2명	3명	4명 이상	2명 이상	3명 이상
사건의 수	1	1	1	1	1	3건 이상
장소의 수	1	1	1	1	2곳 이상	3곳 이상
냉각기	없음	없음	없음	없음	없음	있음

출처: 내용 재정리 * 연쇄살인, 피해자, 사건, 장소를 2명, 2건, 2개 장소 이상으로 보는 견해도 있다. 그러나 가장 중요한 것은 정서적, 심리적 냉각기의 존재 여부이다.

2) 살인의 근본적 의도

살인 행위가 범죄자의 근본적 의도가 아닌 부수적 행위일 수 있다. 살인자의 기본 의도는 돈을 벌기 위한 목적(Criminal Enterprise), 정서적, 이기적 혹은 특정 원인에 의하거나, 성적인 것에 기인할 수 있다.

살인 의도가 돈이 목적이거나, 생계를 위해서 범죄조직에 연관될 수 있다. 비록 피해자에 대해 개인적인 원한이 없다 하더라도 살해할 수 있다는 것이다. 즉 범죄의 동기는 돈이며 형태는 청부살인이 될 수 있다.

살인 의도가 정서적, 이기적 특정 원인에 기인한다면 자신의 방어나 동정에 의한 것일 수 있다. 가족 간 언쟁이나 폭력이 영아살해, 존속살해, 배우자 자녀 살해의 이면에 도사리고 있을 수 있다. 편집증적 반응이 살인이라는 결과를 초래할 수 있다.

끝으로 살인의 의도가 성적 행위, 사체절단, 내장 제거, 기타 여러 행태로 발현되는 성적 의도에서 비롯될 수 있다.

3) 피해자 위험 요소

피해자가 가지는 위험 요소는 프로파일링의 단계 중에 포함되어 있으며 피해자가 어떻게 움직였는지에 관한 용의자에 대한 정보를 제공한다. 피해자 위험요소는 연령, 직업, 생활양식, 물리적 상태, 저항 능력, 피해자의 위치 등에 의해 결정되며 이에 따라 높은 위험성, 중간 정도의 위험성, 낮은 위험성 등 세 가지로 분류될 수 있다.

4) 가해자 위험 요소

혼잡한 거리에서 주간에 피해자를 유괴하는 행위는 가해자의 입장에서 매우 높은 위험하다. 그러므로 가해자 위험요소는 피해자 위험요소의 정보와 통합되며 상대적 개념이 된다.

5) 강　　화

강화와 관련된 정보는 이전의 결정과정모델에서의 사실과 형태의 분석으로부터 도출한다. 수사를 하는 프로파일러들은 범죄과정에서 저질러지는 행위의 인과관계를 추론할 수 있다. 이러한 추론으로부터 프로파일러들은 범인이 자신의 범죄를 강화해나가는 것뿐 아니라 연쇄적 형태로 범행을 계속해 나가는 범죄자의 잠재력을 결정할 수 있을 것이다. 여기에서 강화란 절시증에서 강간, 살인으로 발전해 나가는 개념을 말한다.

6) 시간 요소

범죄 프로파일링을 진행해 나가는 데 있어서 몇 가지 시간적 요소들을 고려할 수 있다. 피해자를 살해하는 데 필요한 시간, 사체에 대한 추가적 범행, 즉 훼손 등에 소요되는 시간, 시체 처리 소요 시간들이다. 또한 주간에 이루어 졌는지 야간에 이루어졌는지도 매우 중요한 요소들이다. 이러한 관점들은 범인의 직업이 무엇이며 생활양식이 어떤 것인가를 파악할 수 있는 중요한 요소들이다.

7) 지리적 요소

어디에서 범인이 처음 피해자에게 접근했는지, 범죄 발생 장소는 어디인지, 만일 유괴 등 최초 범행장소와 살해장소가 다른지 이러한 요소들은 범인에 더한 추가적 정보를 제공할 수 있다. 지리적 요소에 관한 정보들을 이용하여 만일 피허자가 유괴 장소에서 살해되었다면 범인이 피해자를 사체 유기 장소까지 옮기기 위해 차량을 사용했는지의 여부 등 자세한 사항들을 파악할 수 있다.

3. 평가단계

1) 범죄의 재구성

▪ 범죄 평가단계

범죄 평가단계는 가해자, 피해자 쌍방행동과 사건의 재구성을 포함한다.

어떤 형태의 인간이 왜 범죄를 저질렀는지를 확인하기 이전에 프로파일러들은 어떠한 범행이 어떻게 이루어졌는지를 결정하여야만 한다. 이를 위해 범죄의 재구성이 필요하다. 우선 수집된 여러 종류의 증거를 재검토하여야 하는데 만일 중요한 증거가 간과될 시에는 재구성이 용이하지 않게 된다(Jenny MacKey, 2009: 62).

이전 단계의 다양한 결정에 기초를 두고, 사건이 어떻게 발생하였는지, 사람들이 어떻게 행동했는지, 어떻게 계획하고 상황을 조직화하였는지를 알아보는 범죄 재구성 단계는 범죄 프로파일링 진행 과정에서 특정 요소에 관한 정보를 제공하는 의미있는 단계이다.

▪ 범죄 분류 단계

이어 범죄의 성격이 어디에 속하는가에 따라 범죄 양상의 체계적·비체계적 여부,

범인의 피해자 선택, 피해자를 통제하기 위한 전략, 범죄 연속성 등을 고려하여 분류한다. 증거 평가에 있어서 모든 증거가 모두 유용한 것은 아니다. 예컨대 잘못된 증인 보고서는 수사를 다른 방향으로 유도할 수 있다. 재구성을 위해서는 범죄현장에서 어떤 일이 발생했는지에 대하여 가정 또는 가설을 설정하게 된다. 이때 드러난 모든 증거가 가설을 뒷받침하는 것은 아니다. 만일 일치 여부가 모호할 때에는 이를 다시 점검하고 난 이후에 가설을 재검증하게 되는데 별다른 이상이 없을 때 범죄의 재구성이 완료된다. 최종적으로 범죄의 재구성을 근거로 범죄 프로파일링이 만들어지게 된다(Jenny MacKey, 2009: 62).

2) 범행동기

범행동기는 평가하기가 매우 어려운 요소로 그 이유는 범행동기 평가는 범인의 내적 사고와 행동을 다루어야 하기 때문이다. 범행동기는 범행을 사전에 계획하는 체계적 범죄자의 경우 이를 확정하기가 더욱 용이한데 그 이유는 범행을 수행하는 데 있어서 논리적인 완전성을 가지고 있어서 그러하다. 반면에 비체계적 범죄자는 정신병과 망상이나 환상 등의 왜곡된 사고로부터 범행동기가 나오므로 더 어려울 수밖에 없다.

3) 범죄현장의 역동성

범죄현장의 역동성이란 수사관들에 의해 해석되어야만 하는 각각의 범죄현장의 공통되는 다양한 요소들이다. 그러나 종종 잘못 해석되기도 한다. 범죄현장의 위치, 사망원인, 살해수법, 사체의 자세, 상처의 위치, 지나친 정신외상의 표현 등과 같은 것들로 구성되어 있다.

범죄 프로파일러들은 범죄현장의 역동성을 제대로 읽고 결과가 알려져 있는 유사한 사건을 접한 경험을 기초로 이를 잘 이해하여야 한다.

4. 범죄 프로파일링

범죄 프로파일링의 네 번째 단계는 범행을 저지른 범인의 유형이 무엇인지 그리고 범죄와 관련하여 범인의 행동이 어떻게 구성되어 있는지를 살피게 된다. 일단 범인의 유형, 범인에 대한 설명이 이루어지게 되면 수사 전략을 강구할 수 있다. 여기에는 앞으로 전개될 다양한 수사활동에 범인이 어떻게 대응할 것인가에 대한 기본적인 이해가 필요하다.

범죄 프로파일링에 포함되는 배경정보에는 인구 통계학적 정보, 물적 요소, 범인의 습관, 사상과 가치, 범행 이전의 사전행위, 사후 범죄행위 등이다. 이외에도 프로파일러에 의해 체포한 후 신문을 하는 데 있어서 참고사항 등이 제시될 수 있다.

이 단계는 범죄 프로파일을 증명하고 관련 정보를 환류시켜 범죄 프로파일링 단계를 전개해 나가는 데 있어서 중요한 수단이다. 초기 증거, 핵심 결정 과정 모형과 더불어 범죄를 재구성함에 있어서 일치성이 요구된다. 추가적으로 프로파일러에 의해 제시된 정보를 기초로 발전시켜, 수사과정에서 범인의 예상된 반응 등이 일치하여야 한다. 만일 적합성이 떨어진다면 사건 수사에 관여하고 있는 프로파일러들은 모든 가용한 자료를 재검토하게 된다. 주로 범죄 프로파일러들이 하는 업무는 첫째, 흔적 증거, 지문, 사진, 경찰 및 증인 보고서 등을 포함하여 범죄현장에서의 자료 수집, 둘째, 기타 범죄와 피해자들과의 유사성, 형태 등을 찾고, 증거를 체계화한 후, 셋째, 언제, 누구를 무엇 때문에 어떤 상황이 벌어졌는지를 결정하기 위한 범죄현장의 재구성, 넷째, 범죄자의 동기, 신체 자질, 인성, 기타 특성들에 대한 프로파일 작업, 다섯째, 해당 수사관에게 프로파일을 제공, 여섯째, 필요하다면 용의자 비교 및 신문과정에 참여하게 된다 (Jennv MacKav, 2009: 38).

5. 수사단계

일단 범죄 프로파일링을 통해 적합성이 있다고 판단되면, 보고서가 수사팀에 제공되고 추가적인 수사가 전개된다. 이전 단계에서의 수사에 필요한 참고자료가 제공되고 용의자와 일치하는지를 평가하게 된다. 만일 새로운 증거가 드러나거나 혹은 용의자를 찾을 수 없다면 재환류를 통해 프로파일링에 대한 재평가가 이루어지게 된다. 이 정보는 다시 검토되며 타당성에 대한 조사가 다시 이루어지게 된다.

6. 체포단계

일단 범인이 체포되면, 프로파일링 과정에서의 각종 단계와 결과간의 일치가 있는지를 검토하게 된다. 체포된 용의자가 죄를 인정할 때 타당성을 위해 전반적인 프로파일링 과정을 확인하기 위한 상세한 면담을 하는 것이 매우 중요하다.

연쇄살인 행동 평가

연관성 분석은 한 사람이 여러 가지 사건에서 연루되어 있을 가능성을 밝히는 데 유용한 도구이다. 믿을 만한 증인이나 물리적 증거가 없는 사건에서 연관성 분석은 무죄나 유죄를 입증하는 무척 중요한 요소가 될 수 있다(Roy Hazelwood & Stephen G. Michaud, 2002: 190).

1. 연쇄살인범의 공간적 이동성

연쇄살인범의 공간적 이동성이란 범인이 생활하고 있는 지역과 범행장소와의 공간적 상관관계를 말한다. 연쇄살인범 중 일부는 범행현장과 근접한 지역에서 생활하면서 범행을 한다. 이러한 연쇄살인범을 지리학적으로 안정된(Geographically Stable) 살인범이라고 한다.[45] 반면에 살인을 하기 위해서 이동하는 연쇄살인범도 있다. 이러한 종류의 연쇄살인범은 희생자를 물색하기 위해 이동하기도 하지만 체포당하지 않기 위해 이동하는 예도 있다. 미국의 경우 연쇄살인범 중에는 살인을 하기 위해서 차를 이용하여 한 해에 수천마일을 이동하여 결과적으로 수사기관을 혼란시켜 체포당하는 것을 피한다. 이러한 연쇄살인범을 지리학적으로 단기체류(Geographically Transient)하는 연쇄살인범이라고 한다(Holmes, Rolald M. & Stephen T. Holmes, 2002: 111).[46]

사체의 발견지점은 지리학적 프로파일링에 있어서 매우 중요한 단서가 된다(Ronald M. Holmes, Stephen T. Holmes, 2002: 130-136)〈표 11 참조〉.

표 11 공간이동과 연쇄살인범

지리학적으로 안정 또는 고정된 형태	지리학적으로 이동하는 형태
동일한 지역에서의 거주 동일한 지역 혹은 인근지역에서의 살인발생 동일한 지역 혹은 인근지역에 사체유기	지속적 이동 이동을 함으로써 수사기관에 혼선초러 시도 원거리 지역에 사체유기

출처: Holmes, Rolald M. & Stephen T. Holmes, 2002: p. 111.

45 이러한 유형의 연쇄살인범으로서는 Chicago의 John Wayne Gacy, Atlanta의 Wayne Williams, Wisconsin의 Ed Gein 등을 들 수 있다.

46 이러한 유형의 연쇄살인범으로서는 Henry Lucas, Ted Bundy, Larry Eyler 등이 있다.

2. 피해자 선택(Victim Selection)

1) 이상적 피해자 선택에 대한 욕구

전통적으로 연쇄살인범들은 선호하는 피해자의 신체적 특징, 개인적 특징 또는 피해자들이 가지고 있는 몇 가지 요소를 기초로 피해자를 선택한다고 알려져 있다. 이러한 주장은 각 연쇄살인범들의 마음속에 그들이 선호하는 요소들이 종합되고 진화되면서 궁극적으로는 성별, 인종별, 연령별, 체격별, 신장별, 성격의 적극성 등과 관련하여 피해자를 선호하는 구체적이고 특별한 이미지가 형성됨을 가정한다.

2) 현실적 측면을 고려한 피해자 선택

전형적 연쇄살인범은 자신이 선호하는 이상적 유형만을 피해자로 선택하기 위하여 최선을 다할 것이라고 가정할 수 있는가? 그러나 현실적으로 연쇄살인범은 피해자 선택에 있어서 이상적 피해자상을 처음부터 분명히 마음속에 정해 놓은 것이 아니라 점차 시간이 경과함에 따라 마음속에서 만들어가고 있다. 늘 머릿속에서 가지고 있으면서도 현실로 구체화하지 못했던 행위들은 공상을 통하여 피해자를 포획했을 때 일종의 강박관념을 가지고 있다. 세부적으로 어떻게 고문하고 폭행하며 파멸로 이끌 것인가에 대한 매우 세밀한 부분까지 자신의 머릿속에 입력시켜 놓고 있다. 또한, 평소에 만족을 극대화할 수 있는 폭력의 실행방법에 대해 관심을 가지고 있으며 평소 환상을 통해 이를 보다 더 구체화해 나간다. 이러한 과정을 통해서 연쇄살인범의 머릿속에서는 비이상적인 범행 수법과 이상적 피해자를 명백하게 결정하는 것이다.

대부분 그들의 머릿속에는, 피해자의 신체적, 개인적 특징에 대해 나름대로의 목록이 있다. 그렇지만 현실적으로 연쇄살인범이 범행을 하기 위해 집을 나섰을 때 사전에 피해자를 선정하지 않는 한 연쇄살인의 다음 피해자가 될 운명을 가진 대상에 대한 정보를 전혀 모르는 것이 사실이며 별로 신경을 쓰지 않는다.

3) 이상적 피해자를 선택하지 못하는 현실적 이유

대부분의 연쇄살인범의 경우 여러 현실적 제한점으로 인하여 피해자의 신체적, 개인적 특징에 대한 자신의 이상적 특징과 현실을 일치시키기 어려울 것이다. 따라서 평소 연쇄살인범이 머릿속에 그리고 있던 이상적 유형과 현실적으로 선택한 피해자들은 일치하지 않을 수 있다. 그 이유에는 두 가지가 있다.

첫째, 연쇄살인범은 자신의 먹잇감인 피해자를 포획하는 데 있어서 극도의 신중성을 보인다. 둘째, 자신을 폭력으로 내모는 충동성의 본성에 그 원인이 있다. 연쇄살인범은 범행 과정에서 신중하게 빈틈없이 행동한다. 자신의 위험을 최소화하는 데 가장 우선을 두고 있기 때문이다. 자신이 저지르고 있는 행동과정 중에서 단 한순간의 실수도 용납되지 않으므로 확실한 승산, 즉 체포가능성이 매우 낮지 않은 한 피해자를 선택하지 않는 것이다. 안전하게 범행할 수 없다면 포기하는 것이 최선의 방책이다.

또한, 이상적 피해자를 찾아서 선택하는 것은 매우 시간이 소요되는 일이다. 이상적으로는 자신이 선호하는 피해자가 나타날 때까지 끈질기게 기다리는 것이 당연할 것이다. 그러나 현실적으로 이상적 피해자가 나타날 때까지 기다리는 경우는 거의 없다. 그 이유는 연쇄살인범의 심리 내부에 존재하고 있는 폭력 충동의 발현으로 인한 것이다. 이상적 피해자를 발견할 때까지 오랫동안 자신의 범행을 억제할 수 있는 인내심으로 견디기 보다는 연쇄살인범의 폭력적 충동성이 현실적으로 더 강력하다. 내면의 주체할 수 없는 폭력적 충동성으로 인하여 최초 이상적 피해자를 선택하겠다는 생각은 시간이 경과함에 따라 점차 어려워지며 결국 포기하게 된다. 따라서 당장 눈앞의 먹이에 만족할 수밖에 없다.

연쇄살인범의 피해자 선택에서의 신속한 전환의 상황은 초원에서 배가 고픈 사자가 먹이를 찾는 행동에 비유할 수 있다. 사자는 초원의 동물 중에서 영양의 고기를 가장 선호한다. 얼룩말이나 하이에나는 우선순위에서 떨어진다. 통상 배가 크게 고프지 않은 상태에서는 눈앞에 하이에나와 얼룩말이 있어도 영양을 찾아 헤맨다. 그러나 사자가 선호하는 영양을 사냥하기란 그렇게 쉬운 일이 아니다. 그러므로 사자의 배고픔과 좌절은 시간이 경과하면서 점차적으로 고조된다. 결과적으로 평소에 선호하지 않는 산토끼나 병들고 늙어가는 원숭이 고기를 먹이로 선택할 수밖에 없다. 즉 연쇄살인범의 내면에 도사리고 있는 충동성으로 인한 스트레스가 고조되면 될수록, 자신이 선호하고 있는 이상적 피해자가 아니라 하더라도 당장 눈앞에 나타난 피해자를 최종적으로 선택하게 되는 것이다(Ronald M. Holmes, Stephen T. Holmes, 2002: 117-119).

4) 선택된 피해자의 비인격화

그는 자신이 선택하게 될 피해자가 어떤 사람인가에 대해 별로 관심이 없고 더 이상 피해자를 사람으로 취급하지 않는다. 따라서 피해자와의 조우 이전 피해자를 비인격적 대상으로 결정해 버릴 뿐이다. 그렇다면 왜 연쇄살인범은 피해자들에 대해 이렇게 극단적이고 비이성적인 행위를 하는 것일까? 어떻게 일면식도 없는 사람을 물건 취급을 하고 모멸감을 주는 행위를 할 수 있을까? 그 이유는 그동안 자신의 상상 속에서 충동과 폭력성이 강화되어 온 이래 내면의 무자비한 심성을 행동으로 옮기기에 필요하다는 사실을 바로 그 범죄현장에서 인식하였기 때문이다.

연쇄살인범은 정신적으로 자신이 스스로 만든 왜곡된 도덕관념과 적대적 행동을 통해 피해자의 고통이 역으로 자신에게는 즐거움을 줄 수 있다고 생각한다. 그러므로 살아 있는 피해자를 증오와 경멸로 학대할 수 있는 새로운 창조물로 전환시키게 되는 것이다. 이러한 상태는 물론 하루아침에 이루어지는 것은 아니며 외형적으로는 전혀 나타나지 않거나 일부 나타난다 하더라도 다른 사람이 인식하지 못하는 가운데 꾸준히 상상력 속에서 키워져 나가는 것이다(Ronald M. Holmes, Stephen T. Holmes, 2002: 119-122).

5) 피해자의 선택에 있어서 범인의 행동추정

범인이 왜, 무엇 때문에 그리고 어떻게 특정한 피해자를 선택하는가에 대해 잘 이해할 수 있다면 피해자와 범인 사이에 관계된 상관관계를 구축할 수 있을 것이다. 나아가서 피해자를 선택하려는 범인의 모든 전략을 이해한다면, 우리는 그들이 미래에 선택할 수도 있는 피해 유형을 미리 예언할 수도 있을 것이므로 피해자 선택은 그러한 맥락에서 범인의 행동추정을 하는 데 있어서 중요한 의미를 가진다(Roy Hazelwood & Stephen G. Michaud, 2002: 190).

(1) 피해자 선택에 있어서 기회적이었는가? 또는 이미 정해진 표적이었나?

(2) 만일 피해자가 표적으로 정해졌다면 범인의 선택기준은 무엇인가?

① 위치 유형(실내, 실외, 아파트, 주차장, 숲, 슈퍼마켓 등)

② 직업(매춘부, 노숙자, 에로틱한 무희, 학생, 은행원, 선생님 등)

③ 취약성(피해자가 흥분상태인가, 피곤한 상태인가, 혼란한 상태인가 등)

④ 신체적 특징(신장, 몸무게, 머리모양/색깔, 옷 등)

⑤ 범죄 피해시 활동(조깅, 하이킹, 드라이빙, 쇼핑, 수면, 인터넷 등)

(3) 만일 피해자가 표적화된 것이라면, 피해자의 주어진 활동하에서 범인은 어떠한 사전 감시행동을 하였는가?

(4) 만일 피해자가 미리 감지되거나 표적화된 것이 아니라면 범인은 일상적으로 외출하였던 것인가, 혹은 잠재적인 피해자를 손아귀에 넣기 위한 낚싯밥을 던진 것인가?

(5) 만일 범인이 피해자를 적극적으로 찾아 헤매지 않았다거나 피해자를 미리 선택하거나 사전에 감시한 것이 아니라면 범인이 일상적인 활동을 하는 동안 피해자를 포착하였을 수도 있다. 피해자의 생활 행동양식과 습관 그리고 일상적인 행동에 대해 재구성을 해 봄으로써 범인의 생활 행동양

식과 습관, 일상적 행동을 추정할 수 있다.

3. 피해자 포획 후 행동

연쇄살인범이 살아 있는 피해자를 손아귀에 쥐는 순간 두려움, 스릴, 고도의 흥분 상태에 놓이게 되면서 이전에 상상 속에서 그려왔던 행위가 자동적으로 이루어진다. 아마도 자동적으로 이루어지는 이유는 자기만족을 위하여 이미 가상의 시나리오를 정해놓고 사전에 지속적으로 연습해 왔기 때문이다. 평소에 가지고 있던 폭력적 환상에서 자신을 만족시킬 수 있는 가장 잔혹한 방법을 선택한다.

연쇄살인범은 범행결정 이전에 자신을 통제할 수 있는 이성이 무너지는 심리적 몰락(Psychological Fall)을 경험하게 된다. 아무런 도움도 받을 수 없는 고립된 피해자를 손아귀에 넣는 현실을 오랫동안 갈망해 왔다. 눈앞에서 벌벌 떨고 있는 피해자를 잔인하게 물건 취급을 할 수 있는 상태란 자신의 가치를 높일 수 있는 순간이다. 연쇄살인범의 왜곡된 논리와 사고 내에서 피해자에 대한 처벌행위를 통해 피해자는 가치 없는 하찮은 존재가 되고 상대적으로 자신은 우월한 존재임이 증명되는 것이다.

피해자는 단순한 하나의 대상, 연쇄살인범의 잘 짜여진 각본을 수행하기 위해 필요한 하찮은 소도구가 되고 만다. 따라서 범행 과정상 피해자 고통에 대해 아무런 동정이나 연민의 감정을 느끼지 못한다. 오히려 그러한 모습은 평소 자신이 그렇게도 보고 싶어 했던 계획의 실행으로 행복감과 흥분·스릴 등을 가져다 줄 뿐이다.

연쇄살인과정에 있어서 진정한 만족이란 피해자에 대한 정복이나 위협 또는 잔인함에서 오는 것이며 피해자를 살해하는 데에서 오는 것은 아니다. 피해자란 존재는 일회용 컵과 같기 때문에 일단 갈증해소가 목적이며 목적달성 후에는 더 이상 필요성이 존재하지 않는다. 일단 목적이 달성되면 피해자는 불편한 대상이자 쓰레기일 뿐이다 (Ronald M. Holmes, Stephen T. Holmes, 2002: 122-124).

1) 피해자의 뺨이나 얼굴에 대한 공격

피해자 얼굴을 가격하는 것은 공격 그 자체로 인해 피해자를 비인격화시키는 상징성을 가진다. 범죄자가 피해자를 유인, 납치할 때 피해자를 비인격화하면 할수록 상대를 인간으로 대하지 않고 단순한 물건이나 싸구려로 대한다는 생각을 쉽게 한다. 따라서 피해자의 얼굴을 가격하는 것은 자신의 행동에 대한 정당성을 부여하는 것을 용인하는 행위이다. 피해자의 얼굴에 대한 폭력은 상대를 보다 분명하게 통제하겠다는 의도를 나타내는 것이다. 특히 순간적으로 두 눈을 공격하는 것은 상대로 하여금 저항의

지를 일순간에 포기시킬 수 있으므로 상대를 통제하기가 훨씬 용이하다.

2) 눈가리개의 사용

살인과정에서 많이 사용하는 방법 중 하나는 피해자 눈을 가리는 것이다. 눈가리개는 마스크, 넝마, 또는 옷 조각이 사용될 수 있으며 눈가리개를 하는 이유는 피해자가 자신을 보지 못하게 하는 효과도 있고 눈을 마주치지 않는 것이 심리적으로 부담을 덜어주는 방법 중 하나가 될 수 있다. 피해자를 물건화하거나 비인격화하는 상징적 측면이 더 중요한 이유다. 평소 피해자의 눈을 가리고 싶었던 환상을 실현하고자 하는 욕구를 충족시키기 위한 것일 수도 있다. 어떤 범죄자들은 피해자의 눈을 가린 이후에 편안함을 느끼기도 한다.

3) Duct Tape(포장용 테이프)의 사용

범죄자가 범행 중 포장용 테이프를 사용한다면 이러한 방법을 사용하는 범죄자는 이전에 이러한 행위와 관련하여 누군가로부터 교육을 받거나 이미 사용해 본 경험이 있다는 것을 의미한다. 만일 수감의 경험이 있다면 동료 전과자로부터 포장용 테이프를 사용하여 피해자를 제압하고 통제하는 법을 배웠거나 혹은 이미 군에서 이와 관련된 교육을 받았을 수도 있다.[47]

4) 묶 기

체계적 살인과정에서 주로 피해자를 묶는 행위를 많이 하게 된다. 주로 환상적 또는 임무형 연쇄살인자에 의해 이러한 기습적 행위를 볼 수 있다. 피해자를 묶는 이유는 고문하기 위해 또는 피해자의 품위를 떨어뜨리고 스스로 체념을 시키기 위해, 아니면 저항을 하지 못하게 묶기도 한다. 혹은 그 과정에서 피해자가 몸부림치거나 고통을 받는 모습을 볼 수 있다는 점이 피해자를 묶는 중요한 이유 중 하나이다.

5) 구강성교의 강요

구강성교는 피해자에게 굴욕을 강요하여 자신의 통제에 완전히 복종시키려는 의도가 숨어 있다. 또한, 피해자로 하여금 성에 대한 각성을 시도하고 강제적인 것이 아닌 자발적 측면에서 성적 행동에 참여하고 있다는 느낌을 가지도록 유도한다. 따라서 구강성교 중에도 피해자로 하여금 눈을 뜨게 하고 자신과 눈을 자주 마주치게 함으로

47 영화 A Few Good Men에 나온 것으로서 젊은 해병대원이 강제로 그의 병영으로부터 추방되면서 포장용 덕트 테이프로 묶이는 장면이 나온다.

써 이러한 행동이 일방적인 것이 아닌 어느 정도 상호작용적 성적 행위임을 피해자에게 강조하는 의도도 있다. 또한, 이러한 행위를 하게 되면 직접 피해자의 몸속으로 정액을 넣는 행위보다는 수사기관의 정액을 통한 DNA 분석으로부터 상대적으로 자유로울 것이라는 의도도 깔려 있다(Ronald M. Holmes, Stephen T. Holmes, 2002: 130-136).

4. 사건현장 이탈(Offender Departure Strategy)

피해자를 어떤 상태로 살려 둔 채 범인이 범행현장을 떠나는가에 따라 범행의 의도와 동기를 엿볼 수 있다.[48] 굳이 죽이고 싶은 마음이 들지 아니하여 살려놓은 채 현장을 이탈할 수도 있고, 죽일 수 있는 기회를 상실하거나 죽였다고 생각한 후 현장을 이탈하였는데 다행히 피해자가 생존한 경우도 있다. 범인이 피해자를 공격한 후 피해자를 살려놓고 어떻게 현장을 이탈하였는가 하는 선택을 통해 범인 행동의 동기와 의도를 살펴볼 수 있다. 피해자의 방치장소(다른 사람의 눈에 띄는 곳인지 아닌지), 방법(포박여부, 피복 탈의여부, 폭력사용여부) 등이다.[49]

5. 사체처리(Disposal Site Aspects)

피해자 살해 후 사체처리 현장에서 어떻게 범인이 현장을 이탈하는가를 살펴봄으로써 범죄행위의 동기와 의도를 엿볼 수 있다. 사체처리와 현장에 남겨진 증거와 사체의 관련성을 살펴보면 다음과 같다.

첫째, 범인은 피해자의 사체가 발견되기를 원하였는가, 아닌가?

둘째, 발견되기를 원했다면 피해자의 사체가 발견되기를 의도한 곳은 어디인가?

셋째, 발견되기를 원했다면 피해자의 사체가 발견되기를 의도한 시기는 언제인가?

넷째, 발견되기를 원했다면 범인은 누구에 의해 피해자의 사체가 발견되기를

48 범인의 사건현장 이탈측면에서 중요한 관점은 피해는 당했으나 살아있는 피해자의 진술이다.

49 범인이 현장을 이탈하는 방법은 다음과 같다. ① 의식이 있는 상태로 피해자를 남겨놓고 현장 이탈 ② 폭력을 사용하여 피해자가 정신을 잃은 상태에서 현장 이탈 ③ 피해자의 옷을 입힌 상태에서 현장 이탈 ④ 피해자의 옷을 부분적으로 입히거나 또는 누드 상태에서 현장 이탈 ⑤ 피해자를 묶지 않고 현장 이탈 ⑥ 피해자를 포박하거나 묶어놓고 현장 이탈 (통제력을 사용한 유형은?) ⑦ 피해자가 움직일 수 있는 상태에서 현장 이탈 ⑧ 피해자를 포박하거나 묶어놓아 꼼짝할 수 없이 만들거나 의료적인 조치가 필요한 상태에서 현장 이탈 ⑨ 사람들의 눈에 잘 띄는 위치에 피해자를 방치하고 현장 이탈 ⑩ 사람들의 눈에 잘 띄지 않는 위치에 피해자를 방치하고 현장 이탈 ⑪ 범행 후 피해자를 범죄현장과 먼 곳에 방치하고 현장 이탈 ⑫ 범행 후 범인이 피해자를 데리고 가고 싶은 장소로 이동(직장, 집, 친구 집) ⑬ 협박의 사용 "나를 따라오지 마라. 따라오면 죽이겠다" "경찰에 신고하지 마라! 신고하면 너의 목을 따버리겠다" "아무에게도 이야기하지 마라, 이야기하면 너는 …." ⑭ 자신의 행동을 합리화하는 언동사용 "앞으로는 혼자 다니지 마라" "넌 이번 기회를 통해 많은 것을 얻었어" "넌 당해도 싸" ⑮ 사과: "미안해" "너에게 상처를 줄 의도는 없었다"

의도하였는가?

1) 용이성 측면(Convenience Aspects)

용이성이란 범인이 사체유기장소를 선택하는 데 있어서 다른 장소보다 상대적으로 쉽고 가용한 곳을 선택하는 것을 의미한다. 남의 눈에 띄지 않거나 발각되지 않은 상태에서 피해자의 사체를 옮기는 것이 어렵거나 불가능할 때, 또는 시간적 제한을 받을 때 범인이 용이하다고 생각되는 장소에 사체를 남겨 놓게 되는 것이다.

2) 후회 측면(Remorse Aspects)

범인이 피해자 죽음에 대해 자책감을 느끼거나 후회를 한 증거가 있을 때이다. 마치 피해자를 살해하지 않은 것처럼 현장을 청소하는 등의 행위, 즉 피해자의 혈흔을 닦거나 깨끗한 옷을 갈아 입혀 놓아 사체를 마치 자는 것처럼 만들어 놓는다든지, 차의 시트나 의자에 앉혀 놓는 등의 시도를 하는 경우이다.

3) 사전 선택적 측면(Preselected Aspects)

범인이 피해자의 사체처리를 위해 범행 이전에 사체처리 장소를 사전에 선택하는 것을 말한다. 평소의 지리감과도 연관성이 있다. 야외의 경우, 남의 눈에 안 띄는 곳이나 도로변에서의 지근거리일수도 있고, 범인이 피해자를 옮겨야만 하는 실내 등을 말한다.

4) 사전 예방적 측면(Precautionary Aspects)

범인이 증거를 인멸했거나 검거되지 않기 위해 수사를 방해하기 위한 흔적이 있는 사체처리 장소를 말한다. 피해자의 신원을 제대로 확인할 수 없도록 사체를 절단 또는 증거를 물로 씻어버린다거나 현장에 접근하기 어려운 장소를 골라 사체를 처리하거나 사체의 발견을 막기 위해 땅을 깊이 파서 매장하는 것 등이다.

5) 절　단

피해자란 연쇄살인범의 입장에서 본다면 손쉽게 획득할 수 있는 대상이 아니다. 따라서 피해자 시신 훼손 행위는 아쉽게도 사망해 버린 피해자를 마지막으로 농락할 수 있는 좋은 기회이기도 하다. 일단 사망한 이후에 연쇄살인범은 매우 허탈하고 아쉬움을 느낀다. 그러나 아직도 그에게 자신의 환상을 충족시킬 수 있는 과정이 남아 있다. 절단행위를 통해서 피해자가 사람이 아니라 하나의 물건이었다는 사실을 다시 인식한다. 그렇게 함으로써 피해자를 납치, 강간, 농락했던 행동, 즉 상대를 인간으로 취급하지 않고 하나의 물건으로 인식해 왔다는 사실을 확인하고 싶어 한다.

사체 절단행위는 증거 인멸 목적을 달성할 수 있다는 이점도 있으며 상상해 왔던 신체의 구석구석을 마치 해부학 의사가 된 듯한 기분으로 관찰하고 탐구할 수 있는 것이다. 또한, 절단행위는 자신이 상대를 완전히 제압하고 통제한다는 마지막 의식이기도 하다. 절단행위가 쉬운 일은 아니나 평소 시체절단에 관심을 가지고 해부학 책이나 인터넷상의 해부 동영상 등을 구입하여 관심 있게 보아 온 경우라면 그렇게 어려운 것만은 아닌 것이다(Ronald M. Holmes, Stephen T. Holmes, 2002: 130-136).

6) 살해 및 절단 사용 도구

피해자를 살해하고 절단하는 데 사용되는 무기로 도끼, 칼, 해머, 톱, 절단기구 등이 있다. 도끼나 칼은 날카롭기는 하나 범행 순간 피를 튀게 하는 등의 특성이 있으므로 연쇄살인범들은 해머를 자주 사용하는 경향이 있다.[50] 이외에도 피해자의 목을 졸라 살해하기 위한 로프나 줄, 혁대, 양말, 스타킹, 손 등 다양한 방법이 사용된다. 총기 구입이 자유로운 미국의 경우 총기도 많이 사용되나(Ronald M. Holmes, Stephen T. Holmes, 2002: 130-136) 우리나라에서는 여건상 거의 사용되지 않는다.

7) 현장조작(Staged Aspects)

Douglas 등(1992)은 "현장조작이란 누군가가 의도적으로 경찰이 도착하기 전에 범죄현장을 바꾸는 것을 의미한다"고 정의하였다. 범죄현장의 고의적 조작은 경찰 수사 방향을 혼동시키기 위하여 범죄현장을 자신의 범행사실과는 전혀 다른 방향으로 조작하는 체계적 사고와 행동에 의한 것이다. 이러한 현장조작은 범죄자를 체계적 혹은 비체계적인 유형으로 구분하는 데 있어서 결정적 변수가 된다(Ronald M. Holmes, Stephen T. Holmes, 2002: 130-136).

고의로 수사를 방해하기 위한 목적으로 범인이 고안한 조작된 사체처리 현장 또는 총기로 살해된 사체의 손에 자살을 가장하기 위하여 총을 쥐어 놓는다든지, 목을 매어 자살한 것처럼 피해자의 목을 매달아 놓는 형태를 말한다(Turvey, 2002: 516-519).

욕정, 스릴, 권력지향형 연쇄살인자들은 피해자 신체를 처리하는 데 있어서 가장 유사한 형태를 보인다. 대부분 피해자를 농락하다가 결국에는 살해하고 살해한 이후에는 증거를 인멸하기 위하여 또는 수사기관에 대한 조롱을 위하여 사체를 유기한다. 대

50 유영철은 피해 상대를 정확히 타격하기 위하여 해머의 자루를 자신의 손에 맞게 잘라서 사용하였다.

신 피해자의 사체를 유기하는 것은 범죄자의 입장에서 많은 위험성을 내포하고 있기 때문에 매우 신중하며 어떤 범죄자들은 피해자의 신분을 노출하지 않기 위한 방법으로서 사체를 절단하는 것은 물론 손가락 지문을 잘라내기도 한다(Ronald M. Holmes, Stephen T. Holmes, 2002: 130-136).

8) 현장 정리정돈(Arranged Aspects) 및 인위적인 사체의 자세 조정

종교 의식 또는 환상의 목적에 의해 범인이 사체를 정리하거나 현장 유류물들을 정돈해 놓은 것이다. 사람들 출입이 매우 빈번한 공공장소에 피해자 사체를 전시한다든지, 피해자 살해 후 성적으로 매우 굴욕적 자세로 연출해 놓았을 때 그리고 범인의 특정한 종교적 의식 목적으로 피해자의 사체를 의도적으로 전시해 놓은 경우이다(Turvey, 2002: 516-519).

또한, 사체의 방치장소가 어디인지 역시 중요한 의미를 가진다. 범죄자들 중 사체를 절단하거나 묻지 않고 일부러 수사기관이나 일반인들의 눈에 띄도록 전시하는 예들이 있는데 이러한 행위는 지나친 자신감에서 나온다.[51] 즉, 이 과정에서 사체를 그냥 방치하는 것이 아니라 일부러 굴욕적 성적 자세를 취하도록 연출하기도 한다.

피해자 사체 유기장소에 따라 범행의 일관성을 추정할 수 있지만 보다 중요한 것은 피해자의 사체가 어떤 부자연스러운 자세를 취하고 있느냐에 따라 연쇄살인범이 의도하는 바를 어느 정도 추정할 수도 있다(Ronald M. Holmes, Stephen T. Holmes, 2002: 130-136).

살인 후에 은폐, 도주, 원한, 질투, 복수, 이상성욕, 미신, 저지능, 정신장애 등과 같은 요소나 동기가 가미되었을 시 살해 후 시체분리, 장기적출, 박피, 강산(强酸)처리 등의 시체파괴 행위를 하기도 한다.

9) 기 념 품

모든 연쇄살인자가 살인 후 기념품을 소지하는 것은 아니다. 그러나 연쇄살인범들이 피해자가 가지고 있던 상징적 의미의 물품에 대해 관심을 보이는 것은 분명하다. 특히 체계적 범죄자의 경우에는 더욱 그러하다.

범죄자가 범죄현장에서 또는 피해자로부터 기념품을 확보하는 가장 직접적 이유는 자신이 매우 심혈을 기울여 저지른 성과를 다시 회고하기 위함이다. 해외여행 중 여행지에서 기념품을 사서 돌아오는 것과 유사하게 자신이 힘들여 행했던 그 과정을 상

51 언덕 위의 교살자라는 악명을 가진 베코비츠 같은 살인자는 사체를 사람들의 눈에 잘 띄는 쓰레기장에 방치하곤 하였다.

기하기 위해 피해자가 지니고 있던 물건을 손에 넣고 한 번씩 그 당시를 회상하는 것은 적어도 연쇄살인범에 있어서는 합리적 선택이다. 그는 단지 사건 그 자체를 상기하는 것이기보다 사건 동안에 발생하였던 여러 과정을 상기하는 것이다. 다라서 기념품은 살인자에게는 심리적으로 매우 중요한 의미를 가진다. 기념품은 부패하드로 더 이상 지닐 수 없는 피해자의 신체 일부분과 같이 개인적인 것으로 간주하기 때문에 최음제 역할을 하는 시각적 보상으로서의 의미를 지닌다. 그러나 재산으로서의 가치는 전혀 없는 기념품을 확보하는 데 있어서 자신을 불필요한 위험에 노출시킬지의 여부를 신중히 고려하여 결정하게 된다.

피해자 물건을 가져오는 것은 앞에서 제시한 기념품 확보보다는 피해자의 신분을 노출시키지 않으려는 의도로 행해지는 경우도 있다. 피해자 신분을 증명할 수 있는 신분증이나 운전면허증, 수첩 등이 그 대상이다. 이러한 행위를 통해 수사기관이 피해자의 신분을 확보하고 자신에 대한 수사 압박이 점차적으로 죄어 오는 것을 막기 위한 방편으로서 사용된다(Ronald M. Holmes, Stephen T. Holmes, 2002: 130-136).

10) 살인 이후의 자기 정리

첫 살인을 한 이후 더욱 자기중심적이거나 폐쇄적이 되고 처벌을 받지 않고 다시 범행을 할 수 있을 것이라는 확신을 가지게 된다. 첫 경험의 세세한 사항을 자기의 환상에 반영시켜 미래의 범죄계획을 준비한다.[52]

첫 살인은 일종의 실험이었지만 두 번째부터는 인간의 목숨을 앗아가는 행위로 자신의 환상을 과시하고 희생자에 대한 자기의 힘과 지배력을 시험하는 장이기도 하다(로버트 K. 레슬러 · 톰 샤흐트만, 황보석 역, 1994: 126).

6. 범행수법에 영향을 미치는 요소

범죄자의 범행수법은 학습 행위의 결과로 역동적이며 가변적인 것이다. 왜냐하면 범죄자는 범행수법을 학습하기도 하지만 범행수법은 시간에 의해 영향을 받을 수 있으며 퇴행할 수도 있기 때문이다. 예컨대 범행 도중 범죄수행에 어떤 행위가 더 효과적이란 것을 알게 되면 범죄자는 그러한 행위들을 다음 범죄에 계속 사용하게 될 것이며 점점 범행수법이 기술적으로 될 수 있다. 그러나 항상 그러한 것만은 아니다. 범행을

52 목졸라 죽이기 전에 좀 더 가지고 놀았었더라면, 경찰이 희생자를 알아보기 어렵도록 시체를 난도질했다면, 그 아이를 겁탈하기 전에 어떤 말과 행동을 시켜서 그 반응을 보았더라면, 집에서 더 떨어진 곳에서 대상자를 골랐더라면, 즉석에서 결박도구를 만들지 않고 미리 준비를 해갔더라면, 다음에는 상대방을 겁주는 데 칼보다는 송곳을 준비해야겠다 … 라는 등의 주도면밀하게 다음 번 범죄에 대한 세부적인 계획을 수립하게 된다.

지속함에 따라 자신을 향해 조여 오는 수사 활동의 영향에 의해 범죄자의 정신상태가 더 예민해질 수도 있다. 역으로 수사기관이 자신을 체포하지 못할 것이라는 자만심이 증가하는 등의 영향요소에 의해서 범죄자의 범행수법은 초반에 비하여 조심스럽지 못하며 결과적으로 자신을 위험에 빠뜨릴 수 있는 가능성을 증가시킬 수 있다. 범죄자가 의도한 것은 아니라 하더라도 범행과정을 통해서 점차적으로 자신의 경험이나, 성격, 정체를 드러낼 수 있는 범행수법이 구체화될 수 있다(Turvey, 2002: 232- 235). 범행수법에 영향을 미치는 요소에는 다음과 같은 것이 있다.

1) 범행을 준비하기 위한 범죄관련 자료의 습득

범죄자들은 범행수법을 강화하기 위해 필요한 여러 자료에 접근하여 관련지식을 습득할 수 있다. 전문 잡지, 강의 코스, 교과서, 도서관 자료,[53] 인터넷을 이용해 그들만의 독특한 범행수법을 강화하는 데 도움이 되는 지식을 얻을 수 있다. 범죄자의 범행수법이 특수한 지식이나 기술과 유사성 또는 효율성을 반영할 수 있는데, 이는 수사관련 방향을 제공할 뿐 아니라 범죄자의 마지막 단계의 범죄프로파일에 합쳐질 수 있는 것이다.

2) 전문직 또는 전문적 경험

범행수법에 영향을 미칠 수 있는 또 다른 요소는 특수 지식을 이용하는 전문적 직업에 종사하였거나 현재 종사하고 있는 경우 그리고 전문 기술[54] 관련 자격이 있을 수 있다. 이러한 특수 지식은 범행수법에 영향을 줄 수 있다.

3) 범죄 경험과 확신

범죄자가 유사 범죄를 거듭할수록 매끄럽게 범행을 하게 된다. 돌발상황에 잘 대처할 수 있고 미리 대비하기도 한다. 범죄 경험과 자신의 행위에 대한 확신은 범행수법에 영향을 주는 요소이다.

4) 체포 경험

체포 경험은 앞으로 수사기관의 법망을 어떻게 피할 수 있는지에 대한 값진 교훈

53 2023년 5월 말 부산에서 발생한 20대 여성이 또래 여성을 살해하고 시신을 훼손한 정유정사건에서 정유정은 범죄관련 서적을 도서관에서 대여받아 활용했다고 진술한 바 있다. 정유정은 피해자의 수로 봐서는 연쇄살인은 아니나 범행동기, 수법, 범행 이후 행동 등을 보았을 때 검거되지 않았으면 재범을 했을 가능성이 매우 높다고 볼 수 있는 사건이다.

54 전기공, 배관공, 통신, 컴퓨터, 군사, 형사사법 경력 등이 범행수법에 영향을 미칠 수 있다.

이 될 수 있다. 통상 수감기간을 "학교 간다"라고 표현하는 경우가 많은데, 이는 어리고 범죄경험이 적은 범죄자들이 이미 많은 범죄 지식을 축적하고 있는 나이 많고 경험 많은 범죄자들과 네트워크를 형성할 수 있는 기회를 교도소에서 갖기 때문이다. 그 결과 단 몇 년간의 수형기간을 통해서 범죄자들은 원래 범행수법을 훨씬 능가하는 수준에 도달하게 된다.

5) 미 디 어

범죄자 중 일부는 신문이나 뉴스 등 대중매체(mass media)에 관심을 기울임으로써 수사 활동상황을 모니터링 한다. 사건 관련 정보는 장차 범행과 관련하여 사전 예방적 측면의 통찰력을 범죄자에게 제공할 수도 있고 모방범죄를 초래할 수도 있다.

6) 범죄자의 기분

범죄자의 범행 당일의 기분은 범행여부는 물론 범행수법에 영향을 줌으로써 피해자에 대한 공격의 정도나 방법에 절대적으로 영향을 미친다. 범죄자의 기분에 어떤 영향이 가해지면 범죄현장에서의 행동이 훨씬 덜 계획적이고 덜 통제된 행동증거가 노출될 수 있다.

7) 기타 요소

기타 범행에 영향을 줄 수 있는 예상하지 않았던 요소들이다. 범죄자는 자신의 입장에서 범죄가 성공할 것을 가정하고 범행을 하지만 막상 현실은 그렇지 않다. 예컨대 범죄현장, 피해자, 다른 외부적 영향들(기상, 목격자, 일정이 있는 행사 등)은 범죄자의 기대와 일치하지 않을 수 있는 것이다. 범죄피해를 예방하기 위한 통제된 영향하의 피해자들, 예상치 못한 목격자들, 예상치 못한 피해자의 저항 등 기타 요소는 범죄자로 하여금 현장에서 제대로 대처하지 못하게 하고 황급히 도주하거나 범죄를 제대로 다무리 짓지 못하게 되는 결과를 초래하여 결과적으로 범죄자의 의도대로 범죄가 이루어지지 않게 된다.[55]

55 an interrupted/incomplete offense(중단되거나/불완전한 범죄)는 범행을 완성하기에 MO행동이 충분하지 않은 경우이다. an offense gone wrong(잘못되어버린 범죄)는 범죄자의 위험부담이나 범죄적 지위를 증가시키는 비의도적이고, 비계획적인 MO행동을 포함하는 것을 말한다.

7. 범행수법의 퇴화

범행수법은 범죄경력이 쌓여감에 따라 언제나 발전적으로 진화하는 것만은 아니다. 다시 말해서 살인행위의 폭력성은 고조되면서도 살인행위간의 냉각기가 점차적으로 감소할수록 범행이 무계획적으로 된다는 것이다.[56] 범행이 지속됨에 따라 범죄자의 정신상태가 악화될 수도 있고 체포하기 위한 수사기관의 통제환경이 강화될 수도 있다. 반면에 오히려 수사기관이 자신을 체포하지 못할 것이란 교만함이 마음속에 자리함에 따라 범행수법은 최초보다 오히려 더 불완전하고 덜 기술적이 되어 체포될 가능성이 커지게 된다.[57] 연쇄살인범들은 범행이 진행됨에 따라 퍼스낼리티의 퇴화(Personality Degeneration)가 발생할 수 있다. 범죄현장으로 돌아와 보고 싶어 하는 성향이 있다고 한다. 그들이 현장으로 돌아오는 이유는 죄악감 때문이 아니라 성본능 때문이다. 또한, 자기에게 희생된 사람들의 장례식에 가보고 싶은 충동을 강하게 느낀 적도 있다고 한다(로버트 K. 레슬러 · 톰 샤흐트만, 황보석 역, 1994: 87).

56 Brudos의 두 번째 살인은 첫 번째 살인 후 11개월 후에 일어났고 세 번째 살인은 두 번째 살인 후 4개월 후에 그의 마지막은 1달도 안 돼서 일어났다. Brudos는 그의 첫 번째 희생자의 왼쪽다리를 절단하고 두 번째 희생자의 왼쪽 가슴을 그리고 세 번째 희생자의 두 가슴을 그리고 마지막 희생자의 몸에 전기적 충격을 주었다.

57 1973년에서 1978년 사이에 5개 주에 걸쳐서 최소한 30여 명을 살해한 미국의 연쇄살인범 Theodore(Ted) Bundy는 최초 매우 용의주도하게 범행을 시작하였다. 그는 예의바르고 사교적이며 굉장히 표정이 풍부하고 종종 피해자들에게 약하게 보임으로써 도움을 청하는 척하면서 위협적이지 않게 접근했다. 때때로 차가 고장난 것처럼 하여 도움을 청하기도 하였고, 종종 팔에 가짜 깁스를 하고 피해자들에게 접근하였다. 또한 그는 십대 여성을 피해자로 선택하고, 실제 범행에 앞서 그들을 스토킹하고 사체를 처리할 장소를 선택하는 경향이 있었다. 그러나 그의 용의주도한 범행수법은 시간의 경과에 따라 현저히 악화되었다. 체포된 이후 탈옥에 성공하고 플로리다로 간 뒤 과음하거나 피해자의 사체로 의식을 치루기도 하고(인증적 행동), 수일 동안 사체를 그대로 두기도 했다. 시체들을 즉시 처리하기보다는 피해자 사체의 머리를 감기거나 화장을 시키기도 했다. 점차적으로 그는 많은 증거를 남기기 시작했고, 수사기관으로부터의 추적을 피하기 위한 사전예방적 행동은 적게 하면서도 의식피해행동을 점점 많이 하게 되었다. 이러한 그의 범행수법은 조심스러웠던 초반의 범행수법에 비해 질적으로 매우 퇴화된 모습을 보였다.

참고문헌

| 국내문헌 |

강은영 외 (2008). 국내외 아동 성범죄 특성분석 및 아동보호체계 연구. 한국형사정책연구원.

강은영 외 (2008). 성폭력 피해실태에 관한 조사. 한국여성정책연구원.

검찰청 (2002). 검찰청 자료.

경찰청 (2006). 경찰청 자료.

경찰청 (2013). 경찰청 자료

곽대경 (2001). "경찰수사를 위한 범죄심리연구의 활용방안," 한국경찰학회보. pp. 1－21.

교육과학기술부. 2008년 국정감사 자료 "인터넷 중독 현황."

권석만 (2003). 현대 이상심리학. 학지사.

권일용 (2008). "안양 초등생 유괴 · 살해사건 특집," 수사연구사. pp. 20－24.

긴조 기요코 저, 지명관 역(2001). 가족이라는 관계. 소화.

김동기 외 (2000). 심리학개론. 양서원.

김병구 외 (2007). 인터넷 중독 실태조사(조사보고 07－06). 한국정보문화진흥원.

김보환 (2004). 범죄생물학. 동국대학교 출판부.

김상희 (1991). 한국의 폭력문화와 폭력성 범죄. 한국형사정책연구원.

김상희 외 (1991). 가정파괴범죄에 관한 연구. 한국형사정책연구원.

______ (1992). 살인범죄의 실태에 관한 연구. 한국형사정책연구원.

김수정 (2006). 영아기 애착 발달에 대한 이론적 탐색. 아시아아동복지연구. pp. 175－187

김양희 (1993). 한국 가족의 갈등 연구. 중앙대학교 출판부.

김용세 (1999). 피해자학. 형설출판사.

김용화 (2002). 한국의 살인범 Profiling모형에 관한 연구. 박사학위 논문. 동국대학교 대학원.

김은주 (2004). "아내에 의한 남편 살인에 관한 연구," 한국경찰학회. pp. 35－36.

______ (2007). "소아기호성 성범죄자의 특성 및 관리에 관한 연구," 경찰연구논집 제1호. pp. 111－136.

김종률 (2002). 수사심리학. 학지사.

김종흡 (2009). 性과학의 이해. 월드사이언스.

김증한 외(1988). 법률용어 사전. 법전출판사.

김충남 (1999). 범죄수사학. 집문당.

김한균 (2010). 형법상 모살, 고살 구분과 영미형법의 살인죄. 한국형사법학회. pp. 183－209

김형근 (2009). 연쇄살인의 끝. 글항아리.
김형만 외 (2001). 범죄학개론. 청록출판사.
나이젤 C. 벤슨 저, 윤길순 역 (2003). 심리학. 김영사.
노동부 (2009). 성희롱 예방지침. 노동부.
더피, 클린튼. T. 저, 서인태 역 (1974). 88명의 남자와 2명의 여자. 도서출판 백제.
데이비드 버스 저, 황승효 역 (2006). 이웃집 살인마. 사이언스 북스.
델 마틴 저, 정세용 역 (1992). 매맞는 여자들. 한국문연.
도미니크 달레락 저, 하태환 역 (1995). 강간충동. 동심원.
도상금 외 (2000). 충동통제장애. 학지사.
레오폴트 폰 자허마조흐, 이선희 역 (2006). 모피를 입은 비너스. 열림원.
로버트 K. 레슬러 저, 황정하 외 역 (2004). 살인자들과의 인터뷰. 바다출판사.
로버트 K. 레슬러 · 톰 샤흐트만 저, 황보석 역 (1994). FBI 심리분석관. 미래사.
로버트 라이트 저, 박영준 역 (2003). 도덕적 동물. 사이언스 북스.
로빈 버이커 저, 이민아 역 (2007). 정자전쟁. 이학사.
로이 헤이즐우드 외 저, 허진 역 (2007). 프로파일러 노트. 마티.
루춘루 저, 이가나 역(2008). 하나님의 블랙리스트. 집사재.
마크 펜, 키니 젤리슨 저, 안진환 · 왕수민 역 (2007). 마이크로 트렌드. 해냄.
메리 로치 저, 권루시안 역 (2010). 인체재활용. 세계사.
문국진 (1996). 모남갈녀훈. 청림출판사.
박상기 외 (1999). 형사정책. 한국형사정책연구원.
박지영 (2003). 유쾌한 심리학. 파피에.
박형민 (2003). 살인의 유형별 특성 보고서. 한국 형사정책연구원.
배종대 (1998). 형사정책. 홍문사.
법무부 교정국 (2009). 갱생보호연보. 법무부 교정국.
사이버 경찰청 (2006). 연도별 통계자료.
선안남 (2014). 기대의 심리학. 원앤원북스
소방학교 (1997). 소방학교 교육자료.
수사연구사 편집부 (2003). 해외 미아 찾기의 수사 프로그램. 수사연구(제21권 7호 통권237호). pp. 25－28.
스튜어트 후드 저, 정해영 역 (2005). 사드. 김영사.
스티븐 후안 저, 배도희 역 (2006). 뇌의 기막힌 발견－머리 속으로 뛰어난 매혹적인 심리 미스테리. 네모북스.
시부야 쇼조 저, 이규원 역 (1997). 심리실험이야기. 일빛.

신응섭 외 (2006). 심리학 개론. 박영사.
신진규 (1995). 범죄학 겸 형사정책. 법문사.
신희천 (2000). 반사회성 성격장애. 학지사.
신희천 외 (2000). 성도착증과 성 정체감 장애. 학지사.
아윈 사라손 저, 김은정 외 역 (2001). 이상심리학. 학지사.
알란 클리네, 세릴리아 클리네 저, 원미선 역 (2008). 고대 그리스 로마의 진기록들. 물레.
앨런 S. 밀러, 가나자와 사토시 저, 박완신 역 (2009). 진화심리학. 웅진지식하우스.
양소현 (2000). 비행청소년의 충동성 및 자아방어기제의 특징. 상담심리연구(Journal of Counseling Psychology). Vol. 1., No. 1., 117-156.
에롤 셀커크 저, 홍영남 역 (1992). 성이란 무엇인가. 오월.
오윤성 (2003). "존속살해 범죄의 원인에 관한 연구," 한국공안행정학회보. pp. 73-104.
_____ (2006). "현장에서의 연쇄행동 평가를 통한 범인심리 분석 및 행동 추정에 대한 연구," 공안행정학회보. pp. 561-596.
_____ (2008). "소아기호증 성범죄자의 심리 유형 분석에 관한 연구-안양 어린이 유괴 살인사건을 중심으로," 강원대학교 사회과학 연구원. pp. 91-131.
오창호 (2005). 사회심리와 인간소외. 푸른사상.
오채근 (2006). 반사회적 성격분류에 의한 연쇄살인범 분류체계 개발. 석사학위논문. 고려대학교 대학원.
요네야마 기미히로 저, 인트랜스 번역원 역 (2004). 뇌혁명. 시대의창.
원호택 외 (2000). 이상심리학 총론. 학지사.
윤가현 (1997). 성심리학. 성원사.
윤덕중 (1991). 범죄와 소년비행학. 박영사.
이만규 (1994). 가정독본. 창작과 비평사.
이만종 (2002). 범죄학개론. 학현사.
이반 워드 저, 이수련 역 (2002). 정신분석. 김영사.
이상현 (1994). 범죄심리학. 법문사.
이수정 외 (2005), "상습범들의 도벽증세에 대한 진단기준 추출을 위한 예비연구," 한국범죄심리학회 제1회 정기학술세미나, 한국범죄심리학회. pp. 77- 92.
_____ (2005). 성범죄 재범율 실태 및 치료적 대안 모색: 보안 감시를 넘어서서. '법과 심리학의 만남' 사법개혁과 성범죄를 중심으로. 춘계 법심리학회 국제학술대회. pp. 62-90.
이영돈 (2006). 마음. 예담.
이윤성 (1994). "성도착," 중앙의학 (Vol. 59 No. 7). 중앙의학사. pp. 521-525.
이윤호 (1999). 형사정책. 박문각.

_____ (2004). 현대사회와 범죄. 삼경문화사.
이은영 (2005). 살인중독. 월간조선사.
이인혜 (1991). "범죄행동과 성격특성의 연결 정신병적 경향성, 외향성, 충동성 그리고 감각추구 성향을 중심으로," 한국 심리학회지. pp. 126 – 136.
이정모 외 17명 공저 (2001). 인지심리학. 학지사
이재양 (1992). 형법개론. 전영사.
이천현, '친족관계에 따른 형법상의 효과' — 문제점과 개선방안을 중심으로 —, 형사정책연구, 제12권 제2호(통권 제46호), 2001. 여름, 한국형사정책연구원. pp. 152 – 153.
장근영 (2004). 너 싸이코지. 자유로운 상상.
장병림 (1965). 일반심리학. 법문사.
전대양 (2005). "소아기호증의 정신역동과 치료," 동국대학교 행정대학원. pp. 205 – 227
_____ (2007). 현대사회와 범죄. 형설출판사.
전지연 (1997). 법과 사회범죄. 한림대학교 출판부.
정성훈 (2011). 사람을 움직이는 100가지 심리법칙. 케이앤제이
정성희 (2004). 조선의 성풍습. 가람기획.
조성호 (2000). 경계선 성격장애. 학지사.
존 더글러스, 마크 올 셰이커 저, 이종인 역 (1999). 마음의 사냥꾼. 김영사
지광준 (2003). 범죄학. 경인문화사.
_____ (2006). 현대사회와 청소년 범죄. 더썬.
청소년대화의 광장 (1997). 청소년의 폭력 및 성폭력. 청소년대화의 광장.
최영인 외 (2002). 범죄생물학 이론과 범죄심리학 이론. 열린.
최영인 외 (2003). 피해자의 책임성과 범죄피해자화 이론. 열린.
최인섭 (1991). 강간범죄의 실태에 관한 연구. 한국형사정책연구원.
최인섭 외 (1998). 성폭력 피해 실태에 관한 조사. 한국 여성 정책연구원.
최재천 외 (2004). 살인의 진화심리학. 서울대학교 출판부.
하재청 외 4명 공저 (2003). 새 性의 과학. 월드사이언스.
한국 성폭력 상담소 자료 (2006).
한국가족학회 (1995). 한국 가족문제 – 진단과 전망. 도서출판 하우.
한재희 (2004). 상담패러다임의 이론과 실제. 교육아카데미.
홍성열 (2000). 범죄심리학. 학지사.
_____ (2002). "범죄인의 4가지 공통심리", 교정연구. pp. 271 – 288.
Akers, Ronald. L. 저, 민수홍 외 역 (2000). 범죄학이론. 지산.
Allen E. Liska. 저, 장상희 외 역 (1998). 일탈의 사회학. 경문사.

Colin, Wilson. 저, 황종호 역 (2003). 잔혹. 하서출판사.
Eysenck, Michael. W. 저, 이영애 외 역 (2002). 간단명료한 심리학. 시그마 프레스.
Gleitman, Henry. 저, 장현갑 외 역 (1999). 심리학 입문. 시그마프레스.
Goldstein, Jeffery. H. 저, 홍성열, 임영식 역 (1995). 범죄행동은 환경적인가. 성원사.
Heinz, Zipf. 저, 김영환 외 역 (1994). 형사정책. 한국형사정책연구원.
Lauren, Slater. 저, 조중열 역 (2004). 스키너의 심리상자 열기. 에코의 서재.
Lawrence, Taylor. 저, 홍성열 외 역 (1991). 범죄행동은 유전적인가. 성원사.
Liska, Allen. E. 저, 장상희 외 역 (1998). 일탈의 사회학. 경문사.
Pelfrey, William. V. 저, 이경재 역 (1996). 범죄학 입문. 길안사.
Stanley Milgram. 저, 정태연 역 (2009). 권위에 대한 복종. 에코리브르

|국외문헌|

Andrew, Karmen. (1984). *Crime Victim: An Introduction to Victimology*. Belmonte, California: Wadsworth, Inc.

Associated Press. (1984). Trial of TV May Have Influenced Boy Facing Sexual−Assault Count. Omaha World Herlad.

Bandura, A. (1983). Psychological Mechanism of aggression. In R. G. Green & E. I. Donnerstein(Eds.), *Aggression: Theoretical and empirical reviews(Vol. 1)*. New York: Academic Press.

Bandura, A., Ross, D., & Ross, S. A. (1966). Transmission of aggression through imitation of aggressive models. *Journal of Abnormal and Social Psychology 66*, 3−11.

Barlow, Hugh. D., & Kauzlarich, David. (2002). *Introduction to Criminology*, Upper Saddle River. New Jersey.

Baron, Larry., & Straus, Murray. (1984). "Four Theories of Rape: A Macrosociological Analysis," *Social problems 34*.

Baron, R. A., & Bell, P. A. (1977). Aggression and heat: The influence of ambient temperature, negative affect, and a cooling drink on physical aggression. *Journal of Personality and Social Psychology, 33*, 245−255.

Bartol, Curt. R., & Bartol, Anne. M. (2005). *Criminal Behavior : A Psychosocial Approach*. New Jersey: Pearson Prentice Hall.

Berkowitz, L. (1969). The Frustration−Aggression Hypothesis Revisited. In L. Berkowitz(Ed.) *Roots of aggression*. New York: Atherton Press.

Blackburn, Ronald. (2003). *The Psychology of Criminal Conduct–Theory, Research. Practice*. John Wiley & Sons, Ltd.

Blasi, A. (1980). Bridging moral cognition and moral action: Acritical review of the literature. *Psychological Science*, 2, 101–110.

Blazieck, Donald. L. (1976). *A Social Psychological Inquiry into Criminal Victimization by Robbery on Cognitive Dimensionality*. Ann Arbor, Michigan: University Microfilms International.

Brent E. Turvey, M.S (2002). Criminal Profiling. Academic press.

Brian, Lnnes. (2003). *Profile of a criminal mind*. Reader's Digest.

Brody, L. R., & Shaffer, D. R. (1982). Contributions of parents and peers to children's moral socialization. *Developmental Review, 2*, 31–75.

Calhoun, John. B. (1962). Population Density and Social Pathology. *Scientific American, 206*, 139–148.

Charles, Adler. (1985). "An Exploration of Self – Reported Aggressive Behavior," *Crime and Delinquency 31*: 306–331.

Charles, McCaghy. (1976). *Deviant Behavior, Crime, Conflict and Interest Groups*. New York: MacMillan.

Diana, Russell. (1975). *The Politics of Rape*. Stein and Day.

Diana, Russell. (1985). *Sexual Exploitation*. Beverly Hills, California: Sage Publications.

Dodge, K. A. (1986). A Social Information Processing Model of Social Competence in Children. In M. Perlmutter(Ed.), *The Minnesota Symposium on Child Psychology*. Hills Dale, NJ: Erlbaum.

Dodge, K. A. Lochman, J. E., Harnish, J. D., Bates, J. E., & Pettit G. S. (1997). Reactive and Proactive Aggression in School Children and Psychiatrically Impaired Chronically Assaultive Youth. *Journal of Abnormal Psychology*, 106, 37–51.

Donald. Symons. (1979). *The Evolution of Human Sexuality*. Oxford: Oxford University Press.

Douglas, John., & Olshaker, Mark. (1998). *Obsession*. Pocket Books.

Drukteinis, A. (1992). *Serial Murder: The Heart of Darkness*. Psychiatric Annals.

Dworetzky, J. P. (1996). *Introduction to child development(6th Ed.)*. West Publishing Company.

Edward, Donnerstein., Danie,l Linz., & Steven, Penrod. (1987). *The Question of*

Pornography. New York: Free Press.

Eron, L. D., & Huesmann, L. P. (1984). The Relation of Prosocial Behavior to the Development of Aggression and Psychopathology. *Aggressive Behavior*, 10, 201 – 211.

Eysenck, H. J. (1964). *Crime and Personality*. Massachusetts: Houghton Mifflin Co.

Felson, Richard., & Krohn, Marvin. (1990). "Motives for Rape," *Journal of Research in Crime and Delinquency 27*. 222 – 242.

Franzoi, S. L. (1996). *Social psychology*. Madison, VA: Brown & Benchmark.

Gabhard, Paul., Gagnon, John., Pomeroy, Wardel., & Christenson, Cornelia. (1965). *Sex Offender: An Analysis of Types*. New York: Harper & Row.

Gottfredson and Hirschi. (1990). *A General Theory of Crime*. Palo Alto. CA: Stanford University Press.

Groth, Nicholas. A., & Birnbaum, Jean. (1979). *Men Who Rape*. New York: Plemun.

Groth. A. N., Burgess. A. W., Holmstrom L. L. (1997). "Rape: Power, Anger and Sexuality"

Haining, Peter. (2005). *Cannibal Killers*. Magpie Books.

Harold, Schechter. (2004). *The Serial killer Files*. New York: Ballantine Books.

Hazelwood, Roy., & Michaud, Stephen. G. (1998). *The Evil that Men Do*. St. Martin's Press.

Hazelwood, Roy., & Michaud, Stephen. G. (2002). *Dark Dreams*. St. Martin's Paperbacks.

Holmes, Ronald. M., & Holmes, Stephen. T. (2002). *Profiling Violent Crimes An Investigative Tool(3rd Ed.)*. Sage Publications.

James, LeBeau. (1987). "Patterns of Stranger and Serial Rape Offending: Factors Distinguishing Apprehend and At Large Offender," *Journal of Criminal Law and Delinquency*. *78* : 309 – 26.

John H. Cambell, Don Denevi. (2004). *Profiliers*. Prometheus Books.

Keller, E. F. (1978). "Gender and Science," in S. Harding and M. Hintikka(Eds.). Discovering Reality. New York: Psychoanalysis and Contemporary Science, Inc.

Kenny, Mary. Ann. (1980). "*amily Relationships in Domestic Violence Disturbances.*". Ph. D. Dissertation, Kent State University.

Kenrick, D. T., & MacFarland, W. S. (1986). Ambient Temperature and Horn Honking, *Environment and Behavior*, *18*, 179 – 191.

Kerper, Hazel. B. (1979). *Introduction to the Criminal Justice System: second edition*. West Publishing Co.

Kerper, Hazel. B. (1996). *Introduction to the Criminal Justice System — second edition —*. New York: West Publishing Company.

Knight, R. A. *et al.* (1989). *Journal of Interpersonal Violence. Vol. 4.* Permission of Sage Publications, Inc.

Kühne, Hans. Heiner. (1992). Victimology－Basic Theoretical Concepts and Practical Implication. in Prathan Wayanavanich(ed.). *Victimology & Victim's Right.* Bang Kok: Thammasat Univ.

Lee, Henry. *et al.* (2001). *Crime Scene Hand Book.* Academic Press.

Lnnes, Brian. (2003). *Profile of a Criminal Mind.* Human and Books Ltd.

Loeber, R., Farrington, D. P., Stouthamer, Loeber. M., & Van, Kammen. W. B. (1998). *Anti Social Behaviour and Mental Health Problems: Explanatory Factors in Childhood and Adolescence.* Mahmah, NJ: Lawrence Erlbaum.

MacKav, Jenny. (2009). *Criminal Profiling.* Lucent Books.

Malamuth, Neil., & John, Briere. (1986). "Sexual Violence in the Media: Indirect Effects on Aggression against Women," *Journal of Social Issues 42.* 75－92.

McLaughlin, Eugene, Muncie John. (2001). *Controlling the Crime(2nd ed.).* London: Sage Publication Ltd.

Meyer, Thomas. (1984). "Date Rape: Serious Campus Problem That Few Talk About," *Chronicle of Higher Education 29.*

Morton, James. (2001). *Man Hunt.* Ebury Press .

Moyer, K. E. (1976). *The Psychobiology of Aggression.* New York: Harper & Row.

Olive, William. (1989). "Sexual Conquest and Patterns of Black－on Black Violence: Structural－Cultural Perspective," *Violence and Victims 4*: 257－271.

Parke, R. D., & Collmer, C. W. (1975). Child Abuse: *An Interdisciplinary Analysis.* Chicago: University of Chicago Press.

Pinker, S. (1997). *How the mind works.* New York: W. W. Norton & Company.

Plermo, George. B. (2001). *The Dilemma of the Sexual offender.* Charles C Thomas publisher.

Rose, Vicki. Menickle. (1977). *Rape as a Social Problem: A Byproduct of the Feminist Movement.* Social Problem.

Rosenbaum, A., & O'Leary, K. D. (1981). Marital Violence: Characteristics of Abusive Couples. *Journal of Consulting and Clinical Psychology 49.*

Rotten, J., & Frey, J. (1985). Air Pollution, Weather, and Violent Crimes: Concomitant Time-Series Analysis of Archival Data. *Journal of Personality and Social Psychology, 49*, 1207-1220.

Russell, Diana. (1975). *The Politics of Rape*. New York: Stein and Day.

Saferstein, R. (1998). *Criminalistics: An Introduction to Forensic Science, 6th Ed.* Upper Saddle River, NJ: Prentice-Hall.

Salter, Anna. C. (2003). *Predators*. Basic Books.

Schechter, Harold. (2004). *The Serial killer Files*. New York: Ballantine Books.

Sears, R., Maccoby, E., & Levin, H. (1957). *Patterns of Child Rearing*. Evanston, IL: Row, Peterson.

Sengstock, Mary. C., & Liang, Jersey. (1982). Elderly victims of crime: a Refinement of Theory in Victimology, In H. J. Schneider(ed.) *The victim in International Perspective*.

Serin, R. C., & Preston, D. L. (2001). Managing and Treating Violent Offenders. In J. B. Ashford, B. D. Sales, & W. H. Reid(Eds.), *Treating Adult and Juvenile Offenders with Special Needs*. Washington, DC: American Psychological Association.

Shelly, Joseph. F. (1991). *Criminology*. Belmont, California : Wadsworth Publishing Company.

Siegel, Larry J. (1991). *Criminology: Theories, Patterns, And Typologies(4th ed.)*. New York : West Publishing Company.

Spark, Genn., & Dodd. (1977). *Surveying Victims*. New York: John Wiley & Sons Ltd.

Spinetta, J. J., & Rigler, D. (1972). *The Child-Abusing Parent. A psychological Review*. Psychological Bulletin.

Stereleny, K. & P. E. Griffiths. (1999). *Sex and Death : An Introduction to Philosophy of Biology*. Chicago: The University of Chicago Press.

Stets, E. (1988). *Domestic Violence and Control*. New York: Springer-Verlag Inc.

Turvey, Brent. E. M.S. (2002). *Criminal Profiling*. Academic Press.

Vailant, G. E. (1992). *Ego Mechanism of Defense*. Washington: American Psychiatric Press.

Vicki, Menickle. Rose. (1977). "Rape as a Social Problem: By Product of the Feminist Movement," *Social Problem*. Vol. 25, No.1: 75-89.

Wallace, Harvey. (2002). *Family Violence. -Legal, Medical, and Social Perspectives(3rd*

Ed.). A Pearson Education Company.

Wallace, S. E. (1965). "Patterns of Violence in San Juan." In Walter C. Reckless and Charles L. Newman (Eds.) *Interdisciplinary Problems in Criminology*. Columbus Ohio: Ohio State University.

Wallenstein, J. S. (1984). Children of Divorce; Preliminary report of a ten−year follow−up of young children. *American Journal of Personality and Social Psychology*, 4, 508−516.

Weinberg, Martin. S. (1987). *Deviance, The Interactionist Perspective Fifth Edition*, New York : Macmillan Publishing Company.

Weiner, Neil. Alan., & Wolfgang, Marvin. E. (1989). *Pathways to Criminal Violence*. Beverly Hills: Sage publication.

Witt, Philip. W. (2001). Pedophilia, in Clifton D. Bryant, *Encyclopedia of Criminology and Deviant Behavior. Volume* Ⅲ. Sexual Deviance (Philadelphia: Brunner−Routledge.

Yantzi, Mark. (1998). *Sexual Offending and Restoration*. Herald Press.

大村政南 (2001). 3日でわかる 心理學. ダイヤモド社.

中村希明 (1997). 犯罪の心理學. 講談社.

渋谷昌三 (2001). よくわかる 深層心理. 西東社.

| 기타자료 |

경향신문 2016. 5. 1.

국민일보. 2006. 3. 22.

국민일보. 2006. 9. 13

국민일보 2014. 11. 17

노컷뉴스 2013. 9. 29.

동아일보. 1998. 9. 26.

동아일보. 2007. 10. 10.

동아일보. 2008. 3. 24.

데일리안. 2013. 11. 21.

머니투데이. 2012. 9. 7

매일신문 2008. 9. 19.

부산일보 2011. 3. 16.
서울신문. 2005. 11. 17.
서울신문. 2006. 7. 8.
서울신문. 2015. 10. 4
스타뉴스. 2007. 12. 25.
세계일보 2015. 6. 29
연합뉴스. 2002. 6. 25.
연합뉴스. 2007. 11. 19.
연합뉴스. 2008. 3. 28.
연합뉴스. 2008. 8. 26.
연합뉴스. 2016. 5. 11.
이투데이. 2016. 2. 16.
조선일보. 2006. 5. 20.
조선일보. 2007. 10. 10.
조선일보. 2007. 6. 20.
조선일보. 2008. 2. 2.
조선일보. 2008. 3. 22.
조선일보. 2008. 8. 21.
조선일보. 2010. 1. 1.
조선일보. 2015. 7. 2.
중앙일보. 2008. 11. 1.
중앙일보. 2008. 9. 4.
중앙일보 2016. 5. 12.
파이낸셜뉴스. 2008. 10. 21.
한국일보. 2002. 11. 3.
CBN NEWS. 2008. 9. 26.
news1 2015. 5. 27
news1 2015. 10. 27
The Science Times. 2009. 8. 26.

대법원, 1963. 2. 28. 선고, 62도 241호
대판 1988. 11. 8. 88도 1628.
대판 1996. 6. 11. 96도 791.

대판 2000. 5. 26. 선고 98도3257.
대판 2002. 4. 26. 선고 2001도2417.
서울고판 1995. 7. 25. 94나15358.

법고을 (2010). 법원도서관.
법무부 범죄예방 기획국: http://www.moj.go.kr/
사이버 경찰청: http://www.police.go.kr/
한국 청소년 상담원, 2007. 9. 24.
http://abcnews.go.com/Health/PainManagement/story?id=6332680&page=1
http://aids.hallym.ac.kr/d/sck/090.html
http://ilyo.co.kr/?ac=article_view&entry_id=111800#close_kova
http://ilyo.co.kr/?ac=article_view&entry_id=144444
http://itnews.inews24.com/php/news_view.php?g_menu=020600&g_serial=388597
http://krdic.naver.com/detail.nhn?kind=korean&docid=15909500
http://m.news.naver.com/read.nhn?mode=LSD&mid=sec&sid1=102&oid=214&aid=0000458668
http://news1.kr/articles/?2621961
http://news.donga.com/3/all/20130129/52664498/2
http://news.donga.com/3/all/20160129/76197226/1
http://news.chosun.com/site/data/html_dir/2016/04/20/2016042000951.html
http://news.chosun.com/site/data/html_dir/2016/05/09/2016050902982.html
http://news.heraldcorp.com/view.php?ud=20150114000234&md=20150114135236_BL
http://news.heraldcorp.com/view.php?ud=20150614000212&md=20150615003217_BL
http://news.heraldcorp.com/view.php?ud=20160111000139
http://news.heraldcorp.com/view.php?ud=20160519000583
http://news.kbs.co.kr/news/view.do?ncd=3286815&ref=A
http://news.khan.co.kr/kh_news/khan_art_view.html?artid=201308022156455&code=940202
http://news.msn.co.kr/article/read.html?cate_code=1100&article_id=200902031503461100
http://news.mt.co.kr/mtview.php?no=2016052019538221147
http://news.naver.com/main/read.nhn?mode=LSD&mid=sec&sid1=102&oid=038&aid=0002297489
http://news.naver.com/main/read.nhn?mode=LSD&mid=sec&sid1=102&oid=047&aid=0000062224

http://news.naver.com/main/read.nhn?mode=LSD&mid=sec&sid1=102&cid=001&aid=0 0049315369

http://news.naver.com/main/read.nhn?mode=LSD&mid=sec&sid1=102&cid=086&aid=0 002071716

http://news.naver.com/main/read.nhn?mode=LSD&mid=sec&sid1=104&cid=003&aid=0 004677929

http://news.sbs.co.kr/news/endPage.do?news_id=N1002236828&plink=OLDURL

http://news.tf.co.kr/read/life/1400677.htm

http://postmumble.tistory.com/56

http://sports.chosun.com/news/ntype.htm?id=201501270100338550021411&servicedate=20 150127

http://star.mbn.co.kr/view.php?no=71511&year=2015

http://stoo.asiae.co.kr/news/naver_view.htm?idxno=2015100617015052377

http://view.asiae.co.kr/news/view.htm?idxno=2016051313495114954

http://www.cctoday.co.kr/?mod=news&act=articleView&idxno=954044

http://www.cctoday.co.kr/?mod=news&act=articleView&idxno=961478

http://www.chosunilbo.net/international/news/200606/200606070271.html

http://www.donga.com/fbin/output?n=200906220304&top20=1

http://www.edaily.co.kr/news/NewsRead.edy?SCD=JG31&newsid=01948326612551504&D CD=A00703&OutLnkChk=Y

http://www.etoday.co.kr/issue/newsview.php?idxno=1288813

http://www.focus.kr/view.php?key=2015120400115029521

http://www.focus.kr/view.php?key=2016021100152708521

http://www.hankookilbo.com/v/38aaf120981540b39eb0ed860b090b81

http://www.hankookilbo.com/v/72dc217915aa4970869cdd13d29902b6

http://www.hankookilbo.com/v/62a2bebab0a5416eb0fb0a980ac46e30)

http://www.hankyung.com/news/app/newsview.php?aid=2014062785431

http://www.hg-times.com/news/articleView.html?idxno=113782

http://www.hosu.pe.kr/

http://www.ilyosisa.co.kr/news/articleView.html?idxno=67598

http://www.ilyosisa.co.kr/news/articleView.html?idxno=87534

http://www.joongdo.co.kr/jsp/article/article_view.jsp?pq=201605190712

http://www.khmc.or.kr/busok/sense/sence21_20.htm

http://www.ksmnews.co.kr/default/index_view_page.php?part_idx=289&idx=88387
http://www.kyeonggi.com/news/articleView.html?idxno=922776 2015-03-04
http://www.newsis.com/ar_detail/view.html?ar_id=NISX20151031_0010385059&cID=10201&pID=10200
http://www.newsis.com/ar_detail/view.html?ar_id=NISX20160223_0013913997&cID=10201&pID=10200
http://www.nmha.org/go/information/get-info/trichotillomania
http://www.segye.com/Articles/News/International/Article.
http://www.seoul.co.kr/news/newsView.php?id=20160217500181
http://www.seoul.co.kr/news/newsView.php?id=20160325010010
http://www.siminilbo.co.kr/news/articleView.html?idxno=407666
http://www.sisaweek.com/news/articleView.html?idxno=29594
http://www.sisunnews.co.kr/news/articleView.html?idxno=35687
http://www.wowtv.co.kr/newscenter/news/view.asp?bcode=T30001000&artid=A201604150540
http://www.ytn.co.kr/_ln/0103_201602231755203310
http://www.ytn.co.kr/_ln/0103_201603300859382656
www.nocutnews.co.kr
네이버 국어사전.
레위기 18:23

찾아보기

ㄱ

가정파괴범죄 267
가족 간 대량 살인 333
가족 면전에서의 강도강간 범죄 267
가중살인(Aggravated Murder) 330
가학성(Sadism) 390
가학성 강간(Sadistic Rape) 281
가학음욕증(Sexual Sadism) 223
가학적(Sadistic) 224
가학적 유형 307
가학－피학 클럽(일명 SM클럽) 227
간음 261
간접 인격평가(Indirect Personality Assesment, IPA) 401
간통(Adultery) 343
간통죄 261
간헐적 폭발성 장애(Intermittent Explosive Disorder) 185
갈등모형(Conflict Model) 348
갈등이론(Conflict Theory) 273
강간 262
강간발생 원인 271
강간살인 326
강도 등 재산범죄 과정에서의 살인 338
강도살인 326
강박구매(Compulsive Buying) 202
강박성 성격장애(Obsessive Compulsive Personality Disorder) 179
강제추행 264
개신형 101
개체주의자 25
거세불안(Castration Anxiety) 71
거시환경론(Theories on Macro Social Environment) 90
결핍(Privation) 89
경계선 성격장애(Borderline Personality Disorder) 172
고살(Nonnegligent Manslaughter) 329
고전적 대량살인 332
고전적 조건부 이론 55
고전적 조건형성(Classcical Conditioning) 246
고착 75
고통 흥분형(Anger－Excitement) 283
골상학(Phrenology) 28
공개적인 공격 125
공격성 117
공격적 강간범 284
공격적·가학적 유형 303
공유정신증 장애 159
과범죄화 6
관상학(Physiognomy) 28
관장애호증(Klismaphilia) 255
교정심리학 16, 18
구순기(Oral Phase) 70

구애단계(The Wooing Phase) 393
국부음욕증 247
굿윈(Goodwin) 312
권력형 강간(Power Rape) 279
귀착 210
금전추구형 연쇄살인범(Comfort－Oriented Serial Killer) 377
긍정적 강화 58
기분장애 159
기아광 296
기질(Temperament) 162
기회주의적 강간(Opportunistic Rape) 281
기회주의형(Opportunistic) 284

ㄴ

낚시질단계(The Trolling Phase) 393
남근선망(Penis Envy) 71
남녀비율 불균형이론(Theory of Sexual Access) 273
남성의 사회화(Socialization of Males) 272
남성화이론(Masculinity Theory) 123
납치, 유괴 살인 339
낯선자 강간(Stranger Rape) 289
내란목적의 살인 326
내사 77
내성적(Inroverted) 310
노출음욕증(露出淫慾症 Exhibitionism) 237
뇌량(腦梁: Ponds) 26
뇌파(腦波)와 범죄 32
뇌피질 213
뉴런(Neuron) 128
님포마니아 216

ㄷ

다이애나 러셀(Diana Russell) 272
다축적 진단체계(Multiaxial Diagnostic System) 153
단기체류(Geographically Transient) 413
단일굴성 가설(Monotropy Hypothesis) 88
단일살인(Single Homicide) 331
대담화의 원칙 20
대량살인(Mass Homicide) 332
대량살인범(Mobile Mass Murder) 335
대상 이상성 성도착 216, 223
대인관계추구형(Interpersonal) 305
대체된 공격(Displaced Aggression) 127
도널드 사이몬(Donald Symons) 271
도덕적 상대성 또는 자동적 도덕성 단계(Stage of Moral Relativism or Autonomous Morality) 61
도덕적 혼란(Morally Indiscriminate) 309
도로에서의 분노(Road Rage) 137
도박광(Pathological Gambling) 193
도브와 시어즈(Doob & Sears) 135
도착(Perversion) 218
도파민(Dopamine) 158
동물성애(動物性愛) 253
동물음욕증(獸姦, Zoophilia) 253
동반자살 360
동성 소아기호증(Homosexual Pedophilia) 297

동조형 101
동화(Assimilation) 60

ㄹ

레오폴트 폰 자허 마조흐(Leopold von Sacher-Masoch) 228
로도시스 반사(Lordosis Reflex) 122
로버트 D. 헤어 365
로버트 레슬러(Robert Ressler) 374
리비도(libido) 67

ㅁ

맛차(Matza) 97
망상장애 159
망상형 연쇄살인범(The Visionary Serial Killer) 375
망원경 기능 50
매조키즘 228
머튼(Merton) 101
메츠거(Edmund Mezger) 32
메트로섹슈얼(Metrosexual) 208
면식관계가 없는 낯선자 강간 (Stranger-Stranger Rapes) 278
면식자 강간(Acquaintance Rapes) 278, 289
명정상태 146
Modus Operandi(MO) 403
모성박탈 가설(Maternal Deprivation Hypothesis) 88
모성적 공격행동(Maternal Aggression) 141
목표 이상성 성도착 215, 223
무기효과(Weapon Effect) 143
무닝(Mooning) 239
무동기 살인 344
묻지마 살인 344
물질남용 161
물질사용 장애 161
물질유도 장애 161
물질의존 161
물품음욕증(Feticism) 245
미각성상태(Not Awake) 313
미시환경론(Theories on Micro Living Environment) 90
믹소스코피아(Mixoscopia) 236

ㅂ

박탈(Deprivation) 89
반동형성 77
반두라(Bandura) 92, 138
반사회적 성격장애(Antisocial Personality Disorder) 170, 363
반사회적 이상행동자(Sociopath) 363
반응조건(Responcing Condi-tioning) 58
반작용적 공격(Reactive Aggression) 126
반전 78
반항성 장애(Oppositional Defiant Disorder) 156
발달심리학 14
발모광(Trichotillomania) 195
발작적 살인범(Rampage Killer) 336

방법 이상성 성도착 216, 223
방탄조끼 증후군(Bulletproof Syndrome) 177
방해 이론(Blockage Theory) 308
방화광(Pyromania) 190
배설도착증 255
배설물 노출증(Faecal Exhibitionism) 239
배우자 교환(Swinging, Mate Swapping) 236
배제 메커니즘 50
버거스와 에이커스(Burgess & Akers) 96
범인의 행동추정 416
범죄 프로파일링 397
범죄공식 42
범죄생물학파 25
범죄수사 분석(Criminal Investigative Analysis) 400
범죄유형 7
범죄인과관계에 있어서 피해가능성이 있는 모형 348
범죄인류학(Criminal Anthropology) 28
범죄통계 18
범죄현상 18
법률적 통제 99
법정심리학 16
보보실험 92
보살핌 가설(Caregiving Hypothesis) 88
보상 79
보상적 강간범 285
보울비(Bowlby) 88
보이 토이(Boy Toy) 208
보험 살인 339
복수행위설 277
복장음욕증(服裝淫慾症, Transvestism) 249
본질적 살인(Essential Murder) 338
부메랑 효과 358
부부강간(Marital Rape) 278
부양 부담에 의한 살인 360
부인 74
부적합(Inadequate) 309
부정적 강화 59
부정적 내적 반응(Negative Inward Response) 396
부정적 외적 반응(Negative Outward Response) 397
부주의가 아닌 故殺(Nonnegligent manslaughter) 327
부주의로 인한 살인(Negligent Manslaughter) 330
북경원인 119
분노 폭발형(Anger－Retaliatory) 283
분노형 강간(Anger Rape) 280
분리(Isolation) 313
분리(Separation) 85
분리뇌(分離腦) 26
분변애호증(Coprophilia) 255
분열성 성격장애(Schizoid Personality Disorder) 169
분열형 성격장애(Schizotypal Personality Disorder) 170
불공평성(Inequity) 105
B군 성격장애 170

비범죄화 7
비자발적 살인(Involuntary Manslaughter) 329
비정상적 살인 338
비체계적 충동 살인(Unplanned Impulsive Murder) 382
빈곤의 하위문화(Poverty Subculture) 274
빌헬름 분트(Wilhelm Wundt) 10

ㅅ

사건현장 이탈(Offender Departure Strategy) 419
사드(Alphonse Francois de Sade) 224
사디즘 224
사이코패스(Psychopath) 362
사이코패시(Psychopathy) 362
사진 노출증(Photoexhibitionism) 239
사회계량기이론(Sociometer Theory) 100
사회과정적 관점 90
사회구조적 관점 101
사회권력(Social Power) 106, 144
사회생물학적 범죄학(Sociological Criminology) 28
사회심리학 14
사회적 상호작용이론(Social Interaction Theory) 346
사회적 성(Gender) 272
사회적 유대(Social Bond) 98
사회적 학습이론(Social Learning Theory) 91, 137
사회통제이론(Social Control Theory) 98
사회화(Socialization) 138
살리로마니아(Saliromania) 238
살인 322
살인미수 326
살인음욕 291
삼중살인(Triple Homicide) 331
상담심리학 15
상대적 박탈이론(Relative Deprivation Theory) 104
상속 살인 340
상실(Loss) 312
상황적인 아동 성학대범(Situational Child Molester) 309
새디스트적(Sadistic) 310
새디즘(Sadism) 224
새티라이어시스 216
색광 216
색정증(色情症) 216
생리심리학적(Bic Psychological) 30
생리적 반응설 271
생리적 욕구(Physiological Needs) 112
생명층 164
생물학적 성(Sex) 272
생식기(Genital Phase) 72
생활층 164
서덜랜드 94
선천소질 34
선행학습에 영향을 받은 공격(Froactive Aggression) 127
설치-도주형 살인자(Set-and Run-Killers)

333
성 아우구스티누스 19
성격(Character) 162
성격심리학 15
성격장애(Personality Disorder) 166
성격장애(Sociopathic Personality Disturbance) 218
성교불능(Impotence) 279
성기기(Phallic Phase) 70
성도착증(Paraphilia) 161
성범죄 261
성의 양적 이상(Quantitative Sex Abnormal) 216
성의 이상항진 216
성의 질적 이상(Qualitative Sex Abnormal) 218
성의 층화(Sexual Stratification) 273
성장애 및 성정체감 장애 161
성적 배출구(Sexual Outlets) 273
성적 압력(Sex-Pressure) 범죄자 306
성적 일탈행위(성적 침해) 259
성적 자극 이론(Sexual Arousal Theories) 307
성적 접촉 300
성적 폭력(Sex-Force) 306
성적 폭력(Sex Force) 범죄자 307
성적 피학증(Sexual Masochism) 228
성적 혼란(Sexually Indiscriminate) 309
성적-공격적 강간범 285
성추행 259
성폭력 259
성폭행 259
성희롱 260
세뇌(Brainwash) 312
섹스중독증 217
소년범죄 5, 7
소변 색욕이상증(Undinism) 255
소변애호증(Urophilia) 255
소아기적 거울상(Mirror Image) 299
소아기호증 295
소아음욕증(Pedophilia) 296
소질(Disposition) 32
쇼퍼홀릭(Shopaholic) 201
쇼핑중독증 201
수간(獸姦) 253
수사심리학 19
순응적 파트너 227
스키너(B. F. Skinner) 57
스탠리 밀그램(Stanley Milgram) 144
스탠포드(Standford) 교도소 실험 144
스트리킹(Streaking) 239
승화 76
시간증(Vampirism) 252
Signature 405
시냅스(Synapse) 128
시체음욕증(屍體淫慾症, Necrophilia) 251
시카고 학파 29
신경증 157
신범죄화(新犯罪化) 6, 7
신상공개제도 314
신진규 42

실험 및 생리심리학 13
심리적 방어기제(Defense Mechanism) 72
심리적 준비단계(The Aura Phase) 392
심리학 10
C군 성격장애 178
CPA(Cyprotesterone Acetate) 300
쌩스탁(Sengstock) 346

ㅇ

아노미(Anomie) 36
아동 선호 성학대자 310
아드레날린 118
아미르(Amir) 293
ISD(Inhibited Sexual Desire, 성적관심결여증) 209
아이젠크(Eysenck) 43, 183
안스워스와 벨(Ainsworth & Bell) 86
안전의 욕구(Safety Needs) 113
안정애착(Secure Attachment) 86
알퐁스 베르틸론(Alphonse Bertillon) 403
애정과 집단에의 소속욕구(Needs of Belongingness & Love) 113
애착(attachment) 84
애착이론(Sroufe and Fleeson) 84
야뇨증 385
양극성 장애 159
양성 소아기호증(Bisexual Pedophilia) 297
양심(Conscience) 69
어플루엔자(Affluenza) 202
억압 73
에드가 알렌 포 398
에릭 에릭슨(Erik Erikson) 82
S－R이론(Stimulus－Response psychology) 56
A군 성격장애 167
에이브러햄 매슬로우(Abraham Maslow) 112
FBI 범죄분류 매뉴얼(FBI Crime Classification Manual) 374
엔드로겐(Androgens) 123
MPA(Medroxyprogesterone Acetate) 300
MTC(Massachusetts Treatment Center) 302
여성지배 표출형(Power－Assertive) 283
여성해방이론(Feminist Theory) 272
역동적 모형(Dynamic Model) 346
역동적 범죄관 31
연극성 성격장애(Histrionic Personality Disorder) 171
연속살인(Spree Killing) 335
연쇄살인(Serial Homicide) 337
연쇄살인범(Serial Killer) 374
영아살해 325
영역 확보권(Territoriality) 131
예범형 101
예상이론(Expectancy Theory) 95
오니오마니아(Oniomania) 202
오오무라 마사오(大村政南) 163
5요소(Goodwin) 312
오이디푸스 콤플렉스(Oedipus Complex) 71
왓슨(John B. Watson) 56
왜곡된 사고(Distorted Thinking) 396

욕구좌절－공격 가설 132
욕정/스릴형 살인범(Lust or Thrill Serial Killer) 376
우발적인 가정 내 살인(Spontaneous Domestic Homicide) 353
우울장애 159
울프강(Wolfgang) 145, 347
원시적 심성층 164
원초자아(id) 67
웨바홀리즘(Webaholism) 199
위계 등에 의한 촉탁살인 326
유너버머(Unabomber) 174
유니섹슈얼 208
UCR(Uniform Crime Report) 328
유아기의 기억상실(Infantile Amnesia) 80
유전소질 33
유전적 범죄성향론 33
유혹(Seduction) 310
윤간형(Gang Rape) 284
융(Jung) 74
융합 78
은밀한 공격 125
은폐(BLIND) 312
음란증(Hypersexuality) 216
음욕살인 291
의도하지 않은 살해(Unintended Killing) 330
의식화된 공격(Ritualized Aggression) 131
의존성 성격장애(Dependent Personality Disorder) 178
2급살인(murder in the 2nd degree) 329
이반 골드버그(Ivan K.Goldberg) 199
이반 파블로프(Ivan Pavlov) 55
이상심리학(Abnormal Psychology) 149
이상적인 전성(Abnormal Sexuality) 256
이성 소아기호증(Heterosexual Pedophilia) 297
이성의 몰락(The Fall) 396
이오니즘(Eonism) 249
이온 부몽(Chevalier Charles d'Eon Beaumont) 249
이중살인(Double Homicide) 331
이차강화(Secondary Reinforcers) 58
인간적 심성층 164
인격(Personality) 163
인격고착형 혹은 미성숙형 306
인격발달 고착(미성숙)형 302
인격장애(Personality Disorder) 224
인습적 도덕성 수준(Conventional Level) 62
인식－신 결합 모형(Cognitive－New Association Model) 134
인식적 행동방책 모형(Cognitive Scripts Model) 139
인지심리학 13
인터넷 중독장애(Internet Addiction Disorder: IAD) 199
일급살인(murder in the 1st degree) 328
일렉트라 증후군(Electra Complex) 71
일차강화(Primary Rein-forcers) 58
일탈(Deviance) 4
일탈의 수단－목표이론(Means－end Theory

of Deviance) 101
임상심리학(Clinical Psychology) 15, 149

ㅈ

자극 전환이론 136
자극추구 성향(Sensation Seeking Tendness) 370
자기 색정 질식사(Autoerotic Death) 230
자기 파괴의 경향(Tendency Toward Self Destruction) 347
자기 합리화 50
자기실현의 욕구(Needs of Self－Actualization) 116
자기애성 성격장애(Narcissistic Personality Disorder) 174
자기통제이론 39
자발적 조건부(Operant Conditioning) 58
자살교사(방조) 325
자신감 확신형(Power－Reassurance) 282
자아 존중감(Self－Esteem) 100
자아(ego) 68
자아도취형(Narcissistic) 305
자아이상(ego－ideal) 69
자아인식 35
자아인지 35
자아정체성 35
자아존중감(Self－Esteem) 35, 87
자의식 78
잔인성 성도착증(Algolagnia) 231
잠복기(Latency Phase) 72
저산소음욕증(Hypoxyphilia) 229
저항애착(Resistant Attachment) 87
적대적 공격(Hostile Aggression) 124
적응장애 162
적자(Fittest) 111
전기충격 실험 145
전도덕성 단계(Premoral Period) 61
전두엽(Frontal Lobe) 27
전수 본능(Inherited Instinct) 131
전위(Displacement) 127
전인습적 혹은 전도덕성 수준 (Preconventional or Premoral Level) 62
전자발찌제도 314
전화외설증(Obscene Telephone Calling) 241
전화음욕증(Telephone Scatologia) 241
절도광(Kleptomania) 188
절시음욕증 233
접촉감염 효과(Contagion Effect) 143
접촉음욕증(Frotteurism) 243
정당화 50
정당화의 원칙 20
정상적 살인 338
정서적 냉각기(Emotional Cooling－off) 337
정서적 일치 이론(Emotional Congruence Theories) 307
정신분석학적 이론(Psychoanalytic Theory) 65
정신분석학파 65
정신분열증(Schizophrenia) 158
정신분열형 장애 158

정신장애 진단 및 통계편람(DSM－Ⅳ) 153
정신증(Psychosis) 157
제도적 공격(Instrumental Aggression) 124
제도적 통제 99
조루증(Premature Ejaculation) 279
조작된 가족 구성원간 살인 352
조절(Accommodation) 60
조하리(Johari)의 창 9
존 몬터규 백작 193
존속살인 355
존속살해 322
주구점(周口店) 119
주물숭배 색욕이상증 245
주의력결핍 및 과잉행동장애 (Attention－Deficit/Hyperactivity Disorders) 155
주지화(Intellectualization) 79
죽음의 공포(Death Fear) 313
준강간 266
준강제추행 266
줄리안 로터(Julian Rotter) 95
중류계층의 잣대(Middle－Class Measuring Rod) 103
중화기술이론(Neutralization Theory) 97
증상적 살인(Symptomatic Murder) 338
지그문트 프로이드(Sigmund Freud) 65
지리학적 프로파일링 413
지배의 문화(Dominant Culture) 274
직접적인 공격(Direct Aggression) 127
진화심리학 17
진화적 적응 환경(Environment of Evolutionary Adaptedness, EEA) 17
질만(Zillmann) 136
짐바도(Zimbardo) 144

ㅊ

차별적 사회화(Differential Sex Role) 273
차별적 접촉강화이론(Differential Association－Reinforce－ment Theory) 96
차별적 접촉이론(Differential Association Theory) 94
착취적 유형 302, 307
책임감 분산과 범죄 147
처벌훈련(Punishment Training) 59
청부살인 349
청소년 3
체계적 계획살인(Systematic Planned Murder) 381
초자아(super ego) 68
촉탁·승낙에 의한 살해 325
충동적 강간범 286
충동적 방화(Incendiarism) 181
치료감호제도 315
치한(癡漢) 243
치환 77
침체기(The Depression Phase) 395

ㅋ

카니발리즘(Cannibalism) 24

카타르시스 130
카피캣(Copycat) 24
캔돌리즘(Candaulism) 236
코헨(Cohen) 102, 284
콘라드 로렌쯔(Konrad Lorentz) 131
콜버그(Kolberg) 62
콜티졸(Cortisol) 38
쾌락원리(Pleasure Principle) 67, 68
쾌락형 연쇄살인범(The Hedonistic Serial Killer) 376
쿠커족 208
쿨리지 효과 211
크래프트 에빙(Krafft-Ebing) 224
Cross Dressing 250
클렙토마니(Kleptomanie) 181

ㅌ

Taboo 211
타율적 도덕성 단계(Stage of Moral Realism or Heter-Onomous Morality) 61
탈개인화 이론(Deindividuation Theory) 107
탈억제 이론(Disinhibition Theory) 308
테스토스테론(Testosterone) 27, 122
토정(吐精) 188
퇴행(Regressed) 75, 309
퇴행적 유형 302
퇴행형 102, 306
투사 74
특수강간 268
특수강도강간 268

ㅍ

파스토어(Pastore) 135
패러필리어(Paraphilia) 218
패배감 극복설 276
패티시 250
Fetishism 245
퍼스낼리티의 퇴화(Personality degeneration) 426
페로몬(Pheromones) 123
페이티소(Fetitio) 245
편애증(Partialism) 247
편집성 성격장애(Paranoid Personality Disorder) 167
편차(Deviation) 218
편타가학증 227
편향 78
포획단계(Capture) 394
폭력적 저항문화(Violent Contraculture) 274
품행장애(Conduct Disorder) 156
프래질런트(Flagellant) 227
프로이드(S. Freud) 17
피데라스티(Pederasty) 295
피아제(Piaget) 60
PMS(Pre-Menstruation Syndrome) 190
Peeping Tom 233
피터팬 신드롬 75
피학음욕증(Sexual Masochism) 228
피해자 도발(Victim Provocation) 292
피해자 비난 291
피해자 선택(Victim Selection) 414

피해자 옹호 292
피해자 유혹설 271
피해자 조장(Victim Facilitation) 292
피해자 촉진(Victim Precipitation) 292
피해자 포획 후 행동 417
피해자촉진 모형(Victim Precipitation Model) 347
핀케홀(Finkelhor)과 Araji 307
필리프 피넬(Philippe Pinel) 362

ㅎ

하로와 수오미(Harlow & Suomi) 85
하위문화이론(Subculture Theory) 102, 274
하이드(Heide) 356
학교 및 교육심리학 16
할로포(Hallopeau) 195
합리화 75
항거불능 266
항문기(Anal Phase) 70
해리성 기억상실증 160
해리성 둔주 160
해리성 장애 160
해리성 정체감 장애 160
해상강도살인 327
행동주의 57
허트(Ehrlheim Hirt) 182
헤이즐우드(Hazelwood, 1995) 282
현미경 기능 50
현장 정리정돈(Arranged Aspects) 422
현장조작(Staged Aspects) 421
형벌 7, 149
형제간의 살인 359
호색노인(Dirty Old Man) 208
호세 델가 129
혼인빙자간음죄 262
혼합적 살인 383, 384, 385, 386, 410
화간(和姦) 272
화학적 거세 315
확신강간(Confidence Rape) 292
확신형 연쇄살인범(The Mission Serial Killer) 375
환경범죄 7
환경주의자 25
환상(Fantasy) 392
회복(Restoration) 397
회상기(The Totem Phase) 394
회피성 성격장애(Avoidant Personality Disorder) 178
회피애착(Avoidance Attachment) 87
획득소질 35
후각 및 촉각성 음욕증 254
후인습적 도덕성 수준(Postconventional or Pricipal Level) 62

[저자약력]

육군사관학교를 졸업하고 동국대학교 대학원 경찰행정학과에서 범죄학을 전공했다.
국가인권위원회 자유권 전문위원, 의문사 진상규명위원회 심리부검위원, 국방부 중앙 전공사상위원 등을 역임했다.
경찰청 국가수사본부 법심리 자문위원, 육군 수사분야 자문위원, 한국 범죄심리학회 자문위원, 중앙 경찰학교 외래강사로 활동 중이다.

채널 A '사건상황실', TV 조선 '360', OBS '오윤성의 사건파일' MBN '뉴스파이터', NAVER 팟캐스트 '더 프로파일러' 등에서 범죄 사건 분석을 한 바 있고, JTBC '사건반장', TV 조선 '사건파일 반드시 잡힌다', OBS '뉴스오늘' SBS '그것이 알고 싶다', MBC '실화탐사대', YTN, 연합뉴스 등을 포함 각종 언론 매체에서 범죄사건을 비롯하여 시사 사회문제 분석을 하고 있는 중이다.
순천향대학교 경찰행정학과 석좌 교수로 재직하고 있다.

연구 논문으로
연쇄살인사건에 있어서 범인상 추정에 관한 연구
현장에서의 연쇄행동평가를 통한 범인 심리 분석 및 행동추정에 대한 연구 등 화성연쇄살인사건에 대한 2편의 논문을 비롯하여
연쇄살인범의 MO(Modus Operandi)에 관한 고찰
현장에서의 연쇄행동 평가를 통한 심리분석 및 행동추정에 관한 연구
살인범죄자의 범죄 행동 궤적에 관한 연구 – 이영학의 생애과정을 중심으로–
현장증거와 행동평가를 통한 범죄 프로파일링에 관한 연구 –강진 여고생 살인 사건을 중심으로–
Serial Murder Linkage Analysis among Murder Cases in South Korea –Centered on Shin jung dong Cases and Nodul Road Case
범죄 행동의 연관성 분석에 관한 연구 –인천 모자살인 사건에서의 범행과정을 중심으로– 등 다수의 범죄 심리, 범죄수사 경찰 분야 관련 논문들을 발표하였다.

저서로는
범죄는 나를 피해가지 않는다
군사법의 제 문제(공저)
한국의 논점 2018(공저) 등이 있다.

제 2 판
범죄, 그 심리를 말하다 — 범죄심리 해부하기

초판발행 2013년 1월 10일
제 2 판발행 2016년 8월 30일
중판발행 2025년 9월 5일

지은이 오윤성
펴낸이 안종만 · 안상준

편 집 전채린
기획/마케팅 이영조
표지디자인 조아라
제 작 고철민 · 조영환

펴낸곳 (주) 박영사
서울특별시 금천구 가산디지털2로 53, 210호(가산동, 한라시그마밸리)
등록 1959. 3. 11. 제300-1959-1호(倫)
전 화 02)733-6771
f a x 02)736-4818
e-mail pys@pybook.co.kr
homepage www.pybook.co.kr
ISBN 979-11-303-0350-5 93350

정 가 20,000원